장애: 약체들과 사회들

그린비 장애학 컬렉션 • 07

장애: 약체들과 사회들

앙리-자크 스티케 지음
오영민 옮김

그린비

태생이, 삶의 조건들이 '공통−으로부터−벗어나' 있는 이들,

그 혹독한 운명에 처한 모든 이들에게.*

* 프랑스어로 'hors du commun'이라는 표현은 대개 '보통을 넘어선 비범한'이라는 뜻의 관용구지만, 저자는 평범한 다수 바깥에 배치된 장애인의 특수한 현실을 역설하기 위해 낱말들 틈에 구획선과 연계선을 그어 넣는다. 이처럼 장애에 관한 인류학을 기술하는 내내 '공통(共通)'으로 상정되는 '다수, 정상성, 제도, 시스템'의 틈을 열어젖히려는 스티케의 시도는 장애에 대한 시각 교정을 겨냥하는 가운데, 언어적 통념에 대해서도 해체와 비틀기를 주저하지 않는다.—옮긴이

차례

제3판을 위한 일러두기 9

2판에 부치는 서문 (1997년) 11

서론 / 불구성의 전경—들러리 존재 17

　　방법론적 매개 42

1장 / 성서와 불구성—신에 대한 숭배 61

　　금기 62 | 시스템 75 | 금기의 단절? 81

2장 / 고대 그리스 로마 시대 —신들의 공포 89

　　실제들 : 격리된 기형, 보살펴진 허약함 89 | 신화들 107
　　테이레시아스의 주변, 실명의 사례 140

3장 / 중세의 자선 시스템(들) 149

　　조티코스에서 아시시의 성 프란체스코까지 : 구빈원의 자선과 적선의 윤리학 165
　　신비주의적 윤리학 : 불구자가 예수 그리스도가 될 때 179
　　'사회적' 윤리 : 모든 가난한 자들이 위험한 자들이 될 때 188

4장 / 전형화의 세기들 ─ 오싹한 한기   201

의학과 철학 201 | 자선과 수용 225 | 생물학과 인간중심주의 236
구호와 재기 243 | 19세기를 따라가며 269

5장 / 재적응의 탄생   287

삭제 287 | 계기와 그 조건들 290 | 일련의 시련들, '모순점들' 342
뒤얽힌 도식들 그리고 분할 원칙들 379 | 예고장으로서의 결론 400

6장 / 장애에 관한 새로운 이론을 위하여   413

이론의 개념 파악하기 413 | 모델 개념 파악하기 422
장애에 관한 위대한 이론들 428 | 또 다른 전망을 향하여 454

에필로그   487

부록: 입법화의 단계들   513

참고문헌   523

옮긴이의 말   539

제3판을 위한 일러두기

내게는 1997년 시작된 제2판 서문의 방향을 수정해야 할 그 어떠한 이유도 없다. 다만 이 새로운 판본에 2장과 4장, 그리고 미미한 5장에 간과할 수 없을 만한 부가내용을 포함시켰고, 특히 6장을 새로 집필해 첨가했음을 독자에게 밝혀두는 바이다. 성찰은 그칠 줄 모르고, 책은 완성되지 않았다. 게다가 2000년에는 이 책의 영어판 번역이 이루어졌고, 이후 여러 편의 관련 논문이 발표되었다. 이와 관련해 나는 동료들과 독자들의 여러 지적사항을 염두에 두고 오늘날 소위 장애인으로 불리는 이들의 지극히 내밀한 지위를 인류학적 관점에서 바라본 시론을 추가해야겠다는 생각에 이르렀고, 「장애에 관한 새로운 이론을 위하여」라는 제목을 달아 보았다. 일견 겸손함이 결여된 듯 비칠 수 있는 글과 일체의 야심을 드러내지 않는 글 사이에서 나는 무척이나 망설였다. 물론 이 책이 단순히 하나의 제안, 어떤 가설에 불과하다는 점은 명백하다. 그럼에도 불구하고 나는 전례 없는 어떤 이론적 시도를 감행함에 있어 오로지 논쟁의 장을 개시하려는 일념으로 이 작업을 진행해 왔음을 일러둔다.

　참고문헌은 최근 연구성과들로 인해 늘어나긴 했지만, 그렇다고 해서 철저하고 완벽하다고는 할 수 없을 것 같다.

2판에 부치는 서문 (1997년)

자신이 쓴 글을 다시 읽어 내려가는 일은 하나의 시련이라 할 수 있다. 다시금 수고를 들여야 하는 일이기 때문이다. 하지만 첫 출간 이후 15년의 세월이 지난 시점에 어떤 책을 재판再版한다는 것은 분명 어떤 요구가 계속되어 왔음을 방증한다. 하지만 뒤집어 생각해 보면, 이 책이 진척시켜 온 논의의 견고함이 과연 무엇이었던가 하는 질문이 뒤따른다. 실상 본고의 각 장, 각각의 표명은 어떤 확장된 연구를 함축하고 있다. 다만 20여 세기 이상의 시간을 편력하는 본 시론의 생략적 특성이야말로 한눈에 들어오는 특징이리라. 이에 그 특성상 하나의 선택이 부과될 수밖에 없었다. 간략한 형태가 갖는 장점들에 기대어 현 상태 그대로 내버려 둘 것인가, 아니면 그 형태를 연장해 나갈 것인가라는 문제가 그렇다. 하지만 책의 형태를 연장하는 것은 끝도 없는 일이 될지 모른다. 그래서 나는 15년 전부터 수행해 온 작업들을 고려하기보다는 ── 물론 이 역시 어떤 점에서는 매우 중요한 일이지만 ── 수행되지 못한 공백을 다른 작업들로 채우는 데 초점을 맞추었다. 그러나 실제로 몇몇 불구의 사례들 그리고 (기껏해야 정신박약, 청각장애, 실명, 특수교육, 취업을 통한 사회복귀 문제에 관련된 몇몇 예시를 제시하는 데 그쳤던) 관련 역사에 대한 연구가 최근 몇 년 간 진행되었음에도, 나아가 사회학적·정신분석학적 접근법이 우리에게 사회적 표상이나 제도적 체계를 철저히 고찰하는 방식을 알려주었음에도, 불구성infirmité에 관한 인류학은 거의 진척된 바 없다고 볼 수 있다. 한 권의 책을 두 배, 세 배, 네 배의 두께로 다시 쓰는 일이 주는 두려움 앞에서 —— 재판 요청과는 전혀 다른 성격의 것일 수 있다 —— 나는 1982년 당시 텍스트의 세부내용들에도, 나아가 내 자신의 의견을 위태롭게 할 만큼 상당히 불분명한 지점이라 할 수 있는 결론과 에필로그의 내용에도 별다른 수정을 가하지 않았다. 다만 나는 이 두 부분에 지금의 내 입장을 간략하게 서술해 두었다.

텍스트 자체에 큰 변화를 주지 않고 내버려두었음에도, 나는 적어도 부분적으로나마 상호보완적일 수 있는 여러 해설을 덧붙이고 보충해 놓았다. 불구성에 관한 역사적·인류학적 연구의 현 상황을 감안할 때, 이 책이 담고 있는 기준들은 미약하나마 또 다른 연구의 지침이 되어 줄 터, 내가 풀어놓은 간략한 설명들도 그러하길 기대한다.

그럼에도 불구하고 줄곧 한 가지 문제가 나를 괴롭혀 왔다. 나의 시도가 여전히 고립된 채 남아 있다는 점이다. 나는 몇몇 동료교수들, 예컨대 미셸 페로Michelle Perrot, 알랭 코르뱅Alain Corbin, 앙투안 프로스트Antoine Prost 등이 이 분야의 중요성을 인정해 주었음에도, 기대만큼 토론의 장을 촉발시키지는 못했기 때문이다. 사람들이 내 작업이 지닌 결점들을 비난했을지언정, 여전히 강단에서는 그 어떠한 역사 강좌도 그 어떠한 인류학 교육도 이러한 사회적 측면에 관심 두지 않았다는 사실만큼은 여전히 혼란스러운 의문점으로 남아 있다. 적어도 프랑스에서는 그랬던 것 같다. 이런 상황에서 로버트 머피Robert Murphy의 책 『침묵하는 신체』*The Body Silent*의 번역서는 프랑스 인문학 총서의 문턱을 넘은 불구성 관련 저작물 중 매우 보기 드문 예라고 할 수 있겠다. 저자가 미국인이고, 집필 당시 불구의 몸이 된 상황이었으니 말이다! 성性, 권력, 혹은 경제교류 같은 용어처럼 이른바 불구성으로 총칭되는 것 역시 변함없이 지속되는 어떤 현상으로, 수많은 문화적 체계를 형성하거나 그 일부를 이루어 왔다. 그렇다면 어째서 인문학 차원에서 감당했어야 할 이 분야에 대한 연구와 교육이 이렇듯 소홀했던 것일까? 이 문제를 구체적으로 살펴보자. 실상 오늘날 프랑스 인구의 5%, 그리고 전 세계 인구의 10%가 직접적인 불구상태를 겪고 있으며, 프랑스만 놓고 봐도 공공 연대는 '1975년 법'에 따라 이 분야에 연간 140억 유로의 예산(국내 총생산의 2%에 약간 못 미치는 수준)을 지출하고 있다. 이렇듯 도처에서 불구성의 문제가 광범위하게 출현하고 있는데도, 지식인들은 이 문제를 외면하고 있는 것이다. 혹시 이런 현상이 기형의 몸 앞에서, 저 깊은 수렁에 빠진 수많은 사람들 앞에서, 우리가 느끼는 근원적 불편함에 그 원인이 있는 것은 아닐까? 하지만 우리는 광기와 정신병, 그리고 최근 에이즈 등에 대한 관심만큼은 소홀함이 없다. 실상 이젠 유전병이 공공장소에 만연해도 연구 차원에선 이를 생물학과 의학의 문제로 되돌릴 뿐이다. 사정이 이런데도 여전히 사회과학은 관심이 없다. 혹시 때가 되면 이런 문제는 죄다 해결될 거라 해놓고 흡족해하고 있는 건 아닌지? 혹은 제 할 일 아니니 관심두지 않아도 되어서인지? 아니면 수많은 협회는 물론이고 의학계 쪽에서 소위 사회과학 분야를 끌어들이는 것 자체를 꺼려하기 때문은 아닐지? 어쩌면 이외에도 또 다른 가설들이 작성될 수 있으리라. 질문 한다고 답이 구해지는 것은 아닐 터, 과연 어떤 학문 분과가 위와 같은 문제에 관한 논의를 수용해야 하는 것일까?

이제껏 나는 과거에 존재했거나 현존하고 있는 사유 및 그 실제의 시스템을 이해하려는 사람들 ── 그것이 계승자이건 종속된 자이건 간에 ── 의 저 고조된 열망을 확인하면서 크나큰 만족을 느껴 왔다. 나는 그들이 우리의 관심사에 주의를 기울이는 출판사로부터 그리고 이어질 내 글로부터 빨아내고 빚어내야 할 밀알 하나를 발견하길 기원할 뿐이다. 나 역시 이제부터 학계의 동료들을 설득할 수 있는 방법과 형식을 모색해 보고자 한다.

장애: 약체들과 사회들

CORPS INFIRMES ET SOCIÉTÉS

ESSAIS D'ANTHROPOLOGIE HISTORIQUE

| 일러두기 |

1 이 책은 Henri-Jacques Stiker, *Corps infirmes et sociétés: Essais d'anthropologie histori-que*(Dunod, 2005, 3ᵉ édition)를 완역한 것이다.

2 원서에 출처 표기가 누락되었으나 확인 가능한 것은 옮긴이가 찾아 넣었고, 출처 확인이 불가능한 것은 원서에 준해 그대로 두었음을 밝혀둔다.

3 단행본·정기간행물의 제목에는 겹낫표(『 』)를, 논문·기사·단편의 제목과 음악·영화 등의 작품명에는 낫표(「 」)를 사용했다.

4 외국어 고유명사는 2002년에 국립국어원에서 펴낸 외래어표기법을 따르는 것을 원칙으로 하되, 관례가 굳어서 쓰이는 것은 관례를 따랐다.

서론／불구성의 전경─들러리 존재[1]

나는 본 장의 주제에 관해 어떻게 기술하면 좋을지 오랫동안 고민
해 왔다. 그 주제란 이제껏 우리가 억지스럽게 견지해 온 명료함이라
는 관점에서 보자면 그다지 모호할 게 없다. 우리가 그토록 명확하지
못한 설명들에 기대어 '핸디캡-장애handicap'라 명명한 것을 검토하
는 ─ '다루는' ─ 사회적·문화적 방식을 뜻하니 말이다. 탐색과 조사
는 엄밀하게 수행되어야 마땅하지만, 그렇다고 고통을 가져다주는 그
무엇에 대해 마치 고대 신화를 분석하거나 브라운 효과에 관해 장광
설을 늘어놓듯 말할 수는 없는 노릇이다. 당장의 도덕적 가책이나 감
정적 수치심 ─ 지극히 주의가 필요한 일이고 또 그게 전부일 수 있

---

1 본 서론의 제목 'Repoussoir'는 일상어로는 '다른 사람을 돋보이게끔 하는 사람, 못난이', 미술용어로
  는 '(다른 것을 멀리 보이도록 하거나 혹은 더욱 잘 드러내기 위해) 전경(前景)에 짙은 색채로 부각된
  부분'이라는 양가적 의미를 담고 있다. 저자는 일상어 의미를 통해 이 책의 중심 테마인 '불구'를 담아
  내는 동시에, 미술용어의 문맥에서는 '불구자 및 불구성에 대한 묘사'라 할 수 있는 본 저작의 전경에
  해당하는 서론의 배치를 강조하고 있는 듯하다. 앞으로 본 저작 전체에 걸쳐 확인하게 될 스티케의 언
  어적 명명에 대한 집요한 관심은 저자 스스로 무수한 양가적 어휘를 사용함으로써, 불구를 중심으로
  하는 사회인류학적 함의들을 연결짓고 확인하는 데 맞추어질 것이다. ─옮긴이

는 ──때문이 아니다. 무엇보다 감정, 즉 흔히 말하는 마음이란 우리가 행하는 관찰이나 분석과 결코 분리될 수 없고, 나아가 그 탐색의 내용을 출판까지 할 때는 모종의 책임감마저 따르기 때문이다.

불구의 문제(지금 당장은 이 개념이 지닌 가치가 문제되진 않아도)를 다루는 사람이라면 그 누구라도, 설령 그것을 단순 자료를 통해 접한다 할지라도, 개인 차원의 연구와 맞물리게 마련이다. 더구나 불구로 인한 현재 진행형의 극심한 어려움을 가까이서 경험하는 경우라면 더욱더 그렇다. 고로 심리적 혹은 물리적 훼손상태를 이해하고자 한다면, 그리고 그런 상태를 둘러싸고 경계짓는 사회적 환경을 설명하고자 한다면, '그에 앞서는 두려움-감정적 선이해pré-appréhensions' 없이는 결코 가능하지 않을 것이다.

마찬가지로 본 연구에는 책임의 문제가 깊숙이 자리하고 있다. 생각지도 않게 장애를 갖게 된 이들과 그 주변인은 우리 중에도 있으며 또 독자들 중에도 있으리라. 이렇듯 이론을 정초하려는 모든 시도는 특정한 맥락이나 커뮤니케이션 방식과 연관되어 있다. 지적인 학술연구의 특수성이 ──그리고 특유의 '언어유희'가 ──그 나름의 자유를 누리는 것은 온당하지만, 환심을 산다거나 불쾌감을 준다거나 감정을 거스르거나 혹은 비위를 맞추어서는 안 될 일, 나아가 해당 진술의 시의성만을 고려해서도 안 될 일이다.

하지만 이러한 학술저서가 갖는 특수성에 요구되는 엄밀성과 그런 특수성을 허용하는 가설 일반은 해당 연구가 스스로의 한계를 부정해서는 안 된다는 사실, 아울러 스스로 통찰하지 못할 영역까지도 환기시켜야 한다는 사실 모두를 주문한다. 그 어떤 조사도 총체적이고 완전한 것으로 자처할 권리는 없다. 서구 지성은 이런 식의 주장을 지나치게 전횡해 왔고, 지식을 완성할 수 있다는 과도한 믿음을 우리에게 심어준 바 있다. 과거에 발 딛지 않은 이런 식의 배타적 사유들[2]은 지성 자체를 훼손한다. 반면에 견고한 논증, 풍부한 지적 구상을 통해 얻어진 확신이 동반될 경우, 한계라는 측면에도 해학이라는 의미와도 대립하지 않는다. 이처럼 메시지를 전달받을 사람들에 대한 존중의 태도 —— 이런 존중의 자세는 조금도 구태라 할 수 없다 —— 는 오직 논의의 전개방식상 당연한 일부를 이룰 뿐, 단순히 의무감 때문에 덧붙여진 것이 아니다. 따라서 책임의 문제는 윤리적 요청이기에 앞서 이해를 높여 줄 명료함과 관련이 깊다.

　매우 명백한 두 가지 이유, 즉 연구자에게 필수적으로 요구되는 애정 어린 태도와 담론이 미처 담아내지 못하는 필연적 상황 때문에라도, 나는 앞으로 전개될 본격적인 논의에 앞서, 메마른 영혼의 소유자들에게는 실례가 되겠지만, 내 본심을 드러내는 데 일말의 거부감도 갖지 않으려 한다.

　읽히기도 전에 거부당할지 모를 위험을 무릅쓰고, 나를 분개하게 만들었던 이야기를 하나 해볼까 한다. 그렇다. 나는 내가 발표했던 연구의 두 가지 논리적 귀결로 인해 수없이 조롱당해야 했기 때문이다. 예컨대 자폐증 자녀의 부모들이 얄팍한 정신분석학 지식으로 무장한 채 의료시설에 편히 앉아 있는 정신과 의사들과 마주하는 경우를 떠올

---

2 나는 소위 사람들이 말했던 '새로운 철학자들'을 암시한 것이다. 가령 베르나르-앙리 레비(Bernard-Henri Lévy)가 『하느님의 유언』(*Testament de Dieu*)에서 유대교적 일신론 너머에는 오직 야만뿐이라고 주장했던 것과 같은 의미에서 그렇다.

려보라.[3] 여전히 이론異論의 여지가 있는 수많은 이론理論의 단편적 지식이 면전에 날아와도, 실상 당사자인 부모들에게는 아무런 의미가 없다. 그럼에도 저들은 기껏해야 자신들의 무지와 감정결핍을 어쭙잖게 위장해 주는 무슨 이론의 개념을 설명해야겠다는 듯 행동하고 있지 않은가. 꼼짝 못하고 휠체어에 몸을 의지하고 있거나 외상성 후유증으로 마비가 온 이는 이런저런 권리를 되찾아준다는 명목으로 자신의 사례가 난도질당하는 진료를 경험하게 될 때조차 저 권위자들이 벌이는 경쟁심의 제물이 되어 간다는 생각을 조금도 해서는 안 된다. 왜냐하면 그는 이미 이론화되었거나 혹은 앞으로 이론화될 여지가 있는 여러 사회적 전략의 쟁점이 되어야 하기 때문이다. 하지만 그 전략들이란 그저 기계적 관료주의에 물든 관료들의 태만을 애써 감출 뿐이다.

그리 어렵지 않게 상상할 수 있는 이와 유사한 상황들을 우리는 수도 없이 열거할 수 있다. 그런데 이 모든 상황들은 다른 데서 떠올린 어떤 (정당한) 발상을 (부당하게) 투영하느라 분석의 몇몇 차원에서는 망각되기 십상이다.

나는 방법론적 필요 때문에라도 나중에 (몇몇 적절한 순간들을 제외하면) 잊고 지나치게 될 것을 미리 언급해 두고자 한다. 정신적 차원과 동시에/혹은 물리적 차원에서 나타나는 저 수많은 쇠약 상태나 불충분 상태를 마주하며 과연 나는 무엇을 참고해야만 하는가 하는 문제가 그것이다. 선천적 기형, 신체적 불구, 정신박약, 기능성 장애 등 이

---

3 가령 프랑신 프레데(Francine Fredet)가 『그래도 부인, 당신은 어머니잖아요...』(*Mais Madame, vous êtes la mère...*, Paris: Le Centurion, 1979)라는 제목의 책에서 묘사한 감동적인 증언을 보라.

상하리만큼 부정적인 (이는 또 과연 무엇에 대한 부정일까?) 이 모든 용어들은 어떤 공포감을 증폭시킨다.

이런 공포감의 가장 낮은 곳, 아니 표층이라 할 만한 차원에는 촉발된 신체적·정신적 이상異常과 맞닥뜨렸을 때 공통적으로 나타나는 거의 뿌리 깊다 할 만한 반응이 자리하고 있다. 실상 우리는 일종의 평균적인 인간, 혹은 정상이라고 명명된 인간을 위한 세계 —— 이때 공간과 시간 모두가 문제되는데 사회적 역할, 문화의 변천, 생활방식, 왕래 및 교류의 방식, 일터에의 접근, 의사소통 방식, 그리고 쾌락의 습성 등이 그렇다 —— 를 조성하며 살아간다. 하지만 이 세계는 편히 살 수 없거나 더 이상 그렇게 살아 갈 수 없게 된 이들을 교정하고 개조시킬 위험이 도사리고 있는 세계다. 이 최초의 공포란 우리의 일상적이고 정상적인 상태에 더 이상 포함될 수 없는 존재가 우리에게 강요하는 불편함, 일종의 고통의 정도를 뜻한다. 더구나 이 최초의 공포는 우리가 그를 수용하는 즉시 뒤따르게 되는 변화들과 맞닥뜨렸을 때, 훨씬 더 빠르게 부각된다. 그 급작스러운 변화들로 인해 우리의 삶은 조각나 깨어지고, 우리의 계획은 와해되고 마는 것이다. 나아가 개인의 차원을 넘어 다양한 사회조직이 완강하고 폐쇄적이고 적대적인 모습을 제각각 드러낸다. 이런 식의 급변이라면 산산조각내야 할 필요가 있으리라. 이렇듯 우리의 내면에서든 주위에서든 '장애'의 출현은 구체적이고도 사회적인 혼란을 초래한다. 하지만 바로 이 지점에서 우리는 또다른 형태의 혼란, 훨씬 더 심층적이고 고통스러운 혼란을 확인하게 되는데, 우리가 획득해 온 공고한 이해가 붕괴되고 기존의 '가치'가 와해되는 일이 그렇다.

가히 정신의 붕괴라 할 만하다. 어째서 이런 불행이 찾아든 걸까? 어떻게 이런 불행이 발생한 걸까? 어찌하여 이런 일이 다른 사람도 아닌 하필 내게 닥친 걸까? 살기 위해 또 살아남기 위해, ──때론 가면도 쓰고 때론 불가피하게 가식도 부리고 때론 피할 수 없을 바엔 억누르기도 하며 ──타인에 맞서 싸우기 위해 그간 애써 구축해 왔던 나 자신에 대한 표상이 흔들리고 비틀대고 심지어 부서지고 만 것이다. 나는 스스로 그렇다고 믿어 왔는데, 이제 나는 이렇게 되어 버렸구나! 나는 내 자신이 그렇게 비쳐진다고 믿어 왔는데… 이제 보니 이런 모습으로 비쳐지는구나! 나는 스스로 내 삶과 이 세상의 무한한 가능성의 소유자라 믿어 왔는데… 내가 한 일이란 고작 이런 것이었구나! 나는 내 주변의 온갖 것을 예찬해 왔는데… 이제 와보니 나약하고 혐오감을 불러일으키는 적대적인 모습이 되어 있다. 나는 늘 이 세상과 이 사회와 타인들을 그렇게 바라보아 왔는데, 이젠 그 모든 것이 완전히 다른 모습, 때로는 훨씬 더 나약하고 훨씬 더 해로운 모습으로, 때로는 예상치도 않게 훨씬 더 나은 모습으로 나타나는 것이다. 이렇듯 모든 것의 자리가 뒤바뀌고, 모든 이들의 역할이 역전되고 만다. 돌연 온 현실에 드러나지 않던 어떤 이면이 제 모습을 드러낸다. 고로 나는 모든 것을 다시 해야만 한다… 고독하게, 설령 내 주위에 많은 사람들이 있다 해도. 왜냐하면 지금 내게서 사라진 것은 나의 시력이요 ──환영만 남고 현실은 변한 게 없는데 ──, 나 말고는 세상 그 누구도 이 문제를 대신 이해해 주거나 재건해 줄 수 없기 때문이다. 이전의 내가 나만의 '가치'라고 명명해 온 모든 것이 온통 붕괴되고 만 것이다. 실상 우리 모두는 이런 '가치' ──우리가 명목상 부여하는 어떤 의미 ──를 더없이 회의적이고 절망적인 형태로든 혹은 가장 명증하고 철학적이고 각성된 형태로든 갖고 있게 마련이다. 나와 관계 맺은 수많은 연대도 ─ 설령 그것이 진정성있고 실질적이었다 해도 ─ 해체되고 만다. 사랑 ─ 응당 영원하리라 믿었던 ─ 마저도 굴절되고, 때로는 깨지고 만다. 서로가 주고받던 신뢰도 사라진다. 품었던 이상과 사소한 소망들도 바스러진다. 행여 희망이 되살아나고 삶에의 욕구가 다시 찾아와 새로운 관계가 맺어진다 해도, 행복한 이야기며 훗날을 다짐하는 목소리가 다시금 들려온들 입가에 쓰디쓴 웃음을 짓지 않을 수 없으리라. 그렇다. 아무것도 없는 것이다. 그 무엇도 남아 있지 않다. 오직 상처입지 않기 위해 어둡고 차가운 긴장만을 남겨 둘 뿐. 나는 나의 두려움과 마주하고 있다. 하지만 내가 지금 겪고 있는 이 이름 모를 두려움은 대를 이어 계속된 것이다. 결국엔 과오에 대한 두려움이기 때문이다. 내 마음 어딘가엔 알 수 없는 ─ 하지만 사람들이 내게 그토록 잘 느끼게끔 해주는 ─ 어떤 죄의식이 가라앉아 있다. 살아가는 사람들로 가득한 이 세상 어딘가, 어쩌면 이 우주 어딘가에는, 내게 닥친 혹은 또 다른 이를 엄습할 재앙의 원인이 될 만한 그 무엇이 존재하리라. 우리는 자신에게 기형이나 결함이 있다는 사실을, 자신이 훼손된 모습으로 비쳐진다는 사실을 결코 있는 그대로 받아들인 적이 없었으니까. 어디에 잘못이 있는 건지 알아낼 수 없어서일까? 하지만 불행과 고통에 구구절절한 설명이 빠진 적이 있던가! 이 땅의 모든 철학자와 종교인이 사태를 가속시켰다 할 수는 없겠지만, 그렇다고 나름의 이유를 들어 이 고립상태를 이 땅에서 몰아낸 적도 없지 않은가. 혹시 이 일이 죄악의 결과라면… 나는 다른 이들보다 훨씬 더 많은 희생을 강요당한 것이요, 어쩌면 겉모습이든 또 다른 면에서든 더 많이 비난받는 존재가 된 셈이다. 혹시 이 일이 운명이라면, 이제부터 나는 더 많이 거부될 것이요, 모호하고 애매하기 짝이 없는 사회적 제재의 대상이 될지 모를 일이다. 만일 나를 이 지경으로 만든 것이 '사회'라면, 나는 파리아[4]보다도 훨씬 더 배척받을 것이 분명하다. 왜냐하면 사회란 놈에게는 당최 감정이란 게 없다는 사실을 난 잘 알고 있기 때문이다. 만일 그것이 다수의 법칙이라면, 나는 찌꺼기와도 같은 어떤 예외인 셈이다. 만일 나의 유전자 때문이라면, 페스트에 전염된 것에 다를 바 없다. 혹시나 나의 심리적 태도들과 무의식적 행동들 때문이라면, 내게는 지속적인 치료가 필요하리라. 만일 그것이 무분별하거나 경솔한 내 특유의 행동들 때문이라면, 그야말로 나는 유죄다. 이처럼 나는 사방으로 수많은 설명들에 포위되어 있다. 이러한 설명들 중에서 과연 어떤 새로운 설명을 찾아내야 하는 것일까? 어쩌면 그것은 어떤 설명이 아니라 하나의 확증된 사실일지 모른다. 왜냐하면 불행 그 자체가 망각으로 몰아넣었던 최초의 질문은 "어째서 우리는 불구를 '불구'라고 명명하게 된 것일까?"이기 때문이다. 그리고 이 최초의 질문에 다음과 같은 의문들이 뒤따른다. 어째서 우리는 다르게 태어나거나 혹은 그렇게 된 존재들에 온갖 이름을 붙여가며 지칭하는 것일까? 어째서 그토록 많은 범주가 필요하게 된 것일까? 누구에게나 흔히 일어나고 또 일어날 수 있는 일을 두고 어째서 그

---

4 달리트(Dalit) 혹은 하리잔(Harijan)으로도 불리는 파리아(Paria)는 카스트의 최하층인 수드라(Sudras)보다도 하층에 격리된 계층으로, 악의 구현이자 악마, 악귀 등 사회악으로 취급하며, 카스트 바깥에 놓인 불가촉천민이자 다른 사회계층들로부터 경멸당하는 존재다. 이 저주받은 카스트는 사회적으로뿐 아니라, 일상적인 모든 것, 가령 거주지역 역시 격리된다. ─옮긴이

토록 극적인 과장을 하는 것일까? 분명한 건 우리의 삶이 '그 일cela'을 맞이할 준비가 되어 있지 않기 때문에, 사회 역시도 '그 일을 위해pour ça' 조직되지 않기 때문에, 또 이런 일에는 항상 예외적인 조치와 절차가 필요하기 때문에, 결국 그런 일은 '전문화된' 이들과 시설들에 일임해야 하기(때로는 어떻게 하면 다르게 처치할지 궁리해 가며) 때문이리라. 하지만 보다 근본적인 지점으로 되돌아가 모종의 현실(오늘날의 용어로는 '장애')에 경계를 그음으로써 그만큼 우리로 하여금 현실을 더 느끼게 하고 꼭 그만큼 두려움에 떨게 만드는 이 엄청난 '명명'의 과정이 과연 어디에서 비롯된 것인지 되물어야 하지 않을까? 게다가 의사가, 친구가, 사회복지요원이 "그게 말입니다…" 하고 입을 떼는 순간, 불행의 실체는 분명히 통보되고 많은 경우에는 확증되어 언제나 황망해지지 않던가. '자폐증'입니다, '하지마비'입니다, '중증 정신박약'입니다, 하면서 말이다. 요컨대 이는 저 옛날 페스트나 폐결핵, 오늘날의 암과도 어느 정도 닮았다. 어쨌든 '그 일'이 일어나면, 유죄판결이 내려진 셈이다.

그렇다고 무엇을 명명하는 행위가 대상을 경직되게 하는 것만은 아니요, 오히려 우리가 갖고 있는 것이 무엇인지 알아보는 건 종종 바람직한 일이기도 하다. 흔하디 흔한 일이지만 어찌 보면 유익한 면도 있는 게 탐구다. 우리는 '명명'할 때, 어떤 '차이'를 제시한다. 내 이름은 '자크'요, 고로 나는 피에르도 폴도 아니다. 이것이 바로 성서의 첫 부분부터 발견되는 놀라운 관점 아니던가. 하느님이 이름을 부여함으로써 구별하고, 분리하고, 차이 짓는 장면이 그렇다. 마치 창조하는 일이 분리하는 일과 같다는 듯 말이다.[5] 또한 우리는 여기서 한 존재(이브)가 다른 한 존재(아담)에게서 나오고, 그 부여된 이름을 부름으로써 차이 그 자체로 제시되는 장면을 확인할 수 있다.

이런 성경의 구절은 우연히 떠올린 게 아니다. 실제로 남자와 여자는 분명하게 차이를 이룬다. 어느 한쪽은 다른 한쪽이 아니고, 그 반대도 마찬가지다. 고로 성별은 분리하고 차이 짓는다. 하지만 이때 차이는 제시되는 바로 그 순간, 식별되는 동시에 인정된다. 이제 일정한 거리가 부과된 저 '이브'는 아담에 의해 '나의 살에서 분리된 살'로, '나의 뼈에서 분리된 뼈'로 선언된다. 설령 남성과 여성의 역사가 — 창세기 신화를 참조하자면 다시금 비탄한 상황에 놓이지만 — 수많은 분야에서 남성에 의해 자행된 여성에 대한 배제의 역사라 할지라도, 이러한 차이는 언제나 어쩔 수 없는 상황들에 의해 수용되고 체험되고 통합되어 왔다. 분명 여성은 언제나 남성에게 두려움을 심어 주었고, 늘 자신이 갖고 있지 않은 것을 느끼게끔 만들었다. 바로 잉태와 출산이라는 여성이 지닌 차이가 그렇지 않은가! 한편 남성은 여성에게 언제나 공포심을 불러일으켰고 — 종종 비극적인 방식으로 유혹했으며 —, 또 남성은 여성을 전쟁을 불사할 만큼 알 수 없는 신비로움을 지닌 존재로 여기기도 했다. 그러니 남녀 사이에 쟁투爭鬪라는 표현은 빈말이 아니다. 그리고 이 골치 아픈 남녀의 문제에서 오랜 세월 패배자의 역할은 언제나 여성이었다. 하지만 결합은 불가피하기에 이 몹시도 불안한

---

5 특히 『창세기』 제1장이 그렇다. 하지만 제2장(창조와 관련된 두 번째 일화) 역시 못지않게 중요하다. 폴 보샹의 『창조와 분리』(Paul Beauchamp, *Création et séparation*, Éditeurs groupés, 1970)를 참조할 것.

차이는 수많은 시스템에 의해 조정되고 삭제되어 왔으며, 여전히 강제되고, 불가피하고, 사회화되고, 조직화된 채로 남아 있다.

　'공통으로부터 벗어나 있는' 어떤 존재가 표상하는 차이를 명명하는 일은 더 이상 창조주의 몸짓을 모방하는 것도 아니요(통일성을 이루기 위한 구별 짓기이므로!), 아담의 감탄어린 외침을 다시 울려 퍼지게 하는 것도 아니요(동등하고 유사해 보여도 차이는 차이이므로!), ── 강요된 것일지언정 ──풍요로운 차이들이 존재하는 미숙한 역사를 새로이 개시하려는 것도 아니다. 이것이 바로 우리가 가리키는 야만적이고 공유됨 없는 차이다. 정황도 위상도 없는 차이. 그 어느 곳에도 위치 지을 수 없고 어둠의 공포를 일으키기에 그로부터 스스로 제 몸을 방어해야 하는, 그야말로 있는 그대로의 차이. 이렇듯 우리는 갑작스럽게도 어떤 기괴한 현실 앞에 놓인다. 견뎌내기엔 너무나도 '기이하고-개별적인singulier' 현실 앞에 말이다. 내가 잘 안다고 믿어 온 것 ── 나 자신은 물론이고 타인도 ──, 나의 신뢰 속에 있던 것, 나를 안심시켜 주던 것, 이 모든 것이 완전히 다른 것이 되어 제 모습을 드러내는 일. 현실에는 보이지도 않고 예상치도 못했던 어떤 양상이 바로 '지금 여기에서' 불쑥 솟아올라, 돌연 '누구에게도 호소할 수 없는 위협'을 이룬다. "현실의 뜻하지 않은 침입, 즉 이제껏 겉보기에 탄탄하고 견고하고 믿을 만한 표상들의 총체로 보호받던 현실, 그러나 원치 않은 현실의 돌연한 출현"[6]이 발생하는 것이다. 이를 두고 우리는 재앙이라 부른다. 이 재앙

---

6 나는 이 표현을 클레망 로세의 짤막한 철학 평론서 『특이한 대상』(Clément Rosset, *L'Objet singulier*, Paris: Éd. de Minuit, 1979), p. 41에서 따왔다.

은 현실이 빚어내리라고는 도저히 믿을 수 없는 바로 '그 일'에서 비롯된다. 나는 나 자신을 위한 하나의 세계를 구축해 왔건만, 그 안에서 이런 차이가 이런 특수성이 갑작스럽게 출현하리라고는 예상치 못했던 것이다. 달리 말해 위치설정이 불가능한 이런 차이 아래에서 떠오르는 것이 바로 이타성異他性이다.

조르주 캉길렘도 보다 지성적인 차원에서 이 같은 사안을 논한 바 있다. 괴물에 관한 이야기고 또 상당히 긴 분량임에도 불구하고 해당 논문의 도입 부분을 인용하고픈 유혹을 뿌리칠 수 없는데, 그가 남긴 다음의 기록은 여타 사례에서도 여전히 유효하다 여겨지기 때문이다.

괴물들이 존재한다는 사실은 생명이 우리에게 자연의 섭리가 무엇인지 가르쳐 준다는 측면에서 생명 그 자체를 다시 검토하게 만든다. 이러한 문제제기는 이전에 우리가 품고 있던 확신이 아무리 유구하다 해도, 예컨대 들장미가 들장미나무에서 피어나고, 올챙이가 개구리가 되고, 암말이 망아지에게 젖을 물리고, 보다 보편적인 견지에서 동일한 것이 동일한 것을 낳는다는 사실을 지극히 당연하게 여겨 온 우리의 습관이 제아무리 견고하다 해도, 즉각적일 수밖에 없다. 이러한 확신에 대한 단 한 번의 환멸, 형태상의 어떤 편차, 원인 모를 어떤 종의 출현만으로도 근원적 공포는 우리를 엄습한다. 여기서 공포라는 표현은 대체로 동의될 수 있으리라. 하지만 어째서 근원적일까? 우선은 우리 모두가 생명법칙의 실질적 결과물이고 다음으로는 생명의 잠재적 원인이 되는 살아있는 생명체라는 사실 때문이리라. 이처럼 생명의 실패는 우리와 두 번 관계된다. 왜냐하면 한 번은 능히 우리에게 해를 입힐 수도 있었고, 또 한 번은 우리 자신에 의해 닥칠 수도 있기 때문이다. 살아 있는 우리 눈에 보이는 형태상 결함이 괴물처럼 여겨지는 까닭은 오로지 인간인 우리가 살아있는 생명체라는 이유에서 그렇다. 가령 우리 자신을 증명하고 셈하고 설명하는 단순한 이성, 다시 말해 사유의 계기들에 둔감하고 무관심한 순전히 지성적인 기계라 가정해 본다면, 괴물이란 그저 같은 것과는 다른 그 무엇, 가장 개연성 높은 순리와는 전혀 다른 어떤 차원일 뿐이다.[7]

당시 우리는 '차이에의 거부'라는 표현을 남용했고, 광고에 등장시킬 정도로 이 표현을 보편화시킨 바 있다. 그러나 우리가 모호하기 짝이 없는 (왜냐하면 모든 것이 우리가 느끼는 바에 달렸다는 점에서) 상대주의적 견지에 기대어 피상적으로 부를 때조차 '장애'는 예상치 못한 어떤 예외적이고 엄청난 공포, 놀라우리만큼 부정적인 어떤 제스처를 가리킨다. 그래서일까 우리는 장애를 거부하고 강박에 시달리는가 하면, 장애가 초래하는 두려움과 불편함에 따라 모든 것을 경험하는 가운데, 그것에 경계를 설정하고 장애를 유폐시키는 데 열중한다. 무엇보다도 차이는 '전염성'이 있어서는 안 되는 법. 그러니 이를 어찌하지 못할 바엔… 그저 망각해야만 한다. 이제 차이는 악몽이 되어 우리의 내면을 사로잡고 있다. 그 결과 저 악몽으로부터 우리의 부담을 덜기 위해 수많은 사회체corps sociaux의 개입이 필요하게 되었다. 말하

---

7 「괴물성과 괴물인 것」(Georges Canguilhem, "La monstruosité et le monstreux", *Diogène*, n. 40, 1962, p. 29).

자면 우리가 의연하게 대처할 수 있도록 말이다. 확실히 그런 면이 있다. 하지만 그보다 먼저 이런 조치는 우리를 차이로부터 현실적으로 혹은 상징적으로 ─ 때론 경우에 따라 하나씩, 때론 한꺼번에 이 두 방식 모두를 이용해 가며 ─ 벗어나게끔 해주기 위한 것이다. 바로 그렇기 때문에 우리가 차이의 정도나 그 격차를 무의식적으로 구분하지 않는다는 점을 확인해야 한다. 실상 일탈은 그것이 정신적인 것이든 심리적인 것이든 물리적인 것이든 간에 똑같은 두려움 똑같은 거부에 이르게 한다. 더구나 특정 불구 사례들을 더 잘 배제한들 여타 불구 사례를 수용하는 과정 없이 불구성의 차이 내부에서 무언가를 성공적으로 구별해 내기란 상당히 어려운 일이다. 터전을 마련하고, 모종의 '기형 difformité' 앞에서 느끼는 공포심을 극복하고, '더불어 살아가고' 또 더불어 살도록 동원되는 온갖 시도 ─ 여기서는 어떠한 평가절하도 하지 않겠다 ─ 는 그 수많은 표식 중 하나로 어딘가에 항상 극한 공포와 근원적인 망각을 남겨두고 있다. 모든 등급에서, 그리고 우리가 장애인이라는 이름으로 뭉뚱그려 덮어둔 저 수많은 등급들 가운데서, 똑같은 거부들이 증식되는 것이다. 이런 식으로 우리 각자는 용납할 수 없는 저마다의 '또 다른' 불구를 갖는다.

흔히들 생각하는 것과는 달리 '비정상적인 것'이 주는 공포와 질병이 주는 공포는 혼동되지 않는다는 점을 덧붙일 필요가 있을 것 같다. 다만 그 경계가 항상 명백하게 드러나지 않을 뿐이다. 객관적인 관점에서 보아도 그렇다. 실제로 결함과 질병 사이에서 정신적·사회적 범주들은 다양하게 변모해 왔으며, 차차 언급하겠지만 경계를 그어 온 방식이 무엇이든 간에 구별 짓기 자체는 시대마다 집단마다 늘 존속되어 왔다. 전염의 공포라는 측면에서 질병은 결함tare과 관련지어 볼 수 있으리라. 역사상 여러 시기에서 확인되는 나병환자의 경우가 이를 방증한다. 하지만 질병의 공포는 죽음에 대한 두려움과 관련이 깊다. 가령 나는 죽음의 위기에 처한 병든 나의 아들과 발육이 늦거나 사지가 마비된 이름 모를 아이 앞에서 똑같은 방식으로 슬퍼하지 않는다. 이렇듯 모든 불안이 똑같은 이유를 갖는 것은 아니다. 우리 자신과 관련 있는 사람이 생을 마감하는 일, 다시 말해 사멸을 지켜봐야 하는 공포란 맞서 대처해야 할 차이와는 또 다른 차원일 터. 그것은 무無에 대한 공포이자, 우리를 살게 하는 어떤 것, 우리의 심리적 삶이 병적일 만큼 집착하는 그 무엇을 상실하는 공포이기 때문이다. 이렇듯 삶 전체에 영향을 미치는 죽음에 대한 공포는 인간성은 물론이요 특히 자신의 정체성에 대해 의문을 제기하게끔 만든다. 하지만 이 공포는 개별적이고 '정상적인' 존재로서의 나를 문제 삼지 않는다. 불구성은 우선은 내 눈에, 나아가 타인의 눈에, 추방과 몰이해의 대상이 되거나 기이하고 낯선 존재로 보이지 않으려는 욕구, 매우 기본적이지만 일견 미숙한 구석이 있는 이런 욕구에 매몰되어 있을 때 내게 타격을 입힌다.[8]

그럼에도 불구하고 어쩌면 질병, 죽음, 그리고 '괴물성monstruosité'은 살해욕망이라는 한 지점에서 서로 만나는 것인지도 모르겠다. 심

---

8 다시 한번 캉길렘의 주장을 인용해 보자. "생명의 교환가치는 죽음이 아니라, 괴물성이다. 죽음은 유기적 신체조직에 대한 해체로 요약되는 영속적이고 무조건적인 위협인바, 이는 외부에 의한 제한, 살아있지 않은 것에 의한 살아있는 것에 대한 부정을 뜻한다. 반면 괴물성은 형태의 형성과정에서 발생하는 미완성 혹은 왜곡으로 우발적이고 조건적인 위협인바, 이는 내부에 의한 제한, 생존할 수 없는 것에 의한 살아 있는 것에 대한 부정을 뜻한다." 앞에 인용한 소논문 "La monstruosité et le monstreux", p. 31.

각한 불구, 특히 정신적 불구상태가 그것이 소멸되는 것을 지켜보려는 일종의 살해 욕망을 솟구치게 만든다는 사실을 숨겨서는 안 된다. 마찬가지로 불구를 불구라는 이름으로 불러야 한다는 것도 숨겨서는 안 된다. 잠복 상태에 있는 이 살해욕망은 모종의 훼손상태를 겪는 모든 이에게 영향을 미친다. 고대시대에 기형아를 없애려 했던 관습은 일종의 우생학적 감정과 순혈 보존의지에 기원한 것으로, 인간의 마음 속 깊이 자리잡고 있는 것이 무엇인지 여실히 드러내 준다. 그렇다고 헛된 환상을 품지는 말자. 우리는 마음 깊이 죽음의 욕망, 살해욕망, 그리고 공격성만큼이나 두려움 또한 갖고 있으며, 그곳에서 이런 감정들의 뿌리를 찾아볼 수 있을 테니 말이다.[9] 차이나는 존재에 대한 이 같은 폭력성이 사회화 덕택에 그리고 사회화의 규범과 금기와 제도를 통해, 불구자를 제거하는 방식과는 다른 식으로 해소된다는 점은 너무도 자명하다. 사회 시스템은 위협적인, 즉 본능적이고 잔인한 폭력을 우회시키고 유도하는 데 어느 정도는 쓸모가 있는 셈이다(본서가 시도하려는 사회 시스템에 관한 연구의 중요성이 바로 여기에 있다). 고로 우리 안에 매몰되어 본 모습을 감춘 채, 우리의 명증한 의식을 피해 가는, 하지만 언제나 존속하며 활약하는 저 욕망, 저 열망, 저 두려움을 끊임없이 다시 기억해 내야 하는 일이 과제로 남는다.

이처럼 개인의 내면에서든 공적인 영역에서든 일종의 공황상태를

---

9 이 같은 사실은 한편으로는 이론화를 거치고, 다른 한편으로는 사회적 재현들과 관련된 연구들에 의해 논거가 강화되어 온 임상실험이 우리에게 알려 주는 바이다. 이 책의 참고문헌에 소개된 소스(Sausse), 아술리-피케(Assouly-Piquet), 지아미(Giami), 오에(Oé), 페슐레(Paicheler) 등을 참고할 것.

촉발시키는 선천적 기형 혹은 후천적 기형이 표상하는 바가 바로 특수성이다. 그런데 다른 것-타자les autres로 존재하지 않으려는 이 감정이야말로 더없이 모순적인 행동들을 초래한다. 다시 말해 이런 감정을 이용함으로써 혜택과 배려와 권리 ── 한편으론 약점을 두드러지게 하고, 다른 한편으론 타인에게 죄의식을 느끼게 할 뿐인데도 ──를 특권처럼 여기는 일이 그렇다. 때로는 내면으로 침잠하고, 스스로를 숨기고, 수치심을 느끼고, 저마다의 고독을 공고히 하고, 심지어 고독상태를 야기하는 경우도 있다. 혹은 장애가 모든 영역에 온통 난입함으로써 결국엔 그 반대급부로 '건강한 사람들'이 살아갈 권리를 부정하기를 나 자신이나 타인에게 요구하는 일이 있기도 하다. 이렇듯 '장애'가 초래하는 공격성과 압박감은 상당히 다양한 양태를 보이며, 때론 마조히스트나 사디스트적인 양상마저 보이기도 한다. 이는 종종 사회적 제재에 직면해 매우 합법적인 방어일 수 있으며, 이런 방어기제 역시 처한 환경에 따라 다양한 기능을 갖는다. 이 모든 것은 장애인에 대해 톱니바퀴처럼 맞물려 해를 끼치고 제약을 가하는 온갖 기구와 관습으로, 그리고 그런 사회 안에서 원조와 투쟁이라는 이론에 입각해 어떤 실천의 형태로 변모되기도 한다. 이 각각의 전투가 가족주의적이고 조합적이고 정치적인 성격을 띨지라도, 혹은 단순히 인도주의적이라 해도 ── 다만 이 모두가 동일한 위상 동일한 가치를 갖지 않는다는 점은 나중에 언급하겠다 ── 그 다양한 반응은 물론, 제대로 설명되고 또한 매순간 세심하게 고려되어야 하는 불화와 태생적이고 근원적인 방향상실마저 은폐하지는 못할 것이다.

그렇다고 매우 특수한 불안의 수렁 저 깊숙한 곳에 도덕적 정당화랄지 사회학적 정당화 따위를 운운해 가며 기만적인 배출구를 내둘 생각은 없다. 다만 나는 이러한 불안의 뿌리가 차이나는 존재différent[10]에 대한 공포에 있다고 믿고 있을 뿐이다. 왜냐하면 우리는 유사성을 욕망하는데 그치지 않고, 동일성을 더욱더 욕망하기 때문이다. 다른 이들과 똑같이 욕망하려는 우리의 욕망,[11] 다른 이들과 똑같이 존재하고픈 욕망, 그리고 우리를 사로잡을 뿐 아니라 타인의 욕망과 재화를 제멋대로 순응시키는 거의 본능에 가까운 힘을 소유하고픈 욕망, 모방하려 들고 끊임없이 마임을 연기하려는 저 왕성하고 무한한 욕구. 이 모든 메커니즘이야말로 어느 하나랄 것 없이 괴물로 여겨지는 것을 수용하는 과정에서 문제된 오래되고 낡아빠진 장애물이다. 육체적·정신적 결함은 일치된 반응과 동일한 것을 향한 우리의 애착으로부터 우리 자신을 멀어지게만 할 뿐이다. 그렇다면 과연 여기에 치유책은 있는 것일까?

우선 '핸디캡이 부여된 자–장애인handicapé'이라는 표현에서 그것이 완결짓는 원초적인–가장 중요한primordiale 기능을 알아보아야 할 것이다. 어른에게 아이가, 남성에게 여성이 그렇듯 (그 반대의 경우도

---

10 차이(différence)의 문제와 이타성(altérité)의 문제를 구별해 둘 필요가 있을 것 같다. 이와 관련해서는 보드리야르, 『악의 투명성: 극단적 현상들에 관한 에세이』(J. Baudrillard, *La Transparence du mal. Essai sur les phénomènes extrêmes*, Paris: Galilée, 1990)를 참조할 것. 역사적 차원에서 단절은 이타성의 문제가 은둔과 관용의 실제를 동시에 가능하게 해주었던 프랑스대혁명 이전 시기와 차이 및 내포의 차원에서 이 같은 편차들을 어떤 동일한 공공의 공간 속에 살게 하는 일에 엄청난 난점들이 동반되었던 민주화 과정 사이에서 확인된다. 그렇다면 과연 정치적으로 자율적인 누군가가 어떻게 내부적으로 소외될 수 있는가? 이 질문에 관해서는 고세와 스웽의 저작, 특히 『미치광이와의 대화』(M. Gauchet·G. Swain, *Dialogue avec l'insensé*, Paris: Gallimard, 1994)를 참조할 것.

11 요컨대, 나는 이 지점에서 이미 르네 지라르의 저작 『폭력과 성스러움』(R. Girard, *La violence et le Sacré*, Paris: Grasset, 1978)과 『세상이 만들어질 때부터 숨겨온 것들』(*Des choses cachées depuis la fondation du monde*, Paris: Fasquelle, 1978)을 활용하고 있음을 밝혀 둔다.

마찬가지다) 장애인은 우리가 기준이나 표준으로 세우고자 하는 것의 불충분을 드러내는 증거라 하겠다. 고로 장애인은 존재의 미완성, 결핍감, 불확실성 쪽으로 열려 있는 우리 존재의 갈라진 틈이다. 이런 이유 이런 차이에서 장애인은 어린아이나 여성처럼 '대속 희생'으로 간주될 수도 있다. 하지만 장애인은 '건강', 활력, 힘, 기지, 지성과 같은 덕목을 모방해야 할 본보기이자 누려야 할 권리로 여기는 인간사회를 저해하는 존재다. 이렇듯 유일한 본보기와의 동일화 그리고 광기어린 확실성을 방해하는 장애인이란 사회 집단 가슴팍에 박힌 성가신 가시인 셈이다. 그렇다, 이것이 바로 다운증후군 아동, 팔 없는 여인, 휠체어에 몸을 의지한 노동자가 고발하는 '건강한 자들의 광기'다.

　이런 불구성의 공간을 목청 높여 요구하고 있는 만큼, 불구성의 사회적·정신적 불가피성이 제기되는 일을 피해야 할 필요도 덩달아 높아진다. 그렇다고 수세기를 지배해 온 어떤 관념, 즉 부자들의 마음을 돌려세우려면 (결국 적선하도록 하기 위해!) 가난한 자들이 필요하다는 관념을 되풀이할 수는 없다. 나는 '장애'가 갖는 불가피하고도 자비로운 성격에 관해서 문제 삼으려는 것이 아니다. 다만 이러한 차이가, 등장하는 바로 그 순간, 다른 그 어떤 유사한 차이에도 평형추이자 경고로서 그 역할을 다하게 되리라는 점을 말하고 싶을 뿐이다. 우리는 우리의 확신으로부터, '모방의' 기준으로부터, 그리고 규범화된 관점으로부터 기각당한 듯하다. 구상단계부터 너무 많은 자료를 제시하지 않기 위해 짤막한 영국 영화 한 편을 교훈삼아 제시해 볼까 한다. 이 영화는 모두가 휠체어를 타게 될 이들을 위해 조직되고 건설된 세계의 일상을 그려 보여 준다. 두 다리로 걷는 한 남자가 태어나 문설주에 부딪

히는가 하면, 그냥 걷기에도 불편한 비탈 위를 힘겹게 오간다. 영화 속에는 비슷한 부류의 '선천적 기형들malformations'이 등장한다. 재활교육과 재활훈련과 사회적 접근성을 높이기 위한 여러 전문 협회들이 창설되지만, 그 누구도 다리 없는 사람들이 사는 이 사회의 기본적인 여건을 쇄신하려고 들지는 않는다.

　이렇게 간단히 말하긴 했지만, 이것은 어떤 반란인 동시에, 거의 유토피아에 가까운 이야기이다. 요컨대 차이를 사랑하자는 것이다. 정신적 일탈만큼이나 신체적인 모든 일탈이 우리를 이끄는 지점이 '정신성' —감히 이런 표현을 써본다면 —이란 사실은 무척이나 소박한 것들을 뜻한다. 즉 일상성이라는 표현이 지칭하는 바 그대로의 일상을 살아가는 것, 우리와 동등한 장애인들이 특수한 존재, 명확하게 드러나는 존재들이 되어, 그들과 더불어, 그리고 그들 가운데 함께 살아가는 일이 그렇다. 분명 이것은 반란에 해당한다. 왜냐하면 거대하고 막대하고 위엄 있는 '전문화된' 사회조직 —입법에 관여하는 협회들, 공공기관에서 가정에 이르기까지 —의 편성에 착수하는 것을 뜻하기 때문이다. 이는 결국 거의 유토피아라고도 볼 수 있는데, 왜냐하면 사회 조직화, 사유의 도식들, 그리고 특히 수많은 드라마들이 그곳에 생겨날 것이기 때문이다. 하지만 실상 그것은 파국의 드라마일 터인데, 왜냐하면 훗날 사람들은 숱한 상황들, 순간들, 장소들에서 쇠약한 사람에게도 그리고 다른 모든 이들에게도 '더불어 사는 일'은 견디기 힘든 일이었노라 이야기할 것이기 때문이다. 결국 이것이야말로 결과가 명백하고, 괄목할 만한 성과가 있는, 안도의 한숨을 자아내는 데 필요한 수많은 조처들과 제도들의 유용성과 필요성을 부정하는 또 다른 광기가 아닐까? 고로 내가 거만하게도 간단한 펜 놀림으로 줄 그어 가며 이러한 불가피하지만 유익한 행동들 ── 그 행동들 중에서 선별해야 한다 해도 ── 을 삭제하고 있다고 생각한다면, 나는 정말로 오해의 대상이 된 것이다. 이 모두는 내가 원하는 것이 아니다. 오히려 그것이 잊게 만드는 모든 것, 그것이 그만두게끔 하는 모든 것, 그것이 충분히 말하지 않은 모든 것, 이 모든 것에 활기를 불어넣을 수 있는 것들이 바로 내가 바라는 것들이다. 나는 써먹기에도 버거운 '정신성'이라는 단어를 이미 내 작업의 서론에, 그리고 제도들에 관한 논의 선상에, 혹은 그 기저에 사용하고 말았다. 바로 우리의 '마음' 말이다. 다시 말해 행동의 방향을 결정짓는 것, 우리의 실존을 방향 짓는 것, 왜곡하거나 거짓하지 않고 우리가 존재할 수 있는 바로 그곳, 나를 나 자신으로 돌려보내고, 우리의 삶이 시작되는 그 최초의 지점에 속하게 하는 바로 그것 말이다. 그렇다면 우리가 하는 일이 그 무엇이 되었건, 우리가 주도하는 어느 전투, 우리가 시도하는 어느 조치, 이 모두는 과연 무엇으로부터 권위를 부여받는 것일까? 차이에 대한 애착으로부터? 혹은 유사성에의 열정으로부터? 전자는 ── 무엇보다도 그것이 (교육, 문화적 실천, 정치적 행동에 의해) 사회적 '전염성'을 갖고 있다면 ── 인간다운 삶으로 이끌어 주리라. 반면 후자는 명백한 혹은 잠재적 형태들하에서 착취, 억압, '희생', 거부에 이르게 하리라. 이제 양자택일의 문제가 남았다. 이러한 인식을 토대로 할 때 과연 우리는 더불어 살 수 있을까? 아니면 서로를 추방해야 할까?

교화적 차원에만 머물지 않기 위해 이 문제는 그 대답을 가능하게 하는 조건들로부터 몇몇 관점을 받아들여야만 할 것이다. 그 누구도 자기 자신과 똑같이 존재하도록 설득하지 않는 것, 그리고 그 누구에게도 유일한 본보기에 순응하도록 강요하지 않는 것 등은 차이와 특이한 것을 발생시키는 현실에 대한 인정을 그 전제로 한다. 주어진 것을 받아들이는 일은 이제 그 무엇보다도 지적인 노력을 전제로 한다. 이러한 것들은 가식적인 평등주의에 입각하지 않는 어떤 화해의 선결조건이 될 수 있을 것이다. 고로 차이가 결코 어떤 예외, 어떤 괴물성이 아니라, 세상의 흐름 속에서 엄연히 발생하는 그 무엇임을 배우는 것이 관건이라 하겠다. 하지만 우리들 각자는 이러한 이해를 통해 특정 인종들에게 매겨진 열등의 우화를 깨부수며 인종주의를 척결하려 했던 과학과 마찬가지로, 불구성의 두려움을 쫓아내는 것만으로는 더 이상 충분하지 않다는 점을 밝혀내야 한다. 고로 현실법칙으로서의 차이에 관한 검토를 문화적 모델들 안에 도입해야만 한다. 그 일은 우선 모든 제도교육 안에 놓인 아이들에게 차이라는 것이 인간세계가 만들어 내고 또 이 세계를 만들어 내는 것으로, 차이에 대한 존중이 무엇보다 중요하다는 점을 역설하고 또 전달하는 일이 되어야 할 것이다. 누군가가 동일성의 법칙을 강요하고, 자신의 정체성만이 유일하다고 주장하는 일을 막기 위해서는 윤리적 요청, 즉 문화의 한 요소로 녹여 내는 일 이외에 다른 방법은 거의 없다고 할 수 있다.

그것 ──특히 '현실의 법칙'과 같은 어떤 공식 ──을 말함에 있어, 내가 새롭게 도입하려는 것은 자연주의자적 관점이 아니다. '현실의 법칙'이 곧 차이라고 주장하는 것, 그것은 동시에 현실이 상이성들과 변화들의 연속일 뿐이라고 말하는 것에 다름 아니기 때문이다. 자연적인 것이 차이를 지운다고 할 때, 그것은 더 이상 지난날의 자연적인 것이 아니며, 이때 단어들 자체는 별다른 중요성을 띠지 않게 된다. 실상 '현실의 법칙'은 반-자연으로 나타난다. 즉 불변성을 제시해 주기는커녕, 다양성을 야기하기 때문이다. 그렇다고 불구가 표현상 운명이라는 관념으로 이어질지도 모른다는 점에서 자연적으로 주어진 것, 즉 성별, 키, 피부색과 같은 자연적 소여라고 주장하지는 않겠다. 다만 나는 불구가 인류 모두에게 갑자기 덮칠 수 있는 것이고, 그것을 어떤 변이로 생각할 필요가 없다는 점을 믿고 있을 뿐이다. 생명과 생물학은 그 자체의 위험요소들을 내포하고 있으며, 그 점은 사회적 삶에 있어서도 동일하다. 여기에는 어떠한 신실한 순종도 전제되지 않는다. 불구성과 그 원인들에 맞선 투쟁은 여전히 격렬하게 이루어지고 있지만, 나는 그 투쟁을 이상anormalie이나 비-정상a-normalité으로 소개하기보다는 무엇보다도 하나의 현실로 간주하고자 한다. 내게 있어서 비극적인 것은 고대 그리스인들에게서처럼 발생하고 나타나는 데 있지 않다. 오히려 비극적인 것은 그것이 발생하고 나타나는 것을 받아들이는 우리의 여러 조건들과 표상들 내부에 자리한다. 비극은 언제까지나 현재적일 것이다. 그렇다고 해서 무엇인지 알 수도 없는 병적인 숭배의 감정이나, 그 비극이 출현하는 장소를 넘어서까지 이야기를 확장시키지는 말자. 만일 우리가 차이를 발생시키는 이러한 현실을 수긍하지 않는다면, 그 불구성의 차이들 가운데에서 우리는 '건강한 자들'의 법칙을 강요하게 될지 모른다. 이렇게 되면 건강한 자들 중에서도 더 건강한 어떤 이들이 보통의 건강한 이들에 대해 자신들의 법칙을 강요하지 못할 이유가 무엇이며, 결국 단독자의 법칙이 강요되지 말라는 법이 또 어디 있겠는가? 요컨대 지난날 나치즘은 우생학을 그 근간으로 삼았다.

정말이지 끔찍한 논리가 아닐 수 없다. 운이 좋은 것인지는 몰라도, 우리 모두는 엄밀히 말해 논리적이지 않다. 하지만 잠복상태에 있는 모든 차이에 대한 거부는 전체주의적이고, 독재적이지 않은가. 세상에는 인간존재를 대하는 온화한 방식들이 존재하며, 사람들은 종종 강경한 방식보다 이러한 방식들을 선호한다는 사실을 잊어서는 안 될 것이다.

이제부터는 어째서 '공통의 것으로부터 벗어난' 존재들에 대해 행해진 사회적 방식들의 역사를 살피는 이 지난한 저작이 계속되어야 하는지에 관해 설명해야 할 것 같다.

'체험된 일'——설령 그것이 수많은 또 다른 개인들에게서 반향을 불러일으킨다 할지라도——에서 비롯된 어떤 개인적 결심은 수많은 역사적 행동과의 충돌 속에서 입증될 때 비로소 하나의 통찰, 하나의 실제에 이를 수 있다. 모든 시대에 걸쳐 어떤 문제가 관통하는 매개항들——다시 말해 구조화와 논리적 연관들——을 건너뛰어서는 거의 아무것도 말할 수 없다. 왜냐하면 보편성이 문제 자체를 와해시켜 버리기 때문이다. 수많은 집단들과 문화 속에서 다루어지고 수정되어 온 방식들을 추적하는 일은 수많은 이들의 논쟁과 그 논쟁이 우리에게 여전히 보여 주는 수많은 양상을 뒤따라간다는 것을 의미한다. 우리는 한 문제를 짐짓 영속적인 것인 양 어느 한 순간에 고정시키기보다는 그것이 천천히 진전해 가는 양상을 관찰하는 가운데 더 많은 것들을 밝혀 낼 것이다. 정녕 우리는 우리 아이의 모든 몸짓이 담긴 사진들과 그 안의 모든 순간들을 과연 한 장의 사진에 담아 낼 수 있을까? 우리는 너무나도 특권적이라서 결국엔 환영이 되어 버리는 어떤 방식으로 이 문제를 고정시키려 애쓰기보다는, 이 문제 자체를 다양한 상황들 내부에서 자주 들여다보고 관찰함으로써 이해하려고 할 것이다.

　미셸 푸코는 사유의 시스템들('임상진료소', 감옥, 성性 등)에 관한 역사를 통해 단일한 '지배적' 관점이 가능하지 않다는 점을 보여 준 바 있다. 사유의 여러 시스템들이 이어 온 역사 외부에 사유의 역사란 존재하지 않는다. 랑그의 체계 바깥에 파롤이 없고, 주어진 정신적 범주들 바깥에 정신성이 부재하며, 마찬가지로 구체적인 사회적·문화적 구조화 바깥에 '장애'나 '장애인들'이 없는 것도 같은 이치이다. 따라서 사회에 기입된 일련의 기준들과 구조들 외부에 장애를 대하는 태도란 없다. '장애'는 늘상 같은 방식으로 제시되지 않았다. 당연히 나는 12세기 중국인들에 대해, 고대 아즈텍 문명에 대해, 예수탄생의 시기 혹은 인간이 동굴에 살던 시기의 아프리카인에 대해 말할 수 없다. 다만 소박하게 이처럼 다양한 인간들이 어떻게 (또 언제 그것이 가능했는지) 위치했던가를 이해하려고 노력할 뿐이다. 그리고 사람들이 내게 요구해 온다면, 매우 제한적인 우리의 현재에서 그것이 어떤 결과를 초래할지에 관하여 말할 수 있을 뿐이다. 따라서 연구의 방향과 직결되지 않는 이 서론과 당장에 고통받고 있는 이들을 직접적으로 참조하지 않는 이 책의 본문 사이에서 연속적인 해결책을 찾기란 불가능할 것이다.

　그럼에도 불구하고 경험과 체험의 어투로 쓰여진 이 서론은 인류학의 일반 성격을 드러내 주는 것이라고 할 수 있다. 불구성에 관한 역사적 시스템들은 뒤에서 다시 살펴보겠지만, 실로 다양하고, 또 여전히 지속되고 있다. 불구성의 대상은 사회적으로 그것을 다루는 방식들과 그것을 드러내는 방식들에 의해 창조되는 탓에, 영속적인 어떤 '대상objet'을 설정하기란 어려울 일일뿐더러 위험하다고도 할 수 있다.

하지만 이러한 사실은 난폭한 현실 속에 불구성이 성별이나 피부색처럼 결손으로 존재한다는 사실과 모순되지 않는다. 즉 현실 속에는 사지 일부가 절단된 몸, 기형의 몸, 질병으로 뒤틀린 몸, 통제되지 않는 충동으로 가득한 몸이 엄연히 존재하기 때문이다. 그 출현과 그 마주침은 우리를 힘들게 만들고, 고통스럽게 하고, 현실을 불안한 것으로 인식하게끔 하는 충격과 상처를 야기한다. 우리는 불구성 앞에서 어떤 두려움의 감정이든 우리의 욕망에 이는 어떤 동요든 쫓아내지 않을 수 없다. 실로 이제 우리는 어떤 변치 않는 사실[12]을 건드린 셈이다.

방법론적 매개

사회는 몇몇 의미심장한 현상을 다루는 방식에서 제 모습을 드러낸다. 장애의 문제야말로 바로 이 의미심장한 현상들에 속한다. 고로 몇 가지 타당한 이유로 장애인에 관해 말해 보는 것은 사회 깊숙한 곳의 베일을 들추는 일에 다름 아닐 것이다. 이는 곧 실제에는 관심이 없는 본서와 같은 책이 단숨에 이론의 차원, 즉 사회 내의 '사회화 가능성 sociabilité'의 차원, 다시 말해 '더불어 살아가기'라는 근본적 차원, 사회

---

12 우리 자신이 연루될 경우, 이러한 변치 않는 사실을 인정하기란 불편한 일이 아닐 수 없다. 하지만 그렇다고 해서 인류학자가 자신이 확인한 사실을 포기해서는 안 된다. 왜냐하면 이런 겁에 질린 반응들은 모든 문화들에 걸쳐 공히 나타나는 것이기 때문이다. 다만 우리가 덧붙여 말할 수 있고, 또 그렇게 해야만 하는 것이 있다면, 어떤 사회집단 내에서 발생하는 드문 현상, 혹은 좀 더 드물거나 통상적인 기대에 어긋나는 현상들 모두가 거리두기 혹은 거부라는 어떤 동일한 태도를 유발한다는 점일 것이다. 장애인들도 예외일 수 없다. 더구나 역사가나 인류학자의 더할 나위 없이 진중한 보고서가 법규로 변모한다거나 숙명 같은 말로 번역되어서도 안 될 것이다. 왜냐하면 몇몇 중대한 금기들(근친상간, 부친살해)이야 그럴 수 있겠지만, 이것은 인간성의 근간을 이루는 것도 아니기 때문이다. 반항과 투쟁이야말로 언제까지나 시사성을 잃지 않는 현재적인 문제가 될 것이다.

화 가능성의 인류학적 소여의 차원에 배치된다는 것을 의미한다.

　실상 장애인의 문제와 사회의 문제를 서로 만나게 하는 일은 상당 부분 어떤 역사적 반추를 전제해 왔다. 그런데 이러한 상황은 이 문제에 대한 역사적 연구가 드물면 드물수록, 장기적 전망 없이 그때 그때 이루어질수록 더욱더 난감해진다.[13] 하지만 만일 우리가 상투적이고 진부한 것들 너머에, 여전히 무언가 발견될 거라고 생각할 경우, 이 같은 상황은 더욱더 눈에 띄지 않는 질문을 전제하게 만든다. 그런데 오늘날의 통념 중 하나는 (때때로 너무나 교묘한) 배제에 대한 긍정과 그것에 반대하는 (늘상 너무나 분열된) 이의제기라고 할 수 있다. 여기서 배제의 원인은 상당히 쉽게 눈에 띈다. 우선 수익성이라는 기본 노선

13　그 증거로 베이의 저서 『장애와 사회』(C. Veil, *Handicap et société*, Paris: Flammarion, 1968)를 들 수 있다. 이 책은 두 페이지를 할애해 '장애'라는 용어와 그 장(場)에 얽힌 내력을 설명하고 있지만, 참고문헌상에 단 한 권의 역사서도 인용되어 있지 않다. 사실 책의 본 목적이 그와 관련되지 않았기 때문이다. 다만 당시의 역사적 조사를 약소하게나마 보여 줄 뿐이다. 분명 30여 년 전부터, 사정은 많이 바뀌었다. 장애 분야에서 장애라는 용어가 실제로 존재했다는 사실을 간략하게 검토하는 데만도 짤막한 노트 분량은 넘는 수준이니 말이다. 한편 고대 시기들에 있어서 불구성의 역사란 존재하지 않는다. 고전주의 시기의 경우, 광기에 관한 푸코의 저작 이외에는 모리스 카퓔(Maurice Capul)의 저작들에 주목할 필요가 있으며, 이는 뒤편의 참고문헌에 정리해 두었으니 참고하기 바란다. 우리는 요즘에 들어서야 몇몇 불구 사례에 관한 중요한 연구들, 가령 이제는 중요한 레퍼런스가 된 지나 베이강(Zina Weygand)의 저작 『보지 않고 살아가기』(*Vivre sans voir*)나 장-르네 프레스노(Jean-René Presneau)의 청각장애 관련 저작들을 접할 수 있게 되었다. 마찬가지로 18세기 말엽, 어린 연령의 시각장애자들, 청각장애자들, 정신박약자들을 위한 특수교육과 관련된 최초의 움직임 및 그 선구자들에 관한 각종 연구들도 최근 들어 상당히 풍성해졌다. 아울러 카퓔과 특히 모니크 비알(Monique Vial) — 이와 관련해서는 참고문헌을 참고할 것 — 의 뒤를 이어, 특수교육의 역사에 관한 연구들도 역시 마찬가지이다. 또한 사회복지의 역사 혹은 여러 사회복지협회의 역사 혹은 몇몇 복지시설의 역사가 같은 방식으로 나타난다(게슬렘A. Gueslin/스티케H.-J.Stiker, 혹은 불구성의 역사를 연구하는 국제단체인 ALTER, 이상 역시 참고문헌을 확인할 것). 현대에 들어 발간된 대부분의 저작들은 종종 사회학과 역사학이 뒤섞인 형태를 띠고 있다(예를 들어 블랑A. Blanc, 쇼비에르M. Chauvière의 경우). 나는 특히 이 여정의 표지가 되어 줄 만한 두 개의 간행물을 소개할까 한다. 「불구에서 장애로, 역사적 지표들」("De l'infirmité au handicap, jalons historiques", in *Cahiers du CTNERHI*[장애와 부적응 연구 조사를 위한 국립 기술센터 연구집, 제50집, 1990년 4월~6월호]. 스티케, 비알, 바랄 C. 공편, 『하나의 역사를 위한 파편으로서의 장애와 부적응, 그 개념들과 관계자들』(*Handicap et inadaptation, fragments pour une histoire, notions et acteurs*, ALTER, 1996).

에 따라 세워진 경제적 시스템이 그렇다. 이 경제적 시스템은 광범위하게 이 시스템의 여러 주체들을 평소와 달리 특별하게 '구호하려고' 들지만, 이 주체들은 종종 이 시스템의 희생자들이 되는가 하면, 때로는 자신들에 대한 예방조치와 사회적·직능적 재통합을 귀찮게 여기기도 한다. 한편 문화적 시스템은 더 이상 차이들이 그 모습 그대로 살아가도록 내버려 두는 법이 없는데, 그 이유는 이 시스템의 도식들 자체가 동일성의 도식, 즉 '모두를 유사한 것으로 만드는' 도식을 따르기 때문이다. 끝으로 의료권력의 시스템 역시 '임상의학'과 그 역사에 근거를 두고 있다. 여기서 우리는 질문을 다른 식으로, 즉 어찌하여 사람들은 장애인을 '통합'시키려 드는가라는 문제로 바꾸어 제기해 볼 필요가 있다. 그렇다면 이와 같은 의지 이면에는 과연 무엇이 도사리고 있는 것일까? 좀 더 자세히 들여다보자. 어째서 사람들은 유일한 방식으로 통합하려는 것일까? 어찌 보면 우리가 앞으로 확인할 온갖 양가적인 상황들과 모호한 상황들에서 이 의지는 언뜻 매우 최근의 일처럼 보이는 것도 사실이다. 하지만 이 문제를 조금만 더 다가가 관찰해 보면, 여러 문화적 시기 대다수가 다음과 같은 상반된 두 얼굴을 드러내고 있음을 알 수 있을 것이다. 즉 모종의 형태로 발생하는 배제는 불구의 개인들에게 일견 상식에서 벗어난 듯한 자리를 만드는 방식과 관련이 있고, 정반대로 모종의 형태로 발생하는 내포는 배제의 방식을 은폐하는 일과 관련이 있어 보이기 때문이다.[14] 나는 통합에 대한 비판적

---

14 『장애학 연구 핸드북』에 수록된 라보와 스티케 공저, 「내포/배제: 역사적이고 문화적인 의미에 관한 분석」("Inclusion/Exclusion. An analysis of historical and cultural meanings", in *Handbook of Disability Studies*, eds. G.L. Albrecht, Seelman, M. Bury, London/New Delhi: Sage Publications,

이의제기를 최우선에 두되, 이와 같은 이중의 접근법을 항상 염두에 두고자 한다.

이 같은 질문은 모든 사회들, 온갖 사회학적·정치학적 조직의 형태에서도 동일하게 제기될 수 있는 것이다. 심지어 이러한 통합에 대한 문제제기는 배제에 관한 문제제기보다도 훨씬 더 일반적이라 할 수 있는데, 왜냐하면 역설적이게도 동시대를 살아가는 우리의 정신적 태도에 있어서 통합은 여러 인간 사회 속에서 벌어지는 배제보다도 훨씬 더 불변적인 요소이기 때문이다. 고로 통합이라는 접근로를 통해 장애에 대한 사회적 작용에 관한 분석에 돌입한다는 것은 배제의 양상을 통해 분석을 수행하는 것보다 훨씬 더 비판적이고, 나아가 훨씬 더 '전투적인' 입장을 취한다는 것을 의미한다. 그런데 어떤 거부를 발생시키는 여러 동기와 요인은 세심한 사람이라면 비록 그 거부의 형태가 은폐되고 교묘할지라도 충분히 쉽게 떠올릴 만하다. 통합은 우리의 생각보다 훨씬 눈에 띄지 않게 진행되고 있다. 때로는 당연한 것처럼 보이기까지 한다. 오늘날에 이르러 통합은 부단히 지속되는 당연한 요구가 되어 버렸다. 모든 것이 통합이라는 이유로 가면을 씌워 망각하고, 또 통합의 다양한 획책을 통합의 윤리라는 망토자락 아래에 뒤섞어 놓았다. '통합'이 일어나는 순간에 이런 일이 어떻게 일어나고, 왜 일어나고, 또 어째서 이런 식으로 발생하는지 과연 알아볼 수 있을까?

예를 들어, 오늘날 우리의 자유주의자들이 내세우는 저 끝없는 '선

2001). 프랑스어판으로는 「내포/배제 : 장애의 사회학에 기여한 공헌」, 『장애, 인문사회학 리뷰』 제 88~89집("Inclusion/exclusion : contribution à la sociologie du handicap, in *Handicap, revue de sciences humaines et sociales*. 내포와 배제의 관계와 관련해서는 제89집 두 번째 부분 참조).

의'는 상당부분 흔히 우리의 '좌파'적 선의와 마찬가지로, 이 통합의 절차 자체에 스스로 던지는 문제제기를 방해한다. 가장 일상적인 슬로건은 이제 '다른 이들과 똑같이 되기être comme les autres'라는 표현으로 집약된다. 그런데 그 즉시 최초의 질문 하나가 머릿속에 떠오를 것이다. 다른 사람들과 똑같이 되기일까… 혹은 그렇게 보이기일까, 라는 의문 말이다. 결코 그냥 지나쳐선 안 될 질문이다. 장애인으로 간주되는 이에게 사람들은 과연 무엇을 요구하고 있는 것일까? 비밀, 거짓말, 위조? 나아가 어째서 사람들은 그에게 이런 것을 요구하는 것일까? 또한 어째서 장애인인 당사자도 그런 것을 주장하는 것일까? 이 같은 문제 다음으로, '다른 이들과 똑같이comme les autres'라는 표현 자체도 문제 삼아 볼 수 있다. 이 말대로라면, 다른 사람들 모두가 역시 비슷한 사람들이고, 또 어쩌면 집단적 대립이라는 너무나 단순한 이 동일한 방식을 통해서만 실재하는 어느 범주와 대립한다는 것일까? 게다가 사람들은 '~와 똑같이comme'라는 표현을 통해 과연 누구를 모방하길 제안하고 있는 것일까? 또 모방해야 할 개인에 대해 사람들은 사회적으로 과연 어떤 이미지를 품고 있는 것일까? 또한 이런 식으로 강요되는 문화적 모델이란 과연 어떤 것일까? 다시 말해 이러한 모방은 어떤 사회의 유형, 어떤 사회화 가능성의 유형을 가리키고 있는 것일까?

오늘날 통합에의 의지에 관해 던져 본 위와 같은 질문들의 타당성은 그 어떤 질문보다도 더욱더 훌륭하게 사회의 상이한 영역들에 대한 검토를 가능하게 해준다. 만일 통합을 이루려는 여러 노력이 오늘날에 기원을 두고 있는 것이 아니라, 또 다른 사회들의 소산이라고 한다면, 분명한 여러 대조 관계를 설정하는 일이 가능해질 것이다. 그렇게 되면, '장애'에 관한 어떤 역사가 열리게 된다. 이런 역사는 다른 문화들에서와 마찬가지로 과거에 대해 우리가 행한 가장 통상적인 재현이 지나친 간략화를 겪고 있는 만큼, 진정 필요한 일이라 할 수 있다. 실제로 '진보'에 관한 우리의 선입관은 우리에게 멋진 배역을 맡기려 든다. 하지만 우리는 장애인을 배제하거나 제거해 왔던 야만을 뒤따를지 모른다. 거꾸로 말하자면, 그리고 다른 측면에서 보자면, 몇몇 비상식적인 근대의 착오들 앞에서 우리는 산업화가 이루어지지 않은 탓에 통합에 성공했을지 모를 과거 사회나 또 다른 사회에 대해 품는 어떤 이상주의가 위협받고 있다고 할 수 있다. 따라서 모든 것의 가치를 논하기에 앞서, 내포의 여러 형식을 구별하는 과정에 일단 착수해 보는 일은 적절해 보인다. 우리 사회에는 배제할 것인가 혹은 통합할 것인가라는 딜레마가 존재하지만, 실상 이 딜레마는 서로 조금도 닮은 구석이 없는 일련의 배제와 통분할 수 없는 일련의 통합을 은폐하고 있다. 이 같은 딜레마는 가히 기만적이라 해도 과언이 아니다. 그렇다면 사회는 이런저런 방식으로 배제를 감행할 때, 또 이런저런 방식으로 통합을 감행할 때, 도대체 무엇을 하고 있는 것일까? 그리고 이러한 사회체들은 이 과정을 실행에 옮기면서, 스스로에 대해 과연 뭐라 말하고 있는 것일까? 실제로 우리가 주변적이라고 명명하는 모든 것에 관한 연구는 사회가 모르고 있거나 애써 외면하는 여러 차원을 부각시켜 준다. 더구나 이 주변적인 것들은 사회적·문화적 역학관계를 엿볼 수 있는 지표들이기도 하다.[15] 다시 말하자면, 이 주변적인 것들이야말로 수없

15 『중세시대의 주변성의 양상』(Aspect de la marginalité au Moyen Âge, eds. G.-H. Allard et al.,

이 반복되어 온 상투적인 질문, 즉 '이 사회는 어디로 가고 있는가?'가 아닌, 이 문제 안에 자리 잡고 있는 여러 긴장관계를 증언해 줄 수 있으리라. 이러한 주변적인 것들은 어떤 본보기를 이루기보다는 해명의 실마리가 되어 줄 것이다. 더구나 이 주변적인 것들은 곧 각각의 사회에 있어 정상적으로 인정받는 인간의 유형이 무엇인지와 같은 —— 최소한이긴 하지만, 실로 의외의 소득을 가져다주는 —— 질문을 제기할 수 있게 해준다.

분별력을 되찾고, 선택 가능한 방편을 획득할 수 있다는 신뢰할 만한 기대를 샘솟게 하는 일은 오직 이 같은 탐색의 대가를 제대로 치를 때에야 비로소 가능해지는 법. 이러한 관점은 본서 전체를 관통하게 될 것이다. 그렇다고 여러 사회적 전략을 제시해 보라는 요구를 외면하지는 않을 것이다. 분명 임상의학 관련 연구에서 미셸 푸코가 피력한 다음과 같은 표현은 내 입장을 대변하고 있다.

따라서 여기서 시도된 탐구는 모든 처방적 의도를 넘어, 근대가 경험한 것과 같은 의학적 실험의 여러 가능 조건을 규정하는 한에서, 비판적 입장을 취하려는 확고한 계획을 포함한다. 그렇다고 이번 기회를 빌미로, 본서가 어떤 다른 의학 분야에 반대하는 어떤 의학 분야를 염두에 두고 작성되거나, 또한 의학의 부재를 꾀하고자 의학에 반대하는 의도를 담지는 않을 것이다. 다른 곳에서와 마찬가지로 여기서도, 역사적인 것의 두께 속에서 역사 그 자체의 여러 조건을 해독하려는 구

Montréal: Édition de l'Aurore, 1975).

조적 연구를 견지하게 될 것이다.[16]

그럼에도 불구하고, 나는 모든 개인적 입장에 얽매이지 않는 초연함을 견지하는 가운데, 태도가 분명한 몇몇 제안들로 본서를 매듭지으려 한다. 특히 본서의 말미에 나의 입장과 관점을 상세하게 밝힐 것이다. 하지만 나는 나의 분석이 응당 견지해야 할 바, 즉 어떤 처방이 아니라, 하나의 분석임을 유념하며 주장을 펼치고자 한다.

나는 단도직입적인 질문 하나를 선택했고, 본 연구가 명철한 탐색이 되기를 간절히 희망한다. 그렇다면 본 연구의 절차적 위상은 어때야 할까?

어떤 저자든 굳이 자신의 방법론을 노출시킬 필요는 없다. 어떤 상세한 방법론을 갖고 있어서 그것을 찾아내는 수고를 독자들의 몫으로 남겨두는 경우든, 혹은 거의 다듬어지지 않은 방법론이어서 인식론적 사전절충 단계는 부차적인 반면 건네려는 메시지는 상당히 절박한 것이 되는 경우든, 그 어느 경우에도 방법론을 밝힐 의무는 없을 것이다. 그럼에도 나는 이 점에 관한 몇 가지 해명을 굳이 피하지 않으려 한다.

학문에 대한 높은 경의의 감정을 품고 사는 나로선 오직 겸손하게 학문에 임하려는 마음뿐이다. 하지만 경솔하게도 연구를 빠르게 진척시킬 수 있는 학문의 전통적 절차는 어떤 경험의 장에서 출발하여, 어떤 현상을 선택하고, 그 현상으로부터 어떤 '대상'(학문적 대상은 언제나 '이미 구성되어' 있다)을 따로 떼어내 추상화하고, 가능한 한 순수하

---

16 『임상의학의 탄생』(Michel Foucault, *Naissance de la clinique*, Paris: PUF, 1963), p. XV.

게 형식적인 모델 혹은 적어도 해석에 도움이 될 만한 모델을 적용해 보는 식으로 전개되곤 한다. 그런데 형식적 모델에 그치고 마는 불가능성 ——소위 인간을 다루는 학문에서는 특히나—— 은 특정 사건에 관한 문제나 특이한 문제에서처럼 몇몇 문제들이 갖는 저항에서 비롯된다. 그 결과 학문은 대개의 경우 갖가지 유형론에 이르게 된다. 하지만 어떤 유형이란 어떤 계급도 어떤 개인도 아니다. 그것은 그저 그랑지에[17]가 말했던 것과 같은 '구조라는 속屬에 속한 어떤 종種'에 불과하다. 만일 우리가 학문의 이 같은 특성에만 만족한다면, 불구성과 관련해 제시될 본서의 절차는 엄정한 학문의 꼬리표를 내세울 수 없을지도 모른다. 게다가 인문학 분과들의 쟁점이란 과학이 되는 것도 '인간'에 기초해 말하는 것도 아닌 이타성의 대륙에 접근하는 일이라 주장했던 미셸 푸코의 『말과 사물』(1968) 이래로, 우리는 어떤 역사 인류학적 작업과 관련해 거리두기가 빚어내는 해학적 효과를 생각해 볼 수 있게 되었다. 그렇다고 이런 식의 관점이 우리가 어떤 연구 안에서 반드시 견지해야 할 엄정성을 실추시키기 위한 것은 결코 아니다. 설령 어떤 한 연구가 학문적scientifique이라는 어휘의 가장 강력한 견지에서 과학적이지 못하다 해도 말이다. 아울러 인식론적 신중을 견지해야 한다는 말 자체는 여러 무의식의 세계, 미처 겉으로 드러나지 않은 여러 시스템, 수많은 의미 구조에 대한 온갖 탐색을 거쳐도 인간에 대해 아무것

---

17 내가 대략적인 특성으로 개괄해 본 이러한 학문 유형론은 다음의 저자의 책에서 끌어 온 것이다. 그 랑지에(G.G. Grangier)는 엄청난 업적을 거두었다. 특히 나는 「인간에 관한 여러 학문분과들에서의 사건과 구조」("Evénement et Structure dans les sciences de l'Homme", in *Cahiers de l'Institut des sciences économiques appliquées* [『응용경제학 연구소 연구집』 제55집, 5월~12월호], 1957) 에서 영감받았음을 일러둔다.

도 발견해 내지 못하리라는 것을 뜻하지도 않는다. 단지 내가 여기서 강조하고자 하는 것은 학문들을 가까이 접하면서 배워 왔던 엄정함의 태도가 나 자신에게도 적용되길 바라는 마음을 밝히고 싶을 뿐이다. 그저 여러 '인문학 분과들'을 공부하는 나로서는 불구성에 관해, 그리고 사회/불구성 관계에 있어 어떤 단일한 지식을 수립하려는 열망 따위는 없다는 점을 미리 밝혀둔다. 나의 연구는 기껏해야 우리가 이미 알고 있는 앎의 지평을 좀 더 확장하는 정도일 테니 말이다.

현시점에서 불구성에 관한 한 역사학자가 들려주는 역사란 가능하지 않다. 아무리 파헤쳐 봐도 연구된 자료의 수가 턱없이 부족하기 때문이다. 행여 있다 해도 이미 지적했다시피 그때그때 이루어진 시추 수준에 불과하다. 반면 학식의 범위를 최대한 넓혀, 우리는 어떤 철학적 유형에 해당하는 질문을 실제에 적용해 볼 수 있을 것이다. 즉 역사를 가로질러 확인 가능한 불구성에 대한 여러 다양한 사회적 '취급방식'의 가능 조건들은 과연 무엇이었을까? 같은 질문이 그것이다. 미셸 푸코가 정신의학의 역사를 구성하려는 시도를 단념했을 때 ──만일 그런 역사를 정초했다면, 다분히 치료법상 출현한 '진보의 사례들'을 강조할 우려가 따랐을 터──, 이는 어떠한 방식들로 인해 '광기folie'가 '정신병maladie mentale'이 되고, 또 어떤 의학분과에 적합한 대상이 된 것인지 자문하기 위함이었다. 고로 이 질문은 더 이상 고유한 의미에서 역사학자의 소관이 아닐 뿐만 아니라, 만일 푸코를 역사가에게 여러 요소들(나아가 풍요로운 여러 가설들까지도[18])을 가져다준 학자로 읽

---

18 벤느, 『「푸코 역사를 혁신하다」 이후, 어떻게 역사를 기술할 것인가』(P. Veyne, *Comment on écrit*

어낸들, 푸코는 자신의 개입 지점을 ─ 그에 이르러 고고학이 된 ─ 어떤 인식론적 차원에 정위했다고 해야 할 것이다. 가령 이성과 비이성을 가르는 분할의 기원 그 자체, 그리고 분할의 양상들 같은 것이 그렇다. 당장은 먼저 언급해 둘 내용을 위해 푸코의 작품은 이렇게 먼발치에서 환기하는 정도에 그치기로 하겠다. 다시 본서와 관련하여 이야기를 계속 이어 가자면, 나는 앞으로 상당한 양의 참고자료를 제공하고자 노력할 것이고, 또한 나의 미약한 능력으로 인해 활용할 수밖에 없었던 연구자료들을 최대한 동원하여 본 작업을 지속하려 한다. 하지만 사실 나는 장애의 역사 너머로 가해지는 여러 질문들, 다시 말해 그 이면에 가장 많이 은폐되어 온 것의 베일을 들추는 수많은 질문들로부터 앞으로 나아가야 할 길을 안내받고 있다. 실상 우리는 이런 과정을 거치면서 사람들이 만들어 낸 역사─이야기histoire가 허구일 수 있음을 분명하게 알게 된다. 예컨대 "자 이제 여러분께 불구성에 관한 역사를 어느 어느 차원에 기초해서, 여러분이 미처 예상치 못했던 방식으로 말씀 드려 볼까 합니다, 그러니 잘 들어주시길 바랍니다. 한번은 이런 일이 있었지요…" 같은 어법이 갖는 허상 말이다. 여기서 간단히 두 가지 지적이 덧붙여져야 할 것 같다. 우선은 모든 역사, 심지어 역사가들이 역사가적 견지에서 발언하는 역사조차도 지어낸conté 이야기라는 것이다. 사실 할 수 있는 온갖 보증이란 보증은 이미 다 취해졌으므로, 사람들은 달리 만들어 낼 재간이 없을 것이다. 그럼에도 유독 내가 지어낸 이야기를 들려줄 때면, 역사상 여태껏 한 번도 들어 본 적 없는 이

---

l'histoire, suivi de Foucault révolutionne l'histoire, Paris: Le Seuil, 1978).

야기를 모두 들어 보시길, 하는 바람이 누구에게나 있다는 것이다. 사정이 그렇다면 기왕이면 나는 이렇게 말하고 싶다. 불구성에 관해 이런 식의 이야기에서 출발해서도 한번 들어 보라고. 왜냐하면 어떤 시도가 갖는 한계를 시인하는 일만큼이나, 그 시도 자체를 중상하는 것만큼 어리석은 일도 없기 때문이다. '객관적objectif'이라고 말한다는 것이 실상은 무지의 동의어라는 점에서 — 그리고 특히 이러한 견지에서 —, 그 참고가 될 만한 인물로 다시 한 번 꼽아 보건대, 미셸 푸코가 우리에게 남긴 것들은 의미심장하다 하겠다. 나는 여러 문헌자료에 기대어, 내가 이야기로 구성해 보려는 실제의 사실 속에서 '기나긴 역사를 말하고, 그 일이 의미심장하게 전달되길' 기원하는 바이다.

우리의 문제를 몸에 기입된 불구성과 관련지어 보면, 문헌들의 출처는 실로 상당히 다양해진다. 때로는 문학이나 신화에 속할 경우도, 때로는 사회학에 속할 경우도 있으며, 때로는 의학 쪽의 자료에 도움을 청해야 할 때도 있고, 혹은 경제학 쪽의 서로 다른 여러 시기들을 확인하기도 해야 하기 때문이다. 그때 비로소 우리는 여러 사유방식이 알려주는 이야기에 대해, 그리고 바로 그 지점에서 고려하지 않을 수 없는 여러 사건들에 대해 할 말이 생긴다. 우리는 어떤 시기에 입증되는 사회적 실제들을 발견해 내기도 하지만, 또 다른 어떤 시기에서는 담론들 이외에는 거의 아무것도 찾아내지 못할 수도 있다. 이것이 실로 다양하고 또 흩어져 있는 정보들의 실상이다. 사회와 불구성 사이의 관계를 지배했던 여러 정신세계를 재구성해 나가면서, 나는 무엇보다도 여러 문화의 구별되는 특징들 — 그것이 수없이 많다 해도 — 을 찾아내 볼까 한다. 이런 시도는 내가 우려하는 '지식의 고고학archéologie de la connaissance'이기보다는 오히려 일종의 '문화들의 기호학sémiotique des cultures'에 해당된다고 할 수 있다. 다시 말해 나는 문화적 세계가 불러일으킨 관심 쪽에 눈을 돌리고 있는 셈이다.

독자들이 관대한 눈으로 바라봐주길 바라는 마음에서, 나의 연구 주제와 관련된 여러 문화에 대한 이런 식의 성격학은 이제 겨우 초안이 그려지기 시작했다는 점을 일러두어야 할 것 같다. 그 예로 속담에 나타난 불구 표현을 분석한 상당히 박식한 학술 연구 하나를 그 증거로 제시할까 한다.[19]

저자는 민중들의 속담이라는 접근방식을 통해 불구자를 향한 다양한 태도들을 밝히고 있다. 분명 이런 식의 고정관념의 근저에는 불구에 대한 폄훼랄지, 실명失明이 갖는 중요한 의미랄지, 구걸에 걸맞은 불구의 사례와 사람들이 숨기는 불구의 사례들(가령 마비) 사이의 구

19 라샬, 「이탈리아 속담에 나타난 불구자와 불구성의 사례들」, 『프랑스 민속학 연구』(R.-C. Lachal, "Infirme et infirmités dans les proverbes italiens", in *Ethnologie française*, t. II, nos 1~2, 1972). 본 장의 서두에서와 마찬가지로, 참고문헌에 관한 일별을 비교적 상세히 적어 두어야 할 것 같다. 다음의 참고문헌을 확인해 보길 바란다. 인류학의 역사적 차원에 관해서는 다음에 나열하는 인물들의 연구에서 여러 요소를 확인할 수 있을 것이다. 자클린 가토-메느시에(Jacqueline Gateaux-Mennecier), 앙드레 미슐레(André Michellet), 가리 우딜(Gary Woodill), 필립 가스파르(Philippe Gaspar), 아를랑 랜느(Harlan Lane), 자크 포스텔(Jaques Postel)과 클로드 케텔(Claude Quétel), 끝으로 클로드 박크만(Claude Wacjman)이 그렇다. 또한 이 분야의 토대가 되는 어빙 고프먼(Erwing Goffman)의 저서를 결코 지나쳐서는 안 될 것이다. 아울러 최근 연구인 『사회과학과 건강』(*Sciences sociales et santé*, vol. XII, n.1) 1994년 3월호의 모르방(J.-S. Morvan)과 패슐러(H. Paicheler)의 글도 언급해 둔다. 이미 시행된 연구로는 이미 언급했던 지아미 외에도, 드니즈 조들레(Denise Jodelet), 부아랄(P. Boiral), 부아(J.-P. Bouat), 가르두(Gardou), 살라뎅(Saladin), 카사노바(Casanova), 비달리(Vidali) 등을 꼽을 수 있다. 여기에 해외에서 이루어진 연구들을 추가하자면, 고프먼과 프레이슨(Freidson)을 필두로, 알브레히트(L. Albrecht), 압보트(P. Abbot), 블랙스터(M. Blaxter)의 연구를 꼽을 수 있다. 혹시나 수많은 참고문헌에서 길을 잃을 우려가 있다면, 역사적 차원에 관한 한 거의 유일한 다음의 참고문헌집을 참고하길 바란다. 우딜, 『참고문헌 기록안내집: 장애와 부적응의 역사』(G. Woodill, *Bibliographie signalétique, histoire des handicaps et inadaptations*, Paris: CTNERHI, 1988).

별 등, 일반적 성향들이 나타난다. 하지만 결국 문화적 시대를 구별하는 일은 불가능해진다. 물론 우리는 이 연구에서도 불구자에게 특별히 부여되던 재능에 대한 믿음만큼이나, 공포, 거부, 배제 등의 사례도 확인할 수 있다. 불구자 역시 불행과 행운을 지니고 있고, 해서 행운을 가져다주기도 불운을 몰고 오기도 한다는 것이 그렇다. 그럼에도 불구하고 이 책의 저자는 열정적인 조사 말미에, 이 모든 사례들이 여전히 다양한 정신적인 태도를 형성하는지 아니면 이 속담들이 단지 과거와 관련된 것인지 자문하며, 다음과 같은 염원을 남기고 있다. "오직, 여기서 다룬 테마에 관한 상호문화적 연구, 우리의 모든 염원이 담긴 바로 그 연구만이 어떤 객관적인 해답을 가져다줄 수 있을 것이다."

사실 나로 하여금 역사의 인류학적 측면에 천착하게끔 했던 것, 혹은 이렇게 말해도 될지 모르겠으나, 인류학을 역사적인 것으로 만들게끔 했던 것은 바로 이런 종류의 요청 때문이었다. 요컨대, 시간이 갈수록 나는 앙드레 뷔르기에르가 말했던 것과 같은 역사인류학의 한복판에 자리하게 되었다. 이러한 역사인류학은 아직 고유한 영역을 가지고 있진 않지만, 그 내용만큼은 "고려된 변모과정을 언제나 사회적 반향 및 그 변모과정이 발생시키거나 수정을 가한 여러 행동양식과 연관지어 보는 어떤 절차에 상응한다"[20]고 할 수 있다. 이 점에 관해 앙드레 뷔르기에르는 다시금 다음과 같은 통찰을 보여 준다. "몸단장, 옷 입는 방식, 업무편성, 일상 활동의 일정과 같이 어느 사회에서 거의 논거가

---

20 뷔르기에르, 「역사인류학」, 『새로운 역사학』(Andre Burguière, "L'anthropologie historique", in *La Nouvelle Histoire*, Paris: Éd. Complexes, 1988).

되지 못할 만한 여러 행동양식이야말로 그 자체로 법률, 종교적 이해, 철학적 혹은 과학적 사고와 같이 공들여 구상된 고도의 지적 표현들과 깊숙이 연관된 이 세상의 어떤 재현시스템을 반영한다."(p. 159)

역사학과 인류학의 관계에 관해서는 클로드 레비-스트로스가 사회인류학 교수 취임강연에서 했던 다음의 내용을 참조하는 것이 적절해 보인다.

하물며 막연한 방식으로라도 그것을 평가해야 할 때, 적절한 수단이 부족하다는 핑계로 그 역사적 차원을 등한시한다면, 결국 여러 현상들은 그 근거와 유리된 듯 보이는 사회학, 갈수록 멸종되어 가는 어떤 사회학에 자족하는 결과를 낳게 될 것입니다. 수많은 규칙들과 제도들, 여러 상태와 과정은 허공을 맴도는 듯 보이고, 사람들은 저 허공에다 여러 기능적 관계라는 어떤 정교한 그물을 치려고 애쓰고 있는 것만 같습니다. 사람들은 온통 이런 일에만 정신을 빼앗긴 것 같습니다. 사유과정 속에서 이런 관계들이 세워지게 한 토대인 인간의 존재는 망각한 채 말입니다. 인간들이 속한 구체적인 문화는 간과하고, 그들이 어디에서 왔는지, 또 그들이 어떻게 이 땅에 존재하고 있는지에 관해서는 더 이상 알려고 들지 않는다는 것입니다.[21]

이러한 발언은 항상 어떤 사람 혹은 어떤 사회, 어떤 장소, 어떤 순

---

21 레비-스트로스, 『구조인류학 2』(Claude Lévi-Strausse, *Anthropologie structurale deux*, Paris: Plon, 1973).

간이 문제된다고 했던 마르셀 모스의 환기에서도 근거를 찾을 수 있다. 사회인류학의 독창성은 "인과론적 설명과 이해를 대조하기보다는 오히려 매우 멀리 떨어져 있을 수도 있고, 또 동시에 주관적으로 매우 구체적일 수 있는 어떤 대상이 제 모습을 드러내게끔 하는 데 있으며, 이때 이 대상에 대한 인과론적 설명이란 우리에게는 그저 증거라는 추가적 형태일 뿐인 이해에 근거할 수 있다"(p. 17)는 데 있다. 고로 우리는 매우 멀리 떨어져 있는 것을 우리의 사회와는 완전히 다른 여러 사회들과 관련된 것으로 해석해 낼 수 있을 뿐만 아니라, 어떤 이가 자기 자신과 그 대상 사이에 설정할 수 있는 역사적 거리로도 해석해 낼 수 있게 된다. 동일한 텍스트 안에서 사회인류학이 소쉬르가 예견한 기호학의 어떤 영역처럼 이해되는 만큼, 이러한 정황은 충분히 가능한 것이라 할 수 있는데, 그 이유는 사회인류학이 '그 대상에 대한 상징적 성격'을 설정하기 때문이다. 실제로 기호학의 어떤 영역이 인류학에 속할 수 있는 이유는 어떤 사실이 소위 말하는 사회적인 것이 될 수 있기 때문이 아니라, 이러한 사회적 사실 자체가 "인간과 인간의 어떤 대화라 할 수 있는 인류학 차원에서 모든 것이 이 두 주체 사이에 매개로 놓인 상징과 기호"(p. 20)가 될 수 있음을 의미하기 때문이다. 고로 사회인류학은 항상 '주체들 사이의 의사소통 속에서 세워지는 개별 지식을 그 초석으로' 삼을 것이다.

또한 인류학의 대상이 갖는 상징적 성격은 이 같은 지식을 인류학의 필수적 사실성으로 삼는다. 우리가 여러 사회구조와 사회 과정을 기호의 차원에서, 또한 어떤 발언의 요소들과 담론의 어떤 형태로 기능하는 차원에서 제시하는 순간, 바로 그 상황 그 문맥이 아닌 다른 방식으로도 그 사회의 구조들과 과정들을 다룰 수 있으며, 나아가 그에 대한 시기를 구분한다든지, 연대를 추정한다든지, 부각시키는 일과 같은, 다시 말해 역사 서술 작업을 진행시킬 수 있을 것이다.

나를 잡아끈 이러한 역사의 유형을 다시 한 번 상술해 보기로 하겠다. 어쩌면 사람들은 푸코와 인류학을 참조한 내 의도가 어떤 식으로 일관될 수 있는지 잘못 이해하기도 할 것이다. 그렇다고 여기서 푸코, 레비-스트로스, 뷔르기에르, 그리고 여러 역사학자들 사이에 어떠한 매개가 자리하는지에 관해 장황한 논쟁을 개진하고 싶지는 않다. 다만 우리가 어떤 생물학적 구조의 발견에 여전히 사로잡혀 있는 레비-스트로스 사유에 반대해, 인류학이 역사적 총체들 그리고 역사적 변모 양상들을 도출하고자 노력하고, 결국 가능한 한 오랫동안 이러한 보편화의 제스처를 유지하려 한다는 사실을 인정한다면, 푸코가 말했던 불연속적인 '사유의 시스템들'에 대한 분석이 그리 적대적인 입장은 아니라고 봐야 할 것이다.

또한 어떤 근본적 불연속성의 열렬한 지지자라 할 수 있는 푸코의 사유에 반대해, 사유 시스템들에 대한 분석이 재출현하고, 영속적이고 변형된 여러 변전變轉들을 보여 주려 한다는 점을 인정한다면, 인류학 역시 대립되는 것으로 볼 수 없을 것이다. 다시 말해 이는 소위 닫혀 있는 대상들을 넓게 펼쳐내고, 현재와 과거를 오갈 수 있게 해주는 '담론 구성체formations discursives'(주어진 어떤 시기에 나타나는 담론들과 실제의 총체) 개념에서 착상되었다 할 만한 다양한 분석의 글을 제출해 볼 수 있음을 의미한다. 가령 불변하는 여성의 특성에 관해 말해 온 바로 그 방식과 마찬가지로, 불변의 불구성도 있으리라는 점을 사람들은 상당부분 염두에 두고 있으니 말이다. 내가 말하는 이러한 분석의 글들은 질문이 시작될 수 있게끔 해줄 뿐 아니라, 경우에 따라서는 보편적 속성들과 항구적 기능들에 이르는 가능성을 제공해 줄 것이다. 마르셀 고세가 말했던 다음의 내용은 이를 가장 적절하게 표현하고 있다.

> 만일 그것[마르셀 고세가 구성하려 했던 역사]에 어떤 독창성이 있다면, 그것은 통상적으로는 양립할 수 없다고 여겨진 두 가지 관점, 즉 인간 생성의 통일성과 인간 생성 한가운데 존재하는 근본적 불연속성들을 한데 결합해 냈다는 데 있을 것이다. 통일성은 마치 동일한 절대명령들과 동일한 합목적성들이 언제나 그리고 모든 곳에서 우세했다는 식의 연속성을 함축하지 않는다. 그렇다고 불연속성이라는 개념이 반드시 세계의 예측 불가능한 움직임 이외에 그 어떠한 존재 이유도 없이, 불투명한 독특성 속에 제각각 닫힌 채 존재하는 여러 순간들 여러 모습들처럼 환원 불가능한 복수성을 의미한다고도 볼 수 없다.[22]

나는 이쯤에서 방법론상의 갈등을 마무리하며, 다음과 같은 결론으로 논의를 매듭짓고자 한다. 무엇보다도 인류학은 역사 속에서만 명확하게 인식될 수 있으며, 역사는 인류학적인 것으로서만 공감될 수 있다. 단, 실증주의적 역사만 고집하려 들지 않는다면, 그리고 그 어떠한 초월적 인류학도 열망하지 않는다면 말이다.

---

22 고세, 『세상의 환멸: 종교 정치사의 한 장면 』(Marcel Gauchet, *Le Désenchantement du monde, une histoire politique de la religion*, Paris: Gallimard, 1985), p. XVIII.

1장 / 성서와 불구성—신에 대한 숭배

유대교 문화 및 사회 내에서의 불구성의 상황을 기독교 시대에 이르기까지 추적해 가는 과정에서 사회 내부의 사회적 실제를 설정하기 어렵다는 사실을 인정해야 할 것 같다. 하지만 우리에겐 성서 텍스트가 있다. 경이로운 동시에 수많은 의미를 함축적으로 숨겨 둔 자료, 성서 말이다. 더구나 우리에게는 이 텍스트(그리고 미드라쉼[1] 혹은 탈무드와 같은 유사한 텍스트들)밖에 없다. 최근 들어 기만적 착각에 빠지게 하는 가히 유물론적 방식이라 불릴 법한 어떤 독법이 정초되었고, 이런 독법은 성서 텍스트가 생겨난 사회-정치적 환경을 재구성하고자 했다. 그런데 그 난해함은 극단적 형태를 띠고 있고, 가설들 역시 여전히 허술하다. 고로 우리의 시도는 구약성서상 유대교 사회의 어떤 역사에 기댄 것이 아니라, 오직 텍스트에 의거한 것임을 논의에 앞서 분명히 밝혀 두기로 한다.

---

1 midrashim, 구약성서에 붙인 유대교의 주석. — 옮긴이

여기에 성서 해석학자들의 공식에 따른 '성서 해석학'이라는 매우 까다로운 문제가 추가된다. 우선은 신학의 역사가 전개되는 동안 무수히 많이 출현한 성서 텍스트에 대한 수많은 분석 방법론들 사이에는 대립이 있을 뿐만 아니라, 정신분석학, 마르크스주의, 구조주의, 기호학의 수많은 형식적 출현 이후 오늘날까지도, 여전히 다양하게 분지된 분석방법론들이 서로 충돌하기 때문이다. 더욱이 (그리고 그 결과로) 텍스트들의 의미와 그것이 지닌 종교적 혹은 철학적 영향력과 관련된 수많은 해석상의 대립도 존재한다.

우리의 독법 ——때로는 기호학에 의지하게 될 (즉 성서 텍스트를 하나의 텍스트로 간주하려는 구조적 분석) ——은 본서가 제기한 문제 그 자체에 따라 전개될 것이다. 다시 말해 '장애'에 관한 어떤 사회적 재현들과 상황들이 이 성서 텍스트들을 산출해 냈던 것일까? 어떤 인류학적 견지가 이런 성서 텍스트들의 이야기를 지탱하고 있는가? 하는 문제가 바로 그것이다.

금기

상당수 불구의 사례들이, 비록 전부는 아닐지언정, 정신적으로든 육체적으로든 성서 텍스트 속에서 환기되고 있다.[2]

따라서 불구는 일상적 현실이었다. 하지만 「레위기」 텍스트(21장

---

2 이런 부류의 여러 텍스트들을 탐색하기 위해서는 『구약성서의 인류학』(H. W. Wolff, *Anthropologie de l'Ancien Testament*, Montréal: Labor et Fides, 1974)을 참고할 것.

16절~24절)가 보여 주듯, 그것은 성스러운 현실이기도 했다. 일종의 합법적 불순함이 불구자와 결부되어 있었기 때문에, 분명 불구자는 종교예식에 참여할 수는 있지만 결코 봉헌하는 '사제'로 인정받을 수는 없었다. 성소는 더럽혀져서는 안 될 장소였다. 불구자는 매춘부들을 대했던 방식이나 월경으로 불순한 존재로 여겨진 여인들을 대했던 바로 그와 같은 방식으로 취급되었다. 하느님이 거하는 처소에 접근하기 위해서는 '결함이 없는sans tare' 상태여야만 한다.[3] 결국 여기서 문제되는 것은 종교예식적cultuelle 불순함이다.

『유대교 백과전서』는 이러한 개념을 '블레미쉬blemisch' 항목에서 봉헌의 제물로 바쳐지기에 부적합한 여러 상처를 열거해 가며 설명한다. 가령 실명, 눈에 관련된 몇몇 질병들,[4] 둔부에 발생한 상처들,[5] 두 눈 사이에 주저앉은 '납작코' 같은 기형, 절름발이, 신체 어느 한 부위의 절단 상태, 골격상 기형, 근육퇴화, 등에 혹이 난 꼽추,[6] 심지어 그 원인이 확실치 않은 여러 종류의 피부병들, 한쪽 고환이 제거된 상태 등이 그렇다. 분명 성서 텍스트들은 수많은 기형들 혹은 질병들 사이사이에 수많은 뉘앙스를 심어 놓았다. 예를 들어 귀머거리와 벙어리는 유대법에 따라 정상에 못 미치는 상태인 반면, 맹인은 정상인으로 간주되어

---

3 특정 동물을 만져서는 안 되는 '금기들'과 인간의 정신적·육체적 결함들을 연관해 생각해 보는 것은 상당히 중요하다. 고유한 종(種)의 정의를 벗어난 여러 종들은 그 자체로 신성함과도 멀어졌음을 의미하기 때문이다. 이와 관련해서는 스페르베의「왜 완벽한 동물들, 잡종들, 괴물들은 상징적으로 사유하기에 좋은 것들일까?」(D. Sperber, "Pourquoi les animaux parfaits, les hybrides et les monstres sont-ils bons à penser symboliquement?", L'Homme, t. XV, n 2, 1975)를 확인할 것.
4「레위기」21장, 17~33절 및 22장 21~22절.
5「사무엘(하)」4장 4절.
6 이런 유형의 불구와 관련해서는「신명기」15장 21절,「미가」1장 8절,「사무엘(하)」5장 8절,「민수기」25장 21절을 참고할 것.

온전한 권리를 누리는 것으로 묘사된다. 맹인의 경우, 때로는 주검으로 여겨지기도 한다. 하지만 『유대교 백과전서』는 여기서 어떤 수사적 문구만을 살피고 있다.[7] 따라서 이러한 구별 중 그 어느 것도 신체불구자 전체가 적극적 예배활동에 부적합한 불순한 자로 선언된 다수의 팩트로부터 유의미한 결과를 거두지 못한다.

유대주의 후반부는 물론이고 에세네파 유대주의를 시사하는 계시적 텍스트라 할 수 있는 쿰란 텍스트들에서, 우리는 불구자를 대상으로 어느 부분에서는 전투의 참전을, 다른 곳에서는 공동식사를 금하는 에세네파의 규율을 발견할 수 있다. "절름발이, 눈 먼자 혹은 불구자, 혹은 피부에 치유 불가능한 결함을 지닌 자, 혹은 몸에 불순한 흠결이 남아 있는 자들은 그 누구도 이들과 함께 전장에 나설 수 없으리라"와 같은 규율이 그렇다. 또한 이 계율에는 "이러한 불순한 결함을 지닌 모든 이는 수도회 내에서 직함을 얻기에 부적합하며, 육신에 타격을 받아 발과 손이 마비되거나, 발을 절거나, 눈이 멀거나, 귀가 멀거나, 말을 못하거나, 눈에 드러나는 결점이 있는 모든 이들에게는 명망 높은 자의 모임인 수도회에 자리 제공 및 입회를 금한다. 만일 이러한 자들 중 어느 하나가 성스러운 교회의 위원회에 할 말이 있을 경우, 개별적으로 그 자에게 용건을 묻게 될 것이다. 그럼에도 그 자는 수도회 내부에 발을 들여놓지는 못할 터인데, 왜냐하면 그 자는 이미 육신에 흠이 있는 자이기 때문이다", 혹은 "우둔한 자, 미친 자, 바보, 정신착란자, 눈먼 자, 불구자, 절름발이, 귀머거리, 미성년자 등, 이들 중 그 누구도

---

7 『유대교 백과전서』(Encyclopedia Judaïca), p. 1091.

쿰란 공동체 안에 들어갈 수 없는데, 왜냐하면 성스러운 천사들은 이 공동체 한가운데에 거하기 때문이다"[8]와 같은 내용도 명시되어 있다.

이처럼 쿰란 공동체는 온갖 종류의 불구자들을 배척한다. 이러한 배척은 제의적 성격을 띠는데, 왜냐하면 이 같은 배척은 '수도회'(=공동체)의 성스러움이라는 미명하에 표명되었기 때문이다. 이러한 양상은 에세네파의 규율[9]을 재도입한 코란이 이 규율을 변형시켰다는 점에서, 확실하다고 볼 수 있다. 당시 불구자들은 전투를 면제받았는데, 그 이유는 그들이 불순해서가 아니라, 단순히 그들의 무능력에 기인하는 것이었다. 그러니 대예언자인 마호메트가 "눈이 먼 자에게 그 어떤 불만도, 절름발이에게 그 어떤 불만도, 병든 자에게 그 어떤 불만도 말라" 했을 때, 그는 불구자에게서 오점을 제거해 준 셈이다. 또한 그는 전쟁에서 불구자를 배제할 것을 주장했지만, 식사와 관련해서는 이러한 배제를 완전히 배척한다. 이 점에 있어 그의 입장은 만찬에 "불구자들, 눈먼 자들, 절름발이들"[10]을 초대했던 예수의 입장과도 동일하다. 구약성서의 유대주의는 제의적이고 종교적인 금기가 매우 지배적이었던 반면, 유대교에서 나온 종파들(가령 기독교와 이슬람교)은 다른 점에서와 마찬가지로 이 점에 있어서도 유대교와 단절을 이룬다.

성서 안에는 여러 질병들에 대한 사회적 배제도 존재한다. 바로 나병환자를 다룬 「레위기」 13, 14장의 매우 긴 구절이 이를 증명한다. 텍

---

8 이 모든 텍스트는 뒤퐁-소메르(A. Dupont-Sommer)의 쿰란 사본 번역판에 나오는 것들이다. 아울러 마르크 필로넨코의 「코란 속에 나타나는 에세네파적 규율」(G. Marc Philonenko, "Une règle essénienne dans le Coran", *Semiotica*, t. XXII, 1972)도 참조할 것.

9 코란 24장, 60절과 48장.

10 「누가복음」 14장 11~14절.

스트의 내용은 이런 식으로 요약될 수 있다. 요컨대 피부에 병이 걸린 자들은 제사장의 검진을 받아야 하며, 만일 그 증상들이 나병 증상(혹은 심각한 피부병)일 경우, 그 자는 '불순한 존재l'impureté'로 선고된다는 것이다. 이때 제사장은 실질적으로 불순함의 존재 여부를 결정짓는 전문가 역할을 담당한다. 이런 불순한 존재는 사회집단으로부터 물리적으로 격리되어야 할 대상이 되지만, 치유할 경우엔 일상생활로의 복귀를 위해 매우 정밀한 절차와 무척 복잡한 형식을 거치는 정결의식이 요구된다. 이처럼 나병환자에게 부과되던 금기는 적법한 것, 즉 예정되고 체계화된 것이었을지언정, '도덕적'인 것은 아니었다. 그럼에도 역시나 사회집단으로부터의 격리였다는 사실만큼은 마찬가지라 하겠다. 「욥기」 2장 7~8절에서 볼 수 있듯, 산 자들의 세계로부터 추방당한 불순한 자와는 거리를 두라는 경고의 의미로 나병환자에게는 장례의식이 부과되기도 한다.

우선은 이 규정들을 우리가 성서적 전통 안에서 만나는 청결에 관한 매우 엄격한 명령들과 관련지어 보는 일이 가능할 것 같다. 즉 전염을 차단하고 집단의 건강을 보호하기 위한 '방역선'이 문제된 것으로 말이다. 당시만 해도 의사들과 의학은 거의 실효성이 없었을뿐더러, 늘 고려되는 문제도 아니었다. 의사들은 유일한 치유자(「출애굽기」 15장 26절, 「열왕기(하)」 20장 8절)인 신과 경쟁을 벌이기는커녕, 때때로 존경받는 존재였음에도(『벤 시라의 지혜서』 38장 1~15절), 의사들과 그들의 한계에 관해서는 조소 섞인 표현들마저 발견되곤 한다.

이러한 관점은 금기를 위생의 문제로 옮겨 생각해 보게 해준다. 하지만 금기가 성직자의 지위나 성스러운 것과 맺는 관계는 이런 유일한 관점에 반하는 것이다. 왜냐하면 불순함은 민중을 타락시키는 것이었기 때문이다. 실제로 나병과 관련된 자들을 다룬 「레위기」의 여러 장에서는 순결한 동물과 불순한 동물, 갓 출산한 여인, 성적으로 타락한 이에 대한 정결의식이 문제되고 있음을 잊어서는 안 된다. 이러한 다양한 요소들은 나병환자들과 접촉한 여러 장소, 물건, 혹은 사람조차도 불순하게 만든다. 이런 불순함에 대한 가장 통상적인 해석이라면, 불순함을 미지의 것, 기괴한 것, 변질된 것 앞에서 느끼는 어떤 불안을 차단하는 일종의 '터부'로 귀결시키는 것이다. 결국 스스로를 지키고, 정화를 통해 불순함으로부터 해방되어야 한다. 분명한 것은 몇몇 불구의 형태들과 관련된 사회적 금기가 예배와 관련해서는 신성화된 금기와 만난다는 것이다. 즉 이 두 가지 금기 모두는 쫓아내야 할 뿐만 아니라, 신과 결부지을 수조차 없는 악이 지닌 어떤 낯섦을 표명한다. 이처럼 몇몇 질병에 대해 극히 제한된 — '제한된'이라는 표현을 강조하지 않을 수 없다 — 사회적 거부를 이해하기 위해서는 무엇보다도 신성화된 금기의 범위를 포착해야만 한다.

　나의 분석은 동일 텍스트들을 연구했던 마리 두글라[11]의 다음과 같은 분석에 근접해 있다.

　구약성서에 대한 해석들을 개별적으로 다룬 그 어떠한 해석도 타당하지 않다. 이 문제를 정확하게 접근하기 위해서는 위생, 미학, 도덕, 본능적 충동 따위는 잊어야만 하기 때문이다. 즉 텍스트로부터 시작해야

---

11 『오점(汚點)에 관하여, 오염과 터부 개념에 관한 연구들』(Mary Douglas, *De la souillure, études sur la notion de pollution et de tabou*, Paris: Le Découverte/Textes à l'appui, 1992).

만 하는 것이다. 각각의 명령은 성스러워지라는 하나의 계율에 뒤따르고 있다. 따라서 바로 이 계율 안에서 그 명령들이 지닌 이유를 찾아야 함은 물론이다. 신성성은 신의 속성이다. 그리고 이 신성성의 근간은 분리하기 등에 있다. 만일 신성성이라는 말의 뿌리가 분리 상태를 의미한다는 점을 받아들인다면, 신성성의 개념 역시 전체성이라는 개념과 충만함이라는 개념을 포함할 것이다. 『레위기』는 육체적 완전성에 관한 수많은 암시들을 남겨 놓았다. 율법은 신전에 제출되는 모든 것에 대해, 그리고 그곳에 접근하는 모든 이들에 대해 육체적 완전성을 요구한다. 제물로 바쳐지는 동물들은 결함이 없어야 하고, 여인들은 출산 이후에는 정결의식을 거쳐야 하며, 나병환자들은 다른 사람들과 격리되어야 할 뿐 아니라, 설령 완치된다 하더라도 신전에 다가서기 전에는 의식에 따라 씻겨져야만 한다. 온갖 종류의 육체의 분비물은 흠으로 간주되어 신전으로의 접근을 금지한다. 제사장들은 자신의 친지 중 어느 하나가 위독한 경우가 아니라면, 죽음과 가까이 할 수 없다. (『오점에 관하여, 오염과 터부 개념에 관한 연구들』, pp. 69~70)

마리 두글라의 위와 같은 분석에 뒤이어 우리는 다음과 같은 글을 읽어 볼 수 있다.

요컨대, 신성성이라는 관념은 완전한 집합소 등으로 간주되는 육체의 온전성을 요구받는 가운데 외적이고 육체적인 방식으로 표명되곤 했다. 신성한 상태로 존재한다는 것, 그것은 온전하게 존재한다는 것, 하나로 존재한다는 것을 의미한다. 신성성은 통일성, 온전성, 개인과 그

동류들의 완전함을 뜻한다. (*Ibid.*, p.73)

신성성과 온전성에 결부된 장애는 신과 직접적으로 접촉할 수 없다. 신전과 희생제의의 운명을 타고난 레위족은 제의가 금지되었던 최초의 사람들이다. 나아가 정확히 말해 금기의 위반으로 초래된 오점 souillure이라는 개념과 "규칙의 세계에 통합된 상대적 부정성"인 제의적 금기라는 개념 사이에 차이를 두는 것은 바람직해 보인다. "이러한 절차는 문화의 장이 갖는 몇몇 용어들을 배제하지 않는다. 이 절차는 그 문화의 장 내부에서 질병, 불운, 혹은 악이 지닌 무질서, 간단히 말해 불가해한 인간의 조건을 드러내기 위해 이용되는 상징적 불일치를 정의해 준다."[12]

불구성이 —— 모든 차원에서 —— 이런 식으로 배치된다는 점을 강

---

[12] 이 단락은 뤽 드 외쉬(Luc de Heusch)가 쓴 마리 두글라의 책 서문(p. 17)에서 발췌한 것이다. 외쉬는 서문의 마지막 부분에서 여러 금기와 성(性)에 관한 글을 적어 놓았다. 특히 성이 너무나도 필수불가결한 요소인 만큼 얼마나 많이 통제될 수밖에 없었는지에 관해 강조하면서, 저자는 틀지어지고 억눌러야만 하는 성이 갖는 예의 그 위험한 특성을 제시한다. 내가 보기엔 불구성은 어쩌면 그 자체로 혈통, 자손, 종(種)과 관련되어 있으므로, 결국 성과 관련해서도 동일한 경우에서 확인될 수 있는 듯하다. 뤽 드 외쉬의 글을 인용해 보자. "성은 대표적인 규율의 영역이자, 문화가 자연과 연결되는 근원적인 지점이기도 하다. 성과 관련된 이데올로기는 어느 정도 강력한 강제력을 동원하면서, 극복할 수 없는 여러 모순점들 사이에서 주저하는 불행한 의식의 모습을 보여 준다. … 성은 오점의 영역에 속하지 않는데, 그 이유는 성은 역겨운 것이기는커녕, 너무나도 흥미진진하기 때문이다. … 그럼에도 불구하고 성은 위험천만하고, 개인적이고, 사회적인 동요들을 야기하는 마르지 않는 원천이기도 하다. 다만 성은 금지될 수 없는 것인데, 왜냐하면 그런 사회는 사라질 것이기 때문이다. 그렇기 때문에 성은 고도로 감시받는 조건부 활동으로 만들 필요가 있었으며, 특정일에 금지하고, 특정 여성들을 불법화하고, 성행위가 사냥과 전쟁 혹은 대장간 작업 등과 같은 활동과는 양립될 수 없는 것으로 공포하는 일 등을 감수해야만 했다. 결국 성을 격리시키고, 성이 어느 선을 넘어서지 못하도록 경계선을 그어야만 했다. 성이라는 관념을 오점의 절대적 부정성과 금기들의 상대적 부정성 사이를 오가게 만든 이러한 대립된 여러 양상들은 단 한 번도 성의 위상을 실질적으로 정의하지도 못한 채, '성적 오염'(pollution sexuelle)이라는 표현을 다소 부적절한 의미, 즉 성적 타락의 의미로 만들어 버렸다"(p. 20). 나는 이러한 성의 늘 불안정한 어떤 위상에 관한 관점이 바로 불구성 그 자체에도 어렵지 않게 결부될 수 있다고 생각한다. 문턱 개념, 경계성 개념, 경계선 개념이 전개되는 본서의 제6장을 참조할 것.

조하는 것은 상당히 중요하다. 왜냐하면 이때 불구는 사회적 분할 내부로 들어가기 때문이다. 즉 성스러운 것과 속된 것 사이의 대립 속에서 불구는 속된 것 쪽에 속하게 된다. 하지만 불구가 속된 것 중 유일한 것은 아니며, 오히려 그 정반대라 할 수 있다. 실상 불구란 본질적으로는 신과 그 백성 사이를 매개하는 중개자인 성직자 기능에 참여를 방해하는 요소였으니 말이다. 다만 유대민족의 경우, 신은 도처에 존재하는 것이 아니라, '슈키나chekinah', 즉 언제나 매우 적확하고 매우 우연적인 형태로 현전한다는 사실을 간과해서는 안 된다. 다시 말해 신은 언약의 궤 안에, 세라핀 천사의 날개 사이에, 신전과 지성소 안에 현전하는 것이지, 동일한 자격으로 다른 곳에 거하지 않는다는 것이다. 이러한 점은 아마도 성스러운 것과 속된 것 사이의 우연한 마주침이 일어나는 이 특별한 지점으로부터 배제된 여러 상황들이 그래도 사회적으로는 여전히 특별하게 다루어져야 한다는 점을 시사하는 듯하다. 성스러운 것은 상당히 제한적이고, 신은 너무나도 다르다. 이에 인간의 장, 특히 윤리의 장이 열린다. 우리는 이 장을 다른 측면을 통해 살펴보고자 한다.

결함은 죄와 관련된다. 직접적으로는 당대에 통용되던 유대교 종교관에 해당되는 것으로, 우리는 어느 맹인을 두고 예수에게 "누가 죄를 지었는가? 그 자란 말인가? 아니면 그의 부모란 말인가?"라며 물었던 바리새인의 경우에서 그 같은 의식을 엿볼 수 있다. 그렇다면 불구와 죄가 맺고 있는 이런 식의 관계가 전적으로 종교적 금기를 명령하는 것일까? 실상 결함이 죄와 관련된다는 점에서 악은 신이 아닌 인간과 결부된다. 이것이 바로 본질적으로 인간이 악의 근원이라는 죄에 관한 성경 말씀의 내용이다. 이것은 피할 수 없는 운명도 아니고, 신의 역사役事도 아니다. 우리는 불구에 대해 '불순함'impurté'을 명하는 것이 어쩌면 이 같은 의미작용 때문이라는 사실을 쉽게 이해할 수 있을 것이다. 다시 말해 인간의 죄와 관련된 것은 신의 소관이 아니라는 말이다. 하지만 치유의 업業은 인간의 몫으로 되돌아온다. 불구성에 관한 '사회적 윤리'가 존재하는 것은 이러한 발상 때문 아닐까? 예컨대 「출애굽기」 21장 18절 이하에는 초래된 불구상태의 배상에 관한 어떤 관념이 발견된다. 이 기원 텍스트가 말해 주고 있듯, 다음의 인용은 확장 가능한 배상의 관념을 알려준다.

소 한 마리가 뿔로 한 사내 혹은 한 여인을 들이받아 치명적인 상처를 입혔을 때, 그 소는 돌로 내려쳐 도살될 것이며, 사람들은 그 고기를 먹어서도 안 된다. 다만 소의 주인은 면책될 것이다. 반면 만일 이 소가 예전에도 사람을 들이받는 습성이 있고, 그 주인이 경고를 받았음에도 자신의 소를 단속하지 않았을 경우, 해서 그 소가 어느 사내나 어느 여인의 죽음을 야기했을 경우, 소는 돌로 쳐 죽임을 당하게 될 것이다. 또한 앞선 경우와는 달리 그 주인 또한 사형에 처해질 것이다. 만일 사람들이 그에게 몸값을 요구할 경우, 목숨의 대가로 사람들이 부과하게 될 모든 것을 배상해야 할 것이다. 만일 소가 아들을 들이받거나 딸을 들이받아도 소의 주인은 이 규칙에 따라 처분될 것이다. 만일 소가 하인이나 하녀를 들이받을 경우엔, 종의 주인에게 30세겔을 지급해야 하며, 소는 역시 돌로 내려쳐 죽임을 당하게 될 것이다. (「출애굽기」 21장 28~32절)

우리는 여기서 모든 '간접적' 책임, 즉 사회적 책임에 대한 온전한 입법과 법해석의 일례를 엿볼 수 있다. 우리가 경험하는 '직무상 여러 사고들'과의 비교가 무의식적으로 작동되기도 할 것이다! 하지만 나는 이런 식의 높은 보상이 뒤따르는 법의 유형을 언급하기보다는, 유대교적 사유의 일관성을 강조하고자 한다. 죄와 결함은 장애가 있는 자에게 종교적 역할을 금지하지만, 윤리적·사회적 요구들은 도입하고 있다. 고로 불행을 겪은 자는 설령 종교적 의미에서 매우 정교하고 그 한계가 분명한 배척의 형태를 숙명처럼 지녔다 해도, 신으로부터 버림받은 자는 아닌 것이다.

게다가 이러한 인식은, 욥의 경우에서처럼, 육체적(뿐만 아니라 사회적이기도 한!) 불상사가 개인의 죄와 관련된 모든 직접적 관계로부터 확연히 분리되었을 때 더욱 증폭된다. 욥은 온갖 종류의 불상사들이 자신을 덮치는 광경을 목도하지만, 자신의 결백을 호소한다. 다만 그렇다고 해서 이러한 악의 과잉이 다르게 존재하는 이에게 돌아가는 것은 아니다. 결국 인간의 차원에서 다루어질 사건이지, 그 희생자인 인간의 유죄를 입증하는 일에는 해당되지 않는다는 것이다. 그러니까 욥은 인간들 사이에서 인간이 떠안고 있는 이 첨예한 '책임의 문제'에 여지를 남기고 있다. 이제 우리는 서로가 서로에게 형제의 책임을 지게된 셈이다.

흔히 「고통 받는 하느님의 종의 노래」*Chants du Serviteur souffrant*[13]로 알려진 예언자 이사야의 다음의 유명한 구절은 종을 —— 이스라엘

---

13 「이사야」 42장 1~5절, 49장 1~6절, 50장 4~9절, 52장 13절에서 53장 12절까지.

민족인지, 어느 집단인지, 어느 개인인지 확인하기는 어렵지만 ── 고통의 집약체이자 대리자, 즉 인간집단의 모든 죄를 스스로 떠안은 자로 그리고 있다. 그 역시 죄 없는 자이다. 그 역시 '신의 결백'을 증거한다. 하지만 그 역시 인간 사이에 벌어지는 인간의 행동을 보여 준다. 이것이 바로 인간의 상호적 폭력, 즉 부각되고 폭로되고 '개종convertir'이 촉구되는 사회적 폭력이다.

유대교 시스템의 일관성을 검토하기에 앞서, 이스라엘이라는 사회구조의 초석을 고찰하는 일은 유용하리라 판단된다. 히브리민족에게 이스라엘이라는 이름이 부여된 그 순간에도, 불구는 문제된다. 금기와 관련된 텍스트보다 훨씬 더 오래되었을 뿐 아니라 불구가 된 자에 관한 이야기를 전하는 성서텍스트의 한 구절을 조금 읽어 보기로 하자. 그 유명한 구절은 야곱이 밤새도록 전투하는 장면으로, 이 전투로 인해 그는 절름발이가 되고 만다(「창세기」 32장 23~33절). 분명 이 구절을 신체불구자의 사회적 문제와 직접 연관 짓는 일은 가당치 않아 보인다. 다만 이 싸움 이후로도 계속된 야곱의 절름발이 걸음은 매우 특수한 상황을 보여 주며, 이 상처가 지닌 의미는 장애에 관련된 성서적 사고방식의 일면을 밝혀 줄 수 있을 것 같다. 실제 성서 텍스트의 짜임을 해독해 가며 어째서 그런지 살펴보도록 하자.

홀로 남겨진 야곱은 자신의 환도뼈를 탈골시킨 익명의 어떤 이와 야밤에 오랜 시간 사투를 벌인다. 야곱은 이 싸움에서 승리를 거두고, 상대는 도망치려 하지만, 야곱은 그에게 모종의 계약, 즉 그를 놓아 주었으니 자신을 축복하라는 약속을 강요한다. 이때 이 상대방은 익명으로 남는 반면, 야곱은 새로운 이름을 얻는다. 하지만 야곱은 살아서 상황을 벗어났다는 사실에 기뻐하며, 이 논쟁적이고 투쟁적인 대적을 하느님의 비전으로 해석한다. 다만 야곱은 부상을 입은 채 상황을 벗어나고, 새롭게 이름을 부여받아 그 상황을 벗어난다. 따라서 그의 불구 상태는 일종의 흔적, 즉 차이의 흔적을 이룬다. 텍스트 안에서 모든 것은 이러한 이타성을 분명하게 드러내는 데 기여한다. 가령 밤, 익명성, 그리고 패배자 — 하지만 이름을 부여하는 권능을 지닌 자 — 가 그렇고, 이 텍스트 안에서 기능하는 모든 종류의 대립항들(높음/낮음, 어스름/여명)이 그렇다. 고로 절름발이 걸음은 차이의 직면이자 지상, 즉 인간적 조건에 소속됨을 뜻하는 이중 승인에 다름 아니다. 한편 새로운 이름과 신의 은총은 야곱 자신을 최초의 조건에서 탈피하게 해준다. 대타자의 시련을 감내한 야곱은 손상을 입고, 그 어느 때보다도 무거워진 몸을 이끌게 된다. 그는 욕망의 대상을 손에 넣은 승리한 영웅이지만, 동시에 자신이 속한 지상의 집단에 다시 귀속된 자이기도 하다. 그가 지닌 불구 상태는 신성하게 여겨지는 영역으로부터 그 자신을 분리시키고 만다. 남자다웠던 힘은 점차 쇠약해지고, 손상은 그를 신과 무관한 존재로 만든 것이다. 이는 야곱이 전적으로 신에 속하지 않음을 나타내는 표시라기보다는 그에게 신의 표식이 덜 나타나게 되었음을 의미한다. 왜냐하면 새로운 이름과 은총이 행복한 귀결이라면, 절름발이 걸음은 불행한 귀결이기 때문이다. 이것은 꼼짝 못하던 싸움 상대보다도 더 나을 게 없음을 뜻한다. 하지만 야곱은 상대방과 동일한 차원에 놓이지 않는다. 불구는 기이한 것이지만, 이 기이함은 대타자와 지상의 인간 사이에 놓인 차이를 보여 준다. 따라서 이 기이함은 종교적 태도 속에서 효력을 획득해 일종의 분할선을 이루며, 성스러움의 경계를 넘어서지 못하게 된다. 모든 명백한 금기가 이 개념을 적법한 것 사회적인 것 속에 기입하기도 전에, 불구는 신에 속한 것과 인간에 속한 것, 즉 세속적인 것으로부터 성스러운 것을 분리하는 데 소용된다.

이렇듯 얍복강 어귀에서 벌어진 야곱 이야기는 주로 성서 안에서 불구성이 위치하는 종교적 문맥을 입증해 준다.

시스템

성서의 유대주의에서 나타나는 종교적 금기와 윤리적 의무라는 이중의 실제를 가능케 하는 사유시스템을 구상하기에 앞서, 불의의 사고를 당한 자와 불구의 몸이 된 자에게 가해진 폭력을 고발하는 몇몇 텍스트를 검토하는 일은 매우 중요해 보인다.

여기서 르네 지라르[14]의 분석을 염두에 두지 않을 수 없다. 지라르에게 있어서 인간적 관계 및 사회적 관계의 이해는 폭력을 통해 접근해야만 한다. 실제로 인간의 욕망은 '미메시스적'(=타인의 욕망과 그 욕망의 대상들을 제 것으로 삼으려는 태도)이다. 그 결과로 맞는 위기는, 폭력을 일소하고 공생의 공동 공간을 가능하게 하는 희생양과 같은 제물의 (제의적) 희생을 통해서만 매듭이 풀린다. '제물을 바치는 성직자의 메커니즘'은 단지 폭력(언제나 잠재적인)의 방향을 변경시키는 것뿐만

---

14 르네 지라르, 『폭력과 성스러움』, 『세상이 만들어진 이래로 숨겨온 것들』(Des choses cachées depuis la fondation du monde, Paris: Grasset et Fasquelle, 1978). 우리는 본문에서 매우 개괄적으로만 일별했다. 가령 『에스프리』(Esprit, n. 4), 1979년 4월호를 참고할 것.

아니라, 폭력을 은폐하기도 한다. 집단은 제 자신이 신성화된 배출구라 할 수 있는 제물의 희생 메커니즘 위에 세워졌다는 사실과 스스로 근원적 폭력을 내포하고 있다는 사실을 망각한다. 지라르는 이와 같은 기본적 현상에서 출발해 (우리가 살아가는 복잡한 현대사회까지도 포함해) 민속학적·인류학적 소여 전체에 대한 설명을 시도한다. 그 중에서도 그는 어떻게 온갖 종류의 금기가 이러한 소여들과 결부되는지 보여 준다. 이때 금기들은 '미메시스mimésis'의 보편화를 차단하는 기능을 담당하는데, 다시 말해 욕망을 억제하는 한편, 욕망이 ── 절대적 폭력을 발생시켜 사회 자체를 파멸로 이끄는 ── 경쟁관계에 이르는 것을 막아 준다는 것이다. 성서 텍스트는 장애 및 육체적·정신적 불상사와 관련해 매우 뿌리 깊은 폭력의 성격을 잘 드러내 준다. '죄'의 가책과 악의 무게를 불행에 짓눌린 자가 패배하도록 만들면서 말이다. 우리 모두는 희생양 상황으로부터 그리 멀지 않은 곳에 있다. 제의적 금기는 그 한 형태일 뿐이다. 하지만 동시에 우리는 악에 대한, 즉 불행에 대한 근본적인 '사회적 책임'에 직면한다. 결과적으로 또 다른 측면에서 불구자에게 가해지는 제의적 금기, 다시 말해 신의 현전으로부터 그들을 멀리 떼어놓는 일에 사회적 책임이 작동한다. 구약성서의 유대주의는 내가 보기엔, 두 가지 상반된 흐름이 계속된 듯하다. 불구를 희생양의 한 부류로 삼으려는 신성 및 종교적 차원에서의 폭력의 경향이 그 하나이고, 다른 하나는 신성한 것을 오염시키기 않으려는 경향, 그래서 그 대가로 불구자들을 사회 내에 배치해야 하는 사회적 차원에서의 윤리적 경향이 그렇다.

이를 뒷받침하기 위해 '신학적' 추론을 전개해 보자. 만일 불구자가 신성한 존재와 교류한다고 가정해 보면, 신은 필시 관여할 것이고, 그 일에 무관심하지 않을 것이다. 어떤 면에서 보자면 사회는 불구자들에 대한 부담을 벗게 될지 모른다. 그런데 어째서 기형은 희생제물로 바쳐질 수 없는 걸까? 순전히 종교적 측면에서 보자면, 비정상적 존재들이 희생 쪽에 놓이는 것은 거의 '논리적'이라고까지 할 수 있을 텐데 말이다. 하지만 유언에 기초한 유대주의는 거기까지 가지는 않는데, 왜냐하면 유대교는 단순히 신성화 논리에 의해서만 형성된 것이 아니라, 윤리적 논리에 의해서도 구성되기 때문이다. 그리고 이것은 어쩌면 유대주의가 만들어 낸 신이라는 개념 자체, 즉 신은 완전히 다른 존재라는 개념(우리는 신으로부터 그 어떠한 '형상'도 만들어 내지 못하므로) 때문일지도 모른다. 만일 신이 다른 존재라면, 신은 어느 정도 '미메시스'가 개입되는 어떤 관계도 우리와 맺을 수 없을 것이다. 즉 신과 인간은 서로 모방하지 않는다는 것이다. 이 차이는 그 어떤 방식으로도 채워지지 않는다. 금기가 존재하는 탓에 신의 차이를 분명하게 나타낼 수 없는 이 비정상은 '제물로 바치기에 적합한' 것도 될 수 없는데, 그 이유는 죄란 오직 우리 인간의 과오에만 속하기 때문이다. 이처럼 신은 전적으로 우리의 폭력에 무관심하다. 그렇기 때문에 신은 우리를 전적으로 우리의 책임 앞에 되돌려 세운다. 일탈자 ─종교적으로 불순한 존재이기에─는 신성화할 수는 있어도 제물로 바쳐질 수는 없는 존재인 것이다. 달리 말해 여기서 나는 지라르의 개념들 중 하나와 만나게 된다. 여전히 희생제의 메커니즘을 내포하고 있음에도, 성서적 유대주의는 가난한 자, 불구자, '비-정상인'이 무고하다는 사실, 그리고 그들이 대속 희생물로 제공되어서는 안 된다는 사실을 감지하기 시작한다.

　이런 식으로 고대 유대교 체계는 매우 강력한 일관성을 드러낸다. 즉 우리가 '장애인'이라는 용어로 분류한 존재의 온갖 범주에 종교적이고 제의적인 금기는 분명하게 영향을 미치고 있다. 종교적 금기가 신에 대한 특정 재현과 관련 있다는 사실은 이 금기 자체가 불구자의 죄 없음을 선고하고, 또 이 문제를 사회적 책임 차원의 윤리적 문제로 되돌려 놓고 있음을 이해하게 해준다. 고로 우리는 종교적 비-통합성이 불구자들의 문화적 비-배제의 조건이라는 사실을 거의 모순 없이 이야기할 수 있을 것이다.

　이러한 일은 정확히 어떻게 가능한 것일까? 그것은 바로 이러한 성서적 문화 내부에 두 차원의 사유가 주조를 이루고 또 교차하기 때문이다. 첫 번째 차원 혹은 더 적절하게 첫 번째 동위성[15]이라 부를 수 있는 종교적 차원을 우선 꼽을 수 있다. 굉장히 호소력 있는 이 영역은 성스러운 차원과 세속적 차원을 분리하는 것을 제일의 기능으로 한다. 하지만 거의 동시에 자연/문화라는 구별을 정초시키는 기능을 갖기도 하고, 또한 자연적인 것과 일탈적인 것을 보다 윤리적인 차원에서 정의 내리는 기능을 수행하기도 한다. 이러한 종교적 동위성은 생물학적

15 동위성(Isotopie)이라는 용어는 그레마스(A. J. Greimas) 기호학에서 차용한 것이다. 이 용어는 어떤 주제에 대한 설명에서 일관성이 가능해지도록 하는 특정 차원을 지칭한다. 동위성은 어떤 담화, 어떤 메시지, 어떤 문장의 등질적 성격을 보증하며, 영속적인 여러 최소 자질들로 구성된다. 가령 내가 "유식하시군요"(C'est une grosse tête)라고 말할 경우, 해당 문맥 속에서 우리가 발견하게 되는 여러 의미자질들에 힘입어, 일관성을 부여하게 되는 것은 바로 '지적능력'(intellectualité)이라는 동위성이다. 왜냐하면 우리는 물리적으로 커다란 머리(une grosse tête)를 지칭하는 것이 아니기 때문이며, 이 경우 그 등질성을 담보하는 것은 '생리학적'(physiologique) 동위성이다. (다른 여러 저작들 중에서도 다음을 참조할 것: 『텍스트의 기호학적 분석』Analyse sémiotique des textes, groupe d'Entrevernes, Presses Universitaires de Lyon, 1979)

동위성과 만나게 되는데, 이 생물학적 동위성에는 건강한 신체와 기타 질병들, 잘 만들어진 육체와 기형의 육체들, 정상적인 것과 괴물적인 것, 자연적인 것과 일탈된 것이 자리한다.

만일 따로 남겨진다면, 이 종교적 차원은 생물학적 차원에서는 비정상적인 것에 대한 배제의 원리가 될 수 있을 것이다. 그런데 종교적 차원은 윤리적이기도 해서, 윤리-종교적이라고 표현될 수 있을 것이다. 이 윤리-종교적 차원의 범주들은 복수적인데, 왜냐하면 이 범주들은 두 개의 하위 동위성들로 구성된 하나의 복합적 동위성에 속하기 때문이다. 이때 우리는 성스러운 것과 속된 것의 대립, 즉 종교적 금기가 매우 선명하게 낙인 찍어 놓은 대립을 중첩시켜 볼 수 있다. 가령 신성한 것/악마적인 것의 대립은 불순함이 죄(개인적인 것이기 이전에 집단적인 악이라 할 수 있는)로부터 자유롭지 못하기 때문에 중첩이 가능하고, 행운/불운의 대립 역시, 장애와 가난이 연민과 동정의 대상이 될 수 있지만 그럼에도 불구하고 고통이라는 측면에 속하기 때문에 중첩 가능하다.

우리는 다음 장에 있는 〈그림1〉에서와 같이 간략한 도표의 형식을 빌려 성서 체계 내의 기본 구성을 표현해 볼 수 있다. 도식 전체가 환원적이긴 하지만, 본질적 문제에 관한 논의는 가능하게 해줄 것이다.

이는 온전한 것l'intègre과 배치 가능한 것le situable의 시스템이다. 실제로 정상적인 것과 비정상적인 것 사이의 대립은 자연적 요소로서 온전한 상태라는 관념을 생산해 낸다. 자연성은 곧 온전성을 뜻한다. 이러한 표현은 상당히 진부한 듯 보이는데, 왜냐하면 우리는 종종 사물들에 대한 이 같은 분할법을 발견하기 때문이다. 한참 뒤에 제시하

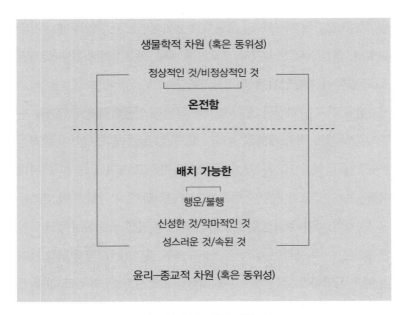

생물학적 차원 (혹은 동위성)

정상적인 것/비정상적인 것

온전함

배치 가능한

행운/불행

신성한 것/악마적인 것

성스러운 것/속된 것

윤리-종교적 차원 (혹은 동위성)

그림1. 성서 시스템의 기본 구성

겠지만, 이러한 분할법은 무엇보다도 우리 사회 내에서 '자연성'이 온전한intègre 것이 아니라, 통합 가능한intègrable 것이라는 점에서 더 이상 참이 아니라고 하겠다. 오히려 새로운 사회적 자연성으로 이해되어야 하지 않을는지. 한 사회가 자연적이라고 명명하면 상대적인 문화적 소여가 되는 일이 사실인 만큼…

하지만 성서가 수많은 또 다른 고대사회들과 공유하는 이 온전성이라는 관념은 윤리-종교적 차원에서 배치된 것이다. 비-온전성은 어떤 정교한 종교적 기능으로부터 벗어나게끔 해주지만, 이 기능 자체는 그것이 함축하는 신이라는 개념을 통해 일탈적인 것에 대한 도덕적 검토를 강요한다. 죄는 그 자체로 결함이 아니라는 점을 강조할 필요가 있겠다. 오히려 결함은 위반과 상관관계에 놓여 있으니 말이다.

금기의 단절?

지금까지 우리의 명제는 구약성서에 나타난 이스라엘 내에서의 불구성 관련 상황이 종교적 금기에 의해 지배되었다는 것, 또한 매우 한정적인 몇몇 경우에 공포와 예방을 이유로 하는 어떤 사회적 거부 양상이 있었음에도, 사회적 통합이 금기의 존재 그 자체가 작동시키는 고차원의 윤리 덕택에 실재할 수 있었다는 것이었다.

그런데 이러한 일관성은 나사렛 예수로 명명되는 유대인 종교의 위대한 교란자가 출현했을 때 해체되지 않았던가? 그는 수많은 병자들과 불구자들을 마주했다. 더구나 이는 복음서에서 크나큰 자애로움을 느끼게 하는 수많은 요인들 중 하나임에 분명하다. 악(그리고 불운)과 죄 사이에 놓인 전반적인 관계를 부정하지 않고도, 그는 불구와 개인의 과오 사이를 극명하게 단절시킨다. 다른 관점에서 보아도, 심신이 쇠약한 자에게 부과되는 종교적 금기에 대한 정당화를 시사하는 것 같지는 않다. 실상 나사렛 사람인 예수가 보여 준 실천은 위안과 치유이다. 분명 신약성서에 대한 오늘날의 독법에서 치유가 '기적'을 능가하는 어떤 의미를 내포하고 있음은 자명하다. 심지어 우리는 그것이 통상적인 의미의 기적에도 거의 해당하지 않는다고 주장할 수 있다. 치유라는 개념은 텍스트적 체계 안에 편입되어 있고, 더구나 그에 대한 분석들은 수없이 많다. 그렇다고 여기서 우리가 해석적 작업이나 신학적 작업을 행하려는 것은 아니다. 이런 식의 논쟁은 우리의 논의 대상이 아니기 때문이다. 하지만 예수가 장애를 경험해야 했다는 점만큼은 확실한 것 같다. 예수는 금기가 가해진 자들(나병환자, 맹인, 창녀

등)을 향해 다가가면서, 혹은 그들이 자신에게 다가오는 것을 개의치 않으면서, 사회적 행위를 실천하기보다는 종교적 사고방식에 대한 해체작업을 실천했으니 말이다. 이런 견지에서 예수는 금기의 파괴자라 할 만하다. 하지만 이는 매우 심각한 결과들을 초래하고 마는데, 왜냐하면 바로 그 위에 유대교 시스템 전체가 세워져 있었기 때문이다. 금기는 그 이면에 통합이라는 이념을 갖고 있었다. 금기를 뛰어넘으려는 것은 곧 새로운 사회 시스템을 강요하는 일에 다름 아니다. 바로 사회의 불안정화와 직결되기 때문이다.

분명 예수는 병든 자, 불구자, 주변인이 '하나님의 왕국' 안에서 먼저 된 자들이라고 선언하고 있다. 예수는 이들에 대한 애착을 피력하는데, 그 이유는 이들은 하느님에 더욱 가까이 있는 존재들이기 때문이다. 예수는 이들을 믿음과 은총의 모범으로 삼는다. 물론 때때로 예수는 정결의식을 위해 그들을 제사장에게 보내기도 한다. 그리고 분명 그들 중 몇몇은 제자가 되기도 하고 혹은 선교자가 되어 치유받기도 한다. 하지만 어쨌든 예수가 대를 이어 온 금기를 걷어냈던 것만큼은 틀림없는 사실이다. 우선은 간접적인 방식이긴 했어도 말이다. 순결한 것과 불순한 것이 문제될 때마다(음식의 금기,[16] 일상적 제의에 관한 명령들,[17] 이교도와 유대인의 관계[18] 등)[19] 신약 텍스트는 전통적 견해를 전복시킨다. 이로써 악은 결코 외적 결함에 해당하는 것이 아니라, 우리가

16 「마가복음」 7장 19절 이하.
17 「마태복음」 15장 11절.
18 「사도행전」 10장 28절.
19 레옹-뒤푸르, 『신약성서 사전』(X. Léon-Dufour, *Dictionnaire du Nouveau Testament*, Paris: Le Seuil, 1975), p. 453.

타인을 대면할 때 취하는 태도에 있게 된다. 인간이 제 자신을 더럽히는 것은 바로 자신의 이웃을 적대하며 말하고 행하는 바에 있다. 순수함 혹은 불순함은 우리가 맺거나 만들어 낸 관계들 내부에 존재한다. 모든 것이 '인간의 마음'에 달렸음을 성서 텍스트는 말한 셈이다.

　　이는 극히 중요한 사실에 해당한다. 예수 출현 이전에는 순수한 것과 불순한 것이 '객관적' 두 영역을 이루었던 반면, 예수 출현 이래로 그것들을 고안해 내고 설정한 것은 바로 인간이었기 때문이다. '구약'에서 불순함은 불구자들에 부과되었고, 그 이래로 발생한 일은 무수한 제약과 외면이었다. 반면 '신약'에서는 모든 책임이 인간에게 귀속된다. 달리 말하면, 윤리가 첫 번째 자리를 차지하게 된 것이다. 윤리는 단순히 신성화된 조처의 결과가 아니라, 그 토대가 된다. 그 결과 더 이상 신성한 것과 세속적인 것을 정의내리지 못하게 된다. 이때 오직 한 가지 사실만이 성스러워지는데, 바로 존중과 사랑과 아가페agapê가 결여되면 타락할 수 있는 형제애에 입각한 관계가 그것이다. 이제 인간은 과연 스스로 정화될 수 있을지 여부를 묻기보다는, '순수한 마음'을 갖고 있는지를 묻게 된다. 분명 우리는 어떤 불완전한 방식으로, 예수가 윤리를 위하여 종교적인 것을 사라지게 했다고도 주장할 수 있을 것이다. 아니면 오히려 예수가 종교적인 것의 개념을 바닥부터 꼭대기까지 뒤바꾸었다 주장할 수도 있을 것이다. 우선 종교적인 것은 신과 인간을 하나로 엮어 주는 사랑이기에, 무엇보다도 종교적인 것은 인간들 사이의 관계를 뜻한다. 이 관계들이 사랑에 속할 때, '종교적인 것'은 곧 성스러운 것 순수한 것이 되어, 그 모두는 관계 속에 자리한다. 하지만 이 관계들이 타락했을 때, 불순한 것은 닥쳐와 세속적인 것이

자리 잡고, 종교적인 것은 사라지고 만다. 오랜 시간 공유해 온 것들이 뒤죽박죽 뒤섞이고, 새로운 분할들이 출현하는 것이다. 마르셀 고셰는 기독교 자체로 실천된 종교의 출현을 다룬 자신의 저서에서 다음과 같은 주장을 통해 그 핵심을 간파한 바 있다.

> 사랑, 정녕 그것은 개인이 사회적 유대관계에 이르는 내적 거리이자, 공동체의 근원적 의무에 대한 개인의 내면적 관계 단절을 의미한다. … 사랑은 어떤 개인주의적 차원을 정초하지 않는다. 그럼에도 불구하고 사랑은 따라야 할 규칙과 추구해야 할 목표라는 관점에서, 이 타락한 세계를 지배하는 내포관계의 법칙으로부터 완전히 해방된, 내면으로부터 비롯된 한 인간, 한 개인의 탄생을 가능하게 한다. [20]

예수가 말하는 내면적 인간은 성스러운 그 무엇이다. 이는 더 이상 순수한 것과 불순한 것이라는 규칙에 지배권을 행사하는 집단에 의해 강요된 합법적이고 외적인 의무가 아니다. 불구자는 금기의 무거운 짐으로부터 해방된다. 우리는 복음서 텍스트가 지닌 매우 놀라운 이 같은 측면, 다시 말해 타인과의 관계보다 더 '성스러운'sacré 관계란 없다는 사실에 충분한 주의를 기울이지 않는다. 숱한 장소, 시간, 사물, 혹은 기능과 관련해 인식되어 온 성스러운 것은 나머지 모두를 세속의 영역으로 몰아냄으로써 더 이상 존재하지 않게 되었다. 성스럽고 유일

---

20 『세상의 환멸: 종교 정치사의 한 장면』(*Le désenchantement du monde. Une histoire politique de la religion*, Paris: Gaillimard, 1985), p.165.

한 것은 바로 인간 그 자체인데도 말이다.

하지만 여기서 우리의 관심을 끄는 것은 예수가 금기를 제거했던 일이 단순히 간접적으로만 행해지지 않았다는 점이다. 가령 교회라는 '장소'가 특별히 신에게만 예비되어 병든 자를 돌보고 치유하는 일을 포함해 온갖 종류의 행위가 금지된 공간이었다면, 안식일은 시간적 맥락에서 그에 상응하는 것이었다. 그런데 그 유명한 「요한복음」9장[21]에서 예수가 눈먼 자를 낫게 하는 모습을 사람들이 목격한 날이 바로 어느 안식일이었다. 이는 서슬 퍼런 검열관이자 합법성의 충직한 수호자였던 바리새인들이 예수를 '죄인'으로 천명하고, 불구였던 이에게 악마의 사역을 보았음을 인정토록 강요하며 내세운 논거들 중 하나이기도 하다. 여기서 가장 기본적인 범주들이 다시 제기된다. 만일 예수가 교회 안에서 불구자들과 접촉한 바가 거의 없다면(물론 예수가 이들을 여러 차례에 걸쳐 유대교 신도들의 집회소에서 마주치기는 했지만, 그곳은 신이 거하는 성스러운 장소는 아니다), 이는 실질적으로 금기가 온전히 작동했음을 의미한다. 고로 안식일에 대한 전복은 교회에 대한 전복적 사유로 이해되어야 할 것이다. 그럼에도 교회 자체에 대한 이 같은 전복을 복음서 텍스트는 믿음으로 만든다. 우리는 그 예를 교회에서 눈먼 자들과 절름발이들이 예수를 향해 나아갔다는 「마태복음」21장 24절의 내용을 통해 확인할 수 있다. 이렇게 예수는 그들을 치유한다. 그런데 이 눈먼 자들과 절름발이들은 교회의 추방자 명단 중에서도 제일

---

21 예수가 안식일에 치유하는 장면이 나타나는 텍스트들은 여러 곳에서 확인된다. 가령 「마태복음」12장 10~12절, 「마가복음」3장 2~4절, 「누가복음」6장 7, 9절 등을 참조할 것.

위쪽을 차지한다(「사무엘(하)」5장 8절).

하지만 금기를 깨면서, 복음서 텍스트는 불행한 자에 대한 통합을 윤리적이고 영적인 양심의 손에 다시 맡긴다. 금기는 불구자를 세심하게 정의된 형식하에 배제하면서도, 동시에 그들을 보호한다. 여기서 소외는 더 이상 존재하지 않지만, 이전보다 더욱 드러난 상태로 존재한다. 가난한 자에게 가해지는 합법적 폭력은 폐기 통고되지만, 인간은 — 오직 사랑을 통해서만 벗어날 수 있는 — 개인의 폭력에 더 많이 놓여진다. 복음서와 더불어 불구자를 대하는 전혀 다른 어떤 체계가 개시된다. 존엄성은 물론 종교적·사회적 생활에서 모든 것을 공유할 수 있는 불구자의 권리가 인정받은 것이다. 그렇다면 불행은 더 많이 제거되었을까? 아니다, 불행은 이 같은 방식으로 제거될 수 없었다. 완전히 새로운 통합의 형식 — 동시에 배제의 형식이기도 한 — 이 개시된다. 이제 우리는 '자선'charité이라는 유일한 원칙과 마주하게 된다. 이때의 자선은 상투적인 의미에서가 아니라, 아가페적 의미(형제애라는 단어로 곧잘 요약되는, 온정과 평등함으로 빚어진 사심 없는 사랑), 즉 근본적 차원에서 이해되어야 할 것이다. 그렇다면 복음서의 이 원칙은 그 자체에서 사회적 방편을 찾아내게 될까? 그리고 기독교 문화 내에서, 나아가 이러한 전망 속에서 어떠한 우여곡절이 발생하게 될까? 또한 어떤 형태의 금기들이 다시 나타나게 될까? 고대의 일관성은 파기되고, 새로운 일관성이 제안되었지만, 이 일관성은 자비라는 유일한 책무에 전적으로 의존하고 있다. 그렇다면 장차 서구사회에 세워질 기독교적 낙원에 대한 인식과 실제는 이러한 새로운 전망을 어떻게 정비해 나가게 될까?

내가 보기엔 일반적으로 구약과 신약에 관련되어 소위 '성서'라는 명칭이 붙는 두 텍스트 총체를 유대교 전통과 함께 고려하지 않았던 탓에, 혹은 정반대로 기독교 전통에서 이 두 텍스트 총체가 똑같이 중요하고 하나가 어느 하나를 참조한다는 식으로 간주해 왔기에, 유대교 경전과 복음서 사이에 발생하는 단절은 해결책이 없는 듯하다. 새로운 약속을 담은 신약성서 텍스트는 이전 체계를 지탱하던 두 기둥 중 하나를 전복시킨다. 우선은 윤리[22]가 자리한다. 또 한편으로는 이전의 논리가 지녔던 엄격성과 마찬가지로 완전히 새로운 논리가 지니게 될 엄격성을 강조해야만 한다. 실제로 신약성서의 신은 그 무엇보다도 신-관계, 즉 신 그 자체(성부, 성자, 성령) 내에서의 관계, 인간들과의 관계(신은 예수 그리스도의 위격 그 자체 내에서의 결합을 제안하고 있으므로)를 뜻한다. '신-관계들'이라는 표현은 더 이상 종교적 금기를 함의하는 것이 아니라, 오히려 '나쁜 마음', '내부에서 비롯된' 악함만을 배제의 대상으로 한다. 하지만 당시는 물론이고, 거의 강조되지 않았던 바는 인간이 책임져야 할 어떤 극한의 난관 앞에 선다는 점이다. 다시 말해 인간과 장애와의 관계, 인간과 비정상성과의 관계, 인간과 차이와

---

22 분명히 밝혀 두지만 여기서 기독교와 기독교 신약성서의 근간을 오직 도덕적 의미로만 해석해 내려는 의도는 없다. 다만 본문에서 내가 채택한 간결한 방식은 예수가 보여 주었던 휴머니즘을 강조하려는 것, 그리고 감히 말하자면, 이러한 관점에서 예수 이전의 기성 종교들에 비해 부인할 수 없는 난점이 있었다는 것을 강조하려는 것 이외에는 그 어떤 의도도 없기 때문이다. 실상 신약 텍스트들이 신학적 영향력을 갖고 있음은 주지의 사실이다. 예수는 치유자요, 그가 행한 치유들은 무엇보다도 기호들, 즉 예수의 제자들이 예수의 사업을 추구할 수 있다는 기호, 예언된 완전히 다른 새로운 세계의 기호, 영적 치유의 기호, 가난한 자들이 첫 번째 자리에 자리매김하는 세계의 기호에 다름 아니다. 하지만 이러한 신학의 영향력 아래서, 인류학은 인간 그 자체 그리고 특히 약자들의 신성화된 특징에 관한 다음과 같은 구상을 발견하게 된다(신약성서의 여러 텍스트들 안에서 가장 자주 이용되는 그리스어 어휘는 **아스테니아**asthénia = **불구성**infirmité, **무력함**non-force이다).

의 관계 등이 전적으로 인간 자신에 달렸다는 것이다. 하지만 이러한 관계는 더 이상 인간에게 미리 암시되지 않는다. 왜냐하면 어떤 사회적 '질서'ordre를 가능케 하는 그 무엇도 미리 설정되지 않기 때문이다. 복음서 텍스트는 혼란에 빠지게 하고, 해체하고, 공황상태를 태동시켜, 어떤 불안정한 상태의 원인이 된다. 더 이상 금기가 아닌, '자선'이라는 유일한 통합의 원칙은 기독교 전통이 단 한 번도 해결하지 못했던 문제, 즉 기독교적 전통을 끊임없는 논란과 가공할 만한 무능상태에 처하게 했던 문제, 다시 말해 자선은 어떻게 사회를 조직하는 원칙이 될 수 있는가라는 문제를 제기한 셈이다. 기독교 역사의 크나큰 부분을 요약해 줄 수도 있는 대단히 광범위한 이 문제는 자선이 어떻게 일탈을 조직화하는 원칙이 되려 했는지 질문하는 가운데 제 모습을 드러낼 것이다. 여러 하부 시스템들이 시도될 것이지만, 20세기를 사는 우리의 시스템 역시 부분적으로는 여전히 복음서 텍스트가 도입한 이 같은 단절에 의존하고 있음을 부인할 수 없다.

2장 / 고대 그리스 로마 시대—신들의 공포

실제들 : 격리된 기형, 보살펴진 허약함

서구사회는 유대주의와 그리스 로마 전통의 고대라는 두 원천에 기원을 두고 있다. 하지만 내 의도는, 설령 가능하다 해도 이 두 원천이 서로 주고받은 영향력을 분류하는 데 있지 않다. 그렇다면 서론에서 다룬 성서에서 출발해 이제껏 설명해 온 유대교 체계는 과연 어느 정도로 고대 그리스 로마 시대와 근접하고, 또 차이를 보일까?

　　마리 델쿠르[1]의 말대로라면, 기형으로 태어난 아이들enfants nés difformes에 대한 기성의 관행은 스파르타는 물론이고 아테네와 고대 로마[2]에서도 '영아유기'l'exposition라는 형태로 나타났다. 그런데 당시는

---

1 마리 델쿠르, 『고대 고전기 시대의 불가사의한 불모성과 불길한 출생』(Marie Delcourt, *Stérilité mystérieuse et naissance maléfique dans l'Antiquité classique, Liège, faculté de philosophie et de lettres*, 1938, Paris/Genève: Droz, 1937). 본문의 주제와 관련하여 매우 중요한 저서라 하겠다. 마리 델쿠르의 견해를 근거로 택한 이유는 그녀가—고대 그리스문학에 관한 모든 역사가들 중에서도—불구성을 가장 잘 부각시키고 있기 때문이다.
2 박학다식하면서도 반성적 사유를 보이는 마리 델쿠르의 저작 이외에도, 『풍습, 제도, 종교, 예술, 의복, 가구, 전쟁, 항해술, 직업, 화폐, 도량형을 비롯한 일반적인 고대인들의 공적 사적 생활에 관한

오직 괴물성에 가까운 여러 기형의 유형들, 즉 괴물들terata이 문제될 뿐이었다. 우리 눈에 심각해 보이지 않는 선천적 기형들, 가령 안짱다리, 합지증, 다지증 등은 단순 기형으로 간주되었다. 이때 고려해야 할 점은 비정상성에 대한 의학적 심각성이나 적응의 정도가 아니라, 해당 종과 관련해 정상을 벗어난 특성이다. 인간 종으로 인정될 수 있는 온전한 상태가 결여된 채 태어난 생명을 맞닥뜨릴 때, 우리는 바로 괴물학tératologie의 영역에 놓인다. 이러한 괴물학은 병약함이나 질병과는 확연히 구별된다. 불구라는 개념이 매우 명확하긴 해도, 오늘날 소위 '장애'로 통칭되는 전 영역을 망라하지는 못한다.

기형아를 유기한다는 것은 그들을 도시 밖 알려지지 않은 곳으로 데려가 구덩이에 처넣어 죽게 방치하거나, 흐르는 강물에 익사시키는 행위를 뜻한다. 비록 그 결과가 당연히 죽음이라 해도, 유기의 의미 그 자체는 아이들에 대한 처형과는 무관하다. 아이들을 유기하는 일은 신들의 손에 그들을 다시 내맡기는 일이니 말이다. 다시 말해 그들을 살해하는 것이 아니라, 신들에게 바치는 행위인 것이다. 이러한 관례에 속죄의 성격이 있다 해도, 이런 관습을 제의적 희생으로 환원시킬 수는 없다.[3] 그러나 여기에는 매우 확고한 종교적 의미가 자리잡고 있다.

용어설명을 수록한 고대 그리스 로마사전』(*Dictionnaire des antiquités grecques et romaines, contenant explication des termes qui se rapportent aux moeurs, aux institutions, à la religion, aux arts, aux costumes, au mobilier, à la guerre, à la marine, aux métiers, aux monnaies, poids et mesures et en général à la vie publique et privée des anciens*, Paris: Librairie Hachette, 1919)의 '유기'(expositio) 항목(매우 박학한 자료임)을 참고하는 것이 유용할 듯하다. 이 사전은 다렘버그(Ch. Daremberg)에 의해 시작되어, 에드몽 사글리오(M. Edmond Saglio), 에드몽 포티에(MM. Edmond Pottier), 조르주 라페(George Lafaye)의 지도하에 여러 특별 작가들, 고고학자들, 교수들에 의해 작성된 저서이다.

3 이 문제에 관한 토의는 뒤에서 오이디푸스 신화 및 르네 지라르의 해석과 관련지어 살펴볼 것이다.

왜냐하면 기형의 탄생은 불행의 가능성을 예견하게 해주고, 신들의 노여움을 가리키기 때문이다. 해서 기형아들은 유기된 것인데, 그들은 불길하고 해로운 존재였기 때문이다. 그런데 이런 기형아들은 집단의 문제를 야기한다. 때문에 그들은 현자의 조언이 내리는 결정에 따라서만 유기된다. 대개 이 일을 뜻대로 처리할 수 있는 자는 그들의 부모가 아니라 '공적인 것', 즉 국가[4]다. 스파르타에 관해 마리 델쿠르는 다음과 같이 언급한다.

> 만일 기형아들을 유기한다면, 그것은 그들이 공포를 야기할 것이기 때문이다. 그들은 신들의 노여움의 신호이자, 그 원인이기 때문이다. 이런 상황은 능숙하지 못한 인간의 정신이 원인과 결과를 잘 구별하지 못하는 어떤 공존 상태에 있었음을 보여 준다. (델쿠르, 『고대 고전기 시대의 불가사의한 불모성과 불길한 출생』, p. 39)

즉 스스로를 보호해야 하는 일이 가장 중요한 이슈가 된다. 왜냐하면 "신들이 죄 많은 인간들에게 보내는 전형적인 신호가 바로 비정상인 갓난아기이며, 이는 잠재적 불안의 신호"(Ibid., p. 47)이기 때문이다. 그것은 불모의 저주와 연관될 수도 있는 어떤 불안을 뜻한다.

---

4 로마의 경우는 제물의 내장을 보고 점을 치는 예언자들의 중개를 통해서 이루어지기는 했지만, 결과적으로는 마찬가지이다. 초기의 로마법은 5명의 이웃들과 함께 '가족의 가장인 아버지'에 의해 유기 결정이 취해지도록 강제했다. 마리 델쿠르는 이러한 일이 모든 그리스 도시국가에서 확인된다고 주장한다. 반면 『고대 그리스 로마 사전』의 경우, 다른 견해를 취하고 있는데, 그 이유는 이 사전이 일반적인(에크테시스 개념) 유기의 사례들을 말하고 있다면, 마리 델쿠르는 이 사전 발간 이후, 이 사전의 내용을 인지하고 연구를 진척시켜 논거를 제출한 것이기 때문이다. 가령 마리 델쿠르의 플루타르크에 관한 텍스트의 경우, **아포테시스** 개념의 의미 자체를 국가 관리적 의미로 정초하고 있다.

마리 델쿠르는 영아유기를 지칭하기 위한 두 가지 상이한 용어의 존재를 매우 적절하게 강조한다. 하나는 근친상간 혹은 원치 않은 임신을 통해 태어난(출산이 허락되지 않은 처녀가 낳은 아이들) 아이에 대한 유기행위, 혹은 단순하게는 자기 자식에 대해 전능한 권한을 갖는 가장이 결정하는 유기행위를 일컫는 에크테시스Ekthésis라는 용어이고, 다른 하나는 기형의 모습으로 태어난 아이들에 대한 유기행위에 적용되는 아포테시스Apothésis라는 용어가 그것이다. 에크테시스로 명명된 유기행위가 훨씬 더 빈번했음은 주지의 사실이지만, 그것은 무엇보다도 먹여 살려야 할 식솔 수의 문제이거나 마련해야 할 지참금 때문에 발생했던 것이다. 자식이 너무 많다는 것은 곧 비용이 많이 드는 일이었기에 자녀의 수를 제한해야만 했다. 어쨌든 사내아이들보다 덜 중요했던 여아들은 남자형제들보다도 훨씬 더 빈번하게 유기되곤 했다. 자신의 아이를 유기한 당사자는 "다른 사람들 손에라도 그 아이들이 목숨을 부지할 수 있기를 바라는 것 이외에는 도리가 없었다. 그리고 심지어는 그렇게 되도록 세심한 주의를 기울이기도 했다. 사람들은 버려진 아이들이 제때 발견될 수 있도록 계획하기도 했고, 이 비통한 유기행위를 온갖 석연치 않은 작당과 직업상 암묵적인 동의하에 해치우는 노예나 늙은 산파 따위에 일임하기도 했다."(『고대 그리스 로마사전』, p. 932) 그렇다면 이 아이들은 어떻게 되었을까? 몇몇 경우를 제외하고는 대부분 사망에 이른다. 때로는 선한 목동의 손에 맡겨질 때도 있지만, 노예상인이나 매춘업자의 손에 들어가는 경우가 훨씬 더 많았기 때문이다. "이들이 쓸데없이 들어갈지 모를 비용을 두고 거듭 고심했을지언정, 이 버려진 아이들을 기다리는 운명이란 결국 죽음이었다"(앞의 책, p. 936). 한편 아포테시스도 구체적 결과에 있어서는 동일했지만, 실용적 차원과는 전혀 다른 의미에서 가장의 권리를 넘어서는 어떤 결정과 관련이 있었는데, 그 의미는 바로 도시국가와 직접적으로 연관되었다. 내가 보기엔 마리 델쿠르의 주장은 고대 그리스 전문가들 사이에서 논의되지 않는 듯하다. 그렇다면 마리 델쿠르의 주장이 장-피에르 베르낭Jean-Pierre Vernant이나 니콜 로로Nicole Lauraux가 견지한 주장과 몇 가지 일치하는 지점이 있다고 해서, 그것을 그대로 받아들여야만 하는 것일까? 아니면 놀랍긴 하지만, 이 일치된 지점들을 멋대로 무시해야 하는 것일까? 이 연구가 발간된 직후, 루셀[5] 같은 이들의 이의제기가 있었다. 그는 선천적 기형으로 태어난 아이들을 아포테시스라고 칭한 사람은 물론이고, 에크테시스와 아포테시스 사이의 차이를 보여 주는 텍스트의 수 역시도 극도로 드물다는 점을 자신의 논거로 삼았다. 마리 델쿠르 역시 그에 반대되는 논거를 구성하고, 결정적 가치를 제시하기 위해 그와 똑같이 빈약한 근거에서 출발했지만, 그 근거를 영아유기가 실제로 실행되었다는 반박할 수 없는 증거와 결부지을 수밖에 없었다. 『일리아드』(1권 590행) 혹은 헤세오도스(『테오고니아』, 453~491)의 텍스트들이 따져볼 만한 것임은 분명하며, 또 다른 텍스트인 플루타르크(『리쿠르고스』 16장, 1~2행), 플라톤, 아리스토텔레스도 이론의 여지가 없는 것으로, 특히 기형아에 대한 유기를 공공의 의무사항으로 간주하는 플라톤과 아리스토텔레스의 경우는 눈여

---

5 루셀, 「스파르타에서의 영아유기」, 『고대연구리뷰』(P. Roussel, "L'exposition des enfants à Sparte", *Revue des études anciennes*, XLV, 1943), pp. 5~17.

겨볼 만하다.

　우리가 영아유기의 실행을 정당화하기 위한 합리화, 즉 우생학 혹은 건강한 것과 건강하지 못한 것의 '혼합mélange' 불가능성과 마주하게 되는 일은 한참 뒤에야 발생한다.[6] 그 근간에는 일종의 종교적 혐오가 자리 잡고 있는데, 이는 종종 불모성 혹은 여하간 그에 준하는 차원, 다시 말해 신의 저주라는 문제가 밀접하게 결부되어 있다. 비정상적 탄생은 공공의 명령을 통해 속죄expiées된다. 괴물성은 집단적 불모에 대한 두려움, 종의 절멸 혹은 그 비정상적인 일탈에 대한 공포와 연관된다. 하지만 혹여 있을지 모를 이러한 불안정한 상태란 단순히 생물학적인 것만이 아니라, 신성성 앞에서의 불안정성, 즉 인간의 과오와 하늘의 노여움에 관련된 불안정한 상태를 의미한다. 그렇기 때문에 여기서 우선시되는 것은 대량학살이 아니라, 신들의 수중에 다시 맡기는 일과 관련이 깊다. 따라서 생물학적 비정상성 —— 왜냐하면 표지되고 지정되는 신체상 비정상성과 관련이 깊은 까닭에 —— 은 사회적 차원에 투영된다. 다시 말해 종의 일탈이란 단순히 해당 종을 그 장래와 영속성에 있어 위협할 뿐만 아니라, 무언가를 예고하고 두려움에 떨게 하는 신들의 제재, 즉 집단에 대한 처벌을 뜻한다. 생물학적 차원과 사회적 차원은 뒤섞인 정도가 아니라, 오히려 동형同形이라 해야 할 것이다. 고로 신체 차원에서의 일탈은 곧 사회적 차원(도덕적 차원에서와 마찬가지로)에서도 일탈인 셈이다. 이는 개인적 사안이 될 수 없을뿐더

6 마리 델쿠르는 이러한 문제의 종교적 특성을 분명하게 가리켜 주거나, 혹은 이 첫 번째 레퍼런스가 또 다른 논거들 속에서 여전히 그대로 나타나는 온갖 텍스트들, 가령 소포클레스, 플루타르크, 플라톤, 아리스토텔레스, 할리카르나소스 등을 인용하고 있다.

러, '의학적' 사안도 아니다. 심리학적 사안 역시 아니다. 이렇듯 차이나는 신체는 사회화된다.[7]

이제 쇠약해진 몸이 아니라, 오로지 '차이나는 몸corps différent'이 문제된다. 고대 그리스 로마 시대는 선천적 기형, 쇠약, 질병을 분명하게 구분했다. 유기행위를 통한 속죄의식은 단순한 쇠약상태에 대해서가 아니라, 후천적으로 획득 가능한 사회적 존재로서의 인간종의 규범을 위협하는 것에 대해서만 효력을 지닌다. 그래서 맹인, 귀머거리, 쇠약한 자 등은 기형인들과 동일한 범주에 놓이지 않는다.[8] 해서 훗날 키케로는 실명과 난청이 얼마나 엄청난 특성이 될 수 있는지 언급하는데, 그것은 보상이 주어지기 때문만이 아니라, 볼 수 있고 들을 수 있는 자들이 누리지 못하는 "밤과 침묵의 기쁨이 있다"고 보았기 때문이다.[9] 이러한 사실은 어쨌든 고대인들에게 있어서 감각장애가 신체적 기형

---

7 이와 동일한 지적들은 라틴 상고대시기 에투루리아인에 대해서도 취해질 수 있다. 블로크, 『고대시기의 경이로운 것들』(R. Bloch, *Les Prodiges dans l'Antiquité classique*, Paris: PUF, 1963), p. 73. 생물학적 차원에서 발생하는 법률의 위반은 어떤 계약의 파기로 간주되어 마땅한, 해서 쫓아내야만 하는, 신성을 심각하게 위협하는 행위로 표명된다.

8 이는 맹인들에 관한 연구들이 단언하는 바에 대립되는 것이기도 하다. 예를 들어 비에의 『보이는 자들 세계 안의 맹인: 사회학적 시론』(P. Villey, *L'Aveugle dans le monde des voyants. Essai de sociologie*, Paris: Flammarion, 1927)의 경우, 앞을 못 보는 맹인으로 태어난 아이들은 유기되었다고 말하고 있기 때문이다. 피에르 앙리 역시 자신의 논문인 『맹인들과 사회』(Pierre Henri, *Les Aveugles et la Société*, Paris: PUF, 1958)에서 비에의 입장에 근거하고 있다. 그럼에도 불구하고 앙리는 유기의 시행이 아마도 맹인들과는 관련이 없을 것이라는 점을 고백한다(p.219). 어쨌든 기형(그리스어로는 **아모르포스**amorphos)과 가령 실명으로 간주되는 모든 불구가 혼동될 수는 없을 것 같다. 오직 비정상인들(**로이모스**loimos)만이 신들이 내려 보낸 재앙의 씨앗들인 것이다. 가령 에페소스에서는 안짱다리만 비정상으로 간주되었다(델쿠르의 책, p.46). 마찬가지로 티투스-리비우스(Tite-live)에 의해 불길함을 몰고 오는 아이의 두 가지 비정상 범주, 즉 이르게 말문이 트이는 아이와 남녀양성의 경우가 제시되기도 한다. **테라타**(terata), 다시 말해 위험스럽거나 혹은 괴물 같은 초자연적인 것들과 관련된 모든 텍스트들은 사장된다.

9 키케로, 「튀스쿨룸인들」, 『스토아철학자들』("Tusculanes", V, XXXVIII, in *Les Stoïciens*, Gallimard), pp.400~403.

과는 크게 상관이 없었음을 알려준다. 실제로 이 장애들은 선척적일 수도 혹은 후천적일 수도 있지만, 종의 일탈에는 관여하지 않는 것들로, 외적 동일성을 문제 삼거나 어떤 저주를 가리키지도 않는다. 이러한 장애들은 그저 쇠약 상태이자 질병일 뿐이다.

분명 기형malformation과 쇠약함faiblesse 사이의 구별이 언제나 절대적인 명료함을 담보할 수는 없다. 고대시기 말엽 아울루스-겔리우스의 경우는 이러한 구별이 갖는 난망함을 알려준다. 그럼에도 불구하고 그는 시력과 마찬가지로 폐결핵마저 포함하는 질병이라는 개념과 선천적 기형과 함께 말더듬증까지도 포함하는 '악덕'vice이라는 개념 사이의 대립으로부터 논의를 시작한다. 그는 구별의 기준을 훼손의 결정적 특성에서 출발해야 할지 일시적 특성에서 출발해야 할지 의구심을 품는다. 그는 세상을 어지럽히는 난폭한 미치광이와 벙어리를 '병든 자'로 명명하는 시민 권리에 관한 협정의 일부를 인용하기도 한다.[10] 하지만 이 텍스트가 비록 어떤 불분명한 지점을 증언하긴 해도, 쇠약함faiblesse과 결함tare 사이의 차이를 보여 주기도 한다는 점을 기억하자. 여하간 고대 그리스 로마 시대의 가장 첨예한 문제가 종교적 공포와 죽음으로 끝을 맺는 축출의 유일한 기원인 선천적 기형이었으리라는 사실을 짐작하게 해준다.

결국 '유기'의 실행은 '쇠약함'에 취해졌던 담론과는 대조적으로 서구의 고대시대는 여러 신체장애들에 대한 분류, 나아가 이러한 분류

---

10 아울루스-겔리우스(120~175), 『아티카 야화』(Aulu-Gelle, *Les Nuits attiques*, IV, II, Paris: Les Belles Lettres, 1968).

가 가정하는 정신적 세계를 가리킨다. 의학문학은 이러한 문화적 소여를 확인시켜 준다. 시대적으로 더 거슬러 올라가지 않고, 고대 그리스 로마 시대를 기점으로 논의를 시작하긴 했지만, 그렇다고 다른 문화권을 살펴보는 일에 관심이 없다는 것은 아니다.[11] 메소포타미아 문화권 내에서, 질병 ─ 신체적 기형도 포함한 ─ 은 간통이나 근친상간, 음란함과 같이 개인에게 중요한 위상을 차지하는 어떤 죄, 어떤 과오와 연관된다. 게다가 이 개인은 자신도 모르는 사이 어떤 위반을 저지를 수도 있었다. 병든 자는 신으로부터 버림받았고, 더러는 인간들에 의해서도 배척되었음에 틀림없다. 수많은 질병은 어떤 처벌,[12] 적어도 비난과 같은 형태로 신들에게서 비롯된 것이다. 결과적으로 치유하기는 무엇보다도 기원이 되는 악의 근원으로 심지어 몇 세대나 거슬러 올라가는 일을 의미했는데, 왜냐하면 어떤 질병은 선대가 저지른 과오의 대가를 치르는 일일 수 있었기 때문이다. 이러한 상황에서 유래된 의학이란 결코 생체유기적인 것이 아니라 심리 도덕적 유형에 해당된다고 볼 수 있다.

　　마르셀 상드라이의 의견을 좀 더 깊게 따라가다 보면, 고대 이집트인들의 경우, 정신세계는 완전히 바뀌어 있다는 점을 알 수 있다. 여기서 우리는 마술적 세계관과 조우하게 된다. 이제 더 이상 '죄에 대한 처벌'이 아니라, '형이상학적' 드라마가 문제된다. 인간의 행동이 이루어지기 훨씬 이전에 어떤 통제 불가능한 힘들이 지닌 적의가 자리하는

---

11 이와 관련된 증거들은 상드라이, 『질병의 문화사』(Marcel Sendrail, *Histoire culturelle de la maladie*, Toulouse: Privat, 1980)를 확인할 것.
12 이는 그리스의 경우에서도 사실이지만, 그럼에도 가장 중요한 것은 일탈의 위협이었다.

것이다. 그리고 우리 인간이 행한 위반의 이면에는 신적-우주적 단절이 존재하는 것이다. 그러니 악과 그로 인한 고통은 이전에 발생한 파탄의 결과물일 뿐이다. 이러한 철학적 분위기에서 고대 이집트인들은 모든 것이 죄에 대한 속죄행위와 뒤섞여 있던 바빌론이나 수메르의 경우와 달리, 질병과 불구상태를 더 잘 구분했다. 그래서 이곳 나일강 유역에는 신체적 기형[13]에 관한 상당수의 도상적 증거물이 우리에게 전해지며, 그 중 몇몇 장애 형태는 사회적 역할을 담당한다. 우리는 난쟁이들이 고위직을 부여받거나, 제단 위에 놓여진 모습을 찾아볼 수 있다. 무엇보다도 신체불구자들은 병을 일으키는 자들이 아니다. 해서 질병들에 관한 병리학은 그 자체로 제의와 주술, 요컨대 어떤 샤머니즘적 요소에 위임된다.

그런데 이러한 현상은 고대 이집트에 대한 윤리적 재현보다는 형이상학적 재현에서 심심찮게 발생한다. 다시 말해 대가를 치르는 방식보다는 우회하는 방식이, 심문하는 방식보다는 서로 조정되는 방식이 문제되는 것이다. "바빌로니아인들에게는 알려진 것이든 알려지지 않은 것이든 죄에 대한 처벌이지만, 이집트인들에게 우주적 드라마의 인간적 층위로의 전환이었던 질병의 문제가 히브리인들에게는 시련이자 희생이 된다. 바빌로니아인들에게는 정신적 무질서, 이집트인들에게는 마술적 현상, 히브리인들에게는 성스러운 신의 현현인 셈이다."(p. 73) 그렇다면 그리스인들은 과연 어느 쪽에 속했던 것일까?

---

13 우리는 「보철과 교정기구의 역사」, 『진보의 위대한 노정들』(G. Fajal, "L'Histoire des prothèse et orthèses", *Les Grandes Voies du progrès*(Vol.3), Université de Nancy I, 1972), 의학교육조사단 A 및 B에서 상당한 분량의 도상적 증거들을 확인할 수 있다.

훨씬 더 합리적이고, 기술적이고, 나아가 임상적이기도 했던 히포크라테스의 사유가 탄생하기 이전 ─ 또한 그 같은 시기에 ─ 그리스에는 비극적 기류가 관통하고 있었다. 무엇보다도 그리스에서 문제 되었던 것은 운명이었다. 실증적 지식에 대한 의도와 그 실제를 태동시킨 의학과 더불어 그리스적 사유는 질병에서 신들의 악의를 뜻하는 어떤 신호를 목격한다. 즉 히포크라테스 의학으로 대변되는 그리스 의학과 비극 사이의 이 같은 대립은 절대적인 것이 아니다. 그리스 세계는 훨씬 더 모순적이고, 더욱더 혼재되어 있었다. 헬레니즘적 합리주의는 삶의 비합리성 맞은편에 있는 것이 아니다. 그것은 무질서와 세계의 책략이라는 인식에 침투해 '거둬들인' 합리성일 뿐 아니라, 언제나 비극이 관통하는 합리성이다. 이처럼 그리스적 정신성이란 비극과 합리가 혼합된 산물이다. 플라톤이 공동의 정신성에 있어 가장 대표적인 인물은 아니지만, 질병을 두고 영혼이 신체보다 우위를 점하고 물질이 정신의 지배하에 있다는 관점을 견지하며 정화의 과정을 제안했던 그는 질병에 관한 이 같은 양가적 지위를 설명해 준다.

그럼에도 불구하고 히포크라테스적이거나 비극적이라는 이 두 흐름 속에서 하나의 동일한 관념이 형성되었다는 점에 주목해야 할 것이다. 다시 말해 우리 모두는 '필연성Nécessité(anankè)'의 체계하에, 즉 만물의 '자연적 본성Nature'의 지배하에 놓여 있다는 사실이 그렇다. 설령 실천되어야 할 육체적 정화가 존재한다 해도, 질병은 그것이 자연적 질서로부터의 일탈임을 보여 주기 위해서든 혹은 신들조차 피할 수 없는 필연임을 의미하기 위해서든 우선 자연적 질서와 결부되어야 한다. 자연의 무질서로서의 질병이라는 이 첫 번째 가설 속에서, 실증적이고 과학적인 탐색은 신체적으로나 생물학적으로나 불분명한 합리성을 향해 나아간다. 이로써 우리는 히포크라테스 의학의 탄생과 서양의학 흐름의 돌연한 출현을 이해하게 된다. 지극한 운명으로서의 질병이라는 두 번째 가설 속에서 우리는 신체적 일탈의 문제로 다시 되돌려진다. 이는 다른 차원, 즉 신들의 차원 혹은 적어도 신들과 더 많이 근접한 차원과 관련된다. 그렇기 때문에 상당수의 '병인病因'을 통해 나타나는 무질서 상태는 실제로는 또 다른 차원에 속하는 위협을 가리킨다.

이처럼 나는 유기행위를 신들에게 '다시 내맡기는' 방식으로 보았던 마리 델쿠르의 주장이 상당히 정당하다고 생각한다. 하지만 마찬가지로 필연성이라는 개념, 다시 말해 질서라는 개념에 기초한 공동의 문화적 관점에서, 앞서 주장한 분할의 문제가 남아 있음은 분명해진다. 그래서인지 그리스 세계는 허약함으로서의 질병과 결함으로서의 질병을 엄밀하게 분리한다. 비록 노소스nosos 같은 몇몇 어휘가 이 두 가지 의미 모두를 포괄하긴 해도 말이다. 전자에 속하는 질병들은 기술적 의미에서의 의학에 해당하는 반면, 후자에 속하는 질병들은 철학적이고 사회적인 성찰에 해당한다. 마리 델쿠르는 개인의 과오와 혼동될 우려가 있는 인간의 과오를 어쩌면 조금 지나칠 정도로 강조하고 있는지도 모르겠다. 불운의 신호 혹은 신의 저주의 징후라고도 부를 만한 것으로 말이다. 알 수 없고 두려움을 불러일으키는 전혀 다른 차원인 신의 질서Ordre에 대한 동의라는 측면에서 어느 수준까지는 속죄라 할 수 있지만, 바빌론에서처럼 저지른 과오에 대한 희생은 아니다. 따라서 이는 비극적 과오라 하겠다. 정확히 말해 비극이 있다면 무수한 질서의 충돌에 있는 건 아닐까? 분명, 몇몇 '병리학'은 우리 인간의 차원에서 두려움을 갖게 만들기에, 사회는 스스로 방어한다. 하지만 이 병리학들은 우리 인간의 질서를 박살낼 수 있는 어떤 질서를 그 무엇보다 우선해 가리키는 것이 아닐까?

신화적 자료체가 특별한 지점이 되어 줄 새로운 논의로 넘어가기에 앞서, 병행해 비교할 만한 일탈들과 여기서 주목할 만한 일탈들을 검토하는 것이 좋을 것 같다.

그렇다면 정신박약, 정신발작, '광기' 등은 일탈 중에서도 어떤 유형에 속하는 걸까? 플라톤은 『법률』에서 "광인들은 도시에 그 모습을 드러내서는 안 된다. 다만 그들 개개인은 친인척에 의해 집안에서 보살펴져야 한다"고 말한다.[14] 이어서 플라톤은 광인의 위협적이거나 혐오스러운 말로 야기되는 혼란 및 공격, 그리고 그 위험성을 바로 이러한 권고를 하게 된 이유로 꼽는다. 이처럼 아테네에서 정신병자들이 기피의 대상이었다는 사실을 알 수 있다. 그들에게 돌을 던지거나 침을 뱉기도 했으니 말이다.[15] 하지만 도처에서 광인은 공포심과 더불어 존경심을 불러일으키기도 했는데, 왜냐하면 그 자체로 매우 오랜 관념들을 공유해 온 공동의 사유방식은 이런 광기에서 어떤 초자연적 개입

---

14 플라톤, 『법률』(Platon, *Les Lois*, XI, 10, Paris: Gallimard), p.1079.

15 도드, 『그리스인들과 불합리』(Dodds, *Les Grecs et l'Irrationnel*, Paris: Flammarion, 1977), p.75; 시몬, 『정신과 광기 그리고 사회』(B. Simon, *Mind and Madness and Society*, Ithaca-Londres: Cornell University Press, 1979); 로즌, 『광기와 사회』(G. Rosen, *Madness and Society*, New York: Harper and Row, 1969). 법률적 차원에서 퓨리오수스(furiosus: 광인, 정신병자)는 적법한 후견을 받아야 하는 상황에 놓이게 된다. 다음의 글을 확인하도록 하자. "사춘기 이전 아동들과 마찬가지로, 광기가 있는 자들은 유서 작성이 불가능할 수 있다. 유스티니아누스 법전 이전부터 황제들의 예외적 결정들은 정신이상이 있는 선대인 조상들의 후손들에게도 유언에 의한 사후 상속인 지명을 허용했었다. 유스티니아누스 법전은 일반적으로 모든 선대인이 광기가 있는(퓨리오수스 혹은 멘투스 캅투스mentus captus) 후손에게 대리인을 붙여주는 일을 허용했다."(『고대 그리스 로마 사전』 IV, p. 1553.)

현상을 목격하곤 했기 때문이다. 정신착란은 그야말로 신들림의 동의어였던 셈이다.

바로 이 지점에서 플라톤은 '제의적 광기', 시적 착란, 성애적 착란과 더불어 스스로 예언자적 광기라 명명한 개념을 공들여 설명한다.[16] 이러한 광기들, 특히 그 중에서도 우리가 작품 속 가령 신탁에서 볼 수 있는 예언자적 능력은 일반적인 정신착란과는 분명하게 구별된다.

우리가 알지 못하는 곳으로부터 다가와 해묵은 원한의 결과로 비롯된 모든 가혹한 사건들 중에서도 질병 그 자체와 그로 말미암은 시련은 한 종족에 속한 몇몇 개인들에게 존재한다. 예언자적 정신착란은 집단 내부에 그러한 운명에 처해진 사람들에게서 발생함으로써, 그들을 격리시킬 만한 수단을 찾아냈던 것이다. 그 수단은 신들을 향한 기도와 신에 대한 경의를 표하는 의식에 의지한 것으로….

통상적인 정신착란은 몸값을 치러야 하는 어떤 과오와 결부되어 있었다. 그런데 '예언자적 광인들', 즉 계시 받은 자들은 이 순환고리를 끊어 낸다. 나는 이처럼 철학적이고 순치된 기능을 수행하는 정신착란에 관한 플라톤적 사유체계 일반을 추종하지 않으려 한다. 이런 식의 정신착란은 카오스적 형태를 가장한 채, "어떤 과학 어떤 의지"를 드러내고 있다(『그리스인들과 비이성』*Les Grecs et L'Irrationnel*, p. 82). 통상적

---

16 Platon, *Phèdre*, 244a 이하.

인 정신착란에는 이러한 효과가 없다.[17] 하지만 신체적 일탈의 경우에서처럼 이 두 가지 사안에 있어서도 우리가 만들어 내야 하는 질서란 다름 아닌 신성의 질서, 나아가 초-신성의 질서이다. 그럼에도 불구하고 광인은 '유기-노출exposé'되어서는 안 되는 그저 기피의 대상이 된다. 어째서 이런 차이가 있는 것일까? 아마도 플라톤과 동일선상에서 광기를 일종의 계시 안에 편입시키는 일이 가능하기 때문일 것이다. 즉 그것은 여전히 신성으로 통하는 일종의 접근방식인 것이다. 게다가 통상적인 광기는 이러한 상위 차원의 광기들에 의해 물리쳐질 수 있다. 육체적 일탈이야말로 있는 그대로의 날것이요, 출구도 없으며, 끝내 더 많은 위협을 주는 것이다. 앞으로 전개될 나의 논의를 지나치게 확장시키지는 않겠으나, 다만 신체적 기형보다 정신적 불구사례에 있어 훨씬 더 난해한 관계를 맺고 있는 현재 우리의 문화와 분명하게 대별되는 지점을 지적해야 할 것 같다. 바로 이성/비이성, 합리/불합리가 맺고 있는 관계가 동일하지 않다는 점이 그렇다. 앞서 살펴보았듯, 그리스인들은 관념적이고 지성의 빛에 충실하긴 했어도, 한편 초자연적 개입을 조금도 등한시하지 않았고, 비-이성의 매혹적인 어둠도 간과

---

17 고대시대 치료법 차원에서 접근된 광기에 관해서는 다음의 저작들을 참고해야 할 것이다. 자키 피조의 『영혼의 병: 고대 의학-철학적 전통 내에서의 영혼과 몸의 관계에 관한 연구』(Jackie Pigeaud, *La Maladie de l'âme. Etude sur la relation de l'âme et du corps dans la tradition médico-philosophique antique*, Paris: Les Belles Lettres, 1989)와 『고대 그리스 로마 시대 의사들에게 있어서 광기와 광기에 대한 치료법들: 조광증』(*Folie et cures de la folie chez les medecins de l'Antiquité gréco-romaine. La manie*, Paris: Les Belles Lettres, 1987). 역시 구르비치의 『광기의 라틴어 어휘들: 켈시우스와 켈리우스 아우렐리우스에 관하여(D. Gourevitch, "Les mots pour dire la folie en latin. A propos de Celse et Célius Aurélien", in *l'Evolution psychiatrique*, vol.56, 3, 1991)도 참고할 것.

하지 않았다.[18]

선천적 기형과 정신착란을 대하는 태도 면에서 볼 때, 우리는 불구성과 관련해 그리스 로마 고대시대가 알려준 바를 아직도 온전히 이용하지 못하고 있다. 우리는 수많은 선척적 기형의 예들, 가령 안짱다리, 포트씨병(척추결핵), 퇴행성 위축증, 소아마비 등을 볼 수 있다. 또한 실명이나 몇몇 전염병과 같은 중차대한 해결사안이 있음에도 불구하고, 의사들은 피부병, 결핵, 신장병, 간장병 등과 같은 온갖 전통적 질병들에 더 많은 관심을 쏟고 있다. 마찬가지로 우리는 전쟁부상자들과 사고로 인한 불구자들을 목격하기도 한다.

고대 그리스 대도시들이 페르시아 전쟁 직후 전쟁부상자들의 무료 치료를 위해 국가로부터 보수를 받는 의료진을 보유하고 있었다면, 소도시들 역시도 전쟁부상자들을 위로하는 데 따르는 막대한 희생에 공감을 표할 줄 알았다.[19]

온갖 종류의 비문, 묘석, 가로장에 새겨진 문구를 통해 '군軍'의학

---

18 이 부분은 도드 이외에도, 가령 베르낭(J.-P. Vernant)과 드티엔느(M. Detienne)의 『그리스인들의 혼혈, 지성의 책략들』(Les Ruses de l'intelligence, la métise des Grecs, Paris: Flammarion, 1974)과도 관련이 깊다.

19 자콥, 『그리스의 도시국가들과 전쟁부상자들』(O. Jacob, Les Cités grecques et les blessés de guerre, Mélanges G. Glotz, II, 1932), p. 468. 이와 동시에 앙드레 코르비지에의 『전투기술 및 군대 역사 사전』(André Corvisier, Dictionnaire d'art et d'histoire militaire, Paris: PUF, 1988)을 확인할 것. 특히 앙드레 코르비지에의 경우, 고대 그리스 도시국가들 내에서 상이군인에 대한 부양조치들이 미친 실질적인 효력에 미묘한 차이들과 의미를 부여하고 있다. 관련 참고자료 하나를 더 확인하도록 하자. 리앙쿠르, 『부상당하고 불구가 된 군인들의 역사, 프랑스 및 외국에서의 그들의 상황』(O. Riencourt, Les Militaires blessés et invalides, Leur histoire, leur situation en France et à l'étranger, Paris, 1875)

의 존재의의와 결과적으로는 공공집단이 담당해야 했던 전쟁부상자들의 존재가 증명된다. 이 문제도 여러 우여곡절이 있었지만, 본서에서 그 모두를 검토할 필요는 없을 것 같다. 다만 한 예시로, 리시아스의 변론『상이군인을 위하여』(기원전 400년에서 360년 사이로 추정)[20]에 따르면, 신체적 능력이 약화된 상이군인들을 대상으로 아테네 의회가 매년 결정하는 소정의 연금수령이 이루어졌음을 알 수 있다. 이 연금수당에 지원했던 사람들은 공공 기부금 자격 검토 및 결정, 유지 및 관리, 그리고 최종 가부결정을 담당했던 아테네 의회에 출두해야 했다. 리시아스는 이 변론에서 다른 시민에 의해 자신의 연금 권리에 이의제기를 당해야만 했던 한 불구 소상인을 옹호한다. 이 텍스트가 대단한 영향력을 지녔던 것은 아니지만, 그럼에도 불구하고 이 텍스트는 불구상태로 인해 직업 및 유효한 재화의 획득이 불가능해진 시민들을 상대로 당시 실행되던 공적원조의 존재를 증명해 준다. 리시아스는 생김새가 추해 구경거리로 전락한 자, 말에 올라탔으나 제 말이 아닌 남의 말에 올라탄 자 등 쉽사리 시민 계층 안에 포함되지 못해 넉넉한 재화가 없어 고소당해야 했던 의뢰인들의 명예를 회복해 준다. 하지만 이 변론 텍스트는 우리에게 장애의 형태가 어떤 것이었는지는 알려주지 않는다. 또한 재해로 인해 일할 수 없게 된 자들이 처한 일반적인 사회적 조건도 언급되지 않고 있다. 다만 이 연설이 우리에게 확인시켜 주는 유일한 사항이라면, 고대 도시가 신체적 불구상태를 겪는 가난한 도시

---

20 리시아스, 『연설XXIV』(Lysias, *DiscoursXXIV*, Paris: Les Belles Lettres, 1967, II), pp.104~110. 리시아스는 당대에 '연설문이나 변론을 써주는 산문가(logographe)'였다. 다시 말해 일종의 변호사이자, 수사학 대가라 할 수 있다.

소속민들을 위해 갱신 가능한 형태로 혹은 연간단위 보조금 형태로 지급되는 최소한의 재화에 관심을 쏟고 있었다는 사실이다. 고대 그리스 도시 국가에서는 그랬다.

앞서 말한 내용은 신체불구자들에 대한 분류에 있어 일종의 징후적 표지를 이룬다. 한편에는 유기되는 선천적 기형이, 다른 한편에는 은폐되어 왔으나 우리가 살아가는 세계에 전해진 어떤 메시지일 수 있다는 점에서 배제되지 않았던 정신질환의 유형이, 끝으로는 질병과 치료되고 보살핌 받는 후천적 장애의 유형이 있는 것이다. 그런데 오늘날 우리는 그 뒤를 잇는 수많은 분류들, 특히 오늘날 행해지는 분류와 상당히 거리를 두고 있다. 분류가 갖는 이런 과묵한 특성을 피하려면, 가령 실명과 같은 신체적 장애도 어떤 '말씀-계시parole'가 거하는 장소일 수 있다는 점을 고백할 수 있어야만 한다. 테레시아스는 신성의 존재였으니 말이다.

지금까지 나는 한편으로는 사회적 실제가, 다른 한편으로는 질병에 대한 관념이 우리에게 폭로하는 바를 다루는 데 그쳤다. 하지만 가장 중요한 부분, 즉 일탈에 관한 고대 사회의 담론을 다루는 일이 남아 있다. 실제로 나는 그 실질적이고 경험적인 태도가 무엇이든 간에 한 사회가 어떤 현상에 대해 사용한 언어 속에서 그 사회의 태도의 실체가 꼭 그만큼 드러난다고 믿고 있다. 사회적 상상계는 ——상상계라는 표현을 폭넓게 적용해 보자면 ——그 사회적 실제와 마찬가지로 그 사회를 구성한다. 따라서 모든 것을 실제와 관련짓는 습성은 버려야 한다. 실제와 '상상계' 사이의 간극은 매우 클 수도 있고, 마르크스적 의미에서 이데올로기와 같은 또 다른 원인들이 개입될 수도 있다. 고로 사회적 상상계 또한 사회적 실재계라 할 수 있을 것이다.

신화들

신화를 정의하느라 지나치게 장황한 논의에 빠져 갈피를 놓쳐선 안 되기에, 여기서는 신화라는 명칭을 고대의 정신적 태도가 마치 공동의 원천에서 물을 길어내듯 건져 올린 어떤 문학적 유산으로 이해하고자 한다. 『일리아드』와 『오디세이아』뿐만 아니라, 대부분의 그리스 극작품들이 그렇다. 해서 나는 신화학이라는 대분류하에 문학적 픽션과 인간의 기원 및 운명에 관한 이야기 모두를 포괄하려 한다. 오늘날 우리는 문학 장르들을 분명하게 구분 짓고 있지만, 그렇다고 소설과 성서의 창세기 속 이야기를 동일 수준에 위치시키지는 않는다. 하지만 고대인들에게 그 내용들은 다른 방식으로 표현되었기 때문에 사정은 같지 않았다. 이 고대시대의 세계관은 가령 소포클레스의 경우, 엄밀한 의미에서 비극으로까지 연장된 오이디푸스 신화처럼 매우 독특한 몇몇 '신화들'의 배경이 된다. 뒤에서 살펴보겠지만, 나는 소포클레스의 판본을 우선시할 것인데, 그 이유는 소포클레스의 작품이 그리스에 관한 논의에서 다른 작품들보다 더 많이 언급되기 때문이다.

신들에 관한 이야기와 담론 모두에는 단순히 민간전승적 묘사 기능으로서가 아니라 구조적(나아가 구조주의적) 역할 수행을 위해 등장하는 불구의 유형들로 가득하다. 오이디푸스와 그를 주변으로 하는 일군의 인물들이 그렇고, 주요 신들만 해도 헤파이스토스, 필록테테스, 헤르마프로디토스 등이 그러하다. 그리스인들과 고대인들이 취했던

'근본적인' 담론 역시 선천적 기형과 비정상의 여러 사례들을 포괄한다. 그럼에도 불구하고 이러한 사례들이 그저 장식적 요소에 다를 바 없었다는 사실은 무척 놀라운 일이 아닐 수 없다.

오이디푸스, 차이의 작업

오이디푸스 신화는 여지없이 고대시대는 물론이고, 소포클레스에서 프로이트와 레비-스트로스까지 이어지는 서구 사회의 수많은 이야기들 중 가장 근간이 되는 이야기로, 이 신화는 끊임없이 되풀이되고, 새롭게 해석되고, 새롭게 연구되어 왔다.[21] 우리 서구 문화에 있어서 본질적이고 수많은 상징체계에 영감을 불어넣어 주었던 이 신화의 출발점에는 불구성의 문제가 자리한다. 가령 '부어오른 발pieds-enflés' 혹은 '구멍난 발pieds-percés'로도 명명되는 '절름발이boiteux' 오이디푸스는 사실 '유기된 아이'[22]였다. 그렇다면 그가 유기된 까닭이 그의 불구상태 때문일까? 그게 아니라면 그가 지녔던 불구상태는 우발적 사건, 예를 들어 선조 중 누군가가 저지른 동성애적 강간과 같은 과오 때문에 발생한 불길한 태생의 결과였을까? 실제로 고대 그리스에서 유기행위는 그 원인을 기형에서 찾았던 것만은 아니다. 만일 오이디푸스의 장애가

---

21 가령 아스티에의 『오이디푸스 신화』(C. Astier, *Le Mythe d'Œdipe*, Paris: Armand Colin, 1974)를 확인해 볼 것. 오이디푸스 신화는 실로 다의적인 신화라 할 수 있는데, 그 이유는 권력의 문제(즉 정치의 문제), 감정의 문제(즉 가족관계), 종교의 문제(즉 신성과의 관계) 등과 같은 여러 문제를 두루 아우르기 때문이다.

22 델쿠르, 『오이디푸스 혹은 정복자에 관한 전설』(M. Delcourt, *Œdipe ou la Légende du Conquérant*, Liège, 1944). 이 책의 첫 번째 장의 제목이 '유기된 아이'이다. 마리 델쿠르의 이 책은 1981년에 레 벨 레트르(Les Belles Lettres) 출판사에서 재판되었다.

그가 버려졌던 상황, 즉 운명이라는 상황 속에서 으뜸가는 역할을 정당하게 수행하게 하려면, 수많은 의미를 담고 있는 영웅들 중 하나는 그 결함의 상흔을 부수적인 것이 아니라, 본질적인 것으로 지녔어야 마땅하다. 이런 식의 주장이 다소 충격적일 수 있지만, 뒤집어 생각해 보면 우리로 하여금 바로 그 '동일한' 지점에서 출발해 신화 읽기를 주저하게 만드는 까닭은 신화의 기존 정보들과 전혀 다른 이유들이 존재하기 때문 아닐까? 그리고 두려움과 공포를 자아내는 까닭은 변질, 나아가 '괴물성'이 그 기원에 자리잡고 있기 때문 아닐까? 오이디푸스 전설 그 자체는 이런 두려움이 제 모습을 그대로 드러내게 한다. 사실 사람들은 자신의 영웅들—비록 그들이 비극적 존재라 할지라도—이 결함을 지닌 인물이라는 점을 받아들이기 힘들지 모른다. 적어도 이러한 사실은 마리 델쿠르에 따르면, 할아버지(랍다코스Labdacos: 절름발이라는 뜻)로부터의 대물림, 다시 말해 손자에게 해를 끼치는 악덕의 대물림으로 설명된다.[23] 왜냐하면 그녀의 분석에 의하면, 오직 한 혈통, 한 계보(그리스어로는 제노스genos로 표기되는)와 관련해 볼 때, 신의 처벌을 야기하고 권력의 문제로 인해 격렬한 싸움을 촉발시키는 악덕의 대물림이 존재하기 때문이다. 여기서 우리는 그리스인들 특유의 독특한 모호성과 다시 마주하게 된다. 고로 이 신화 자체 내에서는 대립되는 요소들, 상반된 욕망들, 화해할 수 없는 사고체계들의 분리불가능성이 제시되는 가운데, 일종의 숨바꼭질 놀이가 도입되고 있다.

불구성, 일탈, 비정상과 이상異象, 기형 등의 문제가 마치 부모에 대

---

23 델쿠르의 앞의 책, pp.26~27(1981년 판본).

한 심리적 관계, 신과의 관계, 진실과의 관계처럼, 우리의 삶의 조건과 문화에 내재된 근본 문제들에 해당될 수 있다는 사실은 어쩌면 그리스인들에게는 낯선 일이 아니었던 것 같다. 클로드 레비-스트로스는 이러한 사실을 제대로 짚었는데, 왜냐하면 그는 신체적 불구상태를 이 신화를 구조화하는 4가지 대립요소 중 하나로 간주했기 때문이다.[24] 실제로 레비-스트로스가 4개의 축을 세우고 그 사이에 서로 대립되는 쌍을 둘씩 묶어 신화의 구성요소들을 배치시켰던 것은 주지의 사실이다. 그는 한 축에 '초월적인 것으로 상위/과대-평가되는sur-évalués' 모든 친족관계들을 기입하고, 다른 한 축에는 '지상의 것으로 하위/과소-평가되는sous-évalués' 친족관계들을 위치시킨다. 이 두 축들이 첫 번째 대립쌍을 이룬다. 뒤이어 두 가지 다른 계열이 뒤따르는데, 인간 조건을 넘어선 것으로 나타나는 요소들의 계열과 지상의 속함을 상기시키는 불구성의 계열이 그 두 번째 대립쌍을 이룬다. 이 두 개의 주요 대립쌍은 그 자체로 서로 대응하면서 모종의 방정식 형태를 이룬다.

클로드 레비-스트로스는 이러한 이중의 대립을 동일자와 타자라는 보편적 문제로 제시해 해석을 시도한다. 여기에는 초월적-인간과 범속한 인간 사이의 관계가 존재한다. 즉 근친상간의 관계(동일성identité)와 어머니도 친족도 아닌 여인과의 관계(이타성altérité)가 존재하는 것이 그렇다. 마찬가지로 이 근친상간과 초월적-인간의 문제로부터 출발해, 우리 인간이 두 개의 다른 존재에서 탄생하는지 아니면 유일한 존재에서 탄생하는지와 같은 기원의 문제가 자리하는 것도 그

24 레비-스트로스, 『구조인류학 1』, 11장(Paris: Plon, 1958, 1974).

렇다. 이처럼 오이디푸스 신화는 각각이 인간에 관한 중대한 물음에 걸쳐 있고, 또 서로가 서로를 참조하는 여러 대립쌍들을 포개고 있다. 실로 엄청난 조합이자, 경이로운 거울놀이라 하겠다.

레비-스트로스의 이 같은 분석에서 신체적 기형은 두 가지 사항을 의미한다. 우선 신체적 기형은 불가항력적이고 끈질기게 달라 붙는 표지, 즉 우리가 지상에 속한 존재임을 알리는 표지로 해석된다. 이어서 신체적 기형은 세속/신성이라는 대립, 즉 그 자체로 다음의 문제제기로 해석될 수 있는 대립항으로 이해된다. 과연 인간은 신적인 것, 즉 자기와 동일한 것으로부터 기원하는가? 아니면 다양성과 다수성의 공간인 지상으로부터 기원하는가? 하는 문제가 그것이다.

그렇다면 레비-스트로스를 통해 오이디푸스 신화에서 불구성이 중요한 위상을 차지한다는 점을 확인한 것 자체가 그가 제시한 신화에 대한 독법과 그가 사용한 방법론을 추종한다는 것을 의미할까?

이런 질문을 던져 보자. 과연 이 이야기 속에서 오이디푸스가 기형이고, 또 그 이유 때문에 유기되었던 것일까? 마리 델쿠르의 논증은 수많은 신중을 기하고 있음에도, 내게는 매우 타당한 것으로 보인다. 책의 서두에서 그녀는 이렇게 밝힌다. "전작에서 나는 오이디푸스가 고대 공동체의 여러 집단들이 내쫓았던 불길한 징조를 지닌 이런 부류의 숱한 신생아들 중 하나였다는 사실을 밝혀내고자 했다. 왜냐하면 이 아이들이 몸에 지닌 기형은 신의 분노의 증거였기 때문이다."[25] 분

25 이는 앞서 소개한 마리 델쿠르의 책 『고대 고전기 시대의 불가사의한 불모성과 불길한 출생』과 관련이 있다. 본문의 인용은 그녀의 책 『오이디푸스 혹은 정복자에 관한 전설』, p.1에서 가져왔다.

명 오이디푸스라는 상당히 특수한 경우를 부각시키기 위해 저자인 마리 델쿠르는 유기의 대상이자 그런 운명이 중요한 요소로 작용한 대부분의 전설 속 등장인물들을 일별한다. 하지만 그것은 시련을 겪는 아이들일 뿐, 목숨을 건진 비정상인들은 아니었다. 그녀의 설명을 들어보자. "살아 남으면 훗날 불행을 초래할지도 모를 아이가 희생되어야 한다는 생각은 내가 아는 바로는 오직 세 종류의 전설들 속에서만 만나 볼 수 있다. 오이디푸스 전설, 파리스 전설, 킵셀로스 전설이 그것이다."[26] 그렇다고 이러한 특수성이 오이디푸스의 선천적 기형의 증거가 되지는 못한다. 다만 그전에 킵셀로스의 어머니가 '절름발이 여인'이라는 뜻의 랍다labda로 불리던 사람이고, 이 아이에게 내려진 처벌이 유기행위와 유사하다는 사실은 지적할 필요가 있다. 킵셀로스 이야기가 할애된 어느 텍스트에서 헤로도토스는 이 에피소드를 윤색해 그를 구원해 냈음에도, 사정은 마찬가지였다. 그리고 오이디푸스의 경우에도 해당되는 이 대응관계는 마리 델쿠르의 다음과 같은 분석을 가능하게 해준다. "내가 보기에 오이디푸스의 전설은 킵셀로스 가문의 전설과 마찬가지로, 태어나자마자 기형의 신생아들을 유기하는 관습을 옮겨 적어놓은 듯하다. … 결국 사람들은 불길한 징조인 불구 상태의 책임을 그 자체로 전설 창작의 기원이라 할 만한 질병의 단순 의인화인 할아버지나 어머니 같은 선대에게 전가한다."[27] 마리 델쿠르는 오이디

---

26 델쿠르의 앞의 책, p.16. **절름발이**(labda) 어머니에게서 태어난 코린토의 폭군 킵셀로스는 아마도 절름발이였던 것 같다. 역시 버려진 뒤 목동들에 의해 목숨을 구한 전력이 있는 프리아모스의 저주받은 아들 파리스는 헬레나와 도망침으로써 트로이 전쟁을 촉발시킨다.

27 같은 책, p.21.

푸스의 고유한 요소들을 재차 언급한 다음, 다음과 같이 설명한다. "내 생각엔 분명하게 언급된 사건들과 이름들 앞에서 오이디푸스 전설에 등장하는 아포테시스의 신화적 편곡을 무시하기란 어려울 것 같다." 여기서 문제 삼는 아포테시스란 기형으로 태어난 아이들에 대한 유기행위에 특별하게 부여된 명칭으로, 다른 이유로 오직 한 가족의 가장에 의해 결정되고 행해져 죽음에 이르게 하는 축출행위인 에크테시스와는 대별된다.

이 두 용어에 관한 위와 같은 주장을 발판 삼아 다음의 문제에 초점을 맞춰 보자. 만일 기형아들에 대한 유기가 유기행위의 총체적 실제로부터 분리될 수 없는 것이 사실이라면, 유기행위 자체가 갖는 특수성 또한 잊어서는 안 될 것이다. 나는 이에 대한 증거로 니콜 벨몽[28]의 논문을 제시하려 한다. 기형과 저주의 징조인 아이들에 대한 유기행위에서 출발해, 니콜 벨몽은 당시 매우 널리 퍼져 있던 의식, 즉 신생아를 길바닥에 유기하는 의식에 대한 자신의 견해를 확장시키고 있다. 이때의 의식은 신생아가 인류에 속한 존재임을 증거하는 동시에, 그 아이의 생물학적 태생과는 별개의 문제인 사회화과정에서 제기될 모든 문제를 받아들이고 있음을 뜻한다. 벨몽은 유기행위에서 확인되는 유모에게 아이를 맡기는 방식을 살피며, 생물학적 태생(즉 생물학적 친권성)과 사회적 태생(즉 사회적 친권성) 사이에 명백히 드러나는 구별을 지적한다. 길바닥에 아이를 유기하는 의식은 단순히 아이를 낳은

---

28 「통과의례들과 출생, 유기된 아이」(Nicole Belmont, "Les rites de passage et la naissance, l'enfant exposé", in *Dialogue*, n.127, 1995). 이 소논문은 앞서 『인류학과 사회들』(*Anthropologie et Sociétés*, 제4권, n.2, 1980)에 게재된 바 있다.

어머니에 의한 재인식의 수단일 뿐 아니라, 아버지에 의한 재인식의 수단이기도 하다는 것이다. 요컨대 대지에 아이를 내맡기는 이 의식은 다의적인 까닭에, 그 의식이 유기-배척에 부합할 경우, 부모의 입장에서는 이전 세대에 아이가 표상하는 위험을 면할 수 있는 방법인 동시에, 결국에는 '자신의 아이에 대한 적대적 충동'으로부터 스스로를 보호하는 방법으로 해석될 수 있다는 것이다. 이 모든 이야기는 그 근본을 뿌리째 배척하는 일이라 할 만한 기형아 유기행위의 과격성을 지나치게 간과해 왔던 만큼, 상당히 의미 있는 지적으로 비쳐진다. 나아가 비정상인들의 경우에도, 대속물이라는 명분으로 축출당해 왔던 자들과 비교해 보아야 한다. 앞선 두 가지 경우에서 우리는 불가사의한 힘들의 분노 앞에서 느끼는 두려움, 악의 근원인 미지의 과오 앞에서 느끼는 불안감, 그리고 능히 배척될 만한 어느 한 존재에게 악을 고착화하려는 욕망을 다시 확인하게 된다. 그렇다면 과연 악은 어디에 있는 걸까? 기형 안에 직접적으로 존재하지는 않아도, 기형은 어떤 혈통 혹은 어떤 집단의 죄 있음을 가리킨다. 오이디푸스는 태생부터 자신이 속한 종의 저 특별하고 '저주 받은' 운명을 뜻하는 어떤 위조품을 전하고 있는 듯하다. 오이디푸스 유기가 지닌 여러 양상들은 그 같은 사실을 확증해 주는 것 같다.

고대 전설 텍스트의 독법상 난점은 텍스트를 구성하는 모순적 요소들이 가설에 가까운 명제만 가능하게 한다는 데 있다. 하지만 내가 현재 기댄 가설과 마찬가지로 여러 연구들 역시 오이디푸스가 신체적 비정상성의 여러 항목에 속한 결함이라는 해석에 상당한 비중을 두고 있다.

그렇지만 살해되기는커녕, 신들에게 내맡겨진 이 불길한 아이들은 자신이 바쳐진 바로 그 신들에 의해 구원될 수도 있었다. 이때의 구원은 일종의 공인에 상응하는 것이다. 오이디푸스는 바로 이러한 범주에 속한다. 저주받고 불행을 지녔지만, 해할 수 없는 성스러운 자.[29] 이것이 바로 오이디푸스 탄생이 지니는 '문화적 책무'이다. 이야기는 바로 이 지점에서 시작한다. 그렇다면 이 이야기는 어느 지점에서 끝을 맺는 걸까? 소포클레스의 작품 『콜로노스의 오이디푸스』를 보면, 우리는 이 신화의 대단원이 일종의 신적 아우라 속으로 사라져 가는 오이디푸스, 즉 죽음이라 말할 수도 있을 것이다. 변질의 기호인 일탈된 아이가 거의 신적인 존재가 되어, '경이롭게' 인도되는 상황. 이렇듯 불운과 경이는 결합한다.

우리는 잘못 태어나지만, 그 결말은 영광스럽다. 우리는 위협받지만, 구원받는다. 다시 말해 오이디푸스의 결핍은 마침내 채워진다. 공포를 자아내는 이타성(기형)에서 평온을 되찾게 하는 이타성(오이디푸스의 사라짐)에 이르기까지, 인간의 생은 그 자신의 정체성과 안정성 속에서 확신되지 않을뿐더러, 게다가 사회는 이러한 정체성과 안정성을 부여해 주지도 않는다. 우리는 언제나 사회가 우리에게 행하는 바, 사회가 우리에 대해 믿고 있는 바와는 다른 식으로 존재한다. 이처럼

---

29 마리 델쿠르는 데포시투스(depositus)의 두 범주를 훌륭하게 구별했다. 즉 병을 치유하는 대지로의 회귀일 뿐만 아니라, 불길한 존재에 대한 어떤 죽음과도 같은 축출이기 때문이다(마리 델쿠르, 『고대 고전기 시대의 불가사의한 불모성과 불길한 출생』, p.30). 나아가 우리는 오이디푸스와 동일한 경우에 해당하는 고대 시대의 또 다른 중요한 인물들을 생각해 볼 수 있다. 그 중에서도 특히 로마의 건립자들인 로물루스와 레무스는 저주받은 쌍둥이로, 유기되었다가 어미 늑대가 젖을 물리는 바람에 목숨을 건진 것으로 전해진다. 게다가 로마 초기에는 기형을 바라보는 행위는 금지되지 않았다!

사회와 사회적 정체성은 상관적이다. 불구자 오이디푸스는 일련의 시련을 거치고, 사회와 개인의 또 다른 이면을 폭로하는 데 기여한다. 비극적이게도 부은 발 오이디푸스는 중세시대 때 불구자들이 왕자들 지척에서 우스꽝스럽게도 떠맡았던 바로 그 역할을 수행한 셈이다. 허약하고, 조롱받고, 결코 조화롭지 못한 광경 아니던가. 대체 무슨 연유에서일까? 우리는 차이와 이타성을 견딜 수 없기 때문이다. 우리는 자신과 동일한 것만을 사랑한다. 오이디푸스는 추방당한 차이를 이룬다. 해서 그는 (동일한 것에 대한 사랑인) 근친상간을 하게 될 운명이었고, 부친살해, 부인이자 어머니인 여인의 자살, 근친상간의 결과로 태어난 자녀들의 찢겨진 마음의 상처와 불행 등, 바로 그 근친상간이 결과 지은 폭력을 떠안아야만 했다. 지상에서의 차이는 가당치 않고, 오히려 저주스러운 것이기에, 이러한 차이는 거부된다. 하지만 차이를 거부해도 사회는 여전히 반목과 전쟁과 피의 위협을 받는다. 만일 사회가 선천적 기형이 빚어낸 차이를 해결하게 된다면, 사회는 어느 결정적 단계를 극복할지 모른다. 다시 말해 그렇게 되면 사회는 더 이상 두 외적 이타성 사이에 놓인 동일자의 지평을 살지 않고, 그 차이를 사회 자체의 내부에 동화시킬 수 있으리라.

또한 우리는 오이디푸스 신화 안에서 두 가지 신체적 불구, 즉 태생에 근거한 불구상태(두 발의 부종)와 실명처럼 가해진 불구상태 간의 또 다른 상관관계를 구성해 볼 수 있다. 실상 오이디푸스는 선천적 기형과 쇠약함은 물론이요, 결함과 거의 질병이라 할 만한 상태들을 편력한다. 오이디푸스-왕은 실명 상태로 최후를 맞이한다. 머리부터 발끝까지, 신체적 불구상태가 오이디푸스 자신을 관통하는 것이다. 삶의 처음부터 끝까지 차이와 결핍의 법칙은 그를 짓누른다. 정확히 동일성의 법칙이 그를 숙명적으로 고통에 빠뜨린 바로 그 차원에서 말이다. 동전의 양면처럼, 마치 하나의 '기호'처럼, 오이디푸스는 용납될 수 없는 차이와 가차 없는 미메시스[30]라는 두 얼굴을 한 몸에 지닌다. 오이디푸스는 비정상의 절정이자, 우리의 '정상성'의 더할 나위 없이 명백한 반영이기도 하다. 우리의 정상성이란 동일한 것에 대한 애착에 다름 아니지만, 이때의 정상성이란 위험천만하다. 비정상성은 처음에는 버려지고, 끝내는 추방당하는 오이디푸스다. 하지만 그는 동일한 것에 대한 욕망이 파괴적이고, 차이가 일종의 낙원으로 통한다는 사실을 동시에 깨닫는다. 오이디푸스는 친족관계와 마찬가지로 사회의 기능들을 역전시킨다. 차이나는 존재인 그는 동일한 것의 희생자인데, 왜냐하면 동일한 것은 다른 것을 멋대로 지배하려 들기 때문이다. 이 이야기의 시작과 끝 사이에 놓인 상관관계들이 전부는 아니다. 이야기 가운데에서 우리는 기형과 비정상의 형태, 즉 괴물로 형상화된 스핑크스를 만나기 때문이다. 날개 달린 이 여성-사자는 시험을 강요하는데, 그 까닭은 수수께끼의 의미를 풀어야 하기 때문이다. 그런데 장차 오이디푸스가 테베를 통치할 수 있는 자격이 부여될 이 시험은 오이디푸스의 저주스러운 태생과 연관되어 있었다. 즉 오이디푸스는 이 수수께끼를 푸는 것이 아니라, 마리 델쿠르가 정확히 지적했던바, 그는 어떤 신

---

30 그 어떤 프랑스어 어휘도 '차이'(différence)와 대립된 의미로 사용될 만한 것이 없다. '동일성'(Identité)이라는 어휘는 뜻이 불분명하다고 할 수 있는데, 왜냐하면 이 어휘는 그 어떤 것과 동일한 특성처럼 어떤 사람에 대한 자질을 의미하는 표현이기 때문이다. 조금은 비-심미적이지만, 이를 대신할 만한 '같음'(Mêmeté)이라는 신조어가 있을 수 있겠다. 다만 이상과 같은 이유로 철학 쪽에서 사용되는 그리스 어휘를 그대로 사용할 수밖에 없을 것 같다.

탁이 자신과 관련되어 있는지 알았던 것이다. 그에게 곧 시험이던 이 수수께끼는 한 번 더 그가 지닌 차이, 그의 일탈에 충격을 가한다. 또한 오이디푸스 신화에 관한 몇몇 텍스트 속에 모친으로 존재하는 이 (이오카스테와 구별되지 않는) 스핑크스의 '괴물성' 역시 똑같은 역할을 담당한다. 지상에 불운을 가져오는 새이자 극복해야 할 저항을 상징하는 스핑크스는 거의 신의 얼굴을 하고 있기 때문이다. 스핑크스 역시 극복된 차이를 구성하지만, 미메시스의 비극적 참사를 예고하는 것이기도 하다.

이 지점에서 나의 분석은 여러 주요 차이점에도 불구하고 르네 지라르[31]의 분석에 상당히 근접하게 된다. 레비-스트로스와 마찬가지로, 또 방금 나의 입장을 언급한 대로, 지라르는 이 비극적 신화의 핵심에 타자와 동일자의 문제를 위치시킨다. 그가 보기에 오이디푸스는 차이의 폐지를 보여 주는 전형이다. 이때의 차이는 아들이 아닌, 또 그렇게 될 수도 없는, 아버지로 표상되는 차이로, 오이디푸스는 그런 아버지를 살해하고, 나아가 제 어미인 이오카스테의 침대에서 아버지의 자리를 찬탈한다. 지라르는 많은 이들이 그랬듯, '똑바로 걷지 못하는 걸음걸이'에 우의적 가치만 부여한다. 하지만 이는 기존 규칙들과 근원적 금기들(특히 근친상간의 금기)에 따르지 않는 오이디푸스적 운명에 대한 일종의 중언부언일 뿐이다. 일단 이 문제는 나중에 되짚기로 하자. 여하튼 지라르는 오이디푸스 신화에서 허망하고 불가능한 차이의

---

31 지라르, 「오이디푸스 신화 속의 대칭과 비대칭」(R. Girard, "Symétrie et dissymétrie dans le mythe d'Œdipe", in *Critique*, n.249, 1968).

형상을 발견한다. 즉 오이디푸스는 아버지와 아들 사이의 차이를 준수하지 않았다는 것인데, 왜냐하면 그 차이는 인간의 몫이 아니기 때문이다. 이때 인간의 몫이란 바로 미메시스, 다시 말해 동일한 것에 대한 욕망, 타인과 똑같은 욕망에 대한 욕망을 뜻한다. 실제로 오이디푸스는 자신의 아버지와 마찬가지로 테베를 통치하고자 한다. 게다가 자신의 아버지처럼 같은 여인을 사랑한다. 고로 오이디푸스에게 비극적인 지점은 '소멸하는 차이들에서 비롯되는 동일한 것의 생산'에 있다고 할 수 있다. 하지만 이 번식력 강한 차이들을 탐색하고 추구한다고 해서 그와 같은 재생산 그와 같은 모방 그와 같은 동일시의 운명에 처해지는 상황을 막진 못한다. 우리는 차이의 부름을 받게 되어 있고, 그것을 받아들이도록 존재하며, 또한 타자는 수평선처럼 존재하기에, 우리는 동일한 것의 반복으로부터 그리고 그 동일한 것의 융화로부터 벗어날 수 없다. 고로 우리는 차이들을 지우려는 의지 없이는 진정 아들도 형제도 아버지도 어머니도 될 수 없다는 것이다. 여기까지 지라르는 프로이트에 매우 충실한 입장을 취하고 있으며, 정신분석이 말한 실패의 비관론을 공유한다. 하지만 지라르는 프로이트에 살을 덧붙인다. 실제로 그는 오이디푸스적 비극이 궁극적으로 근친상간, 부친살해, 오이디푸스의 불행 등에 집중된 것이 아니라, 경쟁관계, 특히 형제살해라는 경쟁관계에 집중된다고 본다. 이 모두는 유사해 보일 수도 있다. 또 실제로 형제살해라는 테마는 신화에서 빈번하게 등장하는 소재이기도 하다. 다만 지라르의 관심을 끈 것은 우리 모두가 동일한 욕망을 갖기를 욕망한다는 '미메시스의 위기'의 표시였다. 이것이 바로 폭력이다. 폭력은 대속희생물을 추방함으로써 해결된다. 이런 측면에서, 오이디푸스가 제 손으로 스스로에게 '처벌을 내리고', 장님이 되어 테베를 떠나 방랑자가 되는 것은 여전히 맞다. 오이디푸스는 기원이 되는 폭력에 대한 사회적 악이 재차 가해지는 대속자 역할을 수행한다. 테베는 그게 누구건 상관없는 이 '죄인'[32]을 추방함으로써 위기로부터 벗어난다. 다만 그렇다고 해서 화해가 이루어진 것은 아니라 하겠는데, 왜냐하면 오이디푸스는 스스로 희생자라는 사실조차 알지 못하는 희생물, 신화가 은폐하고 있는 희생물로 남겨졌기 때문이다. 실제로 대속희생물의 기능은 신화 속에서 고려되지 않은 채로 남아 있다. 반면 예수가 깨달음을 얻고, 사회의 폭력적 기원을 고발하고, 이를 통해 폭력의 메커니즘을 증명하는 신약성서 안에서는 그 같은 경우가 더 이상 존재하지 않는다.

프로이트와 지라르의 해석들은, 비록 해석상 풍요로움의 차원에서 논할 수는 없어도, 예의 반복되어 나타나는 신체적 불구의 유형들을 지나치게 간과하면서도 일견 그런 상황에 상당한 불편함을 느끼는 듯하다. 나의 견해를 끝까지 설명하기에 앞서, 내가 어떤 입장을 고수하는 것이 결코 오이디푸스 신화의 의미 모두를 파헤치려는 의도에서 비롯된 것이 아니라는 점은 미리 밝혀 두겠다. 오이디푸스라는 이 비극적 신화는 다양한 독법이 가능한 공간이며, 또 앞으로도 그럴 것이다. 때문에 내가 따르려는 과정은 '오이디푸스와 관련된' 이 신화적 문학 유산에 반하는 방식이 결코 아니라 하겠다. 다만 곁가지로 또 하나

---

32 이와 같은 주장은 소포클레스의 판본에 다시 한 번 특권을 부여해 준다. 몇몇 다른 판본들에서 오이디푸스는 테베에 머물다 왕궁 안에서 여생을 마감하는 것으로 그려지기 때문이다. 더구나 판본이 실재하는 만큼, 이 판본을 택하는 것은 타당하다.

의 새로운 독법을 제시하려 했을 뿐이다.

　다른 이들과는 너무나 다른 존재로 오이디푸스가 지고 있던 운명이 동일자로의 유폐였다는 사실은 확실하다. 하지만 나는 이 이야기가 '전적으로 동일자에 의해 작동한다'고는 생각지 않는다. 단순히 레비-스트로스에 동의해서가 아니라 ── 더구나 그에게 분석이란 단지 방법론의 예증적 역할이었으므로 ──, 이 문제를 앞으로도 질문으로 남겨둘 테지만, 나는 차이의 문제만큼은 실질적으로 다루어졌다고 생각한다. 그렇다고 단순히 미메시스의 위기와 대속희생물의 희생 메커니즘으로만 다루어졌던 것 같지는 않다.

　논의의 시작에서 이미 언급했듯이, 오이디푸스라는 그리스 신화는 오이디푸스가 희생자가 아니라 거의-신적인 존재로 마무리 되는 『콜로노스의 오이디푸스』에 이르러서야 끝을 맺는다. 이제까지 이 문제는 충분히 지적되지 않았다. 방랑은 종결되고, '희생자'에 대한 축출은 거룩한 안식이 된다. 그런데 유독 희생 메커니즘은 누락되어 있다. 축출 그 자체는 작품에서 표현된 것만큼 그렇게 희생제의적이지 않다. 그것은 제의적 희생만큼이나 그 무엇에 지나치게 유사해지려 했던 다른 존재에 대한 축출이기 때문이다. 더구나 '제의적' 측면은 거의 나타나지도 않는다. 기형아에 대한 유기를 어떤 제의적 희생과 비교하기 어려울 정도로, 또 오이디푸스의 축출은 진짜 희생제의와는 단지 외적 유사성만 갖고 있을 정도로 말이다.[33]

---

33 마리 델쿠르는 희생으로부터 유기를 구별해야 한다는 데 매우 분명한 입장을 견지하고 있다. "불길한 징조의 갓난아기를 살해했다는 사실을 증언해 주는 텍스트는 어디에도 없다. … 그리스 원전들 모두가 아이는 **먼 곳에**(au loin) 유기되었다고 말하고 있다. 이미 자란 아이들의 경우라면 그들을 익사시

조금 소박해 보일지 모르겠지만, 오이디푸스의 일탈적 성격에서 출발해 차이의 끔찍한 특성을 설명하기만 해도 상당히 의미심장한 일이 될 것 같다. 그 특징이란 관용을 모르는 동일한 것 내부에 차이나는 것이 개입하는 현상을 말한다. 흔히 쓰는 말로 동일자를 '흉내 내고' 싶어 하는 차이 말이다. 여기서 지라르와 반대로 이 신화를 읽어낼 수 있는 가능성이 열린다. 다시 말해 근친상간적 탐색, 하느님 아버지(대타자 l'Autre)에 대한 모방은 이타성을 재현하는 자에 의해 좌초된다. 이러한 미메시스는 폐기 통고된다. 오이디푸스의 운명은 인간이 미메시스의 운명에 처해 있음을 보여 주기 위한 것이 아니라, 그런 운명에 처해 있다는 환상을 더 많이 제시한다.[34] 고로 오이디푸스는 하나님–아버지의 형상이기보다는 대타자의 형상이라 해야 할 것이다. 이 형상은 신화를 통한 모방적 추구에 가담함으로써, 모방적 추구가 지닌 불가피한 특성을 강조할 뿐만 아니라, 그 병리적 특성도 가리킨다. 도망쳤던 오이디푸스는 신격화되어 이타성으로 되돌아오기 때문이다. 나는 오이디푸스의 비극적 신화가 "동일한 것 한가운데에 어떤 환영적 차이를 삽입해 놓았다"고 지라르처럼 말하기보다는 이 신화가 동일한 것의 절차 속에 실질적 차이를 도입했다고 말하고 싶다. 이때는 환영적인 것도, 실패하는 것도 동일한 것이다. 왜냐하면 이런 식의 전복이 늘 부정확한 측면을 어느 정도 갖고 있듯, 동일성과 차이는 그리스 세계관 내

킨다고 분명하게 말할 수 있다"(p.63).

34 오이디푸스는 부친살해, 근친상간, 치밀하게 계획된 거짓말이라는 사회의 근원적인 세 가지 금기를 위반한다. 그는 자신의 아버지를 살해하고, 자신의 어머니와 결혼하며, 거짓말 속에서 살게 되었으니 말이다. 하지만 이 모든 것은 끝내 폭로되고 만다. 그가 **미메시스**에 처해지고, 또한 미메시스의 폐기에 처해진 이유는 바로 오이디푸스 자신이 그 시작부터 다른 존재이기 때문이다.

에 항상 복잡하게 뒤얽혀 있기 때문이다. 그럼에도 불구하고 나는 헬레니즘적 세계가 미메시스의 영향으로부터 멀어졌고, 차이가 꼭 그만큼 헬레니즘 세계를 끊임없이 괴롭혀 왔다는 사실을 강조하고 싶다. 이 신화 속에서도 미메시스와 그것이 결과 지은 '단죄'에 대한 고발이 가차 없는 운명 한복판에 자리하고 있다. 이것은 큰 어려움 없이 난관을 헤쳐 나올 수 있는 가능성이 아니라, 차이의 작업 위로 비추이는 한 줄기 빛이다. 분명 차이는 거부되었고, 분명 이러한 미메시스의 영향력은 놀라우리만치 강력하다. 하지만 오이디푸스 신화는 이러한 유폐에 대항하는 항의이자, 자유를 향한 어떤 외침이다. 오이디푸스는 태생이 그러했듯 다른 존재로 남기에, 그의 미메시스 여정은 이러한 차이에 대한 거부를 보여 주는 기나긴 이야기인 셈이다. 그 자신은 물론, 차이를 정당하게 받아들이지 않는 사회를 통해서 말이다. 『콜로누스의 오이디푸스』의 결말에서 오이디푸스는 자신의 아들이자 미메시스적 상황에 놓여 어떤 희생을 치르더라도 왕위를 찬탈한 동생을 물리치고 테베를 통치하려 했던 폴리니세스를 향해 끔찍한 저주들을 예고한다. 여기서 우리는 경쟁적 태도와 동일자에 대한 욕망을 반복해 마주하게 된다. 오이디푸스의 이 저주들은 희생자를 지명한 것으로 해석될 수 있다. 다시 말해 폴리니세스가 배척당하게 될 것이라는 저주 말이다. 하지만 바리새인들로 상징되는 종교의 희생제의적 폭력에 대항해 예수가 했던 저 유명한 저주처럼,[35] 우리는 이 장면에서 폭력을 발생시키는

---

35 「마태복음」 23장. 이 저주의 내용은 르네 지라르가 자신의 논문인 「희생제물의 오랜 메커니즘의 폭로로서의 복음서」("l'Evangile comme mise au jour du vieux mécanisme victimaire")를 뒷받침하기 위해 『세상이 만들어질 때부터 숨겨온 것들』(*Des choses cachées depuis la fondation du*

미메시스에 대한 통찰의 일면을 발견하게 된다. 어디에선 인간성을 좀 먹는 악의 정체를 진정으로 깨달았던 바로 그 오이디푸스가 다른 곳에서는 과거 자신의 고유했던 삶과 완벽하게 멀어졌으니 말이다.

그랬던 그가, 맹인이 된 그가, 자신이 사라졌던 장소에까지 다른 이들을 이끌고 가서는 이제껏 밝혀지지 않던 비밀을 테세우스에게 털어놓는다. 우리는 그의 무덤이 있던 장소와 이름이 금지되고 숨겨졌다는 사실을 잘 알고 있다. 이에 테세우스는 "내가 이 법을 준수하는 한, 그(오이디푸스)는 불행이 내 나라에 피해를 입히지 않을 것이라고 약속한 바 있노라"라고 말한다. 고로 평화는 오이디푸스의 이타성과 그의 비밀에 의해 좌우된다.

따라서 만일 소포클레스가 그리스적 세계관 내에서 오이디푸스 신화에 부여한 결말을 받아들인다면, 오이디푸스에 관한 통상적인 관점들은 수정될 수 있을 것이다. 나는 이 마지막 결말 부분을 강조하고자 한다. 왜냐하면 이야기 구조에 익숙한 내 눈에는 이야기의 마무리가 신화의 도입부와 논리적 상관관계를 이루는 듯 보이기 때문이다. 오이디푸스는 자신이 지닌 신체적 불구 상태를 통해 어떤 외부, 매우 근본적인 이타성을 의미하는 존재이다. 오이디푸스가 겪은 시련들과 예정된 계획들은 수많은 방식으로 분석될 수 있다. 나는 지금부터 진행할 분석을 이야기의 처음과 끝을 망각하지 않는, 다시 말해 그 끝에 이르러서야 인지되는, 그러나 일련의 시련의 여정을 학습해 가는 어떤 차이의 일주로 이해하려 한다. 고대의 문학을 통한 우리의 탐색을 진

monde)에서 많이 활용했던 부분이기도 하다.

행해 나가기에 앞서 몇 가지 주의사항이 요구된다. 나는 오이디푸스 신화를 주인공(그리고 그의 부모가 지닌 몇 가지 문제점)의 기형에 관한 문제, 그리고 '괴물성'과의 조우라는 문제로 읽어 내고자 한 바 있다.

나는 우리가 이 같은 접근방식을 통해 이 신화를 읽어 낼 수도 있다는 점, 또한 이러한 접근법이 신화에 어떤 일관성을 부여한다는 점을 밝혀 보고자 했던 것이다.[36] 하지만 나는 이 신화에 관한 수많은 주석들과 가령 코르네유에서 볼테르, 콕토, 뒤랑을 거쳐 로브-그리예에 이르는 수많은 문학적 '재취합'은 언급하지 않고 생략했다. 여기서 나의 관심은 있는 그대로의 오이디푸스 신화 그 자체가 아니라, 그를 통해 드러나는 불구성에 관한 문제에 있었기 때문이다. 나는 신체적 기형이 그리스인들에게 그 같은 삶의 조건에 관한 문제 자체를 제기한다는 사실을 밝혀내고자 했던 것이다. 이때의 조건이란 동일한 것을 향한 욕망 속에 주름진 채 성글게 놓인 이타성의 수많은 틈을 메우는 삶의 조건을 의미한다. 하지만 동시에 이 조건은 이 문제를 '인식하고', 동일한 것을 향한 자신의 욕망에 깊은 의혹과 비극적 이의를 제기하는 그러한 삶의 조건을 뜻한다. 그리스 문화는 차이 짓는 일이 면할 수 없는 사실임을 잘 알고 있었을 뿐 아니라, 차이를 지우는 방법도 알고 있었다. 또한 그리스 문화는 이러한 차이가 스스로의 구원이 될 것이라

---

36 나는 다음과 같이 말했던 롤랑 바르트와 동일한 입장을 취하고 있다. "어떤 텍스트를 해석한다는 것, 그것은 그 텍스트에 어떤 의미(어느 정도 근거가 있고, 또 어느 정도 자유로운)를 주는 것이 아니라, 정반대로 그 텍스트가 어떤 다원적 구조로 이루어져 있는지 식별하는 것이다."(*S/Z*, Paris: Le Seuil, 1971, p.11) 고로 **하나의** 독법을 구축하면서도, 나는 오이디푸스 신화에 복수적인 요소를 더했을 뿐이다. 다시 말해 독특한 독법 하나가 나머지 모든 다른 독법들에 덧붙여지는 셈이다. 이 나머지 독법들을 부정하거나, 파괴하지 않은 채 말이다.

는 점 역시도 알고 있었다. 실상 그리스 문화는 이러한 차이를 회피하려 했지만, 그 상흔만큼은 작품에 여전히 생생하게 남아 있다.

오이디푸스와 관련해 문학이 제기하는 여러 문제에 덧붙여, 이 신화에 대한 수많은 독법을 증언하는 논문이 한 편 있다.[37] 장-피에르 베르낭은 오이디푸스에 관한 가장 최근의 발언들에서, 그리스 신화 자료체 전반에 걸쳐 드러나는 절름발이와 사회적 의사소통의 단절 사이에 매우 밀접한 관계가 존재하며, 또한 이러한 관계가 성적·친족적·정치적 차원 모두에 두루 걸쳐 있다는 클로드 레비-스트로스의 지적을 바탕으로 자신의 논의를 출발시킨다. 저자 베르낭은 두 텍스트, 즉 오이디푸스 전설 텍스트와 절름발이 여인 랍다에게서 태어난 코린토스의 폭군 킵셀로스족과 관해 헤로도토스가 이야기한 '역사적' 텍스트를 비교한다. 이 비교·분석은 성공적이었다. 하지만 이는 우리가 그리스인들의 작품에서 만나는 기형의 목록에 추가될 만한 것은 아니기에 그 자체로 내 관심사항은 아니다. 다만 베르낭은 유기행위나 제명을 초래할 수도 있는 여러 기형이 폭정의 형태로, 다시 말해 사회 붕괴라는 형태로 정치권력을 획득하게 해준다는 결론에 이른다. 테베의 랍다시데스 왕가와 코린토스의 킵셀로스 왕가 같은 '절름발이' 왕족 사람들은 결국 실패를 겪는데, 왜냐하면 그들은 "그리스인들이 보기엔 공동체적 삶의 토대를 세우는 모든 규칙들을 거부하고 있기" 때문이다(p.

---

37 베르낭, 「절름발이 폭군, 오이디푸스에서 페리안드로스까지」(Jean-Pierre Vernant, "Le Tyran boiteux, d'Œdipe à Périandre", in *Le temps de la Réflexion*, Paris: Gallimard, 1981). 이 내용은 베르낭과 비달-나케(Vidal-Naquet)의 『오이디푸스와 그의 신화들』(*Œdipe et ses mythes*, Paris: Éd. Complexes, 1988)에 재수록되었다.

254). 폭군은 권력, 성, 자손의 번성, 친족적 의사소통 등을 문란하게 만드는 기원적 기형과 마찬가지로 사회의 규율 밖에 위치한다.

> 신과 같고 동시에 흉폭한 야만인과도 같은 폭군은 자신의 양면성 속에서 두 가지 상반된 측면을 지닌 절름발이에 대한 신화적 형상을 구현한다. 그 하나는 인간의 방식을 넘어서는 것으로, 훨씬 더 민첩하고 명민한 폭군은 사방으로 동시에 뻗어나감으로써, '바른 걸음걸이'의 여러 제약을 위반하기 때문이다. 다른 하나는 걸음걸이의 정상적 방식과 관련된 것으로, 사지가 절단되고 균형을 상실해 비틀거리는 이 폭군은 결국 자신만의 기이한 방식으로 절뚝거리며 나아간다. (p. 255)

우리가 베르낭에게서 알게 된 지식을 감안하자면, 요약 없이 인용한 이 결론은 그의 논고 말미에 필수불가결한 부분이라 하겠다.

이 연구는 불구와 선천적 기형이 갖는 상징적이고 실질적인 중요성을 재차 강조한다. 하지만 그 이상으로 저자는 이 문제를 차이의 문제로 받아들인다. 다만 이때의 차이는 실패에 이르는데, 그 이유는 '규칙들을 벗어난hors règles' 어떤 정치적 형식과 관련되기 때문이다. 이로써 오이디푸스에 관한 나의 결론은 더욱더 미묘한 뉘앙스를 띠게 되는데, 왜냐하면 앞서 언급했듯 오이디푸스가 비록 다른 세계에 속하고, 또 그가 랍다코스 일가의 운명을 욕되게 했을지라도 결국에는 '훌륭한' 결말로 맺음하기 때문이다. 고로 오이디푸스의 후손은 곧 실패작이요, 우리가 혈통의 중요성을 잘 안다는 점에서, 이는 결코 사소한 문제가 아니다. 그럼에도 오이디푸스의 문제는 여전히 일탈과 차이의 문제로 귀결된다.

> 어떻게 이 자는 동일한 것에 가담할 수 있었던 걸까. ⋯ 살아 있는 동
> 안 세 차례나 다른 모습으로 바꾸어 가며 말이다. 한 질서의 영속성은
> 인생의 매 단계와 사회적 지위의 완전한 변화에 예속된 피조물들에게
> 서 어떻게 유지될 수 있을까? 왕, 아버지, 남편, 조부, 아들과 같은 호칭
> 과 기능들은 과연 어떻게 변함없이 확고부동하게 유지될 수 있는 걸
> 까? 계속해서 이러한 호칭과 기능을 떠안는 또 다른 이들은 존재하고,
> 동일한 한 사람조차도 차례차례 아들, 아버지, 남편, 할아버지, 젊은 왕
> 자 그리고 나이든 늙은 왕이 되어야 하는데 말이다. (p. 243)

바로 이 문제, 즉 오이디푸스의 수수께끼는 제대로 제기된 셈이다.
이 수수께끼는 안정성, 영속성, 동일한 것과 정체성 모두를 문제 삼는
다. 불구는 질서에 대한 하나의 도발이고, 질서는 원초적이고 근본적
인 특성을 지니는 무질서에 의해 변형된다.

나는 장-피에르 베르낭의 말을 인용하면서 오이디푸스 신화에 관
한 본 논의를 맺고자 한다. 소포클레스 극작품의 비극적 측면이 과연
무엇으로 이루어져 있는가 하는 물음에 대해, 그는 이 비극적 측면의
핵심에 위치하는 것은 바로 오이디푸스라는 존재의 이중성이라고 답
한다. 다소 긴 분량이지만 우리의 주제에 딱 맞아 떨어지는 다음의 인
용문을 한번 살펴보기로 하자. 각설하고 이미 완벽하게 설명해 놓은
것에 못 미치는 말들을 구태여 덧붙일 필요가 있겠는가?

이러한 전복의 효과들을 야기하는 데에는 오이디푸스라는 이름마저도 일조하고 있다. 실상 양면성을 지닌 그는 모든 비극적 상황을 표상하는 바로 저 수수께끼 같은 성격을 내면에 지니고 있는 것이다. 오이디푸스, 그는 부모로부터 버림받아 야생의 자연 속에서 죽어 가도록 유기된 저주받은 아이를 상기시키는 불구자, 즉 부은oîdos 발을 지닌 인간이다. 하지만 동시에 오이디푸스는 불길한 예언자, 즉 난해한 노래로 수수께끼를 냈던 스핑크스의 '신탁'을 거꾸로 해석하지 않고 마침내 풀어낸 인간, 다시 말해 자신의 발에 얽힌 수수께끼를 알고 있는 oîda 인간이기도 하다. 따라서 이때의 앎은 테베 땅에 온 이 낯선 영웅에 대한 조롱을 뜻하지만, 이는 그를 적법한 왕들을 대신해 왕위에 오르게 하는 것이기도 하다. 오이디푸스Oidipous라는 이름이 갖는 이중적 의미는 그 이름 자체 내의 첫 두 개의 음절과 세 번째 음절 사이의 대립 속에 있다. 오이다Oîda는 나는 알고 있다는 뜻으로, 승리자 오이디푸스 폭군 오이디푸스의 입에서 가장 많이 나오는 말들 중 하나이고, 푸스Pous는 발을 의미하는 것으로, 이러한 이름은 시작과 똑같이 그 결말에서도 배척된 채 남겨질 운명을 지닌 자에게 태어나자마자 부여되었던 표시이다. 오이디푸스는 자신의 발pied이 있기에 도망칠 수 있지만, 바로 그 발로 인해 인간들로부터 고립되고 마는 야생 짐승의 모습과도 유사하다. 신탁을 모면할 수 있다는 헛된 희망을 품은 채, 신전 단상pied에 신성한 율법들을 어겼다는 이유로 저주가 따라붙어 가누기도 힘들었던 그 발은 이제는 권력의 절정에까지 기어오르며, 제 스스로 달려든 악행으로부터 빠져나올 수 없게 된 바로 그 발이기도 하다. 오이디푸스의 모든 비극성은 그의 이름이 지닌 수수께끼에 조응되는 이런 식의 유희 안에도 담겨 있는 듯하다.

같은 텍스트의 조금 더 뒷부분으로 가면 다음과 같은 구절이 등장한다.

유기된 아이는 사람들이 치워버리고 싶어 하는 어떤 쓰레기, 그러니까 기형의 괴물 혹은 천한 노예 같은 존재일 수 있다. 하지만 이 아이는 예외적 운명을 타고난 영웅일 수도 있다. 죽음에서 목숨을 건지고, 태어나자마자 자신에게 강요된 시련을 이겨내어, 추방된 자가 결국엔 초자연적 권력을 부여받아 선택된 자로 드러났으므로. (p. 38)

헤파이스토스… 그리고 그 밖의 인물들

고대 그리스 문학에 나타난 기형인으로 오이디푸스만 유명한 게 아니다. 신체적 불구는 헤파이스토스의 모습에서도 볼 수 있듯, 신들 그 자체와 관련이 깊다. 오이디푸스의 경우처럼, 우리는 그의 '장애'가 무엇이었고, 또 어떤 연유로 그에게 닥쳤던 것인지 정확하게 알지 못한다. 태어날 때부터 두 다리를 절었던 걸까? 아니면 다리가 휘었던 걸까? 아니면 난장이거나 안짱다리였던 걸까? 불확실하다. 그렇다면 아버지 없이 한 여인에게서 태어났던 걸까? 아니면 제우스와 헤라의 아들이었을까? 혹여 자신의 어머니 헤라를 강간한 거인에 의해 태어난 걸까? 이 역시 확인되지 않았다. 하지만 그가 불구상태를 겪고, 그의 출생이 매우 특별하다는 사실만큼은 의심의 여지가 없다. 그는 불길한 징조를 타고난 아이의 운명을 감수해야만 했다. 비록 제우스에 의해 올림푸스에서 쫓겨나고 내쳐지긴 했어도, 그의 경우는 태어날 때부터 그랬던 것은 아니다. 그의 추방은 항상 그가 지닌 신체적 불구와 관련 있다. 게다가 마리 델쿠르는 그의 태생적 불구상태와 추락이 야기한 그의 후천적 기형을 매우 타당하게 구별한다. "헤파이스토스의 불구상태와 기형은 서로 다른 기원을 갖는다. 선천적 불구상태는 대장장이 기술을 획득하기 위해 마법사인 그 자신이 치러야 했던 몸값에 해당하는 것이고, 후천적 기형은 가공할 만한 힘의 상징이자 그 힘들이 위협으로 돌변할 경우, 그것을 물리칠 수 있는 가장 효과적인 수단이기 때문이다." 이러한 마법의 세계에서 모든 것은 거꾸로 일어나고(스텝이 뒤바뀐다!), 이러한 현상은 "괴물처럼 끔찍한 대상에게서 더없이 위험천만한 힘을 연상시키면서도, 그것을 진압할 수 있는 어떤 능력을 인정하려는 믿음에 대응된다"고 볼 수 있다(p. 131). 헤파이스토스는 자신의 출생과 사고로부터 고유한 마술적 권능을 획득한다. 우선 그는 마법사로서 여러 기술들, 그리고 흡사 샤먼과도 같은 신비로운 힘을 지닌 물건들을 자유자재로 다룰 수 있는 자로 그려지고 있는데, 그리스 이외에도 수많은 신-마법사들은 사지의 일부가 절단된 자로 묘사된다. 가령 불구자였던 고대 인도의 바루나Varuna, 오른손을 잃은 게르만 신화의 티르Tyr, 그리고 애꾸였던 북유럽 신화의 오딘Odin이 그러하다.

　비정상이라는 이유로 버려져야 했던 헤파이스토스는 비범한 능력들을 얻는다. 여기서 우리는 기형이 갖는 두 얼굴을 확인할 수 있다. 즉 한번 제거되었던 기형은 초자연적인 권능을 지닌 채 다시 되돌아올 수 있다는 점이다. 이 마법사라는 특징은 부인할 수 없는 것이긴 하지만,

그럼에도 헤파이스토스의 정체성을 확정지어 주지는 못한다. 다시 말해 『일리아드』에서 우리는 술을 따르는 시종의 모습을 한 그를 만나는가 하면, 이후에는 금속과 마법의 힘을 지닌 물건들을 자유자재로 다루는 자, 마침내는 불의 지배자가 된 그의 모습을 만나게 된다. 우리는 그의 여러 활약상과 역할을 관계lien의 능수능란함이라는 지점에서 종합해 볼 수 있을 것 같다. 그는 연관시키거나 혹은 관계를 끊기 위해 개입한다. 관계를 이루고 또 관계를 해체하는 신인 그는 만물을 변형시키는 자들의 우두머리인 장인-신이라 하겠다. 요컨대 기형과 더불어, 그리고 어쩌면 바로 이 기형으로 인해, 헤파이스토스는 불가사의하고 예술적이고 장인의 권능이라는 복수의 직함을 얻은 것인지도 모른다. 그는 이른바 정치-사회적 의미에서 권력 쪽에 속한 존재가 아니라, 그 자체로 권능을 지닌 존재라 할 수 있다. 그의 태생적인 허약함은 그에게 불가사의한 힘의 영역을 열어 준다. 불구상태는 공공의 역할로부터 권력의 차원으로부터 배제시킨다. 이 지점에서 오이디푸스의 실패를 떠올려 볼 필요가 있다. 하지만 불구상태는 겉으로 보이는 것과 기성의 것의 어떤 이면과의 공모관계를 이룬다. 다시 말해 불구상태는 또 다른 이면, 은밀한 그 이면에 가담하도록 만드는 것이다. 이러한 불구상태는 통상적 조직 내에서 인정받지 못하고, 바로 이런 의미에서 통합되지 못한다. 하지만 불구상태는 숱한 비밀들을 열어젖힌다. 반면 기형인 자는 매우 예외적인 동시에 통상적이지 않은 하나의 역할만을 수행할 수 있을 뿐이지만, 기꺼이 그 역할을 수행한다. 불구인 자는 대개가 불안스럽고 두려움을 야기하는 자신의 이타성에 놓이지만, 이때 이 이타성에는 지시적이고, 전복적이고, 파괴적이고, 마술적이고, 주술적인 어떤 기능이 부여되어 있다. 이렇듯 불구인 자는 그 어떤 면에서도 평범할 수 없으며, 그렇기 때문에 그는 개인의 입장에서 때로는 가장 견딜 수 없는 끔직한 운명을 겪게 된다. 하지만 이때 그의 이타성은 우리의 통상적 배치를 뒤덮고 있는 어떤 장막을 찢어 낸다. 결국 불구자는 결코 타인들 가운데서 살아 갈 수 있는 한 개인individu으로 간주되지 않기에, 그는 늘 어떤 기호, 그것도 집단적 기호로, 레비-스트로스의 말 대로라면 '사유하기에 적합한' 기호로 간주되며, 여기에 사족을 달자면, '불안을 자아내기에 적합한' 기호로 간주된다.

사람들은 헤파이스토스를 또 다른 일탈자인 필록테테스와 동류로 취급했다. 실로 주변성 속의 연대성이라 할 만하다. 사실 필록테테스는 선천적 불구자가 아니다.[38] 헤라클레스의 활과 화살을 보유했던 그는 트로이로 향하고 있었다. 크리세 섬에 잠시 들른 그는 뱀에게 발을 물리게 된다. 그의 상처는 견디기 힘든 악취를 풍기게 된다. 군의 지휘관들은 그를 렘노스 섬에 홀로 버려 두었고, 그곳에 그는 홀로 남아 끔찍한 유폐의 삶을 경험한다. 그가 가진 화살을 다루는 솜씨와 특출한 능력이 오디세우스에게는 없었기에, 오디세우스는 계책을 부려 필록테테스는 비참한 상태 그대로 내버려 둔 채, 무기들만 취하려는 계책을 부린다. 하지만 오디세우스의 파견병이 발휘한 '선량한 양심'은 이 계략을 결국 실패에 이르게 했고, 헤라클레스의 추천으로 필록테테스

---

38 그럼에도 불구하고 마리 델쿠르는—적어도 필록테테스의 질병에서 출발해 고증을 거친 어떤 재구성에서—소포클레스의 말대로, 필록테테스가 유기되었던 이유는 그의 울음소리가 희생제의를 하려는 무리를 방해했기 때문이라는 점을 언급한다. 반면 그녀의 책 『불모성...』, p.29에는 "필록테테스가 버려졌던 이유는 그가 불가사의한 불치의 병에 걸렸기 때문이다"라는 언급이 등장한다.

는 치료와 승리를 보장받은 채 전장으로 향하는 배에 오른다. 이상이 소포클레스의 희곡의 내용이다.

여기서 문제 되는 것은 병든 자이자 부상자이자 사고로 인해 불구가 된 자에 대한 유기행위이다. 또한 이는 주인공이 힘을 잃었기 때문에 고독과 거부의 상황을 겪는 일종의 비극이기도 하다. 하지만 헤파이스토스와의 유사성이라는 측면에서 볼 때, 시대착오의 오류가 있긴 해도, 필록테테스는 헤라클레스가 지닌 '은밀한 일격'을 보유하고 있었다고 말할 수 있다.

이렇듯 불구상태와 '다른 권력'은 여기서 다시 한 번 결합한다. 조직과 율리시스에 의해 구현된 정치-사회적 계획들에 의해 거부당한 필록테테스는 신에게서 부여받은 능력과 힘을 스스로 갖추었다고 생각한다. 비-통합과 최상의 역할 사이에 놓인 이 같은 동일한 관계는 여기서 다시 발견된다. 필록테테스는 배제되지만 승격된, 거부당하지만 고양된 타자의 새로운 형상이다. 신화는 언제나 두 가지 차원, 즉 일탈이 끼어들 수 없는 정치적이고 사회적인 차원과 인간집단을 향해 그 일탈이 탁월한 기능을 발휘하는 마술적이고 집단적인 차원에서 동시에 작동한다.

비록 일련의 의문들이 제기될 수 있지만, 앞으로 본서에서는 문제 삼지 않을 헤르마프로디토스의 일탈의 경우는 위에 언급한 사항에 덧붙여 새로운 여담을 제공해 주는 듯하다. 이중의 성을 지닌, 즉 남성과 여성을 한몸에 지닌 형상은 다양한 문화권의 판테온에서 상당히 자주 나타나는 바이다. 그리스 로마 세계의 경우, 무엇보다도 성적 양면성은 모든 비정상들 중에서도 가장 위험하고 가장 괴물적인 특성을 지닌 어떤 비정상으로 간주되어 왔다는 사실을 일러둘 필요가 있겠다. 한 아이가 실제로든 외적으로든 양성구유의 눈에 띄는 징후를 갖고 태어날 경우, 그 공동체 전체는 신들의 노여움으로 인한 어떤 위협을 받고 있다고 판단했다. 이때 사람들은 앞서 언급한 영아유기의 경우와 마찬가지로, 그런 신생아들을 유기하곤 했다. 실제로 수많은 아이들이 성별이 불확실하다는 이유로 유기되었다(혹은 익사당하거나, 불태워졌다). 그럼에도 불구하고 헤르마프로디토스(헤르메스+아프로디테)만큼은 숭배의 대상으로 널리 숭앙되었다. 비록 헤르마프로디토스 의식의 탄생이 유기행위의 실행 감소와 맞물려 있다 해도, 유기의 문제는 그리스 문화의 차원에 여전히 남아 있었다. 게다가 의심스러운 성별을 지닌 아이들을 제거하는 행위는 플루타르코스가 다시 한 번 증거하는 바, 고대 시기 말까지도 지속된다. 그렇다면 불길한 선천적 기형에 담긴 양성성에 대한 거부와 동시에 양성성을 신성시 하는 의식이 함께 발견되는 것은 어찌된 일일까? 어쩌면 그것은 우리가 어떤 신, 가령 기형아인 동시에 마법사인 헤파이스토스와 같은 인물을 만나는 것과 동일한 이유에서일 것이다. 이렇듯 헤르마프로디토스는 성적 결합과 출산을 지켜낸다. 그는 불가능한 것, 즉 남녀양성의 형상인 것이다. 그런데 남녀양성 그 자체는 더 이상 다르지 않은 것의 형상, 융합된 것의 형상을 뜻한다. 다시 말해 더 이상 남성과 여성의 구분이 존재하지 않기에, 결국 남성과 여성은 같은 것 동일한 것이 된다. 헤르마프로디토스는 성에 대해 어떤 힘을 행사하는데, 그 이유는 헤르마프로디토스는 성적으로 '정상'이 아니기 때문이다. 구체적이고, 일상적이고, 생물학적이고, 사회적인 차원 모두에서 성적 비정상은 배척되어 신들의 손에 맡겨진 반면, 종교적이고 신화적인 차원(다시 말해 집단적 차원)에서는 그 '차이'가 신성화되어 여러 사랑의 유형에 가해지는 어떤 힘의 핵심을 이룬다. 하지만 내가 방금 언급한 바로 그 차이는 동일한 것의 형상이다. 우리는 오이디푸스의 수수께끼와 명백하게 동일한 수수께끼를 다시 만난 셈이다. 이렇듯 헤르마프로디토스는 우리에게 수많은 사랑의 유형이 집요하게도 같은 것을 추구하고, 미메시스와 융합의 운명에 처해진다는 사실을 알려준다.

한 번 더, 그리스 세계로 한정해 어쩌면 지나치게 생경해 보일 수도 있는 나의 주장을 검토해 볼 필요가 있겠다. 가령 플라톤에게 있어 사랑은 ─ 특히 『향연』의 대화 속에 나타난 ─ 차이들을 인정할 줄 알 뿐만 아니라, 복수적인 방식, 즉 남자-남자, 남자-여자, 여자-여자의 방식으로 이루어진다. 하지만 통일성에의 욕망은 양성신화가 그 언어적 표현인 담론을 지배하듯, 대립과 차이를 초월한다. 게다가 헤르마프로디토스는 사랑이 갖는 융합적 성향을 보이는 동시에 불길한 징조의 양성적 탄생을 돌볼 수 있다는 듯, 여러 사랑의 유형을 유사한 동일화로부터 보호함으로써 융합과 미메시스를 폐기한다. 오이디푸스와 마찬가지로, 헤르마프로디토스도 동일한 것을 향한 우리의 욕망과 차이(여기선 성적인 차이)에 있어 우리의 혐오가 어디까지 나아갈 수 있는지 보여 주지만, 자신이 이 모든 것을 실패에 이르게 할지 모른다는 불안하고 비판적인 시선을 던진다. 더구나 마리 델쿠르가 주목하게 해준바, 그리스 예술에는 잠재적 양성주의와 육체에 대한 일정한 양가성이 존재한다. 결국 헤르마프로디토스는 이러한 사실을 극단에까지 밀어붙인다. 이것이 바로 고대의 정신에서 헤르마프로디토스가 보여 준 전형적인 양상이다. 헤르마프로디토스는 지고의 가치들을 일임하면서도 한편으론 경험과 일상의 삶 속에서 도저히 견딜 수 없는 형질들에 낙인을 남겼다. 마리 델쿠르는 이러한 사실로부터 "하나의 관념은 수많은 상징들로 번역될 수 있다. 단 그 상징들이 구체적인 현실과 일치될 정도로 분명하지 않다는 조건하에서 그렇다"(p.77)는 통찰을 건져 올린다. 사회적 질서는 절름발이 걸음이나 합지증을 겪는 손 이상으로 헤르마프로디토스적 현상을 용인하지 않는다. 다만 사회적 질서는 이타성을 받아들일 수는 없어도, 그것을 통해 스스로 이론의 여지가 있음을 인정하게 된다. 여기서 프리아포스의 모습은 정당하게 수용될 수 있다. 헤르마프로디토스와 프리아포스는 고대 그리스 신화문학에서 종종 혼동되어 왔다. 하지만 프리아포스는 무엇보다도 기형적으로 큰 남근을 가진 인물로 묘사된다. 이런 모습은 태생적 기형으로, 어머니 아프로디테의 입을 통해 그는 무정형amorphos이자 기형이요, 형체가 없는 아이로 선언된 바 있다. 가히 공포스러운 남근Phallus terribilis이 아니던가! 그런 그가 실상 다산과 울타리의 신이라는 역설 또한 존재한다. 그의 성기는 발기가 지속된 상태로 풀리지 않고 또 결코 사정하는 법도 없기에, 그의 신체기관은 일종의 안전지대로 읽힌다. 물론 몇몇 텍스트에서 프리아포스 정원에는 별 대수로운 것도 돋아나지 않는다 했고, 또 아리스토텔레스는 『동물들의 생식』*La Génération des animaux*(748a–b)에서 프리아포스를 두고 생기 없는 씨앗 탓에 번식력이 없다고 여겨진 무화과나무와 당나귀의 형상과 흡사하다 했지만 말이다. 그리스 의사들은 이 질병에 지속발기증priapisme이라는 병명을 붙였고, 염증성 원인으로 발기되어 죽을 때까지 생식력 없이 계속

발기된 채로 살아야 하는 병(『갈리아 전기』*Galien* VII, 728 ; X, 967 ; XIII, 318)으로 전해졌다. 결국 프리아포스의 모습이 가리키는 바는 다음과 같다. 그것은 "한 인간에게 정상을 벗어난 과도한 성욕은 불가능하다는 것, 아리스토텔레스가 우리에게 말했듯 자연에 반하는 유일한 극단極端으로서의 그 같은 성본능이란 불가능함을 뜻한다. 불확정적인 성은 그 자체로 짐승들이나 반인半人들에게는 견딜 만한 것일지 몰라도, 인간에게는 오직 지속발기증이 가리키는 불능에 이르게 한다".[39] 여기에는 어쩌면 '신들의 최후'가 가르쳐 주는 최후의 실패가 여전히 자리하고 있을 것이다.

> 어느 신은 결국 디오니소스적 공간, 즉 발기된 남근성향이 분명하게 나타나는 사티로스들과 목신들 한 켠에 병적인 발기로 고통받는 프리아포스를 발견하게 되는 바로 그 디오니소스적 공간 속에 부적절하게 통합된 채 최후를 맞는다. 그리고 마찬가지 방식으로 프리아포스의 자유분방한 성본능은 모든 전복적 의도와는 거리를 둔 채, 오히려 기성 질서에 대한 환기를 의미한다고 말할 수 있다. (p.314)

프리아포스의 성적 불구상태는 우리를 일상적 조건으로 다시 되돌아오게 할 뿐, 헤르마프로디테스의 허구적 이야기나 상징체계로 이끌지 않는다.

분명 나의 분석이 받아들여지려면 공들여 성립된 그리스 고대 사

---

39 『신화 사전』(*Dictionnaire des mythologies*, Paris: Flammarion, 1981), 제2권, p.314.

유, 특히 철학자들의 사유와 일정한 거리를 취해야만 한다. 양성신화의 경우, 이는 명백하다. 실제로 양성적인 것의 상징은 철학자들의 사유에서 거의 항상 통일성unité, 즉 이미 존재하지만 세계와 멀어지고 만 통일성 혹은 분리를 넘어 재건해야 할 통일성에 대한 갈망이라는 거의 유일한 영역 안에서만 해석되어 왔다. 이런 식의 성찰에 내가 제시한 풍부한 역설이 끼어들 자리란 거의 없다. 헤르마프로디토스는 가장 욕망할 만한 것, 나아가 가장 완벽한 것에 대한 일종의 투영이다. 하지만 만일 우리가 무엇보다도 사회적 실제와 헤르마프로디토스(오이디푸스 혹은 헤파이스토스의 형상에서와 마찬가지로)라는 정반대의 종교적 형상 사이에 드러나는 대조에 기꺼이 이끌린다면, 이를 설명해 둘 필요가 있을 것이다. 내가 보기에 이렇게 나있는 길은 이미 내가 추적해 왔던 길과 크게 다르지 않다. 다시 말해 차이는 당장 '지금, 여기서' 용인될 수 없지만 조롱과 전횡을 겪는 가운데 수용되고, 불가피한 질서를 불안정한 돌출상황에 빠뜨리지만 어떤 노스탤지어처럼 남아 있는 듯하다. 그리스 세계는 단순히 이성과 명료함의 세계일 뿐 아니라, 비이성과 이성의 술수가 난무하는 세계이기도 하다. 마찬가지로 내 관심의 차원에서도, 이 세계는 동일성과 미메시스에 대한 일방적 추구를 일삼는 세계가 아니라, 다른 것-타자의 세계이자 분리의 세계이다.

　본서 다른 장 말미에서 내가 제시하는 것과 유사한 하나의 도식으로 끝맺음하기 위해, 나는 불구의 문제에 관련해 고대 사유를 구성하는 주요 대립쌍을 요약해 보고자 한다.

　우리는 이 대조를 성서의 체계와 관련지어 볼까 한다. 성서의 체계는 무엇보다도 생물학적 '온전성intégrité'에 관한 문제, 즉 윤리-종교적 관점이 '배치시키는situable'(통합가능성이나, '취급 가능성traitable'이라고는 말할 수 없는) 문제라 할 수 있다. 내가 보기에 여기서 강조점은 생물학적 문제만큼이나 사회적 문제에 놓여있는 듯하다. 의문시되는 것은 일치–적합conformité 여부이다. 종교적 차원(윤리적 차원이 아닌)은 불–일치를 설정하지 않는다. 종교적 차원은 오직 이러한 불–일치를 두려워하거나 예외적 지위를 부여할 수 있을 뿐, 종교적 차원은 매우 근본적으로 이 불일치를 배제하기에 이른다.

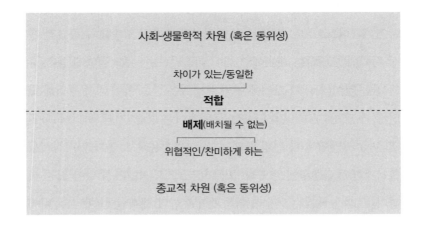

테이레시아스의 주변, 실명의 사례

테이레시아스 신화는 유독 복잡한 구조를 갖고 있다. 원래는 남성이다가 어떨 때는 여성으로 나타나기도 하는 인물로, 뱀의 교미 장면 혹은 아테나의 나체를 보고 난 뒤 시력을 잃었다고도 전해지고, 혹은 맹인이던 그가 부정한 성관계를 투시력으로 보았다고도 전해지기 때문이다. 더구나 테이레시아스에 관한 이 역설의 시리즈는 상당히 장황하기도 하다.[40] 해석을 제안하기에 앞서 이 신화에 관한 훌륭한 소개문[41]을 인용함으로써 내용을 간단히 요약해 보기로 하자.

그는 테베의 영웅이자 에베레스와 요정 카리클로의 아들이었다. 그는 카드모스가 뱀의 이빨을 뿌려 둔 땅에서 태어난 거인들의 후손이었다. 따라서 테이레시아스는 지옥의 반半-신에 속한다. 피네우스처럼 그에게 있어 실명은 신성한 능력, 즉 미래를 예언하는 능력과 관련이 있다. 그리스에는 테이레시아스의 실명 원인들과 그가 신적 재능을 얻게 된 방법을 설명해 주는 여러 전설이 있었다. 하지만 오늘날 우리가 알고 있는 자세한 이야기는 비교적 나중에 출현한다. 몇몇 작가들, 가령, 하이기누스, 락탄티우스, 오비디우스, 플레곤 등은 당대 유행했던 이야기들보다 훨씬 이전의 전설들을 참고했던 탓에, 어느 정도 나중에 나온 판본을 지지했다. 테이레시아스는 킬레네산에서 뱀 두 마리가 교미하는 장면을 목격한다. 몸에 지녔던 막대기로 뱀을 내리치자, 테이레시아스는 여성으로 변신했다. 시간이 흘러 똑같은 상황을 또 다시 목격하게 되는데, 그는 똑같은 행동으로 원래의 모습을 되찾게 된다. 남성과 여성 두 가지 상황 모두를 겪은 이 일로 인해 테이레시아스는 당시 제우스와 헤라가 다투던 논쟁, 즉 성행위에서 남성과 여성 중 누가

40 그리말, 『신화학 사전』(P. Grimal, *Dictionnaire de la mythologie*, Paris: PUF, 1988).
41 시각 다문화 연구센터 정기간행물, 브라유 연합(Ligue Braille), 브뤼셀, 『실명의 신화적 얼굴들, 고대에서 중세에 이르기까지』(*Visages mythiques de la cécité, de l'Antiquité au Moyen Âge*, n.5, 1992년 10월), pp.76~77를 참조할 것.

더 많은 쾌락을 경험할 수 있는지를 판단하는 판관 입장에 서게 된다. 테이레시아스는 쾌락이 열이라면, 남자는 하나만 느끼는 반면 여자는 아홉을 느낄 수 있다고 확인시켜 줌으로써, 제우스의 의견에 손을 들어준다. 이에 격분한 헤라는 그를 장님으로 만들어 버린다. 그러나 제우스는 그에게 예지력과 수세대에 달하는 연장된 수명을 선사한다. 한편 칼리마코스가 말한 또 다른 판본에 따르면, 어린 테이레시아스가 옷을 완전히 벗고 있던 아테나 여신의 모습을 본 탓에 그녀에 의해 맹인이 되었다는 설이 있다. 그럼에도 불구하고 이 무모한 테이레시아스의 어머니 요정 카리클로를 향한 애정에 굴복하고만 아테나 여신은 그를 신적인 존재를 만들어 주었고, 또 다른 판본들에 따르면 긴 생명과 죽음의 왕국에서도 자신의 기술을 영원히 보존할 수 있는 능력, 그리고 사물을 볼 수 있는 사람들과 마찬가지로 자유롭게 다닐 수 있게 해줄 지팡이를 그에게 선물으로 내려주었다는 설이 있다. 소스트라투스의 것으로 알려진 세 번째 판본에서는 테이레시아스가 처음부터 여성의 성을 지닌 자로 등장한다. 다양한 에피소드들이 펼쳐지는 가운데, 적어도 6번 이상 성별이 바뀌고, 그로 인해 제우스와 헤라의 중재자 역할을 맡는다. 7번째이자 마지막 변신을 겪게 되었을 때, 그는 쥐로 변신하는 것으로 묘사된다.

일반적으로 테이레시아스는 오이디푸스에게 그 죄를 폭로하고, 또 테베에서 일어난 사건들에 개입하는 인물로 알려져 있다.

뤽 브리송[42]의 분석은 테이레시아스가 무엇보다도 신들과 인간들 사이의 중개자라는 사실을 알려준다. 두 개의 본성과 두 개의 성적 조건을 지닌 그는 만물의 질서, 즉 성적 정체성, 삶과 인식의 통상적 한계들을 위반한다. 그 대가로 장님이 되고 마는데, 이런 주장을 뒤집지만 않는다면, 그가 장님이 된 까닭은 다른 사람들은 보지 못하는 것을 너무 많이 보았기 때문이고, 또 그가 신성을 갖고 있었기 때문이다. 형벌로서의 실명을 언급한 다양한 판본들은 뒤늦게 나타난다. 내가 보기에 중요한 사실은 이 등장인물의 불구상태와 상징적 지위가 긴밀하게 연관되어 있다는 점이다. 태생적 불구는 항상 베일에 가려져 있다. 사실 실명은 그리스에서 해를 끼치는 불길한 징조라는 이유로 유기 대상이 되었던 '테라타terata'로는 여겨지지 않았고, 오히려 기이하게도 성性과 많은 관련이 있었다. 잠시 후 다시 언급하겠지만 테이레시아스 이외에도, 우리는 안키세스(『일리아드』 II, 820 ; V, 247 ; XX, 208 혹은 헤시오도스의 『테오고니아』, 1010)를 그 또 다른 예시로 들 수 있다. 이 인물은 라틴 문명에서는 아이네아스의 아버지(로물루스의 선조)로 알려져 있다. 그는 아프로디테와 불륜을 저지르고, 그 덕에 신적 지위에 근접하지만, 제우스는 어느 날 술에 취해 그 사실을 떠벌렸던 안키세스를 내치고 만다. 제우스는 그를 장님으로 만들었는데, 여러 다른 판본들에 따르면 절름발이가 되었다고도 한다. 테이레시아스와 마찬가지로 안키세스도 신들의 비밀을 알아냈기 때문이다. 이렇듯 실명에 관한 위반의

---

42 『테이레시아스 신화:구조분석시론』(Luc Brisson, *Le Mythe de Tirésias. Essais d'analyse strcturale*, Leidon, 1976).

테마는 빈번하게 등장한다. 플루타르코스는 어느 맹인, 즉 금지의 대상인 베스타 여신상을 건드린 안틸루스에 관해 언급한 바 있다. 대부분의 경우, 비밀은 인간들에게는 숨겨진 채 남아 있어야 할 신들의 성의 차원에 속하는 것들이다. 요정 키메라와 다프니스, 아도니스와 관계를 맺고 나서 목욕 중인 나신의 아프로디테를 덮쳤던 에리만토스, 메로페를 겁탈했다는 이유로 장님이 된 오리온, 아버지의 내연의 첩을 유혹했던 포이닉스 등이 그렇다. 에우리피데스의 희곡을 따라가 보면, 세이레네스 곁에서 환심을 사려다 오디세우스에 의해 장님이 되어 버린 폴리페모스와 같은 키클로페스족 경우도 같은 선상에서 고려될 수 있다. 다른 측면에서 보자면, 키클로페스족은 헤파이스토스의 기괴한 기술자들(거인인 데다가 애꾸눈인)이기도 하다. 비록 『오디세이아』에서 오디세우스의 행동을 정당화해 주는 성적 암시가 없긴 해도, 오비디우스와 마찬가지로 에우리피데스도 폴리페모스를 질투 많고 강간을 일삼는 애인으로 묘사한다.

이 모든 등장인물들을 종합해 보면, 성과 신체불구 사이의 관계는 분명하게 나타난다. 내가 보기에 여기에는 두 개의 축이 자리하는 듯하다. 하나는 신체불구가 '나쁜 출생'에 연관된다는 것이고, 다른 하나는 이 신체장애가 일탈적 성과 모종의 관계를 맺는다는 것이다. 우리가 마리 델쿠르를 통해 충분히 살펴보았다시피, 이러한 부당하거나 거부된 출생들은 특별히 금지된 성적 상대자들이 연루된 어떤 위반과 불가분의 관계에 놓여 있다고 할 수 있다. 그것이 인간들과 관계를 맺는 여신들이든, 이미 약혼한 여인이든, 부정한 여인들이건 간에 말이다. 어쩌면 우리는 이 모든 인물들을 넓은 의미에서 근친상간의 금기로 환원시킬 수 있을지도 모르겠다. 여기엔 금지되고, 위험한, 그리고 위험하기에 금지돼 버린 모종의 성적 거래가 존재한다. 어쩌면 신들과의 성관계는 신들의 세계로의 진입을 가능하게 해줄지 모른다. 바로 이 지점에서 우리는 성서의 『창세기』에 일치하는 대목에 이르게 되는데, 『창세기』에서는 신이 될 수 있게 해주는 지식에의 접근이 금지되기 때문이다. 흉측한 뱀을 성적 상징으로 하는 유혹자도 존재하고, 성의 양면성에 대한 자각을 일으키는 위반도 자리한다. 만일 우리가 성에 관한 몇 가지 베일을 들추게 된다면, 우리는 제어할 수 없는 힘들(환상, 질투, 양성 갈등, 치명적 근친상간 등)을 작동시키게 되는 셈이다.

좀 더 특수한 경우에 해당하는 테이레시아스의 경우를 되짚어 보자. 나는 앞서 두 가지 점에 기초해 신체불구와 성 사이의 어떤 관계를 설정해 보았다. 하나는 출생에 변칙적으로 오점이 생긴 경우이고, 다른 하나는 우리가 어떤 경계, 즉 준수되어야 할 어떤 한계를 넘어서게 되는 경우였다. 그렇다면 테이레시아스의 경우, 교미 중인 두 마리의 뱀을 지팡이로 때렸던 그 사건이 어째서 성별의 변화를 야기시켰던 것일까? 테이레시아스와 마찬가지로 뱀도 이 땅에 속한 것으로, 하늘, 즉 올림푸스와는 대립을 이룬다. 이때 땅은 풍요로움의 상징인 가이아, 어찌 됐든 생명을 잉태하기 위해 우라노스와 결합한 대지모 가이아의 악마적 권능에 준한다. 테이레시아스는 디오니소스적 권능을 상징하는 풍요로운 결합에 손을 댄다. 그런데 에우리피데스의 극작품을 참조해 보면, 테이레시아스가 디오니소스 광란에서 디오니소스 신의 여제관들과 엉겨 붙어 풍요로운 번식을 희구하는 한 도시의 불안스럽고 예상할 수 없는 쪽에 속하는 여성성을 찬미하는 장면을 목격한다. 교미 중인 두 마리의 뱀을 지팡이로 내리침으로써 테이레시아스는 생명을 좌우하는 힘 쪽에 놓이게 되고, 자리를 옮길 준비를 갖추게 된다. 이처럼 그는 자신의 손을 '그 위에' 댈 때마다, 극과 극을 갈아탄다.

어쩌면 테이레시아스는 보았기에 맹인이 되었노라고, 다시 말해 모든 보는 행위, 특히 성과 관련해 보는 행위는 환영이기에 맹인이 된 것이라고 말해야 할지도 모르겠다. 이런 점에서 테이레시아스는 나르키소스와 다를 바 없다. 너무 많은 것(자기 자신, 성, 출산, 신성)을 보려 드는 자는 미혹의 함정에 사로잡힌다. "거울의 함정에 빠진 디오니소스는 우리가 원초적 장면에 대해 기억하는 것보다도 더 많은 것을 볼 수 있는 환영의 지배자로, 바로 이 같은 이유에서, 두 개의 지고의 힘, 즉 아프로디테와 죽음에 이르게 하는 환영의 지배자 디오니소스 사이에는 충돌이 벌어진다."[43] 한편 테이레시아스는 랍다코스 혈통이 겪었던 당대 고유의 '성적 무질서'를 목격한 관찰자이기도 하다. 신들 눈에 테이레시아스는 그런 장면을 정말이지 너무나도 많이 엿본 자인 것이다. 그는 생명의 비밀들에 침투해 들어가 세상의 만물을, 거울의 양면을 엿본다. 해서 그는 특히 여성성의 근원을 구현하는 헤라에 의해 맹인이 되어야만 했고, 그런 위험을 무릅써야만 했다. 하지만 다른 면에서 보면 그는 신성한 자, 예언자, 보는 자로 남는데, 그 이유는 제우스의 눈에 창문 하나쯤은 열려 있어야 했기 때문일 것이다. 그리스 도시를 지탱하는 합리적 계약 안에서 여성은 무엇보다도 아내이자 어머니가 되어야 하는바, 아프로디테적 임무Aphrodisia는 세대번식과 관련해서

43 『신화 사전』, 잔니 카를리에(Jeannie Carlier)의 글.

는 거의 낄 자리가 없었다. 여성 역시도 쾌락의 문제에 얼마나 강력하게 반응하는 존재인지 잘 알고 있으면서도 말이다. 헤라는 여성적 권능이 발견되길 원치 않았는데, 그녀는 이 힘의 발휘를 완전히 통제함으로써 질서를 유지하는 동시에 디오니소스적 무질서에 빠진 도시를 차지하고자 했던 것이다.

3장 / 중세의 자선 시스템(들)

중세 역사가들의 이야기가 마무리될 즈음이면, 실망감은 깊어진다. 역사가들의 잘못이 아니다. 역사의 긴 침묵과 마주하기 때문이다. 그렇다면 이 침묵은 앞으로도 계속될 여러 작업으로 채워져야 할까? 물론이다. 어째서 탐색해야 할 수많은 역사적 담화들이 그 자리에 부재하는가라는 질문으로 이어져야 할 터, 어쩌면 훨씬 시사하는 바가 큰 침묵이라 하겠다.

　　나는 앞으로 긴 지면을 할애해 이 질문에 답해 나가면서, "우리는 부재하는 것에 대해서만 말할 뿐"이라는 이 지극히 타당한 표현에 정당성을 부여하려 한다. 달리 말해 중세에 관한 담론이 그토록 간결한 까닭은 아마도 신체불구자들, 심신장애자들, 지체 부자유자들 등이 자발적으로 이 세계의 일부, 그러니까 우리가 잡다하고, 다양하고, 부조화스러운 것으로 받아들인 이 사회의 일부를 이루고 있었기 때문일 것이다. 최근 들어서야 사회의 몫이 된 사회적 우생론의 범주는 당시에 출현하지 않았다. 정상성은 곧 잡색성雜色性, bariolage을 의미했고, 그 무엇도 격리에 관심 두지 않았다. 왜냐하면 가장 '자연스러운 것'이란 여러 기형이 섞여 있는 상태이기 때문이다. 이것은 관용 이상의 것을 뜻한다. 그것이 곧 현실이었고, 이러한 현실 앞에서 사람들은 기술이나 다양한 처방으로 현실을 획기적으로 변화시키거나, 또 현실을 배제하려 들지 않은 채, 할 수 있는 한 현실과 타협했다.[1] 즉 때로는 서툴고, 때로는 난폭하고, 때로는 관대한 형태의 어떤 동의가 자리했던 것이다. 이것은 이데올로기가 배제된, 뿐만 아니라 논쟁도 배제된, 초연하고 숙명적인 형태를 띤 일종의 통합 같은 것이었다. 이러한 상황이 불구성을 대하는 중세사회의 전반적인 분위기였으리라.[2] 해서 확언컨대, 내가 언급한 침묵, 그 과도한 침묵이야말로 오히려 여러 역사 연구를 제시해 주고 성찰해 볼 만한 문제를 살피게 해준다.

다른 관점에서 보자면, 우리는 중세가 온갖 종류의 주제에 있어서 매우 전통적인 특성을 갖는다는 사실을 익히 알고 있다. 왜냐하면 중세는 많은 것을 차용했고, 더 많이 되풀이했기 때문이다. 클로드 카플레는 정확히 괴물과 기형인들을 언급하면서, 다음과 같이 서술한다. "이러한 견지에서 지적인 태도는 스스로를 쇄신하려는 경향이 없다고 할 수 있다. 14세기까지 이 문제와 관련해 독창적인 창작이나 사유는

---

1 기형에 관한 이 같은 관점과 관련해, 초기 기독교의 몇 세기가 그리스-라틴적 전통도 고대 유대교 전통도 물려받지 않았다는 사실을 상기해 보는 일은 매우 중요하다. 비록 자녀에 대한 전권을 가장인 아버지에게 부여하고 있는 고대 로마법의 흔적들이 그때까지도 여전히 몇몇 특정한 유기의 사례들을 허용하긴 했지만, 아이들에 대한 유기행위는 명백하게도 유죄에 처해졌다. 또한 20세기까지도 교회법 내에서(교회법령집 내에) 지속적으로 발견되듯, 불구성이 여전히 사제지위에의 접근을 가로막고는 있지만, 유대교적 예배의 금기 역시 그리스도에 의해 제거되었다.

2 이와 같은 내용은 1981년 3월 스트라스부르에서 있었던 사회 재적응 국제 주간(Semaine internationale de la réadatation) 기간 동안 개최된 한 컨퍼런스에서 필립 아리에스(Philippe Ariès)가 표명했던 입장과도 상통한다.

거의 나타나지 않기 때문이다. 16세기가 되어서야 비로소 앙브루아즈 파레Ambroise Paré가 이 문제의 해결책을 찾아냈다."[3]

결과적으로 중세를 통틀어 완전한 괴물성으로서의 신체적 일탈이 어떤 반항이나 공포나 대처도 없는 일종의 '정상적인 비정상'이던 것이 사실이라면, 이 같은 탐구는 금세 종결될 것이다. 신체적 일탈은 '선을 행하게 하는' 단순한 계기이자, 신의 창조력의 무한한 다양성과 신의 수많은 계획들의 신비로운 조화로 이해되어 오히려 신을 찬양하게 했을 테니 말이다.

하지만 그토록 쉽게 조사를 포기하면 경솔한 일이 될지 모른다. 최근 몇십 년 사이만 해도 중세시대의 빈곤층 및 빈곤의 문제에 관한 수많은 저술들이 축적되고 있다. 여기서 새로운 의문점이 출현한다. 과연 다양한 신체불구자들과 장애자들이 단순히 대부분 빈곤층에 기반한 것일까? 그랬다면 그들의 역사는 이미 완성되었을지 모를 터,[4] 하지만 그렇지 않다면, 우리는 이 중세의 '침묵'에 대해 다시금 성찰해야 할 것이다.

과연 이 가난한 자들의 역사란 우리에게 무엇을 말하는 것일까? 여기서 문제되는 것은 교과서적 개요가 아니다. 누구든 이 문제와 관련된 책 한 권쯤은 구해 읽어 볼 수 있을 테니 말이다. 많은 연구들이 이 중세시대를 몇 가지 단계, 즉 어둠의 시기를 보내고, 인간의 존엄성

---

3 카플레, 『중세 말기의 괴물들, 악마들, 불가사의들』(Claude Kappler, *Monstres, démons et merveilles à la fin du Moyen Âge*, Paris: Payot, 1980).
4 여기서 관련사항을 총망라하려는 의도는 없다. 다만 이러한 관점에서 읽혀졌던 여러 학자들의 이름을 인용해 두는 것은 바람직할 듯하다. 미셸 몰라(Michel Mollat), 장-루이 고글렝(Jean-Louis Goglin), 자크 으에르(Jacques Heers), 기 푸르키에(Guy Fourquier), 장-피에르 기통(Jean-Pierre Gutton).

에 대한 온정과 정신적·사회적 가치 중시로 말미암아 폭압적인 태도
가 조금 누그러진 시기를 거쳐, 빈민들의 확산과 저항이 있기 전까지
로 구획하는 데 동의한다는 사실은 주목할 만하다. 그 이후 고전주의
시대에 이르러 우리가 미셸 푸코 이후로 '대감금'이라 명명하는 시기
가 시작된다. 이러한 집단적 합의는 설령 논란의 여지가 있긴 해도, 우
리의 문제에 있어서만큼은 주목할 만하다. 실상 중세시기 동안 빈민들
에 대한 사회적 처우에는 여러 하부 시스템들이 있었다.

혹자는 시간적 범위를 한데 뭉뚱그렸다는 이유를 들어 진부하다
하고 생각할지 모르겠다. 그럼에도 불구하고 이 진부함은 우리가 몇몇
침묵의 시기들을 다르게 해석할 수 있는 여지를 제공할 수 있을 것이
다! 더욱이 불구성에 관한 주제라면, 관련 역사가들의 저작들에서 더
많은 것을 찾아볼 수 있다. 우선 사화집詞華集 하나를 들춰 보기로 하자.

중세 말기에 관심을 두면, 다음과 같은 문장들을 만나게 된다.

직업적이든 우연이든 간에, 걸인, 부랑자, 도둑, 소매치기, (학생들과 방
랑하는 성직자들도,) 또한 그것이 실제든 위장이든 간에, 이 불구자들
infirmes과 병든 자들malades, 이 눈먼 자들aveugles, 그리고 창녀들은 이
런 식으로 어떤 구역 내에서 사실상 별개의 세계를 이루며, 그들 고유
의 규칙과 언어, 그리고 그들만의 지도자와 더불어 결속집단을 형성하
고 있었다.[5]

---

5 으에르, 『14세기에서 16세기 사이의 서양, 경제 및 사회 양상들』(J. Heers, *L'Occident aux XIVᵉ et XVIᵉ siècles, aspects économiques et sociaux*, Paris: PUF, 1973).

바로 극빈집단이자 도둑집단인 '쿠르 데 미라클cours des miracles' 복판에 살았던 취약 계층민들에 관한 설명이다. 어째서 두려움을 주는 현실집단 리스트에 이들이 이름이 올라와 있었는지 이해하기란 그리 어렵지 않다.

집단의 공격성이 그 방향을 바꾸어 표적 삼을 수 있는 잠재적 범죄자들로는 우선 외국인, 방랑자, 주변인, 그리고 공동체에 제대로 통합되지 못한 모든 이들을 꼽을 수 있다. 이들은 공동체의 믿음체계를 받아들이길 원치 않아서든——유대인들의 경우—— 집단의 주변에 머물며 명백한 이유를 들어 공동체의 믿음체계를 거부해야만 했든——나병환자들의 경우 —— 아니면 단순히 다른 곳 출신이라는 이유에서든, 여하간 잠재적 범죄자들로 간주되었다. … 실제로 나병환자들은 1348년에서 1350년 사이 기간 동안 흑사병을 퍼뜨렸다는 이유로 고발되었다.[6]

중세 말엽과 르네상스 시기에 중요한 문제였던 이러한 공포 현상은 장애인을 포함해, 이들을 구빈원에 감금하기에 이르렀고, 이런 식으로 이 모든 이들이 노동하도록 계도해야 한다는 최초의 발상에 이르게 된다.[7]

---

6 들뤼모, 『14세기에서 18세기까지 서양에서의 공포』(J. Delumeau, *La Peur en Occident, XIVe-XVIIIe siècles*, Paris: Fayard, 1978), pp.131~132.

7 들뤼모의 앞의 책 결론부분(pp.410~414) 인용. 이러한 견지에서 퀘벡에 있던 프랑스인 프랑수아 샤롱(François Charron)이 어째서 저 멀리 외딴 시골지방의 불구자들을 위한 작업장 건립을 위해서 루이 14세에게 후원금을 요청하려는 생각을 했던 것인지! 그리고 결국엔 후원금을 얻어냈던 사실을 더욱 잘 이해할 수 있을 것이다.

중세 말기 위험한 만큼 혐오스럽기도 하거니와 훗날 집단거주지 내에서 폭동을 일으켜 따로 격리되거나 '명령받고-정돈된ordonnées' 주변인 및 극빈자와 뒤섞여 있던 장애인들은——비록 드물게 몇몇 신학자들이 가난한 자의 권리를 이야기하긴 했어도[8]——중세 초기에도 역시나 경제적으로 취약한 자들과 뒤섞여 있었다. "불구자와 병든 자의 범주는 그 수가 많을 뿐 아니라, 도처에서 확인되는 듯하다. 투르 지방의 주교 그레고리오, 포르튀나, 그리고 여러 성자의 일생은 수많은 정신박약자débiles, 나병환자lépreux, 그리고 집단별로 맹인에 이르기까지 언급하고"[9]있다. 이러한 사실에서 출발해, 저자들은 우선적으로 그리고 특히나 극빈층에 타격을 주는 이런 '장애들'이 영양실조에서 기인하는 것인지, 아니면 불충분한 위생에서 기인하는 것인지 알아보기 위해 사회 전반의 위생 상태를 자문한다. 매우 광범위한 이 중세시대 한가운데에 그리고 절정기에 그 속사정을 알아보기 위해 미끼를 던져본들, 가난한 자들에 대한 시각은 변화가 있을지 모르지만, 불구자들은 여전히 빈민들과 혼재된 채 남아 있다. 실제로 아시시의 성 프란체스코François d'Assise와 같은 이는 "부유한 자의 안위를 위한 도구나 노예 상태로서가 아닌, 정신적 차원 그리고 그 자체로 인간적 가치에 입각한 가난한 자와 유족에 대한 존중"[10]이라는 새로운 관점을 도입한다. 그리고 그 전회의 첫 신호로 나병환자들(그리스도의 모습으로 변신한)

---

8 도미니크 수도회의 타데스 디니(Taddes Dini)나 프란체스코 수도회의 레이몽 륄(Raymond Lulle)이 이에 해당한다. 몰라(M. Mollat)의 책 『중세시대의 가난한 자들, 사회연구』(Les Pauvres au Moyen Âge, étude sociale, Paris: Hachette, 1978), pp.223~227을 참고할 것.
9 몰라의 앞의 책, p.40.
10 같은 책, p.149.

을 몸소 껴안아 자신이 그토록 사랑한 모든 가난한 자들의 대표자로 삼았던 것도 역시나 이 아시시의 성 프란체스코였다. 다만 아시시의 성 프란체스코가 어떤 사고의 전환점을 이루고 있음에도, 그의 생애에서 가난한 자와 불구자에 대한 분명한 구분은 찾아볼 수 없다.

결국 우리가 중세 초기, 혹은 중기나 말기 어디를 잡아 보더라도, 온통 "병든 자, 불구자는 빈곤의 악순환 속에 놓일 뿐"[11]이다. 그러다 우리는 이들을 성지 순례에서 다시 만나게 된다. "맹인들, 귀머거리들, 거동이 가능한 경증마비환자들의 경우, 새로 떠도는 풍문이 군중을 부추기는 곳을 향해, 끈질기게 치료법을 찾아 길을 떠난다."[12] 브뢰겔 역시 회화작품들[13]을 통해 공공장소에 노출된 걸인과 가난한 자 무리 속에 사지가 절단된 이들 혹은 지능이 좀 모자란 이들을 그려 넣고 있다. 가난한 자와 불구자 사이에서 벌어지는 이 놀라운 혼재에도 불구하고, 역사가의 한 문장을 우연한 계기 삼아, 또 다른 관점에 주목해 보기로 하자. 14, 15세기에 창설된 여러 구빈센터들과 관련해 우리는 다음과 같은 사실을 읽게 된다. "이곳에는 모든 환자가 수용될 수 있지만, 단 치유될 수 없는 신체장애로 인해 진정한 의미에서 환자로 간주될 수 없는 나병환자, 절름발이, 손이나 팔이 불구인 자, 맹인들은 예외로 한다. 반면 무일푼의 임신한 여인들은 이곳에서의 유숙이 가능하다."[14]

---

11 고글렝, 『중세서양의 비참한 사람들』(J.-L. Goglin, *Les Misérables dans l'Occident médiéval*, Paris: Le Seuil, 1970).

12 같은 책, p.68.

13 정확히 하자면, 고글렝의 책 『사육제와 사순절의 싸움』(*Le Combat entre Carnaval et Carême*)에 담긴 삽화부분을 참고하길 바란다. 하지만 이 같은 상황은 브뢰겔의 다른 수많은 그림들 속에서도 발견된다.

14 고글렝의 앞의 책, p.159. 보살핌의 의도가 생겨났을 때, 운신을 못하는 불구자들이 배제된 사실은

왜냐하면 "가난한 자pauvres, 순례자, 특히 병든 자 이 세 범주의 사람들만이 구빈 센터에 수용될 수 있기"[15] 때문이다. 이렇듯 불구자가 항상 가난한 자 및 병든 자와 동일시된 것은 아니었다. 다른 측면에서 보면, 다만 그 치료가 가난한 자에 대한 치료에 비할 바 없었을 뿐, 중세 시기 내내 나병환자에 대한 치료는 실제로 존재했다. 중세 초기 우리는 롬바르드 왕국의 로타리Rothari 법전 635항의 다음과 같은 구절을 볼 수 있다.

그 누군가가 나병에 걸린 경우, 해서 그 사실의 진위가 재판관이나 그가 속한 공동체에 의해 인정되는 경우, 그 결과 그를 격리시키기 위해 키비타스(civitas, 시민공동체)나 가정으로부터 추방될 경우, 이 나병환자는 자신의 소유물을 타인에게 양도할 권리나 그 누구에게도 증여할 수 있는 권리를 지녀서는 안 된다. 왜냐하면 자신의 집에서 추방된 바로 그 날로부터, 그는 죽은 것이나 매한가지이기 때문이다.

또한 이 법전은 장님이 되거나, 미쳐버리거나, 나병에 걸린 약혼녀를 버리는 것도 허용하는데, "왜냐하면 이러한 일은 본인의 막중한 죄와 병에서 비롯된 것이기 때문이다".

종종 나병환자들은 외따로 떨어진, 그러나 그리 빈곤한 상태는 아닌 일종의 집단거주지를 형성했다. 예방조치로 추방당해야 했던(이 문

쉽게 이해할 수 있을 것이다. 반면 우리가 살아가는 오늘날에는 여러 장애를 '의학적으로' 해결하려 함으로써, 불구자들은 다른 식으로 보살펴지게 된다.
15 같은 책, p.158.

제는 재차 다루어야 할 문제이기도 하다) 그들은 그 자체로 전에 없던 일종의 새로운 '전례(典禮, ordo)'를 이루었다. 우리는 그 초기 형태를 1179년 라트랑 제2차 공의회에서 확인할 수 있다. 이때까지 감금의 시도는 없었지만 격리의 시도(소성당 및 특수 묘지)는 있었다. 이 시대에 세워진 나병환자수용소 내 입소의식은 장례절차에 비견될 만한 것이었다. 가령 사람들은 레퀴엠인 「리베라 메」를 합창하며, 관에 덮는 천으로 나병환자를 덮기도 했으니 말이다. 나병환자수용소의 입소는 종교 입문의식[16]과 유사한 것으로, 이 '외딴' 집단거주지의 시설조직은 건축적 관점에서 보아도 수도원의 조직 체계를 그대로 베낀 것이다. 나병환자수용소들은 유증의 혜택을 받을 수 있었다. 가령 예배당이나 신부를 배속받았던 것이다. 일견 모든 불구자들이 나병환자로 환원될 수는 없을 것이다. 하지만 어쨌든 나병환자와 가난한 자 사이의 차이가 상당히 명백하게 드러나는데, 이는 중세가 한창이던 시기에 잡다하게 구성된 한 세계 전체를 유일하고 단일한 범주로 지나치게 성급하게 동화시키지 않기 위함이었다.

그렇다면 만일 이런 식으로 신체불구자가 단순히 가난한 자에 속하지 않는다면, 어떤 측면에서 이들은 엄밀한 의미에서의 주변인들,

---

16 '나병환자수용소의 입소의식'은 실제로 존재했다. 프랑수아-올리비에 투아티(François-Olivier Touati)에 의해 매우 철저한 연구가 행해진 바 있다. 1991년 파리1대학 팡테옹-소르본에 제출된 5권 구성의 그의 박사학위논문 「14세기 중엽까지 상스 교구에서의 나병, 나병환자들, 나병환자수용소들」("Lèpre, lépreux et léproserie dans la province ecclésiastique de Sens jusqu'au milieu du XIVe siècle")을 참조할 것. 이 연구 중에서도 지리적 분포에 관한 연구만 추려 정리한 부분은 『나병에 관한 기록 자료, 중세 루아르 지역과 마른 지역 사이의 나병환자수용소에 관한 도해집』(Archives de la lèpre, atlas des léproseries entre Loire et Marne au Moyen Âge, Paris: CTHS, 1996)이라는 단행본으로 출간되었다.

즉 괴물 종족, '야만인들', 꿈으로 점을 보는 점술가들, 마녀들, 연금술사들 등과 같은 부류에 놓인 주변인이었던 것일까? 이러한 가정을 따르자면, 그들은 다른 것들 중에서도 알려진 세계가 아닌 모든 것, 함께 살 만한 사회가 아닌 모든 것을 표상하는 존재일지 모른다. 바로 세속의 이면, 무엇보다도 사회적인 것의 이면이리라. 다시 말해 공포를 초래하는 악마적 이면 말이다. 그런데 이러한 측면에서 이 같은 동일시를 이끌어낸다는 것은 지나친 처사다. 왜냐하면 불구자들과 약자들이 결국 의심스러운 대상이 되어, 거부된 자(이교도, 유대인, 이슬람교도, 유목민)의 제3의 범주에 속한다 해도, 그들은 우선적으로 그리고 아주 오랜 세월 구호되어야 할 가난한 자들이었을 뿐, 추방시켜야 할 낯선 존재들은 아니었기 때문이다. 아마도 이것이 매우 정확하고 이미 충분히 표시되어 다른 집단들과의 경계에 놓이게 된 그들의 위상일 것이다. 바로 이러한 그들의 위상은 중세 사회를 이해함에 있어, 역사가의 눈에 잘 띄지 않았던 예기치 못한 매우 중대한 사실을 알려 줄지 모른다.

'광인'과 마찬가지로, 신체불구자는 통합되고 '돌봐야 할 주변적 존재'[17]의 조건을 공유한다. 즉 감독을 전제로 광인은 일상생활 내에서 받아들여질 수 있기 때문이다.

마을마다 바보 하나쯤은 있듯, 가정마다 광인이 하나 혹은 여럿 있을 수 있다. 만일 주변적인 것이 사회적 테두리 바깥만큼이나 그 내부에 있다면, 우리는 사회 테두리에 있는 광인을 통합된 광인이라고 주장할

---

17 알라르, 『중세 소외계층의 여러 양상들』(*Aspects de la marginalité au Moyen Âge*, Montréal: Éd. L'Aurore, 1975), p.42.

수 있으며, 요컨대 중세 사회 안에서 담당해야 할 어떤 지위와 역할을 가지고 있다고도 볼 수 있다.[18]

괴물(괴물을 총칭하는 종race의 의미를 강력하게 담아낸 표현으로서)과 더불어, 신체불구는 윤리적 반응을 불러일으키는 '변질된altéré' 특징을 공유한다. 금기들, 특히 성적 금기를 위반한 자에게 발생하는 것이 바로 그렇다! 이 괴물들은 우리 앞에 그 반대 급부로 도래할 세계를 그려 보여 준다. 하지만 실재하기는 하지만 지배적일 수 없는 이러한 측면 이외에, 이 괴물들은 지도에도 나오지 않은 곳, 탐험된 세계의 경계 끝에 위치하며, 인간 내면에 자리한 공포를 완화시킨다. 그들은 "인간의 몸에 발생할 수 있는 것을 직접 보여 준 셈이다. 그들 스스로 답하고 있는 저 불안스럽기 그지없는 문제란 다음과 같다. 즉 만일 우리가 현존하는 모습대로 존재하지 않는다면, 과연 어떻게 될 것인가?[19]라는 문제가 그것이다." 이 같은 상황을 다른 측면에서 보자면, 괴물들은 우리의 정상성을 확인시켜 준다. 불구자들, 즉 주변부가 아닌 사회에 내재하는 '괴물들'은 그저 거기에 있는 것만으로도 공포심을 고조시킨다. 어쩌면 중세시대는 그 끔찍한 공포를 과도하게 환기시키지 않기 위해 (그럼에도 불구하고 중세 말에 이르러 다시 나타나는[20]), 나아가 자신의 공포를 몰아낼 수 있는 '극단적 형태의' 또 다른 괴물을 가지고 있었기에, 불구자를 이야기하지 않는 것일지도 모른다. 육체적 온전성을 상실할

18 같은 책, p.42.
19 같은 책, p.75.
20 장 들뤼모의 책 전체를 살펴 볼 것.

지 모른다는 공포, 몇몇 행동에 상응하는 어떤 처벌이 내려질 거라는 공포, 불안정한 사회조직이 붕괴될지 모른다는 공포 말이다.[21]

군이 인간 종의 변질이라는 문제까지 나아가지 않더라도, 신체불구자는 또 다른 역할, 즉 사회의 이면을 들춰내 보이는 역할을 수행했다. 실제로 우리는 수많은 왕들 혹은 왕자들이 그들 주변에 난쟁이나 꼽추를 거느렸다는 사실을 잘 알고 있다. 왕의 익살꾼인 이 신체불구자는 감히 왕자와 그의 권력을 웃음거리로 만들 수 있었다. 즉 그는 정치권력을 가진 자에게 '자신이 아는 진실을 말할 수 있는' 권리를 갖고 있었던 셈이다. 사회의 대소사를 관장하는 지도자급 지위에 있는 자의 근엄함과 성스러움 곁에, 그 정반대의 것, 그 뒤바뀐 상, 그 역전된 역할, 즉 아이러니와 조롱이 자리했던 것이다. 신체불구는 그 낯설음으로 인해 '정상적'이고 규범적인 사회에 상대주의를 투척할 수 있는 특권을 지니고 있었다. 실제 이러한 중세시대 사회는 다르게 바뀌기를 고려하지 않았다는 점에서 사회 자체를 대단히 중요하게 여겼지만, 그럼에도 불구하고 사회의 조직, 기능, 권력, 위계질서, 행동양식 등이 불안정하고, 상대적이며, 심지어 하찮을 수도, 어쩌면 우스꽝스러울 수도 있다는 점을 충분히 인식했던 것이다. 신체불구자라는 존재는 이러한 사실을 의미하고, 또 말하는 것이 가능했다.[22] 반면 질병이나 근본적 주변성에는 그러한 권리가 주어지지 않았다. 그 자체로 다른 존재

---

21 *Aspects de la marginalité au Moyen Âge*, p.75. '괴물성들'의 목록은 매우 잡다하게 뒤섞여 있었음을 고백해야겠다. 이 목록은 거인 혹은 소인족에서부터 털복숭이 여인이나 자웅동체인 헤르마프로디토스를 거쳐, 애꾸눈인 키클로페스에 이를 정도로 방대하다.

22 르베, 『왕홀(王笏)과 광대의 지팡이: 궁정의 광인들의 역사』(M. Lever, *Le Sceptre et la Marotte. Histoire des fous de cour*, Paris: Fayard, 1983).

를 뜻하는 신체불구자는 '지금 여기'라는 존재방식이 전부이지도 보편적이지도, 또한 결정적이지도 않다는 사실을 보여 주었다. 중세사회는 조금도 혁명적이지 못했고, 정말이지 지금 우리의 사회가 그렇듯, 스스로를 신뢰하지도 않았다.

이타성이 심각하게 변질될 경우 이타성에 대한 공포가 생겨나지만, 이타성이 사회와 권력의 또 다른 이면을 발견하는 경우에는 이타성에 대한 쾌락이 발생한다. '광인들의 축제', 마을의 백치, 왕자 곁의 불구자 등은 때때로 독재의 베일을 들춰내고, 허영심과 우스꽝스러움, 나아가 기성 권력의 부패를 폭로한다. 기성의 것들을 받아들였음에도, 민중은 통찰력과 해학 넘치는 태도를 취했다. 반면 요즘 시대 사람들은 훨씬 덜 받아들이고, 비판적 거리두기는 중세에 훨씬 못미친다. 장차 이러한 권력들은 전복되고 교체되도록 이의제기를 받게 된다. 그리고 훗날 사람들은 해체나 대체 같은 용어로 사유하게 될 테지만, 다만 여기에는 중세 고유의 특성, 즉 전복적 성격은 덜해도 어쩌면 훨씬 명철한 태도일지 모를 초연함이 결여되어 있다.

게다가 중세의 괴물——중세의 지도상에 나타나 있어서, 사람들이 실재한다고 믿었던 괴물 종족들——은 단순히 윤리적 환기나 공포의 추방만을 의미하지 않았다. 세상 권력자 무리 속에 놓인 광인이나 불구자가 그랬듯이, 중세의 괴물은 이 세계가 같은 존재로 이루어져 있음을 알려 주는 한편, 본질적으로는 이 세계가 잡다한 존재들이 뒤섞인 공간임을 알려 준다. 성 아우구스티누스는 『하느님의 도성』에서 괴물성에 관해 의견을 개진한다. 이러한 기이한 요소들을 따져본 몇 가지 증명에 덧붙여, 그는 중세 전체에 대해 동일한 태도 취한다. 즉 하느님은 다작의 방식으로 그리고 미적인 방식으로 세상을 창조했다는 것이다. 아름다운 천을 짜내기 위해서는 다양한 색상의 실로 서로를 엮어야 하고, 대비를 구축해야 한다는 논리다. 그렇기에 괴물들의 원인과 역할은 곧 하느님의 영광을 뜻한다. "우주에 관한 선율만으로는 우주의 비밀 전체를 밝혀낼 수는 없으리라. 무수한 조화들과 부조화들, 불협화음들과 협화음들이 거대한 중세의 다성성의 원칙을 따르며 호혜로운 전투에 바쳐진다."[23]

중세시대 괴물에 관한 최근 저작은 이와 관련된 또 다른 양상들을 다시 한 번 확인시켜 준다.[24] 카플레의 저작처럼, 책 한 권의 결론 부분은 여러 의미들, 양상들, 그리고 분할이 풍성하게 결합된 형태여야 할 것이다. 하지만 우리가 다루는 주제에서 이런 유형의 연구는 위험할 수 있다. 왜냐하면 괴물과 신체불구는 너무나도 가까운 것이어서, 자칫하면 신체적 일탈에 관한 문제를 괴물성에 관한 문제로 귀착시키는 우를 범할 수도 있기 때문이다. 분명 괴물스러운 것은 인간의 기형적 모습을 내포할 수 있다. 괴물들과 불가사의한 현상들에 관한 유형론을 제시하며, 카플레는——내 결코 비난하려는 의도는 아니지만——'인

---

23 이 인용문과 관련해서는 카플레의 글 「중세의 괴물」("Le monstre médiéval", in *Revue d'histoire et de philosophie de Strasbourg*, vol.56, n.3, 1978)을 읽어 볼 것. 아울러 성 아우구스티누스, 『하느님의 도성』(Saint Augustin, *Cite de Dieu*, XVI, 8, trans. G. Gombès, Paris: Desclée de Brouwer, 1960)도 참고할 것. 또한 윌리엄(D. William)의 글 「괴물들의 매개적 역할의 양상」("Aspect du rôle médiateur des monstres", in *Studies in Religion*, vol.4, n.3, 1977)도 확인해 볼 것. 이 글에서 윌리엄은 괴물을 '다른 존재'이자, 자기 자신의 재현으로, 나아가 하느님 그 자체를 의미하는 존재로 간주하고 있다(이렇듯 괴물의 삼위일체에 관한 어떤 도상적 관습이 있었다). 끝으로 괴물성에 관해서는 르쿠퇴, 『중세 유럽 사유에 나타나는 괴물들』(C. Lecouteux, *Les Monstres dans la pensée médiévale européenne*, Paris: Presse de l'Université de Paris-Sorbonne, 1993).
24 카플레의 앞의 책.

간의' 기형 사례를 '동물들의' 기형 사례 혹은 심심찮게 반인반수 괴물들과 뒤섞어 놓았다. 그의 분류법은 상상의 구성물들은 물론 '실재하는' 기형에 속하는 것도 포괄한다. 중세시대의 괴물성은 실제로 많은 경우 예술적 창조물 혹은 가공된 창조물과 관련된다. 게다가 카플레는 장 하나 전체를 할애해 가면서 매우 흥미롭게도 괴물들과 언어와의 관계를 조명함으로써, 어떻게 괴물성이 종종 이야기의 효과 혹은 문학적 이미지의 효과가 될 수 있었는지 제시한다. 수많은 여행기에서, 지도 제작에 있어, 저자들은 태연하게도 과장된 묘사, 심지어는 완전히 날조된 묘사에 몰두하곤 했다. 실상 괴물들은 부분적으로는 전설을 참조한다. 그래서인지 중세 세계는 온통 놀라운 일들로 가득하다. 덕분에 나는 이 몹시도 놀라운 개체 수 증식이 갖는 의미와 기능 그리고 그 사회적 역할을 파헤친 연구를 통해 상당히 흥미진진한 측면을 알 수 있었다! 물론 같은 내용을 인용하는 우를 범하지는 않겠다. 다만, 한마디만 덧붙이자면, 괴물에 관한 연구들은 불구의 문제에 있어서 매우 타당한 지적을 제공한다는 점이다. 사실 이는 그다지 놀라울 것이 없는데, 왜냐하면 괴물이라는 개념은 신체불구 개념과 필연적으로 연관되어 있기 때문이다. 하지만 나는 이 두 현상의 무분별한 혼합이 야기하는 기만적인 성향만큼은 단호히 강조해 두고자 한다.

고전주의 시기가 끝나갈 무렵——즉 18세기에——신체불구자에 대한 특수한 시각이 존재하지 않았고, 또 그들에 대한 특별한 대우도 없었다는 인상은 사람들이 생각하는 것처럼 정당화될 수 없다. 폭넓게 보아 신체불구자들이 가난한 자들에 속한다고 해도, 신체불구자들은 몇몇 경우에 있어 가난한 자들과 구별된다. 또한 신체불구자들이 주변인에 가까운 이들이라 해도, 그들은 제한된 지역 내 어떤 신화에서는 낯선 자들로 그려졌기 때문이다. 이따금 신체불구자들이 위험한 자들과 혼동된다 해도, 그렇다고 그들 모두가 위험한 자들로 환원되지는 않는다. 심지어 흑사병이 창궐해 그토록 혼란스러웠던 시기에도, 그리고 중세가 끝날 무렵 부랑자들로 넘쳐나던 시기에도 말이다. 바로 이세 집단들과 관련지어 보면, 신체불구자들만의 분명한 자리가 저 움푹파인 그 어딘가에, 아니 어느 틈바구니에라도, 혹은 그 사이에라도 있지 않을까 하는 의문이 들기 시작한다. 중세시대에 너무나도 중요한 등장인물이었던 걸인, 괴물, 떠돌이 불한당의 모습 뒤편으로, 신체불구자의 윤곽이 서서히 드러난다. 이 세 부류 집단들로부터 동시에 혹은 차례차례 고유한 특징이 될 만한 것을 이끌어내 뚜렷하게 구별된 모습으로, 그럼에도 불구하고 미처 사회가 예상치 못한 심연 속으로 침잠하며 제 모습을 드러내는 것이다.

이런 생각에 이르게 된 까닭은 바로 텍스트들이 있었기 때문이다! 나는 앞서 이 사실을 힘주어 말한 바 있다. 사회적 재현들은 한 사회를 그려냄에 있어 그 실질적 실제들만큼이나 중요한 것들이기 때문이다. 더욱이 어떤 현상에 대한 재현들은 실제 일어난 것만큼이나 현실일 수 있다. 비록 '일어난 일'이 담론 자체는 아닐지라도, 그 담론은 사회적 실제에서 그만큼 중요성을 띠게 된다. 나아가 담론은 순간의 실제와 종종 다르게 나타나기도 하지만, 한 순간 혹은 다른 어떤 순간에 담론은 과거의 실제보다도 훨씬 더 그 실제에 관한 정보를 제공해 주기도 한다. 이렇듯 담론과 현실 사이에는 위장된 대립이 존재한다. 상식의 실재론은 우리가 믿고 있는 것처럼 그렇게 현실적이지 않다. 게다가 담론은 현실 아닌 다른 곳에 있지 않다. 그렇다면 과연 실제 자체는 논증적인 것과는 다른 그 무엇이란 말인가?

결국엔 담론이다. 역사가들의 역사가 침묵하는 만큼 더더욱 그렇다. 이젠 담론이 '숱한 사실들'보다도 더 많이 우리에게 이야기해 주고 있음을 보여 줄 차례가 되었다. 그렇다면 이 담론이 실어 나르는 현실들이란 대체 어떤 것일까?

조티코스에서 아시시의 성 프란체스코까지
: 구빈원의 자선과 적선의 윤리학

서구 기독교 세계의 여명기, 조티코스Zotikos는 나병환자들을 돌보았다는 이유로 순교한 인물이다. 아시시의 성 프란체스코는 중세시기가 끝날 무렵, 가난한 자에 대한 예찬이 시작되고, 이와 맞물려 적선에 대한 사회적 분위기가 태동하던 시기에 나병환자들과의 입맞춤을 통해 전회를 맞이해 새로운 삶을 시작한 인물이다.

여기서 조티코스는 기독교라는 계열체로 이해되는데, 그 이유는 단순히 그가 콘스탄티누스 치하의 비잔틴 제국에서 살았다는 것 때문만이 아니라, 그의 생애에 관한 전설 텍스트가 어떤 최초의 의미를 구성한다는 점에서 그렇다.

콘스탄티노플을 다루는 모든 역사가들은 빈곤의 문제에 관해 모든 역사가들이 그랬듯, 수많은 인물들 중에서도 바로 이 조티코스를 특별하게 다루고 있다. 물론 병자와 불구자를 보살핀 인물로 그가 유일했던 것은 아니다. '빈곤층 집단주거지'의 여러 부류에 맞는 구빈시설들은 당시 실제로 존재했고, 그 형태는 세속적이고 대중적이고 유동적인 유형의 수도원 조직에 가까웠다. 하지만 이러한 형태들은 오래가지 않았다.[25] 훗날 장 크리소스톰Jean Chrysostome 같은 사람은 이런 형태에 반기를 들기도 했다.[26] 이 시설들은 무질서의 원천이자, 교회의 감독을 벗어날 위험이 있었기 때문이다. 가난한 자들과 신체불구자들을 상대로 하는 자선 조직은 점차 그 누구도 달가워하지 않는 최하층민들에 대한 일종의 부양을 담당하는 쪽으로 바뀌게 된다. "그 자체로 부유한 교회는 (콘스탄티누스 때부터) 부유한 자들의 세계를 어느 정도 통제하고, 가난한 자들의 세계를 부양한다. 이때부터 교회는 이러한 경제적 상황과 사회적 문제를 하나의 시스템 속에 결합해 낸다."[27] 이것이 훗날 교회를 중개 삼아, 부자들의 관대함이 가난한 자들의 생존으로 변모되는 재단 시스템이다. 교회가 가난한 자들을 후원하는 방식 안에서, 우리는 심지어 증여의 경제적 시스템과 교환 시스템 사이에 놓인 통로를 살펴볼 수도 있다.[28] 아울러 중세시대와 관련해 항상 딸려 나오는 담론의 내용이란 부유한 자는 가난한 자에 대한 적선을 통해 자신의 구원을 얻고, 이 구원을 위해 가난한 자가 반드시 필요하다는 것이 확인된다는 점을 덧붙여 두어야겠다. 세상에는 어쩔 수 없이 부

---

25 다그롱, 『수도의 탄생: 콘스탄티노플과 330년에서 451년 사이의 제도들』(G. Dagron, *Naissance d'une capitale. Constantinople et ses institutions de 330 à 451*, Paris: PUF, 1974).

26 이와 관련해서는, 가령 앞의 다그롱의 책에 인용된 그리스 교부학 총서 96~98 중 60, 사도행전에 관한 복음서 해설 11을 참조할 것.

27 다그롱의 앞의 책, p.509.

28 파틀라장, 「동로마제국의 빈곤층과 빈곤에 관한 연구(4세기~7세기)」(E. Patlagean, "Recherches sur les pauvres et la pauvreté dans l'Empire romain d'Orient(IVe~VIIe siècles)", 학위논문, Lille, 1973.

유한 자들과 가난한 자들 모두가 공존하는바, 따라서 어느 한편의 안녕은 다른 한편에 대한 자비를 통해 완성된다. 그런데 가난한 자를 없애려는 투쟁은 중세시대의 사회적 관심사가 아니었다. 사유의 영역은 윤리의 영역이지 정치의 영역이 아니며, 더욱이 기술적 영역일 수 없다. 고로 가난이 가장 고귀한 차원의 인간적·영적 가치의 반열에 오르는 과정을 이해할 수 있을 것이다.

우리는 조티코스에게서 앞으로 계속해서 전개될 이 같은 자선의 사회와 고대 그리스 혹은 유대교로 대표되는 '종교적' 세계 사이에서 벌어지는 어떤 단절을 발견할 수 있다. 조티코스라는 인물이 찬양받던 인물이든 아니든, 또 그의 생애[29]에 관한 이야기가 완벽한 전설이든 아니든 간에, 여기서는 아무래도 중요하지 않다. 실상 그의 전기 텍스트는 두 시스템의 대립을 보여 준다. 나는 앞서 기형아들을 신의 손에 내맡기는 영아유기에 관해 언급했고, 아울러 그것을 정당화하는 사회적 재현들에 관해서도 논한 바 있다. 그런데 콘스탄티누스에게서 '받아낸' 돈으로 나병환자수용소를 설립한 조티코스는 이 전기 텍스트에 따르면, "나병으로 인해 신체가 훼손된 모든 자들, 그리고 모두가 끔찍하다고 여기는 이 병마와 싸우는 모든 자들은 도시에서 내쫓기거나 바다 깊숙이 던질 것을 명하노라"[30](p.75)라고 했던 황제의 뜻을 철저

---

29 성인전 정기리뷰 『아날렉타 볼란디아나』(*Analecta Bollandiana*), 93집, 1975, pp.67~108에 오비노(M. Aubineau)가 제출한 글에는 "가난한 자들의 양육자이신 우리의 성자 조티코스 신부의 덕행과 순교에 관한 전기"라는 표현이 등장한다. 하지만 역사가의 관점에서 다그롱은 이 전기가 전하는 것은 확신할 만한 것이 아무것도 없다고 말한다. 역사학자 다그롱의 이러한 '불-확신'은 사유의 시스템들을 대상으로 하는 역사가이자 여러 문화들을 연구하는 기호학자인 나에게는 오히려 가장 신뢰할 만한 것이라 하겠다.

30 이 조티코스에 관한 전기는 매우 정확할 뿐만 아니라, 흔치 않은 기술적 용어들로 쓰여졌다. 그런데

하게 거스르게 된다. 이를 직접 지시한 장본인 콘스탄티누스 역시 고대세계는 물론, '유기'와 죽음에 이르게 하는 축출의 실제에 직접 관여한 인물이었다. 그런데 조티코스는 정반대로 행동한다. 가령 신의 분노에 대한 속죄의 의미로 나병환자들이 신들 앞에서 죽음을 맞이했을 바로 그 올리베트 언덕에서, 조티코스는 "이 나병환자들에게 온갖 정성을 쏟아붓고, 그들에게 나뭇가지로 만든 오두막 거처를 마련해 주는 등 그들에게 치료제까지 마련해 주었던" 것이다. 이러한 모습은 하나의 정신세계에서 또 다른 세계로의 이행을 보여 주는 상징으로, 급기야 조티코스는 나병을 앓아 익사시키기로 예정되었던 콘스탄티누스2세(콘스탄티누스의 후계자인)의 딸을 자신의 나병환자수용소로 데려가, 유기당할 뻔한 그녀를 구해 내기도 한다. 조티코스가 순교하자, 콘스탄티누스2세는 크게 뉘우치며 병원을 짓고, 그곳에 자신의 사유 재산과 황실의 재원을 투입한다. 이렇듯 조티코스는 고대 세계를 전복시킨 전형적 인물로 간주될 수 있다. 그러므로 이 텍스트는 언뜻 읽어서는 진부해 보이지만, 이전 시스템에 대해 일말의 근거를 갖춘 일종의 안티테제에 해당한다고 할 수 있다. "이 일은 저 환자들에게 선을 베풀고, 그들을 구호하기 위해 직접 그곳에 가보고, 그들이 필요로 하는 것을 넉넉하게 제공해 주는, 지극히 중요하고도 절박한 사업이다. 신이 그 어떤 다른 존재보다도 절대적으로 그들을 염려한다면, 나병환자들은 그들 자신의 모습을 통해서 신의 긍휼함을 보여 준 셈이다. 왜냐하

전기 속에서 나병은 lôbè, 즉 프랑스어로는 **불구의**, **망가진**이라는 뜻의 estropié'라는 낱말로 지칭된다. 결국 우리는 이를 기형과 불구의 차원에서 바라 볼 수 있다.

면 나병환자들은 최후의 심판에 앞서 신의 긍휼함을 필요로 하는 자들이기 때문이다."(p. 83) 이처럼 조티코스의 생애에 관한 담론은 결정적 전환점을 이루는 이야기라 할 수 있다.

이 텍스트를 다시 한번 되짚어보자. 고대시대에 사람들은 유기를 행했었다. 그런데 이 텍스트는 무언가 마련해 주는 행위에 관해 이야기하고 있다. 마련해 주는 행위야말로 가장 중요하고 절박한 사업이라는 것이다. 그런데 예전에는 기형인을 유기하는 일이 가장 중요하고 — 다시 말하자면 일차적으로 필요한 — 긴급한 — 바꿔 말하자면 기다림이 허락되지 않는 — 일이었다. 물론 이 전기 텍스트는 기형인들이 아닌 환자들을 다룬다. 하지만 조티코스가 세운 이 시설 안에는 온갖 사람들이 다 모여 있었고, 특히 나병환자들이 포함되어 있었다. 왜냐하면 이전의 신들이 그들을 희생삼아 사회를 수호하려 했던 반면, 텍스트가 전하는 이야기대로라면, 하느님은 그들을 염려souci했기 때문이다. 고대 세계의 경우, 그들은 격리되어야만 했고, 그들을 — 실제적으로 통상의 경우 — 죽음에 이르게 할 수 있는 신들의 손에 맡겨야만 했으며, 혹은 그들에게 신화적 세계 안에서 매우 특수한 운명을 부여해야만 했다. 그런데 이제 하느님은 그들에게 정성을 쏟고, 사회 집단은 그들을 부양해야만 한다. 차이는 여전히 문제와 그 해결책의 핵심에 놓여 있지만, 차이나는 존재는 전에 없던 완전히 새로운 대우, 즉 신적인 동시에 인간적인 긍휼함을 수혜 받는다. 더 이상 집단을 짓누르고, 기형이 환기시키는 과오는 문제되지 않는다. 신들의 노여움을 표방했던 자를 신들에게 되돌려 보내는 일도 문제되지 않는다. 전에는 불행의 심판을 모면하기 위해 신들에게 속죄를 보여 줘야 했다면, 이제는 하느님에게 윤리적 판단에 입각해 긍휼함을 보여 주어야만 하는 것이다. 오비노M. Aubineau가 지적했던 바와 같이, 매우 특수하고 선택적인 용어로 쓰인 이 텍스트가 콘스탄티누스에 의해 다시 한 번 재현된 고대 그리스 로마 시대의 실제에 정확히 안티테제를 이룬다는 점은 매우 인상적으로 다가온다. 이러한 대칭은 순전히 우연이라고 하기엔 너무나도 강력하다. 더구나 왕자가 개종을 한 새로운 제국의 수도에서, 그것도 기독교 세계가 조직되기 시작한 초기에 등장했던 만큼 더욱 그렇다. 콘스탄티누스2세는 개종은 했을지언정 고대 세계의 계승자를 자임했던 콘스탄티누스 황제와 대립한다. 이 모든 정황과 문맥이 전환점을 이룬다. 하물며 이 텍스트는 왜 아니겠는가? 조티코스는 자선의 시스템을 개시한 것이다.

기독교 순교자인 조티코스는 복음서의 가치를 상속받았다. 그는 악과 고통 앞에서 취해야 하는 새로운 태도, 즉 앞서 언급한 그리스도적 태도의 증인인 셈이다. 이교도의 예언적 내용의 시스템 같은 유대교의 종교적 금기 시스템을 거부함으로써, 그는 행동은 물론 개념까지도 전회하는 어떤 삶의 형태를 알려준다. 이제 더 이상 가난한 자들과 불구자들이 표상하는 차이는 날로 번져가는 미메시스에 대한 평형추가 될 수 없다. 다시 말해 이 차이는 더불어 살아가야 할 일상적인 것, '성스러운 존재가 되기' 위해 신이 우리에게 선사한 것으로 간주되어야 한다. 이제 더 이상 신성에 다시 내맡기는 일이 아니라, 신의 선물로 여기며 환대하는 것accueillir이 문제된다.

이러한 사실이 용인될 만한 것이었을까? 사회는 그 자체의 종교적 기반이 흔들릴 거라고 위험을 느끼지는 않았을까? 교부학의 시기이기도 했던 당시 이 같은 문제들에 답하려는 여러 시도가 있었다. 앞서 언급했다시피, 성 아우구스티누스는 '비정상적'이고 공포심을 불러일으키는 형질을 완전히 제압하려 한 바 있다. 신학적이고 미적인 관점을 견지하며, 그는 이중의 조작을 행한다. 다시 말해 그는 기형을 통해 하느님의 명예를 회복시키고, 인간에게서 공포심을 제거하려 했던 것이다. 그에게 상이성이란 우연도 처벌도 아닌, 창조자의 헤아릴 수 없는 위대함의 징표였던 셈이다. 그는 총체라는 관점에서 바라볼 것을 제안한다. 이 거대한 차원에서, 혹은 신의 구상이라는 차원에서 보면, 거기엔 우리의 통제를 벗어난 하나의 조화로운 형태로 이 세상을 창조하기 위한 어떤 다양성, 어떤 무한한 다채로움이 존재한다. 세부적 차원에서 그대들은 하느님의 실수, 그분이 놓친 부분이 곳곳에 존재한다는 사실을 발견할 수 있을 것이다. 하지만 그것은 거대한 건축물, 다시 말해 총체적 전망에서 보자면, 그대들의 능력 밖의 일이기 때문이다. 게다가 보다 범속하게, 성 아우구스티누스는 괴물 족속이 우리 인간 세계의 지리적 경계 어딘가에는 실제로 존재한다고 믿고 있었다. 다시 말해 인간의 기형은 신의 창조라는 거대한 심포니[31]에 기여하는 괴물의 실존을 통해 정당화될 수 있는 어떤 예외를 상징한다는 것이다. 우리의 짧은 지성으로 보자면, 기형들은 창조된 질서의 악에 결부된 것에 불과하지만, 심오한 지성이 각고의 노력을 기울여 파악한 기형들이란 총체적 아름다움beauté 속에 포괄된다.

하지만 향후 사람들은 모든 차원에 걸쳐 아우구스티누스의 말을

---

31 성 아우구스티누스의 이 유명한 문구는 『하느님의 도성』, XVI, 8에서 확인된다.

믿지 않게 되었고, 괴물성은 사탄과 악마에 결부되고 만다. 그럼에도 불구하고 과감한 방식으로 아우구스티누스가 비정상성을 정상적인 것 속에, 차이를 만물의 질서ordre 속에 통합시킨 것만은 분명하다. 더이상 괴물성은 '죄의 동기scandale', 즉 분별력과 현세를 혼란에 빠뜨리는 장애물이 아니게 된다. 더구나 이러한 '죄의 동기'라는 개념은 차이에 관한 수많은 성찰에서 실마리로 이용될 수 있었다.[32] 신약성서에서 예수는 하느님을 앙망함에 있어 장애가 되는 것을 극복하도록, 그리고 몇 가지 '죄의 동기'를 초월할 것을 제자들에게 당부한다. 성 아우구스티누스는 바로 이러한 복음서의 가르침에 충실한 인물이었다.

그렇다면 불구자는 이제 어떻게 되는 걸까? 자비-자선charité을 베풀어야 할 존재가 된다. 왜냐하면 불구자는 창조의 일부이자, 무엇보다도 이제는 더 이상 죄나 과오나 죄책감에 속하지도, 신들의 노여움은 물론이고 통합될 수 없는 차이 쪽에도 속하지 않기 때문이다. 이는 장차 구호사업과 수용시설사업의 설립자들이 되는 교회의 신부들이 끊임없이 전하려 했던 메시지를 이룬다. 즉 선천적으로 혹은 불의의 사고에 의한 불구자가 현대적 의미에서 통합 대상이 되었다는 것이아니라, 이 불구자가 인류와 사회집단을 문제 삼는 형이상학적·생물학적 차이를 더 이상 표상하지 않게 되었음을 의미한다. 해서 불구자는 사랑해야 하고, 구호해야 하고, 도와야 하고, 보살펴야 하는 차이를 구성한다. 또한 이러한 불구자는 종교적 두려움이라는 차원에서가 아니라, 영성과 도덕이라는 차원에서 앞으로도 계속해서 또 다른 세계를

32 지라르는 이 문제를 오이디푸스와 관련해 앞에 인용한 글 속에서 여러 차례 강조하고 있다.

가리키는 지침이 된다. 이는 상당히 동떨어진 의견이라 할 수 있는데, 그 이유는 첫 번째의 경우, 우리는 전면적 거부라는 행동에 직면하기 때문이고, 두 번째의 경우는 철저한 수용이라는 태도와 마주할 것이기 때문이다. 엄격하고 종교적인 세계에서 기형은 그것이 표상하는 위험으로 인해 '객관적으로' 불안과 공포를 유발하는 것이지만, 윤리적이고 자비로운 세계에서 기형이란 '주관적으로는' 여전히 공포심을 불러일으키되, 복종의 시금석으로 간주된다.

그러나 수세기에 걸쳐, 그 실제의 차원에서, 이 같은 획기적인 관점은 실상 개인적 형태이건 구빈원 사업의 형태이건 간에 적선 이외에는 아무것도 남긴 바 없다. 왜냐하면 이 둘은 근대적 의미에서 완벽하게 합의될 수 없기 때문이다. 적선은 매우 고귀한 것이고, 봉건제도가 구축되던 당시 수세기에 걸친 경제 시스템 내에서는 일종의 부의 재분배 방식이었다. 적선은 걸인의 수중에 던져지는 동전만을 의미하지 않았다. 당시의 적선은 정기적으로 불입되거나 일시에 지급되는 '연금'과 같은 형태, 또는 재단이나 유증의 형태를 띠는 상당한 액수를 포함하는 것이었다. 이 모든 구호행위는 그런 식으로 부유한 자들로부터 자금을 조달 받는 형식을 뜻했고, 그 부자들은 궁정 귀족들 혹은 왕족들 혹은 황제들(때로는 공공기금으로, 때로는 사재를 출연한 기금으로) 자신이기도 했다. 요컨대 적선은 당대 시스템의 한 요소였던 것이다. 이윤을 추구하는 구빈사업을 두고 근대적 방식으로 해석하는 것은 적절하지 않을 수 있다. 기껏해야 숙박을 시켜 주는 정도였으니 말이다. 게다가 콘스탄티누스 1세 이후로 그 수가 급증했고, 또한 기독교 시대의 특징이라 할 수 있는 이 구빈 사업들[33]이란 어떤 수도원, 어떤 주교구, 어느 영주에게 딸려 있어 그들의 관리를 받는 매우 영세한 규모의 시설망에 불과했다. 구빈사업은 그 어휘는 같아도 역사를 관통하며 수많은 이질적인 현실들을 완전히 은폐했던 것이다.

하지만 중세 초기 이 기나긴 시대의 중차대한 문제가 기형이 아니었다는 사실을 잘 분간해야 할 것이다. 아동에게 발병할 수 있는 질병, 임신 혹은 출산 전후의 사고 등은 '자연선별-자연도태sélection naturelles'를 이루는 것들이었다. 오늘날도 그렇지만 당시 사회는 자연도태가 몇 번이고 일어나도 딱히 대처할 만한 방법이 없었다. 하지만 질병들은 당시 사회를 조금 다른 방식으로 걱정에 빠뜨렸는데, 특히 전염병이 그랬다. 인구의 급격한 변화를 동반하지는 않았지만, 그럼에도 불구하고 막대한 피해를 입힌 당대에 창궐했던 전염병들이 있었던 것이다. 교역과 여행이 한창 무르익었던 시기를 기점으로 끔찍하게도 수많은 사람을 죽음에 이르게 했던 전염병들, 14세기와 15세기에 이르러 그 악명 높은 대재앙을 초래한 대표적 전염병들로는 페스트, 콜레라, 광견병이 있었다. 이 문제는 뒤에서 다시 다루도록 하겠다. 여하간 질병의 역사 혹은 의학의 역사는 이 시대를 다루면서도 불구에 관한 문제만큼은 우리에게 알려주는 바가 없다.

다만 우리가 단언할 수 있는 유일한 사항이 있다면, 언제나 제외 대상이었던 나병환자, 간헐적으로 제외 대상에 속했던 폐질환자나 마

---

33 엥베르, 『교회법상의 병원들』(J. Imbert, *Les Hôpitaux en droit canonique*, Paris: Vrin, 1947). 저자 엥베르는 병원들과 고대시대의 몇몇 행위들 사이에는 오직 막연한 유사성만이 존재한다는 점을 확인할 수 있게 해준다. **병원은 교부학적 창조물**인 셈이다.

비환자들이 훗날 메종-디외Maison-Dieu에 거의 모두가 모여 있는 모습을 확인하게 될 것이라는 점이다.[34] 한편 '광인들'은 수시로 감금당하는가 하면, 1375년에 이르러서야 겨우 함부르크에 최초의 특수 수용시설이 탄생한다.[35] 뒤이어 스페인, 이탈리아, 그리고 프랑스에서 이 같은 사례가 뒤따른다. 비교적 라틴 계열에 속하는 이 나라들에서 우리는 오랜 기간에 걸쳐 정신박약자들에 대한 감호가 이루어지는 것을 재차 확인하게 되지만, 그래봐야 그들의 재산을 관리하는 후견인에 의한 것이었다. 결국 가난한 광인들은 각 가정, 영주, 혹은 치안기구의 소관이 된다. 예컨대 맹인들——종종 보다 고결한 지위를 누려 온, 물론 그 이유가 복음서 때문이긴 했지만——의 경우만이, 성왕 루이(루이9세)에 의해 세워진 그 유명한 캥즈-뱅Quinze-Vingts 병원——훗날 병원보다는 피난처의 형태에 가까워지긴 했지만——설립 이전에 일정 수의 수용시설을 구비할 수 있었다. 또한 '가정에서' 행해진 갖가지 구호활동을 간과해서는 안 된다. 수많은 지원과 구호가 완벽하게 개별 차원에 머물러 있었기 때문이다. 성 베르나르의 어머니인 독실한 신자 아알레Aalays는 불구자들과 극빈자들을 찾아 들판을 돌아다녔다. 수많은

---

34 랄르망, 『자선의 역사』(L. Lallemand, *Histoire de la charité*, 1902, vol.3, in *Le Moyen Âge*), p.126 이하.

35 여기서 나는 광기에 관해 다루려는 것이 아니라, 다음의 두 문헌을 참고한 것뿐이다. 라아리, 『중세시대의 광기, 11세기~13세기』(M. Laharie, *La folie au Moyen Age, XIe-XIIIe siècles*, Paris: Le Léopard d'Or, 1991). 이 책은 마귀들림으로 간주되는 광기의 측면을 조금 지나치게 강조하고 있는 게 아닌가 싶다. 중세시대는 이 저작이 짐작하게 해주는 것보다는 훨씬 더 '사상적·신앙적 자유를 용인' 했기 때문이다. 이렇게 말하긴 했지만, 이 책은 매우 흥미로운 참고문헌들을 품고 있다는 점에서 매우 풍요로운 저작이라 하겠다. 프리츠, 『12~13세기 중세시대의 광인에 관한 담론: '광기'에 관한 문학, 의학, 법률, 신학 담화들에 대한 비교연구』(J.-M. Fritz, *Le Discours du fou au Moyen Âge, XIIe-XIIIe siècles. Étude comparée des discours littéraire, médical, juridique et théologique de la 'folie'*, Paris: PUF, 1992).

성자들과 성녀들이 이 같은 일을 몸소 실천했다. 불구자들에 관해서는 특히 성녀 로즈 드 비테르브Rose de Viterbe를 인용해 둘 필요가 있다.

　더구나 불구자들이 '어디에' 있는지 파악하기 힘들었다는 점은 중세시대 내내 확인되는 문제이다. 14세기에 들어서야 우리는 잔느 드 발루아Jeanne de Valois가 구빈원이 시행해야 할 "일곱 가지 긍휼사업"을 주장했음을 확인할 수 있다. 그런데 이 일곱 가지 사업 중 하나는 불구자들infirmes(당시에 쓰인 이 어휘는 불구자가 아니라 단순히 '약자faible'를 의미하는 것이었지만)에 대한 방문이었다. 그럼에도 불구하고 구빈원의 규정들은 때때로 (흔히 그래왔듯이) 마비환자나 노동 능력을 상실하고 침상에 누워 있는 환자를 거부했고, 또한 엄밀한 의미에서 질병에 해당하지 않는 불치의 장애를 가진 사람들, 즉 절름발이, 손이나 팔이 없는 불구자, 맹인을 줄기차게 거부했다.[36] 다만 여기에는 불분명한 사항들이 헤아릴 수 없이 많았다는 점을 일러둔다.

　이렇듯 12세기 말엽을 향해 가던 중세 첫 번째 시기에 해당하는 때에는 다양한 정신적·신체적 쇠약상태들 및 불구상태들에 대한 분류가 그다지 분명하지 않았고, 이는 뚜렷한 사회적 '처우traitement'에 있어서도 마찬가지였다. 그 이유는, 방금 언급했듯, 기형이라는 문제가 최우선의 문제가 아니었을 뿐만 아니라, 목록화되지도 그렇다고 배제되거나 '조직화되거나' 또 특별하게 고려되지도 않았기 때문이다. 기형은 저기 남겨진 그 무엇, 그것도 가난이라는 보따리 안에 놓여 있던 것으로, 그저 '동정'해야 할 대상으로 여겨졌다. 초기 중세 사회에서 이

---

36 엥베르의 앞의 책, p.125.

긍휼의 감정은 부유한 자와 우선 대비되기보다는 권력자와 대립되는 가난한 자의 모습을 먼저 떠올리게 함으로써 거드름 피우는 전사나 제사장을 찬양해 온 이전 세대의 사고방식을 타파할 수 있는 하나의 방편을 제공해 주었다. 바로 이것이 훗날 하층민과 약자들에 무관심한 강자들의 영향력을 인정하고 싶어도, 기독교에 대한 용서가 선뜻 이루어지지 않는 이유이다(여기서 우리는 마지막 장에서 언급하게 될 사회적 다원주의의 일면을 확인하게 된다). 법의 테두리 밖에 있는 자, 사회적으로 배척당한 자Wearg[37](저주 받은 자)는 물론이고, 정치적으로 배척된 자를 아우르는 이 불행한 자들의 세계는 그야말로 의심스러운 것이었다. 해서 이러한 초기 중세 시대에 왕들과 귀족들 같이 힘 있는 자들의 세계는 유독 난폭하고 혹독했다. 복음서에 기록된——"최후의 심판은 (세력 있는) 힘 있는 자들을 그들의 왕위에서 퇴위시키고, 비천한 자들(모욕당한)을 드높여 세우리라"라는 「마리아의 찬송」Cantique de Marie은 물론이고, 이 세상에 대한 최후의 심판을 기록한 『마태복음』 25장에서도——이와 같은 전복현상은 상당히 더디게 그 효과를 발휘했을 뿐이다. 우리가 "불구자, 장애인, 광인, 마귀 들린 자, 그리고 온갖 종류의 병자들"[38]을 만나게 되는 것은 수도자들이 건립한 성소 주변과 기적의 치유를 바라는 장면들 속에서이다. 저자는 다음과 같은 열거를 계속해 나간다.

---

37 범죄자, 괴물, 악마, 불한당 등의 총칭적 표현인 고대영단어 'wearh'의 변형된 표현. — 옮긴이

38 루슈, 『유럽의 뿌리들, 중세 초기의 사회들』(M. Rouche, *Les Racines de l'Europe, les sociétés du Haut Moyen Âge(568-888)*, Paris: Fayard, 2003).

수종, 만성 쇠약증, 파상풍 등과 같이 진행이 더딘 질병들과 관련이 깊다. 삶의 가장자리에 놓여진 수많은 개인들은 여기저기 흩어져 있는 성소들을 전전하다가, 어떤 자는 로마의 성 베드로 성당에서 한 쪽 다리가 치유되기도 하고, 또 어떤 자는 블랑기의 생트 베르트에서 치유되기도 하는 것이다! 변형성 류머티즘에 걸린 사람들의 경우는 '수축성 류머티스'에 관한 보고서가 알려주듯, 일부는 마귀 들린 자, 히스테리 환자, 간질환자뿐만 아니라 신경쇠약자 및 각종 정신질환자의 경우와 관련이 있다. 맹인 … 귀머거리와 벙어리 … 우리는 이 모든 환자가 귀족들은 제외된 사회적 범주를 표상한다는 사실을 지적하게 될 것이다! 숨어 사는 사람들 가운데는 귀족들 수도 상당하지만, 그들은 환자 수에 포함되지 않았으며 … 한 가지 사실만은 분명하다. 즉 모든 것이 이 신앙의 대중적 표현들 속에 놓여 있고, 또한 성자들의 공덕에 달려 있었다는 점이다. 하지만 신자의 적합성은 성인聖人에 의해 받아들여질 수 있어야만 한다. 요컨대 자의든 타의든 주변인들은 기독교 영향 하에서 변모하던 이 사회 속에 통합될 수 있었다. 군중일 때와 마찬가지로 고독자인 개개인들 역시 희망이라는 고문에 시달렸던 것이다. (pp.153~154)

하층민들과 비천한 자들은 사제들 주위에 몰려들었던 수많은 가난한 자들로 인해 각별한 지위를 얻게 된다. 주교들은 각각의 집단주거지가 가난한 자들과 불구자들에게 관심을 쏟도록 했고, 그들이 떠돌이 생활을 하지 않도록 요청했다(뒤에서 다시 논의하겠지만, 이러한 현상은 중세 말기에 또 발생한다). 수많은 구호시설, 가령 병든 자와 외국인을 위한 병원인 제노도키온xenodochion, 고아를 수용하기 위한 탁아소 형태의 브레포트로피온brephotrophion, 빈민 보호소 형태의 프토코토트로피온ptochototrophion 등도 이 시기에 설립된다(p.155). 이런 시설들은, 내가 다른 곳에서 언급한 것처럼, 그 운영 자금을 자선이라는 큰 틀에서 조달했다.[39]

신비주의적 윤리학 : 불구자가 예수 그리스도가 될 때

그 어떤 역사가도 한 역사가의 다음과 같은 주장을 인정하지 않을 수 없을 것이다. "성 프란체스코회주의는 거대한 종교운동이었고, 다른 모든 탁발수도회 이상으로 13세기 기독교 사회 전체에 충격을 주고, 흔적을 남기고, 영향을 끼쳤다."[40] 다만 '프란체스코회의 문제'는 너무나도 복잡하기 때문에 대체적인 합의에 있어서는 이러한 일반적 평가에 머물 수밖에 없을 것이다. 아시시의 성자는 과연 누구였을까? 혁신가? 나아가 기성질서에 대한 비판가? 아니면 매우 순종적인 관현악 편곡자? 그는 무엇을 하고 싶었던 것일까? 권력과 소유의 개념을 전복시켜 성직자 위주가 아닌 훨씬 세속적이고 단순한 형태의 형제회를 원했던 것일까? 아니면 전회 이상의 뚜렷한 목적성은 없는 새로운 질서 만들기를 원했던 것일까? 역사적 충격은 또 어떠했을까? 그것은 정신

---

39 루슈의 앞의 책, pp.156~157.
40 르 고프, 「13세기 아시시의 성 프란체스코와 그에 관한 전기들에서 나타난 사회범주들에 관한 전문용어」(J. Le Goff, "Le Vocabulaire des catégories sociales chez saint François d'Assise et ses biographes du XIIIe siècle", *Ordres et classes*, La Haye-Paris: Mouton, 1974), 『사회 역사학 심포지엄 논문집』.

적·신학적·사회적 사유의 진정한 전복이었을까? 아니면 저 가난한 성자 프란체스코 사망 이후, 기껏해야 50년 지속되다 사그라져 버린 미완의 비상이었을까?

확실한 건, 나는 그의 이야기에 늘 따라 붙는 영적 가족 문제를 때마다 소환했던 뭇 역사가들의 미로 같은 논쟁에 발 들이지 않으려 한다. 다만 '성 프란체스코의 문제'를 다룬 문헌은 현존하는 가장 풍요로운 문헌 텍스트들 중 하나라는 점이다.

나의 주제와 관련해 과연 어떤 이유에서 프란체스코회 사건을 하나의 전환점이 되는 지표로 선택해야 하는 것일까? 왜냐하면 가난에 대한 이해방식은 이론의 여지없이 실제로 가난한 자의 모습을 한 이 아시시의 성 프란체스코를 주변으로 변화했기 때문이다. 나는 이 사례를 일탈과 주변성을 대하는 새로운 사유방식에 이르는 하나의 입구로 삼고자 한다. 하지만 역사는 늘 그렇듯, 고려해야 할 점은 어느 한 인물이나 어느 한 사건이 아니다. 중요한 것은 어떤 강력한 발아 전체를 포괄하는 역사적 균열이다. 따라서 이 중간 휴지기를 확인할 수 있는 지표들과 특별히 눈에 띄는 어떤 표현에는 표시를 해놓아야 한다. 아시시의 성 프란체스코는 그 표식에 다름 아니다. 그는 로베르 다르브리셀 Robert d'Arbrissel, 피에르 발도Pierre Valdo, 아르망 드 브레시아Armand de Brescia, 뒤랑뒤스Durandus[41] 등으로 열거되는 수많은 구빈운동 계보 속에 놓여 있다. 마찬가지로 프란체스코는 영적 차원에서 새로운 사회

---

41 또 다른 문헌들 중에서도 다음의 서적을 확인해 볼 것. 『이단(異端)의 탄생, 중세시대 자발적 가난의 신봉자들』(*Naissance d'une hérésie, les adeptes de la pauvreté volontaire au Moyen Âge*, La Haye-Paris: Mouton, 1963).

적 분배를 반영하고 있다. 도입부에 인용한 자크 르 고프의 말은 별 뜻 없이 인용한 게 아니다. 이 역사가는 프란체스코회와 관련된 어휘 연구를 통해, 아시시의 빈자 프란체스코에게 있어 지배적 균열이란 '성직의 품급ordres'(기도하는 자, 일하는 자, 전쟁을 치르는 자)을 나누는 통상적인 구분이나, 성직자와 세속인을 가르는 교회적 구분이 아니었음을 제시한다. 여러 개의 구조를 엮어낸 르 고프는 사회를 서열화되지 않은 복수의 범주들이 뒤섞인 하나의 총체로 간주하려 했으며, 특권적 방식으로 이 사회를 두 개의 '진영', 즉 부유한 자들·힘있는 자들·교육 받은 자들/가난한 자들·심신이 쇠약한 자들·무지한 자들이라는 두 부류에 기초하는 것으로 보았다. 아시시의 성 프란체스코가 살았던 시대가 칼 마르크스보다 한참 앞선 시대임을 굳이 상기하지 않더라도, 우리는 그에게서 자연스럽게 당대 이탈리아 도시들에서 벌어진 수많은 파벌투쟁에서 상층계급민/하층계급민이라는 대립을 철폐하려는 이상을 갖고 어떤−하나의un 거대한 균열을 통찰해 낸 현인의 모습을 발견할 수 있다. 다만 자크 르 고프는 의식적으로 실천된 투쟁적 시도가 아닌, 영적 전도를 표방한 이 시도의 사회적 실패만을 확인할 수 있었다. 실제로 이 시도의 전망은 뒤이어 출현하는 자본주의 문명의 반대항을 이루는 '항구적 빈곤상태'를 지향하고 있었다. 아시시의 성 프란체스코의 비전 안에 이미 포함되었던 그와 같은 시도는, 조세프 폴리예Joseph Folliet의 말을 빌리자면, 시장경제를 비롯해 잉여와 소비의 경제가 차례차례 전개된 시기에 회자되던 '빈곤의 경제'라 할 만하다.

그럼에도 가난한 자를 대하는 태도의 차원에서, 포베렐로

Poverello[42]는 커다란 족적을 남긴다. 가난한 자는 구제해야 할 대상 그 이상이 되었고, 지고의 존엄성을 담지한 존재로 변모되었다. 프란체스코는 경제사의 흐름을 변화시킨 것이 아니라, '거부되고-구호되는 rejeté-assisté' 자를 바라보는 정신적 태도의 변화를 도모했던 것이다. 우리가 프란체스코적 전거들을 살펴본다 했을 때, 모든 것은 바로 이런 의미와 방향에서 검토될 것이다.

그가 견지한 신비주의 신학이라는 가장 고차원적인 지점에서 사태들을 포착하려면, 여타 영적 과정들과 달리, 아시시의 성 프란체스코가 모든 감각적인 것과 구체적 피조물들을 하나 둘 제외시키는 사유 방식으로 하느님의 반열에 오르려 하지 않았다는 점을 인정하고 받아들여야 할 것이다. 하느님 안에 융화되려면 거의 모든 비의적인 것들은 '서로 분리되어야' 한다. 즉 이 세계로부터 해방될 때 비로소 우리는 신비로운 결합을 위한 준비에 들어선다. 아시시의 성 프란체스코는 피조물로부터 출발하는 것이 아닌, 피조물 안에서 그리고 피조물에 의한 노정을 제안한다. 이것이 적어도 프란체스코적 사유에 관한 한 가장 위대한 역사가로 칭송받는 한 역사가가 긍정했던 바이다.

성 프란체스코의 이 지고한 관조를 이해하려면 초자연적이든 자연적이든 신의 역사가 미친 모든 결과들 안에서 그가 하느님의 실존을 포착하려 했다는 사실을 기억해야 한다. 이것은 대다수 역사가들이 늘 포착하지 못했던 것인데, 그 이유는 이 성인의 신 체험을 유추적 절차

---

42 '볼품 없고 가난한 자'라는 뜻. — 옮긴이

에 따르는 이 세계의 문제로 귀착시켜 버렸기 때문이다.[43]

　　고로 ── 저 유명한 「태양의 노래」Cantique du Frère Soleil나 「피조물의 찬가」Cantique des Créatures가 확인해 주듯 ── 13세기 초를 살다간 이 인물이 신의 창조 안에서, 세계 안에서, 자신의 '형제들' 안에서 신의 존재를 직접 포착했다는 점, 그리고 각각의 존재를 ── 그것이 살아 있건 아니건 간에 ── 자신의 형제 자매로 여겼음은 분명하다. 그리하여 이제 가난한 자, 약자, 주변인은 근본적으로 신과의 합일과 경애가 일어나는 장소이자 계기로 변모한다. 가난한 자는 더 이상 적선해야 할 대상이 아니라, 그 안에서 하느님을 알아보아야 할 대상, 살아 있는 성체, 성스러움 그 자체인 것이다. 이제 '형제애적' 관계를 벗어나서는 더 이상 성스러움을 논할 수 없게 된다. 이 형제애적 관계는 가난한 자들과의 관계 속에서 그에 걸맞은 가장 지고한 표현을 갖게 된다.

　　역사가들과 전기 작가들은 스스로 포베렐로라고 자처한 성 프란체스코의 빈곤을 대하는 실질적 과정이 소외계층과 더불어 이루어진 구체적 접근방식이었음을 빠짐 없이 지적한다. 이는 그의 '신비주의 신앙'과 함께 일관된 것이었다. 실제로 아시시의 성 프란체스코 자신이 확신을 갖고 작성한 텍스트 속에는 유언Testament이라 불리는 내용이 나오는데, 그 일부는 다음과 같다.

　　이것은 우리 주께서 어떻게 나에게, 형제 프란체스코에게, 회개할 수

---

43 롱프레, 『아시시의 성 프란체스코와 그의 영적 체험』(E. Longpré, *François d'Assise et son expérience spirituelle*, Paris: Beauchesne Éditeur, 1966).

있는 은혜를 주셨는지에 관한 것입니다. 제가 죄에 빠져 있었을 때는 나병환자들을 바라보는 것이 견딜 수 없는 일이었으나, 우리 주께서는 몸소 저를 그들 가운데로 이끄시어, 내 온 마음을 다해 그들을 보살피게 하셨습니다.[44]

젊은 아시시의 성 프란체스코의 삶을 반전시킨 것은 가난한 자에게 가까이 다가간 일과 관련이 깊다. 어쩌면 그는 나병환자수용소 안에 가보았는지도 모른다. 그에 관한 첫 번째 전기 작가는 이 사건을 이중으로 윤색한다. 즉 이 전기 작가가 각별하게 여긴 성인의 인생 초반부에는 길에서 우연히 한 나병환자를 만난 일화를 묘사하는가 하면, 인생 후반부에는 이 나병환자를 예수의 출현으로 변모시킨 것이다. 사실이든 윤색을 한 것이든 이 묘사는 내가 다루는 주제와 관련해 유독 흥미롭게 다가온다. 나병환자는 '장애를 지닌' 자에 속하면서도, 이 전기 텍스트가 선택한 가난한 자의 모습이기 때문이다. 이런 모습은 '구세주'의 현존 그 자체로 이해된다. 불구자는 이런 식으로 이제껏 경험하지 못한 어떤 지위를 부여받는다. 영적으로 정신적으로 불구자는 통합된 자 그 이상이 된다. 다시 말해 불구자는 고양되고, 찬미되고, '과대평가된다'. 불구자들에게 예견되는 사회구조는 조금도 변치 않은 채, 나병환자수용소나 구빈사업은 이전의 형태를 그대로 유지한다. 하

---

44 『아시시의 성 프란체스코 자료집: 관련 문서들 및 최초의 전기』(*Saint François d'Assise. Documents : écrits et première biographie*, eds. T. Desbonnets & D. Vorreux, Éditions Franciscaines, 1968), p.104. 재판된 이 저작은 가치가 높이 평가되는 고증본의 교정판으로 원전 출처의 핵심을 이루고 있다.

지만 불구자를 형이상적이고 사회적으로 위험한 대상으로 간주하는 일은 끝났다. 혹은 불구자들을 '배치해야 할' 비정상성으로 여기는 일도 끝났다. 혹은 구호해야 할 어떤 존재로 바라보는 일도 끝이 난 것이다. 불구자는 이렇게 한 단계를 넘어선다. 이제 불구자는 신비로운 영역에 들어서게 된 것이다.

나는 분명 아시시의 성 프란체스코의 출현과 함께 이루어진 이 같은 역사적 편입과정이 가난을 '자발적으로 택한' 그가 가난한 자들과 함께avec, 가난한 자들과 똑같이comme 살고자 했던 청빈한 삶을 추구했기에 한층 더 강조될 수 있다고 생각한다.[45] 또한 그의 삶은 위대한 전환을 이루는데, 왜냐하면 기독교 세계 안에서 당시까지 실천되어 온 수도사적 청빈함이란 완전히 다른 양상을 띠고 있었기 때문이다. 말하자면 애써 공들인 청빈함, 독창성이라곤 거의 찾아볼 수 없는 청빈함일 뿐, 수도사는 청빈했을지 모르나 경우마다 차이는 있어도 수도원은 호사를 누렸기 때문이다. 또한 금욕의 청빈함은 있었을지 모르나, 그렇다고 나눔의 청빈함은 아니었다. 기껏해야 사회적으로 가난한 자들에 대한 적선의 형태, 혹은 외부의 원조 형태였기 때문이다. 그렇다고 해서 그의 수도사적 청빈함을 어떤 역사로 구성하려는 의도는 없다. 초기의 아시시의 성 프란체스코는 걸인들의 옷을 빌려 입고, 그들과 함께 생활했다. 그는 자신보다 가난한 자를 만나면 부끄러워했다. 비교적 최근의 전기작가들은 이 사실을 확인시켜 준다.

---

45 사바티에, 『아시시의 성 프란체스코에 관한 미간행 연구들』(P. Sabatier, *Études inédites sur saint François d'Assise*, Fischbacher, 1932), p.158.

우리는 곧 그가 자신의 첫 제자들과 함께 나병환자들 바로 곁에 거처를 정하고, 온갖 신체적 정신적 고통에 휩싸인 이 수용소를, 13세기 당시의 표현을 빌리자면, 그들만의 최초의 구호활동 센터로 만들어 가는 과정을 확인하게 될 것이다.[46]

앞서 암시했지만, '프란체스코적 문제'를 개시한 장본인에 대한 이 같은 증언 이후로도, 또 다른 유명 전기 작가의 진술이 뒤따른다. "가난을 사랑하는 것, 그것은 단순히 가난한 자들을 사랑하는 일에 그치는 것이 아니라, 스스로 그 어떤 것도 놓치지 않으려 각별히 유의하면서, 그들과 함께 가난해지는 것이고 … 그들이 처한 상황, 결국 그들의 곤궁함을 끌어안는 것이다. 이 같은 행동은 신의 축복을 받은 자의 성덕이 보여 주는 영웅주의적 형태라 할 만하다."[47] 이런 유의 증언은 수도 없이 많이 인용할 수 있다. 가난한 자들과 나병환자들 사이의 이 같은 생활방식이 그리 오래 지속되지 않았다는 점은 여기서 그리 중요한 것이 아니다. 아시시의 위인 이전에도, 나병환자와 그리스도를 동일시하는 이와 유사한 다량의 증언들과 기록들을 모을 수 있다는 것도 그다지 중요하지 않다. 다만 프란체스코의 청빈함이 처음부터 가난하고 불쌍한 자들과 함께 지내는 운명 공동체의 형태를 띠고 있었다는

---

46 앙글르베르, 『아시시의 성 프란체스코의 생애』(O. Englebert, *Vie de saint François d'Assise*, Paris: Albin Michel, 1952), p.67. 이 작가는 아시시의 성 프란체스코에 관한 최초의 전기작가였던 토마스 드 셀라노(Thomas de Celano)의 확증들을 되풀이할 뿐이다.
47 이와 관련해서는 몰라(M. Mollat)의 글 「중세의 가난한 자들과 빈곤」("Pauvres et pauvreté dans le monde médiéval", in *La poverta des secolo XII*, E. Francesco d'Assisi, Società internazionale di studi francesconi, Assise, 1975)을 참고할 것.

사실만큼은 우리에게 어떤 전환점을 일러준다. 이와 대립된 추론을 통해, 우리는 이 현상이 새로운 것이었다고도 볼 수 있는데, 그 이유는 이 일이 화약에 불을 당겼기 때문이다. 다시 말해 프란체스코의 아버지는 그의 그런 행동을 참을 수 없었고(적정선의 적선은 문제될 게 없던 반면), 또한 아시시 당국 역시, 거지꼴을 한 채 그 어떤 계급에도 속하지 못한 자들과 스스로를 동류시켰다는 이유로 프란체스코를 비난했던 것이다. 그때까지만 해도 불구자들과 가난한 자들은 스스로를 구호받는 자로 여겼는데, 그랬던 그들이 이제는 예찬받는 존재가 된 것이다. 그런데 12세기 말엽에 벌어진 일련의 상황 전체가 가난한 자들이 일으킨 최초의 봉기들에서 유리하게 작용했던 만큼 이 새로운 경향도 더욱 확산되었다고 볼 수 있지만, 나아가 순진한 면도 있었다고 볼 수 있다. 내가 앞서 암시한 청빈 운동에는 실상 가난한 자들의 집단적 저항이 혼재되어 있었다. 가난한 자들은 위험한 자들이 되기 시작했고, "신들조차 가난한 자들을 사랑하지 않는다"[48]라는 구호를 외치며 도발을 시도했으니 말이다. 주변인들의 이 같은 동요는 빈 말이 아니었다. 재정적 보조와 적선은 증오와 멸시의 감정으로 바뀔 위험이 농후했다. 혹시 프란체스코는 ─ 감히 이렇게 말할 수 있다면 ─ 이 주변인들 쪽으로 다가서기 위해, 그리고 이전에는 단 한 번도 부여된 적 없는 영광과 경외라는 비중을 그들에게 부여하기 위해, 이 계기를 선택했던 것은 아닐까. 비록 그가 아무것도 변화시키지 못했다 해도, 자신이 노력을 쏟

---

48 이와 관련해서는 앞의 몰라의 글이 수록된 동일 참고문헌 p. 141에 수록된 보쉐(A. Vauchez)의 글 「영성의 시대에 성인전 연구 자료들에 나타난 가난의 위상」("La Place de la pauvereté dans les documents hagiographiques à l'époque des Spirituels")을 참조할 것.

아부였던 것만큼은 실패하지 않았다. 왜냐하면 그의 노력은 주변성을 긍정적인 가치로 인정하도록 하는 데 있었으니 말이다. 그리고 사회와 교회 내부에서 이 같은 견해가 재차 문제 삼은 것은 '교회의 지도층 내에 만연한 가난함에 대한 명백한 평가절하'였다. 다만 그것은 포베렐로를 참조 대상으로 삼던 자들이 끊임없이 보여 준 수많은 논쟁과 불복에 기인한 가치절하일 뿐, 이 사태가 갖는 전복적 성격 앞에서 품게 될 의심은 아니리라!

아시시의 성 프란체스코를 통해 바라본 이 탐구가 계속되는 동안, 나는 엄밀한 의미에서의 불구자들 —나병환자를 제외한— 을 잠시 잊고 있었던 것 같다. 중세시기를 다룬 본 장의 서두에서 언급한 바를 상기해본다면, 불구자들과 관련된 주제에서 나타나는 침묵은 상당히 의미심장한 것이다. 당대에 불구자들이 처했던 정확한 운명을 알 수 없거니와 매우 특수한 자료체도 부재한 까닭에, 나는 여러 정신적 태도들과 그 사이에서 생겨난 균열들을 이해해 보고자 한다. 그러니까 내가 시도하려는 것은 문화에 대한 사적史的 재구성이다.

'사회적' 윤리 : 모든 가난한 자들이 위험한 자들이 될 때

이 소제목은 그 자체가 아이러니다. 기성사회에 부합하지 않는 자들을 찬미한 이후로, 공포가 득세했으니 말이다. 14세기에 들어서자마자, 실재하지만 꾸며낸 것이기도 한 위험에 직면해 그에 '발맞춘' 어떤 움직임이 일었다. 대규모 전염병들이 창궐하는 시대, 방랑과 부랑인의 시대가 시작된 것이다. 특히 페스트로 인해 인구와 사회계층에 엄청난 급변이 진행되던 시대 말이다. 온전한 대가족들은 자취를 감추고, '도당들'이 조직된다. 탄압이 자행된다. 빈곤, 질병, 불구는 종종 범죄행위, 도둑질, 모리배 쪽에 배치된다. 이제 사회가 주변인들을 '다루기traiter' 시작한다. 적선의 윤리학은 어려운 길을 걷게 되고, 가난한 자들에 대한 신비주의 윤리는 사라진다. 이런 상황들을 야기한 모든 재앙들을 관리하고 감소시켜야만 한다. 중세 말기를 연구한 수많은 역사가들이 더 덧붙일 것도, 따로 요약하거나 종합할 필요도 없이, 이 점에 관한 이 모저모를 죄다 이야기해 주고 있다. 이러한 실정에 또 다시 인접한 범주들에서 불구자 집단을 구분하는 것은 굉장히 민감한 일이 아닐 수 없다. 해서 나는 몇 가지 짧막한 해석들로 나의 논의를 시작해 볼까 한다. 주변인들의 문제를 다루는 브로니슬로우 제레멕의 두 연구서에는 불구자에 대한 암시가 곳곳에 담겨 있다.[49] 우리는 이 연구들에서 무엇을 도출해 낼 수 있을까? 그의 연구서 제목『근대 유럽의 부랑자와 가난한 자들』의 진짜 제목은 다음과 같이 풀이될 수 있다. '세상 쓸모없는 자들, 부랑자와⋯'라고 말이다. 일상적 표현을 빌리자면, 결론은 뻔하다! 가장자리로 밀려난 사람들은 죄다 쓸모없는 존재들inutiles이므로. 게다가 쓸모없는 인간이 해로운 인간으로 바뀌기까지란 한 발자국이면 족하다. 하지만 그 한 발자국조차 "반사회적 행위를 범죄로"[50] 처벌했던, 다시 말해 강제노역에 해당하는 범죄로 처단했던 15세기 마지막

---

49 제레멕, 『14, 15세기의 파리의 주변인들』(B. Geremek, *Les Marginaux parisiens aux XIVe et XVe siècles*, Paris: Flammarion, 1976), 『근대 유럽의 부랑자와 극빈자들』(*Truands et Misérables dans l'Europe moderne*, Paris: Gallimard/Julliard, 1980).
50 같은 책, p.85.

25년과 16세기 당시의 법제정 및 그 사법적 실제를 통해 가뿐히 넘어서 버린다. 이때 새로운 개념이 등장하는데, 즉 반순응주의자들을 노역에 처하는 일이 그렇다. 형벌을 통해 그들을 '재교육'한다는 논리다. 물론 "병든 자들, 신체불구자들, 신체부자유자들은 적선을 받을 수 있는 권리"가 있지만, "그들의 자녀는 기술수련을 받거나 봉사를 해야"[51] 하는 것이다. 노동이라는 개념하에서 안전sécurité의 이념이 출현한다. 다시 말해 사회제도들과 사회적 결속체들은 이러한 필요에 부응하려 한다. 그러나 이때, 건강한 자들과 건강하지 못한 자들 사이에 마치 임종의 순간과도 같은 어떤 구별이 여전히 작동한다.

> 노동할 수 없는 건강하지 못한 자들은 부유한 자들에게 동정심을 실현할 수 있는 기회를 주고, 그 결과 구원의 가능성을 제공함으로써, 노동의 사회적 구분 내에서 자신들만의 사회적 유용성과 특별한 자리를 되찾는다. 하지만 그들은 멸시당한 상태로, 모든 존엄성을 누릴 수 없는 상태로, 결국 모든 명예를 박탈당한 채로 남는다.[52]

루앙 고등법원에서는 로베르 드 빌리Robert de Billy의 주재로 빈민과 부랑민 때문에 발생한 무질서 상황을 의제로 논의가 벌어졌다. 위원회는 만장일치로 "진짜 가난한 자, 병든 자, 정신박약자 및 신체부자유자를 부랑자, 부랑아, 무위도식하는 자, 건강한 자 그리고 일할

---

51 같은 책, p.98.
52 같은 책, p.116.

수 있는 건강한 자로부터 구별짓고 분리하는 일이 필요하다"[53]고 선언
했다. 즉각적 판별이 이루어졌음을 다시 확인할 수 있다. 하지만 토의
가 진행되는 동안 모든 평의회 구성원들의 의견이 일치되지 않았다
는 점에 주목해야 한다. 실상 이 판별은 상당한 난항을 겪었다는 점을
밝혀두어야겠다. 가짜로 위장한 부류들은 번식력이 강한 법. 사람들
은 거지로, 절름발이로, 장님으로, 울보로, 마비환자 등으로 위장해 수
많은 집단을 형성했다. 게다가 당시 거지들로 구성된 '무리들'은 실재
했는데, 그 중 '모스카리니Moscarini'는 불구자들의 무리, '만드라골리
Mandragoli'는 짐수레에 몸을 의지한 불구자들의 무리, '아비치Abbici'는
장님들 무리, '크라테르사니Cratersanni'는 위궤양환자와 나병환자 무리
를 이루고 있었다.[54] 이 모든 무리들은 실제로 존재했고, 또 뒤섞여 있
었다. 진짜 불구자들과 가짜 불구자들 사이의 경계란 그렇게 단순한
것이 아니었다. 이러한 '무리들'에는 방금 인용한 불구자들뿐만 아니
라, 개종한 유대인들, 순례자들, 거리의 악사들도 포함되어 있었다.

그럼에도 결과적으로, 착한 빈민과 나쁜 빈민이라는 이중성은 계

---

53 같은 책, p.164. 15세기 이래로 사회복지 문제에 관한 모든 역사를 관통해 나타나는 구분, 즉 걸인
들, 노동의 의무가 부과된 가난하지만 건강한 자들, 노동이 면제되고 구호의 대상인 가난한 지체부자
유자에 관한 대구분과 관련해서는 로베르 카스텔의 탁월한 저작 『사회문제의 변모들: 임금노동자의
연대기』(Robert Castel, Les Métamorphoses de la question sociale, une chronique du salariat,
Paris: Fayard, 1995)를 참고하길 바란다. 아울러 유용한 참고자료로 사씨에의 책 『가난한 자들의 선
용(善用)에 관하여: 어느 정치적 주제에 관한 역사, 16세기~20세기』(Ph. Sassier, Du bon usage des
pauvres, histoire d'un thème politique, XVIe-XXe siècles, Paris: Fayard, 1990)를 참조하길 바란
다. 사회복지 문제에 관한 관점을 완성하는 데 있어서, 비록 카스텔의 주제들과는 다른 주제들을 다루
고 있지만, 제레멕의 책 『교수대 아니면 연민의 정: 유럽과 중세시대부터 오늘날까지의 가난한 자들』
(B. Geremek, La Potence ou la Pitié. L'Europe et les pauvres du Moyen Âge à nos jours, Paris:
Gallimard, 1987)을 읽어 보는 것이 도움이 될 것이다.
54 같은 책, p.209.

속해서 이 시대를 특징짓는다. 카스텔은 다음과 같이 서술한다.

이 같은 개체집단의 최초 형태는 넓은 의미에서 장애학handicapologie
으로 명명할 수 있는 것을 가리킨다. 가난한 노인들, 부모 없는 아이들,
온갖 종류의 불구자들, 맹인들, 마비환자들, 연주창 환자들, 백치들 등,
이 전체는 제롬 보쉬Jérôme Bosch의 회화 작품처럼 이질적이다. 하지
만 이 모든 인간 유형들은 공히 스스로의 힘으로는 자신들의 기초 생
필품의 비용을 댈 수 없다는 공통점을 지니고 있다. 왜냐하면 그들은
이를 가능하게 하는 노동을 하지 못했기 때문이다. 이로써 그들의 존
재는 노동의 의무에 의해 해명될 수 있음을 알 수 있다. 그렇기에 일할
수 있는 능력이 있는 자와 능력이 없는 자를 가르는 분할선이 과연 정
확히 어디를 지나는지 파악하기 위한 질문이 제기될 수 ──실로 이 문
제는 매순간 제기되기도 한다── 있다… 바로 여기에 연령(아이와 노
인), 신체적 불구상태, 질병 등에서 기인한 명백한 신체적·정신적 결함
으로 인해 노동의 범주에 발 들이는 일이 불가능하게 된 자들이 이루
는, 또 그렇게 인정되는 의존적 상황들의 핵심이 놓인다. 이 같은 의존
적 상황은 종종 가정적으로나 사회적으로 재앙을 초래하는 특수 상황
들로 확장될 가능성이 농후하다. 따라서 '장애학'은 그 은유적 의미에
까지 확장되어야만 한다. 다시 말해 이런 상황에 이르게 하는 여러 조
건들에서 그 범주는 이질적이다. 반면 그 기준은 그것이 규정하는 노
동과 관련지어 볼 때, 매우 확실한 일관성을 담보한다.[55]

55 로베르 카스텔의 앞의 책, pp.29~30.

이제 노동을 면제받은 가난한 자와 신체불구자, 그리고 이 같은 원조 대상자들과 함께, 노동하지 않고 또 앞선 범주에도 속하지도 않아 결국 범죄자로 취급받는 자들이 존재하게 된다. 이는 향후 신체불구자와 노동 사이에서 발생할 역사적 결별을 미리 알려주는 것으로, 이 같은 상황은 20세기 초반에 이르러서야 노동현장에서 재해를 입은 사람들과 특히 전쟁 상이군인들을 통해 겨우 극복된다.

이 같은 사태에 담긴 함의들은 참으로 흥미롭다. 왜냐하면 본질적으로 당대의 신체불구자를 대하는 모호한 상황, 즉 한편으로는 분명히 구별되지만 다른 한편으로는 거의 혼재된 전통적 자비의 대상처럼 취급되는 상황이 엿보이기 때문이다. 사정은 이런 식이었고, 이 시기는 동요하고 있었다. 억압과 부역, 그리고 여전히 신체불구자들을 너그럽게 봐주려는 안전 이데올로기 등은 결국 그들에게 크나큰 타격을 입히게 된다. 제레멕이 부랑자에 관한 문헌들에서 결론 내린 바와 같이, 우리는 두 종류의 주변성을 구별해 볼 수 있는데, 사회질서에 대한 비판적인 부류가 그 하나이고, 문화 및 이데올로기적 질서에 대해 문제를 제기하는 좀 더 심층적인 부류가 다른 하나이다. 첫 번째 부류에는 산적과 부랑자가 속하며, 두 번째 부류에는 신체불구자 혹은 외국인이 속한다. 하지만 이 두 가지 유형의 주변성은 종종 통설에 의해 다소 혼동된다. 불명예와 관련된 이러한 불신은 신체불구자와 병든 자에게 심각한 타격을 안겨준다.

이 같은 의식은 두 경우 모두 배척의 대상이 되도록 만들었다. 가령 중세 시대의 나병환자가 그랬고, 근대 문턱에 이르러 광인들의 경우가 그랬다. 이러한 태도는 불가사의하고 위험한 질병에 대한 방어기제로 설명되지만, 환자를 격리하고 감금하는 결정에 있어서, 우리는 그들이 나타내는 실존적 차이에 대한 감정 또한 다시 확인하게 된다.[56]

격리하기와 감금하기, 이런 일들은 어떻게 일어나곤 했을까? 여기서 참조해야 할 사항이 바로 구빈원의 변화이다. 여러 구빈원의 설립은 중세가 한창이던 당시 보살피고, 보호하고, 음식을 나눠주고, 돌보거나, (특히 맹인의 경우) 때로는 양육을 담당하던, 비전문적 유숙시설에 불과했다. 그런데 14, 15세기에 들어 새로운 경향, 즉 전문화 경향이 나타난다. 다시 말해, 창녀들, 순례자들, 신체불구자들이 더 이상 뒤섞이지 않게 된 것이다. 예를 들어 파리에서는 순례자들과 여행객들이 르 오-빠 지역의 생 자크 구빈원에 유숙했던 반면, 캥즈-벵 시설에는 맹인들만이 수용됐던 것이다. 게다가 이 캥즈-벵 구빈원은 감호 병동이 아니었고, 유숙자들은 시내에 구걸하러 돌아다닐 수 있었다. 그렇기 때문에 신체불구자들과 환자들은 대병원Hôtel-Dieu으로 향하게 되었다. 엄밀한 의미에서 앞으로 병원이라 불릴 이곳은 바로 이 신체불구자들과 환자들만을 수용하게 된다.[57] 전문화 이외의 또 다른 경향은 수적 팽창과 관련이 있다. 즉 많은 사람들 —노동에도 적합한— 이 이곳에 몰려들게 된 것이다. 이때까지는 구빈원들이 교화원과 비슷한 형태는 아니었고, 이후에나 그 형태가 비슷해진다. 고전주의 시대의

56 제레멕, 『14, 15세기의 파리의 주변인들』, p.223
57 같은 책, pp.193~197.

'대감금' 시기는 아직 도래하지 않았다. 하지만 격리는 가속화되었고, 보편화하려는 시도가 있었다. 이러한 중세시기 말엽에는 상당한 유연성이 발휘되었던 것이다.

요컨대, 주변성의 역사가 우리에게 전하고 있는 바는 다음과 같다.

필요할 경우, 이 같은 일별은 14세기와 15세기의 대혼란을 확증해 줄 수 있을지 모른다. 페스트, 기근, 온갖 종류의 전염병에서 한 걸음 더 나아가, 이 시기가 끝나갈 무렵 프랑수아 1세가 일으킨 전쟁마저 가세하게 된다. 따라서 이 비슷한 시대에 사람들의 사고방식과 정신사적 흐름이 비관론 일색이었던 것은 어떻게 보면 당연한 일이라 하겠다. 내가 보기에 중세 전체가 신의 분노에 대한 두려움, 죄의식, 그리고 악마학에 온통 사로잡혀 살았다고 주장하는 게 정확한 것은 아니지만, 이 같은 테마들은 집단적 재앙이 일던 이 시기에 강력하게 다시 대두된 것은 사실이다. 가령 두려움을 불러일으키는 「죽음의 승리」나 「최후의 심판」처럼 죽음을 연상시키는 프레스코화들이 교회장식에서 그토록 꽃피웠던 적은 일찍이 없었다. 특히 질병뿐 아니라 신체불구 역시 다시금 죄와 관련된 것으로, 혹은 적어도 신의 벌에 속한 것으로 나타난다. 이러한 죄악의 급격한 확산은 타락한 인간들에 대한 하느님의 '심판'이 아니라면, 과연 어디서 연원할 수 있단 말인가? 이 세기들을 살았던 대중 설교자들은 주로 도미니크회와 프란체스코회의 선구자격에 해당되는 이들이었다. 여기서 더 많은 논의로 확장시키는 것은 수많은 역사가들이 입 모아 말하는 것만큼 그리 유용할 것 같지는 않다. 다만 나병환자들, 신체불구자들, 환자들, 그리고 일반적으로 확대시켰을 때 가난한 자들의 존엄성은 잊혀졌다. 이들은 곧 신성의 신랄

한 비난의 결과물 그 자체이자, 사탄에게 승인된 '허용'의 신호들인 셈이다. 이와 같이 사탄과 악마의 편재현상은 악이 자연의 힘으로 정의내려지고, 그 결과 새로운 의학이 제 길을 찾게 되고, 그 결과 사회가재건되고, ──전통적인 의미의 '적선'과는 대립되는──종교개혁이 출현하는 16세기에 이르러서야 다시 떠오르게 된다.[58] 그럼에도 불구하고 1528년 7월 14일자 서한에서 ──이때는 더 이상 중세는 아니지만, 다음의 말을 미루어 짐작컨대, 중세를 벗어났다고 볼 수 없다── 루터는 다음과 같이 적고 있다. "광인들, 절름발이들, 맹인들, 벙어리들은 그 안에 악마가 거했던 자들이다. 이러한 신체적 불구상태들을 자연적원인들로 간주하고 치료하는 의사들이야말로 악마가 지닌 온갖 위력을 조금도 알지 못하는 무지한 자들이다."[59]

중세 시대 끝에 이르게 된 만큼, 나도 이 중세 시대의 주요한 근간인 기독교의 문제를 재검토하고자 한다. 나는 앞서 복음서 텍스트가어떤 윤리를 강조함으로써 엄격한 의미에서의 종교적 이념이 지닌 절대적 영향력을 무너뜨렸다고 말한 바 있다. 여기서는 나의 주제에만충실해 보려 한다. 만일 그 유기적 연관관계를 일반화시켜야 한다면, ──또한 불가피하게 분석도 해야 한다면── 나로선 또 한 권의 완전히 다른 형태의 저작이 필요할지도 모르겠다. 내가 몸담고 있는 분야

---

58 맹인들의 역사와 관련하여 우리는 이제부터 다음의 책을 주된 참고자료로 삼을 것이다. 베이강, 『보지 않고 살아가기: 중세에서 루이 브라유의 세기까지 프랑스 사회 안의 맹인들』(Z. Weygand, *Vivre sans voir, les aveugles dans la société française du Moyen Âge au siècle de Louis Braille*, Paris: Créaphis, 2003).

59 로베르-피에르 프리코, 『중세 조각에 나타난 병든 자들과 괴물들』(Robert-Pierre Fricaud, *Les Malades et les monstres dans la sculpture médiévale*, Bordeaux, 1933), 의학박사학위논문, p.59 인용.

를 감안해 내 의도를 읽어 주길 바란다. 본질적으로 신성성과의 신성화된 관계 속에서 다루어진 신체불구는 복음서의 탄생으로 말미암아 일종의 범죄인 인도가 이루어진 셈이다. 신체불구는 이제 더욱더 영적이고 윤리적인 태도의 사안이 되었다. 앞서 조티코스나 아시시의 성프란체스코의 예시가 충분히 보여 주었듯, 하느님은 신체불구와 무관하지 않다. 다만 굉장히 다른 방식으로 관련될 뿐이다. 하느님은 우리에게 질병과 신체불구를 한편으로는 시련épreuve으로, 다른 한편으로는 우리의 지고한 '덕'인 자선을 실행할 수 있는 어떤 기회occasion로, 끝으로는 자신의 현존을 알리는 신호signe로 보낸 것이다. 이는 희생제의적 태도가 우선되고 있음을 뜻한다기보다는 우리의 믿음과 관습의 진정성을 시험하는 것으로 이해되어야 할 것이다.

그렇다고 해서 중세 기독교 시대가 완전히 안정적인 어떤 입지를 얻었다거나, 신체불구에 대한 효과적인 실천을 전개한 것은 아니었다. 오히려 일탈이나 차이와 같은 행동방식을 배치하는 방식에서 보자면 불안정 그 자체였다. 결국에는 고대 세계나 유대교 세계 내에서 상당히 분명하게 드러났던 신체불구자들의 지위는 ─ 설령 그것이 잔혹하긴 했어도 ─ 중세시대에 이르러서는 매우 모호한 형태로 남는다. 내게 있어 밀접하게 관련 있는 다른 문제들로부터 신체불구라는 문제를 '떼어낼 때' 발생하는 난점은 단순히 참고자료의 부족이 아니라, 이 신체불구의 문제가 비참과 고통의 수많은 양상 중 하나에 불과하다는 근본적인 사실에 기인한다. 기독교보다 앞선 종교적 세계는 일탈적 특성을 강력하고도 분명한 방식으로 여러 다른 형태의 약자들 및 병든 자들로부터 구별해 냈었다. 반면 복음서 자체를 그 시작점으로 하는 종교적 세계는 융합의 방식을 도입했다. 해서 이 세계는 신체적 차이에 대한 독창적 해법을 발견해 내지 못한다. 즉 신체적 차이가 질병이나 가난과 혼동된 까닭에, 결국 모든 종류의 비참한 환경의 사람들은 어느 정도 동일한 처지에 놓일 수밖에 없기 때문이다. 이러한 상황은 신체불구자들의 운명을 완전히 변화시키고 만다. 만일 우리가 개인적이고 휴머니즘적인 관점에 선다면, 그들의 운명이 이렇게까지 끔찍할 이유는 없으리라. 하지만 다른 관점에서 보면, 그들은 자신의 신성화된 기능을 잃었기 때문에, 자신만의 특수성을 잃었다고도 볼 수 있다. 물론 그들이 완전히 그랬던 것은 아닌데, 왜냐하면 종종 사회에 대한 '조롱'이라는 무시할 수 없는 역할을 수행했기 때문이다. 그게 아니라면, 역설적이게도, 매우 빈번하게, 이 상황을 자선의 계기로 삼는 것밖에 몰랐다고 말해야 할 것이다. 결국 중세적 태도는 신체불구자들을 좀 더 공통적인 운명에, 하지만 덜 예외적인 운명에 재배치시켰다. 고로 중세적 태도는 신체불구자들의 존재를 명확하게 하지도, 그렇다고 제대로 '취급하지도' 않았던 셈이다. 왜냐하면 효율성 측면에서 보면, 이 같은 윤리적 사고방식은 종종 효력을 발휘하기보다는 무기력에 훨씬 더 가까웠기 때문이다. 그러니 손익계산을 따져보면 결과는 다소 실망스러울 수밖에 없다. 분명 '구호사업'이나 재단의 설립, 그리고 수용시설이 부족했던 것은 아니었지만 신체불구자들을 사회적 주변성의 여러 형태들 속에 그대로 처박아 두었으니 말이다. 현대적 어휘를 빌려 보건대, 중세가 거의 인종차별주의적이지도 않았고, 그렇다고 '엘리트주의적'이지도 않았다는 주장은 가히 틀린 말이 아니다.

혼종성, 다양성, 상이성 등은 조금도 반박되지 않았다. 본 장의 서두에서 이 사실을 언급한 바 있다. 그렇다고 도시조직과 거리 두고 있던 가난한 부류들이 이전만큼 존재하지 않았던 것도 아니다. 가변적인 동시에 모순된 사고방식과 태도가 아닐 수 없다. 영적으로는 늘 통합되었기에[60] 진정으로 배척된 적도 없고, 사회적으로는 늘 불분명한 경계들에 놓였기에 결코 통합된 적도 없으니 말이다.

여러 '장애'들이 처한 정확한 상황들을 확인하려는 우리의 탐사는 ─ 만일 그것이 가능한 작업이라면 ─ 상이한 사회계층들과 저 기나긴 역사의 매 순간을 관통하며 우리의 관점을 상당히 예리하게 만들어 줄 수도 있으리라. 하지만 이런 식의 탐색이 내 주장의 전체적인 특성을 또 다시 문제 삼게 되진 않을까? 이 질문에 다시 한 번 답하건대, 분배·분류·취급이라는 근본 원칙들이란 그저 우유부단한 태도indécision에서 비롯된 것이 아님을 분명히 하려 한다.

기독교의 속성으로 알려진 이 원칙들에는 문화적 단절에 관한 어떤 기독교적 편견이 반영된 것은 아닐까? 오늘날 수많은 연구자들[61]이 이교도/기독교라는 구별을 와해시키려는 경향을 보인다는 것은 무척 놀라운 일이다. 이교도/기독교라는 대립이 나의 전제가 아닌 만큼, 독자들은 내가 신성화된 종교적인 것의 시스템/복음서 텍스트의 시스템 간의 대립도 바라지 않는다는 점에 주목하게 될 것이다. 비록 내가 구

---

60 미셸 푸코는 『광기의 역사』에서 중세시대 나병환자들과 관련하여, "사회적 배제이지만 영적 통합이기도 한 엄격한 분할"에 관해 언급하고 있다(*Histoire de la folie*, Paris: UGC, p.18).

61 그 대표적인 예로 미셸 푸코를 떠올릴 수 있다. 1980년~1981년 겨울에 있었던 콜레주 드 프랑스의 강의에서 푸코는 '성'(性)의 역사라는 주제를 통해, 역사적 분할이 기독교/이교도라는 개념을 이용할 수 없다는 견해를 밝힌 바 있다. **아프로디지아**(aphrodisia)의 시스템이 있고, 다음으로는 '육체'(chair)의 시스템이 … 다음으로는 성의 시스템이 … 자리하는 이런 식의 전개는 이교적/기독교적의 구별을 포함하지 않기 때문이다.

약성서의 세계와 고대 그리스 로마시대를 구별했을지언정, 이 두 세계는 복음서에서 비롯된 중세의 시스템과 관련해 보자면 같은 편에 속한 듯하다.

이 문제는 여전히 새로운 국면에 놓일 수 있다. 어쩌면 중세를 신약성서 텍스트가 제공하는 '여러 가능 조건'의 연장된 결과로 여기는 것은 지나친 비약 아닐까? 중세시대가 복음서의 원칙들의 순수한 반영이 아니라는 것은 분명하다. 오히려 그것은 경제적·정치적·풍토적·사실 기록적 무수한 정보들에 따라 중세의 유산을 배열한 기독교라는 특수한 역사적 형태를 뜻한다. 하지만 내가 의도하는 바와 같이, 우리가 문화적 관점하에서, 이전의 생성과 이후의 생성을 비교함으로써 이 같은 사태들을 포착하려 든다면, 중세 시기는 ─ 부정하기 힘든 시기적 구분에 따라 읽어내야 함에도 불구하고 ─ 윤리적이고 신적인 영향하에서, 그리고 넓게 보자면 '실효성 없는'[62] 애덕의 영향하에서 출현했다고 해야 할 것이다.

---

62 코르넬리우스 카스토리아디스의 관점을 전적으로 지지하지 않는다 해도, 신약성서의 윤리적 급진성이 "그 기초부터 사회라는 개념이 부재하며, 또 있을 수도 없다"와 같은 견해와도 일맥상통한다는 점만큼은 상당히 분명한 듯하다. 『무가치의 증대, 미로 속 갈림길들』 4권(*La Montée de l'insignifiance, les carrefours du labyrinthe*, IV, Paris: Le Seuil, 1996), p.217. 따라서 역사상 기독교는 타협점들을 찾아야만 했다.

4장 / 전형화의 세기들 — 오싹한 한기[1]

의학과 철학

앙브루아즈 파레는 다음과 같은 구분을 시도한다.

> 괴물들monstres은 자연을 벗어난 존재이고, 경이로운 것들prodiges은
> '자연에 반反하는' 존재이며, 신체 상해자들mutilés은 맹인들, 애꾸눈,
> 꼽추, 절름발이, 혹은 손이나 발에 손가락이나 발가락이 하나 더 있거
> 나 그 수가 못 미치는 자들 혹은 서로 들러붙은 자들을 일컫는다.[2]

신체상해에 관한 다소 기이한 열거이긴 해도, 그 분류법만큼은 흥

---

1 원래의 장 제목은 "고전주의 세기들"(Les siècles classiques)이지만, 본서 4장의 논의가 16세기부터
　19세기 말까지 매우 광범위한 세기들을 조망하고 있고, 특히 고전주의라는 명명법 자체가 예술 및 문
　화적 협의로서 통상 17세기를 한정적으로 지칭한다는 점을 고려해, 권력의 작동을 바탕으로 점진적인
　전형화 과정을 거쳐온 이 시기를 전형화의 세기들이라는 광의의 개념을 빌려 번역하였음. — 옮긴이
2 앙브루아즈 파레, 『괴물들과 불가사의』(Ambroise Paré, Des monstres et prodiges, Genève: Droz,
　1971).

미롭다. 우리는 16세기를 살았던 앙브루아즈 파레(1517~1590)가 중세와 관련된 괴물들의 문제[3]에서 그 어떤 새로운 관점도 개시하지 못했다는 점을 생각해 볼 수 있다. 어쨌든 나는 그의 구분법과 사용한 어휘가 중요하다고 본다. 더구나 이 새로운 단계가 의사인 그를 통해 시작된다는 점을 감안하면 그 자신이 어떤 예증이 되려 했는지도 모르겠다. 비록 중세 문화가 기독교적 윤리의 영향 속에 자리하지만, 새로이 열린 이 시기는 기독교적 윤리와는 확연한 거리감을 보인다. 물론 그 사실이 이 새로운 시기에 상당부분 의료시설의 보급이 이루어질 것임을 알려주진 않는다. 다만 본 장을 시작하며 간단하게 언급하려는 것은 더 이상 종교적 인간이 이 새로운 문화의 시대를 바라보는 우리의 접근법이 될 수 없다는 것이다.

앙브루아즈 파레가 살았던 16세기 의학에 대해 간단히 일별해 보기로 하자. "근대 외과학의 아버지인 파레는 정신질환에 여러 물질적 원인이 있다는 점을 인정한다. 왜냐하면 정신질환은 유전으로 물려받을 수 있기 때문이다."[4] 이 주장이 갖는 흥미로운 점은 오늘날 과학의 입장에서 바라보았을 때 즉각 눈에 띄는 그 불확실한 특성에 있지 않다. 오히려 파레가 유전을 통해 악마학적 체계를 제거했다는 데 있다. 그와 동시대를 살았던 스위스인 펠릭스 플라테르Félix Plater도 똑같이 의학적 관점에서 정신질환자들에게 적용되어 온 처벌이라는 개념에 반기를 든다. 16세기 말 가조니Gazoni라는 한 이탈리아 남성의 경우, 광

---

3 세아르(Jean Céard)의 주석을 참조할 것.
4 마르셀 상드라이, 앞의 책, p.317.

인들은 병원에 수용되어야 한다고 주장한다. 이와 비슷한 시기, 특히 매독 질환의 출현으로 말미암아 전염이라는 개념이 탄생한다. 페스트의 대규모 창궐은 전염병의 '자연적' 확산에 대한 성찰을 논의할 수 없게 만들었다. 16세기는 신의 정의라는 관념에서 벗어나기 시작하던 시기였고, 상드라이Sendrail의 말대로 '암묵적으로' 세균성 전염을 포함한 전염이라는 개념이 득세하던 시기였다. 지적 환경은 최소한 중세말기를 휩쓴 공포스러운 사건들을 겪고 나서야 변화를 맞이했다. 물론 그 이후로도 수세기 동안 전염병은 지속되었고, 전염에 관한 이 최초의 고찰은 18세기 말 감염 및 종두법(1796년 제너Jenner)의 문제에 이르러서야 재차 시도된다.

여기서 의학사를 되새겨 보는 일은 우리의 논의와는 무관하다. 정신의학적 사고의 탄생과 자연적 과정을 관찰에 기초해 다루는 의학의 탄생이 새로운 사고체계를 개시했다는 점을 알리는 두 가지 예시일 뿐이니 말이다.

의학 시스템의 전개과정을 따라가며, 우리는 반드시 참고해야 할 문헌인 미셸 푸코의 저작에 나오는 '광기' 개념을 이용할 것이다. 푸코의 저작들에 숨겨진 철학적 시도는 우선『고전주의 시대의 광기의 역사』Histoire de la folie à l'Âge classique에 담겨 있다. 당장 지금 이 책의 논의로 들어가려는 것이 아니라는 것쯤은 이해하리라 생각한다. 이 저작의 방법론, 특히 도모된 시기구분이 수많은 문제제기에 직면했던 것도 사실이다.[5] 그럼에도 불구하고 나로서는 푸코가 이 저작에서 '대감금'le

5 나는 미셸 푸코의 시도에 대한 간결하고도 명쾌한 논의를 담고 있는 드 세르토(M. de Certeau)의 글

grand enfermement이라는 테마를 통해 상당히 타당한 관점을 보여 주었고, 그 솜씨 또한 인상적이었음을 고백해야 할 것 같다. 따라서 나는 정신병과 이 고전주의 시대에 행해진 억압적 처우에 관해서는 부차적 수준에서만 언급하고자 한다. 이미 잘 된 것을 굳이 되풀이할 필요야 없지 않겠는가!

하지만 푸코가 미지로 남겨둔 대륙이 하나 있었으니, 그것은 바로 신체적 불구, 혹은 적어도 그 기원이 무엇이건 간에 신체에 기입된 불구의 상태이다. 바로 이러한 이유에서 전형화의 세기들 내에서의 괴물성은 다시 언급할 필요가 있다.

이미 살펴보았듯, 중세시대 사람들은 그 실체를 들여다보지도 않고, 괴물들과 괴물성에 관해 신나게 떠들곤 했다. 그것은 상상의 세계였다. 심지어 인간의 심각한 장애에 관해서도 그 누구도 결코 입증할 수 없던 경우들까지 자기들끼리 이야기하곤 했던 것이다. 게다가 이러한 상황은 여러 세대에 걸쳐 전승되기도 했다. 이후 훨씬 더 과학적인 유형에 속하는 의학적 고찰이 등장한다. 앙브루아즈 파레의 경우처럼, 사람들은 악마적 거래와 저주라는 개념과 단절을 이루고, 아리스토텔레스에게서 물려받은 4원인설을 통해 장애의 기원을 탐색하게 된다. 가령 모계 쪽에 상상을 동원하는 등 여러 원인을 대입해 봤던 것이다. 왜냐하면 한 아이의 기형은 ——이미지들만 생각해서 그랬는지 모르겠지만(이후로도 오랫동안 그러했지만) —— 그 아이의 어미가 꿈꾸고 상상

「언어의 검은 태양」("Le noir soleil du langage")을 참고했다. 이 글은 세르토, 『역사의 부재하는 것』(L'Absent de l'Histoire, Paris: Mame, 1973)에 수록되어 있다.

한 악몽들과 표상들에서 비롯된다고 여겼기 때문이다. 모계 쪽에 대한 이러한 상상은 모호하긴 해도 이런저런 어떤 원인을 가늠할 수 있었다는 측면에서, 사람들이 더 이상 정신적인 것이 아닌 자연적 연쇄 속에서 원인을 찾으려 했다는 사실을 알려준다. 파레가 살았던 16세기는 몽테뉴에 이르러 괴물들이 자연에 반하는 존재들이 아니라(『수상록』, II, XXX), 우리를 초월한 신적 질서에 속한 존재임을 주장한다. 모든 신학과 심지어 모든 철학의 범주로부터 완전히 벗어난 괴물성에 관한 엄격한 정의는 19세기 에티엔느 이지도르 조프루아 생-틸레르Etienne Isidore Geoffroy Saint-Hilaire에 이르러서였다.

1670년과 1745년 사이에는 유전 및 '씨앗들의 선재préexistence des germes'의 문제[6]에 관해 기나긴 논쟁이 펼쳐졌다. 간략하게 말하자면, 두 가지 거대한 관점이 서로 대립했다고 봐야 할 것이다. 어떤 이들은 일탈이란 보다 우월한 정상성의 이름하에 이루어진 창조의 일부, 즉 신의 소관이라는 주장을 펼쳤다. 즉 하느님은 세상의 법칙을 주관하는 직접적인 창조자이자 그 자체로 자연을 낳게 하는 존재(능산적 자연 natura naturans)라는 것이다. 모든 것들의 싹은 신에 의해서 이 땅에 옮겨진다는 관점이다. 고로 '일탈적déviants' 씨앗들 역시 다른 것들처럼 명령받은 것으로, 하느님의 지혜에서 비롯되었다고 본다. 즉 일탈들과 기형들 역시 합리적이라는 것이다! 왜냐하면 이것들 또한 정상 조

---

6 이 부분은 로제(J. Roger)와 그의 탁월한 저작에 많은 것을 빚지고 있다. 『18세기 프랑스 사유에서의 생명에 관한 학문들: 데카르트에서 백과전서까지 나타난 동물들의 생식』(Les Sciences de la vie dans la pensée française du XVIIIe siècle. La génération des animaux de Descartes à l'Encyclopédie, Paris: Armand Colin, 1963). 이 저작은 살몽-베이에(C. Salmon-Bayet)의 서문이 추가되어 1993년 알벵 미셸(Albin Michel) 출판사에서 재판되었다.

직들과 마찬가지로 그 나름의 조직 내에서 온전히 기능을 수행하기 때문이고, 나아가 우리를 초월한 이 세상의 거대한 가지성 속에 등재되기 때문이다. 여기서 우리는 한편으로는 비록 그 강조점이 옮겨진 것이긴 하지만, 앞서 언급했던 성 아우구스티누스의 영향력을 확인할 수 있다. 실제로 사람들이 가장 몰두했던 것은 '선천적 기형'의 내적 합리성이다. 게다가 사람들은 더 이상 보고된 사례들에 대해서는 언급하지 않은 채, 여러 학회들에서 실재하는 선천적 기형의 예시를 소개하거나 설명하려 들 뿐이었다. 이러한 흐름 속에서 우리는 아르노Arnauld나 레지스7 같은 장세니즘의 대표격 인물들을 발견하게 된다. 그들의 관점에서 보면, 선천적 기형인들이 기형인 까닭은 우리에게만 그러할 뿐, 무한한 가능성을 지닌 신의 의지가 표명된 자연과 관련해서는 그렇지 않았다. 하지만 이는 일탈déviance이라는 관념 전체를 부정하는 것이었다. 레지스의 말대로, 비범한 것은 있을 수 있으나 변칙적인 것들이나 실수들은 존재할 수 없는 것이다. 의사 뒤베르니Duverney는 1706년 학술원에서 같은 해 9월 20일 비트리에서 골반이 서로 붙은 채 태어난 두 아이의 사례를 소개한다. "'창조주의 장치'는 이 사례를 보건대 찬양받아 마땅합니다. 스스로의 질서를 희생해 가면서까지 그 풍성함을 드러내 주기 때문이지요. 그야말로 독창적인 장치를 창안해 낸 장인의 기발한 솜씨가 아닐 수 없습니다."8

　　두 번째를 이루는 사고방식의 흐름은 비정상적인 것들이 창조

---

7 실벵 레지스(Sylvain Régis, 1632~1707) : 데카르트적 사유를 지지했던 철학자.
8 로제의 앞의 책, p.406.

주에게서 비롯된 것이 아니라, 그 씨앗이 발육하는 가운데 개입된 사고 때문이라는 것이다. 요컨대 씨앗은 완벽한데, 발육과정이 나빴다는 관점이다. 이러한 경향은 관찰과 더욱 가까워지려 했고, 신학과는 더욱 거리를 두려 했다. 당대의 모든 사람들에게 신에 의한 창조가 문제시 되었음에도 말이다. 하지만 이 두 번째 입장을 지지한 사람들에게는 인간의 지식과 관련된 문제 하나가 풀리지 않은 채 남아 있었다. 즉 신이 세상만물을 완벽하게 만들었다면, 우리가 그것을 알 수 있어야 하지 않을까 하는 문제가 그랬다. 그런데 우리가 그것을 알 수 있다손 치더라도, 불가사의한 이해로 도피해서는 안 될 일이다. 말르브랑슈Malebranche와 같은 철학자는 이러한 관점에 위치한다. 뒤베르니에게는 이른바 합리성이었던 것이, 다른 식으로 보면 거의 유지되기 힘들었으니 말이다. 따라서 우리는 씨앗의 발육이 비정상적일 수 있다는 생각과 자연적 원인의 연쇄 속에서 그 원인을 찾아야 한다는 생각을 받아들여야 한다는 것이다. 다만 이러한 사유를 견지한 이 학파의 취약성은 가령 자궁수축이나 '씨앗의 으스러짐' 같은 '기계적' 원인만을 제멋대로 활용했다는 데 있다. 스스로 학자를 자처했던 윈슬로Winslow와 같은 사람이 두 번째 관점의 지지자로, 괴물성이 곧 괴물성이라 말했던 르메리Lemery에 맞서, 이 으스러진 씨앗 이론을 매우 훌륭하게 무너뜨린다. 우발적 사건들을 받아들이면서도 자신의 고유한 입장을 미묘하게 펼친 르메리는 윈슬로보다 먼저 사망했다.

우발적 사건들에 관한 이론은 이론의 여지없이 명백한 사실들을 적절하게 설명해 낼 수 없었다. 당장 하느님에게 괴물의 책임을 돌리는 것은 이성에 맞지 않는 것이었다. 이 딜레마로부터 벗어나기 위해서는 씨앗의 선재, 다시 말해 자연에 대한 절대복종이라는 명제를 포기해야 했다.[9]

실제로 이 같은 대립은 동일 출발선상에서 다투던 사유의 두 유형이었을 뿐이라는 점에서 생산적이지 못했다. 자연이 신에 의해 조립된 것이고, 자연 그 자체로는 생명체를 만들어 낼 수 없는 그저 기계장치에 불과하다는 생각으로부터 벗어나야 할 필요가 있었다. 이것이 당시에 꾸며내야만 했던 자연과 생명에 대한 또 다른 관념이었다.

하지만 내게 있어서 이 논쟁의 가치를 꼽는다면, 관찰한 것을 설명해 내려는 시도가 있었다는 점이다. 설령 그것이 신학적 사고와 맞바꾼 것이고, 또한 그 논의가 학술원 내에서 벌어진 논쟁일지라도 말이다. 여하튼 이것은 중세의 접근법과는 다른 접근방식이었다.

내가 뒤이은 논의에서 괴물성에 관한 문제를 재론하지 않는다고 해서, 이 논의가 단순히 탈-데카르트적 논쟁에 한정되지 않는다는 점을 언급해야겠다. 사실상 이 논의는 생명체에 대한 기능적이고 진화론적인 사고와 만나면서, 그 뿌리 상태에서 멈추었기 때문이다. 여기서 잠시 이지도르 조프루아 생-틸레르의 저작을 살펴보기로 하자. 그는 다음과 같이 서술한다.[10]

9 로제의 앞의 책, p.418.
10 이지도르 조프루아 생-틸레르, 『인간과 동물에서 나타나는 생체조직의 비정상들에 관한 일반적이고 특수한 역사 혹은 기형학 개론』(Isidore Geoffroy Saint-Hilaire, *Histoire générale et particulière des anomalies de l'organisation chez l'homme et les animaux ou Traité de tératologie*, Bruxelles: Société Belge de librairie, Hauman Cattoir et Cie, 1873, 2 vol).

나는 기형학적 사실들과 보편적 결과들, 그리고 그에 대한 연구의 결과로 얻은 적용방식들을 도출해 내고자 꾸준히 노력해 왔다. … 비정상 사례들과 그 특징들, 그것이 체질에 미치는 영향들, 그 생산방식과 그 규칙성 등에 관한 연구를 통해, 정상 질서의 변이들, 그 본질과 그 존재이유 그리고 그 무한한 변종들에 적용되는 원칙들에 대한 보다 정확하고 심화된 이해에 이르렀다. (p. XII)

그는 서문을 통해 자신의 연구의도를 피력한 데 이어, 곧바로 괴물들에 관한 과학의 역사를 세 시기로 구분하며 본격적으로 연구내용을 소개하기 시작한다. 18세기까지는 괴물이 신의 영광을 말해주거나, 악마적인 힘을 나타내는 미신적 단계와 관련이 있었다. 이에 이지도르 조프루아 생-틸레르는 자신의 동시대인들 중 몇몇 이들의 저작 속에서 그 같은 미신의 흔적들을 발견해 낸다. 그는 18세기를 '실증의' 시대로 받아들이고 있는데, 그 이유는 당시 사람들이 관찰에 전념해 원인들을 발견하려는 여러 시도(우발적 사고에 관한 이론)를 했다고 보았기 때문이다. 정녕 과학의 시기는 할러(1708~1777)[11]의 등장과 할러의 저작인 『괴물에 관하여』*De monstris*, 그리고 '배胚발생' 이론의 출현과 더불어 시작되었다고 보아야 할 것이다. 이지도르 조프루아 생-틸레르는 독립 학문으로서의 과학의 태동과 그 진정한 개시는 19세기 초에나 가능했다고 보았다.

이지도르 조프루아 생-틸레르의 으뜸가는 공헌이라면, 괴물성에

---

11 할러(Haller)에 관해서는 로제의 앞의 책 p.705 이하를 확인할 것.

관한 객관적 기준들을 바탕으로 괴물성을 정의 내린 데 있다.

특수한 유형의 모든 일탈, 혹은 다른 용어를 쓰자면, 유기체적 모든 특수성은 우리가 비정상이라고 부를 수 있는 것을 구성한다. 이때 유기체적 특수성이란 한 개인이 대다수 개인들에 비해 자신의 종, 자신의 연령, 자신의 성별을 통해 보여 주는 바를 뜻한다. 그런데 괴물성이라는 어휘는 비정상의 유의어로 종종 사용되어 왔다. 반면 다른 저자들은 이 괴물성이라는 말로 가장 심각하고 가장 명백한 비정상의 사례들만을 이해해 왔다. 그들은 이 어휘에 훨씬 제한적인 의미를 부여했던 것이다. 나는 본 저작을 통해 방금 말한 이 해부학자들의 예시를 추적하려고 한다. 이는 단순히 기껏해야 정상상태와 조금 다를 뿐인 존재들을 괴물로 부르며 느꼈을 혐오감을 이제서야 공유해서가 아니라, 가장 경미한 괴물성들 사이, 가장 심각한 괴물성들 사이, 혹은 괴물성 전체 내부에 존재하는 해부학적 관계들이 갖는 특성 그 자체로 인해 비정상성을 여러 학문 분과로 분할하는 일이 요청되고 있음을 자각했기 때문이다.

… 내가 원칙적으로 채택하고 기초로 삼은 구분은 다음의 세 가지 고려사항에 기반한다. 즉 비정상성들의 본질, 해부학적 상관관계에서 바라본 비정상의 복잡성과 위중성의 정도, 그리고 비정상들이 인체활동에 미치는 영향이 그것이다.

여기에 분류작업이 뒤따른다. 이러한 분류법은 최초의 것도 최종적인 것도 아니다. 하지만 이 분류법의 특별한 점이 있다면, 비정상성의 복잡한 정도나 그것이 인체 기능 전체에 미치는 영향만큼이나, 그 본질적인 측면에서도 엄밀한 의미에서의 비정상성 사례를 괴물성의 사례로부터 분리해 낸 데 있다. 예를 들어 소인증은 '에미테리hémitérie', 즉 해부학적 구조상 경미한 결함에 속하기 때문에 단순 체격상의 비정상 사례에 해당한다. 마찬가지로 안짱다리는 해부학적으로 골격 배치상의 비정상 사례에 해당한다. 따라서 괴물성은 이원성이 존재해야만 하는 지점에서 단일성으로의 환원이 발생할 경우에만(가령 두 눈이 아닌 외눈, 뇌 전체에서 일부만 온전한 경우 등), 비로소 그 의미가 드러나기 시작한다. 혹은 정반대로 오직 하나의 표본-모범exemplaire만 존재해야 하는 곳에 이원성이 존재할 때, 즉 이중으로 존재하는 모든 경우가 바로 여기에 해당된다.

이지도르 조프루아 생-틸레르는 정상과 그 정도가 가장 심각한 비정상 사이에 어떤 한 단계가 더 존재하지는 않을까 하는 생각을 계속했기 때문에, 여러 차례 괴물성이라는 범주를 유지해야 할지 말아야 할지 자문했다. 왜냐하면 이 범주 안에도 비정상을 지배하는 동시에 통상적이고 정상적인 작동상태를 지향하게 하는 그런 규칙들과 법칙들이 있기 때문이다. 생명의 기본법칙들은 언제나 동일한 것들이지만, 선천적 배열 혹은 발육상 돌발적 단절이 나름의 고유한 '정상성'을 지닌 사람들을 낳는 경우도 발생하기 때문이다. 그가 특수한 유형에 속하긴 해도 괴물성의 범주를 계속 유지하게 된 이유는 바로 이러한 경우들 때문이었다. 그는 다음과 같이 서술한다.

눈에 띄는 명백한 증가나 감소만 있는 경우, 비정상은 진정한 괴물성을 구성해 내지 못한다. 하지만 실질적이고 수치화된 증가나 감소가 있을 경우, 비정상은 항상은 아니어도 종종 괴물성을 구성해 낸다. 끝으로 우리가 자연에 반하는 결합과 그 결과로 또 다른 기관의 완전한 쇠퇴를 동반하며 신체 어느 한 기관이 눈에 띄게 제거된 경우와 마주하기도 한다. 바로 이 세 번째 경우의 두 비정상이 서로 연관되고, 특히 어느 하나가 다른 하나의 원인으로 간주될 때, 이 두 비정상은 분명 복합적 비정상성, 즉 진정한 괴물성을 구성한다. … 가령 두 개의 안구 사이에 코 기관이 위치하는 것처럼, 서로 닮은 두 기관 사이의 중간선상에 위치한 어느 한 홀수 기관이 없어지거나 미발달 상태인 경우, 정상 상태에서는 이 홀수 기관 외부에 위치해 있던 두 기관들은 서로 상관관계에 놓여, 그것들을 분할하고 있던 장애물이 제거됨에 따라 점점 서로 가까워지게 되고, 결국에는 이 두 기관은 서로 엉겨 붙어, 어느 정도 근접한 위치에서 뒤섞이고 만다. 이러한 비정상의 사례들이 괴물성의 발생을 가능하게 한다. (p. 68)

괴물성은 특수하고, 복합적이고, 매우 심각하고, 결함 있고, 눈에 띄게 드러나는, 선천적 신체기관의 비정상적 일탈들을 일컫는다. 이러한 비정상적 일탈을 보이는 존재들만이 괴물로 불릴 수 있다. 또한 차후에 살펴보겠지만, 이들은 자연적 방법론의 원칙들과 형식들이 적용될 수 있고, 또 적용되어야만 하는 유일한 대상들이기도 하다. (p. 69)

이 자연적 방법론이란 린네의 종種에 따른 방법론, 즉 숱한 특수성을 지배하는 항구적 규칙들에 관한 연구로, 이로써 "종들 사이에서 그

룹 지어지고, 나름의 자연적 유사성과 이제껏 알려지지 않은 여러 관계들을 따르던 종들이 우리 앞에 모습을 드러내는"(p.80) 것이다.

괴물성이라는 개념의 완전한 정착은 이렇듯 이지도르 조프루아 생-틸레르와 함께 완성된다. 이제 괴물성은 비정상 사례들의 총체와 혼동될 수 없으며, 외따로 떨어진 어떤 종이 아닌 하나의 특수한 유형이 된다. 왜냐하면 각양각색의 문門과 아문亞門이 있는 동물계 내에서 차원의 일관성이라는 개념은 이지도르 조프루아 생-틸레르의 기본학설이기 때문이다. 내가 보기엔 이지도르 조프루아 생-틸레르는 조르주 캉길렘이 간결하게 표현했던 바, 즉 "19세기에 광인이라는 집단은 이성을 가르치기 위해 필요했던 피난처인바, 괴물은 정상-표준을 가르치기 위한 발생학자의 실험저장용기 속에 담겨져 있다"[12]는 말을 완벽하게 예증하는 듯하다.

이성과 비이성, 질서와 무질서는 이제 더 이상 분리된 것이 아니며, 어느 한쪽이 보이는 과잉이나 결핍이나 일탈은 다른 한쪽을 밝혀주게 된다. 반대로 과학과 치료요법 자체에서와 마찬가지로 사회적 분리와 과학적 치료법 연구의 구분을 가속화시키게 되었다.

이지도르 조프루아 생-틸레르의 관점들이 함축한 이와 같은 입장을 설명하기 위해서는 질병과 비정상에 대한 그의 구분법을 일러두는 것이 적절할 듯하다. 우리는 신체기관들이 정상적으로 형성되고 발달되었을 경우, 질병에 관해 말한다. 즉 질병이란 신체기관들을 이미 형

---

12 캉길렘, 「괴물성과 괴물적인 것」(G. Canguilhem, "La monstruosité et le monstreux", in *Diogène*, n.40, 1962.

성된 정상적 기능에서 멀어지게끔 하는 것이다. 반면 교란작용이 신체기관이 형성되고 발달되는 과정 중 돌발하는 경우, 그리고 신체기관들이 정상적 조건에 이르는 것을 방해하는 경우, 우리는 비정상을 말한다. "질병이 이미 형성된 것을 변질시키는 것이라면, 비정상은 마땅히 형성되어야 하는 것을 변질시킨다."(p. 455, t. III) 질병은 어떤 변질이자 때에 따라서는 가역적일 수 있는 변형이다. 반면 비정상은 기괴하고, 비가역적이고, 항구적인 형성을 의미한다. 우리는 비정상이면서도 건강할 수 있다. 이것이 바로 순전히 건강이나 사회적 배제의 문제로 귀착시키려는 모든 시도에 대항해 '장애'를 옹호하기 위해 고안된 오늘날의 담론이다.

기형학은 의학에 속하는 것이 아니다. 우리는 앞으로 어떻게 이 문제로 다시 되돌아오게 되는지 지켜볼 것이다. 하지만 다른 관점에서 보면, 이지도르는 질병과 비정상 사이의 유사성들을, 가령 이전의 상태, 즉 맹아적이거나 구조적인 어떤 상태로의 회귀가 가능한 여러 경우들에서 강조하기도 한다.

비정상 사례들과 병리적 변질 사례들은 매우 빈번하게 특정한 종에서가 아닌, 우리가 관찰한 특정 연령에만 속하는 낯선 유기적 조건들의 실재에서 기인하기도 한다. 바로 이 지점에서 병리적 변질 사례와 비정상 사례 사이의 유사성이 드러난다. 이 기괴한 조건들은 때로는 발달 중지의 결과로, 존속 가능한 정상기한을 넘어서까지 계속 유지되기 때문에 나타나는데, 이것이 바로 비정상의 경우에 해당한다. 반면 때로는 사라진 뒤에도 이 조건들은 발달상 퇴보의 결과로 발생하기도 하는데, 이것이 바로 병리적 변질의 경우이다. 바로 여기에 병리적 변질과 비정상성 사이의 차이가 존재한다. (pp. 451~452)

달리 말하자면, 질병은 비정상에 관해 우리에게 무언가를 밝혀 줄 수 있고, 그 반대도 가능하다는 것이다. 바로 이 부분이 괴물은 유추를 통해 무언가를 우리에게 알려 준다고 했던 캉길렘의 구상과 일치되는 지점이다. 20세기에 들어 정초되는 개별학문들 간의 너무나도 중요한 이 같은 협업을 넘어, 더구나 이러한 입장이 함축하는 협업의 의미를 넘어, 인류학적인 차원에서 '괴물성'에 대해 약간의 말장난을 해보자면, 괴물이야말로 이성과 질서의 분신이라는 말은 흥미로운 언급이 아닐 수 없다. 요컨대 괴물은 이 세계와 인간의 내재성 이외에 다른 그 무엇도 가리키지 않는다.

이러한 사실들로부터 우리는 그의 연구가 치료법으로의 적용여부를 검토할 수 있게 되었음을 이해할 수 있다. 그는 마치 무언가 미리 알려 주겠다는 어투로 다음과 같이 서술한다.

치료법은 매우 상이한 두 가지 결과를 위해 비정상인들에게 적용될 수 있다. 즉 하나는 질병을 치유해 건강한 상태로 환원시키는 것이고, 다른 하나는 비정상 그 자체를 치료해 정상 상태로 환원시키는 것을 뜻한다. 첫 번째의 경우는 일시적으로 위협받은 생명을 보호하고, 고통을 덜어 주고, 이전의 상태로의 적절한 복원을 수행하는 것으로, 단 이때 선천적 장애는 존속된다. 반면 두 번째의 경우는 한발 더 나아가, 불완전한 신체 조직이 야기하는 고통을 제거하고 정상 조건들을 회복

함으로써 자연의 미완성 작업을 진정으로 완성시키는 것을 의미한다. (p. 556)

여기서 이지도르는 이중성을 띠는 괴물의 외과학을 염두에 두었지만, 위생학과 출산 등의 문제도 고려하고 있다. 적어도 여기에는 괴물성의 사례에 속하지는 않아도 외과학이 무언가 도움 줄 수 있는 비정상 사례들에 대한 일종의 재활적 시각이 깃들어 있다. 재활교육, 재활기술, 재활시설로 점차 번져 갈 이러한 관점이 지닌 실질적 관심 이외에도, 내가 소위 인류학이라 부르는 영역에서 세계와 인간의 내재성이 확립되는 가운데 정형외과 및 보철 기술이 급속하게 관련되었다는 사실은 인류학적 차원에서 놀라운 일이라 할 수 있다. 즉 신체불구자는 회복될 수 있고, 다시 정상화될 수 있으며, 재활될 수 있다는 관점이 그렇다.

19세기에 특히 쥘 게랭[13]이 남긴 상세한 설명을 그 증거로 들 수 있는데, 우리는 여기서 기형과 괴물성 사이의 명백한 개념적 구별을 확인하게 된다. 이와 동시에 단계별 일련의 인과관계를 거쳐 괴물성과 그에 동반된 기형의 문제를 "뇌척수질환이라는 유일하고, 동일한 원인의 차원"(p. 527)과 결부시킨 주장도 확인할 수 있다. 게랭은 결정인자로 간주될 수 있는 어머니의 상상계, 정신적 감정상태의 영향, 유전,

---

13 게랭, 『괴물들, 태아들, 유아들에게서 나타난 선척적 기형들에 관한 조사』(J. Gérin, *Recherches sur les difformités congénitales chez les monstres, le foetus et l'enfant*, 1880). 쥘 게랭은 두 기형학자 조프루아 생-틸레르 부자(父子) 이후에 활동했던 인물이다. 17세기 이래로 괴물성에 관한 이러한 문제는 향후 별도의 연구를 수행해야 할 만한 가치가 있다.

부모의 연령, 하층 계급, 직접적 압박 요인, 낙태 시도 경력 등과 관련된 원인들을 제거한다. 또한 내가 앞서 거론했던 모든 종류의 이론들도 마찬가지로 제거한다. 그의 독특한 설명은 상해傷害와 관련된 것으로, 그는 1840년에서 1880년까지 이 견해를 고수한다(p. 708 이하).

이런 식으로 우리는 사상적 차원에서 백과사전식 모험과 계몽주의 세계의 개화기에 이른다. 이 세기에 들어가기에 앞서, 16세기와 17세기의 사회적 실제에 관심을 갖는 건 적절해 보인다. 실제로 당대의 학계는 일탈과 괴물성에 관한 문제에 몰두하고 있었다. 하지만 다른 한편에는 장애인들의 세계가 실제로 존재하고 있었다. 그렇다면 우리는 선천적 기형의 세계와 그것이 선천적이든 후천적이든 신체불구의 세계를 분명하게 가르는 분류법 앞에 여전히 놓여 있는 것이 아닐까?

우리는 이러한 구별이 종종 분명했다는 사실을 앞선 시대들에서 확인할 수 있었다. 그럼에도 불구하고 이 두 문제는 한 측면에서 혹은 다른 측면에서 서로 닮아 있기도, 또 서로 뒤섞여 있기도 하다. 예를 들어 중세시대의 괴물은 무엇보다도 상상력의 총체였지만, 신체불구에 붙여진 특징들은 한편으로는 사회적 주변성과 혼동이 있긴 해도, 괴물성에서 차용해 온 것들이었다. 고대시대의 기형이 비록 괴물 같은 것은 아니었지만, 역시나 용납될 수 없는 일탈이긴 마찬가지였다. 고대시대에는 태생적 신체불구를 쇠약의 모든 다른 형태들과 구분했으니 말이다. 그렇다면 과학, 철학, 문학의 '위대한 세기'로 일컬어지는 이 시대는 과연 어디에 해당될까?

나는 괴물성에 관한 논쟁을 그 과학적 표현에까지 추적해 보았다. 17세기가 기나긴 고찰을 시작하던 때와 시기를 같이해, 철학자들은 몇몇 신체불구의 본질에 대한 갖가지 입장을 취하기 시작했다. 프로이트의 저 유명한 용어를 빌려 표현하건대, 인간의 신체 혹은 정신에서 나타나는 통상적이지 않은 방식, 즉 '두려운 낯섦inquiétantes étrangetés'에 관한 질문이 기대고 있는 그 동일한 토대와 다시 마주하게 된 것이다. 실제 신체불구자들을 관찰했던 존 로크는 더 이상 동물 종과 인간 종의 잡종을 고찰의 대상으로 삼지 않고, 이 두 성질 사이의 매개적 요소를 사유한다. 그가 이런 주장에 이르게 된 것이 이제까지와는 완전히 다른 철학적 문제와 관련되었다는 점은 분명하다. 『인간 오성론』,[14] 4권, 4장 12절 이하에서 발견되는 주장이 그러하다. 철학적 문제는 그 세부 사항에 있어서 당장 우리의 관심사는 아니다. 다만 로크가 사람들이 어떻게 '실체들'에 대해 어떤 관념을 갖게 되었는지 자문했다는 점만은 언급해 두기로 하자. 그에 따르면, 외관에 속지 않도록 매우 주의를 기울여야하고, 현실적으로 현존하는 요소들에 따라 판단해야 한다는 것이다. 우리에게 적절한 범주를 마련해 주는 듯 보이는 표현들에 속아 잘못 판단해서는 안 된다는 것이다. "앎을 실체들과 관련지어 실재로 만들어 내려면, 관념들은 사물들의 구체적 실존으로부터 추론되어야 한다." (12절 마지막 부분) 그는 다음과 같이 말한다.

이성을 갖춘 당나귀의 형상에 대한 어떤 관념이 인간이나 짐승에 대한 관념과 다를 수 있고, 또한 인간과 짐승 사이 중간을 차지하거나 서로를 구별 짓는 어떤 동물 종의 범주를 구성할 수 있듯이, 마찬가지로

---

14 로크 철학 총서, 튀로(M. Thurot)에 의해 재검토 및 수정된 판본. *Essais sur l'entendement humain*, Paris: Bossange Père et Firmin Didot, M. DCCC XXII (2권 구성)

이성이 결여된 한 인간의 형상, 그 동작, 그 생명에 대한 관념은 판명한 관념일 수 있고, 그리하여 인간과 짐승을 구별해 주는 어떤 종을 구성할 수도 있다. (13절)

그런데 로크는 이러한 주장이 옹호되기 쉽지 않다는 점을 방금 우리가 인용한 부분에 앞서 설명한다. 그는 다음과 같은 말을 일러둔다.

만일 내가 40년 넘게 이성적인 모습이라곤 전혀 찾아볼 수 없는 바보들에 대해, 그들이 인간과 짐승 사이의 중간을 점하는 그 무엇이라고 말한다면, 이는 어쩌면 지나치게 경솔한 역설이자, 심지어 대단히 위험한 결과를 초래할 오류로 받아들여질지 모른다. 하지만 이것은 단지 인간과 짐승이라는 두 명사가 서로 구별되는 종을 의미한다는 사실, 즉 실질적 본질에 의해 너무나도 잘 표시되어 그 어떤 다른 종도 이 종들 사이에 끼어들 수 없음을 의미하는 것으로, 이 잘못된 전제에서 기인한 편견에 불과하다. (13절)[15]

그러고는 다음 문단(14절)에서 로크는 "내가 말한 것의 반박에 대해 답하자면, 저능아는 인간과 짐승을 매개하는 그 무엇"이라는 의견을 피력한다. 재차 자신의 입장을 고수해야 할 필요를 느낀 그는 우선

15 신기하게도 이런 로크식 사유는 동물성과 인간성을 가르는 이른바 그 뛰어넘을 수 없는 경계를 폐기하려는 오늘날 상당수의 사상가들의 사유 속에서 반향하고 있음을 확인할 수 있다. 몇몇 사상가들의 사유에는 인간인 아이들만큼이나 동물들을 보호하는 것도 중요하다는 식의 결론이 등장하며, 특히 그들이 기형이거나 다수의 장애를 지니게 된 경우에도 보호되어야 한다는 주장이 나타난다.

사후 세계에서 저능아들이 무엇이 될지 문제 삼을 신학에 반대되는 입장을 내놓는다. 로크는 이 문제가 자신의 문제가 아니라, 온전한 선이자 지혜인 하느님의 문제라고 답한다. 하지만 이 같은 대답만으로는 충분하지 않다. 왜냐하면 "인간적 태생을 갖는 모든 존재는 그 특권(신성한 삶에 운명지어진 존재라는 특권)을 누려야 한다"는 신학적 주장에 역행해야 하기 때문이다. 이에 로크는 주저 없이, 이런 주장엔 "상상들만이 난무할 뿐 아니라, 여러분은 이런 종류의 질문들이 우스꽝스럽고, 근거도 없다는 사실을 알게 될 것"이라고 말한다(15절). 육신 전체가 반드시 영혼에 연관된 것이 아니라, 오직 영혼만이 영원하다는 것이다. 로크는 다음과 같은 주장으로 결론을 맺는다.

흡사 동상이 그러하듯, 실로 생명이나 움직임의 기미를 찾아볼 수 없는 어떤 사람의 죽은 육신이 살아있는 영혼을 가두고 있다는 주장은 일리 있는 말이다. 또한 바보의 육신 안에 이성적인 영혼이 있다고 말하는 것도 일리 있는 말이다. 그 이유는 바보가 평생 자신의 행동에서 여러 짐승에게서 관찰 가능한 이성의 흔적만큼 명백한 그 어떠한 이성의 흔적을 보여 주지 않았을지라도, 그는 이성적인 피조물의 외관을 지녔기 때문이다.

뒤이어 저능아들을 괴물성과 연관 짓는 논리가 개진되는데, 다음과 같은 주장으로 끝을 맺는다.

실례될지 모르겠으나, 정녕 이 경우에 그들이 인간도 짐승도 아니고,

그 어느 한쪽의 성질을 띠는 그 무엇도 아니라면, 저능아라는 괴물(이 괴물이라는 말이 무엇을 의미하건 간에)은 대체 무엇이란 말인가? 그런 데 이것이야말로 바로 우리가 방금 논의한 저능아를 뜻한다. 우리가 진정으로 사물들 그 자체의 본성 내부에 침투하고자 한다면, 그리고 그 사물들을 근거도 없이 그들에 관해 고집스럽게 고수해 온 헛된 환상들을 통해서가 아니라, 우리의 능력으로 말미암아 발견되는 것을 통해 그 사물들의 존재 그대로를 고려하고 검토하고자 한다면, 동물의 종과 식물의 종에 공통되는 개념을 포기하는 일은 그만큼 필수적인 일이 된다. (16절)

로크가 고찰했던 저능의 문제는 중증병리학에 해당하는 것이지만, 그의 설명은 복합장애나 중증정신지체장애만큼이나 체질량지수에 관해서도 생각할 거리를 제공하는 것이 사실이다. 그렇다고 온전한 인간이 아닌 '저능아들'이 여전히 존재한다는 이 주장의 명료함을 희석시킬 수는 없을 것이다. 로크가 단지 추정으로만 언급한 어느 주석 안에서 자신의 말을 거의 바꾸지 않는 것도 사실이다. 이 주석은 거의 전문을 옮겨 볼 만한 가치가 있다.

만일 우리가 이성적 추론능력을 근거로 인간을 짐승과 구별할 경우, 중간은 없다. 여기서 문제된 동물은 추론능력을 갖고 있거나 혹은 그렇지 않아야 한다. 하지만 이 능력은 고작 몇 차례밖에 나타나지 않기 때문에, 우리는 진리에 논증되지 않는 징후들을 통해 이 이성이 제 모습을 드러낼 때까지 판단한다. 왜냐하면 우리는 이성을 잃었거나, 마침내 이성의 실행을 달성한 사람들에 대한 체험을 통해서, 이성의 기능이 중단될 수도 있다는 사실을 잘 알고 있기 때문이다. 출생과 외형은 숨겨진 것에 대해 여러 추측들을 낳는다. 하지만 출생에 관한 추측은 인간의 모습과는 확연히 다른 어떤 형상으로 인해 지워진다. … 그렇다면 결국 우리는 인간으로 인정할 수 있는 형상의 정확한 경계들을 어떻게 결정해야 할까? 내가 답할 수 있는 것이라곤, 이 억측스러운 소재에 대해 우리 모두는 그 어떠한 정확한 해답도 갖고 있지 못하다는 것뿐이다. (4권 p. 270)

프랑스 대혁명 이후, 그러니까 실상 서로 다른 우리 모든 인간에 대한 평등을 단언하게 된 이후, 존 로크만큼이나 강력한 어느 철학자의 견해에서 이 같은 발언들을 곧장 발견하게 된다는 점은 무척이나 놀랍다. 그럼에도 불구하고 로크의 입장은 분명하다. 왜냐하면 그는 오늘날 공유되는 다음과 같은 확신에 직접적으로 답했기 때문이다. "그러나 어떤 저능아는 이성적인 부모로부터 태어나기도 한다. 따라서, 결과적으로 이 저능아는 이성적 영혼을 지녀야 할 것이다. 그런데 나는 그대들이 어떤 논리적 규칙을 통해 이 땅 어디서도 분명하게 확인되지 않은 이 같은 결론을 이끌어낼 수 있을지 알지 못한다." (16절 초반부)

어떤 존재가 인간에 속하는지에 관한 문제를 자문하기 시작한 이래로, 그들에겐 감정, 정념, 인간적 불안감 등도 없다고 여기는 것은 당연한 일이 되었다. 이러한 망설임의 시기를 설명하기 위해 나는 또 다른 저자인 라이프니츠를 소개할까 한다. 라이프니츠는 『인간 오성신론』(「말들」Des mots의 제6장, 「실체의 이름들」Des noms des substances 내용)에서 상당히 긴 구절을 통해, 로크와 동일한 문제에 관한 논의를 개진한다. 라이프니츠는 인류라는 긍정적 추정으로 결론짓고 있지만, 그가 보기에도 이는 단순 추측에 불과하다.

우리 가운데는 우리와 완벽하게 똑같은 형태를 지녔지만, 이성이 결여된 저능아들이 있다. 게다가 그들 중 어떤 이들은 말의 사용법을 갖추지 못한 경우도 있다. … 저능아들에게는 이성의 사용법이 결여되었지만, 경험적으로 이성이 종종 깊이 관련되고, 또 이성의 기미가 조금도 드러나지 않을 수도 있다는 사실을 알고 있기에, 또한 이러한 일이 이성적 능력을 보이고 또 보일 사람들에게 일어난다는 것을 잘 알고 있기에, 우리는 다른 징후들, 말하자면 육체적 외관에 기초해 이 저능아들에 대한 동일한 판단을 그럴듯하게 내리는 것이다. 아이들이 인간들이고, 그들이 이성을 보일 것이라고 추정하는 것은 단지 출생에 결부된 이러한 표시들에 근거하는 것에 불과하다. 우리는 이 점에 있어 거의 실수를 범하지 않는다. 하지만 만일 우리와는 겉모습이 조금 다른 이성을 갖춘 동물들이 있다면, 아마도 우리는 몹시 난처한 상황에 빠지게 될 것이다. 이는 우리가 내린 정의들이 신체적 외관에 달려 있을 경우, 우리의 정의가 불완전하고, 잠정적이라는 사실을 알게 해준다. (1900년 Alcan판본, p. 272, 22절)

라이프니츠는 가령 피부색이 다른 민족들과 관련해 자신이 빠질 수 있는 위험성을 감지하고, 자신의 추정을 완강하게 고집한다. 그럼에도 긍정적인 쪽으로 마무리 짓기 위해서는 수십 페이지에 달하는 지면이 더 필요했던 것 같다. 그 추가적인 설명에는 문제가 제기된 사실에 기초해 기나긴 추정이 덧붙여졌다. 결국 저능아들이 인간인지 아닌지라는 질문의 첫 번째 차원에서 그들이 동물계와 인간계 사이의 중간자적 존재들intermédiaires이라는 묘사가 피력되는데, 이 묘사는 잠재적이긴 해도 때때로 명시적으로 제시된다.

무엇보다 광기에 대해서뿐만 아니라, 또 다른 신체불구의 사례들에 있어서 격리의 세기로 알려진 17세기적 맥락에 앞서 살펴본 불분명함이나 철학적 망설임을 결부지어야 하다니… 그렇다면 우리는 오직 이성적 작업들에서만 무언가를 해야 하는 걸까? 혹시 이 이성적 작업들이란 그것을 주변으로 하는 숱한 거부와 관련 있는 건 아닐까? 구빈원 창설(1664년)을 위해 가난한 자들과 주변인들에 대한 감금을 공표한 루이 14세는 로크도 라이프니츠도 읽지 않았다. 하지만 확실한 것은 이 세기가 이성 ─당시 개별 학문들에서 밝혀질 그 강력한 이성─과 비이성의 관계에 관한 중대한 질문에 사로잡혀 있었다는 점이다. 과연 이성 혹은 광기는 언제 존재하는가? 다시 말해 서구철학 내에서 이성 자체에 의해 명확하게 규정된 인간적 본질에 언제 속하게 되며, 언제 그렇지 않게 되는가? 이 세기는 문제 제기의 특정 방식 속에서, 그리고 푸코가 말한 특정 에피스테메 속에서 포착된다. 이런 토대에는 저능아들이 인간일 가능성을 인정하지 않는 태도와 광인들에 대한 감금 사이의 어떤 유사성이 존재한다.

자선과 수용

괴물성에 관한 기나긴 논쟁이 전개되고, 일군의 철학자들이 인간들 사이에 구별짓기를 심사숙고해 구상해 내면서, 사람들은 신체불구로 인해 괴물과 다를 바 없는 이들을 괴물로 간주하기 않기 위해 과연 무엇을 했을까? 이제는 괴물성에 관한 문제와 신체불구자 사이의 어떤 단절이 존재하게 된 듯하다. 그렇다면 이 두 존재는 평가의 척도가 없어 측정할 수 없었던 것일까? 분명하게 드러내기는 어려운 일이다. 어쩌면 17세기에는 명증한 이성이 엄격하게 모든 사유과정에 침투했다는 점에서, 특히 괴물을 이해함에 있어 불일치에 해당하는 모든 형태는 '제자리', 다시 말해 누군가 정해 놓은 자리를 찾아가야 한다고 주장해야 할지 모른다. 왜냐하면 이는 괴물성에 관한 논쟁의 두 가지 기류가 공유하는 공통의 사안, 즉 합리성이 그것을 정확한 위치에 배치할 수 있음을 뜻하기 때문이다. 이것이야말로 신의 섭리와 관련짓기 위해서든, 괴물성을 낳는 과정들을 이해하기 위해서든, 지고한 이성이 뜻한 바이다. 이 괴물성의 문제를 지성의 차원에 위치시키는 일은 온갖 주변성에 부여했던 사회적 공간의 문제와 그리 동떨어진 것이 아니다. 그리고 이성에 의해 통제받는 이 공간은 곧 병원과 감금의 공간을 뜻한다. 이렇게 우리는 미셀 푸코와 다시 조우하게 된다.

　이러한 이유로, 또 다른 이유 때문에라도, 이전 시기로 거슬러 올라가 신체불구에 대한 구체적 취급의 양태들을 추적해 볼 필요가 있다. 이 '위대한 세기'의 초기로 다시 되돌아가 보자. 하지만 이와 관련된 증거자료들은 매정하리만치 부족하다. 예를 들어 17세기 전반기

'자선'을 구현하고 상징하는 인물인 뱅상 드 폴Vincent de Paul의 생애와 저작 속에서 신체불구자들에 대한 묘사들을 거의 찾아볼 수 없다는 점은 생각해 볼 문제이다.[16] 실상 뱅상 드 폴은 업둥이들, 도형수들, 죄수들, 환자들, 노인들, 매춘부들, 걸인들과 같은 온갖 부류의 불쌍한 사람들을 돌보았지만, 그가 신체불구자들과 함께 있는 모습은 찾아 볼 수 없다. 정말 어쩌다가 한 번씩 그 모습을 보게 될 경우가 있는데, 그마저 일부 가난한 자들이 마침 불구자일 경우뿐이다. 우리는 특수한 사회사업에 있어서도, 루이 14세가 세운 상이군인 재단 설립의 경우만 확인할 수 있을 뿐이다. 이 문제에 관해서는 뒤에서 다시 다루겠다. 여하간 장애인들이 당시 중대한 사회적 문제가 되지 못했다는 점은 언급해 두어야겠다. 중세 이래로 신체불구자들은 그들의 각 가정에서 철저하게 숨겨지지 않는 한, 혹은 심지어 아이들의 경우 부모의 침소에 꽁꽁 숨겨지지 않는 한, 대부분 계속해서 가난한 자의 부류에 속해 있었다.[17] 이러한 관점에서, 신체불구자들을 두루 포함시켜야만 했던 17세기 저 유명한 자선의 문제에 의문을 제기하는 일은 사소한 문제가 아니다. 모든 이들이 대대적으로 푸코의 의견에 동조해, 이 세기가 특히 구빈원의 탄생(1656년)과 더불어, (사회적) 질서가 지배하는 분위기,

---

16 비단 뱅상 드 폴만이 아니다. 가령 렐리스의 생-카미유(Saint-Camille de Lellis)의 제자들은 '불구자들의 대리인들'(Ministres des Infirmes)로 불렸음에도, 이 '카미유 계승자들'은 하느님의 성자 요한의 형제 수사(修士)들이 그랬고, 또 그보다 이전에 비엔나의 성 안토니우스 수도회가 그랬던 것처럼, **병든 자들**에게 헌신했다.

17 가령 필립 아리에스와 같은 몇몇 역사학자들은 수많은 불구 아동들이 질식되거나 우물 속에 '빠지거나' 혹은 또 다른 식의 '느닷없는 사고로' 사망했던 점을 검토한다. 이런 생각을 피력한 역사가들은 부모의 침소에 아이들을 재우는 것을 금했던 주교의 교서들에서 그 근거를 찾는다. 그렇다고 당시 주교의 교서들이 정신분석 쪽에 조예가 깊어(!) 아동교수법적 사고에 입각해 작성된 것 같지는 않고, 영아 살해를 위장하려는 의도를 저지하려는 어떤 의지에서 작성된 것으로 보아야 할 듯하다.

즉 빈민과 광인에 대한 감금의 분위기 속에서 전개되었다고 입 모아 말한다. 더구나 이 고전주의 시대에서 '모든 권력은 자선으로 명명되고' 있는데, 그 이유는 자선의 모든 전개양상이 비록 의도한 것은 아닐지언정, 실제로는 일탈을 관리하는 정치권력의 자선행위에 기여했기 때문이다.[18] 그렇다면 이는 뱅상 드 폴과 관련해서도 사실이었을까? 백년 전 그에 관한 한 전기 작가[19]는 그가 콘스탄티누스 1세 및 병원시설의 창설 이전 초기 기독교 세대의 전통을 개별 빈민들에 대한 '자택방문'의 자선사업 형태로 다시 부활시켰음을 보여 주며 이야기를 풀어가기 시작한다. 그가 권고한 사항들은 언제나 '가난한 자들에 대한 방문'에 관한 것이었고, 애덕수녀들Filles de la Charité 역시 이런 정신에 입각해 빈민사업을 개시했다. 그런데 이 같은 사실을 언급한 다음 이 전기 작가는 17세기 당시 구빈원이 자선을 실천할 수 있는 유일한 형태였다는 점을 명시한다. 나는 이 역설 속에서 전기 작가 아르튀르 로트의 부주의라든가 부르주아였던 뱅상 나리의 삶에서 일어난 어떤 사소한 변화 이상의 것을 확인할 수 있다고 생각한다. 즉 이 지점에서 17세기 당시 구상되고 조건지어진 '자선' 개념의 양가적 성격이 문제되기 때문이다. 종교전쟁 이후로 모든 이들이 재차 겪어야 했던 더욱 심각해진 비참한 상황과 교회에 의해 운영되던 구빈 시설망이 붕괴된 상황 앞에서, 뱅상 드 폴은 감동적인 복음주의, 재건과 교육에의 의지, 그리고 프

---

18 동프니에, 「프랑스의 17세기: 모든 권력이 자선을 표방했을 때」, 『빛과 생명』(B. Dompnier, "Le XVIIe siècle français : quand tout pouvoir se nommait charité", *Lumière et Vie*, t. XXVIII, n. 142, 1979).

19 로트, 『성 뱅상 드 폴과 그의 사회복지시설』(Arthur Loth, *Saint Vincent de Paul et sa maison sociale*, 1880), p.177 이하.

랑스 왕국을 안정시키려는 의도에서 비롯된 자선의 한 형태를 고안해내기에 이른다. 이 세 가지 기조는 그에게 있어서 거의 언제나 하나로 결합되어 있었다. 그가 기초를 다진 '사회사업들'은 ─ 때문에 17세기는 곧 사회사업의 세기이기도 하다 ─ 이 세 요소들의 균형으로 특징지어진다. 보쉬에Bossuet의 말에 따르면, 가난한 자는 '각별한 존엄성'을 지니므로, 예수 그리스도가 그러했듯 가난한 자의 곁으로 다가가야만 한다. 하지만 이때 가난한 자는 교화되기(특히 종교적 차원에서)를 받아들여야만 하며, 우리 모두는 하느님의 대리인인 왕의 명령에 따라야만 한다는 것이다. 뱅상 드 폴이 애덕수녀들이나 여러 사업을 목적으로 하는 포교단 사제들을 구호사업과 '소학교' 그리고 위임 '사제단'이 공존하던 여러 시설들 안에 두길 늘 원했다는 사실은 시사하는 바가 크다. 하지만 부르주아였던 그가 고려한 이 요소들이 나름의 자율성을 가질 수 있었다는 점도 역시 확인되는 바이다. 뱅상 드 폴은 복음서적 의미의 자선보다도 공공질서를 금과옥조로 섬겼던 신봉자들의 도당인 카톨릭 성체단(실상 시대를 훨씬 앞서 나타난 오푸스 데이Opus Dei라 할 만하다!)과 함께하는 것을 경계했다(게다가 이 성체단은 루이 14세가 인정하지도 않은 어떤 지위를 차지하고 있었다). 뱅상 드 폴 역시 구빈원을 고운 시선으로 바라보지 않았는데, 그가 보기에 구빈원은 지나치게 경찰적이고, 여러 지방들에서 벌어진 비참한 상황들을 간과했기 때문이다. 그가 수녀들을 구빈시설에 상주하게 한 것은 한참 뒤의 일이다.[20] 이후 그는 평생을 개인 차원의 구호활동에 전념한다. 하지만

20 코스트, 『위대한 세기의 위대한 성자, 부르주아 뱅상 나리』(P. Coste, *Le Grand Saint du Grand*

이 모든 일에도 불구하고, 결과적으로 그는 자선을 제도화했고, '예수의 이름으로Nom de Jésus'라는 자신이 설립한 양로원을 확고하게 통제했으며(이곳에서는 수공업 수준의 노동을 해야만 했으므로),[21] 빈민들을 벽 사이로 칸칸이 그룹지어 재편했다. 그는 평생에 걸쳐 빈민 교육에 역점을 두었다. 이런 점에서 보자면, 그가 지도층을 위해, 지도계급이 대중과 맺는 복잡한 관계에 영향을 주지 않은 것은 아니었다. 다만 조금 완화됐을지언정 가난한 자의 운명은 변하지 않았고, 심지어 브루달루Bourdaloue 같은 사람은 이 같은 상황을 두고 "빈민들은 인간 사회에서 종속관계와 질서의 존속을 위해 존재했다"[22]라고까지 표현한다. 성 뱅상 드 폴이란 인물은 단순히 빈민처우에 있어 행정적 억압이라는 새로운 국면을 야기했던 '대감금'의 문제와 뒤섞여 취급되어서는 안 된다. 뱅상 드 폴의 주요 사업은 저 유명한 구빈원의 창설이 이루어진 운명의 1656년보다도 시기적으로 앞선다. 하지만 성 뱅상 드 폴을 구금이라는 시대적 흐름에서 제외시키는 것은 온당치 않을 것이다. 그의 구금은 상대적으로 가벼운 것이긴 했지만, 분명 자신의 영감과 구상에 의해 세워진 시설들과 관련하여 실행된 구금이자, 질서 확립과 선교자적 목표가 뚜렷한, 그럼에도 어쨌든 일종의 재편성 형태를 띠고 있었기 때문이다. 물론 부르주아였던 뱅상은 사제이기도 했고, 기독교회를 염두에 두고 있었다. 자선의 구체적 실천은 이 같은 개종사업의 근거

    Siecle, Monsieur Vincent, Paris: Desclee de Brouwer, 1934), p.726.
21 '예수의 이름으로'라는 시설과 구빈원 사이의 유래와 계보는 이미 인정되어 받아들여진 사실이다. 이와 관련해선 랄르망, 『자선의 역사』(L. Lallemand, *Histoire de la Charité*, vol.4), p.400 이하 참조.
22 동프니에, 앞의 글, p.10.

이자 수단이었다. 여기에 더해, 선교를 행하는 사제직은 구호를 행하는 사제직과 혼동되곤 했다. 그러나 사제직 임무는 부인할 수 없는 몇몇 문화적 제약들 안에 놓여 있었다. 아마도 첫 번째 제약은 반종교개혁에서 비롯된 듯싶다. 뱅상 드 폴은 트리엔트 공의회 성향에 속하는 인물이었다. 비록 당시 자선사업들이 신앙과 구호사업 간의 관계[23]에 대한 개혁된 교리 탓에 약화되었다고 말하기는 어려울지 몰라도, 적어도 뱅상 드 폴은 개혁된 사상의 균형을 맞추는 차원에서 '긍휼 사업'의 실천을 강조했던 것이다. 게다가 뱅상이 태어난 16세기 후반 당시에는 자선에 관한 카톨릭 교리가 이미 존재했다. 박식한 신학자인 후안 루이스 비베스Juan-Luis Vives는 자선사업의 자금조달을 전적으로 개인의 적선이라는 차원에 남겨둠으로써, 빈민에게는 노동의 의무를, 부랑인에게는 감옥을, 광인에게는 구금(가혹한 처우는 없는)을 주장한 바 있다. 도미니크 수도회의 교리조차, 자선 행위에 대한 공공부담의 경향을 담고 있다.[24] 뱅상 드 폴이 중심인물이었던 자선사업은 제어·관리·질서라는 노선 위에 위치한다. 그러니 자선활동과 구빈원의 체계 사이에 일관성이 없었다고는 할 수 없을 것이다.

그렇다면 신체불구자들은 이러한 구빈원을 벗어날 수 있었을까, 없었을까? 빈민들의 질서유지기구인 구빈원의 탄생에도 불구하고, 이전의 병원 시설 및 주교좌 도시에 설치된 모든 대병원이 존속되었다는

---

23 랄르망은 앞의 책 4권의 서두에서 이 같은 사실을 주저 없이 밝히고 있다! 반면 훨씬 더 확실한 것으로 여겨지는 사실이라면, 자선의 '세속화' 움직임은 종교개혁을 거치면서 더욱 유리한 상황을 맞게 되었다는 것이다.
24 비베스(Vives)와 소토(Soto) 이 두 유파에 대한 구별과 관련해서는 랄르망, 앞의 책 4권 참조.

점을 분명히 상기해 둘 필요가 있다. 또한 우리는 이 기존 병원 시설 내에 가령 그 유명한 로마 생-미셸 교황 병원 내 각 부서들처럼 지체 부자유자에게 특별히 할당된 전문 부서가 있었음을 확인할 수 있다. 심지어 파리에는 폐질廢疾자 구제원Incurables[25]과 같은 전문화된 시설들도 있었다. 성 뱅상 드 폴은 애덕수녀회에서 열린 어느 성직자 회의에서 수종환자들과 절름발이 그리고 손이나 팔이 불구인 자들을 수녀들의 집에서 추방할 것을 엄중하게 명하는데, 그 이유는 이를 위한 '폐질자 구제원'이 따로 마련되어 있었기 때문이다.[26] 구빈원의 억압적인 방침에 따라 감금되진 않았어도, 신체불구자들에 대한 수용은 이루어지는 추세였다. 다만 여기서 강조해야 할 점은 그들이 수용되기는 했어도, 중세 시대의 병원이나 수도원 부속 시료원hospice의 방식과는 다른 방식이었다는 점이다. 즉 중세시대처럼 그곳에서 돌보아지고 치료받던 것이 아니라, 그곳에 집결되었던 것이다. 전문화되었건 아니었건, 그리고 집결의 형태였을지언정, 거주영역의 구획을 의미했음은 분명하다. 이는 일찍이 중세가 그 자격을 먼저 갖추었음에도 하지 않았던 일이기도 하다.

신체불구자들에 대한 이런 식의 공간 구획을 보여 주는 가장 놀라운 예로는 루이 14세가 1674년 베르사유에서 조인한 설립 칙령에 의거해 창설한 상이군인병원 앵발리드Hôtel des Invalides를 꼽을 수 있다. 앵발리드 창설에 이르게 한 여러 계획이 나타나기 이전 시기 그리

---

25 라 로슈푸코(la Rochefoucauld) 추기경에 의해 설립.
26 『뱅상 드 폴 전집』(Œuvres complètes de Vincent de Paul, ed. Coste, vol. X), p. 339.

고 중세시대 동안, 상이군인들은 그들을 부양해야 하는 수도원(오블라oblat라는 인증표를 가지고 있거나, 세속-수도사라는 신분으로)의 소관이었다.[27] 자신의 전 재산을 봉헌하고 수도원에 기거하던 사람들인 오블라들은 당시 연금을 받고 있었다. 그런데 수차례에 걸친 종교전쟁이 끝나자, 오블라의 수는 급증했고, 수도원들은 파산에 이르게 되었다. 한편, 이 방식은 점차 통용되지 않는 경향을 보이기도 했는데, 왜냐하면 수많은 수도원 사제들이 반발했을 뿐만 아니라, 오블라 권리 소유자들도 수차례에 걸쳐 그 권리가 자신의 고유한 권리임을 주장하며, 이 오블라 권리를 매매하곤 했기 때문이다. 이러한 난감한 상황이 닥치자, 앙리 4세는 파리 루르신가街에 이미 세워져 있던 한 시설에 생각이 미치게 된다. 그것은 '기독교 자선회관'으로, 그곳의 연금 수령자들은 군인이었다. 그런데 앙리 4세 암살 이후, 모든 일은 이전 상태로 되돌아간다. 그곳의 모든 이들에게 얼마 되지도 않는 돈을 쥐어주고는 각자의 집으로 귀소 조치를 내리게 된 것이다. 루이 13세 통치기간 동안 샤르모Charmot라는 한 남성은 이 조치에 저항해 투쟁을 벌이기도 했다. 1633년, 왕은 마침내 기사수도회(녹봉지인 생-루이 기사령) 내에 생활공동체를 건립하고, 비세트르 성 터에 건물 한 동을 짓게 된다. 당시 왕은 더 이상 이전의 역할을 충실히 수행하지 않았던 수도원들에 세금을 매겨 이 사안과 관련한 자금을 조달할 계획이었다. 하지만 성직자들의 반감, 프롱드파의 폭동, 루이 13세의 죽음으로 말미암

---

27 이 문제에 관해서는 샤보슈의 글 「1674년 이전 불구가 된 군인들의 상황」, 『상이군인들, 그 3세기의 역사』(R. Chaboche, "Le Sort des militaires invalides avant 1674", *Les Invalides, trois siècles d'Histoire*, Institution des Invalides, 1974)를 참고할 것.

아 이 계획은 연기된다. 이후 여러 해법이 강구되었다. 1644년에는 거리를 배회하는 불구자들을 연행해 분명하게 경계지어진 구역들로 보내려는 목적의 칙령이 반포된다. 여기에 해당하는 불구자들이 사라졌고, 아울러 그들에 대한 적선행위도 금지해야만 했다…. 이윽고 1670년, 루이 14세는 수도원들이 연금수령자들에게 더 이상 지급하지 않고 쌓아두고 있던 옛 연금으로 자금을 조성할 수 있다는 착상에 이르렀고, 공공 건축물의 건립을 결정한다. 이후 1674년 베르사유 칙령이 반포되고, 상이군인병원 앵발리드는 현 위치에 최종 형태의 시설이 자리잡게 된다. 모든 사람들이 파리에 있던 것도 아니고, 수많은 상이군인들이 집에만 틀어박혀 사는 삶(수도원처럼 매우 규칙적인 생활)에 불만을 토로했기 때문에, 상이군인병원 건물의 부속기관이긴 했지만 여전히 구획된 공간의 형태를 고수한 '상이군인병원과는 분리된 별도의 단체들'을 창설하게 된다. 1702년에 이르면 이러한 부류의 단체 수가 61개에 이를 정도였다. 군편제상, 편입된 이 군인들 모두가 여전히 상이군인은 아니었고, 또 같은 정도의 상해를 입은 것도 아니었다. 전직군인들과 상이군인들이 뒤섞인 형태였다. 파리에 위치한 거주 공간 혹은 상당한 거리를 두고 떨어져 있던 부대들의 거주 공간 사이의 분할은 자유선택이 아닌 강제적 조치에 의한 것이었다.[28]

여기서 앵발리드의 역사에 관한 후일담은 우리의 관심사가 아니다. 그럼에도 재차 이 이야기를 거론하지 않기 위해서라도, 18세기에

---

28 계속해서 『상이군인들, 그 3세기의 역사』 내 앙리 드 뷔토(Henri de Buttot) 대령의 글, 「앵발리드에서 분리된 부대들」("Les Compagnies detachées d'Invalides").

들어 자금과 규율상 난항에 봉착했던 일만큼은 언급해 두고자 한다. 1724년에는 칙령을 통해 앵발리드 입소가 일정한 공로에 부여되는 일종의 보상책 형태로 재정비된다. 1764년 슈와쥘Choiseul은 전쟁 부상자들이 각 가정에 머물 수 있도록 연금을 확충한다. 향후 국민의회 Convention는 몇 가지 법령 개정을 거치지만, 그 본질적인 부분에 있어서는 그 어떤 것도 삭제하지 않았다.

이런 식의 건강관리부서 및 시설 역시 이전의 구빈원이 범했던 우를 피하면서도, 범죄를 가두어 두려는 관심 속에 요청된 것들이다.[29] 루이 14세는 뱅상 드 폴의 시설들, 다시 말해 쾌적한 위생상태, 난방시설, 외과수술시설, 다소 규율적이긴 하지만 (애덕수녀회의) '수녀들' 덕분에 다소 부드럽게 누그러진 분위기들을 상당부분 본떠 설립한 시설들을 의무시설 및 양호시설 수용의 모범으로 삼으려 했던 것이다. 앵발리드의 외과시술(모랑Morand 부자父子의 경우)은 높은 평판을 얻었고, 영향력 있는 학파를 형성했다. 그럼에도 불구하고 이것 역시 여전히 수용의 형태이긴 매한가지였다. 수용 공간 벽 안쪽에서는 사람들이 노동을 하고 있었다. 루부아Louvois는 이곳에 대규모로 진짜 제조공장시설(신발, 장식용 직물, 의류봉제 등)을 설치했다. 이 대규모 공장의 '경영자'는 동류집단 출신의 불구자가 맡게 된다(1683년 장 고티에Jean Gautier가 바로 그렇다).[30]

---

29 이와 같은 상황은 수비랑(A. Soubiran)에 의해 매우 강조된 바이다. 『상이군인들, 그 3세기의 역사』 내 수비랑의 글 「앵발리드의 의료서비스」("Le Service de santé des Invalides") 인용.
30 같은 책, 앙리 드 뷔토 대령의 글, 「루이 14세 치하 앵발리드에서의 생활」("La Vie aux Invalides sous le règne de Louis XIV").

집결되고, 수용되고, 생산력을 갖춘 노동자들, 이것이 곧 위대한 세기 17세기와 그 위대한 왕이 창시한 내용을 이룬다. 위대한 왕 루이 14세는 이 같은 방식을 캐나다에까지 수출했는데, 그 이유는 프랑수아 샤롱François Charron이라는 인물(오늘날까지도 퀘벡지역에는 장애인들을 위한 동명의 시설이 설치되어 있다)에게 '퀘벡지역' 불구자들을 위한 작업장 설립 후원금을 대 주었기 때문이다.

빈민들이 무위도식해서는 안 될 일이었다. 앞으로 점차 증대되고, 또한 불구자들의 마음을 사로잡을 이런 식의 관심은 중세시대에는 완전히 부재하던 것이었다. '노동 차원의 작업장' 혹은 '자선 차원의 작업장'은 ──그 결과 질서 잡힌 자선이야말로 향후 전개될 자선의 전형을 이룬다── 그 수를 크게 늘려가게 된다. 우리는 18세기의 튀르고가 루이 14세의 생각을 얼마나 잘 계승하고 있는지 익히 알고 있다. 이 같은 작업장 형태들이 폐지된 것은 1791년에 이르러서였다. 그렇다면 신체 불구자들은 이 시설에 속했던 것일까? 분명 이 시설들은 그들을 위해 설치된 것이 아니라, 빈민들을 위한 시설이었다. 또한 이런 노동 차원의 작업장들에 그들이 있었다는 사실을 증언해 주는 확고한 증거들도 전해지지 않는다. 다만 그 같은 분위기나 기류는 분명히 존재했고, 빈민들을 광범위하게 포괄하는 그 정황은 심신쇠약자diminués와 신체부자유자impotents 모두에게 영향을 미치게 된다.[31]

---

31 튀르고(Turgot)와 그가 주도했던 박애운동이 훗날 얼마나 구호의 강력한 독트린을 구축하게 되고, 특히 프랑스 대혁명과 라 로슈푸코-리앙쿠르(La Rochefoucauld-Liancourt)가 주재한 걸인 구제 위원회 어떻게 이를 계승하게 되는지는 반드시 언급할 필요가 있다. 18세기 사회복지 문제에 있어서 불구자의 문제는 본문에 단 몇 줄로 요약 제시한 것 이상으로 자세히 들여다볼 가치가 있다. 현재 진행중인 연구를 기대하며, 카스텔의 앞서 언급한 책 『사회문제의 변모들, 임금노동자의 연대기』

생물학과 인간중심주의

앞서 우리는 괴물성에 관한 17세기의 논쟁을 추적해 보았다. 하지만 이러한 관심은 계몽주의 세기에 들어 조금 누그러지는 듯하다. 예를 들어 모페르튀Maupertuis의 경우, 개인적 견해는 밝히지 않은 채, 르메리와 윈슬로의 대립된 의견을 인용하는 데 그친다. 이러한 현상은 자크 로제Jacques Roger가 명명한 대로, 이신론理神論이든 무신론無神論이든 간에 종교적 '회의주의'에 근거해 이해될 수 있다. 즉 지성으로 현실을 지배하길 단념하고, 현실로 되돌아와야만 한다는 것이 그렇다. 흡사 18세기를 위협한 곤충들처럼, 비정상인이란 분류하고 정리해 목록을 작성해 둬야 할 대상이자, 그럼에도 쉽사리 설명되지 않는 호기심 그 자체였으니 말이다.

그럼에도 불구하고 디드로는 자신의 유명한 저작인 『눈이 보이는 자들을 위한 맹인에 관한 서한』*Lettre sur les aveugles à l'usage de ceux qui voient*을 통해 릴레이를 이어 간다. 이 서한의 맥락은 나의 주제와 관련해서도 흥미롭다. 이 작품에는 니콜라스 선더슨Nicolas Saunderson이라는 인물이 등장한다. 맹인이자 캠브리지 대학 수학교수인 선더슨은 실존했던 인물로, 그는 맹인을 통해 정수론 학습법을 고안해 낸 최초의 인물이기도 했다. 이 방법론은 역시나 맹인이자 에딘버러에서 화학 과목 강의를 하고 있던 헨리 무브스Henry Moves에 의해 재창안되기도 했

를 참조하길 권한다. 아울러 포레스트, 『프랑스 대혁명과 가난한 자들』(A. Forrest, *La Révolution française et les pauvres*, Paris: Perrin, 1986)도 일러둔다.

다.[32] 18세기 말엽까지 계속되던 초기 방법론들은 맹인을 지도하기 위한 목적에 초점이 맞추어져 있었다. 독일과 오스트리아에서는 크리스티안 닐센Christian Nielsen과 J.-L. 바이센버그Weissemburg가 문자표기법을 고안해 내기도 한다. 프랑스에서는 발랑탱 아우이Valentin Haüy의 활약이 있었다. 그것은 한 스코틀랜드인에 관해 작성된 글들로, 특히 브리태니카 백과전서상 주요항목인 토머스 블랙로크Thomas Blacklock에 실리게 된다. 요컨대 완전히 새로운 관심, 즉 불구자들에 대한 재-교육이라는 교육적 관심이 출현한 것이다. 맹인들은 1세기 동안 여전히 어떤 예외를 이루게 될 것이었다. 적어도 학습과 재활학습과 관련해서는 그러했는데, 빈민층과 일탈자들에 대한 정신교육상 시도들이 전개되었기 때문이다. 그럼에도 불구하고 신체불구자들을 적합한 기법과 전문화된 시설을 동원해 다른 존재라는 차원에 끼워 넣고 재배치하려는 발상이 역사 속에 나타나기 시작한다.[33] 여기서 잠시 디드로와 그 자신을 뱅센에 '은둔하게 할' 정도였던 문제작 『맹인에 관한 서한』에 관해 살펴보기로 하자. 표면적으로 가장 놀라운 점이라면, 맹인들의 심리, 즉 '신체적 쇠약자들'의 복권에 심혈을 기울인 그의 세심한 주의에 있다. 디드로를 필두로 유럽 전역에서는 맹인들에 대한 대단한 관심이 생겨나게 된다. 맹인이 갖춘 신체적 능력들과 지적·예술적·문학적 혹은 과학적 가능성이 규명되었기 때문이다. 이 모든 것은 단계적으로

---

32 나는 이와 같은 정보들을 헬러의 글 「계몽주의 시대의 맹인 특수교육: 사회복지서비스의 생장점들」(R. Heller, "Educating the Blind in the Age of Enlightenment. Growing Points of a Social Service" in Medical History, t. XXIII, n. 4, 1979)에서 얻었음을 밝혀둔다.
33 예를 들어 장-자크 루소도 스위스에서 불구자를 위한 시설 건립에 동참한다.

진행되는데, 왜냐하면 내가 방금 인용한 선구자들은 마치 맹인들이 탁월한 능력을 보이는 분야와 그들에게 허락되지 않는 분야가 따로 있기라도 한듯, 종종 어떤 분야에서 두각을 보이는 맹인들의 특정 능력만을 강조했기 때문이다. 당시는 맹인들이 음악적 재능을 부여받았다고 믿던 시대였다. 하지만 디드로의 텍스트의 주된 관심사는 저시력자들에 대한 그와 같은 심리학에 국한되지 않았다. 디드로는 저작 전체를 관통하면서, '괴물성'에 관한 문제와 생물학적 유전 ──여전히 일반론에 머물고는 있지만── 에 관한 문제에 일대 변화를 가져온다. 결국 선더슨은 '괴물'인 것이다. "올므 씨 저를 잘 보십시오, 제겐 시력이 조금도 남아 있지 않습니다. 당신이나 나나, 우리가 전에 하느님에게 무슨 짓을 저질렀던 걸까요? 한 사람은 온전한 기관들을 갖기 위해, 다른 한 사람은 박탈당하기 위해 대체 무엇을 했냐 말입니다."(p. 43) 종의 발생에서 나타난 이러한 신의 문제는 디드로로 하여금 과거의 이신론적 믿음에서 자크 로제의 표현대로, '체념된' 무신론으로 이행하게 했다. 괴물들이 결코 그들만의 종種을 이루지 못했듯, 수많은 종들 역시 적응한 것은 존속되고, '결핍된 것-망친 것manqué'은 소멸되는 우연에서 비롯된다. 디드로는 이 시점 이전까지만 해도 결코 생물변이론자의 면모라곤 찾아볼 수 없었다. 향후 그는 종의 생성과 진화를 통한 질서와 합목적성을 옹호할 것이기 때문이다. 이제 더 이상 신의 질서란 존재하지 않게 되었다. 이는 디드로의 견해가 완벽하게 뷔퐁Buffon의 견해와 맞닿는 지점으로, 뷔퐁은 우주가 질서정연한 어떤 창조물이 아니라, "상관적인 동시에 비상관적인 존재들의 세계, 조화로우면서도 상반된 무수한 결합이자 파괴와 갱신의 영속적 상태"[34]라고 말한 바 있다.

　나는 생명과학에 관련된 디드로의 세부 개념들을 엄밀하게 파고들지는 않을 것이다. 오히려 내게 중요한 것은 『맹인에 관한 서한』이 이전 세기에 벌인 논쟁들과 단절을 이루며 생물학 분야에 대한 조사를 도모하고 있을 뿐 아니라, 선재하는 씨앗과 같은 개념 따위를 동원하지 않고도 생명의 기원을 묘사하고 이해할 수 있다는 발상을 정초한다는 데 있다. 디드로의 텍스트는 일탈, 괴물성, 결핍, 기형 등의 개념이 단순한 쇠약 상태의 개념과 유사해지는 시기를 개시한다. 왜냐하면 이 개념들은 곧 주관적으로는 그 내부에서 '이해되고-포괄될compris' 것이고, 결국 교육적으로는 '취급-처방traitement'의 대상이 될 것이기 때문이다. 그럼에도 불구하고 디드로의 서한이 기여한 공로는 실로 막대하다. 비록 그 공로가 훨씬 더 결정적이라 할 수 있는 16세기적 단절의 연장일지라도 말이다.

　디드로식의 담론과 그것이 열어준 여러 가능성에도 불구하고 여전히 감금은 행해지고 있었는데, 특히 삶의 조건이 열악했던 정신질환자들에 대해 그랬다. 투옥, 보다 정확히 표현하자면, 우리에 처넣어진 채 사슬에 묶인 그들은 부랑자들 범죄자들과 뒤섞여 있었다. 심지어는 동물원 속 짐승들처럼 전시되기도 했다. 상당수의 신체불구자들 역시 이 경우에 해당되었다. 그러므로 우리는 변화하는 관점에 관심을 쏟을 때조차 결코 현실에서 벌어지는 실제들을 간과해서는 안 된다.

　하지만 그 실제의 차원에서조차, 사태들은 변화의 조짐을 보이고

34 로제, 앞의 책, p.598.

있었다. 이전보다 훨씬 특수해진 관심(특히, 전염의 유형들, 종의 다양성, 유전)과 수많은 증상들에 보다 효과적으로 대처하게 된 의학적 처방, 더 이상 인간 고유의 속성을 운명으로 받아들이지 않으려는 의지, 그리고 운명이란 인간 하기 나름이라는 자각 등, 이 모든 것들로 인해 소위 일탈자들의 운명을 교화시키고, 기술적으로 그들에게 관심을 쏟으려는 어떤 의도가 조장된다. 병원을 혁신하고, 새로운 정신병원 공간을 고안한 피넬Pinel이 등장하기도 한다. 이처럼 우리는 새로운 권력인 의료권력과 이 권력이 지닌 거의 전체주의적이라 할 만한 야망의 출현을 목격하게 된다. 1770년은 의료권력의 출현에 있어 기준점이 되는 해로, 가히 가공할 만한 등장이라 하겠는데, 왜냐하면 향후 200년, 다시 말해 우리가 살고 있는 지금까지도 그 영향력을 미치고 있기 때문이다. 1770년, 우리는 왕정에서 급여를 받던 의사들이 군 병영 내에서 확산하는 과정을 확인할 수 있다. 이는 의사 집단에서 형성된 원대한 꿈, 다시 말해 인간을 치료할 수 있고 또 그렇게 함으로써 의사들 스스로가 생명과 건강의 규범에 바탕을 둔 사회 규범의 길잡이가 될 것임을 방증한다. 이러한 18세기 말엽, 정치권력에 봉사하고 나아가 군림하려 했던 의료권력의 이 같은 꿈은 실질적으로 발현한다.[35] 그러나 이러한 포부는 나폴레옹의 중앙집권화된 행정 체계가 정비되면서 저항에 부딪힌다. 하지만 한편에서는 특히 가정의학의 형태로, 다른 한편으로는 이론의 여지없이 새롭게 단장한 정신병동 공간의 영향력으로

---

35 페테르, 「의학계급의 거대한 꿈, 1770년과 오늘」, 『정상화시키기 위한 치유하기』(J.-P. Peter, "Le Grand Rêve de l'ordre médical, en 1770 et aujourd'hui", in *Guérir pour normaliser*, Paris: Autrement Éditions, n.4, 75/76).

인해, 의료권력은 이 18세기 후반의 시기에 확고하게 뿌리내린다. 따라서 정신의학의 차원에서는 '비정상'의 징후가 발현될 때마다, 정신병원이라는 불가피한 방식을 통해 사회적 통제가 이루어진다. 한편 가정 차원에서는 일종의 새로운 형태의 사제 역할을 담당하는 조언자로 일반의가 출현한다. 행정관리 체계 자체 내에서는 의학적 소견 및 전문가적 감정의 필요성이 대두된다. "의학의 도움 없이는 삶도 가능할 수 없다"[36]는 표현은 곧 사회적 삶 역시 가능하지 않다는 것을 뜻하게 되었다. 이런 의미에서 페테르의 다음과 같은 지적은 타당하다.

> 규범에 따라 사는 삶으로 이끌기 위해 사회 전체를 관리하는 방식으로 표출된 의사들의 열정은 가능성의 일반조건들, 수많은 진술들, 이전과는 완전히 다른 형식적 조처들과 더불어 저 옛날과 우리의 오늘날을 하나의 동일한 전망 속에 위치시킨다. (pp. 183~184)

적어도 이러한 일은 부분적이긴 해도 계몽주의적 사유의 '생물학적 설명'을 통해 가능했다. 따라서 생명과 생명의 풍요로움에 눈 돌린 ─특히 그 시선이 신체로 향했던 17세기의 상황과는 반대로─ 과학적·의학적 차원의 위대한 연구들은 의학과 의사 집단을 사회의 가장 중요한 위치에 올려놓게 된다. 이제 '정신병자들aliénés'과 정신박약자들débiles이 전적으로 '의학적 명령─질서'ordre médical[37]의 통제하

---

36 페테르, 앞의 글, p.188.
37 카스텔, 『정신의학질서, 정신병원의 황금기』(R. Castel, *L'Ordre psychiatrique, l'âge d'or de l'aliénisme*, Paris: Éd de Minuit, 1976).

에 놓인 것이라면, 정녕 신체불구자들도 동일한 방식에 해당된 것이었을까?

나는 앞선 논의를 진행하면서 미셸 푸코의 연구 성과를 언급하지 않을 것이라고 말한 바 있다. 그럼에도 불구하고, 여기서 한 가지 사항만큼은 기억해 두기로 하자. 17세기는 구빈원 내에 온갖 인간 부류들이 결집된 '대감금'의 형태였다는 사실 말이다. 이러한 대감금은 여러 상이한 주변성들이 표상하는 위험을 회피하기 위해서였다. 한편 광기와 관련해서도 이성과 비이성은 한데 모여 있을 하등의 이유가 없음을 보여 주는 것이 문제였고, 그렇기 때문에 이성을 갖춘 어떤 특정한 유형을 내세우는 일이 문제되었다. 우리는 이성/비이성의 관계가 20세기, 특히 프로이트의 여러 발견을 통해 새롭게 수정되기 시작했다는 사실을 익히 알고 있다.

전형화의 세기들에 존재했던 이러한 대감금은 18세기의 사상적 분위기에 더해 1793년 비세트르 병원에 피넬이 부임하고, 그의 여러 경력이 더해지는 가운데 변모된다. 구빈원의 '잡다하고 뒤죽박죽인 상황'은 종지부를 찍게 되었지만, 이는 그저 잘 조직되고 전문화된 수용 시설로 대체하기 위한 것일 뿐이었다. 초반에는 이전에 없던 새로운 형태의 감금이 치료적 의미에서의 '의료화' 과정을 따르지는 않았으나, 무엇보다도 정신의 감금이라는 방식을 통한 사회적 통제에 일조하게 된다. 진정한 의미에서의 의료화 과정은 19세기 말엽이 되어서야 이루어진다. 지나치게 단순화시킨 나의 일별에 부족함을 느끼며, 이번에는 탁월하고 상세한 설명이 담긴 로베르 카스텔의 책을 참고해 보기로 하겠다.

구호와 재기

흔히 우리가 정신병자라 부르는 사람들과 달리, 수많은 불구자들은 '질병에 걸린자들'과 동류로 볼 수 없다. 우리는 심신기능의 쇠약함 diminution과 허약함faiblesse이 불구infirmité나 기형difformité과 분명하게 구분되어 왔음을 역사상 수많은 순간들에서 확인할 수 있다. 이 같은 결합은 오늘날에 이르러 이뤄진 것이다. 하지만 훈련 가능 여부를 따져봐야 하는 상당수 불구가 지닌 '불치不治'의 특성은 19세기 내내 불구를 한편으로는 질병과 다른 것으로, 다른 한편으로는 정신질환과는 또 다른 것으로 이해하게끔 만들었다. 특히 신체적 불구는 괴물성, 질병, 광기와 확연히 구분되는 것으로 분명하게 밝혀지기 시작했다. 그리하여 감금도, 치료요법도, 그렇다고 어느 정도 성스러운 의미가 더해진 '더 높은 가치부여'의 차원도 아닌 재활교육이 시작된 것이다.

우선 경험주의적 상황을 묘사해 보기로 하자. 그 중에서도 주목할 만한 경우로는 귀머거리 및 벙어리의 경우[38] 그리고 맹인의 경우가 있다. 이 두 경우가 특정 전통의 수혜를 받았다는 사실은 언급해야 할 것이다. 귀머거리 및 벙어리와 관련해, 1584년 사망한 베네딕트 수도회 수도사 페드로 폰세 데 레온Pedro Ponce de Léon은 의사소통과 학습법을 강조한 최초의 인물이다. 그의 뒤를 이은 사람들로는 가령 (역시 스

---

38 청각장애인이나 농아라는 사회적 합의 표현 대신 비하적 의미가 드러나는 이 같은 어휘를 여과없이 사용한 데는 과거의 경험적 상황을 드러내려는 스티케의 공시적 연구의 특성을 보다 선명하게 제시하기 위함이었음을 밝혀 둔다. 본문 상의 이와 유사한 표현들 역시 저자의 무심함에서 비롯되었다기 보다는 한층 더 높은 장애인지 감수성을 견지한 결과로 이해될 수 있을 것이다. ─옮긴이

페인 사람인) 후안 파블로 보네Juan Pablo Bonet, 영국의 존 왈리스John Wallis, 스위스의 장 콩라 아망Jean Conrad Amman, 이탈리아의 피에르 데 카스트로Pierre de Castro, 그리고 특히 18세기 파리의 그 유명한 레페 신부abbe de l'Epée(1712~1789) 등이 있다. 특히 이 레페 신부는 그림 기호나 입술을 읽어 내는 방식에 많은 관심을 쏟았던 다른 사람들과 달리, 몸짓 표현 기호체계와 그 작용에 관한 연구에 특별한 관심을 쏟는다. 레페 신부는 확실하게 후속세대에 자신의 연구를 계승시켰고, 그의 저서 역시 오늘날까지 전해진다. 이러한 레페 신부의 활약이 한창이던 시기에, 독일에서는 최초의 치료원이 1778년 개원한다.

고로 불구자들에 대한 재활교육이라는 구상이 새로운 것은 아니었지만, 계몽주의 세기가 끝나 갈 무렵, 적어도 몇몇 부류에 그 뿌리를 내리게 된다. 그 중에서도 맹인들에 대해 관심을 보인 위대한 선구자 발랑탱 아우이를 꼽을 수 있다. 레페 신부와 발랑탱 아우이, 이 두 인물은 동시대 인물들이었음에도 불구하고 서로 거의 관련이 없다. 하지만 이들은 장애를 극복하기 위한 동일한 노력을 전개했다. 그 결과 감각기관불구자들은 적합한 여러 기술들 덕택에 지적·예술적·직업적 생활에 접근할 수 있었다.

이 두 선구자[39]의 생애에 관한 논의는 이 책이 목표로 하는 대상에

---

39 1962년 이래로 발랑탱 아우이와 레페 신부라는 두 인물과 그들이 살았던 시기에 관한 연구가 이루어지고 있다. 본서의 참고문헌에 수록한 베자귀-들뤼(Bézagu-Deluy)의 저작들, 레페 신부에 관한 글들, 아를랑 란느(Harlan Lane), 지나 베이강(Zina Weygand) 등을 참고하기 바란다. 아울러 피에르 튀르펭(Pierre Turpin)의 협조로 1989년 3월 22일 프랑스 대혁명 200주년 기념 파리 10 낭테르 대학에서 개최된 심포지엄 보고서 「1789년부터 오늘날까지 장애인들을 위해 프랑스 대혁명으로부터 얻어냈던 것들」(Les Acquis de la Révolution française pour les personnes handicapées de 1789 à nos jours)을 참조하길 바란다.

포함되지 않는다. 모든 창안자들이 그랬듯, 이들 역시 확고한 구상을 가져야 할 뿐 아니라, 경우에 따라서는 매우 단순하게도 생각할 수 있어야 한다는 점을 알고 있었다. 즉 근본적 불능상태가 되는 피해를 입었기 때문에 결국 인간 이하의 부류로 분류된 사람들, 바로 그들에 대한 교육이 그것이다. 또한 이 두 인물은 감각기관에 결함이 있는 사람들의 심리와 능력에 관련된 일체의 사회적 표현을 전복시킴으로써 설득적으로 이해시킬 줄도 알았다. 하지만 무엇보다도 그들은 개인생활은 물론이고 사회생활 차원에 이르렀을 때 맞닥뜨리는 '객관적' 장애물들을 상쇄시키기 위한 전문화된 시설을 창안한 인물들이다. 이제 더 이상 신체불구자들을 수용하는 일, 그리고 상이군인의 예시에서처럼 그들을 노동하게끔 하는 일은 문제가 아니다. 오히려 신체불구자들에게 동시대인들이 누리는 문화적·사회적 공동 자산을 개방하는 일이 문제된다. 이 임무는 특수하고 전문화된 시설에 할당된다. 이 선구자들은 불구자들을 복권시키고 교육시키면서, 그들을 제도화시키기도 했다. 이 시설들 안에서는 불구자들이 서로를 독려하며 만들어 갈 끈끈한 연대감 이상으로, 중대한 과업들이 실행될 것이었다. 아우이가 설립한 시설의 학생이었던 루이 브라유가 훗날 맹인들을 위한 알파벳 점자체계를 만들고 자신의 이름을 붙여 부르게 되는 예가 바로 그렇다.[40] 한참 뒤의 일이지만 이 점자체계는 맹인들의 직감에 관한 놀라운

---

40 루이 브라유(Louis Braille, 1809~1852) 혼자서 단박에 이런 발명을 해냈던 것은 아니다. 이미 아우이는 돋을새김 방식의 전통적 글자표기법(흔히들 말하는 '고프레[와플모양]'식)을 사용하고 있었고, 바르비에 들 라 세르(Barbier de la Serre[1670년 라나Lana 신부 이후])도 돋을새김 방식의 점자를 생각하고 있었으니 말이다. 하지만 루이 브라유는 특유의 간결함과 체계적인 방식을 적용하는 놀라운 솜씨를 발휘해 자신만의 표기방식을 본격적으로 널리 통용되는 쓰기 및 읽기 방식으로 완성하였다.

종합을 이루게 된다.[41] 하지만 소모적일 수 있는 예시들의 열거는 이쯤에서 멈추기로 하자. 이런 시설들은 과거에도 오늘날에도 수없이 많았지만 시설은 그저 시설일 뿐이다. 이 같은 시설들은 ──선천적이든 후천적이든 간에 ──여러 면에서 기형의 상태가 되어 버린 사람들을 위해 오늘날 할 수 있는 거의 유일한 방식의 전조를 이룬다. 오늘날 재활교육이 갖는 주요한 개념들은 아우이와 레페 신부의 시설들 속에 이미 포함되어 있다. 즉 불구자가 건강한 자들과 동일한 '재화'에 접근하는 일이 가능함을 긍정하는 것, 이를 위해 각종 기술과 교수법을 고안해 내는 것, 그리고 이를 가능하게 하는 전문화된 시설을 설립하는 것이 그 핵심적 사항을 이룬다. 여기서 더 나아가, 관련된 사람들의 특수성을 고려하고 이해할 수 있는 그런 시설들이 있어야 한다는 생각에 이른다. 하지만 우리 시대와 다른 점이 있다면 ──이는 훗날 엄청난 단절로 드러나게 되지만 ──, 그것은 바로 발랑탱 아우이를 비롯해 다른 사람들도 불구자들을 일상생활, 특히 노동활동 영역 안으로 '통합'시키려는 의지를 갖고 있지 않았다는 점이다. 다만 발랑탱 아우이의 경우는 뉘앙스를 조금 달리 해두는 것이 적절할 듯한데, 그 이유는 그가 설립한 시설의 관리지침서에는 물론이고, 그의 저술에서도 젊은 맹인들이 바깥 세상에 나가 직업을 수행할 수 있게 해주는 견습과정이 목표되고 있었기 때문이다. 다만 향후 이 시설들, 심지어 아우이의 시설조차 전형적인 분리 모델에 입각해 운영된 것은 여전한 사실이다. 분명 맹인들의 입장을 대변한 또 다른 위대한 인물, 감히 이렇게 말할

---

41 비이, 『맹인들의 세계』(P. Villey, *Le Monde des aveugles*, 1918, Paris: Corti J., 1984년 수정재판).

수 있을지 모르겠지만, 발랑탱 아우이의 후계자라 할 만한 ─ 그로부터 100년 뒤의 인물인 ─ 모리스 드 라 시제란Maurice de la Sizeranne, 1857~1924은 맹인들에게 빛은 곧 노동이라고 선언한다.[42] 1893년, 그는 가방제조공장을 설치하고, 이후 또 다른 형태의 작업장들이 뒤를 잇는다. '발랑탱 아우이 협회'의 창립자이자, 당시 여전히 논란의 대상이 되었던 브라유 점자의 전파자이자, 매우 높은 수준의 교양을 갖추었던 모리스에게서 우리는 부분적이긴 하지만 20세기의 주요한 테마가 될 것을 앞서 발견할 수 있다. 특히 1893년 모리스 드 라 시제란은 자신의 저서 『맹인들을 위한 연구와 선전으로 보낸 30년』*Trente ans d'études et de propagande en faveur des aveugles*을 통해 자신을 전통적이면서도 매우 혁신적인 인물로 소개한다. 그는 훗날 결과적으로는 제도화를 강화시키는 데 일조한 셈이지만 당시에는 매우 냉혹하고 위험천만하다고 여겼던 탓에 제도화 자체를 경계했었다. 따라서 ─ 고로 여기서 그는 그저 자신이 살았던 시대를 반영한다고밖에 볼 수 없다 ─ 그는 자신이 설립한 협회가 분위기로 보나 규모로 보나 하나의 '가족'('요람에서 무덤까지')이길 원했다고 보아야 한다. 그는 눈이 보이는 사람들이 다니는 학교에 맹인들이 다니는 것을 반대했지만(『맹인들에 관한 노트』, 1893, p. 18), 달리 보자면 제도가 가족단위의 삶으로부터 맹인을 앗아가는 것을 원치 않았던 것이다.

농아들과 맹인들의 두 경우는 20세기 무렵, 재활교육과 특수시설

---

42 비이, 『보이는 자들의 세계 속 맹인: 사회학 시론』(P. Villey, *L'Aveugle dans le monde des voyants. Essai de sociologie*, Paris: Flammarion, 1927), p. 315.

이라는 두 테마로 뻗어 나가게 된다. 하지만 이러한 '사업들'의 주된 목표이기도 한, 특히 제도권 학교교육은 오늘날 우리가 재편입réinsertion과 재분류-재취업reclassement을 통한 사회복귀라고 명명하는 것과는 여전히 너무나 거리가 있는 것이었다. 이는 무엇보다도 이런 결함 있는 자들이 무능력하다는 편견으로 인해 교양을 습득하지 못하고 사회적으로도 활동이 차단된 상태로부터 벗어날 수 있게끔 해주는 일과 관련이 있었다. 이러한 목표는 사회적이기보다는 훨씬 인류애적이고 도덕적인 차원에 머물러 있었다. 불구자들은 '일으키고-교육하고-길러내야 할élever', 즉 다시 일으켜 세워야 할 대상인 것이다. 하지만 이때의 재건이란 이내 산업 부르주아 계급에 봉사한다는 의미에서의 재건을 뜻한다. 왜냐하면 실제로 산업 부르주아 계층은 장차 자신들만의 고유한 관습과 강제 수단들을 보편적 모델로 정착시킬 것이기 때문이다. 프롤레타리아 계급 노동자, 나아가 그에 동반되는 모든 빈곤층은 지배집단의 방식을 (가능한 한!) 어쩔 수 없이 받아들이는 '자비로운' 관심의 대상이 될 것이기 때문이다. 교육을 통한 '재기'는 사회학적 재건과 일치될 것이다. 레페 신부와 발랑탱 아우이의 구상들은 19세기의 고유한 특징이라 할 수 있는 보호를 가장한 통제주의적 자선에 입각한 것이 아니었다. 왜냐하면 그들의 구상들은 '계몽주의'적 성격을 띠었기 때문이다. 하지만 이는 부르주아 계층의 도덕주의를 고무시킬 수 있었는데, 그 이유는 그 구상들이 문화적 차원에서의 교육과 재건을 뜻했기 때문이다.

그렇다면 감각기관 불구자와 관련된 이 두 경우는 예외에 해당하는 것일까? 프랑스에서 그리고 시설이라는 관점에서 보면, 그렇다고

해야 할 것이다. 왜냐하면 기타 결함 사례들과 관련해 프랑스의 경우, 19세기 당시 공공영역은 물론이고 사적 영역에서도 병행된 사업들을 찾아볼 수 없기 때문이다.[43] 이러한 사정이 모든 곳에 적용되었던 것은 아니기에, 이 문제는 나중에 다시 살펴보기로 한다. 우선 몇몇 질환들이 굉장히 최근에 들어서야 의학적으로 설명되고 또 관심의 대상이 되었다는 점을 이해할 필요가 있다. 즉 그런 병에 걸릴 수밖에 없었던 이들은 살아남지 못했기 때문이다. 예를 들면 근병증 환자나 몇몇 신장병 질환의 경우가 이에 해당한다. 또 다른 몇몇 장애유형, 가령 대뇌운동신경중추장애와 같은 경우는 정신박약의 사례와 혼동되곤 했는데, 그 까닭은 그들의 증상을 해독해 내지도, 그들에게 재활교육을 할 수도 없었기 때문이다. 대뇌운동신경중추장애는 오늘날 우리 눈에는 진정한 의미에서 정신박약으로 간주되지 않지만, 과거에는 결과가 마치 원인처럼 간주되곤 했다. 이러한 지적들 모두가 하나같이 중요하지만 결국엔 다음과 같은 질문이 남는다. 즉 지적장애가 발견되던 것과 마찬가지로 운동장애도 엄연히 존재했다는 것이다. 당시 사람들은 과연 그들을 무엇으로 여겼을까? 기형이라 해야 할지 신체불구자라 해야 할지 모를 이 존재들과 관련한 두 가지 주요한 상황이 19세기에 들어 발견된다.

가족 단위 차원에서는 가능한 한 이러한 장애들을 보호하고, 부양

---

43 이미 수행된 수많은 선행연구들을 감안해, 나의 연구 영역에서는 19세기의 광기의 문제는 배제했음을 환기해 둔다. 나는 여기서 정규학제편성과 직업인양성 프로그램상의 특수교육 및 재활교육 시설만을 언급할 뿐, '정형외과' 시설이나 치료시설은 언급하지 않았다. 이 같은 의료시설에 대해서는 뒤에서 차차 살펴보도록 하겠다.

하려 했다. 19세기의 가족 형태는 여러 관련 연구들이 폭발적으로 증가한 이래로 잘 알려졌듯, 크나큰 변화를 겪는다. 부부를 중심으로, 그리고 사생활 영역에서, 그 어떤 것도 요구할 수 있는 애정이라는 감정에 기초했던 가족은 이제 축소되고, 핵가족화된다. 하지만 20세기에 들어 더 이상 신체불구자들을 부양할 수 없게 된 가족이라는 공간은 더 높은 가치를 강력하게 부여받기 시작했다(모리스 드 라 시제란이 그 훌륭한 본보기가 되었음은 물론이다). 이러한 '가족주의'는 19세기의 여러 특징들 중 하나를 이룬다. 여기서 논의의 빠른 전개를 위해 부르주아적 가족 모델(산업사회가 양산한)에 관해 잠시 언급하자면, 한동안 가족은 스스로 임무들, 특히 그 중요성이 점차 증대된 자녀 문제와 관련된 임무들을 설정해 왔다. 이 기간 동안 신체불구자는 종종 가족 안에서 제 자리와 일정한 영역을 차지했다. 그러나 이런 상황은 일반적이지 않았는데, 왜냐하면 불구자는 그 자체로 가난과 부담을 의미했기 때문이다.

가족이 없을 경우, 바로 두 번째 상황에 직면하게 된다. 즉 구빈원이나 전통적 방식의 대병원, 혹은 지방양육시설에 맡겨지는 상황이 그것이다. 불치병 환자들을 위한 시설들은 점차 더 많이 개원되었고, 이곳에서는 병상에 누워 생활하는 노인, 불구가 된 젊은 환자, 온갖 종류의 정신박약자가 매일 같이 얼굴을 마주하며 지내게 되었다. 광기와 관련해 그토록 많은 연구가 행해진 이 '정신병동 공간'은 하나의 학파를 형성했다. 치료의 공간도 아니요, 생존 이외에 그 어떤 것도 보장해주지 않으면서, 사회가 스스로의 비참한 치부를 은폐하고 조정하는 관리의 공간이자 울타리로 기능했던 셈이다. 때때로 이공간은 너무나도 두꺼운 베일에 가려져 있어, 신체불구에 대한 '실험' 및/혹은 착취가 19세기 동안만 해도 이전보다 훨씬 빈번하게 자행되었다. 물론 이쪽 분야에서 나타난 '관음증 성향'은 그 역사가 매우 오래된 것이지만, 그럼에도 장터와 민중의 축제 장소들에 괴물 같은 기형인들이 전시되고, 그 주변으로 배회하는 신체불구자들이 넘쳐 났던 적은 일찍이 없었다. 분명 일찍이 뱅상 드 폴이 앵벌이를 시킬 요량으로 신체불구로 만든 아이들이나 단순히 '돈벌이가 될 만한' 신체불구 아동들을 한두 번쯤 구제한 예도 있다. 하지만 19세기 비참상에 대한 당대의 묘사는 호기심과 악용이 동반된 형국으로 점차 확산된다.

이 지점에서 다음의 사항을 강조해야겠다. 특히 프랑스는 물론이고, 일반적으로 유럽 전역에서 19세기라는 시기는 불구자들의 재기에 대한 관심 한 켠에 유폐의 형태하에 진행된 구호assistance가 주조를 이루게 될 것이라는 점이다. 이를 설명하려면 어쩔 수 없이 프랑스대혁명부터 다시 출발할 수밖에 없다.

우선 프랑스대혁명의 정신이 대혁명 시기 이외에는 거의 지속되지 않았다는 점을 이야기해야겠다. 수차례 그 구성을 달리한 의회들이 난립했던 나머지, 몇몇 공들여 제정된 규정들이 채택되기까지는 100년 이상의 시간을 기다려야만 했다.

프랑스혁명 당시 입헌의회는 '걸인구제위원회'를 설치했는데, 이 위원회의 운영원칙은 다음과 같다. 구호는 사회적 의무이다[44](이러한

---

44 해당 법령안의 기본조항을 살펴보면 다음과 같다. "국민의회는 모든 연령대와 모든 삶의 조건에 해당되는 가난한 자들에 대한 구호를 국가의 가장 신성한 의무들과 동급으로 간주하며, 이에 […]을 마련하기로 한다."

상투적인 구호□썠는 당시 모든 의회들의 태도들에서 지속적으로 되풀이되던 내용이다). 선견지명에 입각한 예측이야말로 노동 불능계층을 줄일 수 있는 필수 요소이다. 개인 차원의 자선은 독려되어야 한다. 이러한 원칙들에 기반해 걸인구제위원회는 우선적으로 각 가정에 대한 구제를 권장한다. 이 위원회가 작성한 네 번째 보고서에는 "가족이라는 가치가 수호되고, 자연적 친족관계가 긴밀히 유지되고, 선의가 배양되고, 관습이 온전하게 되는 것은 실로 상호적인 배려를 통해 가능하다"[45]라는 내용이 명시되어 있기도 하다. 양호시설 내의 수용은 혁명파들에 의해 거부되지 않았다. 왜냐하면 실제로 노인 및 신체불구자를 위한 전용요양시설들이 각 데파르트망마다 설치되거나 혹은 인구 10만의 도시에는 별도의 추가시설을 하나 더 설치하기로 예정되어 있었기 때문이다. 특히 신체불구자와 관련해 보면, 60세 이상 노령자들에게는 원조금을 지급하기로 예정되어 있었다. 하지만 이들은 70세가 되서야 양호시설에 수용될 수 있었다(단, 매우 위중한 중증 장애가 없는 경우[46]).

결국 프랑스혁명 입헌의회가 신체불구자들의 시설수용방침을 배제하지 않았다고 했을 때 ── 물론 이와 동시에 구걸 행위와 부랑 행위를 범죄로 규정하기는 했지만[47] ──, 어찌 되었든 그 주안점은 구호였

---

45 이처럼 우리는 그간 완전히 무시되었던 어느 보고서에 법제화의 정신과 프랑스대혁명 및 19세기의 일반적인 정서가 결집되어 있음을 확인할 수 있다. 페르낭 샤루아, 『1789에서 1905년까지 프랑스에서의 노인, 불구자, 불치병자에 대한 구호』(Fernand Charoy, *L'assistance aux vieillards, infirmes et incurables en France de 1789 à 1905*, 박사학위논문, 법학대학, 파리 대학, 1906).
46 관련 경비는 우선 친족이 지원하며, 재정적 능력이 없을 경우, 코뮌이나 지역단위가 아닌 '**국가의** 구호'로 지원 받는다. 위원회 3차 보고서에는 다음의 내용이 수록되어 있다. "불우한 계층에 대한 구호는 공무원들에 대한 임금지급이나 의례에 소요되는 경비지출과 마찬가지로 국가의 책무에 해당한다."
47 카스텔, 앞의 책『정신의학질서, 정신병원의 황금기』, p. 44 이하.

지, 배제와 억압은 아니었다. 그럼에도 불구하고 분명 우리는 프랑스 혁명 입헌의회의 이 같은 조치들 안에서 — 몇몇 학자들도 정신병자 사례에서 그렇게 보았듯 — 사회통제 논리를 우선적으로 발견하게 된다. 즉 더 이상 구걸 행위, 부랑 생활, '기생하는 생활parasitage'이 발생하지 않기 위해서는 빈곤층에 대한 구호가 요청된다는 것이다. 마찬가지로 우리는 이 논리에서 출발해 의학이 혁명정신에서 소중히 다루어졌던 가치인 '합법성'의 테두리 안으로 휩쓸려 들어가는 상황과 이러한 의학이 '동정과 과학' 그리고 '호의와 권위'[48]가 혼합된 채 일탈을 통제하기 위한 제어장치로 변모해 가는 과정을 지적해야 할 것이다. 사회적(즉 경찰적) 책무가 의학 분야에 전가되는 양상은 육체적 쇠약 상태와 관련해서라기보다는 전적으로 정신적 일탈과 관련이 있었다. 그럼에도 불구하고 19세기 내내 병원이라는 간접 수단을 통해 의료권력의 점진적 이동이 신체불구자를 대상으로도 역시 확인된다는 사실을 인정해야 할 것이다. 하지만 입헌의회가 활동한 시기는 사정이 그렇지 않았다. 프랑스 혁명의회는 사용한 어휘만 달랐을 뿐, 사실상 똑같은 조항들을 다시 채택한다. 그 내용을 살펴보면, "구호는 국가가 져야 할 채무지만, 구걸은 범죄다"랄지, "건강한 자라면 일해야 하고, 건강하지 않은 자라면 구제받아야 한다"와 같은 조항들이 그렇다. 프랑스 혁명 의회는 이 문제에 관해 많은 법률들을 제정하지만, 실제로 시행된 것은 거의 없었다. 이는 중앙집권화와 '국영화'라는 과도한 계획들로 인해 발생한 것인데, 결국엔 너무 잘하려다가 오히려 일을 그르

48 카스텔, 앞의 책, p. 49.

친 꼴이 되었다. 한편 5인 총재회의는 병원들에 기능상 여러 가능성을 다시 부여했고,[49] 코뮌 단위의 극빈자 구호사무소의 설치를 도모함으로써 개별가정에 대한 원조를 강조했다. 지역 단위 구호조직과 의료자원에 대한 재편성을 통해, 공공구호사업은 새로운 국면에 접어들게 된다. 즉 공공구호사업은 (더 이상 국가적 의무가 아니라) 임의 선택사항이 되는데, 이는 결국 보다 엄밀한 의미에서 '자선적' 구호라는 19세기적 상황에 놓이게 되었음을 의미한다. 분명 1848년, 사람들은 혁명정신으로 되돌아가려고 시도했지만, 이는 일시적인 에피소드에 그치고 만다. 이제 더 이상 국가적 의무와는 무관하게 되었고, 신체불구자들의 권리에 다시금 관심을 보인 법 제정은 1905년에 가서야 이루어지게 된다. 사적 차원에서의 자선 활동은 지속되지만, 이로부터 탄생한 여러 구호사업들, 가령 생 뱅상 드 폴 연합회와 같은 사업은 극빈자라는 매우 광범위한 집단 차원에서만 신체불구자들의 문제에 관심을 둘 뿐이었다. 이 같은 자선사업은 야간 대피소, 식량배급사업, 무료급식소, 무료 보건소, 입대구제기금 등과 같은 형태를 취하게 된다. 사업들은 되는 대로 그때그때 전개됐고, 그마저도 쓸데없는 중복사업으로 인해 손실을 입는 경우도 있었다. 1890년에 이르러 자선구호사업을 관장하는 중앙청이 창설되지만, 문제 전반을 개선시킬 수는 없었다. 바로 이러한 이유에서 우리는 공적 구호의 문제로 다시 되돌아오게 되는데, 설령 각 가정을 대상으로 하는 개별 차원의 원조가 수많은 자선 사업소를 통해 지속되었다 해도, 결국 구호시설 수용을 통한 구호사업이 주요 해결책

---

49 1795년 프랑스 공화력 제1월 16일 법과 공화력 제3월 7일 법.

이었다고 하겠다. 1905년 기준, 노인, 신체불구자, 불치병환자 등에게 할당된 침상 수는 69,619개였다.

원칙적으로 노인과 불치병환자는 구제원에 수용되고, 환자는 병원에 수용된다. 사실상 수용자 부류의 혼재 양상은 심각한 수준이어서 도처에서 신체불구자들이 발견된다. 구제원은 물론이고, 병원, 정신병동, 그리고 걸인 수용소에서도 발견되었던 것이다.[50] 1790년, 라 로슈푸코-리앙쿠르가 비세트르 병원에서 기록한바, 즉 "이 시설은 구제원인 동시에 대병원이자 기숙사이자 병원이자 유치장이자 소년원이라 할 수 있다"(걸인구제위원회에 보내는 보고서)라는 진술은 여러 면에서 오래된 진실로 남아 있다. 그 결과 훗날 피넬식[51] 정신병원의 차원은 비록 그것이 의학과목 분류상 세부항목인 '광인'에 해당할지라도 역시나 불구자와 연관된다. 나아가 정신병원 차원에서도 '재활교육'을 자임하려 했다는 점도 덧붙여 언급해 두어야 하겠다. 일탈자들을 위한 이 같은 공간 내에서, "전체주의적 제도가 갖는 이중의 역할은 중립화와 재활교육화 사이에서 스스로를 정당화할 수 있는 최적의 논리를 발견해 낸다. … 배제와 규율적 분할배치라는 이 두 전략은 따로 떨어져 있는 것

---

50 걸인 수용소는 구체제하에 실제로 존재했다. 황제가 이 걸인 수용소를 재건립했던 것이다. 구호한다는 핑계로, 또 그런 의도에서 재탄생한 걸인 수용소는 일종의 구치소나 다름 없었다. 앞서 언급한 샤루아의 논문의 일부를 인용해 둔다. "그로 인해 동냥하지 않고는 살아갈 수 없는 노인들과 불구자들이 체포상태에 놓이고, 유죄선고를 받았으며, 결국에는 감옥이 그들에게 피난처를 제공해야만 했다."(p. 61)

51 잠시 후 우리는 이 인물에게 주목하게 될 것이므로, 여기서는 주로 1962년 당시 미셸 푸코와 로베르 카스텔의 연구성과에 기대어 말하려 했다. 요즘 들어 마르셀 고셰(Marcel Gauchet)와 글라디스 스웽(Gladys Swain)이 보여 준 압도적인 양의 연구 성과에 힘입어, 나는 초기 피넬식 시설들과 아우이 및 레페 신부의 시설을 비교할 수 있었으며, 『광기의 역사』의 마지막 부분의 주장에 반론을 제기하게 될 것 같다. 왜냐하면 고셰와 스웽은 2세기 전부터 내포의 원리에 입각한 어떤 강력한 요구와 함께 일종의 민주주의적 인류학이 당대에 착수되고 있었다는 타당한 지적을 했기 때문이다.

이 아니라, … 유폐된 공간에 사회복귀 프로그램을 적용한 것이라 하겠다". 이는 구제원-병원이라는 견고하고 테두리쳐진 형식하에 재기를 통한 사회복귀와 구호가 한데 결합된 형태라 할 수 있는데, 이때 구제원-병원이라는 결합 형태는 머지않아 도덕적이고 사회적인 전형을 이루며, 엄밀한 의미에서의 전문화와 의료화를 도모함으로써 '의학적이고-합법적인médical-légal' 권력이 지배하는 공인 시설이 된다. 이런 식으로 의사와 사회개혁자는 공모상태에 돌입해, 공통된 '일반 사회병인론'에 의견을 같이하고, 점차 유폐된 공간에서의 노동을 통한 재기 및 구호 관련 정책을 추진해 나가게 된다.

이 지점에서 카스텔이 자신의 저작 어느 장 마지막 페이지에 피력했던 부분을 인용하지 않을 수 없다. 그는 독지가로서의 자신의 이야기를 인용하는 것으로 이야기를 시작한다.

사람들이 추정하는 것처럼, 이 일은 단순히 극빈자에게 일자리를 마련해 주는 데 있지 않다. 왜냐하면 대개의 경우 이 일은 모든 연령층의 극빈자들에게 노동을 통한 교육기회를 제공하는 일과 관련되어 있기 때문이다. 다시 말해 그들에게 노동에 대한 취미를 고취시키고, 노동할 수 있는 능력을 갖추게끔 해주고, 노동의 습관이 배도록 하는 것이다. 또한 이 일은 사람들이 추측하는 것처럼 단순히 경제적 목적을 달성하는 것에만 관련되어 있지 않다. … 그것은 무엇보다도 정신적 목표를 성취시키는 것과 관련된다. … 여기에는 어떤 산업적 산물과 관련된 사변으로는 기대할 만한 것이 거의 없다. 하지만 사변이 헛되이 여겨질지 모를 그 순간에도, 빈민들의 습성에 미칠 영향에 있어서만큼은 기대할 만한 것이 무척 많다고 할 수 있다.

계속해서 카스텔은 다음과 같이 논의를 이어 간다.

바로 이 "극빈자'indigent"라는 표현을 착취와 전형화의 시스템으로부터 '배제된' 수많은 변종들에 오늘날 우리가 적용하고 있는 무수한 호칭들 중 하나로 대체해 보길 바란다. 그러면 여러분은 한 계급사회 내에서 실현되는 어떤 구호정책의 일반적 표현을 확인하게 될 것이다. 아울러 과거든, 현재든, 혹은 도래할 미래든, 사회적 혹은 정신적 차원의 온갖 의학 분과들에 특별히 마련된 지위도 확인할 수 있을 것이다. 또한 전통적 정신의학이 노동의 문제와 맺고 있는 관계의 핵심적인 사항도 확인할 수 있을 것이다. 이는 조금도 잉여가치의 복원이라 할 수 없다(그게 아니면 대체 무엇이란 말인가!). 오히려 잉여가치의 제거를 통한 질서의 복원이라는 문제는 오히려 경제학의 법칙이라 할 수 있는데, 왜냐하면 규율에의 복종이야말로 바로 경제학의 도덕률이기 때문이다.[52]

전형적인 '정신병원중심주의aliénisme'의 특성을 보였던 이 의학적인 동시에 사회적인 논리로부터 향후 100년 이상 해당분야를 지배하게 될(1960년대에야 이 분과가 탄생하게 된다) 그 유명한 '광인들'을 위

---

52 카스텔, 『정신의학질서, 정신병원의 황금기』, p. 162

한 1838년 6월 30일 법률이 탄생한다.[53] 로베르 카스텔을 한 번 더 인용하자면, 그는 여기서 한 걸음 더 나아가 정신병동공간이 유일한 해결책으로 압도적 지지를 받던 시기에 이 법률——머지않아 현대 정신의학의 정립과정에서 정신병원 중심주의에 종말을 고하게 되지만——에 대한 독창적인 분석을 시도한다.

하지만 이 중 그 어느 일도 신체불구자들과 관련해 일어나지 않았다. 다만 재기와 구호의 문제가 정신병동 유형의 공간에서 부분적으로 가능했고, 훨씬 더 완화된 방식이지만 특수시설 내에서 이루어졌을 뿐이다. 이 특수시설이란 일탈자들을 울타리에 가둔 채 기회를 제공하는 혹독한 장악의 형태를 띠고 있었다. 그러나 신체불구자들을 위한 특수시설은, 의학이라는 씨실과 사회라는 날실 모두가 신체불구자의 삶의 조건을 엮어내는 것임에도 불구하고, 의학적 구조보다 사회적 구조가 우세했음을 알려준다. 그리하여 재기와 구호라는 개념은 정신병자에게 더 유효한 배제와 감시의 개념보다도 신체불구자들에게는 더욱 적합한 개념으로 기능한다.

무수히 많은 사회사업들, 특히 사적 영역에서의 사업들은 이러한 사실을 증언하고 있는데, 이 사적 영역에서는 정신병동 공간의 강력한 영향력보다는 지원과 재활교육이 주로 관련되어 있었다. 이 시설들은 의학적 차원에서도 특히 정형외과 분야에 해당하는 것이었다. 신체

---

53 1838년 법은 1990년 6월 27일에 이르러서야 수용 관련 새로운 법의 표결로 인해 공식적으로 사라졌다. 하지만 이 새로운 법도 시설수용 관련 도(데파르트망)단위급 통제 위원회에 관한 사항만 제외하면, 여전히 1838년의 법과 매우 유사한 내용을 담고 있다. 포스텔의 글 「시설수용에 관한 프랑스 신법」, 『정신의학의 새로운 역사』(J. Postel, "La nouvelle loi française sur l'internement" in *Nouvelle Histoire de la psychiatrie*), p.446 이하.

불구자들의 갱생을 실현하려는 어떤 엄청난 열기가 수많은 의사들의 관심을 사로잡았고, 여러 기술이 등장하여 급속도로 발전을 거듭했다. 가령 당시의 여러 '정형외과 치료원'을 찾아볼 수 있는데, 그 중에서도 파리 샤이오 구역 바스-생-피에르 가街 뱅상 뒤발Vincent Duval이 관장했던 치료원[54]은 신장身長기형, 안짱다리, 무릎에 발병하는 '의사擬似 관절 경직증', 만성 목통증, 기타 관절질환들을 치료한 것으로 전해진다. 신체불구자들이 이 시설에 재원在院했고, 아동들도 이곳에 재원하면서 "시설 상주자에 의해서건, 외부에서 온 선생님에 의해서건, 지정된 모든 종류의 수업을 받을 수 있었다. … 이렇듯 이 치료시설은, 동일 공간 집결에 있어 환자들의 불쾌감 따위는 고려하지 않은 채 온갖 종류의 환자들을 수용했던 여타 시설들과는 달리, 매우 특화된 수용시설이었다. 심지어 이 시설은 부수적으로 척골변형환자들에 대한 치료를 시도한 교육원이기도 했다. 하지만 기숙사 형태를 띤 이 같은 시설의 책임자들은 치료기술에는 문외한인 세속인 혹은 종교인이었기 때문에, 외부의 의사들에 의지할 수밖에 없었다. … 또한 신체불구를 겪는 어린 환자들을 정상적인 인체구조를 지닌 다른 이들과 뒤섞어 놓는 것은 그들에게 모욕감을 주고, 그로 인해 깊은 절망감과 환멸감을 초래한다는 사실도" 언급해 두어야겠다(치료원 소책자 인용). 이같은 내용은 의료적 표현과는 상당한 편차가 있는 것으로, 눈여겨볼 필요가 있다. 게다

---

54 「정형외과 치료원」(Institut orthopedique)이라는 제목이 붙어 있는 (뱅상 뒤발이 작성한 것으로 추정되는) 브로셔(1850) 참조. 아울러 부비에(Bouvier) 박사와 구조대원 앙리-빅토르(Henri-Victor)가 작성한 「정형외과 시설」(Establissement orthopedique, 1853), 끝으로 프라바즈 장-샤를르(Pravaz Jean-Charles)가 작성한 「정형외과 및 운동요법 치료원에 관한 소개서」(Notice sur l'institut orthopedique et gymnastique, 1863) 참고.

가 이러한 개인 시설들에는 병원이나 구제원보다도 훨씬 수준 높은 위생, 생활환경, 숙박시설 등이 유지되고 있었다. "치료의 종류와 그 기간 등에 따라 달라지는 기숙비용은 양측의 합의에 따라 적정선에서 정해졌다." 이상의 사실은 사회의 일하지 않는 유휴계층만이 이런 종류의 시설에 접근 가능했으리라는 추정을 하게 한다.[55]

이처럼 정형외과적 치료목적을 가진 수많은 시설들의 탄생이 줄을 잇고, 다른 부류, 즉 '연주창連珠瘡 환자들'[56]을 위한 베르크-쉬르-메르Berck-sur-Mer나 포르주-레-뱅Forges-les-Bains과 같은 초창기 시설들은 기후 요법에 투자하게 된다. 여기서 신체불구자재활시설을 대표하는 장 베르디에Jean Verdier의 사업을 강조해 두는 게 바람직할 듯하다. 레페 신부, 아우이, 이타르Itard, 피넬 등의 반열에 베르디에를 위치시켜도 좋을 것이다. 이들처럼 베르디에 역시 적절한 치료기법은 물론이고, 경우에 따라 때로는 발, 때로는 손이나 팔, 혹은 호흡 등의 교정을 위한 다양한 신체활동의 체계화를 제안하는 치료법[57]을 찾아내는 동시에 교육을 병행해야 한다고 생각했다.

---

55 하지만 이 사안의 장본인 뒤발은 파리 병원 협의회(Conseil Général des Hôpitaux de Paris) 수신으로, 「인체의 기형사례들에 관한 일별」(Aperçu sur les principales difformités du corps humain, 1833)이라는 제목의 글을 ('자택에서') 발송한다. 이 글에는 병원 내 불구자들이 노동자 계층 (및 하층-프롤레타리아 계급) 출신이라는 논거가 상당수 제시된다.

56 1861년 베르크 지역 최초의 시설이 목재 가건물 형태로 건립되고, 향후 영구 건물 형태로 개축되어, 1869년 완성된다(당시 병상 개수는 500개로, 여기에 환자양호용 침상 80개와 100개의 병상이 추가적으로 마련된 또 다른 작은 병동이 들어선다). 포르주-레-뱅의 경우 1860년 당시, 112개의 병상을 갖추고 있었다.

57 장 베르디에, 「베르디에 씨의 편지, 파리 거주 의학박사, 꼽추와 기타 골격 및 관절 기형을 위한 새로운 치료 기술에 관하여」(Jean Verdier, "Lettre de Monsieur Verdier, docteur en médecine à Paris, sur un nouvel art de guérir les bosses et autres difformités des os et de leurs articulations, Mercure de France", 1777년 11월 서신). 이 서신은 조르주 비가렐로의 책 『재건된 신체』(Georges Vigarello, Le Corps redressé, Jean-Pierre Delarge, 1978), p. 106에 인용되어 있다.

이러한 치료원에서는 기타 병원들에서와 같이, 신체의 '재건'에 관한 괄목할 만한 기술들이 발전하고 있었다. 예를 들어 근육강화침대에 대한 오랜 논의[58]가 펼쳐지는가 하면, 전기요법의 사용,[59] 목뼈 고정용 경부 코르셋의 등장[60](르바셰Levacher), 스카르파Scarpa의 안짱다리를 위한 교정용 기구, 코르셋을 이용한 새로운 발상의 치료법, 정형외과 시술용 그네 등이 적용되었던 것이다. 요컨대 이 모든 재활기구들은 운동기능과 신체성과 관련된 새로운 구상[61]의 출현을 알리는 징후들이었다.

19세기는 '정형외과'의 발전에서 위대한 세기로 기록된다. 재건과 재기는 동일한 의미론적 차원, 즉 '똑바로 다시 세운다─바르게 재배치한다remettre bien droit'라는 차원에 놓인다. 교육과 재활교육 역시, 높은 곳, 정상적인 곳으로 이끈다는 의미에서 마찬가지이다. 그리고 교정하기 역시 의학적인 것과 교육적인 것을 접합해 주는 또 다른 위대한 용어인 셈이다. 우리는 앞으로 정형외과적 개념이 보철의학적 개념으로 점차 변화되어 가는 과정을 보게 될 것이다.

---

58 우리는 당시 존재했던 다양한 근육강화용 침대에 관한 이 같은 논의들 중 하나를 다음의 자료에서 확인할 수 있다. 자신이 고안해 낸 침대의 효용성을 옹호하기 위해 작성된 샤를르-앙드레 메조나브의 『임상일지』(Charles-André Maisonabe, *Journal clinique*, Paris, 1825)는 생의 모든 단계에서 나타날 수 있는 인간 신체의 여러 기형 사례들과 특히 일반적으로 외과시술에 활용되는 기계장치 및 도구에 의지해야 하는 환자들의 케이스를 관찰기록한 모음집이다.

59 부비에, 『의료용 전기설비』(H.-V. Bouvier, *Électricité médicale*, 1856).

60 부비에, 『코르셋 사용에 관한 역사적 의학적 연구』(*Étude historique et médicale sur l'usage des corsets*, 1853).

61 신체성과 인체를 다룬 여러 기술들에 관한 사고의 진화에서 비롯된 이와 같은 문제들은 비가렐로, 『재건된 신체』를 참고할 것. 본문과 관련해서는 p.142 이하를 참고할 것. '기계들의 역전'이라 할 만한 현상, 다시 말해 '기계적으로' 분해되어 움직이는 근육조직에 관한 연구는 19세기에 (오늘날 생체역학의 태동이라 할 만한) 그 모습을 드러낸다.

이상과 같은 프랑스에서의 전개양상과 비교해, 우리는 1896년 내무부장관 루이 바르튀Loius Barthou가 내린 어떤 임무에 관한 보고서를 통해 전반적인 유럽 상황의 일면을 확인할 수 있다.[62] 우선 이 보고서의 작성자는 거의 전 유럽에 걸쳐 레페 신부나 발랑탱 아우이식의 시설들과 매우 유사한 형태에 해당하는 귀머거리 혹은 맹인을 위한 여러 시설에 주목한다. 하지만 여타 지역보다도 특히 스웨덴을 "신체불구자와 절름발이를 후원하는 단체의 예시로 꼽기에 적합하다. 이 여러 단체 중 한 곳의 조직을 묘사해 보면, 다른 단체들의 경우들도 대략적으로 파악할 수 있다"면서, 고템부르크에 위치한 이 시설의 정식 명칭은 "신체 상해자, 팔이나 다리가 없는 이들과 절름발이를 위한 구호단체"였고, 이 시설의 설립자인 한스 크누센Hans Knudsen 신부는 "무위도식은 육체와 영혼의 타락을 야기한다"고 말했는데, 이 점에 근거해 계획된 프로그램을 확인해 볼 수 있다. 크누센은 두 가지 형태의 시설을 구상했다. 정형외과 종합 치료원과 그 연장선상에서의 직업학교가 그것이다. 특히 직업학교라는 문제와 관련하여, 다음의 인용문은 다소 길지만 살펴볼 만한 가치가 충분하다고 생각된다. 왜냐하면 여기에 묘사된 사항은 당시로부터 반세기 후 프랑스에서 발견되는 바와 거의 유사하기 때문이다.

흔히 사람들은 직업학교에서의 교육이 건강한 이들이 다니는 학교들에서 이루어지는 교육과 매우 다를 것이라고 짐작한다. 통상적 교수법

---

62 몽퇴이, 「외국에서의 개인 차원의 자선」("La Charité privée à l'étranger", 1898).

의 규칙들이란 여타 사람들과 너무나 닮은 점이 없는 사람들이 모인 어떤 환경에는 조금도 적용될 수 없으니 말이다. 해서 신체불구자에게 직업을 가르치는 교사가 동원하는 모든 기법은 개인의 소실 상태를 고려하는 가운데 이 불구자에게 손상되지 않은 어떤 신체부위의 기능을 발달시키는 데 있다. 해당 신체불구의 성격과 정도와 시점들 또한 최상의 학습방식을 정하는 데 필요한 평가요소를 이룬다. 이때 가장 좋은 교사는 바로 경험이다.

일상적 도구들은 대부분 사용할 수 없었다. 그래서 우리는 잃어버린 신체부위를 대체하기 위해 다양한 신체 불구상태에 적합한 도구들을 고안해 내야만 했다.

신체적 결함 혹은 개인의 능력을 약화시키는 질병을 구분하자면, 신체불구자 —— 팔이나 다리가 없는 사람과 절름발이 —— 는 다음의 네 가지 범주로 분류해 볼 수 있다.

– 선천적 기형들 : 가령 손이나 팔이 없는 사람들
– 디프테리아, 성홍열, 뇌질환 혹은 척수질환 등의 후유증으로 인한 마비환자들
– 사고로 인한 신체불구자들
– 골조직 질환 및 기타 질병으로 전반적 근육약화증상을 겪는 사람들

이 모든 불행한 이들에게, 그것도 가능한 한 단기간 내에, 직업을 마련해주는 것, 바로 이것이야말로 본 시설의 교원이 달성해야 할 목표이다. 가정교사 형식에 준해, 교원은 일반 작업들에 대해서는 감독의 임

무릎, 직능 견습에 있어서는 숙련된 장인의 역할을 담당한다. 우선적으로 교육해야 할 직업으로는 남성의 경우, 목공, 선반 가공, 목재 조각술, 솔 제조, 등나무의자 제조, 구두 제조 등이 있고, 여성의 경우 기계 혹은 수작업을 통한 재봉술, 뜨개질, 코바느질 작업, 방직술 등이 있다. 손이나 팔이 없는 불구자들은 이들을 위해 특별히 제작된 도구를 이용해 작업하는데, 때로는 인공 손이나 인공 팔의 도움을 받기도 한다. 견습생 신분인 이들은 자재 제공에 소요된 경비를 제한 소정의 금액을 작업에 대한 대가로 받는다.[63]

사람들은 성한 손은 하나지만 두 다리는 멀쩡한 상당수의 불구자들이 획득한 솜씨가 어느 정도인지 상상하지 못한다. 이들 중 어떤 이들은 기계나 선반에서 몸이 성한 직공들만큼이나 일을 순식간에 해치우고 동일한 임금을 받기도 한다.

견습생들 중 어느 한 명이 직업학교에서 교육하지 않는 어느 직업에 재능을 보이는 경우 (가령 시계공업), 우리 단체는 재정적 손실을 무릅쓰고라도, 해당분야의 장인을 초빙하는 데 필요한 비용을 지급한다.

몇몇 예외적인 경우를 제외하면, 이러한 견습생들에게는 본 단체가 알선한 산업현장에 일자리가 제공된다. 본 단체는 이들에게 해당직업에 필요한 장비를 대여해 준다. 단, 장비를 대여 받은 수혜자가 사망할 경우에는 해당 장비들을 회수하는 것을 조건으로 한다.

과중한 재정 부담의 위험이 있고, 또 그런 일은 원치도 않기 때문에 본 단체는 훨씬 과도한 비용지출이 예상되는 기술학교방식은 포기한다.

---

63 사회는 가공된 물건들의 판매를 담당한다. 사회는 직접 돈을 지불하기 때문에 일반 대중들에게 판매되지도 않는 이 생산된 제품들의 비용을 떠안는 것이다.

그럼에도 불구하고 본 단체는 수업을 수강하지만 명백한 빈곤상태에 처한 신체불구자들에게는 식사 제공을 지원한다. 이 학교에서 제작된 공예품들은 때로는 시설 내에서, 때로는 매년 크리스마스 무렵 열리는 전시회에서 판매된다.[…]

고템부르크 단체에 관한 보고서는 우리에게 다음과 같은 사실을 알려준다. 1885년 10월 3일부터 1897년 5월까지의 신체불구자 수는 125명으로, 그 중 22명이 손이나 팔이 불구였고, 그 중 5명이 선천적으로 팔뚝이 없는 상태로 태어난 자들이다. 그리고 17명은 한쪽 팔 혹은 양팔을 사용할 수 없는 마비환자들이다. 그 외 나머지 불구자들은 통상적인 작업장 내에 견습생으로 참여하는 것이 불가능할 정도로 어려움을 겪는 다소 중증의 기형에 해당된다.

본원 내 불구자들을 위한 교육은 연중 9~10개월 동안 지속된다.

고템부르크 단체와 유사한 여러 단체가 스칸디나비아 반도 도처에 설립되었는데, 스웨덴의 칼스크로나(1885년)와 헬싱보리(1887년), 핀란드의 헬싱포르스(1890년), 스웨덴의 스톡홀름(1891년), 노르웨이의 크리스티아니아(1893년) 등이 그렇다.

특히 이 마지막 단체 '신체불구자를 위한 직업학교'Arbeidkole for Vanfore는 솔직히 말하자면, 위생관념이 그렇게 자랑할 만한 수준이 아닌 오슬로 문케담스 바인가街에 위치한 한 가옥 내에 좀 지나치다 싶은 만큼 간소한 형태로 설립되었다.

한편 고템부르크 단체의 조직 및 기능에 관해 우리가 이미 작성한 보고서 이후로는 스톡홀름의 시설과 관련해, 국가로부터도 코뮌으로부터도 그 어떠한 지원금도 받지 않았다는 사실 이외에 딱히 언급할 사항이

없다. 이 같은 객관적 확인사항은 그 자체로 특별한 중요성을 갖는다.[64]

스웨덴에 관한 이 같은 묘사는 상당히 예외적인 것으로, 반복해 말하지만, 프랑스의 감각기관 불구자들을 위한 시설들과 영국의 신체불구 아동들을 위한 두 개의 재단들[65]을 제외하면 거의 비견될 만한 게 없다. 이는 진정 20세기 초반 몇십 년간 진행될 새로운 균열을 예고하는 것이라 하겠다. 하지만 20세기를 불과 십여 년 앞둔 19세기 말은 프랑스에서 공공구호가 회복된 시기로 특징지을 수 있다. 1886년에는 구호위생국이, 1887년에는 일반감찰국이, 1888년에는 공공구호최고위원회가 창설되며, 이 모두는 1889년에 이르러 구호 의무를 재차 주창한 국제구호회의Congrès international d'assistance로 완결된다. 이 시기를 기점으로, 1905년 7월 14일 법을 잉태시키기 위한 수많은 발의(보조금체계 등)가 싹을 틔운다. 이 법은 제1조항에 구호를 받을 수 있는 대상을 "재정적 수단이 박탈되어 자신의 노동을 통해 생존에 필요한 비용을 충당할 수 없는, 70세 이상이거나 불구상태이거나 불치병으로 인정된 질병에 걸린 모든 프랑스인"으로 명시한다. 법조문은 제2조항에서 누가 구호를 펼쳐야 하는지에 관해, "구호받게 될 자는 사회보장급여 주소지가 존재하는 코뮌으로부터 구호받으며, 코뮌 주소지가 없는 경우엔 사회보장급여 주소지가 존재하는 데파르트망으로부터, 이 모두가 없을 경우에는 국가에 의해 구호받는다"라고 정의 내리고 있다.

---

64 앞의 책, pp. 185~191.
65 '중증장애아동을 위한 전국산업보호소'(National Industrial Home for Crippled Boys)와 '중증장애인 보호소 및 여성청소년을 위한 산업학교'(The Cripples' Home and Industrial School for Girls).

이 법률의 핵심사항이라고 할 수 있는 제3조항은 구호가 승인되는 여러 형태들을 정하고 있다.

코뮌 단위 혹은 데파르트망 단위로 사회보장지급 주소지를 보유한 노인, 신체불구자, 불치병환자는 해당 주소지에 대한 구호를 받을 수 있다. 다만 해당 주소지로 실질적인 구호를 받지 못하는 자들은, 동의할 경우, 공공 구제원이나 사설시설 혹은 각 개인가정에 인도되거나, 최종적으로는 별도의 구호 형식과는 독립적으로 숙소만 보장되는 공립 혹은 사립 시설들로 옮겨진다.

이 법은 신체불구자들에 관한 저 지난했던 사각지대를 지나, 프랑스혁명 당시 입헌의회의 정신을 계승하고 있다. 하지만 이 법은 혁명의 자유가 개화된 동시에 산업상 끔찍한 멍에가 공존하던 20세기가 처한 한계 또한 보여 준다. 즉 이 세기는 교육하기를 바라고(그 성과 중의 하나가 바로 의무교육이다), 재기시키려 하고(교화와 기술을 통해), 무엇보다도 구제원에 수용하거나 또 그렇게 보호자를 자처하면서도 실은 구속하는 제도를 통해 '구호를 감행한' 세기인 것이다.[66]

전형화의 세기들은 중세가 고스란히 남겨둔 문제에서 마침내 어떤 치료법을 발견할 수 있었다. 이미 중세 말 그다지 나을 것도 없었던

---

66 정신박약아에 대한 특수교육의 역사에 관해서는 왜 거의 언급을 하지 않는지 곧 알게 될 것이다. 그럼에도 불구하고 이 분야는 가장 많이, 어쩌면 가장 잘 다듬어진 분야라 할 수 있다. 참고가 될 만한 자료들로 카퓔(Capul), 가토-메느시에(Gateaux-Mennecier), 레이노(Raynaud), 부아뱅(Boivin), 디드리히(Diederich)의 저작들은 중요할 것 같다.

'영적' 통합을 경험한 고전주의 시대의 그릇된 통합방식은 이제 사회 편차에 따른 상대적 시민통합이 되었으니 말이다.

내용을 빈곤하게 만들긴 해도 시사점 있는 모든 요소를 아우르며 최종도식을 도출하는 습관을 다시 한 번 발휘해 보자면, 나는 중세시 대가 무엇보다도 생물학적 차원에서 통상적인 것과 관련지어 이타성 의 개념을 발달시켰고, 그 고유한 의미에서 주변성의 관념을 도출해 냈다고 평가하고 싶다. 동시에 윤리적이고 사회적인 차원에서 모든 관 심이 신체불구자의 운과 불운에 맞춰져 그들과 함께 어떤 사회성을 모 색했지만, 이렇다 할 성과는 전혀 거두지 못했다고 말하고 싶다.

전형화의 세기들은 여전히 생물학적 차원을 고수하지만, 무엇보 다도 이 차원에 건강과 허약함의 이념들을 작동시킴으로써, 분류의 원 칙들을 설정한다. 특히 사회의 비전에 이익이 되도록 윤리적인 것은 덜 작동하고 있다. 적합한 것과 일탈적인 것 ─사회와 관련해─ 이 라는 관념은 분류하려는 야심에 상응해 분리 행위를 초래한다. 이에 다음의 도식으로 요약해 보자(뼈대를 맞춰 보자)!

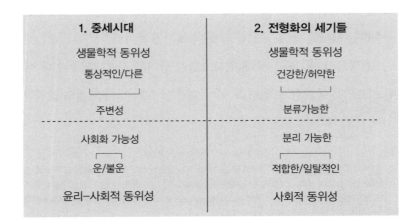

19세기를 따라가며

여러 집단들의 삶을 고려해 가며 임의적 재단, 다시 말해 한 세기가 언제 시작하고 끝나는지 결정하는 것은 언제나 그렇듯 매우 어려운 일이다. 내 생각에 혁명기 말부터 제3공화국까지의 사건들을 규정하기 위해서라도 신체불구자에 관한 문제를 어느 정도 따라가 보는 일은 꽤나 유용할 듯하다.

모든 시기들과 마찬가지로, 19세기 역시 나뉜다. 사회의 비참상을 드러내는 전망과 이제 막 태동하는 새로운 교육적 전망이 그것이다. 특히 귀머거리들에 관련한 문제는 이 세기를 관통하는 딜레마의 전형적인 단편을 이룬다. 1880년, 몸짓언어(몸짓언어는 더 이상 공식적으로 통용되지 못한 채, 거의 한 세기 가까이 은밀하게 그 명맥만 유지했다)에 대한 구술방식의 승리라 할 만한 일이 일어난다. 1880년 농아 교육에 관한 밀라노 국제학술대회가 그것인데, 이때 논의된 여러 문제들 중에서도 결정적인 한 문제가 인류학적 차원과 관련되어 있었다. 이 학술대회에서는 몸짓이 문명화된 인간에게는 걸맞지 않기 때문에, 문명화된 인간에게 고유한 것은 구술언어로 말하는 것이라는 오래된 관념이 재차 확인되었던 것이다. 즉 몸이 정신의 자리를 차지해서는 안 되며, 고로 몸짓과 표정을 통한 표현은 신체불구의 매우 불쾌한 특징이 드러나는 일종의 퇴행이라는 논리다. 청각장애인을 이 같은 구순성에 접근시킴으로써, 오히려 신체불구상태를 정상화시키는 일이 가능해질 수 있다고 생각한 셈이다. 달리 보자면, 이는 당시 분위기의 주조를 이루던 정상화에 다름 아니었다. 왜냐하면 케틀레Quetelet[67] 사회학과 같은 사회학적 논조에 따라 '평균moyennes'이라는 기준을 통해 사회적·인간적 사실들을 설명하려는 접근법이 전개되었기 때문이다. 이러한 사실에 기초하여, 우리는 이 세기가 논쟁했던 여러 가지 역설들을 포착해낼 수 있다. 레페 신부가 청각장애인 교육을 위해 장려한 제스처 활용방식은 이제 그들을 인간 이하의 존재로 만들어 낙인찍어 버렸고, 그결과 사람들은 또 다시 교육적 열정이라는 미명하에 청각장애인 문화로의 접근을 거의 불가능하게 만드는 구술언어방식을 적극 권장했던 것이다. 여기에서 드러난 수많은 모순점들은 극에 달했는데, 왜냐하면 신체기호로 말하는 몸의 광경이란 도저히 용납될 수 없는 모습이었기 때문이다.

19세기 전체는 어떻게 보면, 다음의 표현으로 요약될 수 있다. 즉 정상성을 다시 부여했지만, 꼭 그만큼 비정상도 부각시켰다고 말이다. 불구자 집단이 지닌 눈에 거슬리는 겉모습을 사라지게 하고 싶으면서도, 그저 불구자 집단을 계속 한 곳에 처박아 둔 셈이다. 이런 일은 따로 따로 발생하기도 혹은 동시에 나타나기도 했는데, 상황은 대중없이 그때그때 달랐다.

이러한 분석은 우리가 신체불구자들이 어떤 장소 안에 존재했는지 자문해야 한다는 점을 확신시켜 준다. 본래는 신체불구아동에만 관련되던 여러 교육시설이 이 세기를 지나면서 거의 자취를 감추었다.

---

67 케틀레의 사유에 관해서는 프랑수아 에왈드(François Ewald)의 관점과 설명을 참조할 것(『복지국가』L'Etat providence, Paris: Grasset, 1986, pp.147~161).

이를 다시 말하면 성인들과 나머지 아이들은 다른 곳에 있었다는 얘기가 된다. 이 분야에서 가장 오래된 통계분석자료들[68]에는 국가가 이때까지 기껏해야 두 개의 농아 시설(파리-보르도)만을 설립했으며, 나머지 37개 시설은 사립이었다는 사실이 기록되어 있다. 이 39개 시설들이 자그마치 1,675명의 학생들을 교육한 것이다. 더구나 맹아의 경우, 단 한 곳(파리)의 공공시설이 280명의 학생을 수용했던 반면, 다른 10곳의 시설들은 불과 307명의 학생만을 수용하고 있었다. 그런데 당시 프랑스 전체 맹인 수는 3만에서 3만 7천 명 가량을 기록했고, 그 중 2천 2백 명 가량이 5세에서 15세 사이의 아동이었다. 당시 전체 농아의 수는 3만 명 정도로, 이들 중 5세에서 15세 사이의 아동 수는 대략 5천 명 정도로 추산되었다. 결국 감각기관 불구자 대부분은 비교적 보살핌을 잘 받을 수 있는 각 가정에 있거나, 노인 및 광인과 뒤섞여 지내야 하는 구제원 혹은 병원시설에 있거나, 혹은 그것도 아니면 늘 그래 왔듯 (혹은 다른 시설에 있으면서도) 구걸하며 길거리에 분산되어 있었음

---

68 이 자료는 프랑스 내 맹인 및 농아에 대한 비교 통계자료로, 1851년에 실시된 인구총조사의 통계자료에서 인용했다. 『자선의 연대기』(*Annales de la charité*, 1855), p.172 이하. 와트빌 남작, 『자선복지시설에 관한 통계 분석』(Ad. de Watteville, *Essai statistique sur les établissements de bienfaisance*, 제2판, Paris: Guillaumin et Cie, 1947). 아울러 다음의 자료도 참고할 것. 와트빌 남작, 『농아, 맹인, 특수교육을 위한 시설 관련 내무부 장관께 드리는 보고서』(*Rapport à son Excellence le ministre de l'Intérieur sur les sourds-muets, les aveugles et les établissements consacrés à leur éducation*, Paris: Imprimerie impériale, 1861).
우리는 신체불구자들에 관한 통계자료를 보유하고 있지 않다. 그럼에도 불구하고 18세기 말엽 걸인의 15%가 질병을 앓거나 불구상태라고 추정하며, 이 같이 불우한 상태에 처한 걸인들이 전체 조사인구의 15%에 달한다고 평가한 바 있다(로몽, 「18세기 파리의 빈곤층의 세계」C. Romon, "Le monde des pauvres à Paris au XIIIe siècle", ESC연감, 37년차, n.4, 1982, p. 750). 한편 19세기와 관련해 앙드레 게슬렝(André Gueslin, 같은 책, pp.83~89)은 가변적인 데이터들을 검토한 뒤, 질병을 앓거나 불구인 가난한 자들이 프랑스 인구의 10%, 즉 400만 명에 이른다는 결론을 내린다. 나아가 이 질병을 앓거나 불구인 가난한 자들의 10% 정도, 즉 40만 명 정도는 엄밀한 의미에서 불구자인지 확실하지 않으며, 또 불구자들과 구분될 수도 없는 사람들이다.

이 분명하다.[69] 앞서 열거한 이 열악한 장소들에서 불구의 몸은 추하고 가여운 모습이었다. 교육시설들을 자주 이용하려면 장학금 혜택을 받아야만 했는데, 불구자의 가족들은 이 교육시설에 자신들의 돈을 지불해야만 했고, 극빈층의 경우는 그나마 이 기회마저도 누릴 수 없었다.

특히 절름발이이거나 팔다리가 절단되거나 기형과 같은 신체불구자들의 경우, 특수교육시설의 수혜를 받지 못했다. 이러한 상황을 두고 '부재하는 존재들absents'[70]이라 했던 모니크 비알의 표현은 적확하다. 이들 신체불구자 역시 각 가정, 거리, 구제원 혹은 병원을 전전했다. 일부 불구자들은 정형외과 진료소에서 치료혜택을 받을 수도 있었고, 때로는 직업학교로까지 연장되거나, 파리 샤이오 구역 바스-생-피에르가에 위치한 직업학교라든지, 연주창 환자를 위한 베르크 혹은 포르주-레-뱅과 같은 초창기 시설들, 혹은 (스웨덴의) 고템부르크, (핀란드의) 헬싱포르스나 스톡홀름[71] 등과 같은 스칸디나비아 반도 일대 혁

69 우리는 이 문제를 여러 구제원의 오래된 문서 기록들을 통해서든, 혹은 외젠 쉬(Eugene Sue)의 『파리의 수수께끼』(Les Mystere de Paris; 비세트르 병원이나 구제원에서의 에피소드를 그린 작품) 를 통해서든, 혹은 1904년 11월 9일 하원의 교육미술위원회에서 라브로(Lavraud)와 같은 사람의 입을 통해 전해진 당대에 관련한 증언들을 통해서든 얼마든지 설명해 낼 수 있다. 특히 외젠 쉬의 작품의 경우, 텍스트 전체가 각종 불구자들의 이야기로 넘쳐난다. 『파리의 수수께끼』에 등장하는 초등학교 교사의 실명은 바로 최고의 처벌처럼 그려진다. 즉 실명은 죽음보다 나쁜 것으로, 혹은 젊은 토르티아르(Tortillard)의 경우처럼, 불구성은 곧 악의에 못지 않은 것으로 서술되기 때문이다. 한편 다르빌(d'Harville) 씨의 간질도 더할 나위 없이 혐오스러운 것으로, 바닥 모를 불행으로 묘사된다.

70 운동장애를 겪는 불구자들은 결함 있는 사람들에 대한 특수교육 분야에서도 가장 늦게 받아들여진 이들이었다. 이와 같은 표현은 프티, 『부적응 아동들과 부적응 성인들』(J. Petit, Les Enfants et les Adolescents inadaptés, Paris: Armand Colin, 1966), p.224에서 다귀(P. Dague)가 언급한 것으로, 훗날 『서양에서의 아동의 역사』에 수록된 비알의 글 「19세기에서 20세기까지의 장애 아동들」("Enfants handicapés, du XIXᵉ au XXᵉ siècle", in Histoire de l'enfant en Occident, t. II, Paris: Le Seuil, 1998)에서 재인용된다.

71 여기에 할애한 지면만으로는 적절한 해당 시설 및 그 치료 모두를 환기시킬 수 없다. 이에 본서의 제1판본을 참조하자. 『장애:약체들과 사회들』(H.-J. Stiker, Corps infirmes et sociétés, Paris: Aubier, 1982, Dunod, 1997). 개정판에서는 본장 「전형화의 세기들—오싹한 한기」를 다시 살펴보도록 하자.

신적 시도가 돋보였던 여러 시설을 이용하기도 했다. 정형의학 분야에서 보여 준 이 같은 열정에는 침상, 도르레 시스템 등과 같은 여러 재활 기법들이 동원된다. 요컨대 오늘날 우리의 재활교육수단과 물리치료요법의 선조격이라 할 만한 정형의학 분야의 노력이 확산되고 있었던 것이다.[72] 하지만 재활교육방식들은 그 비용이 비쌌기 때문에, 결국 가난한 사람들은 배제되었다. 끝으로 이 시대를 가장 총칭적으로 드러내 주는 표현을 얻기 위해, 백치·저능아·크레틴 환자·정신박약자가 수용되던 장소들에 관한 문제를 제기하고자 한다.[73] 정신지체아를 위한 학급 및 학교 시설 개선에 관한 1909년 4월 법안의 투표가 이루어지기까지, 프랑스 내에는 신체 저 깊은 곳에 손상을 입은 정신지체자를 위한 그 어떤 공공시설도 존재하지 않았다. 프랑스의 경우, 이 분야의 단연 선구자라 할 수 있는 에두아르 세갱Edouard Seguin이 신경학자 부르느빌Bourneville ─ 그의 도움은 1909년까지 정신박약아를 위한 교육 분야에서 유일했다 ─ 의 주선으로 비세트르 병원 내에서 일할 수 있었을 뿐이다. 결국 파리에 독립된 학교를 개교하지만, 이마저도 훗날

---

72 다른 여러 증언들 중에서도, 비록 특별히 학문적 연구에 관심을 둔 것은 아니지만, 로랑 박사(Dr. H. Laurand)의 『신체적 정신적 재활교육』(Rééducation physique et psychique, Paris: Bloud et Gay, 1909)을 참고하는 것이 좋을 듯하다. 이 책에는 바르고 정상적인(!) 사람으로 되돌려 놓기 위해 여전히 실행되고 있는 신체적·정신의학적 방법론들이 차례차례 검토되고 있다.

73 이와 관련해서는 비알의 다음 두 연구를 확인하자. 『장애와 부적응 연구 조사를 위한 국립 기술센터 연구집, 불구성에서 장애로 : 어떤 역사를 위한 표지들』 내 수록된 「비정상 아동들 : 20세기 초반의 명명법에 관한 노트」("Les enfants anormaux : note sur les nomenclatures au début du XXe siècle", in Cahiers du CTNERHI, De l'infirmité au handicap : jalons pour une histoire, n.50, 1990년 4월~6월호); 『하나의 역사를 위한 파편들로서의 장애와 부적응, 그 개념들과 관계자들』 내 수록된 「'비정상' 아동들 19세기 말과 20세기 초반의 여러 어휘들」("Enfants 'anormaux' les mots à la fin du XIXe siècle et au début du XXe siècle", in Handicap et inadaptation, fragments pour une histoire, notions et acteurs, pp. 35~77).

그가 미국으로 떠나자 존속하지 못한다. 반면 미국에 정착한 그는 수많은 시설을 탄생시킨다. 스위스와 영국, 뒤이어 또 다른 유럽의 여러 나라들이 20세기 중반에 들어 시설 설립을 주도한다.[74] 그런데 정신박약이 실제로 감각기관상의 어떤 결함을 동반해서였는지, 혹은 당시 사람들이 이러한 시설들의 속사정을 주의 깊게 살피지 않아서였는지 모르겠지만, 당대의 정신지체아동들이 원칙적으로는 특수기관을 표방하던 시설들 내에 매우 빈번하게 농아 및 맹인과 뒤섞여 있었다는 점을 주목해야 한다. 더구나 시설 대부분이 그 어느 곳보다도 자선적 차원에서의 수용을 담당하던 종교계 소속이었음에도 불구하고 말이다.

우리들 눈에 비친 19세기는 여러 혼재된 관점들과 싸워 나간다. 안전한 방법이긴 했으나, 교육과 재활교육에 대한 열정은 그 기반을 매우 더디게 마련해 나갔을 뿐 아니라, 신체불구자들 스스로도 시종일관 뿌리 깊은 비정상의 한 양태와 결부되던 어떤 환영으로부터 빠져 나오는 데 상당한 시간이 걸렸기 때문이다. 본서의 후반에서 재론하겠지만, 19세기는 괴물이라는 총체적 범주를 제거해야만 했다. 이러한 시도가 일자마자, 퇴화라는 불길하고도 폭넓은 개념이 등장하는가 하면, 같은 시기 한편에선 불구자 집단이 사회에 의해 상처받은 집단이라는 명예를 얻기도, 또 공동체적 연대 속에 편입되기도 했으니 말이다. 나는 앞으로 통속적 재현을 환기시키기 위한 경우를 제외하면 괴물성에 관한 문제를 재론하지 않으려 한다. 이렇듯 19세기는 시장과 장터의 순회공

---

74 비알, 『서양에서의 아동의 역사』, p. 348.

연무대에서 전시되는 기형의 몸들로 가득했다.[75]

분명 '괴물들'을 전시하는 행위는 괴물이라는 단어가 라틴어 몬스트라레‖monstrare[76]와 결부되던 잘못된 어원학만큼이나 오래된 일이다. 일요일 가족 나들이가 사슬에 묶인 채 소리 지르거나 무기력하게 매어 있는 비세트르의 광인들을 구경하러 가는 일이던 것도 마찬가지이다. 만일 당시 공공장소에 전시되던 다양한 종류의 기형과 이런 식의 오락거리가 벌어지던 장소를 줄줄이 열거한다면, 당시 횡횡한 이 사안의 양적 중요성만을 강조하는 꼴이 될지 모른다. 오히려 이보다도 더욱 중요하고 의미심장한 것은 피니어스 테일러 바르눔Phineas Taylor Barnum에 의해 '바르눔과 베일리와 링글링 형제 연합Barnum and Bailey and Ringling Brothers Associated' 서커스가 창설되던 1840년을 전환점 삼아 19세기 전체를 둘로 나누어 설명하려 했던 로버트 보그단[77]의 분

75 이런 상황을 장 리슈펭(Jean Richepin)은 다음과 같이 잘도 늘어놓았다. "바람이 풀어헤쳐 악취가 진동하는 두 개의 등잔불, 흡사 교향악을 이루듯 부랑배가 반주 맞춰 두드리는 북소리, 고통스러운 음악소리, **대낮같이 밝은 재앙**, 사냥그물 뒤로 보일 법한 풍경들. 가죽부대 같은 저 대가리는 난쟁이로세. 들보로 만든 다리를 한 상피병 환자도 보이고. 황소랑 암말이 빌붙어 낳은 쥐마르(Jumars) 콧방울을 한 크레틴 환자는 켄타우로스, 바닷가재 집게 손을 제 팔로 가진 아이, 진짜 같기도 가짜 같기도 어찌 보면 괴물 같은 존재, 그러니 사람들은 그들을 흉내 낸다네. 불구는 냄비를 끓게 하는 법. 사람들이 들어가고 또 나온다네. 예서 그 이름이 유래했으니, 과연 **드나드는 자**entresort(운명을 넘나드는 자). 저마다 1수 짜리 동전 두 닢을 내고 저들의 운명을 축복하러 그곳에 온다네. 세상 제일 못난 자도 저기 저 불구자들과 뇌수종에 걸린 자들 앞에서는 의기양양해진다네." 시 「전형적인 장터 축제들」, 『파리의 전형들』("Type de fêtes foraines", Les Types de Paris, n.5, Paris: Edition du Figaro, E. Plon, Nourrit et Cie, 라파엘리J. -F Raffaëlli 그림).

76 몬스트럼(Monstrum)이라는 말은 '생각하게 만들다'라는 뜻의 모노레(monore)라는 어휘에서 기원한다. 고로 괴물(monstre)은 경고하는 존재인 셈이다. 왜냐하면 이 어휘의 종교적 의미에서 볼 때, 그것은 어떤 경이롭고 수수께끼 같은 그 무엇을 뜻하기 때문이다.

77 로버트 보그단, 『프릭 쇼, 재미와 돈벌이를 위한 기괴한 인간상의 전시』(Robert Bogdan, Freak Show, Presenting Human Oddities for Amusement and Profit, Chicago et Londres: The University Chicago Press, 1988). "의미심장하게도, 일단 인간을 전시하는 행위가 조직 집단과 결속되기만 하면, 괴물들을 구성하고 선보이는 뚜렷한 패턴은 제도화·일상화 될 가능성이 있는데, 이런 식의 이야기는 오늘날도 여전히 유효하다. 그렇게 괴물쇼는 당시 급성장하던 대중 놀이 산업에 편승

석이다. 이 같은 대중적 실제는 그 자체로 산업, 즉 공연산업이자 괴물을 생산하는 산업이 되었다. 20세기 초, 바르눔 서커스단의 유럽순회 공연에도 불구하고, 프랑스 내에서 이 공연을 따라한 공연이 거의 없었던 것이 사실이다. 당시 프랑스에서는 몇몇 장터 축제날을 맞아 세상에서 가장 뚱뚱한 여자, 샴쌍둥이 자매, 혹은 해골만 남은 남자 등을 일부러 찾아 다녀야만 했으니 말이다. 이 와중에 스피츠너[78]박물관은 사람들로 붐비곤 했는데, 이 박물관 카탈로그에는 역사화 전시회(1776)의 창안자 의사 퀴르티우스Curtius의 공포의 방 —— 이 전시회의 전시품은 1835년 런던 튀소박물관의 소장품이 된다 —— 이랄지, 의과대학 혹은 뒤피드렌Dupuytren의 유품으로 오르필라Orfila 학장이 설립한 해부학 밀랍모형박물관 같은 곳에나 더 어울릴 법한 다양한 신체장애, 질병, 비정상인의 표본들과 나란히 수많은 기형들을 재현한 주형물이 수록되어 있었다. 같은 시기 이 같은 병적 취향은 일요일이 되면 별다른 할 일 없는 사람들을 비세트르나 호기심 전시실 정도에 그치지 않고 시체 공시장에까지 향하게 했다.

1884년에서 1890년 사이, 그러니까 바르눔 서커스단이 창설된 이

했고, 그 산업을 이루던 단체들은 짐짓 세상을 특별하게 바라보는 직업을 수행하기라도 하듯, 우리에 가두고 특정 생활방식을 발달시켰다. 이런 문화는 괴물들을 생산한 방식을 이해하는 데 있어 결정적이라 하겠다."(p. 11)

78 의사로 행세했던 피에르 스피츠너(Pierre Spitzner)는 자신의 해부학 박물관을 라 뤼슈 광장(현재 라 레퓌블리크 광장자리에 있던 파리 샤토-도Chateau-d'Eau 광장) 작은 건물에 설치했다. 이것은 자일러(Zeiler)1856년 수집품들에서 출발한 것이었지만, 향후 스피츠너는 전 유럽을 순회하게 된다. 뿐만 아니라, 1880년에서 1885년 사이 이 같은 장르의 구경거리들은 여섯에서 여덟 정도를 헤아리게 되었다. 스피츠너의 당시 카탈로그는 1985년 6월 10일 드루오에서 경매로 팔려나갈 때, 경매품 평가감정사인 앙리 샤예트(Henri Chayette)에 의해 복구되었다.

후의 시기에, '엘리펀트 맨' 존 메릭에 관한 트레브스Treves박사[79]의 이야기는 19세기 후반 유럽 전체에 퍼져 있던 분위기와 그 실상을 완벽하게 알려준다. 어쩌면 이러한 괴물 전시가 줄어들고, 오늘날 그치게 된 이유로는 필시 영화의 발명을 꼽아야 할 것이다. 상상의 것을 본 궤도에 올려놓은 이 놀라운 볼거리에 대한 욕구는 멜리에스Méliès의 초기 연출로 포착될 수 있었기 때문이다. 그럼에도 불구하고 불구의 몸을 향한 19세기적 시선을 포착함에 있어, 공공연하게 노출되던 괴물의 경우 모두를 하나의 일관된 사례로 간주하는 것만으로는 충분하지 못하다. 비록 이런 사례의 양적 중요성과 진정한 '비즈니스'로의 변모가 19세기의 고유한 증표들이라고 해도 말이다.

19세기를 거치며 공통된 재현들의 위와 같은 표출현상 한켠에는 비록 학자들의 유희거리이긴 했어도 오직 민중의 상상과 결합하기를 바랐던 어떤 개념이 주조되었는데, 바로 퇴화dégénérescence라는 개념이 그렇다.

그런데 퇴화[80] 개념은 처음에는 괴물성과 맞닿아 있지 않았다. 왜

---

79 트레브스 박사의 『엘리펀트 맨과 또 다른 회상들』(*The Elephant Man and Other Reminiscences*, Londres: Casell)은 1923년이 되어서야 출간된다. 체험과 이야기를 가르는 40년의 세월 동안 과거 일어난 사건들은 수정을 거쳤다. 그럼에도 이 텍스트는 장터의 파렴치한들에 의해 지하실에 감금되고 은폐되었던 (실은 인간인) 괴물들이 한낱 금전적 이득의 대상이었음을 증언해 준다. 트레브스 박사의 이 이야기는 1980년 데이비드 린치 감독의 영화 「엘리펀트 맨」이 제작되는 계기가 되었다. 영화상으로는 존 메릭의 삶에 극화된 성격이 부여되었지만, 여전히 19세기 괴물성에 관해 생각해 볼 만한 다의적 요소들을 포함하고 있다. 아울러 하웰 박사(Dr. M. Howel)의 『엘리펀트 맨: 코끼리 인간 조셉 메릭의 실화』(*Elephant Man. La véritable histoire de Joseph Merrick, l'homme éléphant*, 영어판 불역본, 라우J.-P. Laugt, Paris: France-Loisirs, 1980, Belfond, 1981)도 참고할 것.

80 이 개념의 역사에 관한 매우 탁월한 설명이라 할 만한 베니슈(C. Benichou)의 글 「퇴화, 퇴락」("Dégénération, dégénérescence")은 『다윈주의와 진화에 관한 사전』(*Dictionnaire du darwinisme et de l'évolution*), pp. 1151~1157에서 찾아볼 수 있다.

냐하면 이 개념은 생물학자들이 아닌, 정신병의학 범주에서 탄생하고 발달되었기 때문이다. 퇴화라는 개념은 정신질환에 적용되고, 또 그 결과이길 바랐지만, 퇴화된 것의 유형 자체는 크레틴병 환자, 정신박약아 혹은 백치였다. 퇴화 개념의 주된 착상은 베네딕트-오귀스탱 모렐[81]에서 기인한다. 모렐의 구상은 초기에는 언급되고 비판받다 19세기 후반에 들어서는 종종 잊혀졌지만, 장-크리스토프 코팽[82]은 언제나 퇴화에 관한 사유의 근간에는 모렐이 있었다는 점을 지적한다. 그 결과 여러 특징들이 다시 받아들여지게 된다.

퇴화된 것들이 실제로 존재한다는 것이 기본 전제인데, 이는 한 번도 비판받지 않았다. 갑상선 혹은 흔히 갑상선종상에 결함이 있는 개체들,[83] 즉 소위 크레틴병 환자에 해당하는 경우, 혹은 중증 정신병 및 지적 박약의 여러 경우에서 출발해, 모렐은 '퇴화된 것dégénéré'의 범주를 정신의학상 어떤 총칭적 범주로 받아들일 것을 제안한다. 그런데 매우 불명확한 이 같은 범주 설정은 임상진단을 구성하려는 목적에서라기보다는 훨씬 더 일반적인 기능을 가졌기에 가능했다. 여기서 종의 진화 및 유전과 관련해, 퇴화라는 개념이 전에 없던 새로운 테마와 맺은 공모관계를 언급해 두는 것이 적절할 듯하다. 만일 모렐과 더불

81 모렐, 『인간종의 신체적·지적·정신적 퇴화들에 관한 개론』(Bénédict-Augustin Morel, *Traité des dégénérescence physique, intellectuelles et morales de l'espèce humaine*, Paris: Baillière, 1857).

82 코팽, 『탄핵 받는 사회적 신체:1850-1900 프랑스와 이탈리아에서의 퇴화에 관한 주제』(J.-Ch. Coffin, *Le Corps social en accusation:le thème de la dégénérescence en France et en Italie, 1850-1900*, 역사학박사학위논문, 드니-디드로 파리7대학, 1993).

83 이 용어에 대한 정의와 함의들을 확인하기 위해서는 코르페스(J.-L. Korpes)의 글 「크레틴병」("Crétinisme", in *Handicap et inadaptation, fragments pour une histoire, notions et acteurs*, pp. 138~145) 참조.

어 우리가 창조론자이고 또 거의 완벽한 상태의 '원형'이라는 개념을 참조할 경우, 인류라는 특정 종種에서 일어날 수 있는 퇴화에 대한 어떤 관념을 갖게 될 것이다. 이때 퇴화된 것들은 인류라는 종의 위험 신호들에 해당한다. 나아가 우리는 인류의 완벽한 유형은 백인으로, 퇴화된 유형은 나머지 인류의 유형들 속에서 찾도록 강요하는 자민족중심주의적 사유 경향을 갖게 될 것이다. 가령 퇴화된 것들을 흑인에 결부 짓는 것이 그 예이다. 창조론적 관념 없이 진화를 받아들일 경우, 그 결론은 거의 대동소이하다. 이때 인류라는 특정 종 안에서의 퇴화가 문제되는데, 어느 개인 어느 집단은 이 같은 퇴화를 보이고, 결국 꼭 그만큼 특정 인종과 특정 질병 사이의 결탁이 발생하는 것이다. 하지만 여기서 유전이 중요한 역할을 담당한다. 왜냐하면 특정 종 내에서의 퇴화는 그와 관련한 뿌리와 원인을 찾게 된다는 사실을 함축하기 때문이다. 유전이란 개념은 바로 이런 식의 역할수행을 위해 자리한다. 이 유전 개념은 (당시까지만 해도 멘델의 사유는 아직 과학계에 완전히 침투해 있지 않았고, 정신적 태도에 있어서는 훨씬 덜 스며들어 있었다) 생물학적 소여에 결부되었다기보다는 오히려 생활 환경의 특정 조건들이 결과 지은 오점들을 전달한다는 관념에 더욱더 결부되었다. 확실히 신체적 차원들뿐만 아니라, 사회적 차원들이 관여된 것이다. 알코올중독이 그 전형적인 사례이다. 가난한 계층에서 술을 마시면, 아이들에게 전승되어, 퇴화를 초래한다는 것! 같은 방식으로 우리는 이 퇴화라는 개념의 다른 한편에 소위 "노동자 계급은 곧 위험한 계급"[84]으로 대변되는 대

---

84 베르데스-르루, 『사회의 책무』(Verdès-Leroux, Le Travail social, Paris: Éd. de Minuit, 1978).

응관계를 상당히 분명하게 엿볼 수 있다. 이로써 퇴화라는 개념은 범죄를 사유 대상으로 삼을 채비를 마치게 된다. 따라서 무뢰한들과 범죄자들은 이 퇴화된 존재의 범주에서 비롯되며, 퇴화된 존재로 간주되는 모든 것들은 범죄의 산실이 된다. 고로 퇴화된 존재는 온갖 오점의 집결에 다름 아니다. 언제나 이런 식으로 오점들은 몸에 기입된다.

"소두증 환자, 난쟁이, 알코올중독 확진 환자, 백치, 정류고환 환자 (고환이 없는 자), 크레틴 환자, 갑상선종 환자, 말라리아 환자, 간질 환자, 연주창 확진 환자, 결핵환자, 구루병환자 등"[85]이 이러한 '퇴화 증상'에 속하는 자들이다. 여기서 오랜 기간 지속되어 온 골상학의 광풍을 확인해 볼 필요가 있는데, 특히 두개골의 형태와 정신적 능력의 쇠퇴 사이의 연관관계에 관한 이론을 설파하기 위해 오스트리아에서 건너왔던 프란츠 조제프 갈Frantz Joseph Gall이 당대에 누렸던 인기에 주목할 필요가 있다.

이는 당대의 사유 풍조와 어우러져 여러 새로운 경향을 가능하게 했다. 질병을 말하는 자는 의학의 역할을 말했고, 정신병의학 의사들은 갈수록 재판장에 불려가는 일이 잦아지게 되었다. 이와 같이 퇴화된 몸/집단에 대한 의료권력의 영향력과 그 확산이 이루어진다. 분명 모렐은 에두아르 세갱의 사유를 존중했지만, 다른 한편에서 개선이라는 이념은 치료의 개념을 정신의학에 연결짓고, '사회적 질병'이라는 이념을 보편화시켰던 것이다. 우리는 이런 상황을 범죄자만큼이나 천

---

85 아메데 드샹브르(Amédée Dechambre)의 100권 구성의 『의학사전』 중 외젠 달리(Eugène Dally)가 작성한 '퇴화' 항목 참조.

재와도 관련이 깊은 간질발작에 주목한 이탈리아의 롬브로소Lombroso
의 저작에서 가장 잘 확인할 수 있다. 한편 코펭은 다음과 같이 말한다.
"퇴화라는 개념은 어떤 현상에 대한 이데올로기적 해석, 문화적 이해,
그리고 공화정 시대의 반복된 주제를 도출해 낸 사회의학의 확립을 가
속화시켰다. 알코올중독은 이 세기(19세기)를 거치면서 도덕적 오점으
로 남았고, 유전이라는 개념은 공화주의적 이상향에서 교육이 담당하
던 역할, 즉 본질적인 동시에 불가피한 교육적 역할을 의학이 수행하
게 해주었다."[86] 모렐의 입장에 대한 코펭의 다음과 같은 언급은 이를
확증해 준다. "모렐의 책은 정신적인 것에 연관된 수많은 지식들의 굽
이치는 연쇄보다는 정신의학에 관한 문화적·사회학적 역사에서 나타
난 어떤 단계를 교시해 준다."[87]

'퇴화된 존재'라는 범주와 퇴화라는 개념이 거둔 성공이 어떤 이
데올로기적 문맥과 밀접한 관련이 있음은 분명하다. 그렇기 때문에 의
사들이 더 이상 타당하지 않다고 했음에도, 이 범주와 개념은 오랫동
안 지속될 수 있었고, 그 사회적 재현이 수정되고나서야 비로소 사라
졌던 것이다.

퇴화 현상에 관한 학설에 있어 진정한 종말이란 없다. 왜냐하면 어떤
개념의 소멸을 날짜로 기록하는 일은 어떤 정치적 사건의 종식을 날
짜로 기록하는 것보다도 의심할 여지없이 훨씬 더 복잡한 일이기 때

---

86 코펭의 앞의 책, p. 449
87 같은 책, p. 209.

문이다. 더구나 프랑스와 이탈리아 정신의학에 지난 수년 동안 영향을 끼친 어떤 호소력 높은 현상이 실재했다는 사실을 공식적으로 파묻어 버릴 만한 진정한 의지도 존재하지 않는다. 실제로 우리는 이제 막 시작된 20세기 초반의 시기만 해도 자신의 사유와 더 일반적으로는 자신의 분과에서 이 학설이 담당했던 역할과 미쳤던 영향력을 짐짓 잊은 체하는 여러 반대자, 옹호자, 그리고 또 다른 입장의 사람들을 발견할 수 있다. 사정이 이러한데 비판적 관점 없이 과거 자신들의 분과에서 나타난 모든 양상을 한데 병합하려 애쓰는 자들에 관해서는 더더욱 말할 필요가 없을 것이다.[88]

실상 한편으로는 정신분석의 영향력이, 다른 한편으로는 정신의학 치료법의 영향력이 필요하게 되었는데, 특히 정신의학 치료법의 경우 환자들에게는 결코 유쾌한 방식(약물치료, 전기충격 등)이 아니었음에도 불구하고, 결과적으로는 의학적 시선이 다른 분야에 관심을 쏟게 했다. 아울러 의학의 울타리 밖에서는 마침내 진보라는 개념이 고능률을 지향하는 정복적 특성의 산업사회를 지배하게 된다. 1882년부터 시행된 의무취학 및 백치들에 대한 교육에서 데지레 마글루아르 부르느빌Désiré Magloire Bourneville이 보여 준 활약도 덧붙여야 할 것이다.

퇴화라는 관념은 그것이 종 차원에서든 혹은 개인 차원에서든 타락할 수 있는 인간에 대한 어떤 구상과 밀접히 관련되어 있다. 완벽한 기원으로부터의 퇴락이든, 평균적 유형에서의 퇴락이든 그것은 별로

---

88 코펭의 앞의 책, p. 535.

중요치 않다. 그렇다고 해서 퇴락한 존재가 모든 책임을 면제받는 것도 아니다. 만일 그가 아프기 때문에 퇴락한 것이라면 돌보아지고, 누군가 그를 치료하면 될 일이다. 만일 그가 어떤 과오(혈족관계, 알코올 중독 등) 때문에 퇴락한 것이라면, 구호를 통해 그의 재기를 돕거나, 혹은 처벌받도록 하면 될 일이다. 또한 만일 그가 인류의 진화가 멈추어 버린 어떤 단계('검둥이들Nègres')를 보여 준다면, 그를 인류 중에서도 더 복된 근원('백인들Blancs')에 종속시키면 그만이다. 불완전이나 일탈의 모든 싹에 대항하는 어떤 방어기제가 명령하는 대로, 사회를 구성하는 좋은 요소들과 나쁜 요소들의 분리를 새로운 형식들하에서 쇄신하고, 자민족중심주의를 보편의 반열에 올려놓는 이 퇴화라는 개념이 작동하던 이런 식의 인류학은 사회적 다윈주의라는 또 다른 흐름과 함께 내밀한 울림이 되어 퍼져 나가게 된다.

여기서 이 문제가 정확하게 언급되려면 다윈의 사유가 가져온 파장과 그에 얽힌 수많은 사유의 역사를 설명하는 매우 긴 내용의 장이 하나 더 필요할지 모른다. 다만 상당히 분명한 점[89]이라면, 사회적 다윈주의는 다윈의 저작 『종의 기원』[90]에서, 특히 그를 너무나도 유명하게 만들어 준 이 저작 이후의 여러 텍스트들 속에서 정당화되지 않는다는 것이다. 비록 사회적 다윈주의가 몰고 온 온갖 모호한 지점들이 상당부분 다윈에게서 비롯되었다 할지라도 말이다. 다만 우리의 관심은

---

89 앙드레 피쇼, 『생명 개념의 역사』(A. Pichot, *Histoire de la notion de vie*, Paris: Gallimard, 1993). 피쇼는 다소 당혹스러운 다윈의 텍스트를 인용하고 있다. 그럼에도 불구하고 파트릭 토르(Patrick Tort)가 다윈과 공교롭게도 사회적 다윈주의라고 부르는 것 사이에서 발견되는 어떤 연속성을 해결책으로 제시한다는 점에서 상당히 타당하다고 하겠다.

90 다윈, 『종의 기원에 관하여』(*De l'origine des espèces*, Paris: Garnier-Flammarion, 1992).

어떤 사회적 이데올로기가 인종차별적 유형을 드러내면서 이러한 주장에 가담하는 그 방식에 있다.[91] 그 예가 바로 다윈의 책 제1판에 실린 ──나치등장 이전임에도 거의 나치에 준하는 필치로 써놓은── 클레망스 루아이에Clémence Royer[92]의 서문이다.

> 이런 식으로 우리는 약한 것에게 강한 것을 제물로 바치기에 이르렀다. … 천부적으로 좋은 정신과 건강한 신체를 부여받은 자들이 타락하고 허약한 자들에게 말이다. … 특히나 약자들에게, 불구자들에게, 불치병환자들에게, 특별히 허락된 이런 식의 어리석은 보호가 과연 어떤 결과를 초래하게 될는지… "

40여 페이지에 달하는 서문이 거의 이런 논조로 흘러간다.

만일 클레망스 루아이에가 당시 예외적 인물이었다면, 우리는 그저 참으로 딱한 부류에 넣어두고 말겠지만, 그녀는 당대의 사상이며 여론을 대표하던 인물이었다. 특히 당시 사상적 기류에는 르낭Renan과 고비노Gobineau가 대대적으로 조직한 데카당스의 테마가 널리 확산하고 있었다.[93] 하지만 19세기 마지막 20년 동안 완전히 다른 세계에

---

91 이와 관련한 피쇼의 의견을 인용해 둔다. "19세기부터, 인종차별주의적 이데올로기들은 다윈주의에 근거하게 되고, 이후 사람들이 사회적 다윈주의라고 불렀던 것은 생물학자들이 주기적으로 경고한 바가 무엇이든, 언제나 실질적으로 종의 진화에 관한 다윈식의 설명과 결부된다(또 이런 다윈식 설명에 의해 정당화된다)."(p. 774)

92 다윈, 『자연 선택 혹은 유기체들의 변형법칙들에 의한 종들의 기원에 관하여』(De l'origine des espèces par la sélection naturelle, ou des lois de transformation des êtres organisés, Paris: Flammarion, 1918). 하지만 이 번역은 1862년으로 거슬러 올라간다. pp. XXXIV~XXXV 참조.

93 쥘리앙 프룅(Julien Freund)은 『데카당스』(La Décadence, Paris: Sirey, 1984)에서 이러한 관점을 견지하며 19세기 말엽을 묘사하고 있다.

서 비롯된 어떤 한 흐름이 불구라는 개념에 존엄성을 다시 부여하면서 이전과는 완전히 다른 새로운 전망을 열어젖히게 된다. 자, 이제 일터에서 사고를 당한 사람들에 관해 이야기해야 할 시점이 된 것 같다. 이제 우리는 20세기에 들어선 것이다.

5장 / 재적응의 탄생

삭제

탄생이라는 용어에서 보자면 오직 하나의 출발점을 포착하는 일만이 문제될지 모른다. 그렇다고 하나의 발단만을 이야기하는 것은 불충분할 것이다. 신체불구의 문제를 다루는 새로운 문화적·사회적 방식은 제1차 세계대전 시기에 나타난다. 하지만 앞서 언급했듯, 노동현장에서 사고를 당한 상해자들에 관한 문제는 진작에 이 새로운 방식을 제기하고 있었다. 그럼에도 장애에 관한 이 새로운 표현이 실질적으로 강요된 것은 다름 아닌 1914년에서 1918년 사이에 발발했던 제1차 세계대전 때문이다. 바로 이 시기를 기점으로, 우리의 동시대 전체가 연루된 여러 쟁점들——장애 분야는 물론 그 너머까지도——을 이해해야 한다. 그 기원은 이 전쟁이 초래한 일련의 결과들을 볼 때, 상당히 흥미로운 점을 시사한다. 다만 사건을 하나의 탄생으로 이야기하는 일은 실상 그 어떠한 효력도 갖지 못한다. 오히려 우선되는 관심은 어떤 사건을 촉발시킨 그 무엇을 분석하는 데 있다. 이러한 견지에서, 탄생은 주어진 사회 속 어떤 결정적 단절에서도 혹은 어떤 새로운 사회에서도 멈추지 않는다. 그렇다면 20세기에 이르러 우리가 장애인에 관해 말하고 또 이 문제에 관심 가질 때, 쟁점은 과연 무엇일까? 또한 우리는 이 문제에 대해 어떤 방식으로 관심을 쏟고, 어떻게 말했기에, 이전의 불구자라는 표현과 그 사회 사이에는 어떤 새로운 관계들이 수립되었던 것일까? 담론들, 이미지들, 실제들, 그리고 이들 서로 서로가 포함한 관계들을 비추어 봤을 때 일탈적 존재에 관해 대대로 전승되어 온 문제에 과연 어떤 빛이 던져진 걸까? 이러한 의문들이 작성되는 즉시 우려되는 문제는, 정녕 '장애인handicapé'이 불구자infirme인지, 과연 우리는 무엇을 일컬어 아직도 사회라고 부르는지, 과연 일탈에 관해 말할 필요가 있는지와 같은 중요한 질문들을 우리의 탐색이 외면할 수도 있다는 점이다.

사회적인 것에 관한 새로운 폭로라 할 수 있는 불구에 대한 이러한 새로운 인식은 '재적응'이라는 개념을 통해 그 모습을 드러낼 테지만, 과연 이 재적응이라는 표현이 앞서 말한 탄생이란 어휘가 아우르는 여러 쟁점들을 다루는 데 있어 결정적인 것이 될 수 있을까? 사회복귀를 통한 재적응이라는 표현은 장애인이라는 총칭적 어휘하에 집결된 사람들 모두에 대한 의료행위, 치료행위, 사회적·직능적 행위 총체를 지칭하는 탓에, 오늘날에는 다분히 진부한 표현이 되고 말았다.

'장애인 재적응'이라는 이 표현방식에 어떤 집중현상이 발생한다. 이 표현은 이미 확고해진 기성의 태도에 전형성을 빈틈없이 부여함으로써 일종의 기치 같은 것이 되어 버렸다. 통용되는 다른 어휘들도 있지만, 모두가 반복적 형식을 담아(재활교육rééducation, 복권réhabilitation

등) 명명된 것들로, 적어도 프랑스어로는 담론 내에서 '재-적응'이라는 표현이 지닌 함의와 보편성을 충족시켜 주지는 못한다. 따라서 향후 이 개념은 우리의 기준을 세워주게 될 것이다.

이제부터 우리가——특히 1920년대를 기점으로——검토하려는 것을 지칭하는 이 반복적 형식은 그 자체로 주목할 만하다. 이 형식은 '사고 희생자들accidentés'들만큼이나 '선천적 기형자congénitaux'들에게도 적용된다. 이는 어느 지점, 이전의 어떤 상황, 다시 말해 한때 '건강한 사람'이던 이들에게 과거 실제로 존재했던 상황, 해서 다른 모든 이들에게도 전제되는 바로 그 상황으로 되돌아가는 일을 뜻한다. 어쨌든 어떤 준거가 되는 정상 상태의 설정이 문제된다. 나는 좀 더 뒤에서 '장애인'이라는 단일 명칭을 위해 온갖 종류의 기만적인-실망스러운 déceptif 어휘들(가령 불구자, 지체부자유자, 신체불구자, 무능력자 등과 같은)이 폐기되는 사례들을 제시할 것이다.

이러한 불쾌감을 불러일으키는 명명방식이 사라질 때 비로소 '회귀-반성retour'의 담론(말장난 같지만, '다시-돌아오기re-tour'란 '새롭게 돌아보기nouveau-retour'가 아니던가?)은 출현한다. 우리는 결핍을 제거함으로써('~이 없는'을 뜻하는 접두사 'in-'이 덧대어진 단어들은 곧 말소될 것이므로), 이전의 '정상' 상태로 다시 되돌릴 수 있다. 바로 그곳에, 이제껏 세워 놓은 합의를 깨부수고, 이전의 담론에 종지부를 찍고, 새로운 특수성을 산출하려는 몸짓이 자리하게 된다.

무슨 일이 있었기에 이 같은 단절이 가능한 것일까? 과연 무엇이 지난날 신체불구 담론에 새로운 '규칙성'을 부과한 것일까? 또 이 '재적응'의 실제는 어떤 '일련의 실천들'로 구성되는 것일까?

이러한 문제제기 중 첫 번째 의문은 우리가 심신쇠약자들을 '재적응 시켜야 할' 존재로 취급하게끔 만든 사회적 강요에 가해진다. 즉 이러한 담론을 지탱하는 근거가 과연 어디에 기인하는가 하는 문제가 그렇다. 두 번째 질문은 우리가 살고 있는 시대를 특징짓는 여러 사유도식들과 연관이 있다. 다시 말해 기호학 용어를 빌리자면, 여기에는 여러 동위성이 존재하는바, 제기된 유형체계 내에 서로 구별되고 교차하는 해독 체계로는 어떤 것이 있는지 모색하고자 한다. 끝으로 세 번째 문제는 장애인을 위해 배치된 여러 '프로그램', 즉 장애인에게는 어떤 여정들이 예정되어 있는가라는 문제를 다루게 될 것이다.

이상에서 제기한 세 가지 의문점은 방법론적 관점에서 갈피를 놓치지 않고 다음과 같은 여러 문제들과 만나게 해줄 것이다. 장애를 '취급하는' 주체들은 누구이며, 어떤 방식으로 배치되는가? 오늘날 공포·거부·수용의 과정은 어떤 공식을 따르고 있는가? 신체불구의 원인과 범주, 그리고 그 정도에 따라 어떤 담론의 유형이 성립되는가? 요컨대 중대하고 꼭 그만큼 일상적인 문제를 검토하기 위해 다음과 같은 질문을 던져 볼 것이다. 우리는 서구사회 내에서 '장애인'을 현실적으로-실질적으로réellement, 다시 말해 상징적인 차원도 포함해, 과연 어떤 존재로 여기고 있는가?

계기와 그 조건들

유럽의 여러 국가들이 ―질적인 측면에서도 그 이름에 걸맞은 엄청난 차원을 경험할 거란 사실은 알지도 못한 채 ― '대전'이라는 이름을 붙였던 그 전쟁이 끝나 갈 무렵, 놀라우리만치 엄청난 수의 사람들이 평생 씻을 수 없는 상처를 입게 되었다. 사람들은 그들에게 전쟁 상해자(노동재해로 인한 신체 상해자를 본떠[1])라는 명칭을 붙여 주었다. 팔이나 다리가 절단된 상해자mutilé라는 표현은 단순히 신체상 절단수술을 받은 사람amputé이 아니다. 신체적 손상은 온전성과 전체성에 가해진 완전한 변질과 깊이 관련된다. 이는 어떤 박탈되고 강등된 상태를 뜻하지만, 특히 신체부위에 대한 절제 ─ 혹은 훼손 ─ 를 통해, 결과적으로는 신체 어느 부위가 제거된 상태를 의미한다. 상해자는 그것이 신체기관이든 신체적 기능이든, 있어야 할 곳에 '그 무엇'이 결핍된 사람이다. 이렇듯 당시 나타났던 최초의 이미지는 손상의 이미지였다. 전쟁은 앗아갔고, 사람들은 당장 회복시켜야만 했다. '인공보철'의 발달은 소위 '제1차' 혹은 '세계'라는 수식어가 붙은 바로 이 전쟁을 기점으로 한다.

실제로 오늘날 국립재향군인사무국ONAC으로 그 명맥을 잇는 국립전쟁상해자사무국Office national des mutilés이 1916년 3월 2일 창설되었다. 이 기구는 향후 보편화된 인공 보정기 활용을 시행하고, 나아가 이 보철기구에 대한 인허가, 즉 보철기 대금 상환과 관련된 인허가를 통해 이 분야에서 절대적인 통제력을 갖게 된다. 1914년에서 1918년 사이에 벌어진 이 전쟁 직전까지만 해도, 몇몇 기발한 발명가들이 의수 같은 획기적인 보철기구를 예견했음에도 불구하고, 사람들은 보

---

1 이는 전쟁이 채 끝나기도 전인 1918년 1월 2일에 가결된 최초의 법조문 내 "직업재활교육 및 국립 **전쟁 상해자** 사무국 및 전쟁으로 재편된 것들"이라는 표현에서 공식 용어로 사용된 바 있다. 분명 (전쟁으로 인한) '상이군인'(invalide)이라는 어휘도 통용되었지만, 그 차이란 무시할 만한 것이 아니다.

철기구와 관련해 그저 목발과 목재로 제작된 의족 정도만 알고 있을 뿐이었다.[2]

하지만 보철술은 단순히 잃어버린 손이나 발을 대체해 목재나 철재 그리고 오늘날 플라스틱을 이용해 제작한 조립품만을 의미하지 않는다. 이는 교체하기remplacer가 가능하다는 생각 그 자체를 뜻하기 때문이다. 상해자와 그를 에워싼 사회의 이미지는 이렇듯 보철적이다. 교체, 이전과 동일한 상황으로의 회복, 대체, 보상 등, 이 모두가 이젠 가능한 언어가 된 것이다.

이 전쟁이 낳은 위와 같은 첫 인상에, 상해자들과 관련해 우리가 이 똑같은 전쟁에 대해 말하고 느낀 것들이 덧붙여진다. 전쟁은 대재앙이요, 로베르 사전이 정의한 바와 같이, 끔찍하고 돌발적인 사건이다. 대재앙이 일탈을 초래하진 않는다. 어떤 재앙은 보수되기도 한다. 실제로 사람들은 지진이 나고 나면 재건해 낸다. 전쟁터에 자신의 신체 일부를 내놓고 돌아와야 했던 바로 이 '병사들, 부부들, 한 가족의 가장들'에게 나머지 모두는 빚을 진 셈이다.[3] 죄의식과 정신적 채무감은 이 대재앙에 대한 사유와 결합한다. 우리는 보수하고, 재건하고, 회

---

2 1962년 이래로, 전쟁으로 인해 팔다리가 절단된 상해자들의 역사와 그것이 프랑스 사회 전체에 미친 파급력에 관한 방대한 연구가 시행되었다. 특히 수많은 연구자 중에서도 주역이라 할 수 있는 장-프랑수아 몽테(Jean-François Montès)의 박사논문『불구사례들과 사회복지활동의 고안, 그 역사의 방향과 공조』(Infirmités et invention de l'action sociale, sens et convergences de leurs histoires, Paris: Institut catholique de Paris, IES, 1991)를 눈여겨보길 바란다.

3 전쟁 상해자와 전역군인에 관한 참고저작으로는 프로스트(A. Prost)의 『1914년에서 1939년까지 프랑스 사회의 전역군인들』(Les Anciens Combattants de la Société française, 1914-1939, Presses de la Fondation nationale des sciences politiques), 3권을 꼽을 수 있다. 다만 내가 본문에서 강조한 측면이 **여기저기에서 언급되진** 않더라도 중요하게 부각되지 않는 것이 유감스럽다. 그럼에도 불구하고 이 책은 온갖 재적응 방식의 기원이 전쟁에서 팔다리를 잃은 상해자 군인들에 대한 분류방식과 그들의 손해배상 절차가 야기한 문제에서 확인된다는 점을 잘 지적하고 있다.

복시킬 수 있으며, 또 그래야만 한다. (속죄하고, 부담을 덜어 냄으로써) 지워 낼 수 있고effacer, 또 그래야만 한다는 생각이 그랬다. 상처는 아물게 할 수 있다. 전쟁은 노동과 마찬가지로 손상시키고 빼앗아 가지만, 깎아내고 통합하고 편입시키는 일은 필요하고, 또 가능한 일이 된다. 이렇듯 이전에 없던 어떤 새로운 의지, 즉 재통합réintégrer[4]에의 의지가 나타난다. 사람들 각자는 이 말 속에 정직하고, 흠 없고, 완전한 낱말이 담겨있다고 여겼고, 예전의 지위, 이전의 장소, 그 옛날의 풍요로움을 다시 되찾게 되리라는 회복의 개념을 떠올렸다. 상해자를 두고, 사람들은 재적응을 말했다. 하지만 바꾸어 보자면, 재-통합을 말하는 사람은 장애를 채워야 할 결핍, 나아가 이겨 내야 할 어떤 결핍으로 여긴 셈이다.

혹자는 여기서 (윤리적이고 종교적인 또 다른 차원에서 상해자들을 일컫는 또 다른 명칭인) 전쟁 희생자들만 문제된다고 말할지 모른다. 그런데 바로 이 지점이야말로 우리가 양차 대전 사이 휴지기에 일어났던 일을 상세하게 살펴볼 수 있는 계기를 이룬다. 즉 상해자가 불구자를 대체하는 현상, 다시 말해 신체불구에 대한 이미지가 보상되어야 할 어떤 불충분 상태, 일소해야 할 어떤 고장 상태로 뒤바뀌는 현상이 그렇다. 전에 없던 새로운 개념이 등장하는데, 법제적 담론과 수많은 시설의 출현이 이를 증거한다. 나아가 치유라는 또 다른 개념도 등장한다. 치유란 일종의 추방을 의미하기에 건강과 관련이 있다면, 재통합

---

4 '재통합하기'(réintégrer)라는 어휘는 '재편입'(réinsertion)이라는 용어와 나란히 이미 널리 통용되는 공식 용어로 자리 잡았다. 그런데——사전에 등재되지도 않는——재편입이라는 단어는 계제에 맞지 않게 재통합이라는 용어보다도 많이 사용되고 있다.

은 사회적 차원에 위치한 까닭에 손실의 교체를 구성한다. 이 같은 점진적 변화를 말하는 일은 새로운 언어, 즉 '장애'라는 언어가 지닌 여러 기능 중 하나에 해당한다. 마침내 모든 장애인들에게, 그리고 장애의 모든 형태들에까지 확장되는 보편적 개념이 출현한다. 1920년대에는 크나큰 변화가 일고, 새로운 논리가 정초된 것이다.

법제적 담론 혹은 동화

1914년 발발한 이 전쟁 사태는 우리의 기준이 된다. 그 이상도 이하도 아니다. 다시 말해 이 전쟁이 유일한 결정 인자는 아닐지언정, 정신적으로 사회적으로 새로운 분열이 일던 의미심장한 시기에 분명 이 사건은 전환점을 이룬다.

그러나 이 사건에 앞서 중요한 또 다른 사건이 하나 있었다. 19세기 말엽 노동재해가 그것이다. 이 문제는 노동재해에 관한 1898년 4월 9일 법률을 낳았고, 1919년 10월 27일에는 직무상 질병재해, 1922년 12월 16일에는 농업분야, 1923년 8월 2일에는 하인들에 대한 재해로까지 확대되었다.

요즘 나는 전쟁 상이군인들보다도 노동재해로 인한 사고를 겪은 이들에게 더 많은 중요성을 부여하고 있다. 사회복귀라는 개념을 수립시키고, 사회 재취업, 즉 경제적인 것을 포함한 사회로의 재편입을 배치하는 것이 전쟁 상이군인에 관련되었다면, 보상, 집단적 책임, 국가의 개입, 평균치에 입각한 전형화, 사회보장 등과 같은 이념들은 이 노

동재해와 관련해 싹텄기 때문이다.[5]

한 법제적 담론이 19세기 말 20세기 초 몇십 년 사이의 기간 동안 탄생한다.[6] 종종 여성적이고, 부성애적이고, 가톨릭적이고, 죄의식이 동반되었을 뿐 아니라, 개혁주의적이고, 때로는 명철하기도, 때로는 진심어리기도 했던 부르주아 계급이 실천한 선행에서 태동한 이 법제화과정은 구호라는 개념의 손질을 거친다. 그럼에도 불구하고 그 연관관계는 결코 단순하지 않다. 일각의 주장에 따르자면, 구호란 사람들에 대한 사회적 통제에 더 많이 관여되기 때문이다. 이러한 견지에서 구호라는 개념은 19세기 부르주아 계급의 여러 특성에서 오랜 기간 동안 존속된다.

여기서 자닌 베르데스-르루Jeanine Verdès-Leroux가 너무나도 영민하고 훌륭하게 수행한 작업에서 내가 공유하는 것과 거부하는 것을 이야기해 볼 필요가 있겠다. 왜냐하면 나는 그녀의 용어를 다시 차용할 것이기 때문이다. 우선 그녀의 작업은 20세기라는 시대를 여러 분절들, 예컨대 '야만인' 교육이라는 자선적 원조의 시기, 혹은 재-통합, 이성화, 특수화 등의 개념을 동원해 배제된 자들을 포섭하려 했던 사회적 감시 및 배치의 문제 등으로 나누어 살펴보았다는 점에서 나의

---

5 나는 이 사항에 대해 몇 차례나 강조할 기회가 있었다. 가령 『배제, 앎에 대한 보고』 내 「장애와 배제, 장애의 사회적 구성」("Handicap et exclusion, la construction sociale du handicap", in *L'Exclusion, l'état des savoirs*, S. Paugam지도, Paris: Ed. La Découverte, 1996)을 참고할 것.

6 1893년 7월, '무상의료원조'를 창안한 법률이 표결에 붙여졌다. 이 동일한 전문용어는 '구호 받는' 아동들에 관한 1904년 6월 27일 법에서도 다시 채택되며, 불구상태 및 불치병을 앓는 노인들에 관한 1905년 7월 14일 법에서도 마찬가지로 사용된다. 법제화에 관련된 사항에 있어서, 법제화 차원에서 법률적 토의가 계속 진행된 과정을 확인하려면, (1912년 7월 22일 법처럼 아동을 대상으로 하는 한 건의 사회-법률 입법을 제외하면) 제1차 세계대전 말엽의 기간을 건너뛸 수밖에 없을 것이다.

작업보다도 훨씬 세밀한 것이라 할 수 있다. 한편, 그녀의 작업은 세밀한 분할이 나의 분석보다 훨씬 많지만, 말장난은 훨씬 덜 한 까닭에 단일한 테제가 일관되고 있다. 요컨대 그녀의 테제는 점점 더 세련되고 은밀한 형태로 행해지는 사회적 책무가 지속적으로 지배계급의 수중에 더 많이 좌우됨에 따라, 도시노동자계급을 희생시키고 나날이 사회계급의 분열을 잇따르게 한다는 것이었다. 그런데 본서가 따르지 않을 방법이 바로 이러한 분류학적 접근이다. 이 같은 분류학적 접근에서는 흡사 정당의 담화들에서나 느낄 법한 어떤 상투적인 명제가 감지되기 때문이다. 베르데스-르루는 놀라운 통찰력으로 수많은 양상들, 특히 복지 분야가 채택한 최근의 방향을 고찰한다. 그녀는 (물질적 조건들을 판독 불가능하게 만드는) 케이스별 심리학적 치료, 반응 예측을 위한 '사회 부적응' 계층에 대한 고찰, 부르주아 계급에 속한 수많은 이들에게 제공되는 일자리 공급, 사회옹호라는 이데올로기 조장을 위해 활용된 배제된 자와 관련된 테마,[7] 요컨대 부적응에 대한 모호하고 보편적인 관점과 실천된 행동양식을 정당화하는 피넬식 입장으로의 회귀 등에 관해 다양한 분석을 시도한다. 그러니까 베르데스-르루의 연구는 사회사업 전반을 검토한 셈이다. 이러한 사회사업 중에서도 오직 '장애'에 관한 문제만을 고려하고 있는 나로서는, 훨씬 더 과감해 보일 수

---

7 베르데스-르루, 『사회의 책무』(J. Verdes-Leroux, Le Travail social, Paris: Éd. de Minuit, 1978). "사회적 구호는 스스로를 위해 이제까지의 '구호 받을 수 있는' 대중과는 구별되는 **도시노동계급**을 새롭게 구성해 냄으로써 나름의 목표대상을 지정하고 명확히 한다. 바꾸어 말하면, 사회적 구호는 비생산적일 뿐 아니라 정치적 위험부담이 없는 빈민자 및 '재기 불능자'(irrelevables) 집단을 공적 구호라는 개념과 자선의 영역에 떠맡길 수 있게 된 것이다. 고로 대립은 이제 더 이상 가난한 자들과 부유한 자들 사이에 있는 것이 아니라, 프롤레타리아 계층과 기업 자본가 사이에 존재한다."(p.16)

있는 위험을 무릅쓰더라도, 겉으로는 조금 덜 일반적인 방식을 취하고
자 한다.

　어떤 태도 ──어떤 담론 혹은 어떤 제도 ──가 때로는 그것을 탄
생시킨 여러 조건에 상당히 오랜 기간 존속될 수 있다고 말하는 것은
지극히 상식적인 언급이라 하겠다. 반면 어떤 직관들, 몇몇 전조적 개
념들은 기존의 실제를 능가하기도 한다. 이는 구호라는 개념이 지배하
는 법제화 내에서 책임과 보상이라는 관념이 등장함에 있어서도 마찬
가지이다. 가령 기업은 노동 때문에 초래된 사고에 책임이 있으며, 이
때 사람들은 이 기업에 손실을 보전하도록 요구한다.[8] 단순 구호救護가
정점에 달하면, 더 이상 윤리적 차원이 아닌, 말 그대로 사회적 책무가
관여된다. 그러나 지체 없이 다음과 같은 말을 덧붙일 필요가 있다. 구
호라는 개념이 한 발 뒤로 물러나 사라지지 않은 채, 향후 온갖 모순점
을 드러내며 통합[9]이라는 개념에 무대의 전면을 내준다 해도, 책임과
보상의 이념이 지배적일 수는 없을 것이라고 말이다. 이는 재적응이란
개념이 더 이상 구호가 아니라는 점, 또한 정의에 기초해 정립된 것도
아님을 의미한다.

　재적응이란 개념은 사회적 공정성이라는 작고 여린 싹을 저 심연
에 처박아 넣음으로써 구호로 특징지어지는 첫 번째 시기를 종식시키

---

8 이러한 나의 입장은 무엇보다도 에왈드의 책, 『복지국가』(F. Ewald, *L'Etat providence*, Paris: Grasset
　et Fasquelle, 1986)에서 착안된 것이다. 불구자에서 장애인 노동자로의 변천의 역사에서 어떤 관점
　을 형성하길 바란다면, 도리구치, 『장애의 정치적 역사, 불구자에서 장애인 노동자로』(P. Doriguzzi,
　L'Histoire politique du handicap, de l'infirme au travailleur handicapé, Paris: Harmattan, 1994)
　를 참조하길 바란다.
9 베르데스-르루의 앞의 책, 가령 p. 41을 참조하라. 르루는 이 점에 있어서 그 자체로 하나의 균열을 이
　룬다고 볼 수 있다.

고, 전에 없던 새로운 현상처럼 등장했다. 그렇다면 재적응이라는 개념은 무엇으로 구성되었을까?

　방금 언급한 구호의 첫 번째 시기는 계급투쟁과 결부시켜 생각해 볼 수 있다. 실제로 자유주의적 세기가 한창이던 때, 구호라는 개념은 거리낌 없이 그 모습을 드러냈다. 가난한 이들을 특히 정신적으로 '다시 일으켜 세워야 할' 대상으로 인식하면서 말이다. 이 '다시 일으켜 세우는' 행위를 통해, 사람들은 부르주아 계급의 모든 표본들에 이 계급에 걸맞은 삶의 기술과 처신을 강요했다. 하지만 구호의 문화적 도식은 19세기 '계급주의적' 현상의 출현과 관련이 없다. 이 도식은 훨씬 더 먼 곳에 그 뿌리를 두고 있기 때문이다. 즉 운명에 대한 감정, 거의 존재론적이라 할 만한 사회의 비전 안에 뿌리박고 있다. 가난한 자들은 상존하는 범주, 다시 말해 불가피하고 모든 사회에 내재하는 그러한 범주를 구성한다. 중세시대 이래로 사람들은 줄곧 구호라는 개념을 갖고 있었는데, 왜냐하면 빈곤을 사회가 생산해 낸 결과물, 항상 실재하는 산물로 여기지 않았기 때문이다. 지난 19세기 부르주아 계급의 자유주의 역시도 고착되고 확정주의적인 이러한 견해를 상속받았다. 하지만 자유주의적 의미에서의 구호는 말 그대로 자선을 베푸는 차원의 구호와는 다르게, 가난한 자들에게 자유주의적 구호의 고유 '가치들'을 모방하게끔 만들었다.

　재적응은 다음에 언급할 두 가지 측면에서 구호와 대립된다. 즉 '가난한 자들'은 다시 통합시켜야 할 존재라는 것, 그리고 부르주아적 표본으로의 동화보다도 오히려 삶의 여러 형식들과의 접합 ──역시나 이를 통해 지배가 지속된다 해도── 과 관련이 있다. 문화적 차원에서도, '~에 관심을 기울인다는 것'은 효력이 없어 보이고, 오히려 이제부터는 '~처럼 행동하는 것'(마치⋯ 더 이상 차이가 없게 되었다는 듯이)이 더 가치 있는 일이 되고 만다. 어쨌든 이러한 대립은 사회활동으로 채워진 모든 분야들에서는 가치가 없어도, 장애 영역에서만큼 타당한 것으로 나타난다. '제1차 세계대전' 이래로 봇물을 이룬 법제적 담론이 바로 이 같은 사실을 상당히 많은 사례를 통해 드러내고, 제기하고, 또 증명해 준다.[10] 즉 점진적으로 그러나 지속적으로 팔다리가 절단된 전쟁 상해자mutilés라는 용어에 모든 민간인 불구자들infirmes civils을 동일시했던 것인데, 우선은 결핵환자(결핵은 50년대까지만 해도 엄청난 공포의 대상이었다), 다음으로는 정신박약자, 결국에는 소외계층에 대해서도 민간인 불구자와 동일시했던 것이다.

이제 신체손상의 문제는 불확정적인 영역에까지 확장되어 간다. 즉 부적응 사례, 재통합 사례, 재적응 사례 식으로 말이다. 만일 우리가 오늘날까지 어느 정도 무차별적으로 사용되어 왔던 '재re-'로 표기되는 여러 개념에 대한 구별짓기를 생각해 본다면, 다음과 같은 일정한 단계가 배열된다고 볼 수 있다. 즉 재통합하기 위해서는 재분류해야 하고, 재분류하기 위해서는 재교육해야 하며, 재교육하기 위해서는 (신체와 그 기관들, 지성과 몸짓들마저도) 재적응시켜야 한다고 말이다. 그러나 이를 다른 방식으로 단계 지어 보라. 결핍된 것을 대체하고, 대체가 재교육을 초래하고, 재교육이 재분류를 조장하고, 재분류가 재통합을 이룩하는 수순, 바로 우리는 이를 두고 재적응이라고 부르는 것

10 본서 말미의 부록을 참조할 것.

이다. 이 일련의 특수 행위 맨 끝에 가장 특수한 것으로서 혹은 가장 총칭적인 것으로서 언제나 재적응이 자리한다. 이러한 재적응은 불구자 집단/약자집단 및 그들의 미래와 동일한 외연을 갖는다. 전후 몇 년 뒤를 기점으로 조금씩 개념상 불명료함이 발생하면서, 결국 '핸디캡-장애handicap'라는 용어의 탄생으로 종결되고, 어떤 단일한 의지가 고개 들게 되었다. 즉 모든 심신불구자는 전쟁 상해자와 마찬가지로, 단순히 어느 신체기관 혹은 어느 능력뿐 아니라 어떤 자리마저 결핍된 자로 이해되어 마침내 그는 자리를 마련해 주어야만 하는 대상이 된다. 그리고 이때의 자리란 사회화 가능성의 차원, 사회성 차원에서의 어떤 자리가 아니라, 단지 사회 내부에 위치한 자리, 사회적인 것으로서의 자리를 뜻한다. 실제로 지금과는 전혀 다른 이전 시대의 여러 사회도 불구자와 그 불구성을 빠짐 없이 위치시켜 왔지만, 그 시대 그 사회는 불구자와 불구성을 일상이 전개되는 도시의 ─생산적이고, 소비적이고, 노동적이고, 유희적인─톱니바퀴 속에 재배치하려는 야심, 바람, 의도 따위를 갖고 있지 않았기 때문에, 결과적으로는 그 중 그 어느 것도 언급하지 않았다. 과거에 불구자는 어느 정도 예외를 이루었고, 또 예외적 존재, 이타성을 가리켰다. 그런데 이제 불구자는 평범한 존재가 되어, 평범한 삶 평범한 일터로 되돌아가야 하는 것이다. 불구자는 더 이상 다른 그 무엇을 가리키기보다는, 아직 충분히 발달되지는 않았지만 '이 문제를 해소하길 바라는' 어떤 사회-경제적 테크닉을 가리키게 되었다. 이렇듯 이제 불구는 어떤 '차이'가 된다. 하지만 이런 상황은 다른 방식에서 이 문제를 복잡하게 만든다. 사회 계급에 관한 문제, 즉 재적응 문제를 더 멀리 무한히 진척시킨 것이다. 이것은 곧 동일화의 몸짓, 즉 동일성을 완수하려는 어떤 문화의 출현을 뜻하기 때문이다. 이때의 동일성이란 곧 불구자, 즉 모든 결핍을 사라지게 하는 몸짓, 다시 말해 결핍을 동류로 만들고, 깊이 박아 넣어, 완전히 사회라는 단일체 속에 녹아들게 하는 몸짓에 다름 아니다. 이러한 합병, 혼돈에의 의지는 그 어떤 이데올로기적 전략보다도 훨씬 심각하고 훨씬 더 은밀하다. 이것은 점점 덜 다원적이고 점점 더 경직되어 가는 어떤 사회로의 완만한 이행을 알리는 ─중대한─ 지표이다. 이 같은 상황을 지배계급과 피지배계급 사이의 문제로 관련지어 그저 사실을 고발하는 데 그치는 것은 사태에 대한 단순화일 뿐 아니라, 문제된 현상을 강화시키는 일이기도 하다. 실제로 사람들은 재통합 문제를 마르크스주의 이론을 거치며 전파된 어떤 과정으로 환원하지 않으려는 ─나와 같은─ 사람들을 향해 격렬하게 반대의 목소리를 높이고 있다. 나 역시 지배의 메커니즘을 은폐하려 애써 온 지배자들 편에 속한다고 해야 할 것이다. 왜냐하면 나는 지금 차이에 대한 부정이 모든 계급이 공유하고 있는 어떤 문화적 사실이고, 또한 그 차이들을 지우는 것은 필시 심각한 일이 될 거라고 말하고 있기 때문이다. 내가 '어느 한편에 충실'하려 했다면, 동일한 재화와 가치와 자유에 있어 모든 이들의 평등과 접근가능성이 긴요해지는 때에도 지배자들은 동일화를 통해 차이를 지워 내길 바랐노라고 말해야 할 것이다. 다만 분석적이라기보다는 투쟁적인 어투로 내가 비난하려는 것은 이 같은 '비판'을 충분히 밀고 나가지 않았다는 점이다. 분명 재통합을 다루는 일은 계급투쟁에 이바지하지만, 그보다 더 먼 곳에까지 무한히 뻗어 가야 한다. 그런데 '더 보기' 원치 않는 쪽이 다름 아닌 사회 전체이기에…, 평등에 대한 거부와는 완전히 다른 어떤 사안이 문제된다.

　이러한 사태들은 여타 '결함'보다도 불구성과 관련해 훨씬 더 분명하게 드러난다는 사실을 이야기하지 않을 수 없다. 그래서 여러모로 첫 번째 모토는 통제하기, 감시하기와 관련된다. 확실히 재적응은 사회적 행위라는 이 같은 강력한 유지행위들과 관련되지만, 그럼에도 불구하고 여기서 가장 중요한 지침이 있다면, 그것은 바로 삭제하기이다.

　짐작컨대 이렇게 말하면 수많은 이의가 제기될 것이다. 그 중 두 가지만 고려해 보겠다. 하나는 삭제가 특수한 감금, 분류, 거부… 등, 간단히 말해 일찍이 성취된 적 없는 어떤 한정짓기 형태로 전개된 사회적 의지로 볼 만한 게 거의 없다는 점이고, 다른 하나는 삭제가 그렇게 의미 있는 것도 아니어서, 사람들은 그저 구호(혹은 최근 들어 그저 '돕는 것'에 그치기도 하는데, 이는 전혀 다른 맥락이다)해야 할 범주로부터 재통합 가능한 것의 범주들을 세심하게 구분한다는 점이다. 가령 지난 수십 년보다도 훨씬 더 확대되고 너그러워진 정책이 이에 해당한다. 이러한 두 가지 이의제기는 해당 제도 및 그 제도가 고수했던 어법에 관한 다음과 같은 분석을 통해서만 타당해지거나 해소될 수 있을 것이다. 해서 법제화 문제와 관련해 시선을 다른 곳으로 돌리기에 앞서, 1975년의 법제정[11]을 간략하게 검토하는 일은 유용할 것 같다. 어떤 측면에서 보면, 이 법률은 재정비 과정에서 문제만 더 복잡하게 만들었기 때문에, 내용은 상당히 빈약해 보일 수 있다. 그럼에도 불구하

---

11 1975년 6월 30일 법 : 「장애인 기본법」(Loi d'orientation pour les personnes handicapées). 본서의 부록을 참조할 것.

고 기본조항만큼은 성공적이었다. 여타 법제적 담론과 관련해 고려되었던 이 법률은 어떤 특징적 의미를 띠고 있다.[12] 여기에는 어떤 결핍상태에 대해, 고용, 직능교육, 학교교육, 운동, 여가 등에 대한 접근성은 물론이고, 최저 수입에 이르기까지 —정의된 집단이 아닌—어떤 목표 집단에게 보장되어야 할 '국가적 의무사항'이 수립되어 있었기 때문이다. 그 모든 내용들이 기본조항에 표명되고 있다. 이 동일 조항은 사회 전체가 결집하도록 권하는 한편, 노동과 삶의 일상적 차원이 갖는 우선권과 그 불능 사례들을 위해 특별히 마련되어야 하는 특수화된 시설에 관한 방책에 역점을 둔다. 원칙을 살피는 데 그치겠지만, 당시 획득해 낸 몇 가지 권리들에 관해서는 아래의 내용으로 강조해 두자.

- 장애는 (이 용어 갖는 모든 의미에서) 연대의 사안이고, 공권력은 그 보증자이며, 이러한 우선권은 공동체가 고려하고 책임져야만 한다. 지극히 당연하게도 국가적 의무의 대상은 이에 해당하는 이들이 바로 권리의 주체라는 단언이 되겠지만, 관련사항이 나타나는 것은 이러한 측면 때문만은 아니다.
- 본 법률은 '통합'이라는 원칙을 제기한다. 다시 말해 줄곧 '장애인'이라는 꼬리표가 붙은 사람들은 여타 모든 시민들 가운데 그들과 동일한 공간에서 살 수 있어야 하고, 학교교육을 받을 수 있어야 하며, 직능교육을 받아, 일할 수 있어야 한다.

---

12 여타 법률적 담론들은 이미 1968년 1월 '무능력 성년자'에 관한 법률을 통해 그 전형적인 성격이 부여된 것 같다. 정신장애 관련 차원에서 이 텍스트는 정신병자에 관한 1838년의 그 유명한 법률을 해체하고 있다. 한편 '정신질환'은 후견 감독하에 놓일 수 있기 때문에 시설수용조치는 거두어졌다.

확실히 이 법률에는 그리고 이후 수십 년간 그 실질적 적용에는 여러 모순점이 존재한다. 법률 자체가 문제인 까닭은 연대의 가치가 모든 차원에서 작동하지 않았기 때문이다. 특히 재정적 차원에서 일련의 재정 부담은 사회적 구호와 관련되어 있었다. 우리가 이 점을 연대성 원칙을 위반했다는 차원보다 기술적 배치의 문제로 해석한다 해도, 어쨌든 확연히 드러나는 또 다른 상징성을 강조하자면, 특히 배정된 재원의 수준이 상황에 비해 상당히 취약했고, 그래서 크나큰 실망감이 뒤따랐다는 점을 지적하지 않을 수 없다. 아울러 사회 접근성과 관련된 조항들이 이 법률 말미에 마치 부차적 사항인 양 처박혀 있다는 사실도 덧붙여야겠다. 한편 통합이라는 두 번째 차원에서 보면, 이 법률의 의도와 현실 상황 사이의 괴리가 명백했다는 사실을 꼽을 수 있다. 그 이유는 한편으로는 지금 내가 다룬 법률과 같은 날에 투표에 부쳐졌던 사회 및 의료-사회 제도에 관한 법률이 특화된 우회적 수단을 특별히 우대했기 때문이고, 다른 한편으로는 여러 시설관리협회들이 공동공간을 지향하는 강력한 행동보다는 자신들만의 논리를 더 많이 펼쳤기 때문이다. 특히 이 시설관리협회들은 여러 공동공간을 자신들의 의무사항에서 배제함으로써 공동공간을 지향해야 할 의무사항에서 비롯되는 여러 노력을 자발적으로 이행하려는 의지가 거의 없었을 뿐만 아니라, 일정 부분 제공되는 재정적 지원을 포기하면서까지 기존 유사 특수시설 수준에 만족했으니 말이다(교육부에서 파견한 관리협회의 수장들 혹은 기업 측 하청노동업체에 파견된 수장들의 경우도 생각해 볼 문제다).

우리는 정신착란의 영역에서 여러 불분명한 지점들 중 하나를 확인해 볼 수 있다. 감금이 사라지지 않았음에도, 구금행위에 대한 조종이 울렸기 때문이다. 즉 후견의 형태가 감금을 대체하게 된 것이다. '자발적 수용'(말만 자발적이지 여전히 제3자에 의해 행해지는)의 절차보다는 훨씬 가벼운 수준이지만, 정해진 기준 없이 감독직에 임명된 심사자의 평가에 근거한 이 같은 절차는 정신질환을 여타 불능 사례의 거대한 지평 속에 다시 위치시킨다. 지적능력의 감퇴는 더 이상 '포위해야 할' 대상이 아니라, 나날의 일상을 살아갈 수 있고 또 그 일상에서 다시 제자리를 찾을 수 있는 것이 된다. 그러나 결함이 제약 없이 방치된 것은 아니다. 즉 의사들, 행정관들, 사회복지요원들이 그들에 대한 통제와 순조로운 진행절차를 담당하기 때문이다. 이런 식으로 돈벌이가 되는 일거리가 이 분야에 속한 더 많은 주체들에게 부여되었다. 하지만 여기서 살펴볼 수 있는 것은 정신병원 시스템이 지닌 비합리성의 정도가 "사회복지사업 시장"[13]이라는 어떤 훌륭하고 실용적인 시스템 앞에서 눈에 띄게 증가했다는 점이다. 이제 비이성 ——이성이 폭로하고 정의 내렸으나, 감금을 통해 경계의 대상이 될 수밖에 없었던(더구나 이 과정을 무척이나 즐기기도 했던[14]) ——이 지닌 이타성은 체계적인 예외 두기 절차 없이도 관리가 가능해졌다. 수치심도 없고 심지어 비정상도 아닌 정신착란은 이제 하나의 상품이 된다. 행정적·상업적 성격을 띠게 된 이성은 이 상품을 그 옛날 사려 깊던 이성보다도 더 잘 활

---

13 이런 식의 사고와 관련해서는 『주변적 상황. 서양과 그 타자들』 내 수록된 장티스(R. Gentis)의 글 「내일은 타자들」("Demain les autres", in *En Marge. l'Occident et ses autres*, Paris: Aubier, 1978)을 참고할 것.

14 푸코, 『광기의 역사』.

용한다. 광기의 시대[15]로 명명된 바 있는 이성의 시대 17세기와 계몽의 시대 18세기는 지극히 형이상학적이었다. 이 시대들은 감금을 생산해 냈고, 뒤이어 정신병동[16]을 양산해 냈다. 반면 우리의 시대는 기술관료주의적이고, 돈벌이에 물든 상업주의를 표방한다. 따라서 물리적 배제마저 필요치 않게 되었다.

그런데 1975년 법제적 담론은 어떤 결함과 결부된 모든 '부적응 사례들'을 '장애인'이라는 용어로 무차별적으로 포괄해 버린다. 그리고 이 법제적 담론 권력은 관련된 개개인의 재배치-취업알선 placement(=부여해야 할 자리)에 있어 결정적 심급을 담당하는 '전문가들' 및 사회복지요원 위원회들에 집중된다. 이 같은 지배적 권한을 갖춘 각종 위원회들은 대부분 특화된 시설들과 절차들의 의견을 구하지 않은 채, 재-분류의 직접적 해결책을 선호하는 경향을 보였다. 여기에는 예외두기나 그 유사한 어떤 것도 필요치 않았다. 또한 재정지출에 따른 해명자료를 제출할 필요도 없었다.[17] 왜냐하면 사회적 차원의 모든 혼재된 범주들에 '부양'이라는 보편화된 개념을 적용한 새로운 구호방식 ──이전의 방식과는 상당히 동떨어진── 이었기 때문이다. 다

---

15 본문의 표현과 동일한 제목이 붙여진 여러 권의 책들 중 하나인 사즈(Th. Szasz)의 『광기의 시대』(*L'Age de la folie*, Paris: PUF, 1978)를 참고할 것.

16 19세기에 진행되었던 이러한 변화과정에 관해서는 로베르 카스텔, 『정신의학질서, 정신병원의 황금기』를 참고할 것.

17 (뒤에서 재차 언급하겠지만) 이 같은 돈 문제는 그저 구실에 불과하다고 볼 수 있어야 한다. 높아지는 비용이 비난의 대상이 되는 것은 일종의 방패막이이자 줄이 팽팽하게 당겨진 함정일 뿐이다. 왜냐하면 관련 재원은 사람들의 핑계처럼 부족하지 않기 때문이고(조금만 방식을 달리해 예산결정이 이루어지거나, 때로는 행정상 배분의 효율만 신경 써도 충분하므로), 또한 사회복지정책이 재정적인 이유들 때문에 통제되는 것이 아니라는 점 역시 분명하기 때문이다. 관련 재정이 없는 까닭은 저들이 그런 식의 사회복지정책을 원해서이지, 그 역은 결코 아니다.

시 말해 사람들은 다소 긴 시간이 소요되는 양성교육formation은 엄청난 수고를 들여가며 제한한 반면, 해당 장애인들에게 '적당 수준의' 보조금을 주거나 '보호' 전담시설 혹은 규제시설 전문 인력에 그들을 위임하는 방식을 택했던 것이다. 방금 언급한 이 '위원회들'에는 비록 데파르트망 차원이긴 하지만, 두 종류가 있다. 한 종류는 아동 및 청소년을 위한 것들(CDES라 불리는 특수교육위원회commisions d'éducatiobn spéciale)이고, 다른 한 종류는 성인들을 위한 것들(COTOREP라 불리는 진로지도 및 재취업 기술위원회commissions techniques d'orientation et de professionnel)이다. 있는 그대로의 모습으로 인정받길 원하는 모든 장애인이 특화된 조직이나 절차의 혜택을 받으려면, 이러한 심급 절차 중 하나 혹은 또 다른 하나를 거쳐야만 한다. 그리고 이때 행정 절차의 복잡함이란 실로 어마어마하다.[18] 직업교육만 해도 행정절차상 '진로지도' 과정 중 최소한의 단계로, 다음으로는 보호작업장 절차가 뒤따르며, 그 끝에는 직접 취업알선으로 불리는 절차가 또 있다. '보호작업장'은 직업의 한 형식으로, 장애인 중 완전히 구별되는 두 유형에 따라 사람들이 '도움을 주는' 방식이다.

방금 언급한 심급 절차들의 기본적 (또한 은폐된) 역할을 해독하면서, 나는 이 심급들이 외과의사적 기능과 동시에 미학자적 기능, 즉 사회의 얼굴을 예쁘게 치장하는 기능을 담당해 왔다는 사실을 확인하게

---

18 1975년 법률을 대체한 2005년 1월 법은 원칙적으로 (역시나 데파르트망 별로 설치되는 방식이지만) '장애시설원'(Maison du Handicap) 내 설치된 새로운 위원회 조직을 위해, 본문에서 언급한 여러 위원회들을 폐지했다. 새로 설치된 위원회의 주된 역할은 장애인 당사자에 대한 청취, 해당인의 향후계획에 대한 검토, 좋은 대화 상대자들을 매칭해 주는 일 등이다. 그렇다 해도 본문에서 내가 강조한 애로사항들이 사라지게 될는지는 여전히 의문이다.

되었다. 얼굴을 잃는다는 것, 그것은 형이상학적이기를 포기하고, 불행 앞에 무력함을 고백하지 않고, 끝내 이타성을 소멸시키는 것으로, 한 사회에서 일어날 수 있는 일들 중에서도 최악에 속한다. 따라서 그 얼굴은 윤이 나게 닦아 낼 필요가 있다. 이 시대는 그 어느 때보다도 외모의 시대이다. 하지만 이 잔뜩 멋부린 얼굴 이면에 부조화와 모순들, 그 거친 면들이 그대로 존재한다는 사실을 우리는 잘 알고 있다. 그런데 우리는 그 같은 난점들을 다루기에 적절한 익히 검증된 처방책들을 보유하고 있지 않은가. 가령 억압적이거나 인종차별적인 형식들 못지않은 고전적 정신의학과 직능을 통한 재적응 같은 것들 말이다. 하지만 이 같은 취급방식들은 더 이상 제 모습을 드러내서는 안 된다. 다시 말해 장애인은 우리들 가운데에도 있을 수 있고, 또 눈에 띄지 않게 지나칠 수도 있으니 말이다. 이제 장애인은 훨씬 눈에 띄지 않게 되었음에도, 감시되고 지도되는 방식으로 아주 세심하게 부양된다. 1920년대의 초창기 법률적 기준들과 당대의 마지막 법률 사이에는 매우 강력한 논리가 존재했다. 재적응(=다른 사람들과 똑같이 존재하려는 요구)이라는 개념에 몸을 부여함으로써, 법제화는 불분명하고 다소 흐릿하지만 어떤 제스쳐를 완성해 낸 것이다. 이로 인해 하나의 출발점이 열린다. 과연 재적응을 주장했던 초창기 법률적 기준들은 그 최종 결과를 수용할 것인가? 그리고 실제 이 법률적 기준들을 완수하기 위해 취해진 삭제하기effacement와 윤내기gommage 절차란 정확히 무엇을 요청하는 것일까?

분명 이러한 삭제하기와 윤내기라는 사회적 망각의 움직임이 여전히 작동하고 있음을 인정해야 할 것이다. 나의 분석이 오늘날 문화

적 경향을 토대로 세워진 것이라 믿고 있는 만큼, 나 역시 이러한 경향
의 일상적 실제와 그 저항사례를 매일같이 마주하고 있음을 고백하지
않을 수 없다. 하지만 '다른 사람들과 똑같이' 존재하려는 이 요구가 법
제화와 제도들에 의해 상당히 교활한 방식으로 가공되어 왔음은 부정
할 수 없는 사실이다. 결국 "우리도 장애인이요!"라는 외침이 곧 터져
나오게 되었다. 왜냐하면 책략은 이런 식으로 이루어지기 때문이다.
즉 자유주의적이고, 풍요롭고, 기술이 지배하는 한 사회 내에서 재정
적 수단은 장애인들을 더 이상 차이나는 존재로 여기지 않게끔 만들었
기 때문이다. '건강한 자들-유효한 자들valides'에 완벽하게 동화되는
한, 받아들여진다. 이 동화의 절차는 열악한 재화, 전문화된 시설, 별도
의 근로 공간 등과 같은 배제의 원리가 유지되는 여러 단계를 거칠 수
있다. 그러다 배제의 원리가 더 이상 문제 되지 않는 순간이 찾아 드는
데, 그 순간은 바로 배제 자체가 삭제에 이바지할 때이다. 장애인들이
더 이상 목소리를 높일 수 없고, 그렇게 하고 싶은 욕망이나 습성도 갖
지 않게 되는 때가 도래한 것이다. 당신은 대체 뭐가 불만이시죠? 우리
가 무엇에 불만을 느끼냐고요? 이런 식의 불평이 가능하지 않게 되는
것, 이 순간 이야기는 다음과 같은 방향으로 흘러갈 것이다. "만일 백
번 양보해서 장애인인 당신이 모든 사람들과 똑같다면, 여러분은 과연
무엇을 이해시켜야만 할까요?"

나는 지금 배제의 원리가 사라질 거라고 말하는 게 아니다. 오히려
우리의 사회가 짊어진 문제가 통합시키지 않아서가 아니라, '기막히게
잘 통합시켰기' 때문이라는 점을 이야기하고 있는 중이다. 즉 가공되
지 않은 동일성, 사회적으로 재현된 동일성, 시민들을 정복하게 될 동

일성, 바로 이 동일성이 군림하게끔 통합한 것이 문제라는 것이다. 다시 말해, 사람들이 어떤 합의의 힘을 확인하게 될 때, 동일성이라는 개념은 '만일 그것이 실현된다면'이라는 가정법 표현 못지않게 어떤 현실적인 의미를 띤다. 왜냐하면 사회적 상상계란 사람들과 사물들에 대한 물질적·객관적 태도만큼이나 사회적이기도 하기 때문이다.

현대 서구사회에 대한 이런 식의 고찰에 기초해, 그 혜택의 정확한 위상을 탐색해 볼 필요가 있다. 법률적·제도적 조항들은 장애인으로 명명된 이들의 숙명적 조건을 개선시켰고, 또한 각자가 짊어져야 했던 고통을 덜어 주었다. 그러니 중세에 대한 향수를 꿈꾸는 것은 어리석은 일일지 모른다. 여기서 행복에 관한 어떤 도덕적 판단이나 단순 평가는 문제될 수 없다. 또한 이런 일은 본서의 목적에도 부합하지 않는다. 다만 고도로 발달된 우리의 기술 때문에 치러야만 했던 문화적 대가가 어떤 것인지 아는 것, 특히 우리가 택한 방향에서 이미 예비된 조치를 통해 어떻게 명석하게 대처해야 하는지 아는 것이 문제이다. 그렇다면 이미 실행된 통합 과정은 성공을 거둔 것일까? 또 이때의 통합은 어떤 통합을 말하는 것일까? 법률들, 행정기관들, 그리고 시설들이 예정해 둔 통합이란 내 눈에는 망각의 통합, 소멸의 통합, 일치의 통합, 정상화의 통합처럼 비춰진다. 그렇다면 어떤 조건들에서 이러한 사태가 고려될 수 있고, 또 가능할 수 있을까? 여러 이의제기들, 여전히 흔치 않고 또 여전히 산발적인 이의제기를 통해, 나는 재적응의 정책들, 제안된 통합의 상이한 지평들이 출현하고 있음을 목격한다. 이러한 미래를 검토하기에 앞서, 현시대의 관심사에 대한 분석을 잠시 거쳐 볼까 한다. 법률의 내용에 담긴 사실만큼이나 법제화가 이룩한 사태 자체를 강조하는 일은 중요하다. 법률 제정은 거의 모든 분야에 걸쳐 나타나는 복잡하게 만들려는 성향과 현 시대에 들어 갈수록 긍정되는 국가의 중앙집권화에 상응하는 것임에 분명하다. 이러한 상황은 산업사회의 기술적이고 권위적인 특징에도 상응된다. 법률 제정이란 규범과 보편적 유형의 약호를 여러 현상에는 물론, 이제까지 그저 다양성과 경험론 심지어는 무질서에 맡겨두었던 여러 실제에까지 부과하겠다는 것을 의미한다. 그야말로 공공의 질서가 부여되는 것이다. 결과적으로 이제 불구성은 일찍이 획득한 적 없는 어떤 실존과 어떤 정합성의 반열에 올라서게 된다. 동화된 것, '자명한 것', 부차적인 것으로 간주되던 불구성은 이제 드높은 지위에 오른 셈이다. 그렇기 때문에 바로 이러한 불구성의 '내용'은 지정되고, 정의되고, 틀지어진다. 또한 불구성의 내용을 주의 깊게 조사하고, 위치를 탐지하고, 취급해야만 한다. 이 내용은 기준들, 등급들, 관제를 받아들인다. 바로 이 '내용'에 해당하는 사람들이 하나의 표적 집단, 어떤 사회적 실체를 구성하는 것이다. 과거에는 '선의'의 대상이었고, 또한 잡다하게 뒤얽혀 있던 그들이 이제는 분명하게도 여러 권리를 나눠 갖게 된 것이다. 하지만 이 권리들은 그것을 표지하는 어떤 특수성 속에서 명명된다. 뿐만 아니라 그들에게 부여된 이 권리들을 검토해 보아도, 이는 모든 시민이 가진 권리이기에 시민을 위한 그 어떠한 형식적 선언의 대상도 되지 못한다. 가령 노동의 권리, 교육에 대한 권리, 경제적 생활을 보장 받을 권리 등이 그렇다. 그들에게 이러한 권리들은 언술되고, 선고된다. 그들은 공통으로 간주되는 '숙명-처지sort'에서 비롯되었기에, 그들이 그러한 숙명-처지에 그대로 남는 일도 동시에 긍정되어야 한다. 하지만 이 같은 상황은 그들에게 어떤 지위를 부여하는 것, 다시 말해 다소 말장난 같지만, 그들을 동상처럼 세워 놓는 일을 의미한다. 이제 온갖 부류에 속한 불구자들이 재적응, 즉 재통합시켜야 할 범주 안에 세워지게 된다. 역설적이게도 불구자들은 사라지기에 적합한 존재, 몰살당하도록 예정된 존재인 셈이다. 분명 여기에는 모순적인 면이 있지만, 이 모순은 우리가 살아가는 사회에서 작동하는 존재와 출현의 놀이를 가리키는 것이기도 하다. 불구자들의 의학적·심리학적 나아가 사회학적 실존은 그들에 대한 사회적 무효화가 가능한 만큼 더욱더 긍정된다. 이런 식으로 신기루가 만들어진다. 이 문제의 해결책을 사람들이 믿게끔 널리 퍼뜨리면 퍼뜨릴수록, 그에 비례하여 불구자들의 수와 비중은 긍정된다. 다른 한편, '배제된 자들'을 무차별적으로 옹호하는 일과 법률을 통해 '국가적 연대 차원에서 그들의 권리를' 긍정하는 일 —결과적으로는 그들을 각인시키는 일이 되는— 은 곧 사회복지사업을 확충시키는 일과 통치자들 및 시민들에 의지하지 않고 선의에 호소하는 일이 된다.[19] 존재와 출현이 정해지고 공표되는 바로 그 순간 이후로는 더 이상의 출현은 없다. 사람들은 얼마간 "불구자들을 위해 우리가 정말 많은 일을 했군요"라고 말하고, 앞 다투어 그들이 흩어지는 모습을 목격할 테니까.[20] 물론 취해진 조처들 모두가 그들을 재고상품처럼 떠

---

19 이 지점에서 다시 한 번, 나는 베르데스-르루가 자신의 저작 마지막 부분에서 르누아르, 『배제된 자들』(R. Lenoir, *Les Exclus*, Paris: Le Seuil, 1974)에 대해 행한 분석에 일치하는 동시에 르루의 관점과는 다른 길을 택하게 된다. 르루는 르누아르의 책에서 인용한 '사회의 수호' 계획을 공고히 하기 위해 시도되었던 **협박**(intimidation)의 의미를 잘 이해하고 있는 듯하다. 하지만 나는 지배자들을 결집하는 동시에 피지배자들의 분열을 조장하는 그 효력에 대해서는 상당히 회의적인 입장이다.

20 이것이 바로 1975년 법에 의해 세워진 원칙들과 그 수많은 시행령들 사이에서 내가 이해한 모순점이다. 이와 같은 시행령들의 퇴보는 거의 모두가 전문화된 활동에 영향을 미치게 된다(보호 작업장들

안기 거부한다는 것이 아니다. 그들을 우려하고 그들에게 관심을 두는 일만큼은 과거에 이토록 대단했던 적 없었으니 말이다. 이런 의미에서 그들의 실존은 문제되지도 않고, 충분히 인정받는 듯 보이기까지 한다. 다만 사회적 균등화를 목표로 하는 이 관심이 지배나 통제가 아니라, 오히려 수장水葬을 목표로 한다는 데 문제가 있다. 투쟁 중인 계급들의 바탕조차, 이미 인정받은 특수성의 바탕조차 균질해지는 사회. 이것이 어쩌면 우리 사회가 이 시대를 맞아 끝내 성취해 낸 가장 교묘한 역설일 것이다. '~와 똑같이'를 추구하는 문화, 은폐된 비밀로 축성된 문명이 성큼 다가온 것이다.

마침내 20세기 세번째 10년을 맞이한 시기에 시작된 법제적 담론 안에서, 내가 그렇게도 거듭해 아니라고 부정해 왔던 것, 이른바 경험주의적 규범의 원칙을 지적해 두는 것이 적절할 듯하다. 실제로 소위 장애인이라고 불리는 사람은 누군가에 의해 평가되고, 다른 이들, 즉 '건강한 자들'과의 비교를 통해 스스로를 평가한다. 건강한 사람들에 대한 모방, 그리고 그들과의 평등(심지어는 경쟁까지도) 같은 것들은 재적응이라는 개념을 관통하는 지향점이 될 텐데, 그 이유는 법률 텍스트가 주거, 직업, 교통에 대한 접근 가능성, 즉 '모든 이들과 똑같이'라는 가능성을 열어주기 때문이다. 이는 여전히 기록부상에 수많은 개정과 수정이 이루어져야 함에도 불구하고, 게토가 제거되었음을 선언하는 것이요, 특히 모든 것이 '다른 사람들과 똑같이'라는 구호에 편중되

내에서 가장 생산성이 좋은 임금 노동자들에 대한 불이익, 여러 특수 센터들 내에서 양성교육 시간의 감소, 진로설계를 통한 사회적 배치에서 나타나는 지연현상 등).

었음을 시사하는 것이라 하겠다. 결함 있는 존재가 평범한 존재를 자신의 본보기로 삼고, 그 성공 여부를 자가용 운전이 가능한지, 대규모 집단주거단지에 거주할 수 있는지, 하루에 8시간 일할 수 있는지, 여름에 '스페인 관광'을 할 수 있는지 등으로 가늠하는 것이다. 그러므로 자립을 실현하려는 욕망을 조롱하는 일이란 생각할 수조차 없다. 그것이 일상 활동이나 직장 내에서의 자립이건 경제적인 자립이건 간에 말이다. 하지만 일상 관계의 회복이랄지, 기본 활동의 습득 사례랄지, 엄청나게 비싼 대가를 치르고 얻어낸 성취를 말하는 너무나도 많은 사람들의 이야기들 ─쉽게 공감할 수 있고 또 감동으로 가득한─ 은 모든 비판을 일거에 중단시키고 만다. 그러나 내가 여기서 말하고 있는 것은 상당히 다른 차원이다. '재적응'은 ─아무도 이 재적응의 과정에 주의를 기울이거나 저항하지도 않는다, 그게 또 현실이기도 하고 ─ 경험주의적 규범을 스스로의 규범으로 받아들이고 있다. 더구나 재적응이라는 명칭은 그 자체만으로도 이미 이러한 상황을 보여 준다. 실제로 가장 많이 받아들여진 신조는, 우리가 충분한 수단들을 쏟아붓는다면 격차를 줄일 수 있고, 비록 개인을 짓누르는 부담이 아무리 위중하다 해도 개개인을 건강한(정상적인) 사람들의 집단 내에 정상적인 위치를 되찾게 하는 일은 가능하다는 것이었다. 뿐만 아니라 우리는 가령 대체 기술의 차원에서, 이전에는 완전히 거부되던 청각장애인이나 뇌병변장애인에게 의사소통과 언어와 사교적인 일상생활 나아가 직능까지도 익히게 하는 갖가지 기구의 출현을 경험하고 있다. 우리는 이미 행정적·법률적 차원에서 '장애인'을 기업에서 받아들이는 조치들이 출현했다는 사실도 잘 알고 있다.[21] 마찬가지로 교육 차원에서도 취학시키고, 직업 교육을 시키고, 사회화가 가능하도록 온갖 종류의 전문화된 교육 서비스와 전문화된 방식들의 출현도 목격한 바 있다. 교수법상 새로운 발상이 다양하게 시도되고 때로는 그 전략들이 상충되기도 했지만, 은폐된 이데올로기들은 여러 지적 토양으로부터 영감을 얻기도 했다. 모든 이들이 있는 그대로의 현 사회에 그들을 재적응시켜야 한다는 점에 동의하고 있으며, 실제로 이 과정에 제동을 걸기 위한 온갖 조치가 행해질 때조차도 그렇다. 분명 대치 중인 당사자들은 수많은 공격을 주고받고 있고, 더구나 이 날선 공방은 때로는 매우 심각하기도 또 그만큼 중요하기도 하다. 심지어 어떤 공방은 힘있는 권력에 —— 각 특수기관의 내부 권력은 물론이고 공권력에도 —— 의식적이든 아니든 배제된 자들을 배제된 상태 그대로 남겨두려는 의도에서 절대 복종상태를 부여하려는 측과 기성 질서 비판자를 혁명의 비호자이자 무책임한 자 혹은 몽상가로 간주하는 권력 자체 사이에서 발생하기도 한다. 요컨대 정치조직 혹은 조합조직에 의해 지지되는 정책투쟁이 때마다 전개되는 것이다. 하지만 이러한 투쟁들 모두는 앞서 언급한 경험주의적 규범에 동의하고 있다. 이미 살펴보았듯이 중세 시대의 신체불구자는 가난한 자들과 마찬가지로 사회적 차원 그리고 거의 존재론적 차원에서도 상이한 위상에 놓일 만큼 너무나도 '다른' 존재였다. 부유한 자와 가난한 자 그리고 건강한 자와 허약한 자는 언제

---

21 '장애인 고용쿼터제'를 다룬 1924년 법과 1957년 법. 본서의 부록을 참조할 것. 아울러 1987년 7월 10일 법도 덧붙여 살펴볼 것.

까지나 존재할 것이고, 지금도 존재한다. 그러나 우리가 살아가는 이 시대는 그 순서가 약간 전도되었다. 장애인을 그 불행한 운명에서 벗어나게 해주겠다는 미명하에 그들을 다른 사람들과 동일한 가능성을 지닌 주체로 간주하고 있으니 말이다. 그렇기에 더 이상 '비-정상적' 상황들이란 있어서는 안 되며, 심리적·정신적 혹은 육체적 차이도 예전과 같은 어떤 틈으로 남아 있어서는 안 된다. 고로 이 빈공간은 채워져야만 한다. 그러니 낯섦의 공포를 회피하기 위해서라도, 사회적 규범 내부에서 해체시켜 일탈을 잊고 사는 일보다 더 나은 방법은 없으리라. 이제 모든 것은 이러한 시도가 진정 가능한 일인지 알아보는 데 달렸다. 푸코가 묘사했던 고전주의 시대와 관련한 위대한 새로움도 여기에 있지 않았을까? 병원공간에는 '재적응'이 먼저 있었다(그러니 재적응이란 개념이 병원공간으로부터 나오게 된 것은 너무나도 논리적이다). 이처럼 재적응은 제 자신의 고유 원칙 안에서 감금을 종결짓는다. 하지만 무엇을 향해 나아간 것일까? 그것은 적응과 통합을 통해 장애를 부정하기 위함이었다. 즉 사회적 합의라는 토대 위에 이미 세워져 인정 받은 정상성 안에 비정상성을 용해시켜 버리기 위함이다. 이런 식으로 또 다른 형태의 새로운 감금이 생겨난다는 사실을 지적해야 하겠다. 이로써 특수성과 '일탈'은 금지되고, 단죄된다. 차이는 공동의 것 안에, 받아들여진 것 안에, 공인된 것 안에 감금해야 할 그 무엇이 된다. 이와 같은 상황은 공포와 예외 두기라는 두 가지 해결책으로 이어진다.

사회적 측면에서 '재적응시켜야 할' 존재인 장애인에 대한 이 같은 이미지는 바로 사회 스스로가 정립되어야 할 유일한 질서임을 알려

준다. 즉 사회는 스스로 자신의 규범 내에서 발생하는 불평등한 격차들을 무효화시키는 '의무'와 책무와 과업의 담지자임을 자임한다. 흔히 발생하는 반작용이 그 예증이다. 오랜 세월 ─ 지난 50년의 세월을 복기해 보면 ─ 장애인의 노동 권리가 선포되고, 각고의 노력이 그 실행을 위해 도모되었다. 진정한 의미에서 이 권리는 아직 획득된 것은 아니다. 노동이라는 가치가 불확실해지고, 성년에 이른 세대들 중 많은 수가 이런 식의 노동 이데올로기 ─ 노동자 계층에 의해 매우 내면화된 ─ 와 상당한 격차를 보이는 오늘날, 몇몇 장애인들은 새로운 요구, 즉 노동이 재통합(사회복귀)의 유일한 형식이 아니라는 주장을 정당화하려는 여러 시도를 실천하고 있다. 대체 무엇 때문에 그들에게 이토록 엄청난 수고를 하도록 강요하고, 또 그토록 많은 제약들(직업교육, 가족과 떨어진 생활, 특수한 거주방식 등)을 받아들이게 하는 것일까? 갈수록 무미건조하고 개개인을 소외시키는 대량생산체제에 이바지하는 ─ 기껏해야 구호받는 상태보다 조금 더 많은 임금을 받을 뿐인 ─ 한낱 임금노동자로 만들 뿐인데 말이다. 이러한 태도 앞에서 재적응을 결정하는 심급들은 어떤 대답들을 내놓고 있을까? 분명 노동의 목표를 현 사회의 불안정한 상황과 장애인들의 커져만 가는 불안정한 상황에 내맡기는 일은 신중하지 못한 처사라고, 그리고 전적으로 구호에만 의존할지도 모를 이 위협적인 상황은 결국 너무나도 중차대한 결과를 초래할 거라는 대답이 되돌아올 게 뻔하다. 하지만 무엇보다 이 모두를 제치고 사회 변혁의 책무는 장애인들의 몫이 아니라는 대답이 먼저 되돌아올 것이다. 만일 사회가 또 다른 새로운 사회를 위해 변화를 꾀할 때, 가령 사람들은 무노동에 대해 이와 똑같은 권리들을 주장할지도, 또 그에 대한 전적인 선택권을 요구할지도 모른다. 하지만 장애는 기성질서를 비판할 입장도, 사회적 변혁의 힘도, 돌연변이나 혁명적 성격을 띤 소수집단도 될 수 없다. 달리 말하자면, 장애인은 언제나 있는 그대로의 사회에 스스로를 적응시켜야만 할 뿐이다. 20세기 마지막 10년 동안의 시기에 이러한 논의는 새로운 국면을 맞이하게 되었다. 소위 배제(실업증가, 조합이탈현상)의 문제는 장애 문제에 영향을 주었고, 그 결과 해당 분야를 사회라는 대토론의 장에 보다 폭넓게 끌어들였을 뿐 아니라, 이 분야 자체에 관심을 기울이게끔 했다. 하지만 긍정적 의미에서의 차별이라는 개념에 기반했던 장애는, 한편으로는 비싼 대가를 치르고 얻어낸 특수성의 가치를 잃게 될지 모른다는 두려움으로 인해, 다른 한편으로는 특수성에 대한 지나치게 편협한 요구와 지나치게 일반적인 문제로의 해체라는 두 가지 극단적 결말을 피하기 위해 또 다른 내기를 걸어야 했기에, '아메리칸 인디언화 indiénisation' 과정을 겪을 수밖에 없었던 것이 분명해 보인다.

이것이 바로 장애인이 사회적 합의와 통합의 원리에 따라 사야져야 할 비정상성으로 재현되어 온 방식이며, 이는 경험된 이 사회가 스스로를 조금도 위반해서는 안 되는 어떤 규범으로, 모든 차이들을 —무효화라는 원리를 통해 —떠안는 보편적인 것으로 재현되는 방식이기도 하다. 몇몇 사회 형태들 내에서는 —예를 들어 중세사회와 같은— 신체불구자와 정신박약자가 초래하는 차이가 거의 제어될 수 있는 것이 아니었기 때문에, 사람들은 그것이 자비의 관계 속에서 함께 살아가는 형태이든, 아니면 그 차이를 특수한 차원(나병환자수용소)에서 구성해 내는 형태이든 간에, 이 차이에 어떤 초-시간적 정합성을 부여했었다. 그리고 사회조직만큼은 이 낯섦을 축소시킬 수도 없었고, 또 그것을 실질적으로, 즉 제도적으로 통합시키려는 행동도 취하지 않았기 때문에, 그런 상황을 용인했고 또 그 낯섦을 인정했던 것이다. 그러나 우리가 살아가는 사회 ─ 적극적이고, 기술적으로 유능하며, 본질적으로 지칠 줄 모르는, 정복적 성향을 보이는 ─에서 차이는 지워지고, 모든 것을 평준화하는 우리 사회는 이제 모든 것이 용해되는 윤리-경제적 특성이라는 단일 차원의 질서 안에 놓이게 된다.

시설들의 담론 혹은 모방

우리는 확산된 여러 태도들과 고착된 실제에 기초한 법제화에 대해서만 사유할 수 있다. 과연 일상적으로 행해지는 재적응은 그 진술자를 식별해 내기 어려운 법의 목소리와 동일한 내용을 말하고 있을까? 제도의 영역에서 누가 말하는가를 알아내기란 여간해서는 쉬운 일이 아니다.

1914년에서 1918년 사이의 전쟁 ─ 이때가 휴지기였음은 확실하다 ─ 이전 시기에는 정신의학 관련 시설과 감각기관장애자들과 관련된 몇몇 재단만이 존재했다. 더구나 이 감각기관장애자관련 시설들은 정신병동 수용공간과는 상관이 없었다. 이것들은 정신병동의 곁가지로, 심지어는 그것에 반하여 등장한 시설들이었다. 광기에 대한 취급의 역사를 의식한다면, 이러한 현상은 별로 놀라울 게 없는 사실이다. '미친' 자들은 정신착란을 취급했던(혹은 투사했던) 지식의 차원에서, 그리고 시설의 차원에서 격리되었다. 19세기 말엽, 정신병동은 전적으로 우세했고, 따라서 정신병리학 중심주의가 팽배했다. 의료시설 보급이 도덕적·사회적 행위에 덧붙여지기 시작했고, 이때부터 수용은 특권적이고 독보적인 개입의 형식이 되었다. 모든 '광기'가 귀착되는 정신병동, 그 이성화된 공간에 대한 절대적 통제자이자, 권리 없는 시민들을 위한 팔랑스테르의 자애로운 수장이었던 정신과 전문의[22]는 특별히 사회 내에서 매우 중요한 인물 중 한 전형을 이루었다. 신체불구자는 이러한 정신병동 공간에 수용되지 않았으며, 정신질환자에 대한 감금은 여러 유형의 장애가 한데 뒤섞이는 것을 중단시키는 결과를 낳았다. 훗날 신체 결함자들을 위한 시설들은 이 같은 정신병동 시스템에서 파생하지 않게 된다. 한편, 재적응은 전에는 동일 증상을 이유로 '광인들'과 뒤섞어 놓았던 심신쇠약자를 정신병동(특히 '노약자를 대상으로 하는 양로원')에서 꺼내려고 애쓰게 된다.[23]

그럼에도 불구하고 이러한 분리현상은 인식론적 관점에서 재활교육시설들이 정신병동과 무관한 것인가라는 질문을 불러일으킨다. 가령 결핵 환자 치료를 위해 설립된 베르크-플라주Berck-Plage의 대규모

22 프랑스 대혁명을 기점으로 거의 1세기 동안 정신병에 대한 법적 규제가 주조를 이루며 1838년 법률이 제정되기까지, '대감금'에서 **정신병원중심주의**(aliénisme)으로의 이행과정에 관한 분석 전체는 카스텔에 의해 매우 타당하게 행해진 바 있다(앞의 책). 이 책은 혁명 이후의 시기에 (다양한 움직임들이 밀물과 썰물처럼 난무하는 가운데도) 밀려온 세 가지 주요한 흐름을 지적한다. 즉 피넬 시대의 지배적 경향이 의학적 작용이라기보다는 사회적 작용에 훨씬 더 가까웠다는 점, 이 시기가 사회적인 것과 의학적인 것의 종합을 실천하는 법률의 시대였다는 점, 그리고 시설수용의 필요성에 문제제기가 이루어진 비판적 시대였다는 점이 그것이다.

23 이는 흔히 몸동작을 제어하지 못하거나 말을 통제할 수 없어서 바보 등으로 간주되는 경우, 혹은 정신착란이 있는 사람들이나 나이 많은 노인들과 함께 수용되어 그들을 발달시킬 만한 아무 조치도 취해지지 않았기 때문에 실제로 바보가 될 우려가 있는(적어도 '사실과 다르게') 대뇌운동신경중추장애를 겪는 불구자들의 경우에 해당된다고 할 수 있다. 당시 널리 유행했던 (가령 19세기의 피넬과 같은) 증후학(症候學)적 사고는 가령 심각한 육체적 훼손이 정신적 '이상'과 유사해진다는 식의 상당히 널리 유포된 이미지에서도 지속적으로 그 영향력을 발휘하고 있다.

시설들은 정신병동 같은 수용 공간을 다시 만들어 내지 않았던가? 질병의 세계에 집결되어 배회하다가 전문 의학 처방에 지목당한 모든 이들이 울타리쳐진 적치장 안에 놓이는 상황에 다시금 처하게 된 것이다. 거기에는 학교도, 문화도, 건강한 자들의 세계와의 접촉도 없다. 하지만 수용된 주체들은 정신병동과 다른 종류의 시설에 속한 이들이었기에 분발은 가능했다. 이러한 의미에서 재적응은 정신병동 형태에 대항해 때를 잘 맞추어 탄생했던 셈이다. 그렇지만 이런 식으로 '광기'를 다루는 방식으로부터 재적응을 역사적으로 분리시키고, 신체불구자들을 정신적 결함이 있는 자들로부터 분리시킨 일이 정당화될 수 있을까? 하나의 동일한 법제화가 이 모두에 동시적으로 관여되는 오늘날, 또 그것을 담당하는 시설들이 서로 너무나도 유사해져 버린 오늘날, 더구나 대부분 그 경계가 불분명해져 버린 오늘날, 단절을 통합으로 만들어 버린 채, 끝난 지 불과 얼마 되지도 않은 이 19세기를 우리는 과연 어떻게 설명해야 하는 것일까?[24]

하지만 정신적 훼손과 신체적 질병의 관계만이 전부가 아니다. 정신적 훼손은 오늘날 거의 절대적 관심이 되었듯, 고전주의 시대와 19세기에 대한 관심을 집중시켰다. 그렇다고 해서 신체적 질병이 덜 결정적이라는 것이 아니다. 필통 속 작은 돌기처럼 그들의 장애가 그들 자신에게 소용이라도 있다면 모를까, 혹은 그들의 태생이 그 자신을 공적 자선으로부터 벗어나게 해준다면 모를까, 절름발이, 절단수술을

---

24 이러한 주장 자체는 뒤이어 다룰 문제에서 비롯된 것으로, 지금부터 우리는 '정신적인 것들'을 '심리적인 것들'로 간주하는 '사회적 취급'의 여러 형식들이 서로 매우 유사해져 가는 현상을 확인하게 될 것이다.

받은 자, 만성질병, 꼽추, 귀머거리, 맹인 그리고 기타 질환자에게 빈곤
층 전체를 대상으로 하던 사회사업이 제공되고, 그 중에는 구빈원과
구제원 등…도 있었기 때문이다. 하지만 이 같은 상황은 루이 브라유
에 의해 맹인들의 글쓰기가 가능해진 그 날, 끝나고 말았다. 이어 모리
스 드 라 시제란이 그들을 위한 대규모의 협회를 구상한 근원적 이행
이 뒤따랐으며, 특히 (거의 반세기 뒤에야!) 여러 협회들은 개화기를 맞
았다. 이렇게 불분명함은 종결되어 갔지만, 또 다른 새로운 불불명함
이 기다리고 있었다.

더 이상 신체불구자들은 단순히 가난한 자들이 아니었다.[25] 신체
불구자들은 비참의 어수선한 배경으로부터 뚜렷하게 부각되었다. 또
한 그들은 온갖 광기와도 대립되었지만, 그 위상만큼은 광기와 별반
다를 게 없었다. 다시 말해 예외적인 어떤 세계로, 낙인 찍힌 어떤 지
대로 남아 있었던 것이다. 정신병동 공간이라는 경계석 세우기 과정
은 초창기 발의들 속에 여전히 남아 있었지만, 개의치 않았다. 실상 주
변성과 주변성의 중단이라는 양가성은 가리키는 동시에 숨긴다. 그런
데 이 양가성이 종결되는 순간, 즉 장막이 내려지기 직전, 그 본모습의
증거들은 늘어났다. 신체불구자는 한 무리를 이룬 극빈자 집단 속으로
사라졌지만, '모든 이들과 똑같이' 되기 위해 표시되고, 간주되고, 외따
로 놓여졌던 것이다! 특화된 제도들과 시설들의 탄생이 필수적인 것

---

25 불구성과 가난 사이의 복잡 미묘한 관계에 관해서는 『19세기 프랑스에서의 장애, 가난, 그리고 배
제』(Handicap, pauvreté et exclusion dans la France du XIXe siècle, Paris: Éditions de l'Atelier,
2002)에 수록된 일련의 논고들(특히 프랑수아 뷔통François Buton과 장-르네 프레스노Jean-René
Presneau)을 확인해 보길 바란다.

은 아니었다. 일정부분이긴 하지만, 이탈리아의 경우가 그 예외에 해당한다. 그렇다면 정신병동 모델은 사회적 무의식에 강박적으로 나타나는 어떤 콜라주 같은 것일까? 상호접근과 거리두기의 방식은 장애인의 미래에 정신병동과 '센터'를 차례차례 경계석처럼 세워나가게 된다. 방금 언급한 이 초창기 사례를 넘어, 정신병동 공간에 센터가 미쳤던 영향력은 호기심을 자극하는 또 다른 증거가 될 수 있다. 왜냐하면 30년대 중반이 되어서야 신체적 결함이 있는 자들을 위한 시설을 본떠 만든 정신지체장애인을 위한 '재적응' 시설의 탄생[26]을 관찰할 수 있기 때문이다. 이처럼 정신병 환자들에 대한 '재적응'이 신체불구자의 '재적응' 과정의 뒤를 잇는다. 그렇다면 이러한 신체불구자들에 대한 재적응은 ─ 1838년 법에 대한 초기 문제제기들 직후[27] ─ 정신의학 체계를 위태롭게 했을까? 이런 일이 발생했다고 해서 갑작스럽게 날아든 칼날을 '재적응' 탓으로만 돌릴 수야 없겠지만,[28] 재적응이 남긴 그 벌어진 틈만큼은 무관하다고 볼 수 없다. 왜냐하면 다른 한편에서 정신의학적 제도가 순화되는 동안에도 재적응을 담당하는 (정신적 혹은 신체적 환자들을 위한) 시설들은 더욱더 응집되고 있었기 때문이다. 그렇다면 이것 역시 접근과 격리라는 역사의 어떤 새로운 국면이 아니었을까?

오늘날 ─ 여기서 그 친권의 자격은 재적응에게 되돌아간다 ─

---

26 1935년 라 소시에테 데 크루아-마린(La societe des Croix-Marine)의 탄생을 말함.

27 카스텔의 앞의 책, p. 266 이하.

28 실상 한편으로는 정신분석학적 움직임이, 다른 한편으로는 잘못 이름 붙여진 반정신의학이 훨씬 더 결정적인 요인으로 보인다.

정신착란과 관련해서는 두 가지 유형의 구조가 존재한다. 즉 옛 수용시설의 중계자이자 여전히 수용소적 성격을 보이는 정신병원이 그 하나이고, '정신기능'[29]을 위한 재활교육센터가 다른 하나이다. 특히 후자의 경우 더욱 양가적일 수 있는데, 왜냐하면 의사의 전유물이 남겨질 수 있도록 상당히 정신의학적인 관점에서 접근되었으면서도, 실상 학제적이고 직능적인 특징이 두드러졌기 때문이다. 반#-감금상태, 전통적 학교의 반-기숙사형태라는 그럴듯한 이미지가 수많은 영상물로 포장되었다. 가령 「기다리는 아이」A child is waiting와 같은 영화는 그 누구도 ── 부모도, 학교도, 격리된 개인도 ── 정신질환과는 함께 살아갈 수 없게 되는 그 순간의 불가피한 특징을 잘 보여 준다. 그러므로 정신질환은 반드시 시설로 옮겨지고, 다시 내맡겨져야만 하는 것이다. 영화 속 시설을 운영하는 한 휴머니스트는 겉으로는 무뚝뚝해 보이지만 위대한 학설에 정통한 교육자이자 자신의 임무에 헌신적인 인물로, 무지하고 억압적인 중앙행정기관에 맞설 만큼 용감한 사람으로 그려진다. 요컨대 재적응을 주도하는 이들의 전형 자체를 구현한 그런 인물로 그려지고 있는 것이다. 두 개의 세계, 두 개의 문화가 중첩되는 경계에 위치한 사람들, 다시 말해 그들은 정치적으로는 매여 있고, 과학적으로는 뒷받침되는 세계, 차이들을 지배하는 세계에 위치한다. 이 세

---

29 (정신적으로나 사회적으로나) '부적응아동'을 위한 시설 유형으로는 다음과 같은 것들이 있다. 진로지도 조직인 IMPP(의학-심리-교육시설Institut médico-psycho-pédagogiques), 취학기간 동안의 수용조직인 IMP(의학-교육시설Institut médico-pédagogique), 청소년을 위한 재취업 요구를 담당하는 조직인 IMPRO(의학-직능 시설Institut médico-professionnels)이 그렇다. 한편 성인을 위한 시설로는 흔히들 '재활교육센터'라 부르는 일시적 조직 혹은 보다 최종적인 형태로는 일자리 원조센터(기숙사식 및 통학식)가 있다.

계란 현실적 교류를 통해 지탱되고, 전체주의가 배제된 어떤 지식을 통해 인도되는 특이성들의 세계이다. 병원/센터라는 이중의 구조는 신체적/정신적이라는 개념적 구분의 일부만을 포괄할 뿐이다. 정신질환자들을 대상으로 한 여러 재단들은 광기 쪽이 아니라, '지적 결함이 있는 자들' 쪽으로 그 시선을 돌릴 뿐이다.[30] 하지만 이 분야의 정해진 코스들은 빠르게 혼란을 겪으며(문득 자폐증은 또 무엇에 해당할지 의문이 든다), 각각의 입장들, 개입들, 시설들은 서로가 서로를 올라탄 형국으로, 서로 환자들을 주고받기 일쑤다. 오늘날 이 분야에서 '재적응'의 개념은 정신병동 세계의 완화를 위한 좋은 도구를 이루며, 70년대에 채택된 여러 조항들의 성격, 다시 말해 더 많이 분산시키되 보다 신중하게 관리하려는 특성을 보인다.

그러나 이 시설들이 돌연 출현했을 때, 신체불구자를 위한 시설들이 견지한 담론은 무엇이었을까? 단순히 개화기라기보다는 오히려 북적댔다는 표현이 더 어울리는 시설들의 난립상황——연대기가 이를 알려 준다[31]——은 사실 1945년 발효된 법조항의 소산이다. 특히 사회보장제도에 관한 그 유명한 설립명령들이 명시한 최초의 방향 설정은 ——이후에는 좌경화 되지만——시민을 대상으로 일정 비율을 정한 실질적 연대 개념과 불평등한 사회 보장 시스템 확산을 저지하고자 한시적으로 시행된 높은 수준의 완전 부양 개념에 근거하고 있었다. 소

---

30 가령, 정신분열증환자, 우울증환자, 편집증환자 등과는 달리 일상적인 지적능력이 약간 떨어지거나 혹은 많이 뒤처진 사람들, 다운증후군 환자들, '정신박약자들'.

31 1945년 이후 탄생한 그 수많은 관련 협회들, 100여 개나 되는 예시를 일일이 나열한다면 진저리를 칠지도 모르겠다. 하지만 당시 어떤 지침과도 같은 역할을 해주던 초기 협회들은 주로 1930년대에 출현했고, 이는 프랑스에서도 또 서유럽 전체에 있어서도 그만한 가치가 있는 단체들이었다.

위 '사회 안전망'이라 부르는 것의 창안과 보편화 과정은 효과적인 수단들을 제공해 주었고, 또한 이미 존재하던 대통합 의지를 구체화시킬 수 있었다. 사회적 획득물, 특히 노동운동에 관한 동시대 역사 속에서 1945년이란 시기는 어떤 문턱과도 같은 시기로, 그 이후의 시기는 이미 획득한 사회보장을 발전시키려는 투쟁과 정치적 엔트로피 사이의 팽팽한 긴장상태로 나타난다. 하지만 나의 관점이기도 한 문화적 견지에서 보자면, 1945년이라는 시점은 단지 가속장치에 불과하다. 엄밀한 의미에서 재적응의 탄생을 다시 한 번 살펴보기에 앞서, 분명 보건적 측면 —— 보건 개념은 대대적으로 무르익었으며, 또 병원 형태하에서는 그리 헛된 것도 아니었다 —— 이 확충된 '사회보장'이라는 개념을 통해 크게 증대되었다는 점을 지적해야 할 것이다. 그렇기 때문에 '사회부적응아' 및 좀 더 일반적으로는 지적장애인을 위한 시설들은 제2차 세계대전 이후가 되어서야 비약적으로 발전한다. 필요한 재원이 제공되었으므로 이전의 정신의학…과 정신병원 입원 방식은 개화기를 맞는다. 뒤에서 재차 언급하겠지만, 이런 상황 자체는 어떤 모순점을 설명해 준다. 즉 재적응시키려는 의지는 과거로부터 물려받은 배제와 감금이라는 힘에 의해 다시 채택될 것이고, 이 환생한 강제력은 사회적 '보호'라는 수단, 보다 정확히 하자면 1945년 이후 사람들이 제멋대로 도입한 보건적 차원의 '보호' 수단들 덕택에 가능해진다는 것이다.

이 유명한 법조항들을 이용하면서 파생된 이점이나 폐해는 사실 내 관심사항이 아니다. 실제로 재정적으로 큰 부담이 되는 병원 조직에 혜택을 주는 대신, 같은 재원을 이용해 개개인에 밀착된 보건 사업을 추진할 수도 있었을 테고, 그 결과 이 같은 시행을 의료영역에서 제외시킬 수도 있었을 것이다. 하지만 당장에 내가 강조하려는 것은 제2차 세계대전 이후의 시기가 배제라는 그 오래된 벌레를 박멸하지도 않은 채, 이미 다 자라 익을 대로 익은 열매가 그저 맺혀 나오던 시기에 불과했다는 점이다.

당시 등장했던 대규모 협회들을 사로잡고 있던 사유 도식들을 검토하기 위해 1920년대로 다시 되돌아가 보자. 나는 1929년 당시 젊은 여성의 몸으로 베르크-플라주 요양원에서 하지마비환자를 위한 보행 보조장치를 고안한 이래로 나름의 목소리를 높여 온 쉬잔 푸세 Suzanne Fouché의 저작에서 ——비록 연대기상 그녀가 최초는 아닐지라도[32] ——내게 원형이 될 만한 본보기를 취해 볼까 한다. 그녀는 환자의 경제적 자립을 요구했고, 또 이를 위해 직능상 사회 재적응의 전제가 되는 노동 현장으로의 재편입을 가능하게 하는 권리를 요구하기도 했다. 그 형태는 기사로, 컨퍼런스로, '열망 가득한 깃발'이라는 이름의 재단으로 이어졌다.[33] 분명 당시에는 신체상 손실을 입은 자들이 유일한 대상이긴 했지만, 그 핵심개념만큼은 머지않아 확산되었다. 그 개요는 설득적일 뿐만 아니라 매우 간명한 것으로, 옮겨 보면 다음과 같

---

32 19세기의 감각중추장애를 겪는 신체불구자 협회들 이외에도, 사회 재적응을 주도한 초창기 학교기관들은 국립전쟁상해자 사무국에 의해서 창설되었다. '민간' 쪽에서는 베르크(Berck)가 그 시초였다. 이러한 견지에서 사회 안에서 온전한 자리를 되찾으려는, 특히 노동과 일자리를 통해 되찾으려는 의지를 내비친 선구자격 인물들로는 마들렌 리바르(Madeleine Rivard)와 모리스 앙리(Maurice Henry)를 꼽을 수 있다.

33 신체적 쇠약자의 일자리 적응을 위한 연맹(La ligue pour l'adaptation du diminué physique au travail; 약칭 라답트Ladapt. 현재 라답트의 명칭은 장애인의 사회적·직능적 사회편입을 위한 협회 Association pour l'insertion sociale et professionnelle des personnes handicapées로 알려져 있다. ——옮긴이). 푸세 자서전, 『나는 크나큰 희망으로 희망했었다』(S. Fouché, *J'espérais d'un grand espoir*, Paris: Éd. du Cerf, 1981).

다. 불행을 겪은 자들을 적극적이고 생산적인 삶으로부터 떼어놓지 않을 것, 다만 그들이 '다른 사람들과 똑같은' 혹은 ── 차후의 슬로건이 되는 ── '온전한 권리를 지닌' 시민이자 근로자로 되돌아갈 수 있도록 적절한 수단을 그들에게 제공할 것. 이렇듯 이제 불구성을 개인적 시련, 다소 정신성만을 강조해 왔던 시련으로 감내하는 일은 종말을 고한다. 체념하고 받아들이는 것도, 사회의 가장자리를 수긍하는 일도 이제 그만인 것이다. 그러나 바로 이 같은 순간에 결코 지워지지 않는 차이에 대한 동의가 사라진다. 이젠 '모든 이들과 똑같이' 되려는 욕망이 우세하고, '건강한 자들' 집단과 하나가 되려는 노선이 채택되고… 역시나 산업사회의 조건들이 정상적 조건의 반열로 승격된다. 일정 부분 여러 주장들과 다양한 수단들에 힘입어, 온갖 시도들과 발의들이 '장애인에게 호의적인 방식으로' 출현하고, 또 우리가 원형으로 설정한 것, 즉 '정상인' 무리 속으로의 전락이 아닌 재통합으로의 이행이라는 문제로 귀착된다. 그런데 이는 언제나 장애인들을 최종적으로 삭제하려는 거대한 움직임, 특수성으로 매개된 인정이 강력하게 힘을 발휘하는 그러한 움직임과 관련이 있다. '재적응'의 실제는 다음과 같은 구상에 근거해 구축된다. 즉 애초의 부적응은 적응으로 끝맺을 수 있도록 보상되어야 한다는 발상이 그것이다.[34] 그리하여 단순히 신체적인 것으로 간주되던 손해를 보상해 가면서 점차 정신적·심리적·사회적 상처들까지 알아보게 되었고, 많은 수의 협회들, 단체들, 활동들, 출판

---

34 부적응(inadaptation)의 정의에 관해서는 법제화의 전개양상을 간략하게 복기한 본서의 부록을 참조할 것. 1946년에는 한 주체와 그를 둘러싼 환경 사이의 관계에서 발생되는 부적응과 관련해 자연주의적이고 개인주의적이며 비상호적인 입장이 견지된 법률적 정의가 합의를 통해 작성된 바 있다.

물들 등은 60여 년 전부터 등장해 사회부적응사례의 전 영역을 망라하게 되었다. 여기서 좀 더 나아가 나는 이 새로운 태도, 즉 경험주의적 정상성 안에 '미처 사유되지 못한non pensé' 것이 자리한다는 사실을 강조하고자 한다. 하지만 나는 법제적 담론에 관해 언급하면서 이 같은 분석을 이미 행한 바 있다. 해서 나는 자기 열정처럼 받아들인 규범에 대한 인식과 정치적·경제적 권력을 소유한 사회 계급의 자유주의가 맺고 있는, 결코 우연이라 할 수 없는 이 둘의 결탁을 밝혀 볼까 한다. 하지만 그에 앞서 지금까지도 여전히 음지-그림자ombre로 남겨져 있던 몇 가지 측면들을 먼저 강조해 두려 한다.

약 60여 년 전부터 설립된 수많은 시설들이 실제로 장애인의 협회가 아닌 장애인을 위한 협회였다 하더라도, 이 시도들 모두가 장애인의 동의 없이 탄생된 것이라고 하기엔 과도한 주장일 수 있다.[35] 외국은 물론이고 프랑스에서도 위대한 환자랄지 신체불구자의 사례는 어느 정도 있었다. 그러나 분명 이러한 인물들은 점차 새로운 장애인 계층 및 세대와의 실질적인 접촉으로부터 멀어질 수밖에 없었고, 그 결과 이제는 그들이 다른 이들의 이름으로 발언하기 때문에 인정받고 동의받기란 당치 않게 되었다. 이것이 바로 다른 종류의 요구, 선배세대와는 상당한 격차를 보이는 이의제기, 초기 선구자들의 이미지와는 현격한 차이를 보이는 선배세대에 대한 이미지 등을 갖고 있는 젊은 장

---

35 이와 관련해서는 라답트의 설립자 쉬잔 푸세, APF의 설립자 앙드레 트라누아(André Trannoy), 옥실리아(Auxilia)의 설립자 마들렌 리바르를 인용해야 할 것 같다. 결함들, 부적응들, 장애들의 역사를 위해 탄생한 알테르(Alter) 협회는 1995년 1월, 장애의 장(場) 형성에 있어 협회들과 국가 간의 관계의 역사를 주제로 한 매우 중요한 심포지엄을 개최한 바 있다. 현재 심포지엄 발표자료를 묶은 보고서가 준비 중에 있으며, 곧 렌느 대학 출판부를 통해 출판될 예정이다.

애인 세대에게서 우리가 빈번하게 받는 지적들 중 하나이다. 다른 분야들에서와 마찬가지로, 이 분야에서도 세대의 문제가 존재한다. 물론 이 같은 부조화들이 존재한다고 해서, 제도라는 풍성한 수확이 관련자들의 동의에 의한 것이라는 주장을 막지는 못한다. 그만큼 '사회 재적응의 모델'은 내재화되었고, 이해당사자들의 의식 속에 뿌리 내렸다. 장애인들은 통합을 요구했고, 또한 협회들이 취했던 방향을 줄곧 지지했다. 장애인 스스로가 이중의 이미지로 비춰지는 제 모습을 마주하게 된 것이다. 즉 상처 입은 존재이면서도 '다른 사람들과 똑같은' 시민이자 노동자로서의 이미지 말이다. 몇몇 소규모 집단들(현재의 잡다한 분파들에 대해서는 다시 살펴볼 것이다)은 새로운 모습을 주조해 내며, '평등-안에서의-차이'라는 권리를 요구한다. 하지만 그 소규모 집단들 중 대다수의 경우도, 질병이나 사고 후유증에 시달리는 사람들이 주저 없이 재적응이라는 관념에 동조하고, 그 결과 사회적 사안(산업현장에서의 유급노동, 주거형태, 가정유형, 성적 규범들 등)에 속하는 '경험주의적 정상성'이라는 관념에 동조하고 있는 실정이다.

여러 협회와 온갖 시설의 창설과 관련하여 내가 지적하고 싶은 두 번째 강조점은 그 변천과정이다. 처음부터 모든 시설들이 재적응과 재통합의 의도를 갖고 있지는 않았다. 그런데 이 모든 시설들이 전문시설 관리에 속하든, 정보제공 및 의견제시에 속하든, 공조서비스에 속하든, 공제 및 연대기관에 속하든, 조합성격의 연합단체이든 간에, 그 모두가 재통합과 재적응을 위해 경주하고 있음을 표방했다는 점이다.

심지어 정신질환자를 위한 협회들까지도 말이다.[36] 사회 재적응이라는 개념은 이제 모든 활동을, 그것도 사회적 활동 전체를 장애인 쪽으로 편향시키게 되었는데, 왜냐하면 모든 일탈 ——신체 일부가 절단된 경우에서 범죄에 이르기까지 —— 이 치료될 수 있는 것으로(이것이 기본 취지이지만), 그게 아니면 적어도 통제와 규제를 통해 적응시킬 수 있는 것으로 보았기 때문이다. 어떤 면에서 보자면, 재통합 ——그리고 재적응 ——의 도식이 결국 치유의 개념을 지배한 셈이다. 현실주의의 ——어쩌면 파렴치하기도 한 —— 한 형식이 확산된 것이다. 몇몇 질환들(가령 신체의학 분야에서는 하지마비증, 정신의학분야에서는 정신분열증, 정신기능의학 분야에서는 매우 낮은 지능지수의 사례, 조발성 사회성 악화증상)은 근본적으로 어찌할 도리가 없는 것으로 간주된다. 하지만 이 같은 병증을 그 결과에 있어 상당히 경감시킬 수 있는 어떤 행동을 취할 수도 있고, 그 결과 해당 개인을 '정상적으로' 살아갈 수 있도록 할 수도 있다. 예를 들어 하지마비증의 경우는 기술적 도움을 얻어 접근가능성을 높일 수도 있으며, 정신장애의 경우에는 화학약물요법을 취할 수도, 성장이 더딘 사람에게는 그에 맞는 일자리를 주기도, '사회 부적응자'에게는 사회복지요원의 지도를 지원할 수도 있는 것이다. 우리가 재적응을 시킬 수 있다는 (또 그래야만 한다는) 자각이 생긴 순간

---

36 장애아동부모 전국협회인 UNAPEI(associations nationales des parents d'enfants infirmes)는 이제는 문호가 상당히 개방된 장애인 일자리를 소개하는 후원센터의 역할뿐만 아니라, 직업인 양성교육 및 소위 ('경증' 및 '중증') '박약자'들을 통상 평범한 직장으로 불리는 일터에 고용시키는 계획을 세워놓고 있다. 비록 한편으로는 통합의 담론에 다른 한편으로는 이미 보호받고 있는 자신의 시설들을 보호하려는(!) 친권적 관리 담론에 양다리를 걸치고 있는 이런 협회가 보여 주는 모호한 태도가 여전하긴 해도 말이다.

부터, 또한 우리가 거의 치유를 바랄 수 없다는 것을 자각한 그 순간부터, 우리 눈앞에는 치료요법과 의료시설 보급이라는 개념의 점진적 변화가 조금씩 일어난다. 치료상 심급은 ── 전통적인 형태하에서 이 심급이 갖는 권력의 함의가 무엇이건 간에[37] ── 원칙적으로 더 이상 의사가 아닌 '사회복지요원'의 총체가 담당하며, 차츰차츰 그 한가운데에 의사가 자리를 차지하는 것이다. '사회복지요원travailleur social'이라는 어휘는 여전히 '생활환경조사원assistants sociaux'을 지칭하는 정도에 그치고 있다(더구나 오랜 세월 생활환경조사원들은 여성이었다!). 하지만 의사, 심리학자, 교육자, 엄밀한 의미에서의 '사회복지요원' 등을 포괄하는 사회 구조반이라는 개념이 점차 정착되었다. 이러한 변화는 상당히 주목할 만한 것인데, 그 이유는 탈의료화 ── 성직자들의 영향력과 의사 및 병원에 대해 분석가들이 입 모아 그토록 요구했던 ── 가 시작되었기 때문이다. 하지만 이러한 탈의료화는 재적응과 재통합의 연계 없이는 불가능하다. 여기에는 또 다른 대가가 따른다. 즉 이 문제의 '관계자' ── 이제 이 표현은 흔히 접할 수 있다 ── 집단이 갖는 통제권과 권력이 그것이다. 이 권력은 ── 의사들 수중에 ── 덜 집중된 것이지만, 그 결과 오히려 눈에 덜 띄고 더욱 나뉘어져 있어 그만큼 더 포착하기 힘든 것이 되었다. 이러한 경향은 '세분화'를 결정짓는 방식과 몇몇 탈중심화의 경우(퀘벡의 경우)에서만큼이나 방향설정을 주도하는 여러 위원회(프랑스에서는 1975년 법에 의해 설치된)를 통해서도

---

37 들라캉파뉴, 『억압의 형상들』(Ch. Delacampagne, *Les Figures de l'oppression*, Paris: PUF, 1977).

입증된다. 이러한 사회활동단체들이 요구하는 권력이란, 정확히 말해, 장애인들을 통상적인 회로 안에 배치하거나 혹은 방치해 두는 것으로, 그들을 대다수의 무리 속에 혼융시켜 대규모집단주거단지 한복판에 '숨기고', 격차를 줄여 차이를 삭제함으로써, 결국 정상성의 외관을 부여하는 것이다. 특수한 권리들은 전문가들이 들춰보는 서류 깊숙한 곳에 파묻히고, 질병이나 사고는 의학이라는 비밀 장치와 각종 위원회의 은밀한 회로를 통해 간수되며, 통제(나아가 여러 불평등)는 여성이나 남성 모두가 엇비슷한 옷차림으로 활보하는 거리들 사이사이로 숨어든다. 가장 가능하지 않을 법한 일이 일어나 사회집단의 우툴두툴한 면이 사라진다. 그렇게 모두가 평범해지는 것이다. 왜냐하면 오늘날 우리를 지탱하는 여러 사회망은 전자파 같은 방식으로(하지만 매우 강력한 방식으로) 혹은 전자처럼 축소된 방식으로(하지만 무척이나 활발한 방식으로) 지각되지 않을 공산이 크기 때문이다. 우리가 가령 조그마한 스크린에 이 모습을 가시화시켜 본다면, 그것은 결코 사람들이 제시한 수많은 전문가의 촘촘한 망이 아니라, 그 모든 망들의 한복판을 살아가는 장애인의 모습일 것이다. 오늘날 제작된 시청각 자료들이 보여 주는 상세한 분석은 강한 인상을 심어 줄지 모른다. 가령 장애인 관련 영화들, 사진들, 광고들을 빔프로젝터를 쏘아대며 소개하고, 또 이를 준비하는 작업실이 되기라도 하듯 학회들에서는 지나치게 특수화시키는 모든 것을 피하려는 공감대가 형성되고 있기 때문이다. 즉 이곳에서는 동정심에 기반한 모든 행동뿐만 아니라, 불구라는 표현을 강조하려는 모든 시도가 배제되며, 사회적·행정적 프레임에 대해서는 더더욱 그러하다. 하지만 분명한 건, 사람들 호주머니에서 지폐 몇 장이라도 더 꺼내야 하는 일이 문제되면, 휠체어니 일그러진 얼굴이니 파탄 난 가정이 어떻게 어떻다는 둥 심지어 신체절단 사례 따위 등을 발표문 제사에 인용하길 서슴지 않는다는 것이다. 반면 '이 사회가 만들고 자행한 것'이랄지, 장애인들이 사회 내에서 어떻게 위치하고 있는지 보여주어야 할 때면, 사람들은 언제나 정상성을 무슨 상징이라도 되는 듯 들고 나온다.[38] 우리는 관객이나 청중에 의해 제공되고, 또 그렇게 고착된 이미지가 그럭저럭 듣기에도 보기에도 좋은 것이 될 수 있도록, 그리하여 애써 구축한 사회의 이미지를 해하지 못하도록, ――그리고 무엇보다도 ――결국 그 어떤 상흔도 남기지 않도록, 언제까지나 결함을 베일 속 저편에 감추어 둘지 모른다. 우리가 살아가는 동시대 서구문화는 더 이상 기형을 견딜 수 없게 되었다. 이 공공연한 사실들은 우리 모두를 그런 상황을 가능하게 했던 은폐된 사회망에 대한 탐색으로 이끌 뿐, 좋든 나쁘든 결코 ――나는 이 표현을 앞으로도 계속 반복할 것이다 ――경험주의적 정상성으로의 통합과 혼합에 대한 선언으로 이끌지 않는다. 나는 방금 정상화에 이의를 제기해야 한다고 말한 것이 아니라, 정상화는 확인되어야 한다고 말한 것이다.

---

38 나는 어느 협회의 약호에 얽힌 이야기를 기억하고 있다('장애인들의 재편입을 위한 상호지역단체 연합 : 장애인들의 일자리를 위한 기업 자주행동 협회'라는 매우 긴 명칭을 갖고 있었다). 결국 선정된 약호는 프랑스를 상징하는 육각형 안에 다양한 형태와 표면을 재현한 뭔가 추상적인 형태로, 차이들이 모여 이룬 하나의 통일성을 가리키려는 의도였던 것으로 기억한다. 상당히 흥미로운 이미지였지만, 오히려 많은 것을 흐릿하게 감춘 듯한 인상을 받았다. 결국 아무것도 '기형'(malformation)을 암시하지 못하게 된 셈이다.

말과 사물 혹은 그 불분명함

뒤이어 나올 문단의 이야기들을 완전히 수정해야 할지 참 많이 망설였다. 결국 그 내용들을 1962년 상태 그대로 남겨두기로 결정했는데, 주석에서 이미 인용한 내 최근 작업을 참조하면 더 유용하긴 하겠지만, 핵심은 이미 다 언급했기 때문이다.[39]

우리는 거의 모든 곳에서 일종의 운을 건 도박 분야에서 비롯된 핸디캡이라는 단어 —hand-in-cap=la main dans le chapeau=모자 속에 손 넣기 —가 기회의 균등을 지칭하기 위해 경마 분야에서 인정되던 표현임을 확인할 수 있다.

많은 이들이 애초에 동등한 기회(본래적 의미)와 관련되던 이 개념이 경마용어에서 인간의 건강과 관련된 용어로 옮겨 가면서, 불이익(환유적 의미)이라는 개념이 우세해져 본뜻이 희석된 사실을 유감스럽게 생각한다. 그 시기와 정황들, 또한 어디서 '핸디캡-장애'라는 용어가 등장했고, 불구라는 용어를 대체하게 되었는지에 관해서는 거의 숙고된 바 없다. 여러 사전들만이 사회 재적응 개념의 탄생 및 전개와 병행하여 이 용어의 비약적 사용을 증거할 뿐이다.[40]

---

39 나는 1962년에 작성된 텍스트를 유용하게 대체했을지도 모를 나의 두 가지 연구 성과물을 강조해둘까 한다. 「은유에서 모델로 : 장애의 인류학」("De la métaphore au modèle : l'anthropologie du handicap" in *Cahiers ethnologiques*, Bordeaux, n. 13, 1991). 「장애, 장애인」("Handicap, handicapé" in *Handicap et inadaptation, fragments pour une histoire. Notions et acteurs*, Paris: ALTER, 1996).

40 실상 나의 이러한 관점은 광범위하게 다시 채택되고, 논의되고, 연장되었다. 참고문헌에 인용해 둔 『사회과학들과 건강』(*Sciences sociales et santé*)의 해당 호를 확인해 보길 바란다. 이 간행물 안에 기고한 여러 저자들은 거의 모든 페이지에서 나의 연구들을 참조하고 있다.

『로베르 사전』*Robert*, 1957은 이 용어가 1889년 이래로 '열등한 상 태에 두기'라는 비유적 의미로 사용되었음을 알려준다. 사실상 '핸디 캡-장애handicap'와 '핸디캡을 부여하다-장애를 입히다handicaper'라 는 낱말들(각각 명사와 동사로 표현된)은 20세기 초 여러 작가의 작품들 속에서 어떤 실총失寵의 상태나 어떤 장애물을 뜻하기 위해 간혹 나타 난다. 예를 들어 발리Bally의 『언어와 삶』(1913, p. 49), 지드Gide의 『일 기』(1924, p. 129/1928, p. 50) 등이 그렇다. 우리는 이 표현들을 지드, 크노Queneau, 셀린느Céline, 바이앙Vailland 같은 작가들의 작품 속에서 상당히 일찍이 발견할 수 있지만, 그건 단지 1920년대와 1930년대에 국한되어 나타날 뿐이다. 반면에 형용사 형태인 '핸디캡이 부여된-장 애를 입은handicapé'이란 표현은 매우 최근 들어 확인되는 것으로, 그 것도 사람을 지칭하기 위한 명사 형태로 더욱더 많이 발견된다. 반면 '핸디캡을 부여해 불리한 조건을 만들기handicapage'와 '핸디캡을 정 하는 자handicapeur' 등과 같은 단어들은 어느 정도 사어가 되어, 신체 장애나 정신쇠약 분야에는 적용되지 않았다. 한편 『리트레 사전』*Littré* 은 경마에서 사용되는 의미만을 제공한다. 우리는 19세기에 간행된 『라루스 사전』*Larousse*, 『삽화가 있는 신 라루스 사전』*Nouveau Larousse illustré*, 1902, 『라루스 소사전』*Petit Larousse*, 1906에서 이 어휘가 전혀 눈 에 띄지 않는다는 사실을 확인할 수 있다. 비유적 의미("어떤 이에 대 한 불이익을 이루는")는 1928년 이래로 20세기에 간행된 『라루스 사 전』안에 등장한다. 『아카데미 프랑세즈 사전』*Dictionnaire de l'Académie française*(제8판, 1932)도 마찬가지의 비유적 의미("넓은 의미에서 장애 인은 열등한 상태에 놓인 자를 의미한다")를 제시하고 있다. 『라루스 백과사전』*Larousse encyclopédique*, 1963은 이 어휘의 확장된 의미만을 제시할 뿐, 건강의 유형과 관련된 특수한 의미는 여전히 제시되지 않는다. 문자 그대로 의학적이고 사회적이고 신체적이며 정신적인 이 어휘의 의미를 확인하게 되는 것은 ─ 1957년의 『로베르 사전』이후 ─ 『라루스 백과사전』의 부록(1968)과 『키예 사전』*Quillet*, 1965 그리고 이후의 여타 사전들이 출간되고 나서야 가능해진다. 이 용어가 법률 텍스트("장애 입은 노동자로 간주되는…" 기본조항)상에 도입된 것은 바로 1957년 11월 23일 법률에서였다. 『옥스포드 사전』*Oxford Dictionary*도 역시 정의를 내리는데, 여기에는 모종의 상호성과 말馬 중에서도 가장 허약한 말에게 부여된 유리함이라는 개념이 개입되어 있다.

①일종의 소유놀이 및 그 기회요소를 이르는 말로, 한 사람이 다른 이가 소유한 물품을 두고 도전을 걸 때, 그 교환으로 자신의 소유물 중 어떤 것을 제공하는 행위를 일컬음(1901). ②경주 혹은 경쟁에서 동등해지길 바라는 경쟁자에게 제공되는 기회를 일컫는 말로, 능력이 부족한 자에게는 이익을 부여하고, 능력이 우월한 자에게는 불이익을 부과함. ③육상경기 혹은 여타 경기에서 열등한 경쟁자에게 유리하게끔 우등한 자에게 부과되는 가중치 혹은 기타 조건을 뜻함. 이에 더 많은 노력이 소요되는 짐이나 장애 요소를 부과해 성공하기 더욱 어렵게 만듦(1813).

여기서 우리는 단 한 번 내려지는 운명의 결정 ─ 마치 제비뽑기의 우연처럼 ─, 즉 일종의 당연한 숙명으로부터 어떤 가능한 제어 혹은 어떤 통제의지로 넘어가게 된다. 어휘상의 전치가 발생하고, 그 결과 상이한 두 세계는 서로 대립한다. 요컨대 불구성의 세계, 극복할 수 없는 불능의 세계가 그 하나이고, 핸디캡-장애의 세계, 즉 보상받는 결함의 세계가 다른 하나이다. 피에르 올레롱Pierre Oléron은 다음과 같이 말한다.

> 결함들에 관해 말하는 것, 그것은 개인에게 결핍된 것과 되찾을 수 없는 것을 강조하는 일이다. 어떤 결함은 언제나 현재적인 것으로 남아 있는 반면, 어떤 장애는 극복될 수 있다. (「심리학 보고」Bulletin de psychologie, 1962년 1월, p. 405)

핸디캡이 주어진 자-장애인은 자신의 기회, 즉 다른 이들의 기회와 동일한 기회를 되찾아야만 한다. 그는 다른 이들과 비교될 수 있어야 한다. 그는 흡사 동등하게 된 말들처럼, 더 이상 다른 존재여서는 안 된다. 또한 그는 공동의 경주에 참여해야만 한다. 이러한 경마의 이미지는 정상적이고 규범화된 집단을 따라잡고 또 그곳에 합류해야 하는 장애인의 이미지에 전적으로 대응되는 것으로, 결국 그는 집단의 일부가 된다. 단언컨대, 핸디캡-장애가 경마와 관련해 나타났던 그 최초의 의미는 옳은 것이었다. 불이익, 질병, 신체 절단 상태, 결핍 등을 지칭하는 것으로서의 핸디캡-장애는 경쟁, 경합, 시합에의 참여를 의미하는 핸디캡-장애에 비하면 부차적인 것이다.

그렇다면 이러한 핸디캡-장애에 대한 현재적 정의는 어디에 속하는 것일까? 『로베르 소사전』Petit Robert은 핸디캡을 주다-장애를 주다

handicaper라는 단어를 "어떤 경쟁자에게 핸디캡의 방식에 따라 어떤 불이익을 부과하는 것"이라고 설명한다. 분명 '핸디캡-장애' 항목에서 로베르 사전은 불이익을 비유적 의미(정확히 하자면 신조어)로 언급하고 있으며, '핸디캡을 주다-장애를 주다' 항목에서는 그저 "불리하게 하다, 열등한 상태에 놓이게끔 하다"라고만 명시한다. 하지만 그 결과로 주어지는 결여적 의미들은 이 어휘의 언어적 이행passage을 추적하지 못한다. 왜냐하면 그 언어적 이행은 무엇보다도 경마장에서 유효했던 이 어휘가 신체적인 것이나 사회적인 것에 적용되는 과정 속에 자리하기 때문이다. 그럼에도 불구하고 어쨌든 이 어휘의 정의를 검토하는 것이 아무런 실효성도 없는 일은 아니다.

"어느 경쟁자에게 어떤 불이익을 부과하는 것…" 가만히 살펴보면, 이 말은 어떤 강제와 관련되어 있다. 경쟁자의 몫으로 불이익을 마련해 둔 그 누군가가 의무의 형태를 빌려 그렇게 하는 것이다. 그런데 이 말에는 무시무시한 최초의 고백이 담겨 있다. 즉 핸디캡-장애는 스스로 의무의 주관자임을 자처하는 핸디캡-장애를 부여하는 어떤 이를 전제하고 있는 것이다. 이렇듯 핸디캡-장애를 부여하는 자에게 그 수신자는 어떤 '경쟁자', 다시 말해 프로그램상의 한 주체인 것이다. 그리고 이때의 프로그램은 경쟁이라는 프로그램, 즉 '논쟁을 야기하는' 프로그램이다. 더구나 이 프로그램은 핸디캡-장애를 부여하는 자에 달려 있지 않다. 즉 이 프로그램의 경쟁자들은 핸디캡-장애를 부여하는 자와는 무관한 상태로 설정된다. 핸디캡-장애를 부여하는 자는 이미 짜여 있는 이 프로그램의 실현을 위해 어떤 '대상'(불이익)을 내놓으면 그만이다. 한편 두 번째 고백은 다음과 같다. 그 원인 그 경쟁 자체는 이론의 여지없는 어떤 소여로, 이때 핸디캡-장애를 부여하는 자는 '핸디캡-장애'(불이익)에만 영향을 미칠 수 있고, 애초에 그것에만 속한다. 고로 이런 식의 '핸디캡-장애'는 불쾌하다. 즉 어떤 불이익, 어떤 부정적 가치를 뜻하기 때문이다.

이러한 불이익은 '어떤-'이라는 형식으로 존재한다. 다시 말해 경마장에서라면, 무게나 거리가 될 수 있고, 보다 일반화하자면, 역량으로 환원되는 모든 것이 될 수도 있다. 해서 이 단어는 그것이 보건 분야(혹은 사회 분야)에서 통용될 경우, 그 자체로 엄청나게 확장될 수 있다. 그것이 어느 차원에서건 모든 쇠약상태는 핸디캡-장애라는 어휘로 뒤덮이게 될 것이다. 고로 무차별, 결국 혼란을 야기할 수 있는 만능 어휘인 셈이다.

앞서 언급한 표현들에 "핸디캡-장애의 방식에 따라"라는 표현이 덧붙여진 이 정의에 대한 해독을 계속해 나가보자. 사람들은 핸디캡-장애에 관해 과연 무엇을 알려주고 있는 것일까? '기회가 동등해지도록 최상의 상태인 경쟁자들에게 부과되는 불이익.' 이러한 불이익의 배분은 경주 프로그램에 영향을 끼친다. 즉 프로그램이 어떤 동등한 역량을 경쟁자들에게 부여하고 있는 것이다. 분명 이 어휘를 인간의 영역에 사용함으로써, 핸디캡-장애는 기회를 감소시키는 쇠약상태를 의미하게 되었고, 이에 해당하는 것은 그 중에서도 가장 약한 '핸디캡이 주어진 자-장애인'이다. 나아가 우리는 이런 식의 전환과정을 이해할 수 있는데, 그 이유는 이 불이익이 힘 좋은 말들을 약화시키기 때문이다. 하지만 그럼에도 핸디캡-장애에 대한 정의가 역량의 균등화를 도입한다는 점은 여전히 주목해야 할 대목이다. 왜냐하면 이것이야말로 재적응 개념이 추구하는 바이기 때문이다. 그리고 이 같은 언어적 일치는 단순한 우연이 아니다.

이렇듯 다음과 같은 4개의 요소가 수집된다. ①사회는 거의 자연스러울 정도로 경쟁으로 구상된다. ②어떤 핸디캡-장애는 어떤 추가적 부담을 강요하려고 개입한다. ③이 부담은 정의되지 않은 상태이다. ④이 부담은 극복되지만, 그 내용들은 다시 주어진다. '불구의 infirme'라는 단어(in-이라는 접두어를 통해 결함 및 결손을 의미하는 모든 단어들도)는 이 같은 의미를 다 담아내지 못했다. 불구는 배제, '경기의 불참'을 함축하고, 또한 약화시키다infirmer라는 단어는 인간의 영역이 아닌 사물에만(무효화하다/무력화시키다라는 뜻의 invalider라는 단어와 마찬가지로) 적용됨으로써, 약화시키기의 프로그램을 외시하기 때문이다. 이처럼 핸디캡-장애, 핸디캡-장애를 부여하다, 핸디캡이 주어진 자-장애인라는 단어의 사용은 전통적 단어들의 용례와는 현격한 차이를 보이며 사회의 어떤 문맥 어떤 의지와 합류한다. 재적응의 실제가 있었던 시기와 때를 같이하여 출현한 핸디캡-장애라는 단어는 불구성에 대한 검토와 취급에 있어 하나의 전환점을 이룬다.

사람들은 이제 거의 본질적이라 할 만한 어떤 차이를 가리키는 것이 아니라, 독단적으로 결정된 하나의 규범에 부합하지 않는 모든 이들을 범주화함으로써, 그들에게 규범을 다시 되찾을 것을, 다시 한 번 산업사회와 기술사회의 경쟁 속에 들어갈 것을 명한다. 어떤 용법의 도입은 그 외연과 더불어 집단적 표상과 그 집단의 상상계에 기여하며, 동시에 이런 상상은 우리가 묘사할 수 있는 '어떤 삶의 형식'을 통해 지탱된다. 그렇다면 과연 이 '삶의 형식'이란 정확히 어떤 것일까?

일련의 시련들, '모순점들'

불구자, 모든 종류의 불구자들이 이제부터 장애인, 사회의 경쟁에 내던져졌지만 재통합이 가능한 시민이 된다. 이것이야말로 하나의 규범화된 보편을 자처하는 어떤 사회를 전제하고 공고하게 해주는 것이다. 나는 20세기 초반 이래로 발생한 사태들을 이해하는 데 있어서 마치 결정적인 것처럼 출현한 제스처, 분명하게 긍정되고 그로 인해 새로워진 저 통합의 제스처를 분석한 바 있다. 하지만 나는 그것을 삭제의 제스처로, 무관심의 행태로 이해한다. 하나 이상의 지위를 갖게 되면서 등장한 다음과 같은 최근의 표명은 충격적이다. 즉 장애인들이 이제부터는 종종 상찬되고,[41] 그들의 문제에 취해지는 특수한 사회활동이 점점 더 많아지며, 이해 당사자들의 보편적 의식은 배제에 입각하게 된 것이다. 나는 법제화를 비롯해, 여러 설립자들, 여러 시설들, 학술적 용어 그 자체에까지도 감춰진 의지가 얼마만큼이나 소멸의 의지에 다름 아니었는지 말하려 했다. 사회의 얼굴이 미관을 해치는 오점들로 점철되어서는 안 될 일. "우리 모두가 서로 닮아갈 수 있기를!" 같은 사회적 염원은 신체장애에 대한 취급방식을 통해, 동등하지 않은데도 동일하게 만드는 것을 의미하게 되었다. 실제로 시민이기도 한 심신쇠약자들 쪽에 취해진 여러 조치와 활동은 그들을 경제적으로나 사회적으로나 똑같은 위상에 정위시키는 것이 아니라, 그들에게서 고유한 차이 자체를 삭제하려는 경향을 띤다. 분명 핸디캡-장애라는 이 경마용어

41 1981년은 국제 장애인의 해 원년으로 선포되었다.

는 기회가 동등하다는 사회적 상상계를 그대로 믿게 할 수도 있다. 그들의 불이익은 여러 치료법과 보상적 직능교육을 통해 일시적으로 얼버무리고 넘어갈 테니 말이다. 하지만 —— 조금 더 가까이 다가가 살펴볼 필요가 있다 —— 이런 식의 온갖 교정 및 수정의 절차는 무엇보다도 사회집단에 흡수되는바, 그것도 매우 부차적인 방식, 즉 재활용처럼 가치를 다시 부여받거나 장려책과 같은 방식으로만 이루어진다. 그리고 이때의 도식은 동등성의 도식이 아닌, 동일성의 도식이다. 동일성과 동등성 사이의 간극은 실로 엄청나다. 다른 이들이 불평등 속에서 차이를 긍정하고, 모두가 차이 속에서 어떤 동등함을 염원하는 동안에도, 우리는 불평등 속에서 동일한 것을 추구하는 사회를 만들어 가고 있기 때문이다. 그렇다면 과연 어떤 시련들이 주어졌던 것일까? 또한 그 시련의 노정은 동일하면서도 동등하지 않은 문화의 정체를 드러낼 것인가?

꼬리표 붙이기

행정적 실제 안에 기록된 명백한 모순점을 밝혀내 보도록 하자. 우리는 프랑스에서 '장애인'에 대한 승인 절차가 존재한다는 사실을 잘 알고 있으며, 그것이 이러저러한 특수 직업교육이나 취업상 특권을 누리기 위해 특별한 심의당국[42]의 승인을 통과해야 할 필요성에서 비롯되

---

42 성인 장애인(특히 취업과 양성교육의 권리)을 위한 취업진로 및 직능 기술위원회(Commission technique d'orientation et de professionnel(COTOREP). 장애아를 위한 전문특수교육 도위원회 Commission départementale de l'éducation spécialisée(CDES).

었다는 점도 익히 알고 있다. 그 결과 당사자는 어떤 범주에 속하게 되고, 그런 식으로 구별된 어떤 표식을 지니게 된다.

물론 이 조치 이전에 우리가 문제 삼는 장애인의 위치가 전혀 탐지되지 않았고, 또 사전에 꼬리표가 붙여지지도 않았다는 점은 언급되지 않는다. 하지만 장애인이라는 형식적 승인은 이 사람이 사회생활과 직장생활 안에 받아들여지는 데 그 목적이 있다. 고로 '장애인'이라는 표현은 그에게 통행허가증인 셈이다. 그런데 역설적이게도, 이는 궁극적으로는 '다른 이들과 똑같이' 되기 위한 이방인 통행허가증이다. 왜냐하면 일정 기간이 지나면, 사람들은 그를 두고 사회적으로 새로운 자격을 갖추었노라고, 직능 차원에서도 자격을 갖추었다고 부를 것이기 때문이다. 나중에 가면 필요 이상의 자격까지 갖추어야 한다고 말하기도 할 것이다. 달리 말하면, 사람들은 '정상적인' 상황에 받아들여질 때, 장애가 더 이상 중요한 고려 사항이어서는 안 된다고 하면서도, 일단 꼬리표를 붙이고 나면 더는 그 꼬리표를 거둬 들이지 않는 것이다(설령 법제정이 이러한 상황을 예견하고 있다 해도). 이 사람이 다른 사람들 가운데 어떤 사회적 지위를 얻게 되는 것은 바로 이 같은 조건에서이다. 나는 이미 다음과 같은 사실을 강조한 바 있는데, 즉 그의 장애가 더 이상 아무것도, 그러니까 직업도, 주거도, 공공생활도 방해해서는 안 된다는 것이었다. 요컨대 장애인은 자신의 장애가 키, 머리색, 혹은 몸무게 같은 수준의 부차적 특성에 지나지 않을 때 ─오직 이 경우에만─, 편입될 수 있고, 시쳇말로, 다시 꼽사리 낄 수 있는 것이다. 고로 '장애인'은 자신의 장애가 지워질 때에만 사회로 통합된다. 그럼에도 불구하고 그 표식은 마치 오래 전부터 그에게 부여되어 왔다는 듯 그를 따라다닌다. 과장이 아니라, 사람들은 '장애인'의 범주는 그때도 이미 만들어져 유지되었다고, '장애에서 벗어난 자들ex-handicapés', 나아가 '장애가 지워진 자들a-handicapés'만 통합시킨다고 말할 수 있게 된 것이다. 이 경우, 이중의 속박이 이들을 짓누른다. 즉 그들은 손가락으로 지적되고 제시되지만(밖으로 드러나는 그 어떠한 신체적 표지가 없는 경우조차), 그들은 '아무것에도 속하지 않는 듯' 처신해야 하는 것이다.

예견되는 일련의 변조 모두를 분석의 반증으로 제시해 봐야 쓸데없는 일이다. 예를 들어 기업 내에서 이런 식의 꼬리표 붙이기는 여전히 남아 있는데, 그 이유는 여러 근로 조건 및 임금 조건들의 조정 절차는 필수적일 뿐 아니라, 가능한 한 부과된 고용할당량을 달성해야만 하기 때문이다. 마치 이런 일이 꼬리표가 붙지 않는 다른 수많은 일례에서는 전혀 사실이 아니라는 듯 반증을 내세울지 모르겠다. 하지만 결국 이 같은 상황이 바로 '규범화'에 입각한 꼬리표 붙이기이다.

그 결과 엄밀한 의미에서 거의 레비-스트로스식[43]이라고 할 만한 토템 숭배에 몰두하는 사회, 다시 말해 사회집단들 사이사이를 일련의 외적 차이에 기반한 투영을 통해 구별 짓기에 몰두하는 사회, 동시에 표준화를 요구하는 그런 사회가 시작된다.

게다가 거의 지워지지도 않는 이 꼬리표에 의해 추진되는 이 통과 절차는 모든 이들에 대해 심지어 신체적 훼손의 정도가 동등할 때조차

---

43 레비-스트로스, 『오늘날의 토테미즘』(C. Lévi-Strauss, *Le Totémisme aujourd'hui*, Paris: PUF, 1969).

도 같은 수준에서 인정되지 않는다. 재정적·문화적·직능적 수단을 통해 앞서 행해진 장애인에 대한 통합을 연장 혹은 재개할 수 있게 된 모든 이들은 오로지 이 꼬리표 붙이기를 수행할 뿐이다. 더구나 특수시설에 수용된 집단에 관한 수많은 관련 보고서들은 몇몇 특정 사회계층에만큼은 이런 표식이 불가피하다는 점을 적시하고 있다. 이렇듯 장애는 몇몇 특정 사회 상황들에서는 중복되지만, 나머지에 대해서는 그렇지 않다. 그런 의미에서 '장애'에 담긴 가장 심층적인 의미론은 의학적이라기보다는 사회 문화적이라 하겠다.

꼬리표에 대한 분석을 좀 더 해보자. 왜냐하면 꼬리표를 달고는 있지만, 통합될 수 없는 자로 선고된 사람들도 있기 때문이다. 신체적·정신적 훼손의 정도가 매우 심각한 개인들이 그렇다. 물론 그런 사람들을 위한 온갖 종류의 특수시설이 고안되어 있다. 장애인 보호소MAS (Maison d'accueil specialisée), 평생 안식처, '보호작업장'으로 불리는 여러 작업장 및 요양원 등이다. 이런 식으로 장애인의 일반적인 꼬리표는 '중증', '경증' 등으로 또 다시 나뉜다. 어떤 이들에 대한 통합은 나머지를 '부적응자'로 선포할 수 있는 자격을 부여받는 일이기도 하다.

한편 법제화와 관련하여, 나는 앞서 명명의 중요성을 강조했다. 이름 붙이고, 지칭하고, 제시하는 것, 그것은 실존하게 만드는 일이다. 본능적 의식은 언어가 현실의 것을 표현한다고 믿으며, 이러한 언어는 인식과 대화를 통해 현실을 사유하게 하고…, 또 현실을 대신해 연기함으로써 현실을 빚어 낸다는 믿음을 심어 주지 않던가! 하지만 정반대로, 언어는 조작하고, 변형시키고, 창조해 낸다. 어떤 의미 자체에는 언어 이외의 다른 현실이란 없다. 언어라는 제도야말로 다른 모든 것들이 기입되고, 심지어 그 기원을 끌어내는 최초의 사회적 제도이다. 이것이 어쩌면 우리가 구조주의로 명명했던 사유체계에서 얻어낸 지식 ─가장 중요한 지식─일지 모른다. 또한 오늘날 우리 세대 위대한 작가들이 상이하고 모순되는 분석들과 선택들을 넘어 서로 만나게 되는 것도 바로 이 지점일 것이다. 이는 언어가 어떤 고유한 '생명'을 갖고 있어서가 아니다. 생물학적 유기체를 떠올리게 하는 이런 식의 표현은 적절하지 못하다. 언어는 제도institution라는 표현과 어울린다. 언어가 사회적으로 수립되고, 또 사회적인 것을 배치한다는 이중적인 의미에서 그렇다. 이와 같이 '장애인'이라는 꼬리표가 보여 주는 현상은 겉보기에만 그럴 듯한 것이 아니다. 오히려 이 현상은 문제의 핵심에 위치해 있다. 사회는 가지치듯 세분화된 명명법으로 하위 구분된 어떤 일반 범주를 정립하기에, 결국 '장애'라는 현상을 확산시킨다. 이러한 언어적 해석은 모든 신체적·정신적 훼손으로 하여금 자신의 모습을 발견하고 인식하게 할 뿐만 아니라, 모든 심급(의학적이든 사회적이든 간에)에게는 해당 표식을 통해 식별하고 통제할 수 있게끔 해준다. 지배와 장악은 가장 경미한 사건은 물론, 모든 종류의 질병에 대해서도 행사된다.

무엇보다도 지식의 지배를 꼽을 수 있다. 그리고 바로 이 지점에서 의사가 매우 중요한 역할을 수행한다. 문제되는 명명법 체계는 그 권리가 의사에게 있다. 왜냐하면 의사는 병인학의 언어를 알고 있기 때문이다. 의사의 명명은 종종 최종적인 것이 되기도 한다. "이건 말이죠…(근병증, 자폐증, 하지마비증), 그러니까 저 분에겐… 해야만 합니다." 이런 식으로 말이다. 또한 의사는 지정하고 분류할 수 있다. 그 실행을 위한 언어를 가지고 있기에, 의사는 관련 리스트를 늘리거나 줄일 수도 있고, 또 이런 저런 개인을 그 리스트에 넣거나 제외시킬 수도 있다. 앞서 우리는 기업 안에서도 이 같은 상황이 거의 흉내 내다시피 반복된다는 사실을 확인한 바 있는데, 특히 장애인 고용 쿼터제 법안 (1957년 법) 제출이 문제되었을 때, 여러 사정과 필요에 따라 분류 범위는 꼬리표 붙이기를 통해 넓어지기도 좁아지기도 했기 때문이다. 필요에 따라, 다리 한쪽이 부러지거나 새끼손톱 하나가 빠진 경우는 장애로 분류되겠지만, 정반대로 일상생활에 장애를 일으키는 직업병은 리스트에 등장하지 않을 테고, 이마저도 사안에 따라 결정될 것이다.

이러한 관행은 어쩌면 1987년 법의 여러 조항을 통해 변화를 맞았던 것 같다. 즉 과연 누가 장애인 고용 쿼터제 리스트 안에 등재될 것인가? 라는 문제와 관련하여 당시 전례 없는 인구조사 착수가 뚜렷한 관심사를 이루었기 때문이다.

의사의 언어는 그가 구사할 수 있는 침묵의 언어로 인해 훨씬 더 조작적일 수 있다. 바로 의료기밀의 문제가 그렇다. 여기서는 의사의 기본적 직업윤리에 도움을 청해 보는 것이 쉬울 것 같다 — 나아가 지극히 당연하다 — . 우리는 저마다 사적인 비밀에 대한 권리가 있으며, 아무나 규제되지 않은 방식으로 누군가의 진찰기록을 강제로 열람하는 일은 해를 입힐 수도 있는 사안이다. 하지만 의료기밀은 언어의 배치 문제, 즉 말할 수 있는 권력 혹은 말하지 않을 수 있는 권력을 함축한다. "결론적으로, 이건 하지마비증입니다"라는 말보다도 "그게 뭔지 다 말씀드릴 수는 없고요, 이렇게 하셔야 합니다…"라는 식의 어법이 더욱 강력할 수 있다는 것이다. 첫 번째의 경우, 말은 명명하고 경우에 따라 창조하는 일만을 수행한다. 하지만 두 번째의 경우, 지식은 자신에게만 남겨둔 채, 일시적으로 명명을 사라지게 함으로써 훨씬 더 심각하고 훨씬 더 위험천만하게 실재하도록 만든다. 여기서 의사의 언어는 비할 데 없는 신성화의 경지에 도달한다. 구약성서의 하느님은 스스로 이름하지 않고도 스스로를 가리키고자 했기에, 알려지지 않은 자신의 정체성에 더할 나위 없는 비중을 둔다. "나는 존재자로 존재한다"(논쟁의 여지가 다분한 여러 번역본에 따르면, 훨씬 더 수수께끼 같은 문구이긴 하지만)로 익히 알려진 이 말이 의미를 풀어 보면, 내 이름은 '나는 명명할 수 있는 것으로 존재하지 않는 존재'라고 말한 셈이다. 우리가 관심을 기울인 이 경우에서, 이름을 보유하고 또 오직 비밀에 대한 지칭을 전달하는 것은 제3자이다. 여기서 의사는 언어 안에서 극도로 마술적이고 종교적인 역할을 담당한다. 즉 의사는 사회제도 내에서 '신과 같은' 지위를 점하고 있는 것이다. 유대인의 세계를 설명했던 앞선 장에서, 나는 오직 사제만이 나병을 확인하고, 그의 판결이 금지를 야기할 수 있다는 내용을 언급한 바 있다. 우리는 그 옛날 사제가 담당했던 이 성스러운 역할, 나아가 공여供與적인 역할이 오늘날 의학 분야에서 인정되고 있음을 분명하게 확인할 수 있다.[44]

다음으로는 이에 후속된 통제의 지배권을 꼽을 수 있다. 일련의 사회복지요원들 혹은 그와 유사한 사람들이 의사의 바통을 이어받는다. 꼬리표 붙이기는 조사와 서류를 용인하고 또 정당화한다. 장애인으로

44 레오나르, 『권력과 지식 사이의 의학, 19세기 프랑스 의학에 관한 지성 및 정치적 역사』(J. Léonard, *La Médecine entre les pouvoirs et les savoirs, histoire intellectuelle et politique de la médecine française au XIXe siécle*, Paris: Aubier-Montaigne, 1981).

선포하고, 해당 장애의 정도를 계량화하고, '부양prise en charge'의 차원 혹은 시설의 차원 등… 이러저러한 유형으로 가닥을 잡기 위해서는 장애인 당사자에 대해 어떤 담론이 취해질 수 있어야만 하고, 결국 (정서적 차원, 가족적 차원, 사회적 차원, 경제적 차원에서의) 많은 정보들이 필요하다. 마침내 심리상담원, (여성)생활환경조사원, 후견기관의 대리인, 관할행정사무국 직원과 같은 한 무리의 조사자들이 다가온다. 한 무더기나 되는 공무원들은 해당 장애인을 위한 어떤 문구를 작성하는 데 열심이다. 이렇게 만들어진 담론은 곧 선별을 가능하게 한다. 해서 거의 돈 들이지 않고도 사회복귀가 가능한 장애인이 있고, 특정한 조건하에서 사회복귀가 가능한 장애인이 있고, '상당한 중증'이지만 여전히 솎아낼 수 있는 장애인 부류가 있고, 원상복귀가 불가능한 장애인(특히 지적장애의 경우)으로도 분류되는 것이다. 이러한 분류는 여러 역설을 보여 주지만, 여기서는 딱 한 가지 예시만 들어 보려 한다. 여러 조사가 마무리되고, 위원회의 승인을 받은 일부 장애인들은 '곧바로 취업' 한다. 다시 말하면, 누군가 이들을 두고 어떤 직업교육에는 접근할 수 없다거나 혹은 별도의 직업교육이 필요치 않다고 판단했다는 것이다. 이 두 가지 경우 모두 누군가는 그들에게 직장을 구해 사회에 재편입될 것을 제안한 것이다. 결국 그 기나긴 담론의 노정이란 그들을… 출발점으로 데려가기 위해 작성되었던 셈이다. 그러나 이제부터 이들은 '장애인'을 위한 직장에 구직 신청을 문의할 수 있는 어엿한 구직자로, 장차 '장애인 노동자'로 인정받을 것이다. 바로 이들이 그토록 간절히 바라던 사회복귀가 가능한 자들(그 결과 사회복귀를 통해 통합된 사람들)이다. 하지만 그들은 단순히 ──이익이 될지 불이익이 될지는 모른 채 ── 검인 과정을 통과했을 뿐, 그마저도 상황에 따라 달라질 수 있다.

이상과 같은 분류의 기능과 병행해, 사회복지요원들에게 요구되는 담론은 추적이라는 전 단계와 예의주시라는 후속 단계를 가능하게 한다. 이 담론은 치료절차와 사회 재적응에 최대한의 기회를 부여하기 위해, 질병 출현과 거의 동시에, 가능한 한 신속하게, 해당 질병 및 그 피해범위를 파악할 것을 요청한다. 실제로 어떤 질병의 치료시기가 빠르면 빠를수록 그 질병은 보다 손쉽게 치유될 수 있다. 상식선에서라면 이 정도 이야기하는 것으로 충분할 것이다! 하지만 주의할 점은 의료진이나 사회복지요원의 관심이 결국 검진과 탐지에 쏠려 있다는 것이다. 프랑스의 경우, 오늘날 이 같은 절차는 사회보건사업의 세부 부문화를 통해 용이해졌다. 다른 한편, 문서상 작성된 정보의 총체 ── 엄밀히 말하자면 꼬리표인 ── 는 해당 장애인을 가능한 한 먼 장래에까지 (적어도 원칙적으로는 그렇다, 왜냐하면 행정적 방어막이 작동하고 있으므로) 혹은 그가 원하는 만큼, 함께 하고 도울 수 있게 해준다. 모리스 드 라 시제란이 맹인을 위한 자신의 협회가 요람에서 무덤까지 함께 하는 어떤 가족이길 바랐다는 점에서, 그의 견해는 일견 구시대 유물처럼 보일지 모르겠다. 하지만 현재의 담론 역시 총체성을 향한 일정한 요구가 내포되어 있다. (배제에 이웃한) 특수화와 (통합을 지향한다고 믿는) 불분명함 사이를 갈팡질팡하는 담론이긴 해도 말이다.

장애의 여러 유형과 관련될 경우, 이 같은 번민은 여지없이 나타난다. 이때 두 가지 담론이 모습을 드러내는데, 장애의 종류와 계층을 잘 구분할 것을 제안하는 담론이 그 하나이고, 그 경계를 매우 불분명하게 만들어 장애인 모두를 거의 하나의 계층밖에 없는 것처럼 제시하려는 담론이 다른 하나이다.

첫 번째 담론은 분리를 진행하면서, 각각의 범주에 적용된 특수한 개별 조치들을 예측 가능하게 해준다. 가령 신체적 장애인과 정신적 장애인 사이의 구별을 예로 들어 보자. 사람들이 말하는 상식선에서라면, 이 두 경우에 동일한 의료기술을 취할 수 없을 것이고, 동일한 교수법(취학을 위해, 그들의 지식에 더 큰 가치를 부여하기 위해, 직능 교육을 위해)을 고려할 수도 없을 것이다. 뿐만 아니라, 모욕감과 수치심을 느끼지 않게 하면서 그들을 동일한 시설에 수용할 방법은 없다고도 말할 것이다. 나아가 사회적 장애, 지적 장애, 심리/정신박약 장애 등에 대해서도 마찬가지로 따져 물을지 모른다. 그렇다면 이렇게 하는 것이 차이의 목소리에 충실한 것일까? 잠시 이러한 범주화가 신체, 지성, 정신 현상, 사회복지 등과 같이 매우 잘 정립된 '인문지리학'의 소산이라는 사실을 지적하고 넘어가야 할 것 같다. 사람들은 이러한 문화적 대분류의 범주 내부에 관해서는 덜 주목한다. 왜냐하면 의학적 진단과 그치료 수단은 수많은 차이를 만들어 냈지만, 이 동일한 의학담론은 여러 병인들은 구별지으면서도, 사회적으로는 몇몇 대분류밖에 알지 못하기 때문이다. 달리 말하자면, 이 최초의 담론유형이 지닌 어떤 모순점, 즉 사람들은 뒤섞길 원치 않지만, 어느 수준 이하부터는 구별하지 않는다는 점에 주목해야 한다. 즉 구별과 특수화는 사회를 부추기지만, 그 부추김 속에서도 사회는 자신의 충동을 끝까지 이어 가지는 않는 것이다. 여기에는 두 가지 논리, 즉 의학적 논리와 사회적 논리가 자리하고 있는 듯하다. 어떻게 말하든 여전히 넓은 의미에서 임상적이라

할 수 있는 의학적 논리는 극단적인 사회적 분할에까지 밀고 나간다. 한편 사회적 논리는 통합을 멈추지만 않는다면, 이 극단적인 사회적 분할을 충실히 따르려고 한다. 결국 모든 장애인을 통합하길 원하는 바, 특히 지적 장애인 시설들이 설정한 방향성은 이를 입증해 준다. 하지만 그 난점은 통합 의지가 점점 더 병인론적 분류에 따른 여러 케이스 여러 계층에 적용되어 감에 따라 더욱더 증폭된다. 그런데 내가 말한 인문지리학 담론은 이런 통합의지를 온전히 보존하면서도 제한할 뿐 아니라, 또한 획일화가 일어나지 않는 한 사회적 분화가 지속되게 한다. 훨씬 더 개인적인 차원에서 보자면, 이 제한적 구별의 담론은 야누스적이라고 명명해도 좋을 만큼 이중적인 역할을 담당한다. 즉 한편으로는 특정 장애를 거부하게 하고(가령 신체 장애인의 경우에는 직업을 통한 사회재편입이 거부되고, '백치'의 경우 입원을 통한 구호가 거부될 수 있다), 다른 한편으로는 재통합이라는 공동의 담론에 지지를 표명하게끔 한다는 점에서 그렇다.

널리 받아들여진 다른 분석들에 비해 이러한 분석이 얼마간 급격한 선회에 해당한다는 것을 나 역시도 인지하고 있다. 실제로 흔히 의학적인 것과 사회적인 것의 관계는 사회 지배계층에 속한 의사들이 그들이 속한 계급의 이데올로기를 반영한다는 식으로 이해되어 왔다. 이데올로기라는 용어로 분석된 이 관계에서 사람들은 의학적인 것을 사회적인 것에 투사한다. 그런데 사태들은 다른 식으로 매우 치밀해지고 나아가 전도된 것처럼 보인다. 실상 오늘날 사람들은 사회적인 것을 너무나도 손쉽게 심리화시켜 버리며(가령 권력은 어떤 향유처럼 이해되고, 여러 갈등은 욕망의 경쟁 상태로 해석되거나, 혹은 보편화된 오이디푸스 차원에서 분석되는 등), 마찬가지로 사회적인 것에 대한 의학적인 것의 투사도 존재하기 때문이다. 의학적인 것의 함의는 단지 의사들의 사회적 지위와 사회에서 의학이 점하는 위상에만 기인하는 것이 아니라(그럼에도 이는 정확한 지적이기도 하다), 지식과 개입이라는 의학적인 것 고유의 능력에서도 기인한다. 이렇게 사회는 '병인론화'되어 간다. 그 같은 순간에 자유주의적 성향의 (극도로 동일자적인) 정치적 의지와 결합된 여러 기술적 총체 ─ 의학기술도 포함된 ─ 는 규범화를 실천한다. 이러한 모순적 상황은 '병을 치료하는 사회'로 귀착될 수 있다. 이제 진정 의사는 무엇보다도 지시된 공통분모로 약분시켜야 할 임무를 떠안은 생활환경조사원 혹은 그와 유사한 조사원이 된다. 그래서일까 오늘날 우리는 '보건 및 사회 서비스'라고 칭하지 않던가.

나머지 한 담론의 경우도, 그 빈도가 덜하다고 해서 분석의 여지가 적은 것은 아니다. 그런데 이 담론은 유기체적인 것과 감정적인 것은 분리될 수 없고, 감정적인 것과 사회적인 것은 연관되어 있으며, 유기체적인 것과 지적인 것은 따져 볼 것이 있다고 하면서 판을 어지럽힌다. 이 담론 역시 상식 수준의 확인에서 출발한다. 정신현상에 어떤 동요나 근본적 변화나 파괴 없이, 신체 기관 중 어느 하나를 잃거나, 걷는 방법을 잃거나, 목소리나 말을 잃는 경우란 없다는 것이다. 수많은 조사들은 특정 장애 혹은 모든 장애에 모종의 사회심리학이 존재한다는 사실을 알려 준다. 마찬가지로 모든 장애에는 '신체성'이 자리한다. 이 담론은 끝없는 특수화, 즉 감금과 범주에 따른 구별에 저항한다는 점에서, 첫 번째 담론이 보인 결점들에 대한 거부를 그 본령으로 한다. 어느 면에서 보자면, 이 담론은 전투적 담론이자 반체제적 담론이다. 하지만 이 담론은 공공기관의 대표들과 입법부(프랑스의 경우, 특히 1975년의 입법부)가 채택했던 담론과 매우 유사한 것이기도 하다. 즉 유일한 '해결책'이라는 허울을 씌우기 위해, 온갖 다양한 형식을 단 하나의 괄호 안으로 몰아넣고, 그것도 문제를 일거에 처리하려 했다는 점에서 그렇다. 이러한 불분명함은 첫 번째 담론에서 언급한 구별의 과정과 그리 다를 바가 없다. 왜냐하면 첫째로는 꼬리표를 붙이는 방식이 동일자적이기 때문이고, 둘째로는 여기서도 통합의 의지는 매우 강력하게 드러나기 때문이다. 기존에 세워진 범주를 사라지게 하기엔 "모든 장애인들이여, 단결하라"와 같은 슬로건만으로는 충분하지 않다. 이 범주는 너무나도 공고하게 설정된 것이어서, 오늘날 사람들은 '장애인'이라는 꼬리표를 사용하지 않고는 그 어떤 신체적·정신적 훼손에 대해서도 말할 수 없게 되었다. 즉 '장애의 실존'에 대한 합의가 생겨난 셈이다.

어떤 사회가 이름을 붙이면, 그 즉시 그 사회는 통합의 문제에 휩쓸리기 마련이다. 그런데 문제는 모두에게 인정된 것은 곧 그 실존이 된다는 데 있다. 어떤 '장애인들'은 "장애, 그런 건 존재하지 않아"[45]라고 소리 높이지만, 이들은 한낱 우스갯거리가 될 뿐이다. 그렇다면 이 사람들이 공유하고 있는 생각, 즉 '장애들'이 실제로 존재한다는 견해는 사회적으로 과연 어디서 비롯된 것일까? 이때 우리의 상식은 이 질문에서 사리에 맞지 않는 점impertinence ── 이 어휘가 담고 있는 모든

---

45 생-마르탱(Ph. Saint-Martin)의 글 「장애 부여하기」("Handicaper")는 1977년 6월 14부터 17일까지 파리에서 개최되었던 (프랑스 공산당 주최) 학회 보고서 『장애들』(*Handicaps*, Éd. Sociales, 1978)에서 확인할 수 있다.

의미들(격에 맞지 않음, 엉뚱함, 무례함)의 측면에서 —에 반기를 들게 된다. 상식선에서 생각해 보자. 의사들은 분명 일상적 삶의 조건 밖으로 내몰린 개인의 질병이나 사고를 확인할 수밖에 없으며, 수많은 가족은 '다른 이들과 똑같지' 않거나 혹은 앞으로 그럴 수 없게 된 자신들의 가족 구성원 중 어느 하나로 인해 상당한 고통을 겪는다. 뿐만 아니라, 분명 국가는 일상생활과 직장에의 접근이 차단된 시민들에 대해 특수한 조치들을 취하지 않을 수 없게 된다. 그럼에도 불구하고 질문은 제기된다. 모든 일탈은 하나의 노선에 따라, 모든 비정상성은 하나의 규범에 따라, 모든 질병은 건강이라는 단일한 관념에 따라 정의 내려진다. 더구나 역사 속, 특히 사회의 역사 속에서 탄생하지 않는 현상이란 존재하지 않는 법. 그렇다면 '장애'는 어떻게 탄생하는 것일까? 혹은 이 질문을 바꾸어 표현해 보자면, 이와 같이 '장애가 부여되는 현상'은 어떻게 탄생한 것일까? 장애는 어떤 질병 어떤 사고를 당한 개인을 둘러싼 환경이 더 이상 그를 돌볼 수 없는 존재로 간주하는 현실에서 잉태된다. 예를 들어 가족은 그 가족의 일원과 떨어지지 않고는 그에게 필요한 보살핌에 대처할 수 없다. 혹은 정서적 차원에서 느끼는 심리적 부담도 견딜 수 없는 것으로 경험된다. 그런데 이때 질병이나 사고는 사회적 문맥 속에서 그 가족이 처한 상황을 일러 준다. 또 다른 예로, 회사는 회사 나름의 목적들 —주로 수익성과 관련된 —과 심신이 쇠약한 임금노동자 사이의 양립불가능성을 경험한다. 이 문제는 근대적 의미의 기업에게는 여전한 문제이다. 끝으로 일정기간 돌보던 병원은 그를 예전에 살던 환경으로 되돌려 보낼 수도 없고, 그렇다고 계속 데리고 있을 수도 없다. 그래서 병원은 그를 꽤나 다양해진, 하지만 여전히 특수한 목적을 띠는 여러 시설에 넘겨야만 한다. 이 세 번째 경우는 의료체계와 양호시설 수용의 문제에 놓여진다.

여기서 동시대의 가족과 회사와 의료화 체계에 대한 분석을 시도하려는 의도는 없다. 다만 꼬리표 붙이기와 범주화 작업이 신체적 혹은 정신적 손실이라는 있는 그대로의 현실보다도 사회적 구조화 과정에서 훨씬 더 많이 비롯된다는 점을 일깨우고 싶을 뿐이다. 서구사회 내에서 통합의 의지는 장애인이 사회 내에서 그대로 살도록 내버려 두는 사회조직의 무능력에서 돌발적으로 나타난다. 다시 한 번 말하건대, 당장 어떤 가치판단을 내리거나 우리가 다르게 행동해야 한다는 식의 말을 하려는 게 아니다. '장애인들'은 갈수록 그 수가 많아질 테지만, 그것은 앞으로 증가 추세를 보일 수도 있는 질병이나 사고(생명을 구하거나 연장시키는 의학의 진보, 새로운 질병의 출현, 일터에서의 위험요소 증가 등) 때문이 아니라, 기본적인 사회조직이 이 피해 입은 개인을 갈수록 더 소홀히 하고, 갈수록 집단의 이름으로 더 많은 꼬리표를 붙이기 때문이다. 이러한 사회는 치료 유형, 나아가 예방적 유형의 추가 수단들을 취할 수 있는데, 문제는 여기에 있는 것이 아니라 호칭을 야기하는 차원에 있다. 즉 사회적으로 장애를 만들어 내는 것은 의무에 다름 아니다. 이 의무 안에서 사회는 '핸디캡–장애가 부여된handicapé' 이라는 품질형용사를 할당해야 하는 것이다. 이러한 제약은 그 자체로 사회성의 구성에 기인한다. 매우 엄격하고 치밀한 규범들(가령 핵가족이라는 유일한 모델, 연대성에 대한 요구들, 생산이라는 절대적 명령, 과도한 의료화 등)과 비교해 완전히 엇나간 것들은 갈수록 덜 받아들여지게 될 것이다. 이는 사회발달과정에 역행하는 부적응과 장애를 훌륭하게 구별해 내기에는 명증한 담론들이 될 수 없다. 사회성을 형성하는 집단의 절대적 명령들이 더욱더 세밀해지고 더욱더 경직되는 한, 모든 일탈에 대한 수용 여부는 줄어들 수밖에 없다. 갈수록 우리 사회 속에서 장애인은 부적응자의 동의어가 되어 갈 것이다.

모든 '부적응'에 '장애'라는 꼬리표가 붙여질 것이다. 우리는 거의 광기에 사로잡힌 듯한 어떤 절차 속에 놓인다. 즉 가장 사소한 부적응의 기미조차도 목록화되고 표시되어 결국에는 '장애'에 속할 것이다. 이 장애로 말미암은 부적응이 정상화될 수 있다는 선고가 내려지기도 전에 특수한 조치들 나아가 매우 전문적인 코스가 야기됨은 물론이다. 극단적인 경우, 특히 나이든 사람의 경우를 고려해 보면, 사회 규범은 극소수 개인들 속으로 숨어 버릴 것이기 때문에, 시민들 대다수는 '장애인'이 될 것이다. 결국 정상적인 개인이란 백인, 남성, 젊은 사람, 건강한 사람, 잘생긴 사람, 교양 있는 사람 그리고… 순종적인 사람만을 특별히 뜻하게 될 것이다.

이제 모순점은 분명해진다. 꼬리표 붙이기는 '장애를 생산'하고, 갈수록 더 많은 수의 장애를 양산해 낼 것이기 때문이다. 고로 꼬리표 붙이기는 어떤 규범화 절차에 접근하도록 존재했던 방편이다! 따라서 배제의 명제는 나름의 이유를 갖춘다. 즉 부적응의 유형은 증가할 테고, 색출 방식도 더욱 세분화 될 테지만, 그 해결책의 수는 적어질 것이라는 이유 말이다! 다만 배제로 지탱되는 '통합의 의지'라는 명제가 그렇게 단순할 리 없다. 그리고 장애를 마주하는 우리 사회가 이용하는 방식은 꼬리표만이 아니다.

보조금 지급하기

색출하기와 명명하기. 이것이 이루어지고 나면, 불구성을 환원시키고, 통합을 가능하게 하는 일련의 행동이 본 궤도에 오른다. 이 조치들 각 각은 오직 한 요소, 즉 돈에 좌우된다. 무엇에 돈을 지불하는가? 누가 지불하는가? 어떻게 지불하는가? 이는 동의 혹은 거부의 대상이 되는 동시에 전적으로 재정문제에 종속되는 사회 재적응의 쟁점을 이해하 는 데 있어 중요한 질문을 이룬다.

앞서 말했지만, 사회 재적응과 재활교육을 담당하는 시설 및 재원 의 급속한 팽창은 사회보장 관련 1945년 시행령들에서 기원한다. 사 회 재적응은 재정지원이 가능해지면서 비약적인 발전을 이뤘다. 꼬리 표가 붙여진 사람은 오직 이 같은 '부양조치'를 통해서만 실질적이고 특수한 권리를 획득하게 된다. '부양'이란 재정적 측면을 지칭함으로 써 — 프랑스어 동사 'désigner'('지칭하다', '~의 적임자로 지정하다')의 독특한 표현에서 보건대 — 이미 하나의 프로그램을 이룬다. 이런 표 현은 당사자에게 지급되는 자금에 관련된 것이 아니라, 당사자에 의해 발생된 비용을 상환하는 일과 관련 있음을 잘 보여 준다. 서구사회의 사회보장 체계들 내에서는 결코 시민들에게 직접 보조금을 지급하는 법이 없고, 필요가 인정되는 여러 서비스들에 소요되는 지출을 면제해 주는 방식이 고려된다. 관련 서비스들은 다음의 경우에 필요한 것으로 인정되어야만 한다. 예를 들어 의사의 처방, 불가피한 입원, 장애인 근 로자에 대한 인정 등이 그렇다. 그런데 이 같은 서비스 비용에 대한 지 불 권리를 가능하게 해주는 것이 바로 의학적 결정이다. '의사의 처방전'이 진찰 및 약품에 대한 어음이듯, 이러저러한 사유로 '장애인'으로 인정받았다는 사실이야말로 특수시설 사용에 소요되는 상당한 경제적 부담을 덜어 줄 프리패스인 것이다.

장애 관련 사회 전체 예산(140억 유로) 내에서, 현금으로 제공되는 수당이 73%로 제일 높으며, 반면 현물로 제공되는 수당은 27%에 불과하다. 이러한 사실은 제도화에 소요되는 지불금이 여전히 높은 비중을 차지하고 있음을 보여 준다. 보조금 형태는 여전히 재정을 지원하는 특정 수단들 중 하나로 남아 있다. 하지만 무엇보다도 이 돈은 각종 보조금과 시설에 분배된다는 점을 일러두는 것이 중요할 것 같다. 그러나 이 재정적 지원은 사람에 의한 직접 원조나 일반인과의 사회성 회복을 절실하게 필요로 하는 사람들에 대한 지원을 임무로 하는 사회복지요원들에게는 거의 돌아가지 않고 있다. 달리 말하자면, '시민사회'가 지탱되고, 장려되고, 증진되고, 또한 '장애인들'과 더불어 살아가는 데 필요한 도움을 제공받는 과정에는 아무것도 지불하지 않고 있다는 것이다. 여기에 각종 수당과 제도적 부양조치에 대한 찬반의 논고를 작성하려는 것은 아니다. 그럼에도 불구하고 심신상 결함 있는 사람들이 여타의 사람들과 함께 공존하는 데 강력하게 기여할 수 있는 조치가 그 어떤 예산 라인에서도 검토되지 않는다는 사실은 놀라운 일이 아닐 수 없다.[46]

---

46 이 같은 주장은 훨씬 최근에 취해진 여러 발의를 설명하기 위해서라도 뉘앙스를 달리해 볼 필요가 있다. 완벽을 기하려는 의도가 없음에도 다음과 같은 예들은 충분히 들어 볼 수 있을 것 같다. 가령 현재 SESSAD(자택방문 치료 및 전문 특수교육 서비스)가 된 기존의 SSESD는 해당 아동이 학교환경 내에서 생활하는 것을 가능하게 해주었고, 성인들의 경우도 OIP(편입 및 취업기구organismes d'insertion et de placement)와 같은 조직들은 성인 장애인들의 통상적인 일자리 취업과 일자리 보존을 위한 재

재정적 원조 체계 전체는 서구 국가들 내에서 대체로 일치한다. 프랑스의 경우, 기본적으로 주거보조금 및 보정보조금(즉 '제3자'에 대해 혹은 해당 직업의 실행에서 초래되는 추가 경비를 보정하기 위한)과 같이 (일하지 않는) 성인 장애인들을 대상으로 하는 보조금이 있다. 한편 아동의 경우, 사안에 따라 가족 보조금 및 몇 가지 추가 보조금이 포함되는 특별 교육 보조금이 있다. 수입과 관련해서는, 일하는 성인의 경우, SMIC 등급[47]에 따라 정해진 별도의 '인적 자원 능력 보증' 시스템이 있으며, 정상임금과 최저임금 사이에서 발생할 수 있는 차이는 임금을 보정해 주는 형태로 국가가 충당한다.

　　이 기본적인 조치들에 다음의 사항들이 덧붙여진다. 가정 내에 장애인이 있는 어머니들에 대한 노후보장, 대중교통수단 이용 및 몇몇 특정 납세 의무 경감을 위한 장애인 증명카드 발급, 몇 가지 종류의 장학금, 해당 장애인들의 작업부서 조정 및 직무교육 연수를 위한 고용주 측에 제공되는 재정 지원, 몇 가지 종류의 재취업 장려금 등이 그렇다. 끝으로 그리고 무엇보다도, 직능교육(사회적응교육)을 이수하는 연수생들은 SMIC등급이나 이전 직장의 임금에 기초해 산정된 임금을 받게 된다. 언뜻 보기에는 차고 넘칠 듯 보이는 이 같은 보조금 장치에도 불구하고, 소득상 여러 지원형태는 종종 SMIC 내 최상위 단계에 준

───

정적 지원을 받기도 했다. 하지만 내가 여기서 목표로 하는 것은 다름이 아니라, '시민 사회에서' 동시에 '시민사회와 더불어' 재정지원을 받지 않는 일자리의 중요성을 말하려는 것이다. 이와 관련해서는 다음의 내 글을 참조하길 바란다. 『소통과 장애』 내 「너무도 결석이 잦은 배우, 시민사회」("Un acteur trop absent, la société civile" in *Communication et handicaps*, Paris: Consevatoire national des arts et métiers, 1988).

47　본래 직업 간 최저임금상승률을 뜻하는 Salaire Minimum Interprofessionnel de Croissance의 약어인 SMIC은 통상적으로 프랑스 사회 내에서 최저임금 등급제로 이해된다. ―옮긴이

하는 수입을——부담금 및 임금이 지급되는 직능교육기간 동안을 제외하면——제공해 주지는 못한다. 외견상 확인되는 이러한 풍족함에도 불구하고, 그 본질적인 내용은 시설 체류에 따른 부양(보살핌과 교육 등)의 차원에 머물고 있다.

그 옛날, 사람들은 등짐 운반이나 물물교환 시, 교환된 물품이나 각자의 몫에서 불공평한 부분을 보정하곤 했다. 바로 벌충금이다. 이 벌충금은 장애 분야에서 보조금 형태로 대체되었다. 만일 당사자들에게 직접적으로 불입될 경우, 그 지원되는 돈은 보조금allocation이라는 명칭을 갖게 된다. 보조금들은 봉건 시대 영주에 대해 신하의 의무로 행해진 돈의 상납이라는 그 어원적인 의미에서 볼 때, 정확한 방향성을 드러내지 못한다. 보조금에는 그 나름의 역사가 있다. 보조금은 가정에 지급되는 여러 수당들과 결부된다. 우선 보조금의 개념은 과거에 특별 수당을 의미하다가, 이후 (심리적, 인구 통계적, 예방적 차원의 다양한 목표들과 함께) 개개의 가정이 지는 부담에 대한 공적 보상을 의미하게 되었다. 프랑스 내에서 보조금은 50년대에 들어 그 실효성을 잃었고, 60년대 말에 이르러서는 (수혜자들의 수가 줄어듦에 따라) 수입을 고려해 명시되었다. 요컨대 각종 보조금은 가정 내 수입개선을 위한 재분배를 실현하고자 균등할당에 기초했던 사회보장보조금과 거의 유사한 형태에서 19세기가 고안한 것과 같은 구호의 성격으로 바뀐 것이다.[48] 이러한 점묘적 시스템은 사회생활 전반의 문제들을 간과할 뿐

---

48 로리가 자신의 책 『사회복지활동정책』(B. Lory, *La Politique d'action sociale*, Toulouse: Privat, 1975)에서 논증한 바를 확인해 보길 바란다.

만 아니라, 이미 낙후된 범주들을 고립 상태, 즉 게토 상태에 위치시킨다. 이제 보조금 지급에 관한 분석에서 핵심이 되는 지점을 말해야 할 것 같다. 서구의 국가들은 ─ 심지어 위기가 닥쳤을 때조차[49] ─ 부유한 탓에, 보조금의 양은 중요한 이슈가 아니다. 오히려 장애인에게 기울여 왔던 여타 모든 노력들이 한낱 보조금으로 대체된다는 게 문제의 핵심이다. 사람들은 쉽게 꼬리표를 붙이고, 쉽게 쉽게 돈을 지급하게 될 것이다. 매번 그럴 리 없겠지만 손쉽게 돈을 지급할 것이다. 돈을 요구받는 한, 분명 그렇게 할 것이다. "예쁘게 하고, 잠자코 있거라" 하며 과거 여성을 대하던 의례적인 표현처럼, 이제는 "구호는 받아 두거라, 하지만 더는 바라지 말아야지"라는 식의 표현이 가능해진 것이다. 사람들은 가능한 한 ─ 시설 보조금과 개인 구호라는 이중의 형태로 ─ '사회적 빈곤'이 사라지게끔 돈을 지급하게 될 것이다. 다만 이 노력은 사회의 겉모습을 그대로 유지하려는 욕망은 버리지 못한 채, 불평등을 줄이려는 실천 없이 이루어진다.

　　돈 쓰는 일은 결함이 초래하는 결과들에 대처하기 위한 여러 프로

---

49 1962년 당시에 더 많은 정당성을 확보했던 이 문장들을 1997년 현재까지도 본문에 그대로 남겨두고 있다는 사실에 어쩌면 놀랄지도 모르겠다. 지금 당장은 사회안전망이라는 측면에서 이러한 긍정적인 차별을 절개해 버리는 일은 정말이지 일고의 가치도 없을 것이다. 훗날 분명 모두가 잠자코 있지 않을 텐데도, 장애 분야가 프랑스국가연대에서 빼가는 연간 약 1,500억 프랑에 달하는 재정에 대해 그 누구도 이의를 제기하지 않는다. 돈을 지급하는 것은 한편으로는 죄의식을 느끼게 하면서도 한편으로는 도저히 옹호하기 힘든 어떤 사안에 대해 스스로를 정당화하는 한 방식일 뿐이다. 우리가 사회보장 활동 영역까지 들여다볼 것은 아님에도, 1987년 법률에 의거 6% 장애인 고용의무화를 따르는 고용주들의 약 50%정도가 기금(AGEFIPH)에 돈을 불입하고 있다는 구체적인 지표를 확인할 수 있다. 그러면 사람들은 늘 이런 상황을 역이용해 반박하곤 한다. 50% 가량이 불입하지 않고 있다고, 또 기금을 불입하는 고용주조차 이미 일정 비율을 채워서든, 혹은 보전받는 직종들에 일자리를 제공함으로써 부분적으로는 면피가 되어서든 간에, 자신들에게 부여된 의무사항 전체에 대해 그렇게 하진 않는다고 말이다. 그럼에도 사태의 본질은 조금도 변한 게 없다. 물컵에 물이 반밖에 안 남았네, 반이나 남았네 하는 논쟁은 허상에 불과한 것이니 말이다.

그램들을 제시하는 일보다 훨씬 수월해 보인다. 그런데 사회 정책들이 서열상 부차적인 항에 제출되고, 사회복지 관련 예산들이 다른 예산, 가령 군비 예산 같은 것에 비해 항상 제한적이고 상당히 불균형하게 책정된다는 사실을 알게 되면, 상당히 역설적으로 보일 것이다. 그럼에도 불구하고 사회사업 내부에서조차도 사람들은 재활교육이나 직능교육에 상당한 투자를 하기보다는 각종 보조금 지급을 훨씬 더 선호한다. 재활교육이나 직업교육은 단기간에는 큰 비용이 들지만, 장기적으로는 보조금 부담에 있어 경감효과를 기대할 수 있다. 즉 일터에 재배치된 사람은 생산성을 띨 수 있게 되어 다시 세금을 내고 더 이상 보조금을 받지 않아도 되니 말이다. 보조금지급 방식에 대한 선호경향은 단순 편협하게 재정적 차원에서 논할 수 있는 셈법상의 문제가 아니다. 내가 보기엔 이런 식의 금전적 구호방식은 불구성을 간과하기 십상이다. 이익 추구와 혹독한 경쟁에 놓인 여러 비즈니스 영역들은 그들의 '신성한 신전'에 장애인이 있는 꼴을 보고 싶지 않은 것이다.

이 새로운 형태의 신성적 공간과 기형, 다시 말해 서로 닮은 구석이라곤 전혀 없는 몸 혹은 정신이 점하는 세속적 특성 사이에는 일종의 양립불가능성이 존재한다. 분명 본서의 수많은 지점들에서와 마찬가지로, 여기서도 여러 노력들과 시도들이 순서가 뒤바뀌었음을 부인할 수 없다. 물론 한편에는 금전적 수당 지급보다 '완전한' 사회복귀를 더 많이 선택하는 다양한 협회들, 고용주들의 모임, 공식적인 명령들도 존재한다. 이러한 모순은 우리가 살아가는 이 서구사회 도처에서 나타나고 있다. 하지만 산업적 사회와 심신미약자 사이에는 여전히 양립 불가능한 측면이 남아 있다.

여기서 어떤 대체 현상, 즉 장애인이 사라지도록 돈을 지불하는 행위가 곧 그를 죽이는 행위임을 확인하기란 그리 어렵지 않다. 하지만 이 같은 '희생'은 실질적인 희생과는 아무 관련이 없다. 그저 사회적 죽음일 뿐이므로. 사회는 여러모로 일탈을 일소할 수 있는 수단들을 마련했고, 적어도 그 방법을 모색하고 있다. 더구나 통합의 의지가 발휘되는 노동과 고용에 있어서도 방금 언급한 양립 불가능성의 문제는 상존한다. 사회 전반을 구조화하는 것과 이러한 사회 구조화에 대립하려는 수많은 저항의 움직임은 별개의 문제이다. 사회는 결코 한 번의 걸음으로 진척되지 않는 법, 무수한 인간학이 동시에 작동해야 한다.

여기서는 차이를 사회적으로 비가시화하려는 의지, 잘게 나누어지고 단계적으로 소분된 의지가 문제된다. 수많은 측면에서 관련된 사람들을 위해 베풀어지는 실질적인 혜택, 나 역시 이에 동의한다. 다른 사람들처럼 삶을 향유하려는 열망을 두고 비난의 논지로 삼을 수는 없지 않은가. 여기에는 전적으로 존중되어야 할 어떤 희구가 담겨 있기도 하다. 그러나 차이를 부정하려는 사회적 통합의 제스처 이면에 여전히 은폐되어 있는 것을 탐색해 나감으로써, 주장에 매몰되기보다는 여러 가능성들을 모색해야 할 것이다.

돈을 지급하는 것, 보조와 구호라는 이중의 형태로 돈을 지급을 하는 것, 특정 공간에 통합시키기보다는 특정 케이스에 돈을 지급하길 선택하는 것,[50] 내가 보기에 이 모두는 '차이나는 몸-집단corps différent'

---

50 여기서 각종 보조금들이 정당하지 못하다든지 충분하다든지 말하는 것이 문제가 아니다. 나는 지금 말도 안 되는 극단적인 경우조차 씀씀이가 후할 수 있음에도, 일하지 않는 유휴계층이나 완전하고 전면적인 통합을 거부하는 계층에 대해서는 내내 제한된 태도를 보이는 어떤 정책적 유형을 분석하고

에 내려지는 사회적 죽음을 강화시키는 일이나 다름 없다. 이제 고대의 배제의 형식은 끝이 나고, 이윽고 동화, 소화, 분쇄라는 새로운 형식이 도래한다. 여전히 ── 수없이 많이 ── 남아 있는 배제의 형식들은 흡수라는 형식의 테크노크라시적 이면일 뿐이다.[51]

재활교육하기

보살피기

의학적 시선은 도처에 존재한다. 고해신부들과 영성을 책임지던 지도신부의 바통까지 이어받은 권력의 무한한 확장이 있었기 때문이다. 분석이 넘쳐나는 만큼 이 문제를 굳이 논증할 필요는 없을 것 같다. 하지만 분명한 것은 그 분석들이 아무런 영향력도 행사하지 못했다는 점이다. 권력은 요지부동이고, 그 상태 그대로를 고스란히 유지하고 있다.[52]

있는 것이다.

51 퓌게롤라, 「정상성과 차이나는 몸, 신체 장애인들의 사회적 통합에 관한 일별」(P. Fugeyrollas, "Normalité et corps différents, regard sur l'intégration social des handicapés physiques", in *Anthropologie et société*, 1978, vol. 2, n. 2; 『인류학과 사회』*Anthropologie et société*는 퀘벡 라발Laval 대학에서 발간하는 정기간행물). 크리스티앙 들라캉파뉴(Christian Delacampagne)는 다음과 같이 서술하고 있다. "내가 보여 주고 싶은 것은 배제의 원리가 만회의 술책을 은폐하고 있다는 것이다. 감금이 거부이기보다는 어떤 배치, 추방이기보다는 (사회 공간 내부에서의) 어떤 새로운 분할에 훨씬 더 가깝다는 점에서 그렇다. 요컨대 광인들은 스스로 배제되었다고 생각하는 순간, 그리고 실제로 배제되는 순간, 바로 그 동일한 순간에 완전히 새로운 어떤 자리에, 완전히 새로운 회로 속에, 사회 전체 내에서 사회체의 본질적 기능들을 만족시켜 주는 방식으로 **내포되었던 것**이다. (『억압의 형상들』 *Les Figures de l'Oppression*, Paris: PUF, 1977, p. 79)

52 여기서 다시 한 번 나의 분석이 수행됐던 시기를 고려해야 할 것 같다. 분명 요즘은 사회를 분석하는 여러 분석가들의 관심이 상당히 많이 이동했고, 또한 권력에 대한 문제제기 역시 얼마간 폐기된 듯하기 때문이다. 게다가 의사들은 실제로 자신들의 입지가 계속해서 줄어드는 것을 목격하기도 했다. 그럼에도 불구하고, 여러 위원회들(CDES, Cotorep) 안에서, 장애 분야 관련 연구 기관들 안에서, 장애에 관한 공고물 안에서, 의사들은 여전히 우월한 영향력을 행사하고 있다. 고로 의사들의 권력에 대한 분석이 케케묵은 것이라고 주장하는 것이야말로 시기상조라 하겠다.

사람들은 의료권력의 여러 차원들, 즉 지식의 소유, 정보의 점유, 의료기밀, 조언자 및 사회적 '감시자'의 역할 등을 이야기하고 또 이야기해 왔다(가령 '광인'에 대한 통제권을 여전히 내려놓지 않는 과거 수용시설 공간을 세부 부문화로 대체해 가면서). 의사와 의학의 권력망은 치밀하고 강력할 뿐 아니라, 보편적으로 확산되었다. 나는 여기서 이 권력망에 대한 분석을 반복하지는 않을 것이다. 다만 의사가 재활교육자인 동시에 재활교육 프로세스의 관여자라는 측면을 살펴봄으로써, 의사의 역할을 다시 거론하고자 한다. 이 문제는 과연 무엇을 의미하는 것일까?

신체적 재활교육은 개인에게 가능한 한 이전과 동일한 사용가능성을 되돌려준다는 데 그 의의가 있다. 정신적·학제적·정서적·사회적 재활교육 역시 이전의 지적 능력 및 지적 수준을 회복시키고, 나아가 증대시키는 것을 목표로 한다.

하지만 특수교육교사 그리고 재활교육교사를 자임하는 것은 스승과 제자의 관계를 맺는다는 것, 타자를 향해 자신을 투기投企한다는 것을 전제한다. 그런데 중립적 교육, 교육이라는 그 엄밀한 어원적 의미(e-ducere : 주체 그 자체에서 출발해 이끌어 간다는 점에서)에 준하는 교육은 이제 거의 존재하지 않게 되었다. 치료가 재활교육으로 명명될 때, 의사는 이미 의사 이상의 의미로 존재하는 셈이다.

이러한 현상은 매우 분명하게 드러나는데, 왜냐하면 내가 '사회 재적응'이라 부르는 영역 도처에서, 의사는 불구상태에 처한 사람에 대한 진로지도에 있어 주도적 역할을 담당하기 때문이다. 당연하게도 의사는 치료법 차원뿐만 아니라, 자신의 고유한 행위로 인해 부과될 후속조치 차원에서도 의견을 표명한다. 의사는 장애인의 운명, 즉 그에

게 부여될 여러 권리들을 결정짓는 모든 심급기관[53]에 언제나 자리한
다. 그의 견해 ——특히 예의 '의료기밀'에 동반되는—— 가 우월한 지위
를 점하고 있음은 주지의 사실이다.

　치료하기는 이제 치료 이상의 의미를 갖는다. 의학이 '사회 재적
응'을 담당하는 시설 및 서비스와 맺고 있는 관계는 너무나도 강력해
서 50년 전부터 촉진된 의사들의 개입 현상을 해체시키는 일은 더 이
상 가능하지 않게 되었다. 과거 신체 의학과 재활교육 의학[54]의 선구자
들은 다음과 같은 단순한 이념을 갖고 있었다. 그 무엇도 그 누구도, 배
울 수 있고, 일할 수 있고, 다른 사람들과 어우러져 살아갈 수 있는 상
황에 장애인의 몸을 다시 위치시키지 못하는 마당에, 자신의 몸에 대
한 통제력을 갖게끔 회복시킨들 무슨 소용이 있단 말인가?라는 식으
로 말이다. 하지만 그러면서 의사 역시도 사회재적응 담당요원처럼 이
분야에 안착-개업s'installer한 셈이고, 심지어 장애인을 특수교육교사,
사회복귀 작업요법사, 심리상담원 등이 '먼저 맡아 주길' 바랄 때조차
자리를 차지하고 있었던 것이다. 이로써 치료행위는 어떤 총체적 행위
를 아우르게 되었다. 사회 재적응 분야에서 상당히 많이 개최되는 여
러 회의들, 학술 일정들, 온갖 종류의 학회들에 의사의 출입이 잦아지
는 현상은 우선 다음과 같은 사실을 알려 준다고 하겠다. 즉 의사는 재

53 진로지도를 담당하는 여러 위원회 안에 이러한 공식 심급기관들이 존재한다. 심지어 직능적인 목적
　에서든 취학목적에서든 모든 시설들 안에 설치되어 있다. 1975년 법에 의해 프랑스 내에 설치된 공식
　심급기관들은 '준비과정반과 후속반' 내에도 존재한다.
54 예를 들어 가르슈의 앙리-포엥카레 병원(Hôpital Henri-Poincaré de Garches)과 이 병원의 지도
　자였던 그로시오르(A. Grosssiord) 교수를 떠올려 볼 수 있다. 이와 관련해서는 엘드(J.-P. Held)와
　그로시오르의 책 『재활교육의학』(La Médecine de rééducation, Paris: Flammarion-Médecine,
　1981)의 서론 부분을 참조할 것.

활교육에 관여하는 이들 중 한 명으로 자리매김했고, 그 결과 의사는 엄밀한 의미에서 거의 의학적이랄 게 없는 것들만 말하게 되었다는 것이다.

　이 같은 분석은 의료권력에 대한 분석을 강화시켜 준다. 하지만 나는 의료권력 ─ 만일 우리가 의사들이 가진 결정적인 영향력의 분화과정을 지칭하기 위해 권력이라는 표현에 관심을 둔다면 ─ 이 지닌 매우 특수한 양상 하나만 강조해 볼까 한다. 여러 공식적인 장치들이 의사에게 어떤 교육적 기능을 ─ 구조적으로 ─ 부여한다. 즉 국가를 포함한 '공적 사안'은 곧 교육적 성격을 띤다는 관념을 유포하는 일이 그렇다. 따라서 공공의 심급, 특히 여기서 다룬 행정적 심급은 더 이상 단순 서비스 편이와 공조의 개념으로서가 아니라, 인류학적 사명을 띤 그 무엇으로 이해된다. 물론 이런 식의 지적은 조금도 독창적일 게 없다. 가령 학교 국영화 이래로 이 같은 사안은 익히 알려진 바이기 때문이다. 그럼에도 불구하고 이러한 지적은 그 내용이 어디까지 진행될 수 있는지를 우리에게 알려 준다. 여기서 우리는 어휘상 상이한 표현에도 불구하고, 재활교육과 사회복귀라는 개념이 별개의 개념이 아니라는 점을 알 수 있다. 왜냐하면 공적 통제하에 놓인 재활교육은 사회와 그 사회의 다소 모호한 모델들에 적용되어야 한다는 것 이외에 그 무엇도 목표로 설정하지 못했기 때문이다. 앞서 언급했듯, 비록 의학적인 것과 사회적인 것이 사회적인 것에 대한 의학적인 것의 단순 반영 관계 속에 놓여질 수는 없지만, 그럼에도 불구하고 ─ 치료행위보다 훨씬 넓은 의미를 갖는 ─ 재활의학은 이 사회적응을 담당하는 여러 중개지점들 중 하나를 구성한다. 그렇다고 기존의 사회적 틀 속에서 다른 식으로 해결될 거라고 말하는 것이 아니다. 가령 어떻게 정부 각 부처가 양성교육 시스템과 산업분야의 요구사항 사이의 긴밀한 관계를 조성하려는 시도를 하지 않을 수가 있겠습니까?라는 식의 되물음은 신뢰하지 않기 때문이다. 그렇기에 현재 우리 사회 전체가 사회적으로 일치되어 강압적이고 혼미한 상태에 매몰되어 있음을 진단하는 보고서는 작성되어야 한다. 사회의 존속을 위해서라도 이런 식의 보고서는 우리 사회에 필요하다.

의학이 재활교육교사의 역할을 떠맡고 있다면, 이 또한 의학이 단지 사회뿐만 아니라 재활교육을 받아야 할 집단과도 일정한 관계를 맺고 있기 때문일 것이다. 나아가 어느 한 관계가 다른 한 관계에 달려 있다고 섣불리 예단하는 것은 이로울 게 없을 것이다. 그렇다면 약체인 장애인 집단에 던져진 의학적 시선이란 어떤 것일까? 그리고 이 시선은 병든 신체에 정통한 의학적 시선과 차이가 있는 것일까?

의학적 시선에 관해서는 수없이 되풀이 해 분석된 바 있다.[55] 재활교육교사로서의 의사의 시선은 틀림없이 위대한 휴머니스트의 역할을 떠맡고 있다. 왜냐하면 이는 인간들 사이 그리고 인격주의적 상황 속에서 탄생했을 뿐 아니라, 40여 년 전부터 '임상적' 측면에서 벗어나기 위한 나름의 분투이기도 했기 때문이다. 의학적 시선의 정초는 감시의 영역에서보다는 오히려 교육의 영역에서 더 많이 이루어졌다. 그렇다고 해서 정신병동 수용시설적 측면 —— 특히 '광기'와 관련해 중요

---

55 관련 본문 내용은 주로 미셸 푸코의 『임상의학의 탄생』(*La naissance de la clinique*, Paris: PUF, 2 판, 1990)을 참고하고 있다.

한 ——이 불구성의 영역에 존재하지 않는다는 것은 아니다. 다시 말해 불구성의 영역에도 정신병동 수용시설을 본뜬 수많은 특수 병원들이 있다. 과거 정신병동 공간에서 의사는 마치 표본 채취된 식물이나 느 닷없이 걸린 환자의 '질병'을 다루기라도 하듯, 치료상 처방조치로 내려진 조용한 격리 공간 안에서 환자들을 관찰하고, 분류하고, 치료했 었다. 물론 불구성의 영역에는 불가피하게도 감금과 의학적 추상화라 는 전문화 절차 역시 존재한다. 하지만 소위 재활교육에 해당하는 의 학은 이 같은 편향된 성향과 그리 동떨어진 것이 아니었다. 엄청난 환 자 집중화현상[56]이 발생했음에도 불구하고, 재활의학은 그 옛날 정신 병원 수용시설 시절 보여 줬던 성향보다 세부 부문화를 실천하는 경향 에 더 가까웠던 것이다.[57] 그런데 한편으로는 어떤 총체성에 대한 우려 로 인해, 다른 한편으로는 생활환경 혹은 근로환경으로의 통합에 대한 관심으로 인해, 과거 정신병동 수용시설이 정신질환자에게 취했던 엄 격함이 신체불구자 ——심지어 정신적 불구에 대해서조차 —— 에 대해 서는 완화되었던 것이다. 더구나 심신미약자들에 대한 1838년 법률과 유사한 법조항도 자취를 감추게 되었고, 나아가 이 분야를 만들어 낸 1960년 행정공문에 상응하는 조치도 역시 사라졌다.

---

56 가르슈에 있는 레이몽-포엥카레 병원, 케르파프(Kerpape) 재활 및 재적응 센터, 베르크-플라주의 여러 시설 등은 각각의 시설마다 백여 명의 환자를 수용했다.

57 푸르케·뮈라르, 『부문별 정신의학의 역사』(F. Fourquet·L. Murard, *Histoire de la psychiatrie de secteur*, Paris: Ed. Recherches, 1980). 해당 분야 유명 인사들에 대한 인터뷰로 구성된 이 책은 책 전체의 내용이 '광기'에 초점 맞추어졌기 때문에, 본문에서 우리가 다루는 주제에 관해서는 언급되지 않고 있다. 하지만 우리는 생리의학계 거물인 시바동(Sivadon), 오잘뢰(Aujaleu), 우리(Oury)와의 인 터뷰 내용에서 ——특히 오잘뢰의 경우에서——, 비록 결핵과 관련된 내용 뿐이긴 하지만 무언가를 확 인할 수 있다. 즉 결핵은 검진과 예방이라는 측면으로 인해 부득불 최초의 의학 세분화 양상을 야기했 다는 것이다.

이상에서와 같이 불구자에 대한 의학적 시선은 임상의사의 시선이기보다는 보호를 가장한 통제적 시선에, 치료적이기보다는 교육적인 것에 가깝게 형성되었다. 의학적 시선이 병든 신체와 맺고 있는 관계는 치료를 주목적으로 하지 않는다는 단순한 이유에서 동일한 관계라 할 수 없다. 더구나 여기에는 정신의학분야와는 달리, 허황된 환영이란 존재하지 않는다. 즉 휠체어에 의지하거나, 목발이나 보철기구를 단 남성 혹은 여성은 눈에 보이는 엄연한 현실이기 때문이다. 외과적 치료방식으로든 장기치료[58]로든, 보상하고 다시 일으켜 세우고 대체할 수는 있어도, 기형에 속하는 그 결함만큼은 없애지 못한다. 따라서 불가피하게 다시 재활교육 쪽으로 눈을 돌린다. 병든 신체는 다시 일으켜 세워야 할 대상이지 치료의 대상은 아니다. 이때부터 타인의 신체에 던져지는 시선과 차이나는 신체에 던져지는 시선의 차이가 명백해진다. 따라서 무엇보다도 먼저 질병 혹은 일상생활에 장애를 초래한 사고의 여파를 감소시켜야 했다. 이런 식으로 상당히 수월하게 (이유야 어떻든 강요된 것이라 할 수 있는) 그 영향력을 가능한 한 잘 숨길 수 있는 기술의 문제로 넘어가게 된다. 엄밀 의학의 영역에서 '생활교사'라는 훨씬 보편적인 역할로 은근슬쩍 이동한 것이다. 이때 의사는 여타 '사회복지요원들'과 최대 한도로 가까워진다.

아울러 이는 과거 유전성 질환들이 으뜸가는 위상을 점했던 경우와 매한가지다. 인간게놈을 조사하는 연구자를 제외한 나머지 모든 의사들은 의사인 동시에 사회적 고문역이라는 혼합체를 구성하게 된다.

---

58 물리치료요법, 온천요법, 작업요법 등.

양성하기

장애인에 대한 어떤 계획이자 정상화로 이해되는 재활교육이 의사의 유일한 업적은 아니다. '양성교육formation'이 그 뒤를 이어 가기 때문이다. 여기서 나는 모든 아동들의 당연한 몫이라 할 수 있는 취학에 관해서는 언급하지 않을 것인데, 우리의 관심은 우리 사회와 이 사회의 교육의지 사이의 관계를 분석하는 데 있지 않기 때문이다.[59] 하지만 양성교육은 조금 다른 사안에 해당한다. 만일 이 어휘가 모호한 방식으로 모든 교육적 행위를 지칭하는 데 사용되어 왔다면, 그것은 무엇보다도 직능에 관한 어휘, 즉 '직업훈련formation professionnelle'과 관련되어서라고 보아야 할 것이다. 실제로 생산에 요구되는 여러 필요에 부응하기 위해 그리고 기술적 변화들과 관련해, 지난 세기 사람들은 문화적 발달 및 '인간성'의 차원에서가 아니라, 생산 과정상 여러 거점에 적합한 태도와 지식 습득을 목표로 하는 교육을 개시했다. 이때부터 양성하기former라는 말은 엄밀한 의미를 갖추게 된다. 즉 어떤 형식 안에다 놓고mettre, 특정 방식으로 가공하고façonner, 정돈하고arranger, 고안해냄으로써concevoir, 한 명의 '노동자'를 실재하게 만드는 일faire exister이 그것이다. 그런데 과거 사회 재적응의 중요한 특성들 가운데 하나는 ── 유럽 주요국가들 내에서 ── 양성교육, 특히 직업훈련교육

---

59 오늘날 이탈리아의 선례가 커다란 자극제가 되고 있는 만큼, 본문이 작성될 당시 학교와 장애의 상관관계에 대한 그 같은 관점을 더 많이 전개하지 못했던 것을 유감스럽게 생각한다. 이에 다음의 의미 있는 연구들을 참조하길 권한다. 드 아나, 「이탈리아의 장애 아동에 대한 학제상 통합」(L. de Anna, "L'intégration scolaire des enfants handicapés en Italie", in Les Cahier du CTNERHI, n. 72, 10~12월호, 1996). 아울러 봉주르(P. Bonjour)와 라페르(M. Lapeyre), 『장애와 학교생활, 분화된 통합』(Handicaps et vie scolaire, l'intégration différenciée, Lyon: Chronique sociale, 1994)도 참고하길 바란다.

에 관련된 어떤 조치를 검토하고 실현하는 데 있었다.[60] 모든 '양성교육들'은 이런 식으로 생산의 세계에 적응되어 임금노동자의 역할을 수행하는 '장애인 노동자'의 창조를 그 목표로 한다. 이러한 양성교육 안에는 재활교육이라는 개념이 존재하지만, 그 계획을 자세히 들여다보면, 그것은 산업적 노동으로서의 재활교육[61]이다. 그렇기 때문에 재활교사 역할을 담당하는 의사 곁에는 몇 가지 사회적 역할이 놓인다. 가령 '심리공학자' 혹은 노동심리학자처럼 이름에서부터 그 내용이 숨김없이 드러나기도 한다. 이제 언제, 어떻게, 그리고 어떤 조건들에서 한 개인이 생산과정에 참여할 수 있고, 또 참여해야 하며, 곧 참여하게 될지, 혹은 그 상태를 유지하게 되는지를 알아보는 것이 문제된다.

대다수 사람들에게 거의 알려지지 않았던 이러한 기능은 장애인의 학습 과정상 매우 전략적인 지점들에 배치되어 왔다. 가령 오리엔테이션 과정이 이루어지는 순간이랄지, 통합의 여러 절차들 중 한 절차에 참여하는 순간 등이 그렇다. 또 다른 중요한 역할이라면, '기술 코치'의 기능을 꼽을 수 있다. 이 또한 그 명칭이 이미 많은 것을 알려준다. 이렇듯 흔히 산업적 기업에서 비롯된 표현, 즉 어떤 조직 내에서

60 분명, 또 다른 경향들도 존재한다. 네덜란드의 경우, 무엇보다도 소위 '보호작업장'이라 불리는 특수 일자리를 발전시키고 있으며, 덴마크의 경우, 무-노동을 위한 어떤 맹아가 싹트고 있기 때문이다. 한편 퀘벡에서도 장애인을 위한 전문화된 양성교육 시설을 거부하는 움직임이 일고 있다. 이와 관련한 유럽 쪽 사례들을 비교한 연구로는 『장애와 부적응 연구 조사를 위한 국립 기술센터 연구집』에 수록된 「장애와 부적응」("Handicaps et inadaptations"[연속게재 : 현 유럽사회의 장애인에 대한 연구]), n. 65~66, 1월~6월 1995)을 참조하길 바란다. 매우 완벽한 이 연구에는 탁월한 연구자들의 글뿐만 아니라, 매우 다양한 참고문헌 목록이 제공되어 있다.

61 수공업식 양성교육은 사실상 모두 사라졌다. 여가나 예술분야 양성교육 역시도 맹인을 위한 음악교육을 제외하면 존재하지 않는다.

'양성된'이라는 표현 자체가 갖는 모든 구상[62]은 그 회사에 꼭 들어맞도록 시행되며, 한편 '기술 코치'라는 개념은 부르디외P. Bourdieu와 파스롱J. Passeron의 연구 이래로 대중화된 개념에 따라 사회적 '재생산'을 실행하기 위해 구성된다. 끝으로 이 '양성교육'의 세 번째 등장인물은 생활환경조사원이다. 갖가지 상황들(한편으로는 개인적 상황들 다른 한편으로는 법적 사회적 상황들)에 관한 충분한 정보를 갖춘 일터에서 일하는 이 생활환경조사원은 실상 '배치자-취업 알선자placeur'의 역할을 수행한다. 실제로 사회복지 분야에 몸담고 있는 이 노동자는 해당 장애인이 적합한 자리를 유지할 수 있도록 개인차를 고려해 도와줌으로써 어디가 최적의 자리인지 결정한다.

한 사회란, 마치 어떤 언어가 따라야 할 모든 문법적 규칙을 인지하며 구사되지 않듯, 그 사회의 심층적 원동력 모두를 지각하며 존속되는 것이 아니다.

언급해야 할 또 다른 등장인물이 아직 남아 있는데, 이 등장인물은 사회 재적응의 여러 분야에 따라 각각 상이한 역할을 수행한다. 다름 아닌 '특수교육교사éducateur'이다. 직업훈련 분야에서 특수교육교사가 가장 중요한 역할을 맡는 것은 아니다. 원한다면, 보충·인접·보완 등의 이름을 붙일 수 있겠지만, 어찌되었든 가장 주된 부분이라고 할

---

62 프랑스에서——다른 나라에도 이에 상당하는 기관이 있긴 하지만——기술교육에 속하는 매우 광범위한 분야가 노동부의 한 소속기관, 즉 AFPA(성인직업양성교육협회Association pour la formation professionnelle des adultes)에 의해 배분된다는 사실은 익히 알고 있을 것이다. 설령 이러한 기술양성교육이 교육부 산하 기관(혹은 그에 준하는 부서)에 관련된다 해도, 실제 양성교육프로그램 자체를 통제하는 것은 고용주들이다. 나아가 직접적이든 아니든 간에 실질적인 기업들과 연관된 사설 기술학교의 경우는 더 말할 것도 없을 것이다.

수는 없다. 게다가 수많은 사회 재적응 및 직업훈련 시설이 별도로 특수교육교사들을 필요로 하는 것도 아니다. 그런데도 특수교육교사가 등장한다는 사실은 무엇보다도 사회 및 직장사회에의 적응에 있어 위반보다는 기여의 역할이 그에게 요청되기 때문일 것이다.

그런데 다른 분야, 즉 아동에 관한 분야, 특히 부적응아와 관련된 분야에서, 특수교육교사는 정반대로 매우 주요한 역할을 담당한다. 이러한 사실은 사회 재적응과 직능상 재적응에 있어서 사전단계 및 준비단계가 관련되기 때문으로 이해된다. 이때 특수교육교사들은 주동자, 나아가 거의 유일한 행위자가 된다. 하지만 이들에게도 역시 재통합의 행위가 요구된다. 이러한 상황은 종종 정말로 많은 위기와 긴장관계를 초래할 수 있는데, 왜냐하면 관점에 따라 또 선택과목에 따라 그들은 무엇보다도 자신의 실습생들이 보이는 차이에 민감할 뿐 아니라, '…에 적합하게 양성하고', '…을 위해 특수교육을 시행'하려는 이 사회적 기능 안에서 어떤 불편한 감정마저 느끼기 때문이다. 여기서 우리는 이 시스템에 내재한 여러 모순점들을 발견하게 되지만, 동시에 이 시스템이 추구하는 지배적 노선도 발견할 수 있다. 사람들은 수없이 많은 직업 양성의 단계마다 여러 개인 및 특수성의 사례를 감안하는 친절한 봉사자가 되도록 독려하면서 수많은 '특수교육교사들'을 배출하지만, 실상 사회적 차원에서는 이들에게서 사회의 규범으로 귀결되는 어떤 행동을 기대하는 것이다. 양성교육, 채용, 근무조건, 특수교육교사의 임금 수준, 이 모든 것들이 그들을 사회 재적응이라는 비통한 갈래길 앞에 세워 놓는다. 그들은 기성의 규범들 안에 차이를 재배치시키기 위해 차이를 찾아내고 이해해야 하는 것이다. 이러한 번민에 피로감을 느낀 특수교육교사들은 종종 중도 포기도 하지만, 한편에서는 이 같은 장애물을 넘어 심리 상담이나 여러 사회복지 관련 시설의 수장이 되기도 한다.

우리는 장애 입은 자들을 '양성하려는' 의지, 다시 말해 그들을 생산에 적합하도록 끼워 맞추려는 의지를 부정함으로써 어떤 증명을 시도해 볼 수 있다. 잘 알고 있다시피, 소위 '보호작업장travail protégé'이라 불리는 방식이 있다. 다시 말해 이 보호작업장은 ── 진로지도원orienteur 혹은 직업인 양성가formateur의 견해에 따라 ── 기업에 입사할 수도 없고, 그곳에 접근하려면 꼭 거쳐야 하는 어떤 직업훈련과정을 시도조차 할 수 없는 사람이 생산의 주기, 유형, 조건 등의 수준이 대폭 낮추어 적용된 특수 작업장 내 산업 노동을 제안받고 이를 지원하는 경우를 뜻한다(이는 정신박약자 상당수가 겪고 있는 문제이기도 하다). 일종의 노동 수용소적 공간(평생을 이곳에 머물러야 한다는 점에서)이라 할 수 있는 이 '보호작업장'은 산업현장에 통합될 수 없는 불가능성을 의미한다. 이는 곧 사회적 욕망 전체가 급여생활자를 목표에 두고 있다는 방증이기도 하다. 다른 면에서 보자면, 소위 '보호받는protégé' 이 작은 울타리에서는 기업의 찌푸린 표정 앞에서도 꽤 그럴싸하게 흉내 내며 일할 수 있지만, 다만 그 형태는 정상 기업들의 하청 형식으로만 존속된다. 이런 상황이 나쁜 측면들 중에서도 가장 사소한 편에 속하네 마네, 가타부타 말하려는 것이 아니다. 나는 단지 사회적으로 산업현장 하부에 놓인 열악한 형태가 무엇인지 이야기했을 뿐이다. 이러한 현실을 고백조로 말하는 것이 진부해 보이겠지만, 그럼에도 그것이 여전히 어떤 통합의 방식을 의미한다는 점만큼은 부인할 수 없다. 우리는 이 안에서 어떤 배제를 확인할 수 있다. 그리고 오히려 나는 이것들을 완전한 통합에 이르려 했으나 무산된 형식들로 간주하고자 한다. 왜냐하면 이 담론에서 사람들은 이렇게 말하기 때문이다. 즉 보호작업장 형식은 다른 모든 방식들이 불가능하다고 판명될 때, 일종의 노동 조건과 유사하게 나타나는 방식이라고 말이다.

이처럼 배제는 내포의 이면에 불과하다. 왜냐하면 이러한 내포는 목표를 설정하기 때문이다. 역설적이게도 바로 이 지점에서 '양성교육'이 그 절정에 위치한다고도 말할 수 있을 것이다. 관련된 사람들 모두가 각자에게 부여된 생산성이라는 과업에 온통 얽매여 있기 때문이다. 그리고 나는 바로 이 지점에서 이 구조들 내부에서 직업훈련교육이 전개되지 않았던 이유를 발견하게 된다. 직업훈련교육은 인간을 그 임무에 적응시키기 위하여 시행된다. 만일 이러한 교육 과정 없이도 적응된다면, 훨씬 더 '성공적'일 것이다. 하지만 장애인의 문제는 시민들을 대상으로 사회가 추진하려 했던 '양성교육'의 그 정확한 의미와 방향을 분명한 방식으로 폭로한다. 게다가 이를 위반하는 자라면 그 누구든 비참한 상황에 처할 위험을 감수해야 한다. 신체상 정신상 차이나는 자에게조차 생산의 임무를 다할 때에만 자리가 주어질 테니 말이다.

지금 여기서 주장하는 바는 산업현장 분야에서 벌어지는 장애인에 대한 거부를 언급한 앞선 내용과 모순되지 않는다. 왜냐하면 여기에도 어떤 긴장상태, 어떤 모순이 존재하기 때문이다. 보호작업장은 평범한 작업장으로의 편입과 격리 사이에 놓인 그 중간적 특징으로 인해, 예상되는 치료적·교육적 '우회로détour'가 '귀로 없음sans retour'으로 바뀌고 마는 상황을 그 무엇보다도 먼저 예시해 준다. 우리는 통합을 원하지만, 통합의 제스처는 성공할 수 없으며, 그들은 어떤 경계적 상태에 남아 있다.[63]

뒤얽힌 도식들 그리고 분할 원칙들

나는 이제껏 묘사의 차원을 넘어서지 않았다. 전시의 콘텐츠를 진열하는 데 더 많은 비중을 두어야만 했기 때문이다. 아울러 밝혀두건대, 애초에 공들여 만들어진 전시를 나는 그저 펼쳤을 뿐이다. 왜냐하면 다큐멘터리 사진처럼 어느 한 장면만 문제되는 것이 아니었기 때문이다. 나는 어떤 인류학적 제스처 안에서 우리의 현대 서구사회가 불구성을 마주했을 때, 어떤 일이 있었는지 확인하고자 노력했다. 이렇게 함으로써 나는 '장애인들의 상황'을 밝혀내는 동시에, 이 사회를 ─제한적이긴 하지만 매우 '전형적인' 예시에 기반해 ─ 이해하려 한 것이다. 사실 이런 작업방식은 우리와 동떨어진 시대들을 대상으로 하는 작업보다도 훨씬 어려운 일이다. 왜냐하면 우리가 참여하고 있는 공간 내부에서 일어나는 일을 이해하는 것이야말로 더없이 어려운 일이기 때

---

63 '우회로'라는 어휘는 레노(Ph. Reynaud)가 1983년 『에스프리』지에 기고한 글에서 빌려온 용어이다. 레노는 민주주의적 차원에서 비네(Binet)와 시몽(Simon) 식의 계획 및 특수교육방식을 동시에 재건하고자 한다. 분명 레노가 논증을 통해 내게 요청하고 있는 것을 모르는 바 아니지만, 나는 이러한 우회로들에 종종 귀로가 없는 경우도 있다는 사실을 간과해 가면서까지, 중도에 단정 짓지는 않으려 한다. 설령 그가 말하는 우회로가 정상적 노정으로 다시 되돌아오기 위한 길이라는 점이 분명하다 해도 말이다. 내가 보기엔 대개가 상당히 지난할 뿐 아니라 더러는 출구가 없어 보이는 이 우회로들이야말로 오히려 로버트 머피가 장애인들이 처한 현대의 조건으로 간주하고 있는 것, 즉 영속적 경계상황인 문턱상황의 전형처럼 여겨졌기 때문이다. 이와 관련해서는 머피의 책, 『잃어버린 몸으로 살아가기』(Vivre à corps perdu, Paris: Plon, 1990)를 참조할 것.

문이다. 이 극복할 수 없는 역사적 조건으로 말미암아 어떤 이들은 자신이 속한 사회에 대한 분석을 포기하기도 한다. 통상 이는 역사학자는 물론이고 민속학자가 보이는 태도이기도 하다. 반면 사회학자는 대개 현재에 대한 조사를 더 많이 시도한다. 어쩌면 '유의미한' 시스템들에 대한 최종 판독자라 할 수 있는 사회학자는 이런 식의 대담한 모험에 있어서 아직까지는 그럭저럭 괜찮은 위치에 놓인 것인지도 모르겠다. 이제 그 내기가 받아들여질 차례가 되었다. 물론 부분적일지라도 말이다. 나는 이 모험이 사회를 총체성이라는 개념으로 포착하지 않으면서도, 좁은 문을 통해 은밀하게 사회와 잇닿는 이중의 장점이 있으며, 이는 장애의 문제를 다룸으로써 가능하다고 믿고 있다. 이렇듯 '장애'의 문제는 어찌 보면 발굴과정에 우연히 발견된 도자기 조각 같은 것이어서, 그 자취를 남긴 문화에 관한 수많은 증거들의 열람을 허락해 준다. 은유의 차원을 조금 옮겨 보자면, 이는 협곡 전체가 내려다 보이는 가장 가파른 절벽에서의 조망이자 육상선수의 자질을 가늠케 하는 장애물이요, 혹은 현재의 날씨를 알리는 저기압 상태 같은 것이라 하겠다.

이렇듯 우리는 그 작은 조각에서 출발해 우리가 속한 문화를 재구성해 볼 수 있는 순간에 이르렀다. 우선 '자선'의 도식이라는 유산이 우리에게 주어졌다. 이것은 19세기가 물려준 유산일 뿐 아니라, 훨씬 멀리 거슬러 올라가면 모든 기독교 전통의 과거로부터 기원한 것이다. 어쩌면 기나긴 세월 동안 조금도 동일한 방식으로 작동된 바 없는 '자선'의 역사를 재구성해 볼 수도 있을 것이다(분명 랄르망Lallemand의 저서만으로는 충분한 것 같지 않다). 이론의 여지없이 여러 시설의 창설은 초기에는 이전 연구자들도 확인했던바, 어떤 '선행'의 성격을 지니고 있었다. 이 같은 사실은 여러 지점에서 그렇게 비추어질 수 있다. 우선은 모든 선행이 기부·모금·유증 등의 수단에 호소하는 어떤 자선적 의지에서 시작되었다는 점, 그리고 이 모든 선행들이 동정과 죄책감이라는 개인적 감정에 기대어 있었다는 점, 그리고 나중에 가서는 이 모든 선행이 공권력과 정부 권력에 —— 존엄성을 주장해야 하는 여러 요구가 제기될 때조차 —— 복종하는 태도, 나아가 권력에 협력하고 또 타협적인 태도를 취하기도 했던 점에서 그렇다. 물론 이러한 특징들은 자선활동을 지배하고 있던 대리·보상·만회라는 개념과 매우 밀접하게 관련된다. 나아가 만물의 평등에 대한 열망이라고는 거의 없었던 구호라는 개념 역시 여전히 사람들의 정신 속에 자리 잡고 있었다. 끝으로 어떤 위대한 의지주의라 할 만한 것이 유행하기도 했다. 무엇보다도 의지, 즉 '과거에 할 수 있던 모든 것을 해내려는' 의지, 건강한 자들과 경쟁할 수 있는 열정을 지피려는 의지, 결코 포기하지 않으려는 의지…, 끝내 결코 굽히거나 절망하지 않으려는 의지 등이 요구되었다. 새로 탄생한 수많은 시설도 내면의 힘, 이 같은 의지의 권능에 호소했다. 여러 행동양식들 중에서도 으뜸가는 이 의지는 수많은 시설과 제도가 수립되던 이 시기에 왕의 지위를 누리기도 했다. 의지에의 이 같은 호소는 —— 실상은 덜 좋은 장애인과 '나쁜' 장애인으로부터 '좋은' 장애인을 분리시키려는 의지에 불과한 —— 과거가 물려준 자선의 도식과 상당히 밀접하게 연관된다. 한편 구호는 마땅한 것이지만, 다른 한편 어떤 '정치적 이성 비판'이 되어서는 안 될 일이었다. 여기서 자선과 관련해 훨씬 더 눈에 띄지 않았던 한 가지 요소를 추가하도록 하자. 역사상 기독교주의는 자선이라는 가치를 보편적인 것으로 승격시켰다(본질적으로 자선이란 하느님에게서 비롯된 것이고, 또 하느님에 속한 것이므로[64]). 우리가 자선의 개념을 신학적 방식이 아닌 사회학적 차원에서 이해할 때조차 자선은 지고의 가치로, 그 즉시 치료의 개념으로, 언제나 적절하고 필수적이고 효과적인 최고의 해결책처럼 등장하곤 했다. 결국 —— 또 한 번 축소되었지만, 이데올로기적으로는 확장된 —— 자선은 단순히 필수 불가결한 것이 아니라, 충분한 것으로 이해되었다.

하지만 이 본래의 도식은 다른 도식들과 대결해야만 했고, 이전의 가치를 잃고 말았다. 당위라는 이념, 사회를 보수해야 한다는 이념, 분배의 정의라는 이념 등이 출현했기 때문이다. 나는 이 점을 전쟁희생자와 노동 현장의 재해자를 다루며 언급한 바 있다. 마찬가지로 불구성의 영역에서 이 같은 관점을 견지하는 어떤 '자선적' 태도와 뒤얽힌 주장이 일찍이 그 모습을 드러내기 시작하는 현상도 살펴보았다. 윤리적이고 나아가 정치적인 보편 개념들이 상충하는가 하면, 또 팽팽히 맞서고 있다. 수세기 동안 윤리적·사회적 질서를 정초해 온 자선이라는 개념은 오랜 기간 지속되었지만, 이제는 또 다른 개념들과 복잡하게 뒤얽혀 있는 실정이다. 착취당한 계급들의 투쟁에서든, 경제적·기술적 발달(정상적인 것들로의 동화라는 이념)에서 비롯되었든 간에 또 다른 이념들도 등장했으니 말이다. 자선이라는 개념이 지속되는 한,

---

64 스티케, 『조각난 문화, 탄생해야 할 문화』(H.-J. Stiker, *Culture brisée, culture à naître*, Paris: Aubier, 1979), p. 76 이하.

자선은 일련의 실제, 즉 자선적 태도에의 호소, 주어진 사명에 임하는 거의 영적이라 할 만한 헌신, 여러 공권력과의 대립이 야기한 두려움 등과 같은 현실의 상황들을 불가피하게 야기할 수밖에 없다. 여러 재적응 시설들에서 그 어떠한 가난의 형태와도 직접 교류할 이유가 없는 부서에서 일하는 노동자를 떠올려 보라. 그는 결국 한 명의 직업인이기 이전에 흡사 '전도사'와도 같은 모습, 월급 받는 임금노동자이기 이전에 고결한 자의 모습으로 비춰진다. 그는 무엇보다도 소명의식이 강조된 일종의 세속 수도자가 된 것이다. 때문에 당연하게도 이 사회복지요원 집단은 그 자체로 어떤 (시민들의 중개자라는) '자비로운' 관점에서 이해되어 온 공권력 앞에서, 그리고 그 어떤 비판적 견지에서도 경제적 혹은 이데올로기적 이해관계의 조작자로 간주된 적 없는 공적 권능 앞에서 자신들의 권리를 주장할 수 없었다. 이처럼 시설은 취약한 재정지원, 매우 느슨한 공조체계, 그리고 최소한의 합리성에 그저 만족해야만 했다. 이러한 경향은 재정적 시스템, 효율적이고 조직적인 방식으로 조화를 이끌어 내지 못한 지도부의 무능함,[65] 엄정하지 못한 시설 운영방식, 오직 정신적 측면만을 기준 삼는 직원 모집 절차 등은 물론, 재적응의 지형도 전체에까지도 영향을 미쳤다.

하지만 자선의 관념은 새롭게 등장한 여러 도식들에 의해 맹렬한 공격을 받았기 때문에, 몇몇 사회 재적응 시설들은 여러 사회조직(조합들, 질병보험기금, 사회운동단체들 등)의 수중에 넘어가게 되었다. 이

---

65 프랑스에서 벌어진 1975년 법의 준비과정이 그 '전형적인 사례'다. 시설들 각각을 어느 정도 염두에 뒀지만, 공동 전선을 구축할 만한 어떤 집단적 과제가 존재하지 않았기 때문이다. 물론 (약칭FAGERH라는 이름의 연합단체가 주최한) 대회가 하나 열리긴 했으나 … 이미 법안이 채택된 이후(!)였다.

같은 상황은 상당히 뒤늦게, 그러니까 제2차 세계대전 이후에 일어난다. 하지만 그 이전부터 권리와 연대의 요구에 기초해 생겨난 보다 집단적인 시각은 자선의 도식이 갖는 여러 한계들을 그저 일시적으로 얼버무리기 위해 출현했다고 봐도 무방하다.[66] 그런데 사회 재적응이 탄생하면서 이러한 자선의 도식에 — 이미 상당히 온건해졌음에도 — 자유주의에서 유래한 여러 관념들이 덧붙여진다. 물론 자유주의적 부르주아 계급과 사회 재적응 사이의 결탁은 그렇게 간단하지도 그렇게 기계적이지도 않다. 자유주의적 요소들은 시스템 속에 들어가 시스템 구축에 기여할 뿐 아니라, 결과적으로는 그 시스템을 창조하고, 그곳에 머물기 위해 수정되기도 하기 때문이다. 그런데 이러한 지적은 상당히 일반적인 가치를 내포하고 있다. 즉 어떤 사유 체계 및 행동 체계의 위상이 정해질 때면, 해당 시스템은 이전의 다양한 요소들을 자신의 것으로 동화시킬 뿐, 손대지 않고 그대로 내버려 두는 법이 없기 때문이다. 이러한 측면을 강조하는 까닭은 단순히 분석의 뉘앙스를 달리하려는 요행수가 아니다. 오히려 시스템을 만들어 내는 것, 그리고 그 시스템이 어떤 방식으로, 또 어떤 조건들에서 탄생하는지 보여 주기 위함이다.

그런데 사회 재적응 시스템 내에 스며든 자유주의적 요소는 내가 소위 인위적인 것의 자연주의라고 부르는 것과 상당히 유사해 보인다.

---

66 우리는 이러한 사항과 관련하여, 초기부터 정치적 색채를 내비친 재적응 시설의 선구자라 할 수 있는 로베르 뷔롱(Robert Buron)에게서 어떤 증거를 확인할 수 있을 것이다. 과거 그 자신이 베르크-플라주의 환자였던 뷔롱은 정치가로서의 경력을 쌓았다. 그의 책 『인생이 좋아서』(*Par goût de la vie*, Paris: Éd. de Cerf, 1973)의 앞부분을 참조할 것.

자유주의란 그 근본부터가 개인 주도의 자발적 놀이에서 출발해 사회 조화나 경제 발전을 기대하는 데 그친다는 점은 굳이 상기할 필요가 없을 것이다. 또한 우리는 이러한 자유주의가 계획경제 및 권위주의의 개입이라는 강력한 요구들에 놀라울 정도로 잘 적응해 왔다는 사실도 익히 알고 있다. 이해들을 조정하면서 얻은 신뢰와 기존 이해관계의 불균형을 막으려는 의지주의라는 이중의 무기를 보유한 자유주의는 처음에는 새로운 이해들의 출현을 방조하다가, 그대로 커져 가게끔 내버려 두더니, 결국에는 기성 시스템에 종속시키는 방식을 통해, 새로운 이해관계들을 자신의 것으로 놀라우리만치 잘 동화시켜 왔다. 고로 사회 재적응의 출현은 자유주의의 전형이라 하겠다. 구호해야 한다는 필연성에서 출발해, 필요하다면 수많은 특수화된 수단들을 동원한 19세기적 유산인 이 자유주의는 확신으로 가득 차 있었기 때문이다. 사회 재적응이 몰고 온 여러 방식들은 치료적이고 재통합적인 형태였다. 달리 말하면, 사회 재적응은 무엇보다도 불구성을 야기했던 사회적·경제적 원인과 조건들에는 조금도 관심을 기울이지 않았을 뿐 아니라, 사회의 합목적성들도 문제삼지 않았던 것이다. 사회 재적응에서 나타나는 자연주의는 온갖 종류의 쇠약의 양상들을 '우연적 사고accident'라는 이미지하에서 사유하게끔 한다. 즉 누군가 부주의하게 사다리에서 떨어졌을 경우, 아무도 문제되지 않는다는 식이다. 그럼 이 개념을 사회의 차원으로 다시 옮겨 보자. 질병들이 발생하듯 사고들도 발생한다. 이런 일은 늘 일어나며, 그것도 불가피하게 발생한다. 해서 치료하고 사회로의 복귀가 필요해지지만, 그 일의 발생을 예방하는 것과는 전혀 관련이 없다. 마찬가지로 이런 일이 발생한 곳으로 되돌아가는 것과도 무관하다. 사회 재적응에 관련된 선구자들 모두가 ─지난 세기의 거장들이 인정한 여러 위대한 사회적·경제적 분석들에도 불구하고 ─사회와 관련해 이런 식의 새로운 자연주의적 태도를 받아들였다. 질병과 불구성 앞에서 치료하고 회복시키고 보상해 줄 뿐, 결코 피할 수 없다는 믿음은 강화시킴으로써, 자유주의적 사회는 기술사회의 위험(노동, 전쟁, 속도 등)에서 비롯된 수많은 사고 앞에서 우리 모두가 아무것도 할 수 없다는 현실을 그대로 받아들이게 한다. 자유주의 사회 최고의 기술은 기껏해야 여러 경제적 조처로 인해 희생된 자에게 예전과 똑같이 그리고 다른 사람들과 똑같이 이 사회로 복귀해 다시 참여하도록 종용하는 것이었다. 재원의 문제는 이 과정에서 빠지지 않고 등장한다. 즉 자유주의는 이 재정적 수단에서 이끌어낼 수 있는 이점(기존질서의 불가침성)이 무엇인지 이해하자마자, 엄청나게 퍼 주기를 시작했고 또 장려했다. 이와 관련해 매우 구체적인 한 가지 예를 살펴보자. 가령 의학이 몇몇 질병들(여기서도 자유주의는 간접적 방식이긴 해도 뭐랄까 예방적 성격을 띤다)을 감소시키고, 나아가 완전히 퇴치했던 일이 그렇다. 특히 결핵 ─ 양차 대전 사이의 기간 동안, 그리고 50년대 말까지도 엄청난 걱정거리였던 ─이나 1962년 이래로 실시된 백신접종을 통해 극복된 소아마비 같은 질병이 대표적이다. 이 같은 감소 현상이 진행되는 동안, 한편에서는 노동 현장 및 교통사고 혹은 삶의 조건들로 심화된 신경쇠약 증상 및 정신질환으로 말미암아 또 다른 유형의 질환들이 확산되었다. 이때 사람들은 어떤 방법을 취했을까? 과거의 '요양원들'은 기능적(혹은 직능적) 재활교육센터로 탈바꿈하고, 정신병원들은 넘쳐나 그 수가 엄청나게 증가했다. 새롭게 생겨난 여러 유형의 장애인 집단을 향한 어떤 조급함이 생겨난다. 사람들은 새로운 시설, 혹은 적절한 치료법의 배치를 가속화한다. 하지만 예방 정책은 발표되지 않고, 생활방식과 관련된 여러 결정(예를 들어 자동차와 같은)도 검토되지 않는다. 사회 재적응 시설들은 그 수만큼이나 다양한 장애들이 마치 어떤 불가피한 한 가지 특징만 가진 것처럼 행동한다. 산업사회의 인위적 측면, 그리고 생산하고, 소비하고, 판매하는 이 사회가 발휘하는 방식과 능력 모두가 위험을 무릅쓰지 않으면 결코 변화를 주장할 수 없다는 듯, 짐짓 '자연스럽고', 당연하다는 태도를 취한다. 산업적 자유주의 '구성' 전체는 아낌없이 퍼 주기 위해 안정과 건강과 행복 등에 대해 상식의 후예답게 가장 자연스러운 것을 표방한다. 그러므로 그 조건들 ─ 신체적으로나 정신적으로나 훨씬 더 온전한 상태를 위해서는 감수해야 할 극도의 위험들인 ─ 역시 자연스러운 것으로 제시된다.

하지만 사회 재적응을 직조해 낸 자유주의는 이런 인위적인 것의 자유주의에 그치지 않는다. 자유주의는 기술의 발전을 통해 강력한 수단들을 확보하기 때문이다. 따라서 질병 혹은 사고 후유증 등과 맞서게 된다. 이러한 점에서 보자면, 자유주의에서 나타나는 자연주의란 고대인들이 말한 '숙명fatum'이 아니다. 사고가 불시에 닥치는 일이 불가피하다는 것은 분명 발달된 사회의 '자연적' 질서에 속하는 문제지만, 사고의 여파가 그 상태로 고스란히 남는 일이 불가피하다는 것은 바로 사회의 기술적 차원에 해당하는 문제이기 때문이다. 이처럼 자유주의는 자신의 토대와 그 토대의 수립에 있어 확고부동한 것으로 출현한다. 즉 자유주의는 진화와 정복의 여러 가능성에서 변화와 진보라는 옷을 갈아입고 나타난다. 이 이중의 배역을 연기하면서, 자유주의는 스스로에게 어떤 놀라운 영속성을 조달한다. 장애는 피할 수 없지만, 사람들은 언제나 더 나은 상태로 보상하게 될 것이다. 삭제와 망각과 복원의 과학이 존재하게 되었으니 말이다.

자유주의에 관한 ──이제껏 언급되지 않았던── 이 담론은 사회재적응 관련 설립자들 및 여러 재단으로부터 있는 그대로 인정받지 못하고 있다. 하지만 알다시피 어떤 담론이 실제에 적용될 목적으로 명시적으로 채택될 필요는 없다. 여기서 잠시 나의 논제를 위해 내가 말한 여러 설립자 및 재단이 내세운 담론들이 때마다 침묵으로 대신했던 몇 가지 예들을 들어 볼까 한다. 양차 세계대전 사이 20여 년의 기간 동안, 불구자가 겪어야 했던 괴로움, 질병과 장애를 개인 차원에서 견디고 감수해야 했던 일상, 수많은 가정이 겪은 비극적 참상, 극복을 위해 한 인간 존재가 갖춰야만 했던 개인적 역량 등…에 관한 텍스트들은 수백, 수천에 달한다. 그런데 나는 그중 그 어느 텍스트에서도 특정 사회 유형 내에서 불구성의 뿌리에 해당하는 문제를 제기하는 텍스트, 달리 말하자면, 예지적 판단을 도모하는 텍스트, 즉 몇몇 장애의 발생에서 불가피하게 나타나는 특징으로부터 어떤 예측적 징후/편견pré-jugé을 발견하려는 그 어떠한 텍스트도 찾아 볼 수 없었다.

자선이라는 개념 ──자유주의적이고 부르주아적인 비전과 뒤섞이는 바람에 부적절하게 되어 버린── 이 여전히 존속되는 현상황에 대한 우리의 이 간략한 분석이 일종의 근본적이고 선험적인 도식들을 구성할 수 있으리라 생각한다면, 큰 착오일지 모른다. 나는 그저 사회 재적응 개념에 담긴 이중의 역사적 기원을 탐지했을 뿐이다. 그럼에도 불구하고 이런 식으로 공유되어 온 비전 앞에, 즉 아주 멀리서부터 사회적 계급 혹은 사회적 계층을 초월해 얻어진 문화적 도식 앞에, 우리 자신이 있음을 직시할 필요가 있다. 내가 여기서 자선을 통해 가리킨 바를 작동시키는 것은 여러 만회 수단을 통한 보상이라는 관념이다. 그런데 이 보상이라는 관념은 이제껏 문제설정을 근본적으로 바꿔야 한다는 그 누구의 주장도 본 적 없을 만큼 자명한 것으로 여겨져 왔다. 실상 장애인들이 '건강한 자들'은 물론 '다른 이들'과도 '동등하게 꾸며지기' 위해서는 오직 재정적 수단만이 문제된다. 고로 좁은 의미에서의 자선이라는 개념과 내가 본서에서 말하는 확장된 의미로서의 자선의 개념을 구별 짓는 일은 일종의 전략이라 하겠다. 즉 전자를 지지하는 사람들은 공권력과 대립하길 원치 않으며, 주로 개인들의 '선한 마음'의 본질적인 부분을 기대한다. 반면 후자를 지지하는 사람들은 여러 구조적 불평등의 사례를 인지하고, 집단적 차원의 대책을 요구한다. 하지만 이 두 가지 경우 모두, 뒤처진 자들과 앞선 자들 사이의 거리를 줄여 나가는 것이 문제이다. 가령 본래부터 차이가 있는 사회는 문제되지 않는다. 여기서 정신적으로 가장 보편화되고, 많이 공유되어 온 내용이 다시 한 번 확인된다. 다시-통합하기ré-intégrer라는 말을 풀어 보자면, 이는 곧 동화시키기assimiler라는 뜻으로, 이를 위해서는 '장애를 극복하기'에 적합한 여러 단계들을, 핸디캡-장애가 부여된 자 handicapé라는 개념의 기원을 이루는 경마 분야에서의 바로 그 의미에 따라 제공하는 것을 의미한다.

장애에 담긴 이런 식의 불가피하고, 불확실하고, 자연적인 특성과 결부된 자유주의적 관념의 경우, 어떤 사회계급에 속하는 것처럼 보일 수 있다. 하지만 장애를, 적어도 몇몇 장애를, 혹은 장애가 초래하는 불이익들을 사회와 결부짓는 모든 특성들 자체가 일종의 사회학적 자연주의를 만들어 낸다는 점을 지적해 두는 것이 적절할 것 같다. 다시 말해 장애에 대해 '장애를 부여하는 특성'을 생산하는 것은 바로 사회이다. 하지만 이것 역시 이런 보편성의 차원에서나 겨우 이론의 여지를 따져볼 수 있을 뿐, 사람들이 거들떠볼 만한 것은 몇 가지 측면에 불과하다. 하지만 오늘날 우리 사회가 산업 말고 다른 것, 경제적 팽창 말고 다른 것, 여러 사회 계급으로 분화되는 것 말고 다른 것, 생산[67] 말고 다른 것, 고로 장애를 양산하는 일 이외에 다른 것은 되지 않으려 한다는 사실은 모두가 인정하는 바이다. 또 어떤 이들은 가령 자유주의적이고 자본주의적인 사유로 조직된 사회와는 다른 어떤 사회를 표방하는 것도 사실이다. 이러한 견지에서 우리는 장애를 '사회의 운명'으로 만들어 내지 못한 셈이다. 반대되는 논증이 있을지 모르지만, 사람들은 자유주의적 부르주아 계급 원칙이 지배하지 않는 나라들에서 장애의 사회적 원인들에 어떤 유의미한 감소현상이 있을 거라 생각하지 않는다. 마찬가지로 이러한 문화적 구역들 안에서 어떤 '비사회학적인' 사유가 장애와 관련해 전개되는지 살피려 들지도 않는다. 그리고 말 그대로 어떤 역사적인 사유 ─ 가령 마르크스주의 같은 ─ 를 신-자연주의, 나아가 자유주의와 똑같은 어떤 형식으로 귀착시키려는 어설프기 짝이 없는 시도 앞에서 경악을 금할 수 없을지 모른다. 사실 이는 나의

---

67 우리는 생산 개념이 마르크스 이후의 사유에서 기본 토대가 되어 왔다는 점을 잘 알고 있지만, 이 개념 역시도 그 자체가 매우 '이데올로기적'이라 할 수 있다. 보드리야르, 『생산의 거울』(J. Baudrillard, *Le Miroir de la production*, Paris: Castermann, 1973).

본래 의도가 아니다. 나는 그저 숙명적인 불평등의 관념, 특히 나의 주제와 관련해, 차이는 사라져야만 한다는 공공질서의 이념을 어찌 그토록 몰아내지 못했던 것인지 보여 주고 싶었을 뿐이다. 그렇다면 이러한 사항들을 반대되는 추론을 통해 방금 말한 것과 관련지어 보자. 자유주의적 사유는 이데올로기적일 뿐만 아니라, 현실적 목표에 있어 진보, 그러니까 '사회적' 진보를 고려한다. 따라서 어떤 특정한 경제적 발전을 통해 불평등의 감소, 혹은 적어도 더 이상 불평등한 것으로 느껴지지 않을 어떤 조화가 나타나야만 한다. 한편 자유주의적 자연주의는 '기술'에 대한 사라지지 않는 믿음을 통해 보상되는 것처럼 보인다. 하지만 이러한 관점을 이데올로기의 예시 그 자체로 간주함으로써, 그리고 사회 발전을 또 다른 토대들에 위치시킴으로써, 결국 진보주의 사회학의 사유 ─ 특히 마르크스주의 ─ 는 바로 '진보'라는 개념을 불평등은 물론 차이들 역시도 단순화하려는 어떤 역사 개념 한 귀퉁이에 써넣었다. 나아가 특히 레닌주의에서 영감을 얻은 '좌파' 정당 같은 이 사회의 거대 세력들이 차이의 문제를 '글로벌한' ─ 흔히 받아들여지지만 도저히 알아들을 수 없는 표현인 ─ 문제로 만들기 위해, 여러 차이에서 비롯된 다양한 투쟁을 회피하고 있는 것도 그저 단순히 전략 전술상의 피상적 이유 때문만은 아니다.

고로 계급투쟁 속에 통합되지 않은 여성 투쟁은 유효하지 않다.[68] 경제 투쟁에 참여하지 않는 여느 장애인 투쟁도 인정받지 못한다. 언

---

68 알종, 『젊은 하녀로서의 여성, 허울뿐인 여성』(C. Alzon, *Femme boniche, femme poniche*, Paris: Maspero, 1973). 이 책에서 저자 알종은 본문에서 언급한 양상을 마르크스 이론의 관점에서 매우 훌륭하게 지적해 내고 있다.

제나 보편적 합의 속에 융화되어야만 하고, 작은 전투들의 주도적 전선과 합류해야만 하는 것이다. 그렇지 않을 경우, 당장에 '분파주의'라는 단어가 일탈 판결을 받은 이 행동을 벌이기 위해 등장한다.

우리는 21세기 초반, 이런 구상들을 꽤나 비웃었다. 하지만, 한편으로 보자면 우리는 그곳으로부터 왔기에 망각할 수도 없고, 다른 한편에서 보자면, 마르크스류의 분석의 퇴조로 인해 이 글을 쓰는 바로 지금도 적당히 통합적 사유라 부를 만한 것에 우리 스스로를 투사하고, 결국 무기력하게도 의기양양한 신자유주의를 받아들였다. 일각에서는 무력감의 위험성을 고발하는 자성의 목소리가 일었지만(『에스프리』와 같은 정기간행물의 여러 분석을 비롯해, 코르넬리우스 카스토리아디스Cornelius Castoriadis에서 미셸 쇼비에르Michel Chauvière에 이르기까지), 이 모두가 합창을 이루지는 못했다.

사회 재적응의 원동력인 '다른 이들과 똑같이', 나아가 '모든 이들과 똑같이'라는 구호는 결국 장애와 관련한 모든 노력들을 지탱하는, 가장 많이 공유되고 또 가장 많이 열망되던 내용이다. 어떤 이들은 이 구호를 지향점 삼아 사회 재적응에 제동을 거는 세력에 본의 아니게 득을 가져다준 무기력한 투쟁방식과 타협을 일삼았고, 또 다른 어떤 이들은 이 세력들의 알력 관계를 활용해 합리적인 행동을 취하기도 했다. 또 어떤 이들은 이 형식들 중 어느 하나를 택해 그 자체에 만족하기도 했고, 보수적이고 보호를 가장한 저 통제적 의식에 그럴듯한 알리바이를 제공하기도 했으며, 그리고 나머지는 완전한 무관심으로 일관하기도 했다. 이 같은 현실들은 이 분야에서의 구체적 실효성과 관련해 결코 간과할 수 없는 결과들을 가져올 수 있다. 하지만 나의 목적이 여기에 있지 않다는 것을 잘 알고 있을 것이다. 나는 재적응의 의지가 20세기라는 문화적 시대가 완전히 종속된 어떤 공통의 소여였음을 말하고 있기 때문이다. 또한 어느 투쟁적 사유가 그랬듯, 이원론적 태도는 전적으로 부정확하게 여겨진다. 다시 말해 장애인들의 서열에서조차 게임의 원리를 도입하는 자들은 물론이고, 공권력을 지지하는 사람들, 특히 정치권력을 지지하는 사람들은 내가 의미하는 그런 '의지'를 가진 것이 아니라, 오로지 어떤 이데올로기적 담론만을 전개하고 있는 것이다. 반면 실질적 통합이라는 확고부동한 목적을 지향하며, 다른 한편에서는 소위 배제의 사회에 대한 객관적 분석들이 나타나기도 했다. 아울러 우리 모두의 마음속에 자리 잡고 있는 것을 찾아내야만 한다. 나는 이데올로기의 여러 표현방식으로 작성된 어떤 분석의 최종적 가치를 부정하지 않는다. 다만 우리가 문화적 특성들과 역사의 단편들에서 나타나는 '에피스테메적' 휴지기들에 대한 탐색 과정에 있는 만큼, 사회의 대립항들 속에 공통된 어떤 '의지'가 숨겨져 있지 않은지 그 대립항들 자체에 질문을 던질 수밖에 없다. 이는 결코 그 대립항들을 짝 지어 서로 등 돌려 세우기 위함이 아니다. 또 이런 일은 우리의 탐색의 목표가 될 수 없다. 오히려 어떤 분위기, 여전히 은밀하게 관여하는 여러 도식들을 분간하는 것이 우리가 지향하고 있는 바다. 이제껏 이용해 온 '의지'라는 개념은 특수한 역사적 상황을 설명하는 인식론적 차원에서의 숨겨진 방향성과 그 은밀한 결정이 어떻게 실행되어 왔는지 확인하려는 우리의 논지에 정당성을 부여해 주었다. 그리고 이때 "인식론적 차원에서"라는 표현은 "과연 누가 해당 문화적 영역 내에서 이 질문의 접근방식을 통제하는가"를 뜻하기 위함이었다. 다만 자선과 자유주의적 자연주의에 관한 두 가지 도식이 통합의지와 '대규모 삭제'의 절차를 설명해 낸다고 해서 이 도식들을 동반하는 구조적 조직이 밝혀지는 것은 아니다.

'대규모 삭제'를 감행하는 이 시스템은 내가 보기엔 예전에 지배적이던 두 동위성을 대체하는 새로운 두 동위성들의 교차[69]에 근거한 듯하다. 불구성에 관한 다음의 두 가지 독법의 차원은 이전 시스템들에 대한 몇몇 대책과 평가를 구성했다. 그 첫 번째 차원은 정상적인 것과 비정상적인 것(괴물 같은 것) 사이의 현격한 대립이 동반되는 생물학적 동위성이다. 불구성은 비정상적인 것과 병리적인 것 쪽에 위치해 있었다. 정상적인 것은 비정상적인 것을 사유할 수 있게끔 해주었고, 마찬가지로 바로 이 점에서 정상적인 것의 규범적 특성(고전주의 시대)을 긍정하게끔 해주었다. 비정상성이 다양성의 묘사적 개념을 이루었던 반면, 정상은 지시적인 것과 관련된 평가의 개념 쪽으로 서서히 이행되었다.[70] 그런데 정상적인 것과 비정상적인 것에 대한 이러한 구별은 언제나 '자연적인' 것을 알아낼 수 있다는 믿음에서 자연성의 한 유형, 즉 온전성intégrité을 정의하려 했던 생물학적 시선에서 비롯된 것이다. 생물학적으로 우리는 한 인간이 포괄하는 바를 알고 있다. 즉 한 인간에게 필요한 모든 것, 다만 오직 인간에게 필요한 것을 말이다. 따라

---

69 나는 이 개념을 그레마스 기호학에서 차용했으며, 이 사실을 앞선 주해에서 명시한 바 있다. 본서 1장 「성서와 장애—신에 대한 숭배」의 정의를 참고할 것.

70 이 지점에서 캉길렘, 『정상적인 것과 병리적인 것』(Le Normal et le Pathologique, Paris: PUF, 1966). 캉길렘은 병리적인 것을 정상적인 것에서 출발해 사유해야 한다는 임의성을 밝히는 한편, 병리적인 것은 일종의 정상적인 것, 즉 '또 다른 정상적인 것'에 해당한다는 견해를 펼치고 있다(p. 135). 캉길렘은 "우리는 객관적으로, 즉 긍정적 혹은 부정적인 가치판단 없이, 여러 다양성들 혹은 여러 차이들만을 정의내릴 수 있을 뿐이다"라고 말하지만, 나는 또 다른 차원에서 바라보려 한다.

서 한 개인이 어떤 것을 덜 갖거나 혹은 더 갖는 즉시, 그는 생물학적 자연성으로부터 벗어나, 괴물적인 것의 영역에 자리하게 된다. 이렇듯 내가 말하는 이 생물학적 동위성은 온전성을 그 주된 의소[71]로 갖는다.

이러한 첫 번째 차원에 더해, 우리의 시스템에 선행하는 여러 시스템들 안에는 가치론화하거나 중요한 가치를 부여하는 데 소용되었던 종교적·윤리적 동위성이 덧붙여진다. 비정상적인 것과 괴물적인 것은 신적인 것과 악한 것의 분리를 가리켜 왔다. 이렇게 어느 한쪽에 대한 더 큰 가치부여가 다른 가치들로 상쇄되지 못할 때마다, 사람들은 비정상이라는 이유로, 또 악을 지니고 있다는 이유로, 불구자들을 말살 tuer했던 것이다. 생물학적 차원의 정상적/비정상적이라는 대립이 교차되면서 종교적 차원의 신적/악마적이라는 대립은 몇몇 행위에 대한 평가 원칙을 제공하곤 했다. 따라서 방금 언급한 범주들만이 작동하는 시스템 안에서 불구자들에 대한 물리적 제거는 도덕적으로 좋은 일이 될 수 있다.

앞서 살펴보았듯, 이 종교적 동위성은 그 자체로 불행/행복이라는 가장 기본적인 대립이 나타나는 윤리적 동위성과 교차했다. 이 경우, 비정상성은 더 이상 악과 동일시되지 않고, 불행과 동일시된다. 가령 구약성서 시스템과 같은 몇몇 시스템들은 윤리-종교적 성격을 드러냈었다. 또 다른 시스템들 ── 기독교 시대에 그 지배적 가치를 드러낸[72]

71 의소(Sème) : 최소 범주, 의미 단위. 각각의 낱말, 각각의 의미 '묶음'은 더 작은 단위들로 구성된다. 가령 '머리'(tête)라는 단어는 우월성(supériorité), 말단부(extrémité), 대표성(représentativité) 등과 같은 여러 의소를 포함한다.
72 내가 '기독교적 시스템'이라고 말하지 않은 이유는 바로 이러한 의도 때문이다. 왜냐하면 만일 어느 어느 시스템이 이른바 유대교, 혹은 이교도, 혹은 기독교라 부르는 것 안에서 존속된다 해도, 그 시스

──은 이론의 여지없이 윤리적 시스템에 해당하는 것들이었다. 그럼에도 불구하고 이 모든 시스템들은 첫 번째 동위성인 생물학적 동위성에 근거했었다. 그러나 단순히 종교적이기만 한 시스템과 달리, 윤리-종교적 시스템의 경우, 비-온전성과 비정상성은 더 이상 제거될 수 없기에, 배치된다. 다시 말해 배제와 통합이라는 특수한 형태 속에 배치되는 것이다. 윤리적 시스템을 거치면서, 비정상성은 단순히 배치되기만 하는 것이 아니라, 구호 받기도 하는 새로운 배제-통합의 형식을 이룬다.

그런데 오늘날 저 대규모 삭제 시스템 속에서는 이러한 종교적 동위성·윤리-종교적 동위성·윤리적 동위성만 삭제되는 것이 아니라, 생물학적 동위성마저 사회적 동위성에 의해 대체되는 현상을 겪는다. 내가 보기에 여기에는 이중의 대체가 발생한 듯하다. 생물학적 차원은 사회적 차원이 되고, 윤리-종교적 차원은 의학적 차원이 되었기 때문이다. 여기에는 다음과 같은 일종의 반전이 덧붙여진다. 즉 의학적 차원은 생물학적 차원을 계승하지만, 그것은 가치론적 차원에서일 뿐이고, 반면 사회적 차원은 윤리-종교적 차원을 계승하지만, 그것은 제도 설립의 차원에서뿐이기 때문이다. 이러한 이론적 소개는 구체적 대립항들을 제시하게 될 때 더욱 잘 이해될 수 있다. 나는 방금 생물학적 차원이 정상적/비정상적이라는 주요 대립항으로 포괄했다고 말했다. 그런데 내가 간파한 대립은 본질적으로 정상적/일탈적이라는 대립이었

템이 유대교적인지, 이교도적인지 혹은 기독교적인지는 확신할 수 없기 때문이다. 분할의 시스템들은 여러 종교들에 대한 분할 만큼이나 여전히 또 다른 역사를 만들어 가고 있다.

다. 즉 더 이상 생물학적인 것이 아닌 사회적 대립이란 말이다. 왜냐하면 자연성 —앞서 제시한 바와 같이— 은 더 이상 온전성이 아니라, 통합 가능한 것으로서 존재함을 뜻하기 때문이다. 이러한 온전한 것의 시스템은 통합 가능한 것의 시스템에 그 자리를 내어주고, 마찬가지로 괴물은 장애인에게 자리를 내주게 된 것이다. 조르주 캉길렘의 분석이 여전히 우리 시대에 대한 정확한 통찰을 보여 준다 할지라도, 이미 문화는 수많은 범주의 위치를 이동시키고 말았다. 그래서 실제로 우리는 생물학적으로 더 이상 병리적인 것으로부터 정상적인 것을 정확하게 표지할 수 없게 되었다. 여기에 바로 불분명함이 있다. 하지만 우리는 규범화된 것과 주변적인 것 사이에 행해지는 사회적 구별 속에서 어떤 확신을 갖게 된다. 그 결과 앞서 충분히 다루었지만, 통합 가능한 것과 통합 불가능한 것은 사방에서 온통 포위당하고…, 사회 재적응을 담당하는 의학도 정상적 개념, 병리적 개념보다도 이 같은 범주들을 더 많이 다루게 된다.

실제로 의학적 동위성은 건강한 상태/건강이 나쁜 상태(혹은 건강한/병약한)라는 대립항에 더 많이 기대어 있다. 건강이라는 개념은 정상성의 개념이 아니다. 훨씬 더 복잡하고, 어떤 도덕적 가치론을 허용하는 개념이기 때문이다. 그러므로 이제 우리는 더 이상 선과 악, 신성과 악마라는 용어 대신, 보건의sanitaire/병적인maladif 혹은 위생적인 higiénique/해로운nuisible이라는 용어를 사용한다. 건강한 것과 위험한 것이 있다. 건강이라는 개념은 의학적이지만, 윤리적 성향 또한 내포하고 있다. 그러므로 건강한 것을 추구한다면, 응당 오염된 것은 치워 버려야 한다. 아무도 불구성과 관련해 더 이상 선과 악이라는 어법을 택하지 않는다. 그 대신 모두가 하나같이 건강과 질병에 관한 어법을 취한다. 건강이 무엇인지 '알고 있고' 또 그것을 지키기 위해 거기에 자리 잡은 의학은 악이 무엇인지 알고 있으며, 나아가 악으로부터 우리를 지키는 임무를 떠맡은 과거 성직자에게나 할당되던 역할을 자임한다. 분명 건강과 질병이라는 개념하에서 의학은 정상적인 것과 병리적인 것에 대한 생물학적 구별을 여전히 유지하고 있지만, 개념들은 표류하며 또 다른 시스템으로 이끌어 간다. 다시 한 번 건강한/병약한이라는 대립항은 사회적으로는 덜 평가되는 쌍을 이루지만, 윤리적으로는 정상적/병리적이라는 항보다 훨씬 더 평가되는 쌍을 이루게 되었다. 이러한 이유에서 작동 중인 사유시스템은 점진적 변화과정을 예시하는 다음과 같은 도식으로 재현될 수 있다.

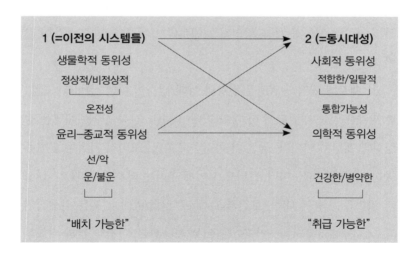

이러한 도식은 사회적 분할을 설명해 줄 수 있을 뿐만 아니라, 동시에 그 행위자들과 가치들에 대해서도 설명 가능하다. 첫 번째 유형

에 속하는 여러 시스템들 속에서 행위자는 무엇보다도 신성화된 것에 속한 인간[73]이기 때문에, 사람들은 몇몇 하부 시스템들 내에서 불구를 말살시킬 수도 있고, 그게 아니라면 이러한 불구에 어떤 범할 수 없는 자리를 부여하거나 혹은 그것을 구호하게 된다. 불구가 갖는 이러한 이타성은 너무나도 확고부동하고 또 지극히 도덕적 가치론에 입각해 있기 때문에 이타성은 인정받거나 아니면 추방된다. 한편 두 번째 유형에 속하는 시스템 —— 우리의 시스템인 —— 속에서 행위자는 이중적이다. 즉 의사와 사회적인 것에 속한 인간이 그렇다(하지만 이 둘은 종종 뒤섞인다). 그렇기 때문에 사람들은 더 이상 '장애인'을 고착시킬 수도 절멸시킬 수도 없게 된다(다만 장애인의 출생을 막을 수는 있는데, 이는 유산-낙태-중절-발육부전 등의 여러 의미를 띠는 'avortement'이라는 어휘로 표현될 수 있다). 한편 사람들은 사회적으로는 장애인을 축소시키고 정렬시킨다. 그가 지니고 있는 차이는 과소 평가되거나 제대로 평가조차 이루어지지 않는 무차별적인 지점에 놓인 채, 존재론적 차원에서도 거의 가치 없는 것이 되어, 의학화된다. 이러한 차이는 죽음 혹은 외딴 자리라는 의미를 함축할 수 있었다. 따라서 과거에 차이는 과대평가 받았다. 하지만 오늘날 차이는 '실종'을 함축하고, 또 열등한 가치를 부여받았다.

---

73 우리는 이러한 사실을 구약성서의 유대인들에게서 확인한 바 있다. 즉 제사장이 불구를 확인할 수 있고, 그 불구의 성격이 순수한지 불순한지를 결정할 수 있었다.

예고장으로서의 결론

독자들은 애초에 내가 이론화를 겨냥했다는 사실을 곧 알아차리게 될 것이다. 일화적 이야기를 소개했다면, 과연 그 같은 내용이 만들어질 수 있었을까? 설립자들에 대한 묘사를 충실히 그려내고, 또 여러 경쟁 상태를 환기시키고, 혹은 공권력이 불편한 기색을 내비치거나 과도하게 지원하는 상황들을 제시했다면, 어쩌면 사회 재적응이 창조되는 그 생생한 장면에 직접 들어가 보기에 훨씬 쉬웠을지도 —— 또 훨씬 매력적이었을지도 —— 모른다. 가령 1925년에서 1930년 사이의 베르크-플라주 전지요양원의 분위기를 생생하게 되살려 보는 일도 가능했을지 모른다. 지평선 저 끝에서 이는 모래바람을 바라보며 무료한 나날 끝에 죽음을 기다리던 그곳의 모든 결핵환자들과 온갖 부류의 '침상에 누운 환자들'을 묘사했다면 말이다. 세상 끝자락에 놓인 이 요양원 생활 속에서 장차 장관이 될 로베르 뷔롱, 마침내 주교가 될 샤퓰리, 대규모 연합조직의 설립자가 될 쉬잔 푸셰, 환자는 아니었지만 과학 강의를 하러 다녀갔던 르프렝스-렝게 등과 같은 인물들의 위대한 조우가 있었다. 고통과 고독감을 겪던 이 가톨릭 성향의 부르주아 계층으로부터, 사회 속에서 온전한 제자리를 되찾고 또 되찾게 하려는 타인을 향한 의지가 피어올랐다. 어쩌면 공적인 역할을 수행하기엔 너무나도 소심하고 또 너무나도 심한 병에 걸렸지만, 특수교육과 양성교육 덕분에 일터로의 재통합 사례의 귀감이 되는 최초의 위대한 여성 마들렌 리바르Madelaine Rivard와 같은 여인을 묘사하는 데 상당한 시간을 들일 수도 있을 것이다. 그녀 역시 현재까지도 지속되는 어느 협회를 만들었다. 베르크 요양원은 온갖 부류의 골결핵 환자들의 집합소였다. 그들은 죽지 않는 이상, 평생토록 몸에 그 흔적이 남아 있었다. 처음에는 어떤 질병의 형태로 오지만, 곧이어 불구 상태가 뒤따르고, 때로는 이 둘이 동시에 나타나곤 했다. 이 점에서 베르크 요양원의 환자들은 여러모로 전형적이라고 할 수 있다. 그들은 우선 마땅한 치료법이 없던 탓에 폐결핵 형태로 한 세기 내내 공포의 대상이 되고, 또 일상생활에 장애를 초래하는 몹쓸 병에 걸린 결핵환자들이었다. 게다가 귀족적 고결함이라곤 찾아 볼 수 없는 이 결핵은 전쟁으로 인한 상처와 유사하다는 점에서 어떤 상징체계를 담당했다. 즉 결핵은 상징적이라 할 수 있는데, 왜냐하면 사람들은 100년 주기로 창궐해 어찌 손 쓸 수도 없게 만드는 결핵이라는 질병에 악마적 함의를 농축시켜 놓았기 때문이다. 가령 14, 15세기의 페스트, 16세기의 매독, 17, 19세기의 전염병들, 19세기의 폐병 및 '낭만주의 시기의' 열병들과 마찬가지로 말이다. 또 다른 측면에서도 결핵은 상징적이라 할 수 있는데, 그 이유는 생활 조건들과 노동 조건들에 의해서도 좌우되었기 때문이다. 결핵은 종종 운명, 시련, '불행', 그리고 동시에 가난, 직업적 위험이나 집단적 책임의 동의어가 되어 갔다. 목소리를 높였던 이 결핵환자들은 고유의 육체적·정신적 능력 이외에도, 종교적 신념과 부르주아 계급에의 소속감 이외에도, 이러한 상징자본을 가지고 있었던 것이다. 따라서 1920년대 베르크 요양원 환경을 연구한다는 것은 곧 내가 언급했던 자선, 자유주의, 의지주의 그리고 기성질서에 대한 저항과 복종 ─ 다만 전국적 연대를 다시 일으켜 세우겠다는 의식에서 어느 정도는 상이군인들을 대했던 방식과 유사한 방식으로 전개된 ─ 등의 혼합물인 '뒤얽힌 도식들'을 재발견하는 일이 될 것이다.

이상에서처럼 보다 결정적인 쟁점들을 제시하면서 어떤 일화를 간략히 소개하는 것이 얼마나 양립 불가능한 일인지 확인할 수 있다. 그렇지 않았다면, 나는 또 한 권의 책 전체를 오로지 현대시기에 할애해야 했을지 모른다.

마찬가지로 나는 1914년 전쟁 이래로 사회 재적응 시설들에 대한 자세한 지원과 그 유래를 제시할 수도 있었다. 예를 들어 도르도뉴 지방 클레르비브르Clairvivre에 위치한 대규모 집단촌의 탄생에 관한 연구는 흥미로운 일일 수 있다. 독창적이고 외고집이었던 알베르 델쉭Albert Delsuc은 이 클레르비브르 집단촌을 일종의 보건적 의미에서의 팔랑스테르Phalanstère[74]로 만들고자 했다. 그곳에서는 결핵환자들이 노동의 대가로 잡화상에서 그들이 원하는 것을 구비할 수 있게 '쿠폰'을 지급하기도 했으니 말이다. 계획이 전적으로 이런 방향으로만 진행되었던 것은 아니지만, 그럼에도 불구하고 클레르비브르는 여전히 그 명맥을 유지하며 장애인의 집단거주지를 이루었다. 델쉭은 장애인을 일터에 재적응시키는 방식을 이용해 클레르비브르를 사나토륨[75]과 정상생활 사이의 과도기적인 시공간이 될 수 있도록 기획함으로써, 공공기관으로부터 막대한 재원을 얻어내는 방법도 잘 알고 있었다. 이 계획은 전쟁 직후 신체상해자국이 시행한 여러 형태의 '학교' 설립으로 실현 가능해졌다. 이 학교에는 1932년 기준 2천여 명에 이르는 재활

---

74 프랑스의 사회주의자 푸리에(Fourier, 1772~1837)가 주창한 사회주의적 공동 생활체. —옮긴이
75 주로 결핵환자들에게서 시작된 전지요양소를 뜻함. —옮긴이

교육 실습생들이 있었다. 이것이 뜻하는 바는 전직군인 혹은 전쟁으로 인한 다양한 전쟁희생자들(신체상해자는 물론이고 그 미망인들까지도)이라는 문맥 속에서 재활교육 및 사회 재적응이 즉각적이고 근본적인 합의를 도출해 냈음을 의미한다. 비록 모든 불구자들을 위한 법제정이 지연되고, 중앙행정기구들 역시 매우 더디고 완고하긴 했지만 말이다.

이와 같은 전반적인 상황에 발맞춰 빛을 본 대규모 협회와 관해서는 다음과 같은 단체들의 태동을 언급할 수 있을 것이다. 예를 들어 옥실리아Auxilia(1925년), 라답트Ladapt(1929년), 프랑스 마비환자 연합 Association des paralysés de France(1934년) 등이 그렇다. 특히 이 마지막에 예시로 꼽은 연합단체는 오늘날까지도 가장 영향력 있는 단체 중 하나로, 그 창설자 (사지마비환자였던) 앙드레 트라누아André Trannoy 와 라답트의 설립자 (골결핵 환자이자 화상환자였던) 쉬잔 푸셰는 최근에 세상을 떠났다. 이들은 다른 이들과 함께 다양한 차원의 시설들(학교, 신체재활교육센터, 직업교육센터, 보호작업장, 사회봉사사업 등)을 창설하기 위해 투쟁을 벌였다. 향후 확대될 이 모든 제도적 장치와 더불어, 1945년 이후로는 질병보험기금이 운영하는 여러 센터들도 등장해 그 수가 급증한다.

이와 병행해 정신지체 아동 혹은 성인을 위한 시설의 역사를 언급할 필요가 있다. 가령 1935년 창설된 레 크루아-마린Les Croix-Marines 과 훗날 강력한 전국 단위 연합조직인 UNAPEI(정신지체장애인 및 가족의 권익보호를 위한 프랑스 전국 연합, 1960년 창설) 내에 하나로 합쳐진 장애아부모 도별 협의회ADAPEI(associations départementales des parents d'enfants infirmes)가 그 예이다. 여기에 1939년에서 1945년 사이 전쟁 기간을 거치면서, 불구자들 혹은 정신박약자들만큼이나 사회적 문제들에도 관심을 가진 사회부적응아동 분야가 추가되었다. 또한 최초의 위대한 발의자 중 그 누구도 잊혀졌다는 생각이 들지 않도록, 방금 매우 거칠게 일별한 이 모두에 덧붙여 여러 기타 시설들이 있었음을 덧붙여 두어야 할 것 같다. 하지만 열거를 계속한다면, 필시 진력날지도 모르겠다. 왜냐하면 이미 눈치 챘겠지만, 거의 공적인 것에서 출발했던 이 시설들이 여러 부처들(보건부, 노동부, 전국단위의 연합단체 혹은 직업양성교육단체)의 후견과 통제에도 불구하고, 나중에는 거의 대부분 사유화되었기 때문이다. 이 같은 사적 경향 역시 (세속화된) 자선과 (수정된) 자유주의라는 이중의 도식으로 우리를 이끈다.

다만 독자들이 이 점은 알아줬으면 한다. 이런 이야기를 따라가는 것은 그나마 수월한 편에 속할지 모른다. 오히려 60년 전부터 이 '사회재적응'의 하부를 떠받치고 있는 것을 이해하는 일이 훨씬 더 까다롭다. 온갖 종류가 뒤섞인 '장애'의 문제를 가능한 한 재통합시켜 보편화하려는 의지, 표명되는 동시에 은폐되어 버린 바로 이 의지가 이토록 간단한 이야기를 통해 부각될 리 만무하기 때문이다.

왜냐하면 현실 사회와 비정상성 사이의 관계를 시스템으로 만들어 버리는 네트워크는 일상의 실제, 법제화, 명명방식, 행정적 조처 모두를 결합했을 때에만 드러나기 때문이다. 바로 이 지점에서, 공들여 구상하고, 개념화하고, 이론화해야 하는 의무가 생겨난다. 분명 상당수의 역사적 증거가 있었음에도 불구하고, 이러한 구상은 이미 알려진 특정 사실만을 기록하는 실록의 역사를 전제한 듯하다. 하지만 오늘날 일반 대중은 주요 법조항, 시설의 유형, 주요 행정조직체계에 관한 정보를 익히 알고 있다. 만일 실상이 조금도 그렇지 않다면 ── 많은 매체들의 노력에도 불구하고 많은 수의 전문가들은 그렇게 생각한다 ──, 지난 수십 년에 대한 이런 식의 상세한 설명은 내가 제기하려던 문제로의 접근을 훨씬 더 어렵게 만든다고 해야 할 것이다.

이 문제는 여러 측면에서 바라볼 수 있다. 우선 불구의 사례를 어떻게 분류하고 분산하고 배치시키는가? 물론 감각중추장애, 운동장애, 정신장애, 사회장애 등과 같은 대분류가 있다. 하지만 나는 이 현상을 '장애인'이라는 총칭적 용어의 통합적 사용 안에서 확인해 보고자 했다. 마찬가지로 어휘의 의미가 빈약해지는 이 과정을 통해, 범주들, 특히 고대시대의 범주들은 아무 관련이 없게 되었다. 이로써 선천적 불구와 삶에서 겪는 후천적 사고는 가까워졌다. 분명 개개인의 정신적 현상 속에서는 선천적 불구와 살면서 겪는 사고의 차이가 매우 뚜렷하게 느껴질 것이다. 하지만 사회적 처우라는 차원에서 이 차이는 지워지며, 동일한 규칙들에 종속된 채, 동일한 권리를 요구하는 모든 이들이 동일한 사회조직 안에 놓이게 된다. 정신적인 것, 심리적인 것, 신체적인 것의 구별 자체도 지워지는 경향을 보인다. 우선 그것은 어느 하나가 온갖 절차 온갖 원인(특히 심리적 동요와 신체적 불구상태)에 의해 다른 하나와 결합되어서가 아니라, 원칙적으로 동일한 규칙, 동일한 사회적 기대, 동일한 원조의 유형 등이 부여되기 때문이다. 지극히 분명하게도 정신 질환과 정신적 허약함은 최근 들어 동일한 운명을 맞이하지 않았음을 지적해야만 하겠다. 정신 질환은 정신병원과 그 '분과'에 의해 다루어졌다. 엄밀한 의미에서 정신박약, 다운증후군 등과 같은 정신적 허약상태는 더 이상 정신병원 공간이 아닌 특수시설들에서 발견된다. 이러한 시설들은 ──신체불구자를 위한 시설과 마찬가지로── 상당히 다양하다. 가령 평생보호소, 노동지원센터, 의료-교육시설이나 (청년들을 위한) 의료-직업훈련시설 등이 이에 해당한다. 또한 정신적 허약상태의 유형에 따라 각종 재단들과 협회들도 전문화되어 있다.

그러나 이 시설들이 유숙형태에 몇 가지 필수업무가 덧붙여진 개선된 형태의 요양원이 아닌 이상, 이 모든 구별은 시설이 결정하는 정신병동 입원 여부를 제한하지 못한다. 정신과의사와 특수교육교사들은 그 임무와 역할, 그리고 그에 따른 권력도 나누어 갖는다.

이처럼 내가 오랜 시간을 들여 파악한 사회 재적응의 움직임은 도처에서 확인할 수 있다. 유숙 형태와 관련된 극단적 경우에서는 어쩔 수 없이 이런 상황이 잘 감지되지 않지만, 혹시 엿볼 수 있는 기회가 주어진다면, 여지없이 어느 관계자가 학제적·사회적·직능적 차원에서의 '재편입'을 시도하고 있음을 확인할 수 있다.

이러한 실정과 더불어 우리는 특히 반反정신의학antipsychiatrie이라는 용어로 재구성할 수 있는 일체의 경험을 간과해서는 안 된다. 반정의신학에 관한 가장 간결하면서도 적확한 정의라면 쿠퍼D. Cooper가 말한 '다른 이들과-더불어-자기자신-되기d'être-soi-avec-les-autres'일 것이다. 매우 다양한 표현들이 있었지만 결국 목표하는 바는 일탈적인 것을 사회적 삶 속에 다시 가져다 놓는 일이었다. 단, 이 절차는 해당 사회집단이 문제된 일탈을 받아들이게끔 진행되어야 했다. 이처럼 반정신의학은 차이를 지우지 않고, '비정상성'을 삭제하거나 축소 환원하려는 의지 없이 통합을 결속해 내려는 노력으로 제시된다.

그런데 반정신의학도 일탈적인 것과 사회집단이 수용한 절충을 통해 치료적 성격을 보였음을 물론이다. 그러므로 반정신의학을 정신과의사의 부재상태로 볼 것이 아니라, 반정신의학이라는 표현 자체가 부적절하게 명명되었다고 보는 것이 맞겠다. 하지만 쿠퍼, 라잉Laing, 마노니Mannoni와 같은 위대한 주역들에게서 우리는 '치료'나 적응이라는 포부를 넘어서는 그 무엇을 파악해 낼 수 있다. 왜냐하면 그들의 주된 관심사는 어떤 사회화가능성sociabilité, 다시 말해 차이 안에서 더불어 살기를 다시 계획하는 것이었기 때문이다. 이에 반정신의학적 계획은 사회 조직을 재구성하려는 시도로, 구체적인 차이들이 조성하는 여러 관계에 활력을 다시 불어넣기 위한 계획으로 이해되어 상당한 설득력을 얻었는데, 당시는 산업사회, 핵가족, 고립된 주거형태 등과 같은 흐름이 기본적인 사회성을 산산조각 내고, 사람들을 이분화시켰기 때문이다. 실제로 이렇게 구상된 가정에서, 주거형태에서, 그리고 이런 식의 삶의 시공간과 리듬에 맞춰진 기업에서 삶을 꾸려나가기 위해서는, 노인들 그리고 때로는 아이들과 떨어져 있을 수밖에 없고, 어려움에 처한 자녀들을 전문가의 손에 맡길 수밖에 없으며, 각 가정에서 정신박약자나 신체불구자인 가족구성원은 배제시킬 수밖에 없었다. 즉 모든 심신쇠약, 일탈, 부적응의 사례들은 일상생활에서의 조직, 특히 도시 조직들과는 양립 불가능하게 되었던 것이다. 이리하여 퇴직 노인들을 한데 몰아 놓는, 소위 금박을 두른 감옥이라 할 수 있는 '양로원', 정신적 결함이 있는 자들의 집합체라 할 수 있는 정신박약자를 위한 여러 시설 등은 그 절정에 이르렀다. 아울러 '모든 이들과 똑같지 않은' 자들의 집결지라 할 만한 신체불구자를 위한 시설, 더 이상 삶의 레이스를 따라가지 못해 평균과 다수에 맞춰진 삶의 조건을 살아가는 일이 막막해진 온갖 부류를 위한 또 다른 형태의 시설들이 생겨났다.

반정신의학은 이 모든 것을 목격하고 경험했다. 반정신의학 역시 통합을 원하지만, 그것은 내가 재활교육과 사회 재적응이라 불렀던 것을 — 최대한 — 피해 이뤄진 통합이었다. 다시 말해, 반정신의학은 소위 '정상적'이라 일컬어지는 무리로 합류하기에 적합한 존재를 만듦에 있어 '일탈적인 것'을 취하지 않았다. 오히려 반정신의학은 부적응을 이유로 버려진 가지를 평범한 나무에 접붙이고자 노력했다. 그것도 평범한 나무에게 차이에 적응하라고 요구하면서 말이다. 이 미묘한 뉘앙스는 실로 엄청난 차이를 이룬다! 과연 꿈같은 이야기일까? 모든 대담한 — 낙관적 — 사유가 그러하듯, 반정신의학은 지난하고 예측 불가능한 우여곡절을 거친 끝에야 성공을 거둘 수 있을 것이다. 그렇다면 이러한 견지에서 반정신의학을 해석해 내는 것조차 꿈같은 이야기일까?

나는 장애인이라는 소수집단의 외침에 귀 기울일 때 그 엇비슷한 것이라도 감지해 낼 수 있다고 믿고 있다. 대개 신체불구자들은 앞서 언급한 시설들의 문턱에서 그리고 그 안에서 상대적으로 수동적이다. 어떤 이들은 자신이 할 수 있는 한, 개인적 차원의 해결책을 모색한다.[76] 사회적 권리를 요구하고, 정치적 색채를 띠는 여러 집단을 형성하고,[77] 근본적으로는 법제화 및 제도 전체를 향해 이의를 제기하기도 한

---

76 가령, 이와 관련된 여러 자료들 중에서도 로랑의 저서 『고약한 희망』(A. Lauran, *Le Sale Espoir*, Paris: L'Harmattan, 1981)을 참조하길 바란다.
77 예를 들어, 프랑스에서 일었던 장애인 옹호 운동연합(Mouvement de défense des handicapés)이

다. 도식화가 문제를 지나치게 단순화시킬 수 있음에도 불구하고, 여러 정치적·사회적 분석을 통해 나는 그 안에 숨겨진 하나의 주장을 간파할 수 있었다. 옮겨 보자면, "우리 모두는 우리가 지닌 차이를 잊어 달라고 요구하는 것이 아니다. 왜냐하면 우리는 '장애인'이고, 또한 우리는 그 사실을 알고 있기 때문이다. 하지만 우리는 결국 우리를 일개 생산의 행위자인 동시에 소비의 행위자로 귀착시키려는 꼬리표 붙이기, 전문화된 치료, 구호의 절차 등을 거치는 통합과 재적응을 거부한다"는 것이다. 달리 말하자면 우리는 '우리의 자리'를 원할 뿐, 우리를 유사하지만 다른 존재로, 동등하지만 다른 존재로, 불구이지만 '건강한'(유효하고, 더 큰 가치가 부여되고, 법적으로 유효성을 인정된다는 측면에서의 건강한) 존재로 간주해 가며 지정해 주는 자리를 원하는 것이 아니다. 이러한 집단들에게서 하나의 공통된 어법을 찾아내기란 그리 간단한 일이 아니다. 왜냐하면 여기서 나타나는 폭력 —— 르네 지라르가 말한 '모방' 폭력의 차원에서 —— 은 실로 막대하고 광범위하기 때문이다. 여기서 초조함은 절정에 달한다. 하지만 바로 이 동일 지점에 나의 분석이 추구하는 새로운 역사적 변화의 전조들도 자리한다. 이탈리아, 퀘벡, 덴마크에서의 일어난 어떤 강력한 흐름에 의미를 부여해야 하는 것도 바로 그래서이다. 이곳에서 벌어진 새로운 변화의 전조들은 '탈 시설'과 '탈 직업훈련'에 역점을 두었기 때문이다. 그 자체로 대단히 탈 문명적인 이 표현들은 규범화된 적응, 그리고 내가 언급

랄지, 퀘벡에서 있었던 장애인의 교차로(Carrefour Handicapé) 등과 같은 일련의 집단적 움직임을 떠올려볼 수 있다.

했던 대로, 오로지 전문화된 방식만을 거치는 삭제의 사이클이 비로소 종식되었음을 가리킨다. 서광은 과연 그 빛을 발하게 될까? 그리고 새롭게 자리할 시스템은 과연 어떤 것일까? 어떠한 분석도 예언일 수는 없겠지만 말이다.

이 결론 부분이 작성된 지 20년이 넘도록 나는 그 입장을 고수해 왔다. 과연 나는 이전의 견해들을 철회하고, 그 모두를 잊었노라 시인해야 하는 걸까? 당시 나는 직접적으로 성인 장애인과 관련된 여러 사회운동 및 직장 내의 통합 문제를 강조했다. 한편 아동과 직접 관련이 있는 사회조직의 역사, 학제상 통합 문제, 유전병의 완전해소를 위한 집중현상 등을 차제의 연구로 남겨둔 바 있다. 또한 내가 심혈을 기울였던 사회 재적응과 장애에 관한 모델은 다발성 장애, 게놈 질병, 에이즈 등이 제기한 문제들 앞에서 적절히 대응하지 못한 듯하다. 마찬가지로 반정신의학은 푸코식 분석과 같은 이유로 퇴조를 맞았다. 그러나 동시에 실업 및 성적·가족적 관습의 변화라는 이중의 사태로 인해 사회적 측면에서 바라본 배제에 관한 새로운 개념들이 대거 등장하게 되었다. 그렇다고 해서 노동현장에서의 다양한 사고, 전쟁 상해자, 사회적 보호의 보편화에 뒤이어 장애 분야에서 나타난 활기, 전통적 정신의학에 대한 비판적 움직임, 선별하고 재생산하고 규범화하고 통제하는 사회에 대한 비판적인 운동이 거둔 성과 및 파급력 등이 마치 처음부터 다시 시작이라도 하듯 흔적도 없이 사라지지는 않을 것이다. 유행은 물론, 단순한 옷차림의 변화 그리고 그 의미 있는 소멸마저도 고해야 하는 만큼 사회집단이 기억상실증에 걸리지 않도록 하는 일 역시 바로 역사가의 임무라 하겠다. 분명 수많은 미세한 균열들이 눈 앞에 알아채지도 못하는 사이 생겨나기에 그것들을 알아볼 수 있으려면 앞서 일어난 일을 잘 알아 두어야 할 것이다. 이것이 바로 이미 오래전에 작성되었던 이 글을 그대로 놔둔 이유이다.

　반면 나의 인류학적 성찰은 이후로도 계속되어 온 개념들의 진화로 인해, 그리고 다른 이론가들이 개시한 여러 전망들에 내 스스로를 대질해 봄으로써, 더욱 풍요로워졌고 다시금 수명이 연장되었다. 이에 새로운 장 하나가 더 필요하게 되었다.

6장 / 장애에 관한 새로운 이론을 위하여

소위 장애인이라 명명된 사람들의 사회적 조건을 살피는 새로운 인류학적 분석의 성과는 다음에 제시된 문제들에 답하는 가운데 가능해지지 않을까?

그 두 질문은 다음과 같다.

– 어째서 사회는 불구의 손상을 입은 자들에 대한 기회의 평등, 통합 그리고 삶의 조건들의 문제를 해결하지 않는 것일까?

– 이 문제로부터 출발해 확인할 수 있는 그들의 인류학적 위상이란 과연 어떤 것일까?

이론의 개념 파악하기

이 두 가지 질문에 답하기에 앞서, 아주 간략하게 결함과 장애를 사유한 몇몇 훌륭한 방식들을 환기해야 할 것 같다. 나는 확실한 방향성을 갖고, 다시 말해 하나 혹은 여럿의 인문학 분과들(사회학, 인류학, 심리사회학)에 기대어 일관된 이론적 관점을 견지하는 가운데, 이 문제를 사유해 볼까 한다. 여기서 장애를 사유한다는 것은 어떤 모델을 구축하려 든다거나 ―― 다른 곳에서는 매우 유용하게 쓰일 수 있을지언정 ―― 어떤 조작적 정의를 내리려는 것이 아니다. 예를 들어 우리가 개인적이고 또 의학적이라고 명명했던 모델(본질적인 부분은 대체로 1980년의 OMS의 분류법[1]과 관련된 모델, 프랑스의 1975년 6월 30일 법, 그 이전에는 부적응 개념 등에 근거하고 있었던) 혹은 소위 사회모델과 대립되는 개념의 모델 등은 내가 보기엔 장애 관련 이론의 범주에 속하지 않는 것 같다. 왜냐하면 이 모델들은 향후 이 같은 범주화에 부응해 여러 사회활동과 제도적 실제와 갖가지 재정적 선택 등을 가능하게 하는 어떤 집단의 '정책' 도입과 승인을 뒷받침하는 갖가지 정의에는 관련되면서도, 관찰에 초연한 지식은 제공해 주지 못했던 까닭에, 장애와 관련된 하나 혹은 여러 사유 시스템들에 대한 '추상적' 이해의 기준으로 사용될 공산이 크기 때문이다. 가령 우드Philippe Wood가 그랬던 것처럼, 결함, 불능상태, 장애(불이익)를 구별하거나, 또 이 세 가지 차원 및 각각의 관점 사이에 어느 정도 명시적인 인과관계를 도입하면서, 사람들은 대체 무슨 일을 했던 것일까?

---

1 프랑스 국립보건연구소(INSERM)와 장애 및 부적응 연구 조사를 위한 국립기술센터(CTNERHI)에 의해 1988년에 이르러서야 발간된 분류법. 여기서 영문으로 표기된 공식명칭, 즉 International Classification of Impairments, Disabilities and Handicap. A Manual of Classification Relating to the Consequences of Disease라는 표현을 눈여겨볼 필요가 있을 것 같다. 장애라는 어휘를 더 이상 총칭적 어휘로 사용하지 않고, 그 원인이 개인 체험의 여러 차원 및 직능적으로 관여되는 여러 차원에 속하는 만큼, 장애의 여러 양상을 구별하려는 어떤 의지가 강조된 표현으로 읽힌다. 이러한 구별의 핵심은 장애 당사자들이 겪고 있는 장애들을 상대화시키는 것으로, 그 평가가 의학적 진단과 예측이라는 유일한 관점에만 예속되어서는 안 된다는 것을 의미한다.

사람들은 전문가들에게 여러 차원들을 뒤섞지 말 것을, 어떤 결함을 보이는 개인들 주변에서 벌어지는 상이한 개입의 유형을 함부로 뒤섞지 말 것을 권고한다. 즉 어떤 상대주의적 전망에 길을 내고 있는 셈인데, 그 이유는 의학적으로 충분히 관찰된 동일한 훼손 상태조차도 상당히 동떨어진 여러 불이익의 사례와 역량이 대응될 수 있기 때문이다. 또한 사람들은 어떤 분류 가능성, 그 결과 어떤 측정 가능성을 부여하기도 하는데, 이는 여러 원조와 각종 보조금을 평가하고 분배하는 일을 담당하는 관련 담당 부서를 돕는 일이기도 하다. 이 모든 활동들은 이 과정에서 최대한의 이익을 얻지만, 다른 한편에서 보면 이 모든 활동들이 근거 삼는 모델이 조작적이라는 사실을 알려준다. 내가 방금 예로 들었던 모델, 그리고 장애 분야에 종사하는 모든 이들이 알고 있는 바로 그 모델은 어떤 설명이나 이해에 이른 것이 아니라, 그저 묘사 수준에 머물고 있다. 그럼에도 그 묘사만큼은 일견 정당하고, 또 어느 정도는 완전하다고도 볼 수 있다(이러한 견지에서 사회모델은 개인적이면서도 의학적이라는 유일한 전망 내에서 빈약하고 기만적인 부분이 있긴 했지만, 어떤 새로운 묘사가 가능하게끔 도입되었다고 볼 수 있다).

1980년의 OMS 분류법(필립 우드가 창안한 것으로, 그는 이 분야를 연구하는 거의 유일한 학자이자, 이 분야에서 장인정신을 발휘하는 매우 중요한 학자였음에도)을 완성하거나 비판하거나 대체하기 위해 등장했던 여러 연구들은 좀 더 만족스럽긴 했지만, 인식론적 관점에서 보자면 동일 차원에 머문 것들이었다. 여기서 잠시 1980년대와 1990년대에 등장한 주요한 두 자료를 거론하자면, 「기능, 장애 그리고 건강에 관한 국제 분류법」Classification internationale du fonctionnement, du handicap, et de la santé(이하 CIF로 약칭)과 파트릭 푸게롤라Patrick Fougeyrollas의 주도하에 추진된 퀘벡 연구팀 작업에서 비롯된 「장애의 생성과정」Le Processus de production du handicap(이하 PPH로 약칭)을 꼽을 수 있다. 이 두 연구 사이, 그리고 이 두 연구들과 1980년 세계보건기구의 「장애의 국제 분류법」Classification internationales des handicaps(이하 CIH로 약칭) 사이의 차이점은 매우 크다.

CIF는 개인적 접근(사람들이 의학모델로 명명한 바 있는[2])과 환경적 접근(=사회모델) 사이의 훌륭한 타협점을 찾은 연구로, CIH가 결함 있는 주체에 집중한 나머지 결핍의 어휘를 유지했던 것과는 달리, 긍정적인 어휘를 채택하고 있다. 또한 CIF는 다른 한편으로는 여러 상이한 요인들이 맺는 연관 관계에도 역점을 두었다. 또 하나의 연구인 PPH 역시 해당 장애인들을 폄하하지 않는 학술용어를 사용해 가며, 장애

---

2 올리비에가 『장애 이해하기:이론에서 실제까지』(M. Olivier, *Understanding Disability : From Theory to Practice*, London: Macmillan, 1996)에서 제시한 개요는 아래와 같이 간략하게 도식화할 수 있을 것이다.

개인모델	사회모델
개인적 비극에 관한 이론	사회 억압에 관한 이론
개인적 문제	사회적 문제
개별 치료	사회복지 활동
의료시설보급	자가 구호
직업적 우위	개인적 · 집단적 책임
전문가에 의한 감정	실험
적응	주장
개인 정체성	집단 정체성
침해	차별
태도	처신
보살핌	권리
통제	선택
행동	정책
개별적 적응	사회적 변화

상황의 다인자적 특성을 고려하고 있으며, 한편으로는 여러 요인들 사이에서 벌어지는 상호작용의 역동적 특성을 긍정하고, 다른 한편으로는 CIF에서는 고려되지 않았던 여러 양상들(가령 생활습관과 같은)에 정당성을 부여함으로써 CIF보다 훨씬 더 많은 것을 고찰하고 있다. 그럼에도 PPH의 지배적 사유태도는 CIF가 견지했던 철학적 사유와는 상당히 동떨어진 것으로, 다소 부적절해 보일지 몰라도 최신 용어의 사용을 위한 불가피한 선택으로 보인다. 퀘벡식 접근법은 파트릭 푸게롤라의 학위논문(1992년 라발 대학교에 제출된 논문[3])에서 착상되었다. 저자인 푸게롤라는 인류학을 구축하려 했고, 다음과 같이 말함으로써 인류학을 정초해 내고 있다. 즉 그는 선행 연구들이 보여 준 장애에 대한 분류와 모델들이 어째서 여러 환경적 요인이라는 필수불가결한 자리를 만들어 내는 데 성공하지 못했는지, 또 이러한 환경적 요인이 배제됨으로써, 어떻게 장애인이 처한 상황을 주목하는 시선이 제거되고, 그 결과 한 인간에게 던져져야 할 시선이 끝내 제거될 수밖에 없었는지 보여 주었다.

> 환경적·사회문화적 변수에 대한 여러 묘사, 그리고 당사자에 대한 유기적이고 기능적인 특징을 고려해 그 변수들이 빚어내는 내적 상관관계에 대한 분석은 환경적이고 사회 문화적인 여러 요인이 어떻게 장애라는 복수적 상황을 생산하고 예고하는지 알려 준다. (p. 49)

---

3 이 논문은 아직 완전히 발표된 것이 아니다. 본문에 인용된 부분들은 라발 대학과 심사 위원에게 제출된 사본에서 발췌했음을 밝혀둔다.

이렇듯 우리는 어떤 인류학적 묘사 안에 놓이게 된다. 저자는 이어서 다음과 같이 덧붙인다.

> … 본 학위논문은 환경–사회적 문맥들의 다양한 구성요소들이 신체적으로나, 기능적으로나, 행동상으로나 '규범'을 벗어나 있는 당사자들의 사회참여를 조정하는 방식을 고찰함으로써, 장애의 생성과정에 대한 수정전략 개발의 타당성을 논증하고자 한다. (p. 49)

그런데 총제적인 인류학적 접근에 기반한 이 새로운 묘사적 모델은 그 조작적 특성을 명확하게 드러내고 있다. 나는 파트릭 푸게롤라가 우리에게 어떤 인류학적 접근을 제시하고는 있지만, 그 모델만큼은 묘사적이고 조작적이라고 말해야 할 것 같다.

이후 PPH로 명명되어 온 이 모델이 다른 모델들에 비하면 훨씬 타당했다는 점은 쉽게 인정할 수 있다. 하지만 내 목적에 비추어 보았을 때, 모든 분류들, 심지어 훨씬 더 유기적이고 훨씬 더 총체적이고 시간성을 설명해 주는 분류법들조차도 묘사적 차원에 머물 뿐, 이론적 차원으로까지는 나아가지 못한 듯하다.

그럼 여기서 이론을 통해 내가 의도하고자 하는 바를 말해야 할 것 같다. 그리고 이 차원에서 제기되는 관심의 내용이 무엇인지도 언급해야 하겠다.

몇 줄 문장으로 어떤 정확한 이론적 개념을 제시하는 일은 다소 위험할 수 있다. 이미 이 개념은 학자들 사이에서도 격렬한 논쟁의 대상이 되었을 뿐만 아니라, 또 그 성공가능여부는 우리가 이론, 모델, 패러다임, 그 지시대상들 사이사이를 정확하게 구별해 낼 경우에만 점쳐질 수 있기 때문이다.

최대한 간단히 말하자면, 과학적 이론이란 여러 원칙과 결과를 취합하는 논리적 편집으로, 그 결과 기존의 결과들을 재편하는 것을 특징으로 한다. 달리 말해 사실들과 이 사실들에 대한 가공이 있고, 그로부터 어떤 일관성을 찾으려고 시도하거나, 더 이상 적합하지 않게 된 이전의 일관성과 비교해 어떤 새로운 일관성으로 대체해야 하는 것이다. 천동설이 바로 이 경우에 해당한다. 지동설에 의해 일련의 관찰과 '법칙들'이 대체되는 어느 시점까지는 그것으로 충분했다. 하지만 그 결과 이미 알려져 있던 우주론 전체를 다시 재편해야만 했고, 또 가설을 통해 태양 주위를 도는 (또 공전하는) 지구를 설명해야만 했다. 이 동일한 내용은 뉴턴과 만유인력, 아인슈타인과 상대성이론 등에서 그대로 재연된다. 간단히 말하자면 이렇다. 우리는 하나의 기본이 되는 개념, 즉 일종의 공리 혹은 가설을 제시하고, 그것에서 출발해 일련의 결과들을 추론하고, 또 그 결과들을 우리가 받아들인 소여들과 대질한다. 이 추론이 더 이상 적합하지 않게 되는 날엔 또 다른 원칙들에서 다시 출발해야 하는 것이다. 하나의 이론은 원칙의 반열에 오른 몇몇 가설들로 하여금 경험으로 정립된 여러 규칙성들을 해명하게 함으로써 지식의 드넓은 지평에 대한 총체적 전망을 가져다준다.

이제 방금 언급한 분류들에 대한 여러 묘사들이 어째서 이론 차원에 해당하지 않는지 살펴볼 차례다. 실상 이 묘사들은 여러 현재적 요소들과 효력 있는 요인들에 대한 비전, 그것도 상당히 역동적인 비전을 제공해 준다. 하지만 이 묘사들은 우리가 일련의 표현, 태도, 실제를 설명할 때 출발점이 되는 지점, 즉 장애인과 장애에 대한 우리 사회 ― 확장하면 우리 서구사회 전체이기도 하다 ― 의 취급방식을 지배하는 실체에 대한 가설을 제공해 주지 못한다. 혹자가 우리에게 상호 작용하는 여러 요인의 총체를 고려해야만 했다고 말하거나, 또 몇몇 설명들에서 편파성을 지적하며[4] 왜곡된 부분이나 간과한 부분을 들춰냈다 한들, 여전히 그 사람은 어째서 장애인과 그가 처한 상황이 그런 식으로 고려된 것인지에 관해서는 아무런 언급도 하지 않은 셈이다. 각각의 분류가 고려된 이러한 묘사들은 어떤 다른 차원의 해명을 요구한다. 예컨대, '우리는 과연 무엇으로 결함에 대한 고려와 환경에 대한 설명과 그 다양한 작동방식들(장소들과 시기들에 따른)을 동시에 설명할 수 있을까?'와 같은 질문이 그렇다. 고로 여러 결함들, 여러 환경들, 삶의 여러 습관들, 그리고 내가 인용했던 여러 연구들을 통해 해명된 온갖 요인들은 있을 수 있고, 또 그 요소들을 관계 속에 위치시키는 일은 오늘날 필수 불가결하다 하겠다. 그렇다고 해서 사람들이 왜 어느 동네 주민들이 지적장애아동들을 위한 보호시설의 건립을 거부했는지, 왜 건강한 아이들의 부모가 자신의 자녀들이 '규범에서 벗어난' 또 다른 아이들과 한데 어울리는 것을 원치 않는지, 혹은 왜 부모들은 기형인 자신의 아기를 위해 이런 저런 의식을 행하는지, 혹은 왜 고용주들이 거의 본능적으로 장애가 명시된 지원서들을 거부하는지, 혹은 왜 몹시도 의존적인 장애인들에게 충분한 방편들을 제공하지 않는

---

4 특히 CIF에 대해 비판적인 입장에 서있는 여러 분석들이 있었다. 가령 『인문사회과학 연구』 내 수록된 「장애」("Handicap", in *revue de science humaines et sociales*, n. 94695, 4월/9월, 2002) 참조.

지 등등을 논할 만한 관점을 갖고 있는 것도 아니다. 분명 사람들은 늘상 돈줄을 풀 수 없다고 말하는 예산 논리 안에서 관련 정책들이 결정된다는 둥, 물질적 환경이 아직 조화롭게 조정이 안 되었다는 둥, 혹은 이를 대하는 '사고방식'의 환경도 아직 수준 미달이라는 둥… 하며 별별 피상적인 설명들을 늘어 놓을 게 뻔하다. 그러나 바로 그렇기 때문에, 사람들이 어째서 필요한 자금을 푸는 일을 원치 않는지, 어째서 이러한 작금의 상황을 변화시키지 않는지, 어째서 장애에 대한 재현들은 늘 부정적이고 경멸적인 것들로 가득한지 질문해야만 한다. 이렇듯 묘사적 모델들은 이 같은 질문들에 대해 명료한 이해를 가져다줄 만한 가설을 제공할 수 없다.

최근 들어, 다시 말해 20세기에, 사회과학 차원에서 다루어졌던 장애 관련 이론들은 낙인이론(고프먼), 문화이론(란느와 모테즈), 억압이론(올리비에), 경계성이론(머피) 총 네 가지이다. 각각 상이한 학문 분과에 그 뿌리를 둔 이 네 가지 이론은 보편성이라는 강력한 공통분모는 없지만, 모두 검토되어야만 한다. 왜냐하면 이 이론들은 불구성의 근본적 현상 및 오늘날 소위 장애 상황이라고 부르는 것에 대한 설명과 깊이 관련되기 때문이다. 이 이론들은 간단하게 상기만 해도 될 정도로 일반에게 널리 알려진 것들이다. 뒤에서 살펴보겠지만, 나는 경계성liminalité이라는 개념에 특별한 관심을 기울이게 될 것이고, 그것을 발판 삼아 나의 고유한 이론을 개진하기 위해 정신분석학적 이론과 접목한 어떤 시도를 도모할 것이다. 여러 활동들, 여러 감정들, 여러 가치들, 여러 인간의 문화들, 그리고 그 수많은 역사들이 복잡하고 다양하게 존재하는 만큼, 인문학의 여러 분과들 내에는 여러 이론들이 자리 할 수 있음을 일러두는 것이 바람직할 것 같다. 고로 간략하게나마 내가 분석한 이 네 가지 이론들은 비록 마지막 이론에 특권적 지위를 부여함에도 불구하고, 내가 보기엔 서로 배타적으로 보이지는 않는다. 오히려 이 네 가지 이론들 모두가 나의 이론적 정의와 조응한다고 볼 수 있다.

　　나의 관심을 이끈 이 네 가지 이론들을 상술하기에 앞서, 모델과 패러다임이라는 개념들에 관한 사전 준비 단계를 한 번 더 거쳐야 할 것 같다.

모델 개념 파악하기

모델이라는 개념은 구체/추상, 형상화/형식주의, 이미지/방정식, 추출 표본/척도 등의 대립항을 가리킴에 따라, 다양한 용법을 수용한다. 우리는 다섯 가지 유형의 모델을 구별할 수 있다. 한쪽 끝에는 순전히 형식적 엄밀성을 따르는 수학적 모델들을, 다른 한쪽 끝에는 그 축소된 모델들을 놓아 둘 것이다. 고로 장애 분야에서는 나머지 세 모델들에 대한 고찰이 가능하다. 이들 중 하나는 간략하게 도식화되고 변형된 것이긴 하지만, 어떤 이해에 이르게 해주는 표상을 구성한다. 예를 들어 혈액순환에 대한 설명을 펌프와 배관 시스템으로 설명하는 경우가 그렇다. '사회모델'만큼이나 '의학모델'과 관련된 것이 바로 이런 유형의 모델이다. 의학모델 안에서 사람들은 장애를 개인의 결함으로, 논리적으로 예측 가능하다 믿는 결함의 결과들로 귀착시킨다. 또한 사회모델 내에서 사람들은 장애를 외부에서 기인하는 요인들, 환경적 요인들로 환원시킨다. 한편, 오늘날 상호작용 모델은 또 다른 유형에 속하는 것으로, 분석, 나아가 설명과 예측을 가능하게 해주는 하나의 도식을 구성한다. CIH와 CIF, 그리고 특히 PPH의 경우가 바로 이 유형에 속하는데, 그 이유는 이 경우들 모두가 서로 연관관계 속에 놓이도록 일련의 접근로를 제공하는 동시에, 한 구성요소를 간과하는 일이 어떤 식으로 어떤 제약을 발생시키는지, 어느 막다른 길에 이르게 하는지 알려주는 하나의 총체적 도식을 시도하기 때문이다.

끝으로 가령 기계공학같이 어떤 개별 과목 전체가 또 다른 차원의 여러 현상에 대해 모델로 사용되는 유형이 있다. 이는 "어느 한 개별 과학과 또 다른 개별 과학의 법칙들 사이에서 드러나는 부분적 유사성은 이 둘 중 어느 하나가 다른 하나를 예증하는 데 소용될 수 있다"는 맥스웰의 말처럼, 대개 어떤 보편화된 유추 관계와 관련이 있다. 이는 경마(보다 일반적으로는 스포츠 분야 전체)에서 비롯된 핸디캡-장애라는 용어에서 출발한 나의 착상과 정확히 들어맞는다. 즉 여기서 한 분야 전체(어느 개별학문분야가 아닌)는 또 다른 장, 다시 말해 정확히 장애로 바뀌는 불구성의 장을 예시하는 데 소용된다.

스포츠 분야에서 핸디캡-장애는 경기에 참가한 경쟁자들의 불평등한 경기력에 대한 어떤 조치를 뜻한다. 일단 이 경쟁자들을 비교할 수 있게 되면, 장애를 부여하는 자는 경쟁이 시작되는 시점에 그 기회를 균등하게 만들 수 있는 방식을 결정한다.

스포츠 분야에서의 핸디캡-장애를 이해하는 데 있어 타당한 것은 유불리 개념이 아니라, 무엇보다도 그 경주 혹은 경기가 여러 조건, 가령 모든 판이 이미 다 짜여져 그 어떤 볼거리도 없는 상태가 아닌 엄밀한 의미에서 개인의 노력과 경쟁자들의 재능을 관람할 수 있고, 또 흥미진진한 경쟁에 참여할 수 있는 여건에서 열리도록 하는 균등화 개념에 있다. 어느 저자의 말을 한 번 옮겨 보자. "프로그램들은 각각의 경기에 대해 경쟁자를 통해 채워질 바로 그 조건들을 정하고 있다. 그 기준들은 모든 유형의 경주마들에게 기회를 차례차례 부여함으로써 경마개체군 전체를 가장 잘 관리할 수 있는 방식으로 채택된다."[5]

그렇다면 스포츠 영역에서 비롯된 용어가 불구로 인해 고통받는 인간 개개인의 영역으로 이동한 까닭은 과연 무엇과 관련되고, 또 어떻게 이루어졌던 것일까?

핸디캡-장애라는 용어의 이 같은 용법의 유입은 신체불구자 및 신체상해자와 관련한 새로운 사회적 정세에 따라 발생한 듯 보이지만, 실상 이 현상은 그들에게 경기 안으로 돌아 올 수 있는 기회를 주기 위한 방편으로, 건강한 자들과 최대한 균등화하고 '규범화'할 수 있는 여러 수단을 갖추게 된 이후에 급속도로 이루어졌다. 이러한 은유는 배치된 것들, 즉 다시 경쟁력을 갖추도록 만들기, 보상하기, 참여하게 만들기, 재활교육에 필수적인 기술 찾아내기 등과 완벽하게 맞아떨어지는 것이었다.

인간의 건강이라는 영역에 스포츠 용어를 사용하면서 생겨난 이러한 은유는 진정한 치료모델로 탈바꿈하게 된다.[6] 사람들은 시민 전체를 대상으로, 흡사 말이라는 종 전체에서 경주마 개체군을 추출해

---

5 도튀, 『경마』(A. D'hautuille, Les Courses de chevaux, Paris: PUF,1982), p. 61.
6 스티케, 「은유에서 모델로: 장애의 인류학」, 『민족학 연구』, 보르도 대학(H.-J. Stiker, "De la métaphore au modèle. L'anthropologie du handicap", in Cahiers ethnologiques, n. 13, 1991).

내듯, 어떤 특수 개체군을 표지한다. 이러한 범주적 추출은 해당 개체 군에 대한 개선을 목적(말이라는 종 전체에 대한 경마의 목적)으로 한다. 그래서 개체군을 표지 한 뒤에는 그 개체군을 분류한다. 순종마, 속보 마, AQPS[7] 분류체계가 있듯, 신체적·정신적·감각중추 장애인들이 분 류된다. 이제 각 범주에서는 훈련 및 회복의 방식과 기술들이 예정되 고, 특히 전문화에 역점을 둔다. 결국 여기에 보호관찰, 재분류, 재편입 이 관여하며, 이런 식으로 가능한 한 공동의 경쟁에서 동등한 몫에 대 한 참여가 이루어진다.

만일 한 사회가 '어떤 언어 작용'을 활용함에 있어, 그러니까 비트 겐슈타인식 의미에서 그것이 사회의 '삶의 형태'에 부합하기 때문이라 는 점을 받아들인다면, 우리는 장애에 대한 어법과 우리 사회의 지배 적 사유 사이의 밀접한 합치 현상, 즉 언어수행상의 이념을 간파할 수 있을 것이다. 스포츠와 경마는 경기 및 경쟁의 구성과 경마가 유발하 는 열광은 물론이고, 겉모습이나 보여 주기에 있어 산업적이고 상업적 인 우리 현대사회의 모습을 상징하고, 압축하고, 그 특징적 면모를 잘 표현해 준다. 그렇기에 유능하고, 경쟁적이고, 미디어에 강해야만 한 다. 불구성의 현상을 경마 경주 현상에 연관지음으로써, 우리의 문화 는 모두에게 유효한 '법칙들'과 요구들에서 더 이상 벗어날 수 없게 된 불구집단을 문화적으로 이데올로기적으로 통합한다. 이것이 바로 '공 통으로부터 벗어난' 존재들이 표상하는 간극을 길들이고, 가능하면 축

---

7 '순-혈과 다른'(Autre que pur-sang)의 약자로 순종인 말들로부터 잡종을 분리하기 위한 분류체계.
　—옮긴이

소시키려는 우리의 방식이다. 불구자들은 이제 장애인이 되었고, 영어 표현*to perform*을 거쳐 유입된 옛 프랑스어로 표현하자면, '대량으로-양성해야*per-former*[8] 할 시민으로 간주된다. 장애인은 적어도 원칙적으로 성공할 수 있고, 또 그래야만 하는 주체로 상정된 것이다. 이렇듯 장애에 담긴 문채文彩는 우리의 생산성 제일주의와 기술주의적 이성의 한계들이 빚어낸 불일치들을 사유하는 어떤 방식이자, 결국 그 불일치들을 받아들일 만한 것으로 만드는 방식이기도 하다.

선행연구들을 다시 취해 가며 내가 방금 전개한 내용은 모델화 수준에 불과할 뿐, 아직 이론의 수준에는 이르지 못한 것으로, 비록 여러 다른 자료를 이용하기는 했지만, 그저 여러 다양한 분류에 대한 묘사나 크게 다를 바 없다.

장애에 관한 여러 모델들을 선보이고, 그로부터 장애에 관한 이론들을 소개하기에 앞서, 가능한 개념상 명료함을 극대화하기 위해 패러다임 개념과 레퍼런스 개념의 정확성을 높일 필요가 있을 것 같다.

패러다임이라는 개념은 어떤 이론 혹은 어떤 모델로부터 만들어진 용법과 관련 있다. 다시 말해 한 모델 혹은 어떤 이론의 성공, 즉 어느 모델이나 이론이 지배적이게 되는 사실은 그 모델이나 이론을 설명적인 것으로 간주하는 일이 가능해졌음을 뜻한다. 즉 상당히 많이 공유되고, 또 널리 이용되는 어떤 설명(혹은 적어도 표현) 방식이라 하겠다. 패러다임은 과학적인 것이 아니라, 사회적 수용의 영역에 속한다.

한편 레퍼런스라는 개념은 명확하게 정의 내리기에는 좀 더 어려

---

8 per-라는 접두어는 '대량, 다수'라는 수량적 규모를 함의한다. ―옮긴이

운 개념인데, 왜냐하면 최근에 등장한 용어이기 때문이다.[9] 우선 이 개념은 "고려된 공공정책의 목적과 국가의 개입준거를 정의할 때 참조하는 규범들 혹은 이미지들을 총칭하기 위해 공공정책에 대한 분석에서" 사용된다(Muller, p. 26). 이러한 레퍼런스는 세 가지 요소로 분할된다. 즉 총체적 레퍼런스, 분야별 레퍼런스, 승인 실행자들의 레퍼런스가 그것이다. 달리 말하자면, 우선 사회적 총체의 수준에서 (공권력에 의해 해석되는) 필요, 기대, 규범 및 가능성의 어떤 표현이 존재하고, 다음으로는 고려된 해당 분야에 대한 파악이 있고, 끝으로 공공정책을 적용시켜야 하는 행위자들에 대한 인식이 있다는 것이다. 이러한 레퍼런스라는 개념은 그것이 인문과학이든 아니든 간에, 개별학문분과에 의해 구축된 어떤 모델에 관련된 개념도, 수용된 패러다임에 관한 개념도 아니다. 고로 비록 레퍼런스가 패러다임과 유사한 개념이긴 해도, 여전히 어떤 이론의 개념에는 미치지 못한다. 이는 법제적·제도적 배치가 어떤 활동분야 혹은 어떤 집단에 대한 특성 및 사회적 기대의 할당에 근거한다는 관념이다. 레퍼런스 개념은 그것이 국가이건 여타

---

9 브뤼노 조베르(B. Jobert)에 의해 도입된 개념들로 이와 관련해서는 뮐러, 『작동중인 국가, 공공정책들 및 동업조합주의』(Muller P., *L'Etat en action, politiques publiques et corporatismes*, Paris: PUF, 1987) 및 『공공정책』(Muller P., *Les Politiques publiques*, Paris: PUF, 1994)을 확인하기 바란다. 한편 장애 분야에서 이 개념의 적용과 관련해서는 블랑(A. Blanc), 스티케(H.-J. Stiker), 『프랑스에서의 장애인들의 직능적 편입』(*L'Insertion professionnelle des personnes handicapées en France*, Paris: Desclées de Brouwer, 1997)에 수록된 쇼비에르의 글 「편입과 그 굴절, 현대의 몇몇 공공정책들에 관한 반성」("L'insertion et ses déclinaisons, retour sur quelques référentiels des politiques publiques contemporaines")을 참조하길 바란다. 아울러 『장애의 제도, 협회들의 역할』(*L'institution du handicap, le rôle des associations*, Rennes: Presses universitaires de Rennes, 2000)에 수록된 귀오(P. Guyot)의 글 「1975년 기본법 작성에서 나타난 대규모 장애인 협회들의 역할」("Le rôle des grandes associations de personnes handicapées dans l'élaboration de la loi d'orientation de 1975")을 확인하길 바란다.

모든 시설이건 간에 어떤 정책의 하부 토대들을 판독할 수 있게 해준다. 이러한 레퍼런스는 사회학적 해석의 차원에 속한다.

어떤 사회적 현실의 본질과 구상적 차원을 구별해 주는 개념들을 명료하게 하기에 앞서, 장애에 관한 이론들을 검토해야 할 것 같다.

장애에 관한 위대한 이론들
시카고 학파가 남긴 궤적 안에서, 낙인찍기를 주변으로

고프먼의 저작, 특히 그의 『낙인, 장애의 사회적 용법들』이나, 상호작용주의 및 미시사회학적인 시카고 학파의 저작, 혹은 일탈이라는 개념으로 유명한 벡커Becker의 작품 등을 언급하는 분야는 이제 사회학 강좌에 국한되지 않는다.[10] 이미 장애와 장애인들을 사유하면서 위의 저작들은 이미 물릴 정도로 이용한 바 있다. 그렇게 우리는 사회의 개입과 법적 조치에 따른 시설과의 모든 타협으로부터 벗어났을 뿐만 아니라, 장애의 문제를 또 다른 집단에 적용할 수 있는 사회-심리학적 일반 현상들과 결부 짓게 되었다. 가령 흔히 노예, 추방당한 자, 창녀에게 행해지고 또 유대인들에게 가해졌던 바, 어떤 실총失寵 상태, 은혜 받지 못한 상태, 신뢰상실의 상태를 나타내기 위한 신체상 표시 작업이 이루어졌다는 사실은 신체불구(그것이 괴물성인지 기형인지는 중요하지

---

10 고프먼, 『스티그마, 장애의 세계와 사회적응』(E. Goffman, *Stigmate, Les usages sociaux des handicaps*, Paris: Éd. de Minuit, 1975). 'Notes on the Management of Spoiled Identity'라는 영문 부제는 이 책에 수록되지 않았다. 프랑스어 번역본에서 핸디캡-장애라는 단어의 도입은 장애인 기본법이 제정되던 때와 그 시기를 같이 한다. 벡커, 『아웃사이더』(H.S. Becker, *Outsider*, Paris: Métaillé, 1985).

않다) 상태가 실질적인 사회적 정체성과 어떤 식으로 완전한 괴리를 이루고, 또한 인종과 형질에 대한 낙인의 경우와 동일한 수준에서 가상의 사회적 정체성을 할당하게 되었는지 확인할 수 있는 관점을 제공한다. 덕분에 우리는 매일 같이 일어나는 다음과 같은 사실이 얼마만큼 진실인지 확인할 수 있었다. 어떤 결함이 있는 사람, 즉 "마주칠 때마다 그 존재를 어쩔 수 없이 주목하게 하고 전혀 다른 속성으로 인해 면전에서 숱한 권리들을 무화시키고 외면하게 하는 바로 그 결함 있는 존재가 실은 평범한 사회관계 속에 수월하게 받아들여질 수 있는 개인이었다"[11]는 사실 말이다. 일견 전형적이기도 혹은 부당한 특징들이 뒤섞여 있다고도 볼 수 있는 이 같은 현상들은 결함이 있는 사람들과 관련될 경우 매우 분명하게 나타나기에, 고프먼의 사유는 어떤 일상의 기록처럼 보이기도 한다. 이는 고프먼이 사회적으로 세워진 규범에서 레퍼런스를 강조할 때도 마찬가지이다. 고프먼의 텍스트들 속에서 우리는 일반 대중은 물론이고 심지어 장애인들과 그 주변 사람들에게서 만날 수 있는 일상의 태도들을 읽어내곤 했다. 그렇다고 여기서 고프먼의 사유에 대한 완벽한 소개를 시도하려는 것은 아니다. 다만 그의 사유가 여러 장애 사례들과 장애인들에 대한 사회적 재현에 기초한 여러 연구를 촉발시킨 강력한 보조제였던 만큼, 그 출현 시기의 시의적절함을 보여 주고 싶었을 뿐이다.[12] 더구나 나는 그 내용적 차원에서

---

11 E. Goffman, *Stigmate, Les usages sociaux des handicapés*, p. 15.
12 사회과학 고등연구원에서는 세르주 모스코비치(Serge Moscovici)와 드니즈 조들레(Denise Jodelet)를 위시해 장애 문제에 관심 있는 여러 연구원들이 연구를 진행한 바 있다. 장애의 영역을 다룬 조들레의 책『광기들과 사회적 재현들』(*Folies et représentations sociales*, 1989년 및 1995년)은 특기할 만한 저작으로 꼽힌다. 아울러 다음의 저작들도 참고해 두자. 지아미,『장애의 근본적 형

우리가 고프먼에 비해 완전히 새로운 어떤 단계를 넘어섰다거나, 세부에 있어서 몸이나 정신에 낙인이 찍힌 사람들에 대한 전반적 가치하락 현상을 극복했다거나, 앞서 제시한 여러 사회적 재현에 관한 연구들을 넘어섰다고도 확신하지 않는다. 분명 결함들 사이의 위계질서와 여러 재현의 역사성이 상세히 밝혀지긴 했지만,[13] 상호작용주의적 접근 이랄지 장애인들에게 적용된 낙인이라는 개념 등은 문제 삼지 못했다. 이는 불구성으로서의 장애가 이 같은 숱한 상호관계의 사회학 내에서 너무나도 뚜렷한 윤곽을 그려 냈음을 의미한다. 즉 장애는 언제나 환영적인 것의 경계선상에, 거울을 통한 정체성의 추구라는 경계선상에, 그리고 장애를 포괄하고 또 그것을 위치시키거나 구호하기 위한 사회적 실제들의 경계선상에 있었던 셈이다. 이러한 장애는 정신적 영역 밖에서는 사유될 수 없는데, 왜냐하면 장애는 그것을 바라보는 자와 마찬가지로 그것을 겪는 자도 언제나 자기 자신에 대한 이미지를 참조하기 때문이다. 이러한 타자에 대한 시선은 이미 구성된 시선들, 타인에게 투여된 시선들, 자기에게 투사된 시선들의 복합체라 하겠다. 타인의 시선 역시 누군가 자기 자신을 목표로 삼는 시선을 구성하지만,

---

상, 환영적 재현들과 모습들」(A. Giami, *La Figure fondamentale du handicap, représentations et figures fantasmatiques*, MIRE-GERAL연구 협정보고서, 1988); 아술리-피케와 베르티에-비토즈, 『장애에 관한 시선들』(C. Assouly-Piquet & F. Berthier-Vottoz, *Regards sur le handicap*, Paris: Epi, 1994); 모르방과 패쉴레 공저, 『재현들과 장애: 보다 명료한 개념들과 방법론들을 위하여』(J.S. Morvan & H. Paicheler, *Représentations et handicaps. Vers une clarification des concepts et des méthodes*, Vanves: CTNERHI et MIRE, 1990); 「장애 : 정체성들, 재현들, 이론들」("Handicap : identités, représentations, théories" in *Science sociale et santé*, vol. XII, n. 1, 1994년 3월).

13 라보와 비유의 글 「자기의 재현 그리고 장애의 사회적 취급」(J.-F. Ravaud & I. Ville, "Représentation de soi et traitement social du handicap", in *Science sociale et santé*, 앞의 책 인용).

그 결과는 마찬가지로 동일하다.

　이러한 상호작용주의적이고 구성주의적인 접근방식들로부터 결함은 어떤 고유한 일관성을 갖추게 되며, 이는 여러 사회의 역사 속에서 확인할 수 있는 바이다.

　한편 소위 아웃사이더에 관한 연구들, 특히 그 중에서도 우리에게 경제적·사회적 조건들과 무관한 독특성을 제시하려는 의도에서 출간된 노르베르 엘리아스Norbert Elias[14]의 저작을 고려할 경우, 우리는 장애인이라는 특수 상황을 어떤 독창적인 문제에 접근시켜 볼 수 있다. 또한 이는 고프먼과 벡커의 사유를 동시에 극복한 것이기도 하다. 기성의 것들established과 아웃사이더들outsiders 사이에 차이가 세워지는 데는 표시하고 낙인찍는 신체적 특징도, 기본적인 문화적·경제적 차이도 필요하지 않다. 이러한 차이는 온갖 부품으로 조립될 수 있기 때문이다. 즉 기성 집단이 그 차이로부터 불청객 같고, 기이하고, 일치되지 않고, 사회의 정체성에 위협을 가하는 어떤 다른 점을 감지해 내, 그렇게 생각하고 확신하는 것만으로도 충분하기 때문이다.[15] 엘리아스의 책 서문에서 미셸 비예르피요르카Michel Wierviorka가 말했듯, 이는 "놀

---

14 엘리아스와 스캇슨, 『배제의 논리들』(N. Elias & J.L. Scotcon, *Logiques de l'exclusion*, Paris: Fayard, 1997). 엘리아스가 말한 배제라는 단어는 아마도 현대적 문맥에서 비롯된 용어일 것이다. 우리에게는 이 점이 조금 아쉬울 수 있는데, 왜냐하면 그는 이 저작이 어떤 일시적인 현실문제에만 대응될 수 있다는 식의 여지를 남겨두었기 때문이다.

15 가령 우리는 어느 주거 지구에 정신장애아동을 위한 시설을 설치하기 위해 분투했던 리노 벤투라(Lino Ventura)의 투쟁을 떠올려 볼 수 있다. 혹은 척수장애아동 혹은 중추운동신경장애아동을 위한 고등학교 건립이 이슈가 되었을 때, 가르슈와 보크레송 지역 중산층이 보여 준 저항을 한번 떠올려 볼 수도 있을 것이다. 엘리아스가 말한 개념들을 넘어, 장애인 집단과 같은 여러 집단들과 관련지어 보면, 우리는 나의 실존과 나의 사회적 실존에 타자가 그 이타성 그 실재 그 부당한 침입으로 등장한다는 그 유일한 사실만으로도, 그 즉시 폭력의 싹이 움트는 광경을 흔하게 목격할 수 있다.

라운 상황이 아닐 수 없는데, 왜냐하면 그녀는 인종 없는 인종차별주의, 경제적 단층 없는 배제를 낱낱이 폭로했기 때문"(p. 13)이다. 같은 맥락에서 장애인은 눈에 띄는 낙인이 없어도 아웃사이더로 인지되는 바, 그 까닭은 그들이 불쾌감을 불러일으키는 존재들이자, 재력 많고 수익성 높고 유용한 노동력을 소유한 이들이 유지하고 있는 좋은 이미지를 위협하는 존재들이기 때문이다. 이와 유사한 이유라면 한참을 더 댈 수도 있다. 고프먼의 경우처럼, 아니 어쩌면 더욱 분명한 방식을 취하는 이 사회학적 분석 유형은 자신에 대한 개별적 이미지와 집단에 대한 집단적 이미지가 교차하고, 환영과 문화적 재현 사이에 놓인 여러 갈래길이 교차하는 가운데, 장애의 문제를 다룰 수 있게끔 해준다.

그런데 이러한 전망을 정초하는 일은 마르셀 모스가 구상한 바와 같은 관념, 즉 개인적인 것과 사회적인 것 사이의 어떤 해석 관계에 의지할 것을 전제한다. 브뤼노 카르상티[16]가 서술한 바와 같이, 이는 "어떤 사회학적 구조의 개별적 차원 그 자체에서 착상된 독특한 표현"과 관련되며, "상징이 갖는 지위 덕택에 가능"(p.85)하다.

상징이라는 개념은 여러 사회과학 분과들이 지나치게 실체화시킨 여러 현실들의 대립을 극복하게 해준다. 이런 구상에는 더 이상 개인도 사회도 존재하지 않고, 오직 제각각 유지되는 복수의 관계가 매개되는 가운데, 어떤 동일한 움직임 속에서 개개인의 사회화와 개인들의 집단 내 단일화를 구축하는 기호체계만이 존재한다. (p.87)

16 카르상티, 『마르셀 모스, 총체적 사회 현실』(Bruno Karsenti, *Marcel Mauss, le fait social total*, Paris: PUF, 1994).

개별적인 것과 집단적인 것 사이에 어떤 상징적 통분성이 존재하게 되는데, 그 이유는 어떤 상징적 기능, 즉 언제나 다양하면서도 종종 서로 동떨어진 복수의 차원으로 가지쳐 나가는 유연한 총체가 존재하기 때문이다. 이러한 교접현상은 프로이트가 다음과 같이 말했던 것에서 확인될 수 있다. 즉 "사회적·정신적 행위들과 나르시시스적 정신 행위들 사이에서 발생하는 대립은 결국 정확히 개인심리학 영역의 내부 그 자체에 위치하지만, 본질적으로 그것을 사회심리학으로부터 분리해서는 안 된다"[17]는 것이다. 이에 모스는 『토템과 터부』와 관련해 언급하며, 다음과 같이 응답한다.

> 우리는 이 관념들에 발전과 지속이라는 거대한 능력이 있다고 믿고 있으며, 또한 이러한 관념들이 개인의 의식을 사로잡는 방식, 그 노골적인 방식을 통해 해당집단 모두에 의해 실행될 때, 집단 공통의 강박관념으로 확인된다는 사실을 더 잘 이해할 수 있다.[18]

이와 같이 장애는 "어느 집단에 의해 더 높은 가치가 부여된 여러 의미들이 결집해 서로를 직조하는 어떤 상징망의 특권적 지점들 … 그 핵심적 상징요인들"[19] 중 하나를 이룬다. 우리는 장애 아동의 부모에게

---

17 『군중의 심리학과 자아에 대한 분석』(*Psychologie des foules et analyse du moi*[1921], Paris: Payot, 1981, pp. 123~124).

18 마르셀 모스, 「심리학과 사회학의 현실적·실제적 관계들」("Rapports réels et pratiques de la psychologie et de la sociologie", in *Sociologie et anthropologie*, Paris: PUF, 1950), p. 293.

19 파스롱, 『사회학적 추론』(J.-C. Passeron, *Le Raisonnement sociologique*, Paris: Nathan, 1992), p. 330.

도 똑같은 방식으로 귀 기울여 볼 수 있다. 즉 충격받고, 졸도하고, 죄의식을 느끼고, 선대는 물론 배우자를 아우르며 자신의 고유한 역사를 다시 문제 삼을 때, 그리고 거의 불가능한 어떤 애도의 감정[20]과 사투를 벌이고, 과보호라는 전도된 모습으로 발현되기도 하는 살해욕망을 갖게 될 때의 그들 말이다. 또한 사회학자나 사회심리학자가 '나쁜 대상'의 갖가지 양상들, 위험과 전염, 혹은 온갖 결함에 쏟아지는 추함의 낙인을 묘사할 때도 똑같이 귀 기울일 수 있을 것이다.

때문에 우리는 그리 어렵지 않게 사회적인 것과 정신적으로 체험된 것의 교차점에서, 각각에 발 딛고 있는 무수한 양가성을 확인할 수 있다. 거부된 동시에 매혹적인 것으로서의 장애, 우리가 받아들이길 거부했으나 우리 자신의 일부와 너무나도 유사한 것으로서의 장애가 바로 그렇다.

달리 말해 장애라는 관념 아래에는 상징적인 것을 동원하는 '불구성'의 문제가 자리한다. 이 불구자들의 사회적·경제적 입장 자체는 우리가 이 상징체계와 관계 맺을 경우에만 이해될 수 있다. 한 인류학자가 그 사실을 보여 주고자 했는데, 이것이 바로 우리가 로버트 머피에게 빚지고 있는 바이다.

---

20 코르프-소스, 「장애 : 낯섦의 형상」(S. Korff-Sausse, "Le handicap : figure de l'étrangeté", in *Trauma et devenir psychique*, Paris: PUF, 1995) 혹은 소스, 『조각난 거울: 장애아동, 그 가족과 정신분석자』(*Le Miroir brisé. L'enfant handicapé, sa famille et le psychanalyste*, Paris: Calman-Lévy, 1996). 청취와 임상실험을 통한 이런 식의 접근법은 상당한 발전이 기대된다. 우리는 『에스프리』를 통해 우리의 관점을 여러 사회적 양상들에 맞추어 보기로 했다.

로버트 머피의 입장, 경계성

시카고 학파에 대한 로버트 머피의 비판에서 다시 출발해 보자.[21] 결함이 갖는 특수성을 통한 접근법을 이탈하지 않고, 민족학적 차원을 견지해 보도록 하자. 머피는 상호작용주의가 낙인과 일탈이라는 이중의 개념과 더불어 결함이라는 개념에 방점을 찍고 있으며, 또한 장애인을 범죄자 혹은 현행범 같은 존재로 간주한다고 보았다.[22]

그런데 예컨대 설령 장애가 불구아동의 부모들에게 어떤 죄를 유발한다 해도, 우리는 이 문제를 정의와 도덕에 속한 어떤 개념으로 정확하게 사유할 수 없을 것이다. 게다가 머피는 장애인들의 인류학적 특수성을 와해시키는 억압, 착취, 배제 혹은 여타 개념을 이용해 장애

---

21 머피, 『잃어버린 몸으로 살아가기』(R. Murphy, *Vivre à corps perdu*, Paris: Plon, 1990). 이 책을 "침묵하는 신체"(The Body Silent)라는 영문 제목으로 번역한 것은 정말이지 너무나도 놀라운 일이 아닐 수 없다. 속임수 같은 마술로 말장난 해가며 겉으로는 배반하지 않은 척, 제목의 의미를 완전히 전도시키고 말았기 때문이다. 침묵하는 신체, 더 이상 대꾸하지 않는 신체, 이것이야말로 잃어버린 몸이다. 하지만 통상적인 의미론에서 잃어버린 몸으로 살아가기란 곧 온몸으로 살아가기를 의미한다. 프랑스 출판사가 무슨 일이 있어도 빼먹지 않고 강조하는 도판에서도, 우리는 장애가 있지만 최고의 위치에 선 훌륭한 운동선수들이나 장애를 극복한 탐험가들의 모습을 종종 목격하곤 한다. 하지만 이 같은 모습은 저자인 머피의 글에서는 전혀 볼 수 없는 것들이다.

22 머피의 입장을 다소 길게 설명한 초기 출간된 소논문들 중 한 편(칼베즈M. Calvez, 「문턱상황으로서의 장애 : 경계성의 사회학을 위한 요소」"Le handicap comme situation de seuil : element pour une sociologie de la liminalité", in *Science sociales et santé*, vol. 16, n. 1, 1994년 3월, pp. 61~87)에서 칼베즈는 무척 현명하게도 1967년으로 거슬러 올라가 에저턴(Edgerton)의 연구로부터 논의를 출발한다. 에저턴의 저서 『역량의 은폐물: 정신 지체자 삶 속의 낙인』(*The Cloak of Competence. Stigma in the Lives of Mentally Retarded*)의 내용을 잠깐 확인해 보도록 하자. "암암리에 제 모습을 슬그머니 드러내는 여러 사회의 문맥 속에서, 어떤 불변하는 인간 조건으로서 정신 지체자에 대한 인식은 그로 인해 상심한 이들에 대한 자비의 원칙들과 나란히 등장한다. 이 같은 상황은 사회적 둥지를 할당하는 일로 표출되는데, 그 둥지 안에서 장애인들은 타인의 묵인하에 세상의 역경들로부터 보호받으며, 그들 역시 자신에게 지정된 지위를 받아들인다."(p. 71) 결국 낙인에는 완전히 상이한 여러 메커니즘이 있으며, 그 메커니즘들은 심지어 낙인이 작동하지 못하게 봉쇄하기도 한다. 이러한 관점은 머피의 입장을 매우 훌륭하게 소개하고 있다.

문제를 일정 부분 전통적인 사회문제로 몰아가는 일 역시 거부한다. 장애인이기 이전에 인류학자였던(적어도 연대기적 차원에서는) 머피는 반 게넵과 함께 여러 통과의례를, 또한 터너와 함께 문턱상황 및 경계 상황[23]을 연구한 바 있다. 그는 일련의 연구를 거치며, 처음에는 하지마비 환자 나중에는 사지마비 환자가 되어 버린 자신의 개인적 체험뿐 아니라, 장애인의 은폐된 사회적 지위를 설명해 줄 어떤 모델을 발견한다. 우리는 전통 사회들 내에서 어느 한 지위에서 다른 지위로의 이행이 있을 때마다 너무나도 많은 경계적·중간자적 상황들이 있음을 익히 잘 알고 있다. 이 두 지위 사이에 존재하는 그 순간 그리고/혹은 그 장소란 '통과의례'에 의해 열리고 닫히며, 또한 이 통과의례는 특수한 입문의식과 그 실제를 포괄한다. 어느 한 아이가 어른의 지위를 획득해야만 할 때, 이 아이는 일정 기간 어떤 경계의 국면에 접어들며, 바로 이 국면에서 어떤 제의를 거치며 유년기 상태와 분리된 아이는 성인의 삶을 준비하는 기간을 겪는다. 이런 식으로 일종의 새 생명으로 태어나기에 앞서, 아이는 거의 존재론적이라 할 만한 이 같은 변화가 가능하게끔 만들어진 일시적인 사회적 죽음을 경험하게 된다. 이 문턱의 국면이 완전히 끝날 때 비로소 이 아이는 새로운 통과의례 덕택에 성인의 지위에 돌입한다.

주변 사람들의 재현은 물론 제도적 실제 같은 수많은 측면에서 장애인들은 이전 상황과 타자적 상황이라는 정당하고 유효한 두 상태의

---

23 반 게넵, 『통과의례들』(A. Van Gennep, *Les Rites de passages*, 제1판, 1909, Paris: Picard, 1981[제1판, 1969]); 터너, 『제의적 현상. 구조와 반(反)−구조』(V. W. Turner, *Le Phéomène rituel. Structure et contre-structure*, Paris: PUF, 1990[제1판, 1969]).

중간적 상황에 놓인다. 이때 타자적 상황이란 타자들에 의해 기대되고, 해서 되찾아야 할 지위라는 점에서 그렇다. 하지만 여러 사회 속에서 인류학자 머피가 확인한 경계성과 문턱상황에서의 차이란 곧 장애인들이 바로 이 두 지위 사이에 머물도록 선고되었음을 뜻한다. 실제로 장애인들은 질병 혹은 사고 후유증으로 인해(잠재적 낙인찍기와 더불어) 정상적 지위를 벗어나, 과거 결핵환자들의 사나토륨(토마스 만의 『마의 산』의 경우를 떠올려 보라)에서의 요양처럼, 예컨대 병원이나 재활교육센터와 같은 특별한 장소로 떠나게 되었다. 그들이 새로운 자리 혹은 이전의 지위를 차지하러 되돌아올 때조차, 그들은 중간자적 상황에 머무는 존재로 비춰지고, 또 그렇게 계속 취급되었다. 이와 같이 그들은 거부되지도, 그렇다고 완전히 받아들여지지도 않으며, 따로 격리되지도, 그렇다고 통합되지도 않는다. "이방인도, 가족도 아닌 셈이다. 또한 죄인으로 판단되지도, 그렇다고 죄 없는 자로 취급되지도 않는다. 왜냐하면 그들은 결점 없는 남녀로 정렬된 공간을 소망하는 한 사회의 평온을 뒤흔드는 거추장스럽고 실수투성이인 존재들이기 때문이다. 그렇다고 해서 노예라 할 수도, 완전한 권리를 지닌 시민이라고도 할 수 없다. 또 완전히 예속되었다고도, 그렇다고 자유롭다고도 할 수 없다."[24] 분명 여기에는 '평범한' 세계로부터의 분리가 있고, 분명 문턱은 있으나 그렇다고 새로운 가입이란 없는, 혹여 있다 해도 아주 나쁜 방식으로만 있을 뿐이다(마지막 경우, 아주 애매모호한 의사議事-의식

24 가르두, 「문턱 위에 유배된 장애인들」, 『정신 장애에 관한 유럽연구』(Ch. Gardou, "Les personnes handicapées exilées sur le seuil", in *Revue européenne du handicap mental*, 1997, vol. 4, n. 14), pp. 6~17.

들이 종종 뒤따르는데, 이는 사람들이 머피의 대학복귀를 축하하며 열어 주었던 파티를 묘사한 그 유명한 장면에서도 엿볼 수 있는 바, 이때 파티의 모든 것은 그를 복귀한 대학교수로 여기기보다는, 한 생존자, 가까스로 생환한 구출자처럼 보이게끔 했기 때문이다[머피의 책 p. 109 이하]). 여기에 바로 중간자적 상황의 결정화 혹은 동결작용 같은 것이 존재한다.

사실 머피의 분석은 정말로 많은 상황들에 적용될 수 있다. 보호받는 여러 조직(노동을 통한 구호센터, 보호작업장, 의료-직능 시설)은 이 경계성의 전형적인 형태들일 뿐 아니라, 수많은 일상의 행위처럼 긍정적 차별의 총체이기도 하다. 특히 장애와 관련한 사유영역에 결정적 흔적을 남긴 인류학적 관점을 타당하게 도입했다는 점은 나 역시도 받아들이는 바이다. 우리가 장애인에게 만들어 놓은 조건에 분노가 치밀 때, 그 조건을 단순히 자유주의적이고 자본주의적인 토대에 세워진 사회조직에 대한 억압이나 그저 인종차별적이고 배제적인 억압 정도에 그치지 않게 해준 것이 바로 인류학적 관점이라고 나는 믿고 있다. 왜냐하면 머피는 여러 사유 체계뿐 아니라, 나아가 여러 문명의 근간에 깊숙이 배어 있는 무수한 불구성 사례에 공통된 불변적 요소들에 이목을 집중시켰기 때문이다. 이는 장-뤽 블레즈[25]가——과거에는 오늘날과는 다른 지위를 누리기에 마땅했던 이들에게 더 이상 완벽한 자격을 부여하지 않는——이 중간자적 상황의 여러 형태를 조사하며 훌륭하게 통찰한 바이기도 하다. 미처 세례를 받지 못하고 죽은 아이들이나

---

25 『경계성과 사회의 가장자리 : 장애에 관한 인류학적 접근』(*Liminalités et limbes sociaux : une approche anthropologique du handicap*, 역사 인류학 박사학위논문, 드니-디드로 파리7대학, 2002년 4월 30일, 미간행).

구약성서의 의인들이 머무는 천국과 지옥사이의 고성소古聖所, 혹은 지옥에 처해지진 않았지만 정결 의식이 필요한 사람들이 자리한 연옥 등이 이 같은 중간자적 상태를 보여 준다. 주변적 집단들 역시 이런 상태에 처해있는 자들로, 그들의 자리는 중앙 홀 신자석이 아니라, 성당 정문 언저리 현관홀에나 어울릴 법한 것이었다. 한편 블레즈는 훨씬 더 많은 위험을 무릅쓰고 이러한 인류학적 방식에 기댄 접근법을 정초하기 위해 단순히 문턱상황뿐만 아니라, 관례들의 총체와 연관된 현실적 조치들을 분석한다. 그는 은유에서 모델로의 이행을 가능하게 하는 관례에 준하는 경우들을 고찰함으로써, 준準, quasi이라는 표현에 어떤 위상을 부여한다. 이렇듯 경계성은 불구성의 사회적 지위에 대한 은유를 구성하기보다는, 그것을 설명하고 이제까지 간파할 수 없었던 여러 양상을 직시하게 해준다.

장-뤽 블레즈는 과연 우리 사회가 신성 차원의 그 무엇을 여전히 간직하고 있는지 자문한다. 분명 우리의 사회는 세속화되었지만, 그렇다고 해서 모든 신성화 메커니즘이 제거되었을까 하는 의문이 그것이다. 이 질문들은 서구사회를 포함한 문명들의 역사가 진행되는 내내, 불구성이 지상의 조건과 신성한 것의 영역 사이 모종의 형식적 관계속에서 취해졌던 만큼, 소위 장애인에 대해서도 상당히 타당할 수 있다. 이는 어떤 환속還俗을 넘어, 불구성에 대한 실질적 태도에 대한 이해의 차원과 관련이 있다. 즉 불구성이 촉발시키는 불안, 그 신체나 정신이 갖는 편차들 앞에서 느끼는 불편함은 불구성에 공공의 장소를 내줄 수 없게끔 하며, 이때 사람들은 종교적 문맥이기는 해도, 무엇보다도 사회적 존재가 될 때의 이점을 분명히 갖고 있었던 고대 메커니즘에 의지하게 된다는 것이다. 실제로 반 게넵이 묘사한바, 통과의례들과 문턱상황들은 사회적 삶을 구조화한다. 이러한 통과의례들과 문턱상황들은 종교적 숭배의식에 속하지는 않지만, 성스러운 차원과 완전히 분리될 수 없으며, 제의와 제의적인 것은 경험적이지 않은 다른 어떤 효력, 즉 모스가 말한 상징적 기능 중에서도 가장 강력한 의미에서의 상징적 효력을 부여하는 차원을 넘어서 이해될 수 없다. 내가 언급한 이 논문처럼 어느 한 논문이 전개한 이와 같은 연구방식은 머피의 사유가 갖는 풍성한 함의와 그 확장 가능성을 제시해 준다.

  신체기형, 정신착란, 감각상실 등은 성, 권력, 교역, 죽음, 혹은 선조들과 똑같이 사회집단을 늘 불안에 빠뜨리던 것들이다. 어떤 설명, 어떤 비전, 요컨대 어떤 '불구성에 관한 인류학'[26]을 공들여 만들어 내지 않는 문화란 존재하지 않는다. 이러한 출발점과 관점은 내게 매우 근본적인 문제로 여겨지는데, 왜냐하면 이는 단지 가난과 비참한 상황에 대한 '사회적 질문'만으로는 쉽사리 해결될 수 없는 소위 오늘날 장애 문제가 갖는 일정한 특수성을 긍정하게끔 해주기 때문이다. 가령 남성들과 여성들 사이에 발생하는 여러 관계의 문제는 대부분 경제적 조건과 독특한 사회적 여건에 속하는 문제틀을 벗어나는데, 그 이유는 성적 측면이 부각된 이 관계야말로 무엇보다도 감정의 관계, 감수성의

---

26 스티케, 『장애:약체들과 사회들』(*Corps infirmes et sociétés*, Paris: Aubier, 1982, Dunod 2판, 1997). 일군의 외국 연구자들에게서도 이와 유사한 인류학적 접근이 시도되고 있다. 주로 다음의 저서들을 참고하기 바란다. 잉스타·레이놀즈 휘테, 『장애와 문화』(B. Instad & S. Reynolds Whyte, *Disability and Culture*, London: University of California Press, 1995). 뮐러, 『불구자, 인간을 사랑하는 민족학』(K. E. Muller, *Der Kruppel, Ethologia passionis humanae*, München: C.H. Beck, 1996).

관계, 환상의 관계, 욕망의 관계 등을 뜻하기 때문이다. 분명 역사 속에 기록된 감정, 환영, 혹은 욕망이란 존재하지 않으며, 기원전 제2천년기 이집트인의 상상계와 20세기 말 프랑스인의 상상계가 동일할 리도 없다. 하지만 이러한 사실이 성의 문제를 단지 사회-경제학에 속한 문제로 귀착시키는 이유가 될 수는 없다. 즉 상상적인 것에 관한 여러 사회적 프레임은 상상적인 것의 특수성을 조금도 폐기하지 않기 때문이다. 불구성의 문제도 마찬가지이다. 불구성은 마치 약속이라도 한 듯, 우리의 종과 관련된 수많은 공포의 재현, 우리의 성애 행위 혹은 우리의 선조가 저지른 과오에서 비롯된 죄의식의 재현, 그리고 우리의 나르시시스적 상흔에 결부된 재현 등을 대거 초래한다. 1994년 노벨 문학상 수상자인 오에 겐자부로는 자신이 속한 일본 문화의 보편적 현실을 묘사하고 있다.[27] 소설 속 주인공의 부인이 대뇌 헤르니아에 걸려 뇌손상을 입은 아이를 낳았을 때, 그는 의사의 시선에서 죄의식을 느끼며, 스스로 '괴물의 아비'라고 생각한다. 이 괴물은 아프리카로 떠나려는 그의 계획을 재고하게 했을 뿐만 아니라, 자기 자신에 대한 이미지를 돌아보게끔 한 존재로, 간단히 말하자면 삶에 족쇄를 채우고, 매일같이 술 마시게 하고, 창녀촌을 들락거리게 만드는 괴물, 부인과 아이를 보러 가는 것조차도 막아 버리는 그야말로 괴물로 그려진다. 마침내 그는 현실과 맞서기 위해 자신을 변화시키고, 또 이 괴물 같은 아이를 결국 '자신의' 아이로 인정하지만, 이 같은 현실은 엄청나게 고통스러운

---

27 오에, 『개인적인 체험』(K. Oé, *Une affaire personnelle*, Paris: Stock, 1994). 아울러 『우리의 광기에서 어떻게 살아남을지 이야기해 봅시다』(*Dites-nous comment survivre à notre folie*, Paris: Gallimard, 1982)도 확인해 보길 바란다.

노정이라는 비싼 대가를 치러야만 가능한 것으로 묘사된다.

문화주의 이론, 청각장애인의 경우

소위 장애인으로 불리는 사람들의 특수성을 제사題辭에 올렸던 그 세
번째 이론은 장애와 불구성이라는 개념 자체를 근본적으로 거부했던
방식으로, 미국의 다문화주의에 뿌리를 두고 있다. 실제로 미국에서의
'독립생활Independant Living' 운동과 정기간행물 그리고 (고통에 관한
연구로도 유명한) 어빙 졸라Irving Zola가 세상을 떠날 때까지 이끈 '장
애 연구Disability Studies' 네트워크를 주변으로 한 문화적 분석은 다음
과 같은 두 가지 차원에서 진행되었다. 즉 장애에 대한 재현들은 종교
적·언어적·전통적 소여에 관련된 여러 요인에 의해 좌우된다는 것이
그 하나였고, 장애인들은 삶의 조건과 역사에서 출발해 그들만의 특성
을 지닌 고유한 문화집단을 구성한다는 것이 다른 하나였다. 여성운동
이 오직 여성들에 의해서만 이해될 수 있는 '여성문화'라는 권리요구
에 기초해 여러 '여성학' 분과들을 탄생시켰던 것과 마찬가지로, 장애
인의 경우도 사정은 마찬가지였다. 대서양 저편 미국에서 가장 특권적
지위를 차지했던 경우라면 청각장애인의 사례일 것이다. 여기서 내가
말하는 청각장애인은 청각장애를 갖고 태어난 사람들 혹은 적어도 수
화를 훈련할 수밖에 없는 사람들을 뜻한다. 이들이 정말로 자신의 의
사를 표현하고자 한다면, 어쨌든 이중언어 구사자라고도 할 수 있을
테고, 또 다양한 언어적 매체들을 활용할 수도 있을 것이다. 한 세기 동

안 자신의 고유한 언어가 금지되는 일을 지켜보아야만 했던[28] 이 청각장애인 공동체는 상당히 합법적으로 소수문화공동체 지위를 요구할 수 있게 된다. 그들이 내세웠던 논거는 다음과 같다. 즉 우리는 여타 말하는 능력을 갖춘 자들과 마찬가지로 말할 능력이 있는 존재이다. 또한 우리에게는 언어가 있다. 분명 그 언어가 소리기호가 아닌 신체기호이긴 하지만, 완전히 대등한 언어이다. 바로 이러한 연유로, 우리는 생각하고 우리 스스로를 설정할 수 있는 어떤 방식, 간단히 말해 세계-에-존재할 수 있는 방식도 갖고 있다. 우리의 '열등함'이야말로 과소평가받는 또 다른 열등한 문화공동체들에 다가갈 수 있게 해주는 것으로, 이런 일이 가능한 까닭은 지배적인 동시에 지배를 일삼는 어떤 문화 안에서 우리가 곧 소수이자, 너무나도 낯선 존재들이기 때문이다. 이상과 같은 그들의 주장에서 출발해, 우리는 어떻게 장애라는 개념이 결손déficience의 개념보다도 더 약화된 혹은 부차적인 특성이 되어, 완전히 거부당하게 되었는지 확인할 수 있을 것이다.

어떤 이들은 이 첫 번째 문화적 요소에 청각장애가 갖는 자연적

---

28 몸짓언어의 체계를 세웠던 1789년에 사망한 레페 신부와 유감스럽기 그지없는 저 유명한 밀라노 학술대회(1880년 청각장애자들을 위한 교육시설의 회합이었던) 사이 100년의 기간 동안, 청각장애인들은 나름의 '청각장애인 문화'를 (모임, 만남, 연회, 지식 모임 등을 통해 강력하게) 발전시킨 바 있다. 밀라노 회의 당시 장내에 선명하게 울려 퍼졌던 교육과정 내 몸짓언어 사용 금지령으로 말미암아, 이 언어적 소수집단은 곧바로 억압 대상이 될 수밖에 없었고, 말은 표정으로만 유효하게 되었다. 그런데 비록 이 언어적 소수집단이 어떤 문화로 정의되기에 충분치 않다 해도, 분명 하나의 언어는 문화의 중요한 요소를 이룬다. 왜냐하면 언어란 언어 고유의 분절들은 물론, 구상하고 상징화하는 방식이자 의미체계를 뜻하기 때문이다. 청각장애인들의 역사 및 그들의 언어에 관한 역사와 관련해 다음의 저서들을 참고했음을 밝혀둔다. H. Lane, *Quand l'esprit entend. Histoire des sourds et muets*, Paris: Odile Jacob, 1991; J.-R. Presneau, A. de Saint-Loup, Bernard Mottez, *Handicap et inadaptation, fragments pour une histoire, notions et acteurs*, Paris: Alter, 1996은 용어집이라는 간접적인 수단을 통해 매우 중요한 공헌을 하고 있다.

특성을 추가시키기도 한다. 즉 청각장애인들은 어떤 사람이 흑인인 것처럼 혹은 우리가 남성 혹은 여성인 것처럼, 그 동일한 방식에서 청각장애인이라는 것이다. 이 조건을 변화시키려 드는 것은 흑인을 백인으로, 여성을 남성으로 만드는 일만큼이나 부조리한 일이다![29]

이 같은 조건은 의사소통방식과 고유한 의미화 과정을 함축한다. 어느 청각장애아를 그가 속한 자연 공동체로부터 솎아내는 일은 용인할 수 없는 어떤 침해를 뜻한다. 할런 레인Harlan Lane은 한 미간행 논문에서 다음과 같이 서술한다.

> 설령 아프리카계 미국인, 스페인계 미국인, 원주민 인디언 혹은 청각장애 등과 같은 공동체의 일원이 될 운명을 타고난 아이들이 생체-권력bio-pouvoir을 통해 귀가 들리는 코카서스 백인 남자로 변형 가능하다 해도, 또한 사회가 능히 이러한 일을 해낼 수 있다 해도, 사회는 결코 그런 짓을 해서는 안 될 것이다.

가능하다고 해서 바람직한 것은 아니다. 우리는 청각장애인에게 귀가 들리는 사람들처럼 구두로 말하기를 요청해서는 더더욱 안 된다. 청각장애는 어떤 한계가 아니라, 어느 특수한 문화의 전개를 배태시킨 어떤 생물학적 특성인 것이다.

---

29 이에 반하는 예로는 '귀머거리 종족'이 확산될지 모른다는 두려움에 청각장애자간 결혼금지를 권고하거나, 그들에게 불임수술을 강요했던 어느 우생학적 흐름에서 찾아볼 수 있다. 벨, 『인간종의 다양한 귀머거리 형성에 관한 체험기』(A.G.Bell, *Memoir upon the Formation of a Deaf Variety of the Human Race*, New Haven: National Academy of Sciences, 1883).

이러한 청각장애인 공동체가 갖는 특성들은 흑인들 여성들 혹은 멕시코인들과 관련된 미국의 문화주의적 해석 풍토에 매우 적합한 것이었다. 미국에는 청각장애인들을 위한 대학 —— 워싱턴에 위치한 갤로뎃Gallaudet 대학 —— 이 있다는 사실도 간과해서는 안 될 것이다. 이는 청각장애 문화의 상징과도 같다. 프랑스에 이와 유사한 케이스가 없는 까닭은 프랑스의 청각장애인들에게 문화적 공동체를 마련해 주려는 의식이 부재하기 때문이다.

설령 이러한 방향을 견지한 어떤 경향이 미국 내에 존재한다 해도, 청각장애인의 경우가 특이 케이스에 해당하고, 또 내가 방금 요약한 그들의 입장이 여타 불구자 집단들에 의해 받아들여지지 않고 있다는 사실만큼은 분명한 듯하다.[30] 그런데 바로 여기에 논리적 필연이 있다.

실상 여러 질문이 여러 차원에서 제기될 수 있다. 왜냐하면 이러한 특수성에 대한 권리 요구는 결국 청각장애인 공동체를 흡사 무관심과 호의를 발휘해 일정 간격을 유지해 가며, 미국이나 캐나다 인디언 원주민을 '특별보호구역'에 거주하게 했던 방식처럼, 일종의 예외로 만들어 버릴 우려가 있기 때문이다. 또한 경험적으로 보아도, 모든 장애인들에게 그들을 특별보호구역 내에 혹은 적어도 그들의 현 지위 내에 잘 격리시켜 두어야 한다는 관념적 보편화를 관철시킬 우려가 있기 때문이다. 그렇다면 혹시 이는 그 같은 관념을 공고히 하기 위해 사회 공동 공간을 외부화하여 몇몇 특정 범주를 따로 취급하려는 이미 확산된

---

30 한번은 미국에서 개최된 장애 연구(Disabilities Studies) 대규모 연례 전체 모임에 참석했을 때, 나는 눈꺼풀 떨림으로 의사를 표현하는 장애인 문화가 실재한다는 사실을 여러 발언들을 통해 청취할 수 있었다.

관념과의 재결합이 아닐까? 이렇게 결정화된 공동체 관념에는 규범화된 사회가 기획한 어떤 외부의 '실현'이라는 맹아가 담겨 있어서, 별안간 진짜로 사회의 외부가 되어 버리는 것은 아닐까? 하지만 이상의 질문들이 다음과 같은 공동체주의 이론의 영향력을 은폐해서는 안 될 것이다. 즉 주변을 에워싼 사회는 거의 윤리적 집단처럼 나타나기도 하는 여러 목표집단들을 범주화시키고 구성하려 들기 때문이다. 하지만 역설적이게도 청각장애인의 문화주의적 권리 요구는 사회 심층에 뿌리박혀 있는 사유와 행동의 흐름을 설명해 줄 수 있다. 다만 그 흐름이란 우리와는 거리가 먼, 그들만의 것일 수밖에 없다.

　　고로 생물학적 특성과 한 문화에 대한 단언 사이에 수립되는 관계를 훨씬 더 철저하게 문제 삼아야 할 것이다. 여성 문화 혹은 남성 문화라는 것이 존재할까? 그리고 흑인문화란 존재할까? 그렇다면 난쟁이문화라고 해서 문제될 게 뭐란 말인가? 문화는 어떤 언어, 어떤 기술, 어떤 종교, 남녀관계의 특정 유형을 전개시킨 어느 한 집단, 어느 한 인간사회의 역사적 사실이 아니다. 우리는 역사적으로 청각장애인들이 반투족, 바스크족, 혹은 프랑스인들과 똑같이 그들만의 문화를 창조해 냈다는 사실을 인정할 수도 있다. 하지만 이는 자연적이고 생물학적 소여와 관련된 것이 아니다. 이것이 역사다. 가령 우리가 네그리튀드를 인정한다면, 그것은 여전히 이러한 역사적 차원에 속하는 것이다. 내가 보기엔 청각장애에 관한 정통주의자들의 논지에는 다소 혼동이 있는 듯하다. 나름의 언어와 나름의 문화를 표방하는 모든 청각장애인들이 헐런 레인일 수 없지 않은가. 게다가 이러한 구별들을 정확하게 할 만한 이유는 또 있다. 오늘날 다른 문화들과의 교차를 원치 않을 문화가 과연 존재할까? 프랑스어를 보호하는 일이 외국어 말하기를 거부하는 행위의 동의어가 아니듯 말이다. 분명 청각장애자들 중에서도 엄격한 이들은 두 가지 언어체계를 병용하는 일을 받아들이겠지만, 여기에는 역사적으로 보면 충분히 이해되어도 결국 막다른 골목에 이르게 하는 성가신 문제가 여전히 남아 있다. 일정 사회에 속한 어느 한 개인은 또 다른 사회에 정당하게 녹아들 수 있고, 또 그 문화를 자신의 것으로 삼을 수 있다. 그러므로 청각장애인들의 언어와 문화에 대한 존중, 발전, 확산이 일종의 '인디언 권익보호주의indiénisme'를 함축하진 않는다. 이런 입장에 대한 비판은 문화주의 이론의 영향력이 어떤 것인지 우리에게 알려준다. 즉 우리는 우리만의 레퍼런스로 인해 자기중심적이 되어서, 여러 문화의 다양성을 받아들이지 않고, 자연의 다양성 또한 받아들이지 않는다는 것이다. 우리가 속하고, 또 우리에게 '자연스러운 것-당연한 것naturelle'으로 여겨지는 문화와는 다른 수많은 정당한 문화들이 있을 수 있다. 청각장애 문화 혹은 보다 일반적으로 확대해 장애인 문화를 옹호하는 사람들은 나름의 요구를 통해 '생각할 여지조차 없는' 차이로 여겨졌던 불구성에 관한 수많은 태도 및 재현 시스템을 설명하고 있다.

　　그렇다면 청각장애인을 장애인, 조금 더 정확히 말해 결함이 있는 존재로 간주하는 일을 거부해야 하는 것일까? 장애인 지위는 이토록 불안정한 사회에서라면 갖고 있는 편이 현명하다거나, 몇몇 특혜들은 이미 포괄하고 있다는 식의 실용주의에 입각한 답변만으로는 충분하지 않다. 실상 장애인을 위한 여러 법률과 시설은 청각장애인들에게도 개방되어 있고, 그들 또한 그 도움에 의존하고 있으니 말이다.

우리는 온전히 '불구성'이라는 측면에서, 청각장애인들이 그들 자신에 대해 말하는 바를 이야기해 볼 수 있다. 그렇게 태어났고 그렇게 되어 버렸다고 할 때, 이 '그렇게'란 분명 차이와 특이성의 저 거대한 합주 속에서 벌어진다는 사실을 말이다. 물론 이는 레퍼런스 차원에서 보자면, 그 규범이 이상적인 본보기이건 어떤 평균치의 수립을 뜻하건 간에, 언제나 우리가 완전한 편차로 판단하는 어떤 규범에 속하는 것이 사실이다. 청각장애의 문제는 우리의 도덕적 혹은 사회적 레퍼런스의 전횡을 탁월한 방식으로 상기시켜 준다. 이렇듯 청각장애는 —— 다만 공통의 특징들이 과반수를 채 넘기지 못한 다른 나머지 모두를 제거하지 못한 채 —— 민주주의적 논쟁을 강력하게 제기한다. 고로 청각장애인은 물론 또 다른 장애인들을 이곳 저곳 어디에 분류해야 할지를 아는 일보다는 어떻게 하면 우리가 여러 특수성들을 근본적으로 고려하는 가운데 한 사회를 정초시킬 수 있을지 알아내는 일이 문제된다. 이러한 견지에서 '장애'는 민주주의적 구성에 있어 일종의 자극제라 하겠다.

문화주의적이고 공동체주의적인 이 접근은 하나의 이론이라 할 수 있다. 왜냐하면 이 접근법은 민주주의의 여러 기능장애를 총체적으로 제시하는 한편, 결함 있는 사람들 혹은 그저 특이할 뿐인 사람들의 문제 전체를 다른 것과의 상관관계에서 초래된 결함의 문제로 되돌려 놓기 때문이다. 동일 공간 내에서의 여러 특수성의 공존과 상호인정이야말로 민주주의 절차들 내에서 현재진행중인 도전이라 하겠다.

억압에 관한 이론

나는 이쯤에서 장애인으로 살아가는 여러 연구자 및 교직자 덕택에 수많은 저서를 출간하고, 또 영국의 여러 대학에 그 뿌리를 두고 『장애와 사회』*Disability and Society*라는 정기간행물을 간행하고 있는 한 '사유학파'를 검토해 봄으로써, 이 사유학파에 정당성을 부여하고자 한다. 그들의 기본 주장은 늘상 의학적이고 개체주의적 특징을 띨 수밖에 없는 결함이라는 측면에 치중한 모든 접근법 ——심지어 교묘하고 위장된 형태를 취하는—— 을 거부하는 '사회모델'을 통해 장애의 여러 사태를 분석할 때에야 비로소 장애는 이해될 수 있다는 것이다. 그렇다면 그들이 생각한 이 사회모델이란 과연 무엇일까? 우선 그들이 기각했던 내용은 상당히 분명하게 드러난다. 그들은 일정 결함에 대한 특수한 관점에서 출발해, 그 결함에 대한 여러 조치와 진단에 따라, 훨씬 더 보편적인 방식을 취하며, 짐짓 장애의 가능성, 제 위치, 역할, 관련 절차 등을 규정하려 드는 의학적 혹은 심리학적 평가 및 담론 일체를 단호히 거부한다. 뿐만 아니라 장애인들을 한정짓거나 표지하는 데 기여하고, 대개 그들을 열등한 존재로 치부하려는 일체의 행위를 거부한다. 고프먼과 다른 학자들도 분석했던바, 마치 유색인종들이나 동성애집단들이 그들을 차이짓는 관점 ——결국 억압의 형식들을 야기하는—— 에 의해서만 고려되는 것처럼, 장애인 역시 억압당한 존재로 간주된다. 그러나 장애를 온당하게 고찰하기 위해서는 사회적 장벽들과 그 원인들을 사회학적·정치학적 결정요인의 차원에서 생각해 보아야 한다. 그런데 그 최선의 방식은 여기서도 역시나 어떤 인식론적 요구,

즉 스스로 장애인이 되어 보는 일이다. '그 내부에 속하지' 아니한 ──
아니 오히려 자유롭지 못하다고 해야 할 ── 모든 말 모든 연구는 어떤
태생적 결점으로 얼룩지기 마련이다. 왜냐하면 이런 식의 말과 연구
는 어쩔 수 없이 외부 담론이라는 성격을 띠게끔 되어 있기 때문이다.
더구나 이 외부 담론은 억압을 생성시켜 온 서구 사회 안에서, 본질주
의적이고, 개체주의적이고, 특수화를 지향하는, 그래서 참여와 통합을
회피하려는 목적에서 구성된 '의학 모델'과 관련이 깊다. 사태들을 결
함이라는 개념으로 파악할 뿐 아니라, 시카고 학파(초창기에는 이러한
상황을 부추겼던)나 머피도 피하지 못했던 이 같은 상황의 심층적 원인
들은 실상 장애의 재현들을 지배하는 사회-경제적 구조 내부에서 발
견된다. 일종의 네오-마르크스주의가 이 작업에 자리한다고 볼 수 있
는데, 왜냐하면 결함 개념에 부여된 중요성은 실상 사회적 장벽들이
빚어낸 효과에 불과하기 때문이다. 여기서 우리는 하부구조와 상부구
조의 연관관계에 따른 모종의 형식과 다시 만나게 된다. 상상적인 것
과 그야말로 인류학적인 것의 측면에서 바라보려는 관심을 부정하지
않으려 했던 이 사유학파의 더없이 엄격한 지지자들은 스스로 유물론
자를 자처한다.[31] 그럼에도 불구하고 내 생각엔, 그들의 사유 혈통은 마

---

31 이와 관련된 텍스트들은 아직 번역되지 않았다. 이에 영문 그대로를 인용하기로 한다. 여러 입장들
을 상당히 잘 요약해 보여 준 한 텍스트에서 탁월한 식견의 연구자 콜린 반즈(Colin Barnes)는 다음
과 같이 서술하고 있다. "자본주의하에서 사회 문제의 개인화 및 의료화와 결부되어 사회적 제공 및
통제 수단으로서 급부상한 보호시설은 장애에 대한 개인주의적 의료 접근법의 출현을 초래했다. 올
리버에게 있어서 이 '장애의 개인적 비극'은 결국 상식과 일상적 추정과 믿음으로 번역되었다는 점에
서 '사상적 헤게모니'(그람시Gramsci, 1971)를 성취한다. 미국인들의 연구와는 달리, 이러한 설명들
은 사람들의 억압의 토대가 자본주의 사회 출현으로 발생한 물질적·이념적 변화들에 바탕을 두고 있
음을 분명하게 시사해준다." 「억압의 유산: 서양문화에서의 장애의 역사」("A Legacy of oppression :
a history of disability in Western Culture", in *Disability Studies : Past, Present and Future*, The

르크스나 그람시가 아닌, 앵글로-색슨 특유의 사유 전통 속에서 세워진 듯하다.

우리는 질병이 건강한 상태가 전제된 개인을 생산자 및 경제 행위자라는 개인의 능동적 역할로부터 떼어놓기 때문에, 질병은 곧 사회적 일탈 같은 것을 구성한다고 강조했던 파슨스[32]로부터 논의를 출발할 수 있을 것 같다. 이러한 관점에서 의학은 사회적 위협에 맞서고, 사회 안정을 유지하는 데 기여하고, 결국 사회의 원활한 작동에 필수적인 일종의 톱니바퀴가 된다. 이때 의사는 누가 환자고 누가 그렇지 않은지 말해야 하는 유일한 자격을 획득한다. 그러므로 의사는 질병이 표상하는 잠재적 일탈을 일정한 방향으로 유도함으로써 사회적 통제를 실천한다. 나아가 의학은 공동체의 경제적·사회적 목적들에 종속된다. 이렇듯 질병과 관련해 진실인 것은 불구성과 관련해서는 더욱더 진실일 수 있다. 고프먼, 벡커, 스콧 등의 협력자였던 파슨스는 앞서 언급했듯, 비록 결함의 특수성을 부각시키긴 했지만,[33] 1970년대 여러 해석가들에게 장애인 문제에서 사회적 요인의 중요성을 더욱 강조할 수 있는 가능성을 마련해 주었다고 볼 수 있다. 노동과 능률에 역점을 두

Disability Press, 1977). 이러한 토대에 근거해 연구 중인 그룹들은 상당수에 이른다. 특히 마이클 올리버(Michael Oliver)의 영향력은 지대하다고 하겠다. 지침서가 될 만한 그의 저서를 아울러 소개해 둔다. 『장애의 여러 정책들』(The Politics of Disablement, London: Macmillan, 1990).

32 파슨스, 「사회구조와 역동적 프로세스: 근대의학의 실제」(T. Parsons, "Social structure and dynamic process : the case of modern medical practice", in The Social System, 1951, 제10장). 이 부분에 대한 번역판은 Eléments pour une sociologie de l'action, Paris: Plon, 1955에서 확인할 수 있다.

33 '자립적인 삶을 위한 운동Mouvement for Independant living(ILM)'에서 보여 준 미국의 젊은 장애인들의 급진화에 결부된 이러한 통찰은 적어도 장애에 대한 평가에 있어 장애만큼이나 환경적 요인도 중요하다는 게르벤 데 용(Gerben de Jong)의 주장을 이끌어 냈다.", 반즈(C. Barnes), 앞의 책, p. 6. De Jong, in Handicap in a social world, Open University Press, 1979.

는 자유주의 산업사회는 공동체의 건전한 경제활동에 기여할 능력이 없는 자들을 몰아낸다. 1976년 반反분리 신체장애인연합UPIAS; Union of Physically Impaired Against Segregation이라는 단체는 '장애disability'라는 개념을 "어떤 신체적 결함을 갖고 있어 그 결과 주요 사회활동 참여에서 배제된 사람들을 인정하지 않거나 혹은 거의 고려하지 않는 현대사회조직이 초래한 불이익 혹은 활동상의 제약"으로 정의내린다. 이 정의는 결함 있는 사람들의 길 위에 솟아나 있는 무수한 장벽에 경제적·사회적 기원을 부여하려는 시도로 읽힌다.

하지만 이러한 유형의 사유는 역설적으로 보일 수 있다. 우선 불구성을 통해 이 문제 내부로 들어가려는 모든 접근법을 중요하지 않게 생각하면서도, 불구성에 반하여 세워진 여러 사회적 장벽들에 대해서는 어떤 특별한 분석이 요청된다고 주장하고 있으니 말이다. 또한 다른 한편에서 보면, 이러한 사고방식이 나름의 성과를 거두었지만, 문화주의적 흐름이 획득한 여러 전리품도 함께 취한다는 점에서 역설적이라 할 수 있다. 그 이유는 '사회적 장벽'의 총체적 조건들에 대한 분석이 바로 '장애'에 대한 경험으로부터 시작된 것이기 때문이다. 여하간 이 사유흐름이 가져온 이론적 영향력은 실로 대단했는데, 왜냐하면 불구성의 문제와 장애의 문제가 지닌 상대적 가치들을 인정했기 때문이다. 다만 여기서 '상대화시키기relativiser'라는 표현은 이 단어의 고유한 여러 차원 ── 상대적 가치만을 인정하기, 상대적인 것으로 만들기 등 ── 에서 해석 가능할 것이다. 이렇듯 불구성은 사회와 주변문화에 상관적이고, 또 그러한 상황과도 상관적이지만 ── 우드 같은 다른 학자들도 다른 방식이긴 했지만 이 점을 언급한 바 있다 ──, 무엇보다도 불구성은 그 생성조건들과 상관적이라 할 수 있으며, 이것이야말로 독창적인 부분이다. 그 자체로 가난 없는 불구성이란 없다고 할 수 있으며, 이 같은 현상들은 모든 차원에 걸쳐, 사회의 취약한 일원들 중 몇몇의 삶에 장애물들을 설정해 놓은 한 사회의 상황에서 일정 부분 비롯된 '이데올로기적' 산물이라 할 수 있다. 이는 어쩌면 사회가 스스로를 보호하거나 혹은 유지하기 위한 것으로, 여기서 우리는 짐멜식 사유의 문턱에 이르게 되는데, 나는 그의 사유를 장차 나의 고유한 비전을 전개시키기 위한 통행로로 삼을 것이다.

장애를 이론화한 우리 시대의 위대한 방법론들에 대한 환기를 마무리하며, 우리가 애초에 던졌던 최초의 질문을 새롭게 던져야 할 것 같다. 지금까지 우리는 언급된 이론들을 그 불충분한 요소들과 한계들을 차례차례 확인하면서 일별해 보았다. 문제는 이렇게 바뀔 수 있을 것이다. 어째서 여러 장애 상황이 감소되는 추세에도 우리는 거의 진전을 이루지 못한 것인지, 또한 무엇 때문에 장애인들은 이렇듯 늘 불안정한 상황을, 더구나 고통받으며 살아가야 하는 것인지 되묻지 않을 수 없다.

이 점에 대해서는 모든 것이 최선의 방책은 아니어도, 어쨌든 "할 수 있고 해야 할 모든 일을 하고 있다"는 걸 애써 보여 주려는 정치인 특유의 장황한 궤변이 담긴 무능한 보고서를 굳이 언급하지 않아도 될 것 같다. 여러 규칙들과 특수한 조처들을 담은 법률들이 제정된 이래로 우리가 장애인들을 평균적이고 평범한 시민으로 고려하지 않는 현실만 언급해도 그 충분한 증거가 될 테니 말이다. 공통 규칙에 일정 집단과 관련해 예외가 발생하는 순간, 그곳에는 공공 재화의 접근 및 그

실행에 있어 해당 집단에게 채워지지 않는 결함상태가 있다는 표시가
난다. 설령 만회할 수 있는 여러 시스템이 존재한다 해도, 그것은 이 시
스템의 관련자들이 뒤처진 존재로 간주되고 또 실제로도 뒤처졌음을
의미할 뿐이다.

이에 나는 완전한 권리를 지닌 시민의 자격이 결함 있는 자들에까
지 이르지 못한다는 사실을 확인함으로써, 어째서 이렇게밖에 될 수
없었는지 자문해 보려 한다. 또한 법률을 제정하고, 시설을 건립하고,
예산을 계획하는 시대가 시작되었음에도, 어째서 '장애인들'은 재력이
라는 관점에서, 몇몇 권리의 실질적 실행이라는 관점에서, 그리고 국
가적 삶의 참여라는 관점에서 여전히 어떤 사회적 하위–범주에 속해
있는지 확인해 보고자 한다.

또 다른 전망을 향하여
게오르그 짐멜을 거치며, 포로가 되어 버린 장애인들

나의 질문은 1세기 전 가난과 관련해 게오르그 짐멜이 던진 질문에서
착상된 것이다.[34] 그의 가난에 대한 분석을 요약해 보면 다음과 같다.
만일 우리가 가난한 사람들의 구체적 조건은 차치하더라도 가난에 대
한 응답으로 탄생한 구호의 시스템을 검토할 경우, 우리는 사적 차원
이든 공적 차원이든 구호의 형식하에서 가난한 자들의 부담을 덜어주

---

34 짐멜, 『가난한 자들』(G. Simmel, *Les Pauvres*, PUF, 1998). 1918년에 사망한 사회학자 짐멜이 차
   지하는 중요성을 감안한다면, 번역이 한참 늦은 감이 있다.

는 일이 구호 시스템의 궁극적 목표도 아니요, 또한 구호 시스템이란 것이 그 옛날 적선이 부자들에게 자신의 구원을 도모하는 데 소용되었던 것 그 이상의 의미도 아님을 알 수 있을 것이다. 또한 종종 구원은 가난한 자들(자선 시스템에 관해 제3장에서 언급한 대로, 짐멜은 그 미묘한 차이를 보여 주어야 했음에도 가난한 자라는 표현을 쓴다)의 면전은 잘도 지나치곤 했다는 것이다. 마찬가지로 가난에 대항한 투쟁에 있어서도 사회가 스스로 만든 의무는 가난의 완전한 해소가 아니라, 균형과 '현상' 유지에 있었다.

"사회의 안녕이 가난한 자들에 대한 구호를 강력하게 요구하자마자, 그 동기는 목적으로부터 멀어지기 시작해, 오직 시혜자 쪽으로 방향지어졌을 뿐, 결과적으로 수혜자는 돌아보지 않게 되었다."(p. 46) 수혜자는 개인이요, 그 개인의 특수한 필요와 구호는 사회가 할 수 있는 것 또는 하지 못하는 것을 결정하는 사회구조에 의해 규정된다. "따라서 구호의 목표는 정확히 사회구조가 이 구별 위에 계속해서 정초될 수 있도록, 사회적 구별의 몇몇 극단적 표명들을 완화시키는 데 있다. 하지만 이러한 목표는 전적으로 사회적인 것 ─ 정치적·혈족적 혹은 사회학적으로 정의내려진 여러 집단들 ─ 이기 때문에, 사회적 현상 유지가 요구하는 것 이상으로 가난한 자들을 도와야 할 그 어떠한 이유도 없다"(p. 49)는 것이다. 이런 사회학적 관계는 "가난한 자에 대해 국가가 행하는 현대적 구호의 유형 속에서 발견되는 권리와 의무의 기이한 뒤얽힘"(p. 50)을 이해하게끔 해준다. 또한 이러한 관계는 어째서 이해당사자들이 그들 자신과 관련된 여러 조치에 어떠한 가담도 하지 못했는지 설명해 준다. 하지만 가난한 자들에게 여러 의무를 부과하는 메커니즘, 수혜자들이 궁극적 목적이 아님에도 가난한 자들의 권리를 주장하는 그 메커니즘을 폭로하고 설명해야 할 필요가 있다. 고로 논의는 시혜자를 만족시키고, 기부가 작동되도록 수혜자를 필수 불가결한 요소로 놓아 두는 의무의 문제로부터 출발되어야 할 것이다. 또한 기부의 의무는 자칫 일시적이고 불안정해질 수 있는 구호받을 권리를 설정하고 있는지도 즉각 추가적으로 검토해야 할 것이다. 이제 구호받을 권리는 구호를 가능하게 하는 요소로만 존재하게 된다. 때문에 구호가 보내질 목표집단은 남겨져야만 한다. 그리고 이 집단은 온전히 하나의 전체를 이루면서, 사회적인 것의 유기적 일부가 된다. 하지만 이러한 집단은 무엇보다도 가난의 여러 특성으로 정의되는 것이 아니라, 구호받는다는 그 사실로 인해 정의된다. 이렇듯 가난한 자 집단의 토대가 바로 구호이며, 이때 이 집단은 "전체로서의 사회가 사회 고유의 관점에서 채택한 집단적 태도에 의해" 어떤 목표집단으로 남게 된다(p. 15, 세르주 포강Serge Paugam의 머리말). 요컨대 이 주장은 다음의 인용으로 요약된다.

가난한 자들은 구호에 있어 어떤 권리를 갖는다. 그래서 그들을 구제해야 하는 어떤 의무가 생겨나는데, 이때 의무는 권리로서 가난한 자들과 관련되는 것이 아니라, 이 의무가 기여하는 사회의 보존, 즉 사회가 사회 각 기관과 몇몇 집단에게 요구하는 사회의 보존과 관련된다. 하지만 이 두 가지 양상을 넘어, 아마도 도덕적 의식을 지배하는 제3의 요소가 덧붙여질 수 있을 것이다. 즉 공동체와 유복한 개인들에게는 가난한 자들을 구제해야 할 의무가 있으며, 그리고 이 의무는 가난한 자들이 처한 상황을 경감시켜 주는 것만으로도 그 충분한 목적을 달성한다는 것이 그것이다. 가난한 자들의 권리란 바로 이러한 사실에 대응하는 것으로, 그 권리는 궁핍한 자들과 유복한 자들 사이에 맺어진 순전히 도덕적인 관계에서 비롯한 상반된 합목적성으로 나타난다. (p.66)

짐멜의 분석이 갖는 몇몇 특성은 장애인들의 상황 속에서도 어렵지 않게 다시 확인될 수 있는 것들이다. 그 중에서도 한 가지 예만 언급해 볼까 하는데, '장애인 기본법Loi d'orientation en faveur des personnes handicapées'이라는 1975년 6월 30일 법에 대한 심의 내용이 그것이다. 법안 제안이유서 안에는 우선 장애인의 여러 권리가 명시되어 있다. "제6차 경제사회개발계획은 장애인을 위한 사회활동의 일반적 기조가 가능한 한 모든 영역에 걸쳐, … 의 도움으로, 장애인의 자율권 사용을 보장하는 것이어야 한다는 점을 강조한 바 있다." 열거된 모든 재화(예방조치, 일자리, 재정적 자원 등)가 경제사회개발계획 차원에서 비롯되었다는 점을 부당하게 지적하는 것이 아니다. 장애인 문제는 곧 이 경제사회개발에 의해 요구되었기 때문에, 고로 그것에 좌우된다는 것이다. 이를 뒷받침하는 근거가 바로 '가능한 한 모든 영역에 걸쳐'라는 표현이다. 이렇듯 우리는 사람들(여기서는 장애가 주어진 사람들)이 겪는 고통의 경감이 사회적 안녕과 가능성에 예속된다는 앞선 분석이 적절했음을 텍스트 차원에서 간파할 수 있다.

이 법률 텍스트의 기본조항에는 장애인을 위한 활동이 국가적 의무의 형태로 표명되어 있다. 하지만 학교교육, 양성교육, 최소한의 재원 등이 장애인의 불가침 권리를 구성한다는 내용은 언급되지 않는다. 다만 의무를 지고 있는 주체는 국가이다. 추론해 보자면, 사람들은 이 국가적 의무라는 표현에 갖가지 열거된 재화들이 권리로서 함축되어 있다고 주장했지만, 이 텍스트가 무엇보다도 국가를 강조하고 있다는 사실은 의미심장하다. 결과적으로 이 텍스트는 국가를 권리의 원천으로, 재정의 분배자이자 분배의 통제자로 설정하고 있다. 이때 문제가 되고, 또 무대의 전면을 차지하는 것은 다름 아닌 국가이다. 달리 말해 국가가 최고의 권한을 가진 셈이다. 사람들은 이와 같은 내용이 너무나도 자명하고, 또 그렇게 근거지어질 수 있다고 말할 것이다. 주권이 필요하다는 사실, 그리고 그 주권은 너무나 당연하다는 듯 법률 텍스트 안에서 환기되고 있으니 말이다. 주권에 관한 문제는 본 장에 몇 페이지만 할애하기엔 너무나도 긴 설명을 요하므로, 본격적으로 논하지는 않겠다. 다만 민주주의의 여러 형식들에 있어 주권은 바로 해당 국민에게 있다는 사실은 꼭 지적해야 할 것 같다. 그런데 이런 지적은 일종의 중복표현임에 틀림없다. 왜냐하면 민주주의(국민demos-통치cratein)는 그 자체에 국민이란 표현이 들어가 있기 때문이다. 지극히 당연한 이야기 같지만 때로는 곱씹어 볼 필요가 있다. 그렇다면 과연 1975년 법률에서 말하는 국가는 국민과 동일한 것일까? 나는 그렇게 생각지 않는다. '국가적 의무'는 제1항 내에 묘사된 목적들에 기여할 수 있도록 사회를 사회의 모든 구성인자들에게 적용하는 것(지금 내가 검토하고 있는 조항의 두 번째 문단을 참조할 것)을 그 목표로 한다. 과소평가하려는 의도에서가 아니라, 실로 이러한 전망이 갖는 중요성은 이런 식의 사고흐름이 장애인이 말해야 하고 또 요구해야 할 것에 초점이 맞춰지기보다는 장애인을 위해서 사람들이 해야 할 일을 자문하는데 그 목적이 있음을 숨김없이 드러낸다는 데 있다. 그런데 명백하게도 관대함을 표방하는 '…을 위해서pour'라는 식의 사고 전개는 오히려 국가(기성 사회와 같은 의미에서)에 대한 수호이자 보호의 형태가 될수 있다. 그렇다면 이 마지막 가설은 확증된 것일까?

방금 살핀 25년간 장애 분야를 지배해 온 법률 기본 조항에 대한 독해의 연장선상에서 우리는 2005년 공포된 법률을 검토해 볼 수 있을 것이다. 2005년 법률은 20년 전부터 더욱 높아진 장애인들의 요구와 앞서 언급한 개념들의 진화 양상 및 그 진가가 반영된 것으로 보일지 모른다. 이 법률의 법안 제안이유서에는 장애인들의 참여, 보상권, 사회가 져야 할 접근 가능성의 의무(넓은 의미에서의 접근 가능성), 비-차별 등의 관련 문구들이 그 가치를 표방하며 주된 이슈를 이룬다. 하지만 우리는 좀 더 정밀하게 2005년 법률에 나타난 장애에 대한 정의를 살펴볼 필요가 있다. 기본적으로 1957년 11월 법률[35]에 명시된 장애

---

35 **1957년 11월 법** : "장애인 노동자로 간주되는 모든 사람이 일자리를 획득하고 유지할 수 있는 가능성들은 당사자의 신체적 혹은 정신적 능력의 불충분의 정도 혹은 쇠약 상태의 정도에 따라 실제로 줄어들었다."

2005년 1월 법 : "어떤 이가 자신이 속한 환경에서 신체적·감각적·정신적·인지적 혹은 심리적 기능들 중 어느 한 기능 혹은 여러 기능의 실질적이고 지속적인 변질 혹은 최종적인 변질로 인해, 심각한 장애나 운신하지 못하는 건강상의 장애를 겪어 일체의 활동상의 제약 혹은 사회활동 참여의 제한이 따를 경우, 이를 장애라 한다.

이와 같이 2005년의 정의는 내용을 더 충실하게 덧붙였고, 환경에 대한 암시를 주고 있지만, 그럼에도 불구하고 1957년 법과 동일한 구조를 보인다. 반면에 장애인 유럽포럼에서 제안된 다음의 정의는 본질적으로 다른 정의를 내리고 있다. "장애는 결함, 그 결함에서 비롯된 불능상태, 그 물리적·사회적·문화적 환경 사이의 상호작용에 기인한다. 이러한 장애 상황은 자율성의 부분적 혹은 전반적 손실 및/혹은 온전한 사회 참여의 어려움들을 초래한다." (CFHE, 유럽 내 문제해결을 위한 장애인 프랑스 회의, 『유럽의 주요개념들 : 개념설명을 위한 어휘들』*Les principaux concepts européens : les mots pour les dire*, 2003) 본문의 분석은 주석에서 언급한 두 유형의 접근법 각각이 작동시키는 다양한 논리를 상술하고자 함이 아니다. 다만 2005년 프랑스 법이 정의상의 전형성으로 인해 매우 확정적인 정

인 노동자에 대한 정의 도식을 되풀이한 2005년 법률이 노동 환경과 관련하여 어떤 암시를 추가하고는 있지만, 사회적 요인들과 결함에서 비롯된 요인들의 상호작용적 특징은 긍정하지 않는다는 사실을 확인할 수 있다. 왜냐하면 입법부는 이 법률에서 국가가 일찍이 이 정도의 노력을 기울인 적은 없었다고 단언하면서도, 실제로는 집단적 의무를 최대한 제한하고 있기 때문이다. 여기서 우리는 짐멜이 밝혀냈던 것과 동일한 메커니즘을 다시 확인하게 된다. 즉 구호시스템(다시금 연대의 가치가 매겨진 것이지만, 예전에는 휴무일에 대한 증여였던 것이 이제는 근로일에 대한 증여에 기초하게 됨으로써, 오히려 사회보장지급금고의 국고 재정을 확충하기 위한 조치이다)이 과거보다는 훨씬 더 긍정되었지만, 엄격한 의미에서 의존적이라 할 수 있는 개인의 여러 권리에 관련되었다는 점, 그래서 과거 구호시스템의 궁극적 목표가 장애인들과 그들이 겪는 고충에 맞춰져 있었다면 이제는 그 이상은 아닌 현사회의 균형상태를 그대로 유지 보존하는 일에 더욱 초점이 맞추어지게 되었다는 것이다. 만일 누구든 사회적·환경적 요인이 적어도 개인적 요인만큼이나 중요하고 동등한 역할을 담당한다고 주장했다면, 매우 확장된 차원의 사회적 의무 및 여러 권리의 실행조건을 배치하는 사회적 의무가 표명됐을지도 모르겠다. 하지만 결국 이 권리들은 의무라는 제약에 종속되었기 때문에 공공재화로 접근할 수 있는 여러 권리의 실행은 완전히 제한되어 버렸다. 짐멜에 의해 밝혀진 이 같은 순환관계는 여기서 분명하게 확인된다. 짐멜의 비판은 비록 2005년 법률을 만든 입법부

의로 굳어졌고, 따라서 불가피하게도 격렬한 비판들을 초래하고 있다는 사실을 언급해 두기로 한다.

가 개인과 그 개인의 역사에 관한 여러 요인과 그를 둘러싼 사회 전체에 속한 요인들 사이에서 발생하는 상호작용에 전적인 비중을 두었음에도 불구하고, 여전히 유효하다. 다만 이러한 사회적 총체의 실용주의적 의무는 상당히 강력한 것이었기에, 여러 권리의 실행조건들은 향상되었으리라 짐작된다.

짐멜에게서 착안한 나의 분석은 혹자가 사회 고발적 성격의 사회학이라고 이름 붙였듯, 어쩌면 시대에 뒤처진 사회학의 한 형태처럼 보일지도 모르겠다. 실제로 오늘날 사회학자들의 노력은 사회의 구성방식들과 그 혁신방식들을 더 많이 부각시키려는 경향을 보이며, 또한 '의혹의 시대l'ère du soupçons'와는 작별을 고했으니 말이다. 다만 나는 결정적 논쟁으로 확장하기보다는 여러 관점의 교차에 더 많은 관심을 두고자 한다. 어떠한 새로운 전망도 과거의 전망들을 일거에 폐기시키지는 못한다. 내가 말한 필연적 다원성에 속하는 장애 관련 여러 이론들과 마찬가지로, 사회학의 그 어떠한 유형도 사회적인 것에 대한 분석을 철저하게 고찰할 수는 없는 것 같다. 따라서 나는 1975년과 2005년 자료에 그 책임을 물을 수 있는 여러 제안들을 확인해 볼까 하는데, 우리는 그 정황을 지극히 합당해 보이는 또 다른 차원에서 검토하지 않을 수 없다.

분신으로서의 불구성, 되풀이되는 경계성

경계에 다가가기 위한 예비적 고찰

나는 방금 짐멜의 분석을 장애 분야에 옮겨 대입해 보고자 했다. 하지만 짐멜에게서 강력한 영감을 받았다고 해서 그와 동일한 분석을 시도하려는 것은 아니다. 짐멜은 빈곤 상태와 관련된 여러 정책들이 가난한 자들보다도 '부'와 사회의 보존에 훨씬 더 많은 눈길을 주었고, 이때 가난한 자들은 균형있는 사회를 위해 가난한 상태를 계속 감수해야만 했다는 사실을 제시했다. 그런데 불구성으로 옮겨 와 내가 제기하려는 문제는 우리가 우리 자신의 좋은 이미지를 유지하기 위해 개인적으로나 사회적으로나 맞닥뜨리는 우리의 '차이'를 곁에 두고 사는 것이 과연 필요한 일인지 아닌지를 알아보려는 데 있다. 달리 말하면, (본 예비적 고찰에서) 깨진 거울 효과를 강조한 다음, 이 깨진 거울이 갖는 필수불가결한 특징을 강조해 보려는 것이다. 깨진 거울은 불구성의 이미지가 어떤 전도되고 손상된 이미지로 바뀌었다는 것, 그리하여 우리에게서 기각당했음을 의미한다. 우리는 '그것-이드ça'와 닮길 원치 않는다. 그런데 나는 여기에 뭔가 더 있다는 가설을 세워 보려 한다. 실상 불구성과 불구자들(장애라는 용어로 표현되고는 있지만, 여기엔 언제나 결함이 자리한다)은 그것이 표상하는 잠재적 위협이 저마다 마음속에 새겨져 있는 한, 우리를 불안하게 만드는 것들이다. 더구나 우리는 그와 비슷하기 때문에, 그 사실을 인식하기란 실로 어렵다. 그래서 우리는 유사성을 어떤 상이성처럼 투사하게 되는데, 이때의 상이성은 그것을 표출하는 자들과 관련되지만, 실은 우리의 이타성에 다름 아니다. 결국 이 이타성은 언제나 우리 자신이기 때문에, 결국 우리는 이타성과의 거리 두기를 통해 이타성이 사라지지 않도록 해야 한다. 이런 상황은 수없이 많이 묘사되어 왔으나 오직 머피에 의해서만 제대로 묘사된 바 있는 경계성을 설명해 준다. 이것이 바로 내가 개인적·사회적 차원에서 온 힘을 기울여 읽어내려 한 경계성의 문제이다. 그리고 미처 각오가 서지 않았는데도 곁에 자신의 타자를 데리고 있으라는 이 요구는 분신Double의 영역에 속한다.

질문의 연쇄 고리를 한번 간추려 보자. 장애인들이 처한 상태에 관한 의문에서 시작된 질문은 나로 하여금 짐멜의 몇몇 분석에 대한 기억을 떠올리게 했고, 짐멜은 단순히 사회학적 차원과는 다른 차원에 속하는 질문방식 앞에 나를 데려다 놓았다. 앞서 짐멜은 사회가 장애인들(그가 분석한 가난한 자들의 경우에서처럼)보다는 사회 그 자체에 더욱더 관심을 두고 있다는 사실을 확인시켜 주었던 것이다. 하지만 이런 식의 방향을 야기한 원인을 다시금 문제 삼아 보면, 우리는 끊임없이 함께 하면서도 자신을 보호해야 할 만큼 불안하고 위험천만한 그림자, 즉 장애인이 표상하는 이타성의 형상, 저 분신의 형상에 관한 여러 분석들을 또 다시 답습하게 되지 않을까? 그렇다면 이 가설을 위해 과연 나는 어떠한 논거들을 끌어와야 하는 것일까?

프로이트를 따라가며

우선 나는 프로이트[36]가 말한 두려운 낯섦이라는 개념과 시몬느 코르프-소스[37]가 이 개념을 발전시켜 계승한 방식을 따라가 보려 한다. 특

---

36 프로이트, 『두려운 낯섦 및 시론들』(S. Freud, *L'Inquiétante Etrangeté et Autres Essais*, Paris: Gallimard, 1985).

37 코르프-소스, 「장애: 낯섦의 형상」, 『트라우마와 정신적 변화』(Simone Korff-Sausse, "Le handicap : figure de l'etrangete", in *Trauma et devenir psychique*, Paris: PUF, 1995). 혹은 코르프-소스, 『조각난 거울: 장애아동, 그 가족과 정신분석자』(S. Sausse, *Le Miroir brise. L'enfant handicape, sa famille et le psychanalyste*, Paris: Calman-Levy, 1996); 코르프-소스, 『오이디푸스에서 프랑켄슈타인까지, 장애의 형상들』(S. Korff-Sausse, *D'Œdipe a Frankenstein, figures du*

히 후자의 경우, 그녀가 프로이트의 사유를 다루면서 미처 고려하지 못한 문제를 확장시켜 불구성과 관련지어 생각해 보기로 하겠다. 또한 분신의 모티프를 거치는 것이 타당한지 자문하는 가운데, 프로이트는 한 켠에 미뤄 두었지만 오토 랑크Otto Rank에 의해 부각된 바 있는 몇몇 중요한 양상들을 고찰해 보고자 한다. 이 고찰은 나머지 부분을 완전히 이해할 수 있게 해주는 중요한 열쇠가 되어 줄 것이다. 그러고 나서 인간의 유한성과 불멸에의 욕망의 연관관계 안에서 경계성의 토대를 환기시키기 위해 경계성 문제를 다시 한 번 검토할 것이다.

불구성은 프로이트가 두려운 낯섦으로 명명한 여러 모습들 중 하나로, 이 주제를 언급한 한 텍스트에서 동일한 것의 강박적 반복, 시체 목격, 악의에 찬 인물들 등과 나란히 확인된다. 상당히 간략한 형태로 되어 있는 이 텍스트는 앞잡이 메피스토의 불가사의한 힘들을 상기시킨 직후 바로 등장하는 대목이다.

간질과 광기를 동반하는 두려운 낯섦의 감정은 동일한 기원을 갖는다. 속인俗人은 이때 자신의 동류에게는 예측할 수 없는 여러 힘들이 발현하는 상황에 직면하지만, 그는 자신의 고유한 인격과 동떨어진 외진 곳에서 일어난 그 움직임을 어렴풋하게만 느낄 뿐이다. 심리학적 차원에서도 거의 들어맞는 어떤 일정한 방식으로, 중세시대는 이와 같은 온갖 병리학적 발현들을 악마의 소행 탓으로 돌리곤 했다. (p. 249)

handicap, Paris: Desclees de Brouwer, 2001).

이러한 프로이트의 주장은 여러 문학작품 속에서 체험 혹은 상상으로 나타나는 ─ 그가 보기에 이 둘은 너무나도 다르다 ─ 두려운 낯섦의 여러 다양한 형태에 대한 기나긴 환기로 이어지며, 프로이트는 이 두려운 낯섦의 기원을 어린아이의 불안, '익숙한 것의 억압', 결국 거세라는 형식(가령 p. 231 이하)에서 발견하기에 이른다.

불구성이란 어쩌면 우리 안에 내재하는 힘들이 반영된 펼쳐진 거울 같은 것일지 모른다는 프로이트가 제안한 방침으로부터, 우리는 장애의 분석적 체험에 대한 어떤 강력한 가공을 구축해 볼 수 있다. 시몬느 코르프-소스는 자신이 시행한 임상진단을 통해 깨진 거울이 발생시키는 이 같은 효과를 주의 깊게 관찰했다. 그녀는 장애아동이 "우리의 고유한 불완전성을 벌거벗기고, 우리 자신의 모습들 중 스스로 인정하고 싶지 않은 어떤 이미지를 반영한다"고 말한다(『트라우마와 정신적 변화』, p. 46). 이렇듯 그녀는 불구로 태어난 아이가 그 부모에게 유발시키는 일체의 정신적 동요 상태, 가령 쇼크 상태, 정신적 외상, 죄책감, 죄의 원인에 대한 추적, 살해욕망, 과거의 성행위에 대한 반성, 그리고 부모와의 관계에 대한 회고 등을 매우 훌륭하게 묘사한다. 이러한 견지에서 그녀가 명명한 '불가능한 애도deuil impossible'란 표현은 매우 탁월한 통찰이라 하겠다. 그토록 꿈꾸고, 그토록 바라던 아이가, 어린 나이에 죽음을 맞는 아이처럼, 달리 어찌할 수도 없고 부재하지도 않는 이 현실. 모두가 기다린 아들 혹은 딸이 거기에 분명 존재하는데, 견딜 수 없이 그곳에 있는데, 보통의 탄생이라는 계약에 배반당한 모습인 것이다. "애도는 끝 모르게 이어진다, 왜냐하면 이 아이가 살아서 존재한다는 사실은 끊임없는 투여를 강요하기 때문이다. 이것은 마치 아이의 부모가 투여와 투여의 중단이라는 모순적이고 이중적인 임무에 얽매이는 것과 같다."(앞의 책, pp. 59~60). 사실 이 상황을 아이라는 욕망과 완벽한 아이에 대한 기대로 바라보는 시각이 상당히 순진한 관점이긴 해도("모든 아이는 욕망과 비-욕망, 즉 그 아이의 삶에 대한 바람뿐 아니라, 그 아이의 죽음에서도 기원한다." p. 63), 다른 곳으로 방향을 바꾸기엔 불구의 아이가 너무나 힘든 어떤 정신적 폭력의 대상이 된다는 사실만큼은 인정할 수밖에 없을 것 같다. "정반대로의 급변을 통해, 이 파괴충동들은 그 반응성 형성물에 해당하는 동정이나 과보호와 같은 상반된 태도로 변형되기도 한다."(p. 62) 한편 시몬느 코르프-소스는 아이의 체험에 대해서도 검토하는데, 이를 통해 그녀는 정신적 시련이 계속되는 동안, 주관적·객관적 차원 모두에서 이 아이가 마침내 받아들여지고 인정되는 역할을 어떻게 수행해 나가는지 밝히고 있다. 하지만 이 같은 양상은 나의 관심사항이 아니므로, 다음과 같은 일반적인 결론으로 마무리하고자 한다.

> 장애와 같은 어떤 낯섦을 지닌 주체는 각자의 몫인 (낯섦의 부분을 인정해야 할) 필연성을 —— 그것을 대상화시키고 강조함으로써 —— 폭로할 뿐이다. 고로 장애는 낯섦의 가능한 모습들 중 하나이고, 낯섦은 정신적 외상의 가능한 모습들 중 하나이다. 이런 의미에서 장애는 우리로 하여금 두려움을 불러일으키는 것을 표출할 수밖에 없게 만든다. 왜냐하면 두려움을 불러일으키는 낯섦과 마주하는 상황은 그것이 아이이건, 부모이건, 정신분석자이건 간에, 그 낯섦에 직면한 주체가 지녔던 동일시의 준거들을 급작스런 혼란에 빠뜨리기 때문이다. (p. 87)

나는 길거리에서, 치료센터에서, 가정과 회사에서 위와 같은 상황에 직면하게 될 사람이 그 누구든 가능하다는 사실을 덧붙여 말하고 싶다.

양가성, 어쩌면 이것이야말로 정신분석적 이론화를 통해 도출된 결과를 최선으로 만들어 주는 개념일 것이다. 동정의 감정은 증오의 감정이 채 가시지 않은 그 자리를 차지하고, 다시 한 번 증오의 한 형식이 된다. 관용은 배제의 제스처가 미처 완성되기도 전에 거부를 대체하러 나타난다. 앞선 장에서도 내가 충분히 언급했듯, 통합의 의지란 곧 균열을 일으키는 것을 폐기하는 어떤 방식이기도 하다. 요컨대 불구성 앞에서 우리는 '나뉘는 동시에 공유partagé'된다. 결과적으로 불구성을 바라보고 그것을 다루는 방식은 양가적일 수밖에 없으며, 너무 가까이도 너무 멀리도 아닌 두 얼굴일 수밖에 없다. 결함이 온갖 정신적이고 반응적인 형성물들과 함께 초래하고 또 이끄는 저 두려운 낯섦이 지닌 이 양가성은 사람들이 장애인들에게 부여한 양가적이고 모순적인 사회적 위상을 설명해 줄 수 있으리라. 완전히 바깥도, 그렇다고 완전히 안도 아닌, 바로 그 문턱들 혹은 경계들을….

이제 새로운 문제를 제기해 볼까 한다. 분명 낯섦의 모습을 한 장애는 경계성의 위상을 설명해 줄 수 있는데, 왜냐하면 우리는 결함이 만들어 낸 거울이 우리가 존재하는 모습의 반영과 우리 존재의 원치 않는 부분, 그래서 피하고 싶은 부분에 대한 반영을 어떤 식으로 비추는지 알고 있기 때문이다(내가 여기서 우리라고 말할 때, 그것은 건강한 사람들만큼이나 장애인들까지도 포괄적으로 지칭한 것인데, 그 이유는 이 메커니즘이 우리 모두에게서 작동하기 때문이다). 즉 자아이자 비-자아인 셈이다. 하지만 그렇다고 경계성의 위상이 완전히 밝혀진 것은 아니다. 우리는 그저 경계적 위상이 존재한다는 정보만 얻었을 뿐, 정확히 무엇에 소용되는지 알고 있지 못하다. 마치 광기와 관련하여 정신병동 수용공간과 감금이 존재하는 이유를 알아내는 일에 그치지 않고 그 감금된 광기의 의미를 한 번 더 해독해 내야 하듯, 불구성이 갖가지 반응을 동반하는 어떤 두려운 낯섦이고, 그렇기에 불구성은 사회 가장자리에 놓인 거라고 말하는 데 그칠 것이 아니라, 그 자리가 갖는 의미를 해독해 내야 한다. 여기서 한 걸음 더 나아가, 우리가 불구성으로 하여금 어떤 역할을 수행하게 하는지도 확인해야만 한다. 우리의 염려와 우리의 수많은 감정들과 우리의 정신적 과정들은 이 불구성을, 그리고 대개의 경우 불구를 겪는 사람들을, 익숙하고 견고한 뭍과 쉴 새 없이 일렁이는 저 위험천만한 망망대해 사이를 가르는 분할선 어느 기슭에 붙들어 매어 둔다. 하지만 제롬 보쉬의 광인들의 배에 비견될 만한 이 '경계에 놓인 불구성'이란 과연 누구를 재현하고 있는 것일까? 그리고 이때의 재현하기란 다시 나타나는 것으로, 대역을 맡는다는 의미로 풀어내야 할 것이다. 이러한 견지에서 오토 랑크가 연구했던 분신이라는 개념은 우리에게 새로운 이해의 지평을 열어 줄 것이다.

오토 랑크가 우리를 수행(隨行)할 때

분신이라는 개념을 이해하려면 자아와 비-자아에 대한 체험에서 시작하는 것이 적절할 듯하다. 오토 랑크[38]는 분신에 관한 유명한 연구에서

---

38 랑크, 『돈 후안과 분신』(O. Rank, *Don Juan et le double*, 로트만S. Lautman의 프랑스어 번역판,

이 사실을 강조한 바 있다. 프로이트가 두려운 낯섦에 대해 그랬듯, 랑크는 분신의 여러 모습을 거의 완벽하게 망라해 가며 일련의 양상 하나하나를 짚어 나간다. 문학작품 속에 나타난 분신, 수많은 작가 혹은 예술가에게서 나타나는 인격 분열의 사례, 몇몇 믿음체계 속에서 나타나는 영혼의 재현으로서의 그림자, 나르시시즘, 상사성相似性, 사후 세계 등을 고찰한다. 하지만 불구성은 이 일련의 검토에 등장하지 않는다. 이렇듯 불구성은 일찍이 해석된 바 없었다. 그럼에도 불구하고 그의 분석 안에는 우리가 다음과 같은 방향으로 타당하게 탐색해 볼 수 있는 수많은 지표들이 존재한다. 즉 어째서 우리는 괴물을 구경거리로 삼았던 것인지 어찌해 기이한 몸을 전시했던 것인지 혹은 일부 문학작품과 회화작품 등에서 과연 어떤 매혹과 혐오를 동시에 느꼈던 것인지 하는 문제들이 그렇다.

빅토르 위고[39]는 그윈플레인이라는 등장인물을 창조해 냄으로써 이러한 상황을 훌륭하고 대담하게 연출한 바 있다. 그윈플레인이라는 등장인물은 끊임없이 강박적으로 비죽거리며 웃을 때마다 얼굴이 흉하게 일그러지는 아이이다. 아이들을 돈 주고 사들여 용도에 맞게 혹은 요청에 따라 안면이나 신체 일부분을 외과시술 한 뒤, 괴물시장, 즉 장터에 다시 팔아 넘기는 아동 매매단 콤프라치코스에 의해 그런 상태가 되었다. 위고의 이 이야기는 17세기를 배경으로 하고 있지만, 실상 모파상도 증언하듯, 고의로 외모를 망쳐 놓은 아동들을 대상으로 한

Paris: Payot, 1973).

39 위고, 『웃는 남자』(V. Hugo, *L'homme qui rit*, 1869). 우리가 사용한 판본은 1942년 플라마리옹에서 출간된 전집판본이다.

이런 식의 인신매매는 그가 살던 19세기에도 그리 드문 일이 아니었다.[40] 하지만 증언의 차원을 넘어서, 위고의 작품 속에는 우리의 관심을 끄는 여러 특징들이 나타난다.

그윈플레인은 장터의 광대 역할을 결코 벗어나지 못한다. 영국의 귀족 직함을 되찾고 난 뒤, 가난한 자들을 위한 열정적인 연설을 하게 되었을 때조차도, 그는 여전히 곡예사이자 어릿광대로 남아 있었기 때문이다. 결코 그는 자신의 본모습으로 대접받지 못했지만, 오직 한 사람, 앞을 보지 못하는 소녀 데아 앞에서만큼은 예외였다. 실상 그는 기형 이외에 그 무엇으로도 존재하지 않는다.

어찌 말로 다 표현할 수 없는 것은 그윈플레인이 자신의 육체라는 가면을 쓰고 있었다는 점이다. 자신의 얼굴이 어떤지 그 자신은 모르고 살았으니까. 그의 모습은 서서히 사라지고 있었다. 사람들은 그에게 그와 유사하지만 가짜인 모습을 입혀 놓았던 것이다. 다시 말해 그는 소멸을 자신의 얼굴로 가진 셈이다.

관람객들은 우르수스 패거리에 폭소를 터뜨리지만, 그것은 결국 공포로 끝나게 될 불안 가득한 폭소일 뿐이다. 뿐만 아니라, 그윈플레인과 데아, 이 둘은 서로 거울을 이룬다. 위고는 이 같은 모습을 권력자들과도 관련지어 분명하게 묘사한다. 즉 권력은 기형에게서 그 이면을

---

40 다음을 확인해 볼 것 : 「괴물들의 어머니」, 『콩트 및 단편 모음집』("La mère aux monstres", in *Contes et nouvelles*, Paris: Gallimard, 1979, I), p. 842 이하.

발견한다는 것이다. 기형인 것은 이 세상 귀족들에게 더 높은 가치를 부여하는 또 다른 한 극단極端을 이루지만, 귀족들은 이 극단의 형태와 어떤 유사성이 있다고 볼 수 있다. 왜냐하면 명예와 권력에 있어서는 그들도 똑같이 괴물 같은 면모를 지녔기 때문이다. 귀족들도 매일같이 어떤 거짓된 자아를 품고 살며, 또한 가면을 쓴다는 것이다. 한편 그 윈플레인이 외부의 그 무엇으로 존재한다면, 공작부인(조지언)은 내면의 그 무엇으로 존재한다. 사생아인 그녀 역시 스스로 괴물 같다고 여겼기 때문이다. 이때 이 외부의 괴물 같은 존재는 그녀로 하여금 내심 자신의 모습에 만족하게 해준다. 그런데 이 괴물 같은 존재와 하나가 된다는 것은 그 괴물 같은 존재를 내쫓는 일이기도 하지만, 한편으로는 이 역겨운 세상 속 절대 순수의 이미지로 등장한 데아로 인해 그윈플레인이 그러했듯, 어떤 정화의 관계를 뜻하는 것이기도 하다. 조지언은 특유의 도착적 성향으로 말미암아, 그윈플레인을 진정한 다른 존재로 여기지 않는다. 바로 그렇기 때문에 나중에 그윈플레인이 자신의 남편이 되기로 내정된 영국 귀족이라는 사실을 알게 되었을 때에도, 그녀에게 그윈플레인은 더 이상 아무 상관없는 존재가 되었던 것이다. 실상 그녀는 기형의 남편을 어찌 할 수 없기 때문이다. 요컨대 그윈플레인은 위반 속에서만 제 모습을 드러낸다. 왜냐하면 그는 자신의 현존재를 넘어서게 해주는 위반의 얼굴 그 자체이기 때문이다. 이와 같이 빅토르 위고는 중세시대의 어릿광대와 19세기의 호기심 사이에 가교를 놓음으로써, '정신적' 괴물성, 그 분신으로서의 괴물성, 육체만큼이나 정신적인 괴물성의 테마를 설명한다.

불구성을 분신의 테마로 사유하도록 부추기는 몇몇 회화작품들을 추가해야 할 것 같다. 그 중에서도 고야를 떠올릴 수 있는데, 여기서는 나의 차기작 『손상된 신체로 채색된 우화들』*Les Fables peintes du corps abîmé*에서 고찰한 한 가지 예시만을 제시해 보기로 하겠다. 감히 실례를 무릅쓰고 내 글을 인용해 보겠다.

「믿을 수 없는 거울: 치명적인 뱀 여인」El espejo indiscreto:La mujer serpiente mortifera이라는 그림에는 마치 한 폭의 깃발처럼 잔뜩 멋 부려 복잡하게 수놓은 베일 아래로 한껏 부풀려진 드레스를 입은 한 여인이 거울 한 가득 비치는 장면이 등장한다. 이 거울 속 이미지에는 선착장에 정박한 배의 깃발에 교만한 자태의 뱀 한 마리가 똬리를 틀고 있는 형상이 보인다. 하지만 이 여인은 거울을 보지 않고, 자신의 반영도 보지 않고, 오히려 거울을 외면하는 듯 묘사된다.

이 이미지는 여성이 숨기는 그 무엇과 관련이 있어 보인다. 이 이미지는 베일 안에 있는 것, 깃발 같은 그녀의 드레스 안에 있는 것, 일견 그녀의 나체일 수 있다. 그녀의 겉모습 아래로 숨겨진 그녀의 존재, 숨겨지고 다시 폭로되는 그녀의 현실이란, 다름 아닌 죽음과 동물성, 치명적인 독을 품은 동물성, 파충류 같은 것들이다.

이처럼 여인의 내면적 진실은 이 여인의 본래적인 가시성을 뜻하지 않는다. 따라서 가시적인 것의 비가시적인 것, 혹은 보다 정확하게 말해, 메를로-퐁티의 표현을 빌리자면, 가시적인 것의 가장 가시적인 것으로서 바로 야윈 동물로 표상된다. 이러한 폭로는 여인에게는 지각되지 않은 채로 남는다.

우리는 이 가시적인 것을 '말로 표현할 수 있는' 차원에서 번역해 볼 수 있다. 즉 우리 모두가 겉모습 아래로 은폐한 이미지는 우리 스스로 혐오감을 주는 것, 괴물 같은 것과 맺고 있는 우리의 은밀한 공모, 우리의 혼합, 우리의 결합의 이미지에 다름 아니다.

내가 앞서 언급한 논거들은 결함이 분신의 한 모습일 수 있고, 또한 그 사실이 결함과 그 경계적 위상을 뛰어넘는 훨씬 폭넓은 이해의 지평을 제공해 줄 것이라는 우리의 가설을 확인시켜 준다.

여러 문학작품들, 가령 오스카 와일드의 『도리언 그레이의 초상』, 모파상의 『오를라』, 혹은 도스토옙스키의 『분신』, 그리고 랑크가 분석한 다른 수많은 작품들 속에서, 분신은 자기와 유사한 그 무엇으로, 자기와 동일한 것을 꼭 빼닮은 그 무엇으로 그려지지만, 결국엔 용납할 수 없는 것으로 바뀌곤 한다. 왜냐하면 생존의 저당물이라 할 수 있는 분신은 곧 부담스러운 것, 나아가 기만적인 것, 마치 어음과 같은 것으로 뒤바뀌기 때문이다. 고로 증오의 강도가 커지면 커질수록, 분신은 제거되어야만 한다. 그런데 이 작품들 속 주인공이 자신의 분신에 대한 살해 행위로 옮겨 갈 때마다, 일종의 자살 상태처럼 자기 자신을 소멸시키는 과정이 발견된다. 이런 상황은 앞으로도 확인하겠지만, 내 분석의 취지에 비추어 보건대, 주목할 만하다. 이는 오직 자기 자신을 제거함으로써만 자신의 분신을 쫓아낼 수 있다는 것으로, 결국 자아와 또 다른 자아는 분리할 수 없기에, 이를 위반할 경우, 죽음에 처해진다는 사실을 알려준다.

따라서 분신의 이야기들 속에서 주인공의 죽음이 자신의 두 번째 자아에 대한 말살을 거치며 돌발할 때, 그것은 대자아Moi의 완전한 파괴, 다시 말해 자신의 육체적 대자아를 파괴하는 동시에 자신의 불멸을 담보한 정신적 담지자를 파괴하는 자살행위와 다를 바 없다. (p.68)

논지를 조금 앞서 말해 두자면, 만일 불구성의 경우에도 분신이 있다면, 결함을 소멸시키는 일은 이런 제스처를 유발할지 모를 결함에 대한 파괴행위로 귀착될 수 있다는 것이다. 어쩌면 결함 있는 사람들은 사랑 받지 못한 존재들인 만큼이나 필요한 존재들일지 모르고, 또한 필멸성과 불멸성을 동시에 지녔을지 모른다. 하지만 이런 식의 결론은 현 시점에서는 너무 이르다. 계속해서 오토 랑크의 이야기를 따라가 보자. 우선 우리의 필멸성을 담지한 존재로서 분신에 관한 문제를 잠시 살펴보기로 하겠다. 우리는 이러한 분신의 양상을 나르키소스 신화 속에서 확인할 수 있다. 나르키소스 역시 자신의 이미지에 대한 지나친 사랑으로 말미암아 자살하게 되지만, 실상 그 이유는 분신이란 언제나 우리의 필멸성을 보여 주는 이미지이기 때문이다.

왜냐하면 우리가 프레이저Frazer에 근거해, 나르키소스 전설 속 분신의 관점에 결부된 죽음의 의미가 어째서 정확히 사랑의 모티프로 대체되었는지 자문해 본다면, 결국 자신을 사랑하면 사랑할수록 더욱더 고통받는 인간 나르키소스에게서 지극히 당연한 성향, 즉 의식에서 죽음의 관념을 강력하게 배제하려는 성향을 떠올려 볼 수밖에 없을 것이다. (p.82)

만일 우리가 인격 분열의 병리학적 사례들을 차근차근 되짚어 본다면, 종종 분신의 모티프가 나타나는 허구 작품들을 썼던 작가들에게서도 과도한 자기애로 인해 자아를 지독하게 나쁘고, 결점 투성이고, 균열로 가득하고, 결국 자신과 타인에 의해 박해받는 존재로 여기는 일종의 망상증의 징후들을 찾아볼 수 있을 것이다. 즉 분신은 결함 있는 것, 견딜 수 없는 것에 대한 투사인 셈이다. 분신의 사례들에서 나타나는 상처받기 쉬운 속성과 필멸의 속성은 프로이트의 두려운 낯섦에서처럼 불안을 야기하는 것일 뿐만 아니라, 또 다른 자아alter ego 속에서 구현되기도 한다. 그렇다면 내가 방금 인용한 것처럼, 분신을 죽이는 일이 곧 우리의 불멸성을 담지한 존재를 파괴하는 것이라는 랑크의 언급은 어떻게 가능해지는 것일까? 아마도 그 해답은 우리의 논의를 한 걸음 더 진전시켜 줄 오토 랑크의 그림자와 영혼에 관한 연구에 있는 것 같다. 수많은 신앙들에서 "뚜렷한 그림자는 건강을 예언하는 반면, 그림자가 없는 자는 죽음을 맞이하게 되고, 그림자가 작거나 희미한 자는 병에 걸리게 된다"(p. 59)고 말한다. 왜냐하면 "그림자는 곧 죽음과 동시에 삶을 의미할 뿐 아니라, 이 두 가지 의미작용은 영혼의 이원성에 관한 어떤 원초적 믿음에 근거하기" 때문이다(p. 66). 더구나 이와 같은 이중의 의미작용은 하느님의 그림자에 의한 동정녀 마리아의 수태 일화나 인간 개개인의 곁을 따라다니는 수호천사에 대한 믿음과 같은 기독교적 사고에서뿐만 아니라, 수태 능력이 있는 그림자들에 관한 민간 전승의 이야기에서도 파악될 수 있다. 이러한 그림자와 마찬가지로, 분신의 형상 대부분은 (수많은 종교적 혹은 철학적 전통 속에서) 자아의 두 부분, 영혼의 두 부분을 재현한다. 분신이 우리에게 영속성을 담보해 줄 수 있는 우리를 꼭 빼닮은 그 무엇이라고 할 때, 분신은 그와 동시에 혹은 매우 재빠르게, 자아의 그림자이자 밤이자 불행에 해당하는 부분이 된다는 것이다. '그림자ombre'에 관한 장이 끝나갈 즈음, 랑크는 이러한 분할 과정을 이해할 수 있도록 분신의 세 가지 형태를 구분한다.

처음에 분신은 마치 미래의 개인의 생존을 희구하는 어떤 순진한 믿음에 걸맞은 동일한 대자아Moi identique(그림자, 반영)로 나타난다. 하지만 조금 지나면, 분신은 과거와 함께 더 이상 저버리고 싶지 않은, 그렇다고 정반대로 보존하거나 회복하고 싶지도 않은, 심지어 개인의 유년기까지도 포함하는 이전의 대자아Moi antérieur의 면모를 보인다. 그리고 마침내 분신은 악마의 모습과 같은 대립된 대자아Moi opposé로 바뀌는데, 이러한 자아는 대자아의 일시적이고 필멸하는 일부분, 즉 그것을 거부하며 실재하는 현재의 인격과는 무관한 바로 그 일시적이고 필멸하는 부분을 재현한다. (pp. 73~74)

내가 보기에 분신에 관한 바로 이 마지막 변신 이미지야말로 온갖 악마적 이미지들과는 별개로, 불구성에 가장 잘 적용될 수 있을 것 같다. 우리는 정의상 나와 다르지 않지만, 그럼에도 불구하고 나의 일시적이고, 비틀어지고, 필멸하는 부분을 재현하는 어떤 자아를 갖고 있다. 이러한 이중화가 순수한 이타성이 아니라는 사실은 분신의 여러 모습 중 하나가 불확실성과 필멸성이라는 우리 생의 조건을 이루는 매우 난처한 그 무엇에 대한 투사라는 점을 생각하게 해준다. 우리는 결핍되고 또 필멸하는 존재들이다. 우리는 프로이트가 말한 광기 혹은 간질뿐 아니라, 온갖 복제물에서 확인할 수 있는 저 불가항력의 불길한 기운들도 지니고 있다. 즉 불구성은 곧 우리의 불확실성, 궁극적으로는 필멸성의 현현인 셈이다. 오토 랑크는 이 사실을 죄의식이 초래하는 상황을 거론하며 다른 식으로 재차 언급한다.

> 이 형태들 중 가장 놀라운 특징으로 죄의식이라는 어떤 강력한 감정이 나타난다. 죄의식은 주인공으로 하여금 더 이상 대자아가 저지른 여러 행동에 대한 책임을 자기 자신이 지지 않고, 악마 그 자체를 통하거나 혹은 어떤 상징으로 의인화된 또 다른 자아, 즉 분신이 떠맡게 만든다. 비난받을 만한 것으로 여겨지는 성향들과 기질들을 대자아로부터 분리시켜, 분신 안에 섞어 넣는 것이다. 이러한 우회적 방식을 통해 책임을 추궁당하지 않게 되었다고 믿게 된 주인공은 자신의 성향에 몰두할 수 있게 된다. 과거의 분신은 훌륭한 조언자(윌리엄 윌슨William Wilson)의 모습으로 나타나거나, (가령 『도리언 그레이의 초상』에서처럼) 직접적으로 의식의 이름을 빌려 등장하기도 한다. (p. 106)

위 인용문은 내 의도를 잘 설명해 주고 있다.

실상 여러 결함들, 그리고 불구성 그 자체는 우리 너머에 존재하며, 그와 연관된 온갖 환상들과 함께 실재한다. 저 지독한 우리의 저주스러운 몫에 대한 어떤 투영으로 말이다. 랑크가 말한 이 대립된 대자아는 도스토옙스키의 작품이나 몇몇 종교들에서 악마로 구현된 것과 마찬가지로, 허약함, 불행, 그리고 기형의 모습으로 구현된다. 분신은 랑크의 의견에 따르자면(프로이트,『두려운 낯섦 및 시론들』, p. 236 이하), 단순히 프로이트가 강조했던 동일자로의 회귀가 아니다. 하지만 이 대립된 분신은 우리에게 없어서는 안 될 존재이다. 불구성은 우리를 엄습하고, 우리를 괴롭히며, 우리에게 죄의식을 느끼게 하는 것으로, 이 대면은 시간이 아무리 흘러도 견딜 만한 것일 수 없다. 그렇기에 근본적으로 배제하지 않고, 일정한 거리를 유지하는 것이다. 왜냐하면 우리는 저마다의 그림자 없이는 존재할 수 없으니 말이다. 오토 랑크가 우리에게 들려준 분신의 합주 속에서, 불구성은 어떤 경이로운 표본처럼 여겨진다. 왜냐하면 우리는 우리 자신에 대한 두 가지 이미지, 즉 잘 만들어진 우리와 위조된 우리(각각이 우리의 일부를 간직하면서도, 그 모두가 전체를 이루는), 이 둘을 사랑하고 또 혐오하는 우리, 그리고 우리 자신을 욕망하는 한편, 때로는 우리 자신을 순수하고 완벽한 존재로, 때로는 뒤섞이고 불완전한 존재로 재현하도록 강요받는 우리를 만들어 내기 때문이다. 그래서 우리 자신에 대한 불구의 이미지가 경험적 현실 속에서 우리 앞에 존재할 때, 우리는 개인적으로도 사회적으로도 이 불구의 이미지를 거부하는 동시에 받아들이게 되는 것이다. 이렇게 우리는 정신적으로나 제도적으로나 정치적으로나 경계성의 여러 공간들을 구축한다.

두려운 낯섦의 이론과 분신의 이론이 가장 잘 구분되는 지점은 불구성이 일련의 반응성 형성물들만 촉발시키는 것이 아니라, 그 경계성으로 인해 현실 속에서 (설령 우리가 원하는 대로 상황을 꾸며낸다 해도) 우리 자신의 어떤 존재, 어떤 진정한 분신이 된다는 데 있다. 이는 거울을 훨씬 뛰어 넘는 것으로, 한 차례 더 구현된 우리의 '가시적' 분신이라 할 만하다. 이제 새로운 방식으로 앞서 언급한 불가능한 애도라는 표현을 강조해야 할 것 같다. 즉 우리가 사랑하지 않는 것, 우리가 되고 싶지 않은 것을 환기시키는 결함이 분명 저기에 존재하지만, 그 결함은 곧 우리의 그림자라는 사실 말이다. 우리는 우리 자신의 그림자를 내쫓지 못할뿐더러, 우리는 우리 자신의 그림자 위를 걸어갈 수도 없다. 그렇게 그림자는 우리를 따라다닌다. 하지만 동시에 불구성은 우리를 따라다니고, 우리에게 이의를 제기하고, 우리에게 동의하고, 우리의 가슴을 아프게 하고, 우리를 다시 격려하는 동반자이다. 해서 우리에겐 불구성이 필요하다. 불구성을 몸에 지니고 있는 사람들도 마찬가지이다. 상처받기 쉽고, 필멸하게 될 우리 자신을 위무하기 위해서라도. 그리고 계속해서 우리 자신을 평가할 수 있도록, 결코 불구성과 불구자들이 섞여서는 안 되는 꼭 그만큼, 우리에게는 불구성이 필요한 것이다. 그들은 우리 앞에 우리의 필멸로 존재하지만, 한편으론 불멸이라는 우리의 희구로도 존재한다. 나는 그들처럼 존재하지만, 그럼에도 불구하고 나는 그들이 겪는 저 형편없는 조건을 모면해 존재한다. 해서 그들 앞에서 나는 뭔가 잘못되었다며 짙은 패배감도 느끼지만, 동시에 스스로 다행으로 여기며 나는 강건하고 또 살아 있노라 느끼는 것이다. 하지만 우리가 그들을 제거하고 싶었을 때, 혹은 그들의 입을 틀어막거나 혹은 그들을 정상으로 만들려고 들었을 때, 그리고 그들의 결함을 갖가지 조작으로 한 켠에 파묻어 두었을 때, 그 모든 순간순간에 실상 그들은 우리를 향해 "너는 사멸할 존재일 뿐이야, 우린 그저 그 최후의 장면을 조금 일찍 보여 줄 뿐이라고" 하며 말을 건넸던 것이다. 반면 우리가 그들을 우리의 그림자로 돌보게 될 때, 그들은

"이봐 자네, 적어도 자네는 죽지 않아"라고 우리에게 말을 걸어올 것이다. 나는 이런 식의 분열이 장애인들에게서도 역시나 작동한다는 사실을 강조하고 싶다. 앞선 장애인들과 똑같은 역할을 다시 맡는, 훨씬 더 심각하거나 현격한 차이를 보이는 또 다른 장애인들이란 늘 있기 마련이고, 그들의 결함이 그들의 몸 혹은 정신이라는 현실 속에 기입된 채 바로 거기에 존재할 것이기 때문이다(다만 메를로-퐁티의 표현을 빌리자면, 이는 여전히 고유한 몸 차원에 머무른다). 이처럼 결함 있는 존재들은 우리가 필멸의 존재라는 사실을 우리에게 또 서로에게 상기시킴으로써, 그리고 우리가 보지 못하게 자신들을 사라지게끔 부추기면서(상징적으로 그리고 다양한 배치를 통해, 나아가 매우 인간적이고 자비로운 모습으로), 정녕 우리 인간이 얼마나 불멸을 기원하는지, 또한 우리가 존재의 환영 혹은 희구에 머물 수 있도록 자신들이 얼마나 도움을 주는지 환기시킨다. 이러한 견지에서, 분신이 견딜 수 없고 불쾌하고 추하고 결점으로 가득한 존재로 여겨지는 바로 그때, 그 무엇보다도 바로 그 순간에, 분신을 죽이는 일이 곧 자신을 죽이는 행위에 다름 아니라는 점을 다시 한 번 떠올리는 것은 매우 중요하다. 그런데 장애인들을 돌본다는 것은 일종의 생존의 저당 같은 것이어서 필요하긴 해도, 그렇다고 분신을 자신과 함께 언제 어디든 데리고 다닐 수는 없다. 바로 이 지점에서 경계성이라는 개념은 상당히 분명하게 설명될 수 있다.

우리는 대립된 분신double opposé의 발생에 개인적 측면과 사회적 측면이 있다는 점 역시 이해하고 있다. 여기서 나는 한 번 더 마르셀 모스의 입장과 합류하게 된다. 그에 입장에 관해서는 앞서 명확히 제시한 바 있다. 사회는 제 자신의 허약함과 불확실성을 없는 자들에게서 발견한다. 해서 사회는 이들을 최소한도로만 구호하고, 외따로 떨어진 공간들을 마련함으로써, 그들이 표상하는 위험으로부터 '스스로를 보호'한다. 이런 식으로 사회는 거추장스러운 자신의 그림자, 두렵고 혐오스러운 자신의 분신에 방해받지 않으려는 개인들의 요구에 부응한다. 오토 랑크 역시 개인적인 것과 집단적인 것 사이에서 발생하는 이 관계를 쌍둥이에 관한 다음의 글에서 적절하게 지적한 바 있다.

> 이렇듯 쌍둥이 모티프는 한낱 구체적인 예시에 불과했던 분신의 문제와 마찬가지로, 궁극적으로는 대자아의 불멸성을 향한 한결 같은 욕망의 문제로 우리를 다시 이끈다. 무엇보다도 인간은 순진하게도 죽음 없는 영원한 삶을 믿고 있지만, 오직 집단적 불멸성만이 존재한다는 사실을 받아들일 수밖에 없다. 이러한 집단적 불멸성으로부터 스스로를 보호하기 위해 인간은 자신의 분신을 창조해 낸다. 하지만 이 경우마저도 결국에는 자신이 애초에 부정했던 죽음을 개인의 불멸성의 상징으로 인정하고 받아들일 수밖에 없다. (p. 104)

달리 말하자면, 개인은 사멸하는 자신의 일부와 자신의 못난 얼굴을 견디지 못하며, 따라서 이를 분신 안에 구성한다는 것이다. 이 개인은 개인을 초월해, 보다 오래 존속하는 (기껏해야 혈통을 통해서이지만) 집단적 차원에서라면 사정이 다를 것이라고 믿는다. 하지만 어느 순간 그는 자신이 똑같이 속았다는 것을 깨닫게 되는데, 왜냐하면 세상 모든 것은 소멸하기 마련이기 때문이다. 고로 양가적인 이 분신이라는 개념은 인간의 실존이 관여하는 모든 차원에서 강요된다. 그런데 이 같은 시도는 개인을 괄호 안에 넣는 것, 혹은 또 다른 은유를 택하자면, 이 개인을 문턱seuil 위에, 혹은 성당 정문 언저리 현관홀narthex에 내버려 두는 일이라 할 수 있는데, 왜냐하면 심연 속으로 사라질 가능성이 있긴 해도, 어쨌든 그를 내쫓을 수는 없는 노릇이기 때문이다. 사회적 위험으로서의 위상만큼이나 정신적 분신의 위상으로 고려된 이 경계성은 개인과 집단의 병리학, 그 완전한 광기를 피해 간다. 내가 보기에 사람들은 오직 불구성이 집단에 있어 불안정한 것인 동시에 조정자인 분신의 형태로 구성된다는 가설을 세울 때에만 경계성의 여러 원인을 이해하고 있는 듯하다. 하지만 어찌 보면, 이는 어느 한 개인보다도 불구성을 반영하고 구현하는 것을 절멸시키려는 사회의 차원에서 훨씬 더 끔찍할 수 있다. 이때 사회는 죽음이라는 자신의 판결문에 서명해야 할지 모른다. 지도자들 혹은 편집증적인 '엘리트들'에 의해, 혹은 치명적인 이데올로기들에 의해 변질되거나 왜곡되지 않은 사회들은 이 사실을 너무나도 잘 알고 있다. 여러 사회가 장애인들을 보호하고 있지만, 그들에 대한 자격의 부여, 어떤 완전한 포용에 이를 수는 없을 것이다. 오직 듬성듬성 잘려나간 모양새를 진작에 드러내거나, 혹은 절반쯤 완성된 미완의 시스템으로 그들을 반쯤만 유혹할 뿐이다.

나는 주로 오토 랑크의 사유에 착안하여 이야기를 전개해 왔다. 그렇다고 해서 다른 곳에서 비롯된 몇몇 추가적인 묘사들을 덧붙이는 일이 쓸모없지는 않을 것 같다. 특히 나는 불구성에 대한 우리의 가설 ─ 분신의 형상과 같은 ─ 에 힘을 실어주는 괴물 같은 분신double monstreux에 관한 르네 지라르의 분석에 정당성을 부여하려 한다.

불구성을 포착하게 해주는 격리éloignement/접근proximité이라는 이 역설적 표현 속에서 우리는 그 유명한 이중구속double bind의 상황, 즉 강제적이고 모순적인 분신의 상황을 확인할 수 있다. 즉 평범한 일상어의 의미에서처럼, 이는 우리가 어떤 것과 그와 반대되는 것을 동시에 욕망한다는 사실을 뜻한다. 이때 우리는 대립된 강제들에 놓이게 되는데, 이는 욕망에 양가적 속성이 있기 때문으로, 그 결과 우리는 모순된 요구들이 교차하는 그물 안에 갇히게 된다. 바로 이것이 인간의 평범하고 통상적인 조건이다. 그럼에도 불구하고 이 조건은 여전히 비극적이라 하겠다. 나는 앞서 이 같은 상황을 제2장 오이디푸스 일화를 다루면서 언급한 바 있다. 이미 거부당한 전력이 있는, 차이나는 존재이자 불구자인 그가 미메시스(동일자에 대한 욕망)에 처해지는 상황. 바로 오이디푸스는 인격분열과 이중구속의 여러 모습들 가운데 하나를 이루며, 그렇게 오이디푸스는 괴물성에 이른다. 르네 지라르는 괴물과 분신 사이의 관계를 장문에 걸쳐 분석하면서, 분신은 언제나 괴물과도 같고, 괴물 역시 언제나 분신의 형태로 나타난다고 주장한다. 여기에는 오토 랑크가 미처 언급하지 않았던 한 가지 사항이 담겨 있는데, 나는 내 가설을 위해 한 가지 요소를 더 덧붙여 언급해 볼까 한다. 장애와 맞닥뜨리는 상황, 특히 그 정도가 심각한 경우는 물론이고 여타의 경우조차도, 우리는 자연스럽게 괴물성이라는 관념 쪽으로 향하게 된다.[41] 그런데 아말감과 같은 혼합으로부터 스스로를 보호하려면 이미 내가 언급한 에티엔느 조프루아 생-틸레르처럼 자기 자신에 대한 어

---

41 O.-R. 그림, 『괴물에서 아이로. 불구성에 관한 인류학과 정신분석』(O.-R. Grim, *Du monstre à l'enfant. Anthropologie et psychanalyse de l'infirmité*, CTNERHI, 2000).

떤 비판적 노력 혹은 과학적 노력을 기울여야 한다. 한편 앞서 인용한 시몬느 코르프-소스 역시 자신의 아들을 괴물로 지칭하던 주인공이 '내 아이'로 이해하는 과정을 보여 주는 오에 겐자부로의 소설에 주목한 바 있다. 괴물과 분신 사이의 관계는 이와 같은 허구 작품 속에서 상당히 분명하게 읽어낼 수 있다(다만 관련 내용은 해당 작가의 전기적 요소에서 상당부분 착상된다). 르네 지라르도 이 같은 상황을 고대 텍스트들, 가령 에우리피데스의 『바쿠스의 여사제들』*Les Bacchantes*과 같은 텍스트에서 지적한다.

> 이미 보았듯, 동물성, 인간성, 신성은 작품 시작부터 격렬한 동요에 사로잡힌다. 어떤 때는 동물들이 인간이나 신과 혼동되고, 또 어떤 때는 반대로 신과 인간이 동물과 혼동되기도 한다. 펜테우스 살해 직전, 그러니까 이 원수 같은 형제가 괴물 같은 분신의 배후로 사라져야만 했던 바로 그 순간에 더할 나위 없이 흥미로운 장면이 디오니소스와 펜테우스 사이에서 전개된다.[42]

디오니소스는 신이자 인간이자 황소이다. 이 작품을 통해 르네 지라르는 분신의 여러 현상들(pp. 229~230)을 구별했지만, 그 상세한 설명에 있어서는 오토 랑크에 비하면 조금 미흡하다. 하지만 모든 괴물이 어떤 분신이고, 그 역도 참이라는 사실을 제시한 점만큼은 매우 타당해 보인다. 르네 지라르는 『바쿠스의 여사제들』의 경우에서처럼 일

---

42 R. Girard, *La Violence et le Sacré*(『폭력과 성스러움』), p. 225.

련의 텍스트에서 출발하는 한편, 악마들림 혹은 가면과 같은 여러 현상에 대한 분석을 통해 논거들을 제시해 나간다. 지라르가 논증의 마지막에 이르러 가면에 관해 언급한 부분은 보편적 관점에 볼 때, 괴물 같은 분신의 경우에도 유효해 보인다.

> 가면은 인간적인 것과 신적인 것 사이, 와해를 겪는 분화된 질서와 — 모든 차이의 저장소이자 분화되지 않은 저 너머로 머지않아 혁신된 질서가 생성될 — 괴이한 총체성 사이, 그 모호한 경계선상에 위치한다. (앞의 책, p. 234)

지라르의 문장과 랑크의 몇몇 다른 문장 사이에서 이 같은 반향은 어렵지 않게 발견된다. 괴물성과 분신이 서로 연관되고, 또한 모든 불구성의 이면에 닿는 세속의 시선이 괴물성을 두려워하는 것이 사실이라면, 결함을 분신의 형상으로 간주함으로써 장애인들이 언제나 양가적인 위상에 놓여 있음을 설명하려 했던 나의 가설은 이로써 좀 더 강화된 것이 아닌가 싶다.

이제껏 살펴본 이론화는 불구성의 역사만큼이나 불구성의 현 상황을 설명하는 데 매우 강력한 힘을 발휘한다. 나는 이 작업을 통해 지금도 변함 없이 지속되고 있는 여러 거부사례들, 가령 수용이 혼재하는 거부사례, 혹은 배제가 혼재하는 수용사례, 혹은 어느 차원에서는 수용이지만 또 다른 차원에서는 배제의 형태로 나타나는 사례들, 어쨌든 모두가 거부에 기초한 수많은 사례들을 충분히 살펴보았다. 분신의 현상에 기초한 경계성 이론은 내가 상술하려 했던 저 기나긴 장애의 역사를 잘 설명해 주는 듯하다. 장애에 대한 우리 시대의 입장을 들여다 보면, 분명 사회는 망설이고 있고, 분열되어 있으며, 몇 발 내딛는 그 즉시 뒷걸음치는 모습이 역력하다. 의회 혹은 여론에서 논의되는 여러 법률 및 법안에 대한 검토, 포섭하고 통합시키는 방식, 단 한 번도 전면적이고 솔직하게 이루어지지 못했으나 시민들의 자발적 행위들로부터 시민들의 의식을 읽어 내려는 사회학적 조사들, 그 모든 것들이 바로 이러한 경계적 상황에 수렴된다. 앞서 인용한 경계성에 관한 논문의 저자도 지적했듯, 어쩌면 중간자적 상태보다는 경계선, 가파른 능선, 변곡점이 가리키는 지점에 훨씬 더 많은 것들이 있을지 모른다. 이러한 견지에서 경계성liminalité이 포괄하는 다음의 두 함의는 조화롭다고 할 수 있다. 결함 있는 사람들이 처한 상황을 '그 한계 끝까지, 그 한계 안에서à la limite et dans la limite' 바라볼 때, 비로소 그들의 터전 전체를 밝힐 수 있음을. 이는 진정한 이론이 관여되어야 하는 까닭이기도 하다.

모두가 이 일에 세심한 주위를 기울이길 염원한다. 어떤 (새로운) 이론을 제안하고 표명하는 일이 다른 것들을 무효화시키기 위한 것은 아니지 않겠는가. 생각보다 장애에 관한 실재계와 상상계는 너무나도 복잡다단하다. 그렇다고 해서 묘사적인 작업이나 갖가지 모델 그리고 참고자료가 불필요하다는 것이 아니다. 하나의 이론을 구축해 내려면 수많은 자료가 필요한 법이니 말이다.

에필로그

그렇다고 제안하기를 애써 자제해야 할까? 고백하건대 ─ 모든 분석이 그렇지만 ─ 나의 선행연구는 미처 그럴 만한 준비가 되어 있지 않았다. 그 이유는 선행 연구의 경우, 여러 사유 시스템과 정신적 태도가 갖는 비중을 드러내는 데 우선했기 때문이다. 분명 그간 역사의 변화 폭은 상당했고, 나는 그 단절들을 포착하는 데 내 노력을 기울였다. 하지만 우리는 그 단절들이 얼마나 겉으로 표출되지 않았는지 곧 확인하게 될 것이다. 왜냐하면 단절이란 새로운 담론들과 역사적 (물질적, 이념적, 혹은 상상적) 정황들이 가하는 압력 속에서 발생하기 때문이다. 심지어 사람들이 이 같은 단절을 진정으로 설명해 낼 수 있는지도 확신이 서지 않는다. 단절들이 확인된다. 그러나 그에 따른 갖가지 설명들은 어느 마르크스 사유분파가 그랬던 것처럼, '사회과학'을 채택했다고 믿고 있을 때조차도 언제나 빈약하다. 오히려 우리는 알 수 없는 변화 요인들에 의해 끊임없이 움직이는 어떤 총체와 직면하게 될 뿐이다. 이 과정을 통해, 우리는 여러 역사적 구조화에 대한 단일한 관념을 세울 수도 있겠지만, 이 경우 보편주의라는 야심, 혹은 어떤 영속성의 관점을 포기해야 한다는 사실을 전제해야 한다.

이와 같은 조건들 속에서 어떤 행동의 제안이나 조직화에 대한 암시가 거둘 수 있는 효과를 어떻게 사유해야 하는 것일까? 사유시스템은 물론 사회복지의 실제들이 취하는 노선만 해도 우리 손에 달려 있는 것이라곤 거의 없는 실정에 말이다!

그럼에도 불구하고, 실상 나의 연구가 제기한 또 다른 한 측면이 있다. 바로 담론들, 언어, 텍스트들이 갖는 중요성이 그것이다. 지나치게 의지주의적 태도를 내세우려는 것은 아니지만, 말하는 것이 곧 하나의 실천이라는 사실은 감히 믿어 봄 직하지 않나 싶다. 나는 이미 본서를 통해 담론과 실제의 상관관계에 관한 나의 생각을 말해 왔다. 하지만 그 관계는 어떤 반영도 어떤 표현도 아닌, 일종의 직조를 이루는 관계였다. 사회복지의 실제 역시, 그 어떠한 구별짓기도 존재하지 않습니다, 라고는 당최 말할 생각이 없는 어떤 담론을 고수하고 있었다.

앞으로 내가 택할 담론은 여러분 모두가 이미 알아챘겠지만, 차이의 담론이다. 여러 사회가 이 현상에 끊임없이 직면해 왔으나, 결코 차이를 있는 그대로의 모습으로 통합시키는 데는 성공하지 못했다. 실제로 사회 집단은 차이가 사라지도록 차이를 통합하거나, 그게 아니면 차이의 특정 형태들을 더 많이 배제함으로써 차이를 부분적으로만 통합하거나, 그것도 아니면 오로지 통합의 특정 재현을 스스로에게 부과함으로써 상당부분 차이를 그 뿌리부터 배제해 왔기 때문이다. 또 어느 시기에는 이러한 차이를 이상理想의 반열에 올려놓는 바람에 역사가 선택해 온 여러 공식 중 어느 하나만 택할 수도 없었다. 이러한 각각의 방식은 저마다의 문맥 속에서 나름대로 이득을 취하기도 했고, 의식적인 억압을 경험하기도 했다. 오늘날 강력한 관리와 취급을 통해 유사하게 또 평범하게 만들려는 의지는 거부의 대상조차 되지 않는다. 하지만 다른 관점에서 나는 그와 같은 의지에서 재정적 수단과 막대한 기술력이라는 대가를 치르면서까지 '믿게끔 만들고', 유사하게 만들고, '~와 똑같이 만들려는' 방식이 초래하는 위험을 식별할 수 있었다. 해서 나는 차이에 대한 통합, 차이의 통합[1]을 사유하려는 시도가 있어야 하지 않을까 하는 생각이 들었던 것이다.

어쩌면 사람들은 사회적 실제의 차원에서, 이러한 일은 현재 진행형이라고 나를 설득하려 들지도 모르겠다. 하지만 나의 선행연구는 실상이 전혀 그렇지 않다는 것을 증명했다. 차이를 규범으로 귀착시켰기 때문이다. 아니 적어도 우리는 그런 시도를 지금도 계속 하고 있다. 보다 이론적인 차원에서, 어떤 이들은 문제 자체가 잘못 설정되었다고 얘기할지 모른다. 실제로 사람들은 차이에 관한 이런 식의 개념을 논증하려 들 수도 있을 것이다. 결국 우리 모두는 어떤 규범 어떤 정상성의 관념을 갖게 된 바로 그 간편하고 단순한 이유에서와 마찬가지로, 차이의 개념을 머릿속으로만 갖게 될지 모른다. 그런데 차이는 상이한 그 무엇과 맺는 상관관계를 통해서만 차이의 모습 그대로 지시될 수

---

1 라보, 「내포/배제:역사적·문화적 의미에 관한 한 분석」(J.-F. Ravaud, H.-J. Stiker, "Inclusion/Exclusion: An analysis of historical and cultural meanings", in *Handbook of Disability Studies*, Sage Publications, 2001). 프랑스어 판본으로는 「내포/배제 : 장애의 사회학에 기여한 공헌」("Inclusion/exclusion. contribution à la sociologie du handicap", in *Handicap, revue de sciences humaines et sociales*, 제88~89집). 이 논문은 통합의 역사를 검토하는 한편, 각각의 배제 형식에 상응해 내포의 형식이 취하는 방식과 그 역에 해당하는 방식을 분석하고 있다.

있다. 그렇기 때문에 나는 이 개념을 일반화시켜야만 했다. 즉 소쉬르가 언어에 대해 말했던 바와 같이, 오직 차이들만 존재한다고 말이다. 그렇게 되면 모든 것이 모든 것에 대한 차이로서 존재한다. 한 번 더 달리 말하자면, 우리 모두는 어떤 개별성singularité의 세계 속에 존재한다는 것이다. 더 이상 비이성과 분리된 이성, 지성적인 것과 분리된 상상적인 것, 정신과 분리된 육체, 담론과 분리된 실제가 존재하지 않듯, 더 이상 건강한 자와 장애인은 외따로 존재하지 않는다. 고로 사회는 오직 '상대적인 것들로만', 관계들로만 구성된다. 하지만 이러한 사실 자체만으로는 여전히 이론적 차원에 머무를 뿐, 우리를 더 나아가게 해주지 못한다. 여러 고정점들을 제거하는 것은 완전한 추상화 작업에서만 가능한 일이기 때문이다. 왜냐하면 역사적으로 볼 때, 얼마든지 불가피하고 필수적이라고 할 만한 임의적이고 문화적인 분할선들lignes de partage이란 항상 존재해 왔고 또 앞으로도 그럴 것이기 때문이다. 더구나 다른 한편, 어느 것과 다른 것 사이의 상대적 개별성들만 존재한다고 주장하는 것 역시 모든 차원에서 난점을 드러낼 것이기 때문이다. 그렇다면 이는 새롭고 보편적인 그 무엇을 다시 창조해 내야 하는 일이 아닐까? 그것도 굉장히 모호하게 말이다. 또한 사회를 잘게 세분하여 통치 불가능하게 만드는 것은 아닐까? 나아가 가장 역설적인 상황으로 치달아, 모든 차이들과 특이성들을 원자들로, 단자들로, 무수한 절대들로 고착시키는 것은 아닐까?

이와 같은 이의제기들을 여기서 하나하나 대꾸할 수는 없다. 다만 우리가 차이에 관한 사유를 차이라는 개념 자체의 근본적 성격에 근거해 채택할 수 있다는 점만큼은 언급해 두고자 한다. 다시 말해 차이는 결코 고정되지 않는다는 것인데, 실제로 차이란 그 자체로 어떤 관계를 뜻하기 때문이다. 아마도 이 상황은 '어떤 것'에 대한 '어떤 것'의 관계로 표기될 수 있겠지만, 그 어떤 것 자체는 관계에 의해 구성되었을 뿐 아니라, 그것이 처한 망에 의해 좌우되는 불안정성 속에 놓여 있다고 보아야 할 것이다.

어쩌면 가장 난처할 수 있는 한 가지 예를 들어 보자. 남성과 여성은 차이가 있지만, 오늘날 우리는 남성과 여성이 서로가 서로를 지배하지 않으면서, 서로가 서로를 유사하게 만들지도 않으면서, 또한 서로를 두 개의 고정상태 두 개의 미지의 새로운 '본성'으로 여기지 않으면서, 더불어 살아가길 무척이나 바라고 있다. 그런데 이런 말을 하면 즉각 다음과 같은 두 가지 반론이 제기된다. 첫 번째 반박은 너무나도 명백하게 드러나는 남성과 여성의 차이들이 어떤 심층적인 동일성에 근거하기 때문에, 양쪽 다 똑같은 지적·정신적·심리적 능력을 지닌 인간으로 존재한다는 것이다. 따라서 남성과 여성의 차이란 인간 종에게 공통된 어떤 속성에 비하면 부차적인 차이일 뿐이라는 것이다. 이렇게 되면 얼마든지 평등하게 되는데, 왜냐하면 남성과 여성 모두 근본적으로 동일하다고 말하는 셈이기 때문이다! 또한 남성과 여성이라는 성별의 차이는 결국 일종의 우연의 결과이므로, 혹자들은 어쩌면 이 우연이 조정되어야 한다고 말할지 모른다. 또 누군가는 이 관계 전체를 구조화할 수 있어야 한다고 말할지도 모른다. 다만 이때의 '우연적인 것l'accidentiel'이라는 표현이 모두에게 이론적으로 인정받거나, 아니면 개념을 활용한 적용사례일 뿐이라는 양비론을 유발시킬 수 있기에, 당장은 위와 같은 관점에서 사람들이 얻어낼 수 있었던 사회적 결과들에 관해서는 그냥 넘기기로 하겠다. 한편 두 번째로 제기될 만한 반박으로는 다음과 같은 것이 있을 수 있다. 만일 혹자가 '인간적인 것'이라는 동질성을 깨뜨릴 수 있는 이 차이를 지나치게 강조할 경우, 성별이라는 차이를 근본적인 것으로, 남성과 여성이라는 두 주역을 별개의 두 '본성'으로 설정하게 된다는 것이 그것이다. 이때에도 어쩌면 평등의 관계는 성립될지 모른다. 하지만 그것은 매우 추상적인 평등일 수밖에 없는데, 그 이유는 남성과 여성은 서로 유사하지 않을 뿐만 아니라, 또 서로 유사해지려고 노력해서도 안 되고, 나아가 어느 한쪽 성별이 가지고 있는 것, 그 성별이 행하거나 창조해 낸 것을 다른 한쪽이 획득하려 들어서도 안 되기 때문이다.

그런데 이상에서 살펴본 남성-여성의 문제야말로 문제설정이 잘못된 경우라고 할 수 있다. 생물학과 해부학이 사회학적 관습들 혹은 조상 대대로 내려 온 분할들 이상으로 고정점이 되어서는 안 되기 때문이다. 또한 우리는 두 개의 성별을 초월하는 어떤 '인류'를 구상해서는 더더욱 안 되기 때문이다. 매우 오래된 전문용어로 표현해 보건대, 공통된 종種인 동시에 속屬들의 차이를 출발점으로 삼는 생물학적 소여들이란 그 유동성 속에서 그리고 그 소여들이 위치한 여러 망들 안에서 구상된다. 고로 성별은 점진적 분화에 불과하다. 남성적이고 여성적인 특징들의 해부학적·생물학적 결과는 그 자체로 남성과 여성의 대면 속에서, 그 관계 속에서, 그리고 탄생 전에 이미 시작된 심리학적·사회학적 작용 속에서 취해진 것이다. 이 모든 것 안에는 동일성도 분리도 없다. 만일 모든 차원에 걸쳐 우리를 남성 혹은 여성으로 간주하게 만드는 과정들을 탐지한다 해도, 우리는 결코 어떤 유일한 '본성'

도, 별개의 두 본성들도 포착하지 못할 것이다. 우리는 오직 어떤 '남성성의 발현virilisation'과 '여성성의 발현féminisation'만을 포착할 뿐이다. 즉 어떤 개별화 어떤 개체화만을 포착하게 된다는 것이다. 그것도 종종 어느 차원 혹은 또 다른 어느 차원에서 모호성과 양가성을 경험하면서 말이다. 따라서 정확하게 남성-여성이라는 차이를 사유하는 일은 관계, 과정, 개별적인 것, 개체적인 것을 사유할 것을 강요한다. 더구나 그 모두를 총체이면서도 다양한 차원에서 사유하기를 요청하면서 말이다. 이것은 곧 과정을 사유하기, 생성을 사유하기, 역사성을 사유하기, 새로운 것의 가능성을 사유하기를 뜻하되, 결코 무에서 출발해서는 안 된다는 것을 시사한다. 우리는 언제나 이미 어떤 성별을 갖고 있지만, 그것은 어느 과거, 어느 역사, 이미 구성된 어떤 사회적-역사적인 것과 더불어 갖게 되는 것이다. 결정론은 피해야 하겠지만, 그렇다고 우리들에게 전제조건들이 없어서는 안 될 일이다.

따라서 건강한 자와 불구자를 어떤 정상성, 어떤 일탈로 간주하는 행위는 중단되어야 한다. 그리고 그들을 따로 분리된 두 개의 '속屬'으로 설정하는 일은 더더욱 하지 말아야 한다. 그렇다면 어떤 담론을 택해야 할까? 바로 이 지점에서 출발해 새로운 역사적 변화를 검토해 보기로 하자.

그렇게 되면, 어느 '장애인'에게도 건강한 자를 닮도록 요구하지 않게 될 것이다. 또한 장애인을 '장애인 그 자체로'랄지, 정상적인 것에 다소 못 미치는 존재로 설정하지 않게 될 것이다. 그렇게 되면, 남성/여성의 대면과 마찬가지로, 건강한 자/쇠약한 자의 관계는 언제나 상대적이고, 역동적이고, 차이나는 방식으로 다루어지게 될 것이다. 이

것이 바로 우리의 사유가 지향하는 바이다. 그리고 이러한 관점은 다음과 같은 행동의 차원에서도 중요한 결과들을 불러일으킬 수 있을 것이다.

재정 조달을 주도하는 원칙으로는 어떤 것들이 있을 수 있을까? 바람직한 조직과 시설의 유형으로는 어떤 것이 있을 수 있을까? 과연 어떤 형식들이 국가와 장애인에 대한 행동들 사이의 관계를 담당하게 될까?

나는 배제하지 않고 차이를 인정함에 있어 반드시 설정되어야만 하는 전제가 혹독한 운명이 휩쓸고 간 아동이나 성인을 원래 살던 환경, 그가 속했던 환경으로부터 뿌리 뽑거나, 제거하거나, 따로 떼어놓지 않는 일이라고 생각한다.[2]

나는 매우 현실적인 난제들에 답하기에 앞서, 이 전제사항을 강조하고자 한다. 최상의 통합이란 언제나 한 번에 이루어지는 최초의 것을 뜻할 뿐, 지난하고 전문화된 회로들을 거쳐 이루어지는 재통합을 뜻하지 않는다. 만일 우리가 통합을 원한다면, 재통합을 핑계로 분해하려 들어선 안 될 것이다!

동시에 차이의 수용과 가장 위대한 존중의 자세란 사회 조직들로부터가 아니라, 즉각적인 사회 주변의 사람들로부터 기대되는 것이다.

---

2 이러한 뿌리 뽑힌 상태로 인해 그리고 특수한 환경으로 인해, 너무나도 고통받고 있는 사람들의 생활을 이해하고 또 귀 기울여 경청해야만 한다. 그 예로 에이샤, 『공적 부담 덜어내기:구호에 꼼짝없이 갇혀 버린 사람들』(Aisha, *Décharge publique. Les emmurés de l'Assistance*, Paris: Maspéro, 1979)을 확인해 보기를 권한다. 60년대 과감한 발상의 문제작이었던 이 책은 수많은 장애 당사자들이 공유하는 경험의 극단적 경우까지도 다루고 있다. 그러나 향후 이 책에 담긴 주장은 데카르트식 표현을 빌려보건대, '세상에서 가장 잘 공감되는 내용'이 되었다.

우리는 일상적 환경이 기형이나 장애를 유발하는 질병이나 불구 상태를 겪는 사람들을 보살피는 데 최대한의 노력을 기울일 수 있는 기회를 마련해야만 할 것이다.

하지만 분명 이 일은 특히 다음의 세 가지 주된 이유들 때문에 난항을 겪고 있다. 그 중에서도 첫 번째 이유, 즉 우리가 살아가는 현대 사회가 사회성을 붕괴시키고 있다는 점은 매우 심각한 일이라 할 수 있다. 매우 작은 공간, 그것도 흔히 도시 공간이 선호될 수밖에 없는 핵가족이라는 가족 형태, 늘 바빠 무언가를 준비하게 만들 뿐 아니라 이직이나 생활방식의 변경을 강제함으로써 일시적이고 지엽적인 유동적 상황들을 초래하는 일자리와 교육 형태, 이외에도 여가나 생활상의 필요, 문화에의 접근성 등이 그렇다. 이 모든 것들이 느림이나 미숙함이나 신체적 혹은 정신적 유약함 등과는 양립할 수 없는 신속한 이동, 짜여진 시간표, 생활환경으로의 유연한 적응 등을 견뎌 낼 것을 강요하기 때문이다. 이 같은 목록을 열거하자면 한도 끝도 없을 것이다.

자신의 터전을 떠나야 하는 이 '뿌리 뽑힘 현상déracinement'이 필수적일 수밖에 없는 그 두번째 이유로는 치료상의 기법, 일정기간이 소요되는 의료적 검진절차, 모든 차원에 걸쳐 연속적으로 행해지는 재활교육 코스들, 외과수술들과 같은 기술적 제약을 꼽을 수 있다. 예를 들어 근병증을 앓는 아이가 생존할 수 있게끔, 그의 생명을 연장하게끔 하고 싶다 해도, 매일같이 걷기, 호흡, 자세교정 등이 동반되는 일련의 재활훈련과정이 반드시 필요한 이 아이를 어떻게 데리고 다니며 돌볼 수 있단 말인가? 수시로 사전 관찰이나 수술, 그리고 그에 따라 회복기간이 소요되는 외과적 개입이 언제든 필요할 수 있는데 말이다.

요컨대 일상적 생활환경에서 떨어져 생활하는 일이 수시로 요구되는 의료적 기법 혹은 재활교육상 여러 기법에 소요되는 비용을 문제없이 치러낼 수 있어야만 한다.

기초 집단으로부터 일탈적 존재를 내쫓게 되는 세 번째 이유로는 손상 입은 자를 '견뎌내야' 하는 정신적 어려움을 꼽을 수 있다. 이 세 번째 이유는 앞서 언급한 첫 번째 이유와 매우 밀접한 관련이 있는데, 그 이유는 주변인의 심리적 능력 상당부분이 손상 입은 당사자의 활력 및 존속 가능성에 따라 좌우되기 때문이다. 예를 들어 남편이 바깥 일(직장, 사회 활동, 도시 생활 참여 등)을 보느라, 엄마 혼자서 거의 모든 제약을 떠안아야 하는 경우라면, 또한 나머지 자녀들이 그 역시 자녀로서 저마다의 권리를 요구하게 된다면, 그리고 처한 환경이 호전되기란 요원하고 그저 측은하기만 할 뿐이라면, 이 상황은 그리 오래 유지될 수 없다. 더구나 내가 제시한 상황은 그저 일례에 불과하다. 특유의 비사회성으로 인해, 장애인을 '자기 집에서' 돌보는 일 자체가 극복할 수 없는 장애가 되어 버리는 경우는 실로 헤아릴 수 없이 많기 때문이다. 아울러 이런 식의 사회학적 요인들을 넘어, 심신쇠약자와 계속해서 함께하는 생활의 '내적인' 어려움도 인정해야 할 것이다.

끝으로 사람들은 네 번째 이유를 꺼내들 수도 있다. 장애인 당사자의 정신건강을 위해서라도 또 가족 모두를 위해서라도, 당사자를 원래 그가 있던 환경에서 떼어 내 자율성을 갖추게끔 할 필요가 있다는 논리가 그것이다. 이때 적어도 일시적이나마 시설로 생활공간을 옮기는 일은 상당히 유용한 해결책이 될 수 있다는 것이다.

그렇다면 장애인들이 '기초' 생활환경에서 생활할 수 있도록 그대로 두어야 한다는 나의 가설은 무엇이 되어야 할까? 내게 이 가설은 이제 목표로 남겨진다. 그런 일이 통상적으로 가능해지도록 일련의 행동을 실현한다면 말이다. 왜냐하면 우리가 어떤 전문화된 절차에 놓이게 되는 계기들이란 언제든 있을 수 있기 때문이다.

이와 관련된 모든 조치의 방향은 앞서 언급한 '기초적 환경'과 가장 가까운 개인 원조 쪽으로 향할 수 있다. 즉 공간을 제공하는 일, 나아가 휠체어에 의지해야 하는 장애인이 있는 어느 가정에 접근 가능한 공간을 내주는 일, 캉통마다 (지도상 배치에 따라) 혹은 캉통이나 코뮌 별로 일정 학교에는 물질적·교육적 차원에서 정비에 소요되는 보조금을 지급하는 일, 그럼으로써 예외적 경우 혹은 일시적 입원기간을 제외하고는 장애아동들이 다른 아이들 무리 속에 완전히 통합될 수 있게끔 하는 일, 마찬가지로 학교 시설들에 병행하여 신체적 재활교육 혹은 지리상 잘 배치된 정신의학적 후원 조직들을 마련하는 일 등이 그 적절한 조치를 이룬다. 이 원칙은 중등교육 내 직업양성교육 차원에서도 유효할 것이다. 한편 성인들의 경우, 여러 직업양성센터를 심신쇠약자에게 개방한다는 원칙은 어느 경우든 차이를 고려하려는 확고한 (엄격한 통제를 통한) 정책적 의지만 있다면, 하등 문제될 게 없다. 그런데 프랑스의 예만 보더라도,[3] 이런 일은 교육부 산하 시설이나 성인 대상 직능양성교육협회만큼이나 획일화에 정향된 여러 시설 내부에서 일종의 개종에 버금가는 전회가 이루어질 때에야 가능할 것이다.

---

3 이와 관련해 내게 사유의 실마리들을 제공한 저서를 소개할까 한다. 『차이 속에서 살아가기: 오늘날 우리 사회의 장애와 재적응』(*Vivre dans la différence, handicap et réadaptation dans la société d'aujourd'hui*, Toulouse: Privat, 1982).

여기에 밝힌 논리가 수많은 특수시설의 개시를 야기했음은 분명하다.[4] 특수시설과 관련해, 한편으로는 이 시설들에 종사하는 수많은 노동자들이 다른 차원에서 유사한 업무를 할 수도 있다는 점에 명확하게 답해야만 한다. 하지만 동시에 이 시설들을 안심시킬 필요도 있는데, 왜냐하면 장애 당사자와 그 기초집단에 적용해야 할 일체의 조치들로는 여러 재배치 절차에 대한 새롭고도 상식적인 시각에서 시설이 할 수 있는 일들이 여전히 많기 때문이다. 다른 한편, 협회들의 이 같은 사적 영역이 진정으로 연합을 이루고, 조직화되고, 공통의 방향을 설정해 융통성을 발휘한다면, 모두에게 득이 될 수 있다. 이러한 서비스 당사자들의 여러 임무 중 하나는 차이나는 사람들과 더불어 사는 것을 실현시키는 일, 그리고 그 일을 구체적으로 가능하게 하는 모든 세세한 수단들을 촉진하는 것이야말로 가장 인간다운 삶임을 모두에게 납득시키는 일이기 때문이다.

나아가 고도의 기술력을 앞세운 갖가지 조치를 목적으로 하는 의학적·외과적 대규모 조직의 필요성이 여전히 문제로 남는다. 또한 신체적 차원, 심리적 혹은 정신적 차원에서 그 어떤 해결책도 없는 경우, 특정 시설들은 불가피할지 모른다. 그곳에 사람들을 수용하려면 극도의 엄격함 기준이 적용되어야 할지도, 또 장애 당사자들이 원래 있던 사회 집단에서 삶을 재개할 수 있도록 시설에서 그들을 다시 꺼내려면 막대한 자금이 배정되어야 할지도 모를 일이다. 그러므로 이러한 조직

---

4 여기서 제안한 사유 및 행동의 방향은 그 진정한 효과를 벗어날 수도 있다. 만일 우리가 이런 생각을 비용이 거의 들지 않는 어떤 구호 형태로 되돌아 갈 요량으로 현존하는 여러 시설에 불리한 핑곗거리로 삼는다면, 본래의 목표는 왜곡될 것이기 때문이다.

들은 일상적 조직이기보다는 예외적 조직으로 마련되어 있어야 할 것이다.

일자리를 통한 사회적 배치가 이런 식의 통합에 우선권을 부여하며 나름의 방편을 마련하는 것도 바로 일상적 통합이라는 차원에서 이루어져야 한다. 산업적 유형의 임금노동을 적용하겠다는 강박을 떨쳐내는 어려움을 무릅쓰고라도 말이다. 나아가 기업들에 대한 원조 조치는 쇠약한 이들이 그 모습 그대로 일하게 할 수 있을 것이다. 그들을 다른 사람들과 똑같이 치장하지 않고, 그들에게 불이익을 주지 않고, 그들에게 다른 사람들과 똑같은 요구를 하지 않으면서 말이다. 그러면 우리는 다양한 방식의 노동을 고안해 낼 수 있을 것이다. 물론 이는 구체적인 경우들에 적용되는 갖가지 예산 편성과 매우 치밀하게 검토된 재정 지원을 전제로 한다. 그리고 이때 돈은 무엇보다도 분별 있는 할당의 문제로 바뀔 것이다.

이상의 주요 일반 목표들을 언급함으로써, 온화한 이상주의자 아니면 냉혹한 파괴자로 치부될 위험을 무릅쓰고 나의 생각을 밝혀 보았다. 하지만 내가 제안한 문제의 방향은 의외로 간단하다. 즉 사회 조직망이 '차이'를 받아들일 수 있도록 여러 절차와 발의를 본궤도에 올려놓는 일이 그것이다. 이를 위해서는 우리 서구사회 전체를 선동하는 움직임, 즉 흔히 작위적인 방식으로, 대부분 지울 수도 없게 아예 삭제하는 방식으로, 사라지게 하고 재통합시키기 위해 따로 떼어두는 바로 그 거대한 흐름을 저지해야만 한다. 전세계 도처에서 여러 사람들이 이 같은 나의 관점을 이해해 주었고, 그 같은 방향에서 취해진 여러 행동들이 다양한 나라에서 시도되었다.

아울러 어떤 방향 설정이 미리 짜여진 완전한 계획처럼 나타나서는 안 될 것이다. 중재는 결코 완전히 충족될 수 없고 항상 느린 법이어서 까다롭고 힘겹기 마련이다. 기존체제를 무너뜨리거나 스스로 희생양(협회들, 공공기관, 장애인들, 의사들, 각 가정들 등)을 자처하기란 오히려 쉽다. 때문에 나의 마지막 제안은 장애 당사자들의 육체와 정신으로 그들 스스로가 이뤄낸 여론과 제안, 그리고 그로 인해 빚어진 어떤 움직임의 결과일지 모른다. 그리고 이러한 움직임은 장애인의 문제를 제로 상태에서 다시 제기해야 할 사회라는 '거대한 실험실'에 자금 지원을 수락하는 여러 공공심급에 의해 폭넓게 지지될 수 있다. 오늘날 우리가 살아가는 사회들은 사회보장 원칙을 고안해 냈고, 조합조직을 받아들였고, 다양하고 풍부한 연합과 연대의 방식들을 발견해 냈다. 그런데 어째서 차이가 예속되거나 기각되지 않은 채, 그 모습 그대로를 유지하며 살아가도록 하는 새로운 방식 하나를 고안해 내지 못한단 말인가?

내가 몇 가지 총론에 그치고 마는 것은 매우 자의적인 선택에서였다. 여느 책이 그러하듯, 책의 말미에 이르러 일련의 구체적 혁신의 방식을 부르짖고 제시하는 일은 헛수고나 다름없다. 하지만 나는 애초에 근본적이고-급진적인radicale 청원으로 회부했던 나의 목표를 이제 보다 폭넓은 견지에서 바라보고자 한다.

나는 앞서 다른 사람들이 사회성socialité으로 표기해 왔던 것을 '사회화 가능성sociabilité'으로 표기해 언급했다. 신체적으로든 정신적으로든, 선천적이든 아니든 간에 손상을 입은 사람에 대한 모종의 수용은 생활환경상의 일자리, 즉 사회화 가능성의 추구를 그 전제로 한다.

우리가 살아가는 대부분의 사회들에서(북유럽식 사회민주주의 체제에서는 덜한 편이지만) 우리 모두는 섭리적 형태라 할 수 있는 국가[5]와 피난처 형태라 할 수 있는 민영화 사이에 놓인다. 개인주의에 입각한 사유화가 더욱 강력해질수록, 국가는 여러 서비스와 그 재원의 제공자 역할을 더 많이 요구받는다. 한편 국가가 지배력을 확장하면 할수록, '사적인-박탈당한prive' 것은 스스로의 방어 수단으로 더 많은 자리를 차지하려 든다. 그런데 나는 '사회가 사회 그 자체와 가까워지는 일'[6]이 현실에서 가능하다고 생각하는 이들의 흐름에 동참하고 있다. 여기서 말하는 사회 자체로의 접근이란 단일 공동체라는 방식을 통한 일종의 반-사회적 이상에 입각한 것이 아니라, 지역적이고 공동체적인 무수한 연대를 통해 가능한 것으로, 그 결과 관료주의적이지도 중앙집권적이지도 않은 모든 종류의 '서비스'를 아울러, 조세 문제에서 사회적 권리까지 검토할 수 있음을 뜻한다. 물론 여기서 내가 이런 식의 사회 사상을 전개할 수 없음은 분명하다. 하지만 이 같은 사회 사상은 국가 혹은 개인주의의 엄습에 직면한 오늘날 수많은 사회집단의 저항에 그 근거를 두고 있다. 가령 아녜스 피트루Agnès Pitrou가 보여 준바, 가족 연대라는 지하 조직망들이 경제 위기 기간 동안 자신들만의 내밀한 경제 체계를 전개시켰던 전력은 그 비근한 예가 될 수 있을 것이다. 몇 가지

---

5 본래 '신의 섭리, 가호'를 뜻하는 'providence'라는 프랑스 낱말은 '국가'(Etat)와 동격으로 합쳐지며, '복지국가'(Etat providence)라는 표현을 탄생시킨다. — 옮긴이

6 이 부분에서 나는 루이 뒤몽, 『호모 아에쿠알리스』(Louis Dumont, *Homo aequalis*, Paris: Gallimard, 1977), 피에르 로장발롱, 「복지국가와 연대사회」(Pierre Rosanvallon, "État providence et société solidaire", in *Esprit*, 1981, n. 7/8), 프랑크푸르트 학파인 카스토리아디스(Castoriadis)와 클로드 르포르(Claude Lefort) 등과 같은 여러 사상가들 주변으로 『에스프리』지가 정초하려 했던 여러 토론을 암시하려 했다.

조건만 갖추어진다면, 국가적이지 않은 사회적이고 공적인 공간들, 개인주의적이지 않은 차이 있는 공간들이 돌연 출현할 수도 또 창조될 수도 있으며, 그렇게 되면 어떤 주의에 포획된 영토가 아닌, 이를 현실화시키기에 유리하고 적합한 터전이 생겨날 것이다.

'장애인들'의 '사교적société' 행위가 자리할 곳은 각각의 꼭지점을 거치며 내가 상기시킨 바로 이 같은 틀 안이다. 그렇다고 해서 나의 제안이, 즉각 장애인 공동체가 여럿 발생한다든지 상황을 대폭 개선시키는, 그것도 휴머니즘적이고 구도자적 정신에 기반한 가능한 해결책이 될 거라고는 생각지 않는다. 분명 우리 같은 사람들은 장 바니에Jean Vanier같은 사람이 벌였던 사업에 그저 감탄만 할 뿐이지만, 그렇다고 내가 협회에 얽매여 그런 식의 소명을 신봉하고 있는 것은 아니기 때문이다. 다만 반정신의학 공동체는 공동체주의에 빠지지 않고 중계기능을 유지하는 한, 훨씬 수월하게 여러 경로를 열어 주게 될 것이다. 비록 기초 공동체들이 각각의 차이를 고려하며 이런저런 방식으로 완전히 통합시킬 수 있다 해도, 내가 호소하려는 것은 건강한 자들을 '기초 공동체들'로 귀속시키자는 것이 아니기 때문이다. 가장 득이 될 만한 노력과 방향을 꼽는다면, 로장발롱이 말했던 것처럼, 국가에 대한 여러 요구를 줄이는 한편, '지역 차원의 주도에 착실히 부응하는 여러 공공 서비스'를 확충하는 일이라 하겠다. 고백하건대, 제3의 길이 될 만한 순수한 모델은 존재하지 않는다. 그저 복잡다단한 얽힘만이 있을 뿐이다. 이제까지는 단순히 내가 위치한 레퍼런스의 차원만 설정해야 했다. 이제 조금 더 나아가 과거의 여러 주도적인 움직임들(가령 정신미숙 아동을 위한 장애아동부모협회ADAPEI와 같은)이 이와 비슷한 전망 속에 위치했다는 점을 이야기해 볼까 한다. '제도화'는 관리와 조직에만 우선 치중한 나머지 종국엔 본래의 목표들을 망각하고 말았다. 더구나 이러한 상황 대부분은 재정적 문제뿐만 아니라 동업조합주의라는 내습에 직면했던 민간협회라는 특성을 띠고 있었다. 결국 앞으로는 이제 막 어렴풋하게 그려진 전망 속에서 국가가 수많은 연대집단의 실행에 일정 역할을 수행하게끔 하는 일이 문제될 것인데, 다만 그 구성은 지방으로 분산되어 '구체적 사회 관계들이 직접 떠맡는'(로장발롱) 일련의 하위 시스템으로 확장된 기초적 연대망의 버팀목 같은 형태여야 할 것이다. 그렇지 않으면, 특수화된 회로들 속에 가두어지지도 않고, 따뜻한 공동체의 품안으로 피신하지도 못하고, 개별 차원의 구호에 놓이지도 못한 그야말로 '장애에 봉착한' 사람들은 그 첫 단계부터 사회를 구성하는 데 급급한 '단기적' 행동조직이 꾸린 여러 국유화 단체들에 속하게 될지도 모른다.

　　이러한 상황들을 조금 다르게 바라보기 위해,『에스프리』지에 기고했던 논고의 결론 부분을 다시 언급해 볼까 한다. 장애의 문제는 어떤 전체적인 문제, 즉 현대사회에 만연한 수많은 이타성을 검토하는 다양한 방식의 핵심에 위치해 있기 때문이다. 다행히도 도미니크 슈나페의 책[7]은 내가 이 문제를 계속 성찰할 수 있게끔 독려해 주었다. 실상 장애의 문제는 보편적인 것과 개별적인 것과의 관계의 문제, 다시 말해 민주주의의 근본 문제를 설정하는 여러 구성원의 문제와 마찬가지

---

7 슈나페, 『타자와의 관계:사회학적 사고 한가운데』(D. Schnapper, *La Relation à l'autre. Au cœur de la pensée sociologique*, Paris: Gallimard, 1998).

로, 역사적 공동체들과 '시민적 의무le civique(막스 베버식 용어로는 사회화sociétisation라 할 수 있는) 원칙 사이의 긴장 관계에'[8] 놓인 오늘날 우리 사회가 겪는 다양한 시련들을 성찰함에 있어 의미심장한 지점을 이룬다.

이 타자와의 관계 문제에는 두 가지 커다란 경향, 즉 구별의 모델과 동화의 모델이 각각 양 극단을 이루며 나타난다. 구별주의 différentialisme는 때로는 멋들어진 치장이 될 수 있음에도 '타자-다른 것l'autre'을 암흑과도 같은 외부로 내동댕이치는 반면, 감히 이런 표현이 가능할지 모르겠으나, 그 자체로 '식인종적anthropophagique' 속성을 띠는 동화주의assimilationisme는 타자-다른 것을 게걸스럽게 먹어 치워 결국 내치는 일이나 진배없는 방식으로 그것을 부정한다.

우선 구별의 모델이 갖는 첫 번째 형식은 위계적 모델이다. 특수성들과 차이들은 식별되고 받아들여질 수 있지만, 그것은 이런저런 위상과 불평등한 가치라는 어느 등급상에 위치될 뿐이다. 이는 곧 차이들을 통합하는 모종의 방식일 수 있는데, 그 이유는 이 차이들이 어떤 일관성 속에서 총체를 유지하게끔, 그것도 어떤 예속의 시스템 속에서 실현되도록 만들기 때문이다. 예를 들어 분명 남성과 여성은 인간의 두 가지 존재 방식을 표상함에도 남성이 여성을 지배해야 하는 것처럼 여겨졌는데, 실상 이 두 가지 존재 방식에 결부된 소위 자연스러운 역할이란 것이 결국 남성을 상석을 차지하는 존재, 존엄성을 갖춘 존재, 더 큰 중요성을 갖는 존재(정치적 역할 대 가정의 역할, 생산적 역할 대 교

8 같은 책, p. 490.

육적 역할, 권위적 역할 대 애정적 역할)로 만들었기 때문이다. 미셸 푸코는 자신의 저서 『자기 배려』[9]에서 고대 그리스의 성별 간 여러 관계들뿐만 아니라 성인과 어린 아이 사이의 관계들조차도 사회적 지위에 의해 지배되며, 이런 지위가 곧 여러 권리와 친밀도를 규정짓는다는 사실을 보여 준 바 있다. 고로 이것은 위계화를 통한 일관성의 유형이라 할 수 있다.

이러한 위계적 모델은 유사성이라는 최초의 수용을 통해, 그러나 매우 엄격하게 통제된 수용의 방식을 통해 차이들을 억제한다. 물론 이는 이미 존재하는 차이들을 공고히 하는 방식에 다름 아니다.

이렇듯 구별주의가 지배하는 세계 안에서는 언제나 그 두 번째 모델, 즉 병치의 모델을 만나게 된다. 이는 어쩌면 앵글로-색슨 계열의 국가들에서 더 자주 확인하게 되는 것일지 모른다. 그들은 그들대로 우리는 우리대로, 그들의 문화는 저런 식으로 우리의 문화는 이런 식으로, 우리는 실상 전체를 이루는 일과는 하등 상관이 없으니 그들을 굴종시키려 들지도 열등한 지위에 놓아두지도 않을 거라는 식의 타협적 의미에서 보자면, 이 두 번째 모델은 일종의 관용의 모델이라고도 할 수 있을 것이다. 이때 차이에 대한 인정은 훨씬 더 멀리까지 나아간다. 다만 이는 낯선 자들이 총체 안에서 낯선 자로서 제 각각 자기 공간에 머물기 위한 것일 뿐이다. 민족주의의 어느 특정 형식도 바로 이 모델과 관련이 깊다. 외국인들은 우리가 속한 우리의 공간 밖에 머물 때 비로소 존재할 수 있는 권리를 갖는다는 식의 논리가 그렇다. 여기에

---

9 미셸 푸코, 『자기배려』(M. Foucault, *Le Souci de soi*, Paris: Gallimard, 1984).

통합이란 없다. 그저 퍼즐, 모자이크만 존재할 뿐이다. 또한 이러한 모델은 어떤 민주주의 형식과도 결합될 수 있는 것으로, 우리는 미국의 다문화주의적 사고 속에 이 모델이 놓여 졌을 때 나타난 현상을 이미 경험한 바 있다. 이 모델이 다문화주의적 사고의 고유한 논리에 놓이면서, 사회질서는 저해되었고, 특히 실재하는 사회 구조화를 경직시켜 가치들이 첨예하게 대립하는 위험한 상황들이 촉발시켰으며, 모든 공동의 공간은 파괴되었기 때문이다.

이러한 모델은 역사 속에 적용된 어느 특정 모델이라기보다는 장애인을 취급하면서 나타날 수 있는 어떤 경향성을 더욱더 많이 보여준다. 그럼에도 이 모델은 북아메리카 대륙 내 '인디언 보호구역'의 예를 참고할 때, 소위 장애인의 '아메리칸 인디언화'라 할 만한 방향으로 나아가게 될 것 같다. 예전 방식이 그들을 근본적 차이에 위치시키거나 배제하는 것이었다면, 이제 사람들은 그들을 절멸시킨다. 그들이 지닌 차이를 빌미로, 별도의 공간에 그들을 위치시킴으로써 말이다. 상당수 사람들은 자신의 공간의 '청결'과 정화에 기여하게 될 이 모델의 사용을 불만스럽게 여기지 않을 것이다!

이 모델에서, 특히 이 모델이 극단에 치달을 때, 차별주의는 다음과 같이 말하고 있는 셈이다. 너는 달라, 내가 너보다 더 완벽한 존재로 자리매김되는 가치 위계 속에 너를 예속시키는 일만 아니라면, 너는 정말이지 나와 아무 상관도 없다고, 라고 말이다. 부디 속지 말자. 이 같은 위계와 마찬가지로 병치의 방식 또한 특정 존재들을 꼭대기에 위치시켜 오직 그들만이 보편을 대표하는 것으로 생각하게 만든다는 사실을.

정반대로, 하지만 보편적인 것에 대한 이 동일한 우려에서, 우리는 일종의 규범화 모델이라 할 수 있는 동화의 모델을 검토해 볼 수 있다. 첫 번째 모델이 차이들의 그 부인할 수 없는 실재에서 출발했다면, 동화의 모델은 부인할 수 없는 인류의 보편성으로부터 출발한다. 즉 타자는 또 다른 자기 자신일 뿐이라는 것이다. 원칙적으로 인간 모두가 인간으로서 지니는 권리에 제한이란 존재하지 않는다. 하지만 사람들은 평등을 인정하다가도 동일한 것을 향한 의지로 매우 재빠르게 이행한다. 이때 타자는 곧장 나와 똑같은 것이 되어야 할 운명에 놓이게 되는데, 왜냐하면 나야말로 인류의 보편적인 부분을 표상하는 존재이기 때문이다. 구체적으로 들어가 보자면, 보편적인 것에서 어떤 유사 보편주의로 옮겨 가는 이런 식의 점진적 이행은 상당히 빈번하게 나타난다. 그리고 이때 보편적인 것은 그 누구도 보편적인 것을 말하거나 혹은 그것을 실현하는 자로 위치할 수 없기 때문에, 어떤 규제적 관념이자 인간 개개인과 집단들 각각의 다양성 속에서만 실질적으로 도달하는 어떤 지평이 되어야 한다. 이러한 동화주의적 모델은 거의 다음과 같은 식의 담론을 채택하고 있다. 즉 이 세상에는 공동의 가치들, 공동의 목표들, 행동양식을 규정하는 여러 정전들, 서로 가까워져야 할 평균들이 존재한다는 것이다. 따라서 이때 노동은 결국 합의에 의해 성립된 것, 획일화하는 이 총체와의 재결합을 위해 행해질 뿐이다. 프랑스식 공화주의의 일면은 이런 모습을 보여 준다. 즉 프랑스 공화국은 종종 선망이 대상이 될 만한, 심지어 장엄하기까지 한 자체의 준거들과 자체의 기준들(세속화, 일체의 사회권리, 교육의 유형, 공공도덕, 권리의 평등함 등)을 정의해 왔기 때문이다. 하지만 이러한 규범들에 따른 삶을 그대로 받아들일 경우, 이런 유의 공화적 공간은 '차이들 앞에 장 님' 형국일지 모른다.

우리는 이러한 모델 안에서 어떤 강력한 통합의 길 위에 서게 된 다. 즉 각각의 요소는 전체라는 메커니즘 속에 들어가기에 상당히 적 절한 것이 되어야만 하는 것이다. 하지만 반대로 '타자-다른 것'에 대 한 강력한 부정이 우리를 위협한다.

타자-다른 것과의 관계에서 나타나는 이러한 형식들은 차례차례 혹은 동시적으로 불구자들을 다루는 방식 속에서 어느 정도 작동해 온 것도 같고, 또 그 형식들의 운명이란 항상 예속, 무관심, 거부 사이를 옮겨 다녀야 했던 것도 같다. 그런데 이 거부는 근원적 배제라는 고대 의 형식들에서는(가령 고대시대 기형을 갖고 태어난 아이들에 대한 유기 행위), 그리고 융통성 없는 격리라는 근대의 형식들에서는 제각각 모 습을 드러냈던 데 비해, 철저하기 이를 데 없는 규범화를 통해 동화시 키는 오늘날 집착의 형식들에서는 너무나도 교묘해지고 말았다. 예속 의 형태는 불구자들이 '다른 용도'로 소용되던 방식(자신의 안녕을 구 한다든지, 어릿광대 역할을 담당한다든지, 장터에서 호기심을 충족시켜 줄 대상으로 전시된다든지, 혹은 조금 더 현대적인 방식으로 해당 집단에 대한 관리 및 비즈니스적 대상 혹은 조직화 노하우에 관련된 어떤 정책의 성격으 로 취급되는 일 등)에서 발견된다. 한편 무관심은 머피의 말대로, 내포 되지도 배제되지도 거부되지도 수용되지도 않는 경계성의 공간에 그 들을 위치시킬 때 작동된다. 우회적으로 마련된 비-차별 원칙에 따라 자선의 책임을 떠안은 경우든, 미처 말단까지는 미치지 않는 보상적 차별 조치에 따라 보호하고 구호해야 하는 경우이든, 무관심은 일관되고 있는 것이다.

장애인 스스로가 보이는 특정 태도들이 각각의 모델에 결부된 역효과와 함께 어느 한 모델 혹은 또 다른 모델을 조장할 수도 있다는 사실을 인정해야만 한다. 청각장애인 공동체는 우리가 이미 살펴보았듯, 때로는 정점에 달한 차별주의의 면면을 보이기도 했으니 말이다.

반면 차이들의 폐지와 '다른 모든 이들과 똑같이' 존재하려는 요구에 기반한 어떤 담론은 일견 동화주의적 모델에 해당할 수 있으며, 이는 마냥 좋은 것만은 아니다. 실제로 어떤 경우든 오직 해당 사회의 조건, 즉 물질적·정신적인 조건이 장애를 만들어 낸다. 사회적 장벽들이 폐기되면, 장애에 관한 사소한 차이들(서 있는 대신 휠체어에 의지한다든지, 특정 기호들을 인식하지 못하지만 그 대신 다른 기호들을 갖게 된다든지)만 남을 것이다. 결손이라는 개념을 통해 장애의 문제를 제기할 때마다, 우리는 동전의 한 면만 바라보고 여러 난점들은 개인 탓으로 돌린다. 그런데 사실 곰곰이 생각해 보면, 이 난점들은 주변 사회의 실제적in actu 변화에서 비롯된 것들이다. 만일 우리가 이 논리를 끝까지 — 차라리 그 지난한 끝자락에 이르러서야 이 논리를 따른다고 보는 편이 더 적절하겠지만 — 따라가 본다면, 어떤 공동의 공간에 이를지 모른다. 비유하자면, 지나치게 유니섹스적인 나머지, 다양한 문화적 표현을 포함한 수많은 배타적 특수성의 표현이 일소되는 공간 말이다. 이렇게 되면 개인의 시민권이라는 미명하에 운위되는 집단적 정체성은 더 이상 존재하지 않을지도 모른다. 실제로 불구라는 특성이 지닌 사회적 장벽의 폐지를 요구할 때, 우리는 어떤 특정한 집단적 정체성을 설정하는데, 그렇지 않으면 먼지 같은 무수한 개인들만 남을 것이다. 그렇다면 이 개인들은 과연 어떤 이름으로 다시 규합될 수 있을까? 이 경우 두 가지 극단을 세워야 한다는 사실로부터 자유롭기는 어려울 것 같다. 즉 시민적 보편주의가 그 하나이고, 차이가 있는 집단들 및 개인들이 다른 하나이다. 사회적 장벽들의 폐지와 다른 이들과 똑같이 존재하기를 요구하는 수많은 투쟁의 진실은 진정한 의미에서 공동의 필요성과 그 공동으로의 접근이 가능한 어떤 사회적 공간의 창조를 긍정하는 데 있다. 다시 말해 어떤 정체성을 긍정하는 참다운 모습이란 결코 보편주의의 구현이어서는 안 될 공동의 공간을 의무로 삼는 것이요, 한편 엄연히 이 공동의 공간에 그들이 존재하는바, 그들이 존재하는데 필요한 것을 그들의 재량대로 배치함으로써 끊임없이 그들의 취약한 조건들을 보상하는 데 있다.

진정 공화적이고 진정 민주적인 공간 전체에게 하나의 도전이라할 만한 이 모델은 이제 다음과 같은 일들을 수면 위로 떠오르게 하는 것만 남았다. 특수항들을 설정하고 상호존중의 관계를 수립하는 일, 특수항들 사이의 다양한 조합을 고안해 내는 일, 이타성들을 고려하는 일이 그렇다. 이렇게 되면 장애인들은 특정 사회적 정체성으로(일탈적 존재, 주변적 존재 등), 혹은 유효함이라는 동일성으로 환원될 수 없다. 그들의 세계-에의-존재는 개별적이지만(사람마다 결손마다 차이나게 개별적인), 그들은 우리의 체험을 자신의 체험 속에서 번역할 수 있고, 그 역逆도 가능할 수 있다. 마찬가지로 그들은 사회적으로 어떤 예외적인 경우를 이루면서도 다른 경우 안에서 번역 가능하기에, 나머지 모든 다른 경우들도 그들의 경우 안에서 읽힐 수 있을 것이다.

분유된 공동의 공간은 더 이상 위계가 존재하지 않는 곳, 환원되지 않으면서도 더 이상 분리되지 않는 곳에 정초될 수 있어야 할 것이다. 내가 보기에 이것은 디드로가 그의 유명한 저서『눈이 보이는 자들을 위한 맹인들에 관한 서한』에서 간파했던 것과 일맥상통하는 듯 보인다. 디드로는 선더슨이나 퓌조의 맹인을 어떤 '인류학적 변이체들'처럼 — 실제 이런 표현을 쓰진 않았지만 — 보여 주었으나, 내 생각에 이것은 음악에서 기본 주제부에 여러 선율을 수놓는 것처럼, 어쩌면 변주들로 바라보는 것이 훨씬 더 정확할 듯하다. 이 같은 상황은 문학 분야에서 불구성이란 주제로 열린 어느 학회의 말미에 심각한 장애를 입은 어느 문학 비평가가 표명했던 바와도 맥을 같이 한다.

앞선 모든 것에 비추어 볼 때, 이제껏 문학이 실어 나른 불구자에 관한 전통적 이미지들은 분명 다음과 같은 태도들을 만들어 내는 데 거의 기여한 바가 없다고 할 수 있겠습니다. 즉 장애인들이 어떤 절대적 다름quelqu'autre absolu이나 견딜 수 없는 존재가 아니라, 오히려 인간 현실의 무수히 다른 것들 가운데 한 극단으로 인정받을 수 있는 어떤 세계를 가능하게 하는 태도일 수 있다는 것입니다. 이런 태도는 어느 한 개인과 다른 개인 사이에 다르게 나타나는 지각과 몸놀림의 민첩성의 차이가 실상 한 생명이 아이일 때와 노인일 때 보이는 차이와 별반 다르게 느껴지지 않는 어떤 세계를 가능하게 합니다. 나아가 심리적 차원에서는 더없이 심각한 불구상태조차 어떤 변이가 아니라, 인간 규범의 무한한 다양성이 발현된 것으로 여겨질 수 있을 것입니다. 이런 세계에서는 심지어 고통과 죽음조차 당혹감으로 외면당하거나, 두려움으로 회피되거나, 동정심으로 부정되기보다는, 슬픔이나 넘치는 기쁨

으로 대면할 수 있을 것입니다.[10]

장애의 문제는 사회적 이타성을 취급하는 각양각색의 모델 사이에서 우리
가 느끼는 망설임과 번민을 상징적으로 보여 준다. 하지만 이 문제는 공정
한 사회화 가능성을 모색하려는 우리 인간의 탐색들 중에서도 더없이 특
수한 양상들에 관한 활발한 문제제기를 도모해 줄 것이다.

10 피들러, 「동정과 공포: 문학과 대중예술에서의 불구자의 이미지」(L. Fiedler, "La Pitié et la Peur
   : images de l'infirme dans la littérature et l'art populaire", *Salmagundi*, n.57, New York:
   International Center for the Disabled, 1982).

부록 입법화의 단계들

관련규정집 자료가 풍부한 만큼 전체를 망라할 정도로 철저할 수는 없겠지만, 재적응과 관련해 우리의 관심을 집중시켰던 법제화의 몇몇 단계를 짤막하게나마 상기해 보기로 하겠다.

　지극히 당연하게도, 여기서는 주요 특색들 위주로 혹은 차라리 몇몇 굵직굵직한 단계들로 나누어 읽어 내는 것이 바람직할 듯하다. 우선 제1차 세계대전 이전 시기의 단계는 앞서 본문에서도 언급한 바 있다. 첫번째 시기로 규정해 볼 수 있는 1920~1930년 사이의 기간에 다음의 두 가지 주요 개념이 구성된다. 즉 1918년 1월 2일 '직능 재활교육과 전쟁 상해자 및 재향군인 국립 사무국la rééducation professionnel et l'office national des mutilés et réformés de guerre'에 관한 법률이 하나이고, 다른 하나는 1919년 3월과 1924년 4월 '직능상 사회 재취업 원조'에 관한 일반법으로, 전쟁 상해자 재활교육 학교 내에 상해자들의 입학을 승인하는 1924년 5월 5일 법률에 의해 완성된다. 1930년 5월 14일에는 이와 유사한 법률상 확대해석 단계를 거치기도 한다.

　두 번째 시기는──첫 번째 시기만큼이나 흥미로운 시기인──1957년까지의 기간으로, 주로 재적응의 초기 개념과 전쟁 직후 등장한 구상들에 상응하는 조직의 창설과 관련이 깊다. 아울러 이웃한 영역들, 가령 아동 분야 같은 쪽에 이 개념들이 전파된 시기라는 사실에 주목할 필요가 있다. 1935년 '법률상 아동'에 관한 시행 법령은 당대의 '위험에 처한 아동'을 대상으로 해당 분야에서 취해진 예방적인 동시에 통합적인 모든 일련의 발의들을 대대적으로 조직함으로써, 재활교육을 통한 사회적 배치를 우선적으로 다루었다(이 시기 및 1940년 전쟁 시기와 관련해서는 쇼비에르의 책, 『부적응 아동, 비시 치하의 유산』[1]을 참조할 것). 비시 정부로 대표되는 이 시기는 비록 미약하게나마 신체적 쇠약자를 위한 조연 역할만 수행했음에도, 오히려 진정한 의미에서 '부적응 아동'을 위한 정책이 수립된 때이기도 하다(교육부문의 지원자들이 갖추어야 할 능력 및 자격을 언급한 1942년 7월 1일 법령만이 유일하게 부각시키고 있다). 가히 '초연初演'이라 할 만한 이러한 움직임은 곧 여타 부적응의 사례들과 합류하게 되어, 모든 영역에 걸쳐 법적 무효성을 뜻하는 불구invalidité 개념을 확장시키는 데 기여한다.

1942년 7월 27일 아동법정 및 보호관찰 센터에 관한 법률은 관련 법령규정을 만들고자 했는데, 이 법적 조치에 수용센터, 관찰센터, 재활교육센터를 통한 비행집단에 대한 '관리gestion' 부분은 빠져 있었다. 이는 1941년 11월 장 플라크방Jean Plaquevent 신부에게서 비롯된 아동에 대한 보호 및 교화 차원에 부여되었던 의미이기도 하다. 비록 그 실제가 선별을 통한 격리적 조치이기는 했지만 말이다. 이와 관련해 쇼비에르는 다음과 같이 전한다.

---

1 M. Chauvière, *Enfance inadaptée, l'héritage de Vichy*, Paris : Editions de l'Atelier/Ed. Ouvrières, 1980.

전반적으로 고도의 전문성technicité에 호소하고 또 그 유일한 합법성이 전문성 자체에 근거하는 실행방안에 있어, 인도주의적 필요성을 넘어선 그 무엇이 나타난다. 관대한 후견으로부터 갖가지 부양에 관련된 어떤 합리화가 서서히 도출되었던 것이다. (앞의 책, p. 53)

1943년 7월 25일 결함 있고 정신적으로 위험에 처한 아동들을 위한 기술위원회가 창설되면서, 아동신경정신의학은 결함 있는 아동 관련 분야에서 헤게모니를 차지하게 된다. 하지만 그것은 부적응 아동 enfance inadaptée이라는 개념, 즉 재적응시켜야 한다는 개념을 채택한 것이었다. 이때 사회 및 직능상 재편입에 기초한 담론이 정립되는데, 이는 우생학과 비시 정부가 표명한 노동 이데올로기와 밀접한 관련이 있었다. 이러한 담론을 믿게끔 한 영향력과 그 정치적 기반이 무엇이었건 간에, 그리고 부적응 아동의 직능상 재편입에 관련된 경제적 긴요함과 그 알량한 영향력이 무엇이었건 간에, 비시 정부라는 맥락에서 태동한 관념들은 이후의 모든 시기를 지배하게 된다. 하지만 사실 이러한 관념들은 이전부터 시작되고 있었다. 그러니까 그때까지만 해도 거의 관련 없던 분야에 이미 적용되다 전향된 것이었기 때문이다. 특수교육교사를 양성하는 학교들은 나치의 프랑스 점령 시기에 생겨났고, 특히 이 학교들은 ARSEA(아동 및 청소년 교화를 위한 지방 협의회)의 창설과 맞물려 있었다. 따라서 자연스레 이 담론은 동업 조합주의적 성향을 띠었을 뿐만 아니라, 정치적 색채가 제거된 탓에 노동자 계급의 지지를 받지 못했다. 즉 전문성, 국가관리주의, 파시즘, 가족주의 혼합체, 요컨대 일종의 도덕적-전문가적 종합의 형태를 띨 수밖에 없었다. 그럼에도 불구하고 자선에 입각한 구호 성격을 띤 사적 차원의 사회사업 전통은 상당히 급격하게 붕괴되고 만다. 전쟁 직후에는 신체 불구자의 문제 자체를 재검토하기 위해 1945년 사회보장제의 시행령들의 중요성을 강조해야 했는데, 가령 결핵환자의 직능상 재취업에 관한 같은 해 10월 31일 명령은 그 좋은 본보기라 할 수 있다. 1년 뒤인 1946년 10월 30일 제정된 법률은 산업현장에서의 각종 재해로 인한 희생자들의 직업재활교육을 고려하고 있다. 1949년 8월 2일에는 '구두수선공법loi Cordonnier'이 제정되기도 한다. 이렇듯 재적응이라는 개념은 결국 여러 조합 운동가들과 정책 활동가들이 매우 중요한 역할을 수행했던 당시 상황, 특히 이 활동가들이 사회보장기금의 재결권이 있는 요직을 차지해 그 실질적인 운영에 관여한 덕택에 실질적으로 실현되기에 이른다. 재적응은 종교계가 취했던 자선이라는 단순한 관점에서 비롯된 것이지만, 동시에 전체주의적 경향 혹은 배타적인 전문가적 경향이 지배적 색채를 띠면서 확장 개발된 개념이기도 하다. 향후 우위를 점하게 된 것은 장애인의 권리에 대한 보상 개념이다. 그러나 이 기본 도식은 그것이 출현한 이래로 다양한 양상을 띠지 못한 채, 재통합에만 초점이 맞춰진다.

1950년대와 1960년대는 관련 법률 텍스트로 넘쳐났던(그래서 여기서 그 모두를 철저하게 열거할 수는 없다) 시기로, 그 텍스트들은 주로 여러 유형의 조직들 혹은 시설들을 창설하거나, 혹은 심신쇠약자들의 기회를 확대하거나(특히 재정적으로), 기업들의 여러 의무사항을 제정하기 위한 일에 집중되었다.

법제화의 세 번째 시기는 1957년 11월 23일 법률과 더불어 시작되었다고 볼 수 있다. 이 법률은 노동권에 관한 문제를 체계화한 국가조직법으로, 장애 노동자에 관해 정의 내리고 있으며, 직업 및 사회 재취업을 위한 최고회의를 창설하는 한편, 장애인 관련 새로운 고용 쿼터제의 의무를 기업에 부과하고 있다. 이 시기를 기점으로 법제상 복잡성은 그 수많은 세부사항들에 갈피를 잡지 못할 정도로 나날이 확장된다. 해서 이 지점에서는 길잡이가 되어 줄 만한 몇몇 자료, 가령 라브르제르의 책 『장애 입은 사람들, 문헌 자료에 대한 주해와 연구』 혹은 푸셰의 책 『법제화의 단계들』[2] 등을 참고하였음을 밝혀 둔다. 위의 두 책과 더불어 1967년 블로크-레네Fr. Bloch-Lainé가 작성한 중요 보고서도 언급해 두기로 한다.

나는 앞서 부적응 영역과 장애 영역의 교차점에 관한 연구를 시도한 바 있다. 수십 년 간 지배적 성향을 보였던 부적응의 재현에 관한 상당히 완벽한 이론적 방식은 1946년 『보호』Sauvegarde지 제2호, 제3호, 제4호에 걸쳐 실린 「부적응 청소년에 대한 명명 및 분류법」 Nomenclature et classification des jeunes inadaptés에서 제시된다. 이는 당대 심리학 및 교육학의 대사제들이라 할 만한 일군의 학자들, 즉 라가슈Lagache, 드숌Dechaume, 뒤블리노Dublineau, 지라르Girard, 기유맹 Guillemain, 외이에Heuyer, 로네Launay, 말Male, 프레오Préaut, 왈롱Wallon 에 의해 작성된 것으로, "능력상 불충분 혹은 성격상 결점으로 인해 당사자의 연령 및 사회적 환경에 부합하는 주변의 요구 및 현실과 갈등

---

2 A. Labregère, *Les Personnes Handicapées, Notes et Etudes documentaires*, 1976 ; S. Fouché, *Les Etapes d'une législation*, Cahiers de Ladapt, n. 44, 1973.

을 빚는 아동, 청소년, 좀 더 일반적으로는 21세 미만의 젊은이를 부적응자로 일컫는다"라는 정의가 제시되기도 했다. 이로써 명백하게도 부적응은 준거집단의 규범에 참여해야 하는 개인의 거의 천부적이라 할 만한 소여들 탓으로 볼 수 없게 되었다. 그가 속한 준거 집단 자체는 부적응 문제에서 조금도 검토되지 않은 채 말이다. 그런데 향후 장애 분야에서는 장애가 점차 우연적이고 우발적인 어떤 결함 혹은 어떤 무능상태의 사회적 결과로 정의됨에 따라, 앞선 정의의 내용과 갈등을 빚게 된다. 1968년 프랑수아 블로크-레네가 작성했던 『장애 입은 사람들의 부적응에 관하여』*De l'inadaptation des personnes handicapées* 라는 제목의 보고서는 환경에서 기인한 여러 장애 요인을 구별하는 한편, 결손과 결부된 장애를 명확히 함으로써 이전의 정의에 대대적인 수술을 가한다. 프랑수아 블로크-레네의 이 보고서는 1975년 법률제정을 위한 예비토론의 모태를 이루었다. 아울러 우리는 블로크-레네의 이 같은 구상을 같은 시기 세계 보건기구의 요청으로 필립 우드가 제안한 구상과 견주어 생각해 볼 수 있다. 즉 1980년 공식 채택된 『결손상태, 불능상태, 불리한 조건 등 장애에 관한 국제 분류법, 여러 질병의 결과들에 대한 분류 매뉴얼』[3]이 그것이다. 훗날 일종의 바이블이된 이 작업에는 엄청난 양의 잉크가 소요되었고, 향후 여러 구체적 조처들에 영향을 주었다. 이때부터 이 분류 매뉴얼상 대분류는 널리 통용되었다. 이와 관련해서는 몇 가지 사항만 언급하려 한다. 유용할뿐

---

3 『장애의 국제 분류법』(*Classification internationale des handicaps : déficience, incapacité, désavantage, un manuel de classification des conséquences des maladies*, Paris: CTNRHI-Inserm, 1988)

더러 심지어 필수적인 이 문서상의 여러 구별들은 실은 완전히 독창적이라고는 할 수 없다. 왜냐하면 장애라는 용어 자체가 이미 도입하고 있던 것, 상식선에서 발견할 수 있는 것에 그저 어떤 형식을 부여해 놓은 것이기 때문이다. 다만 이 분류법의 시행에서 여전히 지나치게 의학적 기원의 영향이 느껴지긴 하지만, 불리한 조건의 지위 혹은 장애가 충분히 설명될 수 있도록, 그리하여 이 개념들이 더욱 많은 중요성과 자율성을 획득하도록 퀘벡인들이 논쟁적 방식으로 경주했던 노력만큼은 장려되어야 할 것이다. 한편 이 분류법의 비교적 실용주의적인 특성이라면 장애 분야의 여러 재현들 및 쟁점들과 관련하여 사회학 혹은 인류학 차원에서 이루어진 보다 심층적인 분석들을 가린다는 데 있다. 그러므로 가능한 이론의 최종적 구상을 위해 분류법의 정립과 같은 작업을 택했다는 것은 이 장場 ──부르디외적 의미에서 권리들, 권력들, 특권들, 지위들이 서로 충돌하는 영역인── 의 숱한 양상들을 위장하고 은폐하는 방식이라 하겠다. 그 결과 이 분류법은 수시로 지성계의 나태를 조장해 왔다. 끝으로 한 가지 더 언급하자면 영어 제목과 프랑스어 번역어 사이의 편차도 간과해서는 안 될 것이다. 영어 제목이 단순하게 『손상, 장애, 핸디캡에 관한 국제 표기법』*International Classification of Impairments, Disabilities and Handicaps*이라고 표현한 데 반해, 프랑스 역어는 총칭으로서의 핸디캡-장애handicap라는 용어를 포기할 수 없었다.

두 번째 시기에 재적응의 여러 조직이 배치되었다면, 이상과 같은 세 번째 시기는 최종적 재통합에 필요한 여러 수단들을 확장시켰던 ──혹은 부여했던── 시기로 특징지을 수 있을 것 같다. 물론 우리 모두가 엄밀한 의미의 인식론적 차원에 위치하지 않는 만큼, 이렇게 시기별로 나눈 각 기간들에 임의성이 크게 개입되어 있음을 인정해야 할 것이다. 이상의 구분은 설명의 용이함 때문에 취해진 것일 뿐, 그 이상의 의미는 부여하지 않길 바란다.

끝으로 네 번째 시기는 1971년 7월 13일 법제정으로 구분될 수 있다. 이른바 각종 '보조금' 시대가 도래한 것이다! 이 법률은 여러 새로운 보조금 제도들을 정립한다. 주택보조금에 뒤이어 성인 장애인들에게 지급되는 각종 수당들, 미성년 장애인들에게 지급되는 각종 수당들 등이 그렇다. 무수히 많은 법령들과 공문들은 차치하고, 사회생활 혹은 임금노동 생활 내에서의 통합이라는 문제만 언급해 본다면, 크게 보아 개량된 보조금 체계들, 새로운 행정조직들, 임금노동에서 수정된 조항들이라는 세 가지 조치를 채택한 1975년 법률을 언급해야 할 것이다. 이 법률에 관한 분석과 비판은 지나치다 싶을 정도로 많다. 그 중에서도 이 법률에 대한 설명으로는 베르디에의 보고서『장애인의 권리』[4]를 주로 참조하자. 비판적 해설서로는 블로크-레네가 엄밀하게 작성한 미발간 보고서가 있지만, 그렇다고 이 보고서가 근본적으로 다른 견해를 제출하고 있진 않다(경제 및 사회 심의회 보고서의 경우도 사정은 마찬가지이다).

이 두 공식 보고서들은 1980년대 초반 R.C.B.rationalisation des choix budgétaires라는 약칭으로 불렸던 기획·계획·예산제도 대처반의 보고서를 소홀히 할 수 없었다. 밝은 미래의 청사진을 자처했을 뿐 아

---

4 P. Verdier, *Droits des personnes handicapées*, Paris: ESF, 1979.

니라(수많은 제안들이 실현되었으므로), 겉으로도 관대한 모습을 잃지 않았던(전보다도 많은 수의 장애인을 양성하고 취업시켰으므로) R.C.B는 실상 '겉치레'라 불러 마땅한 그 전형적인 행태를 보여 주었기 때문이다. 즉 '서비스'를 장애인들에게까지 확장하되, 갈수록 그 서비스를 불명확하게 만듦으로써, 사회에서 장애는 무시해도 좋은 존재로, 다시 말해 부정되고 삭제된 존재로 만들고자 했기 때문이다. 이와 관련해서는 미셸 쇼비에르와 알랭 뒤랑-다비앙의 책 『휴머니즘과 테크노크라시 사이』[5]를 참조하길 바란다.

1980년대 초 이래로는 수많은 보고서들이 프랑스 행정부의 출자를 받아 작성되었다. 1975년 법률 그 자체보다는 이 법률에서 비롯된 여러 조치들을 평가하기 위한 보고서들의 수가 훨씬 많았고, 정부 행정에 찬성 입장을 보인 것은 어쩌면 당연한 일이었다. 모두가 1975년 법을 있는 그대로 받아들이고, 그저 거기서 최선의 정책을 도출해 내려고 애쓸 뿐이었다. 그렇다고 내가 제안한 분석이 같은 방식으로 제한될 필요는 없을 것 같다. 실상 평범한 환경으로의 통합이라는 측면에 가해졌던 영향력은 과거 수많은 보고서를 낳았던 고용의무에 관한 1957년 법의 부활(1987년 7월 10일)을 촉발시키기엔 너무나도 미약했기 때문이다. 우리는 사회적 편입조치 전체에서 엿볼 수 있는 망설임, 양면성, 모호성에 관한 한 연구를 알랭 블랑의 책 『일터에서의 장애인들, 직능적 편입 장치에 관한 사회학적 분석』[6]에서 찾아볼 수 있다.

5 Michel Chauvière, Alain Durand-Davian, *Entre humanisme et technocratie*, Informations sociales, 1979, n. 415.
6 Alain Blanc, *Les Handicapés au travail, analyse sociologique d'un dispositif d'insertion*

2005년 1월 3일 표결에 부쳐진 '장애인의 권리 및 기회의 평등, 사회참여 및 시민권을 위하여'라는 법률은 그 명칭에서도 알 수 있듯, 1975년 법이나 1987년 법이 목표로 한 그 동일한 흐름에 동참하고 있는 듯하다. 분명 이 법의 입법 발안자들은 위정자들이 매사 그렇듯, 이 법률이 표방한 소위 참신함을 공개적으로 조롱했다. 실상 '보상권'을 주장한 이 2005년 법은 비록 그 적용폭이 확대되긴 했어도, 결코 새로운 것은 아니었기 때문이다. 보상적 측면을 반복해 강조함으로써, 우리는 항상 보조금이라는 굴레에 놓이고, 그 정경은 무엇보다도 결손에 대한 보조금(보조금은 결코 소홀히 해선 안 되지만, 한편 분류법과 사회 모델이 부각시켰던 나머지 차원들을 판독할 수 없게 만들기도 한다)이 될 것이 분명하다. 한편 사회접근성의 중요성을 주장한 이 법률은 살짝 손질을 가하긴 했지만, 실상 진정한 혁신은 담겨 있지 않다. 이 법률은 장애인들의 사회참여와 개인 차원의 지원을 촉진할 것처럼 말하지만, 자립과 자율을 위한 전국연대기금 창설은 돈봉투가 닫힌 채 작동할 것이기에, 근본적인 모순이 존재한다. 이처럼 2005년 법은 이전의 법률들이 보여 주었던 것과 동일한 논리를 취하고 있다. 요란한 선언이며 발표에도 불구하고, 입법부는 전망을 바꾸지 않았기 때문이다. 이는 어떤 새로운 비전을 홀로 제안해야 하는 법률규정 분석가의 소관이 아닌 바, 다만 어떤 이념적 정체가 여전히 뚜렷하게 나타나고 있음을 확증해 준다.

professionnelle, Paris: Dunod, 1995.

참고문헌

본 참고문헌은 핸디캡-장애의 문제는 물론, 불구성과 관련된 인류학적 역사를 총망라하는 철저한 것일 수 없다. 다만 본 연구가 진행되는 동안 실제로 활용된 저작들을 중심으로 정리해 보았다. 여기에 제시된 몇몇 문헌들은 훨씬 더 방대하고, 훨씬 더 다양한 참고문헌들을 포함하고 있다는 점을 일러둔다.

ABBÉ DE L'ÉPÉE (1984), *La Véritable Manière d'instruire les sourds et muets, confirmée par une longue expérience, Corpus des œuvres de philosophie en langue française*, Paris, Fayard.

ABBOT P. (1982), *Towards a Social Theory of Handicap*, Ph. D., Thesis, CNAA/Thames Polytechnic, Londres.

ALBRECHT G.L. (1976), *The Sociology of Physical Disability and Rehabilitation*, Pittsburgh, Pittsburg University.

____(1992), T*he Disability Business, Rehabilitation in America*, Newbury Park-Londres/New Delhi: Sage Library of Social Research.

ALBRECHT G.L., SEELMAN K., BURY M.(2001), *Handbook of Disability Studies*, London/New Delhi, Sage Publications.

ALLARD G.H. (dir.) (1975), *Aspects de la marginalité au Moyen Âge*, Montréal, L'Aurore.

ALTHABE G. (1986), «Ethnologie du contemporain, anthropologie de l'ailleurs», in *L'État des sciences sociales en France*, Paris, La Découverte.

ASSOULY-PIQUET C., BERTHIER-VITTOZ F. (1994), *Regards sur le handicap*, Paris, Épi.

AVAN L., FARDEAU M., STIKER H.-J. (1988), *L'Homme réparé, artifices, vic toires, défis*, Paris, Gallimard.

BARRAL C., PATERSON F, STIKER H.-J., CHAUVIÈRE M. (dir.) (2000), *L'Institution du handicap, le rôle des associations*, Rennes, Presses Universitaires de Rennes.

BAUDRILLARD J. (1990), *La Transparence du mal, essai sur les phénomènes extrêmes*, Paris, Galilée.

BECKER H.S. (1985), *Outsiders*, Paris, Métaillé.

BELMONT N. (1980), « Les rites de passage et la naissance, l'enfant exposé», *Dialogue*, no 127, 1995, article paru d'abord dans *Anthropologie et Sociétés*, vol. 4, n° 2.

BÉZAGU-DELUY M. (1990), *L'Abbé de L'Épée, instituteur gratuit des sourds et muets, 1712-1789*, Paris, Seghers.

BIRABEN J.-N., *Les Hommes et la Peste en France et dans les pays européens et méditerranéens*, t. I, La Peste dans l'histoire, Paris-La Haye, 1975; t. II, Les Hommes face à la peste, Paris-La Haye, 1976.

BLAISE J.-L.(2002), *Liminalités et limbes sociaux : une approche anthropo-logique du handicap*, thèse pour le doctorat d'anthropologie historique, université Paris-VII, Denis Diderot.

BLANC A.(1995), *Les Handicapés au travail, analyse sociologique d'un dispositif d'insertion professionnelle*, Paris, Dunod.

BLANC A., STIKER H.-J. (dir.) (2003), *Le Handicap en images, les représen-tations de la déficience dans les œuvres d'art*, Ramonville-Saint-Agne, Érès.

BLAXTER M. (1976), *The Meaning of Disability: A Sociological Study of Disability*, Londres, Heinemann.

BLOCH R. (1963), *Les Prodiges dans l'Antiquité classique*, Paris, PUF.

BOIRAL P., BROUAT J.-P. (1984), *Les Représentations sociales de la folie*, Coop. Recherche, Association Cherchemidi.

BOIVIN J.-P. (1988), *De la genèse de l'éducation spéciale à l'invention des enfants handicapés mentaux*, thèse pour le doctorat de sociologie (dir.

Robert CASTEL), université Paris-VIII.

BOLLACK J. (1995), *La Naissance d'Edipe, traduction et commentaires d'Edipe-roi*, Paris, Gallimard.

BONJOUR P., LAPEYRE M. (1994), *Handicaps et vie scolaire, l'intégration différenciée*, Lyon, Chronique sociale.

BOURDIEU P. (1984), *Questions de sociologie*, Paris, Éd. de Minuit.

BURGUIÈRE A. (1988), «L'Anthropologie historique», in *La Nouvelle Histoire*, sous la dir. de Jacques LE GOFF, Paris, Éd. Complexes.

CANGUILHEM G. (1962), «La Monstruosité et le Monstrueux», *Diogène*, n° 40.

____(1966), *Le Normal et le Pathologique*, Paris, PUF.

CAPUL M. (1989), *Abandon et marginalité, les enfants placés sous l'Ancien Régime*, préf. M. SERRES, Toulouse, Privat.

____(1990), *Infirmité et hérésie, les enfants placés sous l'Ancien régime*, Toulouse, Privat.

CAPUL M., LEMAY M. (1997), *De l'éducation spécialisée*, Ramonville-SaintAgne, Érès et les Presses de l'Université de Montréal.

CASPAR PH. (1994), *Le Peuple des silencieux, une histoire de la déficience mentale*, Paris, Fleurus.

CASTEL R. (1976), *L'Ordre psychiatrique, l'âge d'or de l'aliénisme*, Paris, Éd. de Minuit.

____(1981), *La Gestion des risques, de l'anti-psychiatrie à l'après psychanalyse*, Paris, Éd. de Minuit.

____(1991), «De l'indigence à l'exclusion, la désaffiliation. Précarité du travail et vulnérabilité relationnelle», in *Face à l'exclusion. Le modèle français*, sous la dir. de J.Donzelot, revue *Esprit*.

____(1995), *Les Métamorphoses de la question sociale, une chronique du salariat*, Paris, Fayard.

CERTEAU M. DE (1973), *L'Absent de l'histoire*, Paris, Mame.

____(1974), «L'opération historique», in *Faire de l'histoire*, I, *Nouveaux problèmes*, sous la dir. de J. Le Goff et P. Nora, Paris, Gallimard.

CHAROY F. (1906), *L'Assistance aux vieillards, infirmes et incurables en France de 1789 à 1905*, thèse pour le doctorat, faculté de Droit, Paris.

CHAUVIÈRE M. (1980), *Enfance inadaptée : l'héritage de Vichy*, Paris, Éd. de l'Atelier/Éd. Ouvrières.

_____(1997), «L'insertion et ses déclinaisons, retour sur quelques référentiels des politiques publiques contemporaines», in BLANC A., STIKER H.-J. (dir.), *L'Insertion professionnelle des personnes handicapées en France*, Paris, Desclée de Brouwer.

CHAUVIÈRE M., PLAISANCE É. (dir.) (2000), *L'École face aux handicaps. Éducation spécialisée spécialisée ou éducation intégrative?*, Paris, PUF.

CHESLER M.A. (1965), «Etnocentrism and attitudes toward disabled persons», *Rehabilitation Research and Practice Review*, n° 2.

Classer les assistés(1980-1914), Cahiers de la Recherche sur le travail social, n° 19, 1990.

COFFIN J.-Ch. (2003), *La Transmission de a folie 1850-1914*, Paris, L'Harmattan.

COLLÉE M., QUÉTEL C. (1987), *Histoire des maladies mentales*, Paris, PUF, coll. «Que sais-je ?»

CORBIN A., COURTINE J.-J., VIGARELLO G. (dir.) (2005), *Histoire du corps*, 3 vol., Paris, Le Seuil.

DAGRON G. (1974), *Naissance d'une capitale, Constantinople et ses institutions de 330 à 451*, Paris, PUF.

DE ANNA L. (1996), «L'Intégration scolaire des enfants handicapés en Italie», in *Les Cahiers du CTNERHI*, n° 72, oct.-déc.

De l'infirmité au handicap. Jalons historiques, Cahiers du CTNERHI, n° 50, avril-juin 1990.

DE JONG G. (1979), *Handicap in a Social World*, London, Open University Press.

DELACAMPAGNE Ch. (1977), *Les Figures de l'oppression*, Paris, PUF.

DELCOURT M. (1938), *Stérilité mystérieuse et naissance maléfique dans l'Antiquité classique*, Liège, rééd. Paris, Les Belles Lettres, 1986.

_____(1944), *Œdipe ou la légende du conquérant*, Liège, rééd. Paris, Les Belles Lettres, 1981.

DELEUZE G. (1986), *Foucault*, Paris, Éd.de Minuit.

DELUMEAU J. (1978), *La Peur en Occident, XIVe-XVIIe siècles*, Paris, Fayard.

DE SAINT-LOUP A. (dir.), *Diogène*, sept. 1996.

D'HAUTHUILLE A. (1982), *Les Courses de chevaux*, Paris, PUF, coll. «Que saisje?».

DIEDERICH N. (1990), *Les Naufragés de l'intelligence*, Paris, Syros.

DODDS E.R. (1959), *Les Grecs et l'Irrationnel*, Paris, Flammarion, 1977.

DONZELOT J. (dir.) (1991), *Face à l'exclusion. Le modèle français*, Paris, Éd. Esprit.

Douglas M. (1967), *De la souillure, étude sur la notion de pollution et de tabou*, La Découverte, 1992; texte anglais : *Purity and Danger*, 1967.

DORIGUZZI P. (1994), *L'Histoire politique du handicap, de l'infirme au travailleur handicapé*, Paris, L'Harmattan.

DROZ J. (dir.) (1997). *Histoire générale du socialisme*, 2 tomes, Paris, PUF.

DUBY G., PERROT M. (1991), *Histoire des femmes en Occident*, Paris, Plon(cinq volumes).

DUPAQUIER J. (dir.) (1990), *Histoire de la population française*, Paris, PUF.

ELIAS N., SCOTSON J. (1965), *Logiques de l'exclusion*, Paris, Fayard, 1997.

ELLENSTEIN J. (dir.) (1972-1974), *Histoire mondiale des socialismes*, Paris, Armand Colin, 1984.

EMÉLAIGNE R. (1869), *Aliénation mentale dans l'Antiquité*, Paris.

EWALD F. (1986), *L'État Providence*, Paris, Grasset.

FARRELL G. (1956), *The History of Blindness*, Cambridge, Harvard University Press.

FOREST A. (1981), *La Révolution française et les pauvres*, Oxford, rééd. Paris, Perrin, 1986.

FOUCAULT M. (1961), *Histoire de la folie à l'âge classique*, Paris, Plon, rééd. Paris, Gallimard, 1972.

___(1963), *Naissance de la clinique*, Paris, PUF.

___(1975), *Surveiller et punir*, Paris, Gallimard.

FOUCHÉ S. (1981), *J'espérais d'un grand espoir*, Paris, Éd. du Cerf.

FOUGEYROLLAS P. (1978). «Normalité et corps différents, regard sur l'inté-gration sociale des handicapés physiques», *Anthropologie et Sociétés*, Québec, vol. 2, n° 2.

FOUGEYROLLAS P. (1992), *Le Processus de production culturel du handicap : contextes socio-historiques du développement des connaissances dans le champ des différences corporelles et fonctionnelles*, thèse de l'Université de Laval (Québec), département d'anthropologie ; sous la direction de P. Fougeyrollas, un collectif a mis au point un document intitulé Processus de production du handicap (PPH), largement adopté au Québec et diffusé dans d'autres pays.

FOURQUET F., MURARD L. (1980), *Histoire de la psychiatrie de secteur*, Paris, Encres, Éd. Recherches.

FOURQUIER G. (1979), *Histoire économique et l'Occident médiéval*, Paris, Armand Colin.

FREIDSON E. (1965), *Disability as Social Deviance, Sociology and Rehabilitation*, Washington DC, American Sociological Association.

FREUD S. (1919), *L'Inquiétante Étrangeté et autres essais*, Paris, Gallimard, 1985.

FRITZ J.-M. (1992), *Le Discours du fou au Moyen Âge, XIIe-XIIIe siècles, étude comparée des discours littéraire, médical, juridique et théologique de la folie*, Paris, PUF.

GARDOU Ch. (1991), Handicaps, handicapés, le regard interrogé, Toulouse, Érès.

_____(1997), «Les personnes handicapées exilées sur le seuil», *Revue européenne du handicap mental*, vol. 4, n° 14.

_____(2005), *Fragments sur le handicap et la vulnérabilité, pour une révolution de la pensée et de l'action*, Ramonville-Saint-Agne, Érès. À la fin de cet ouvrage se trouve une très longue bibliographie sur les questions touchant au handicap.

GATEAUX-MENNECIER J. (1989), *Bourneville et l'enfance aliénée, l'humanisation du déficient mental au XIXe siècle*, préf. R. Misès, Paris, Le Centurion. J. Gateaux-Mennecier a également collaboré au no spécial du CTNERHI 1990, sur jalons historiques.

_____(1990), *La Débilité légère, une construction idéologique*, préf. É. Plaisance, Paris, Éd. du CNRS.

GAUCHET M. (1985), *Le Désenchantement du monde. Une histoire politique de la religion*, Paris, Gallimard.

GAUCHET M., SWAIN G. (1980), *La Pratique de l'esprit humain. L'institution asilaire et la révolution démocratique*, Paris, Gallimard.

GAUCHET M., SWAIN G. (1994), *Dialogue avec l'Insensé*, Paris, Gallimard.

GÉRÉMEK B. (1976), *Les Marginaux parisiens aux XIVe et XVe siècles*, Paris, Flammarion.

GÉRÉMEK B. (1980), *Truands et misérables dans l'Europe moderne, 1350-1600*, Paris, Gallimard.

____(1986), *La Potence ou la Pitié, l'Europe et les pauvres du Moyen Âge à nos jours*, Paris, Gallimard.

GIAMI A. (en coll. avec ASSOULY PIQUET, BERTHIER-VITTOZ) (1988), *La Figure fondamentale du handicap, représentations et figures fantasmatiques*, MIREGERAL.

GIAMI A., HUMERT-VIVERET G., LAVAL D. (1983), *L'Ange et la Bête. Représentation de la sexualité des handicapés mentaux par les parents et les éducateurs*, Paris, CTNERHI.

GINESTE T. (1981), *Victor de l'Aveyron, dernier enfant sauvage, premier enfant fou*, Paris, Le Sycomore.

GIRARD R. (1972), *La Violence et le Sacré*, Paris, Grasset.

____(1978), *Des choses cachées depuis la fondation du monde*, Paris, Grasset.

GOFFMAN E. (1963), *Stigmate. Les usages briaux du handicap*, Paris, Éd. de Minuit, 1975.

____(1968), *Asiles. Études sur la condition sociale des malades mentaux*, Paris, Éd. de Minuit.

GOGLIN J.-L. (1976), *Les Misérables dans l'Occident médiéval*, Paris, Le Seuil.

GRIM O.-R. (2000), *Du monstre à l'enfant, Anthropologie et psychanalyse de l'infirmité*, Paris, CTNERHI.

GUESLIN A., STIKER H.-J. (dir.) (2003), *Handicap, pauvreté et exclusion dans la France du XIXe siècle*, Paris, Éditions de l'Atelier.

GUILLAUME P. (1974), *Du désespoir au salut : les tuberculeux aux XIXe- XXe siècles*, Paris, PUF.

GUYOT P. (2000), «Le rôle des grandes associations de personnes handicapées dans l'élaboration de la loi d'orientation de 1975», in BARRAL C., PATERSON F., STIKER H.-J., CHAUVIÈRE M. (dir.), *L'Institution du handicap, le rôle des associations*, Rennes, Presses Universitaires de Rennes.

«Handicap : identités, représentations, théories», *Sciences sociales et Santé*, vol.

XII, n° 1, mars 1994.

HANKS J., «The physically disabled in certain non-occidental societies», *Journal of Social Issues*, 4, 1948.

HENRI P. (1958), *Les Aveugles et la société*, Paris, PUF.

HEERS J. (1973), *L'Occident aux XIVe et XVIe siècles, aspects économiques et sociaux*, Paris, PUF.

HERZLICH C. (1970), *Médecine, maladie, société*, La Haye-Paris, Mouton.

____(1984), *Santé et maladie, analyse d'une représentation sociale*, La Haye-Paris, Mouton.

IMBERT C. (1947), *Les Hôpitaux en droit canonique*, Paris, Vrin.

L'Impossible Prison. Recherches sur le système pénitentiaire au XIXe siècle, réunies par Michelle Perrot, Paris, Le Seuil, 1980.

INGSTAD B., REYNOLDS WHITE S.(1995), *Disability and Culture*, Londres, University of California Press.

JACOB O. (1932), «Les cités grecques et les blessés de guerre», *Mélanges G. Glotz*, II, Paris.

JOBERT B., MULLER P., (1987), *L'État en action, politiques publiques et corporatismes*, Paris, PUF.

JODELET D. (1989), *Folies et représentations sociales*, Paris, PUF.

KANNER F. (1964), *A History of the Care and Study of Mental Retardation*, Springfield, III, C.C. Thomas.

KAPPLER C. (1980), *Le Monstre, pouvoir de l'imposture*, Paris, PUF.

KARSENTI B. (1994), *Marcel Mauss, le fait social total*, Paris, PUF.

KORFF-SAUSSE S. (1995), «Le handicap : figure de l'étrangeté», in *Trauma et devenir psychique*, sous la dir. de M. DAYAN, Paris, PUF.

____(1996), *Le Miroir brisé. L'enfant handicapé, sa famille et le psychanalyste*, Paris, Calman-Lévy.

LAHARIE M. (1991), *La Folie au Moyen Âge, XIe-XIIIe siècles*, préf. Jacques LE GOFF, Paris, Le Léopard d'Or.

LALLEMAND L. (1902), *Histoire de la charité*, Paris.

LANE H. (1984), *When the Mind Hears, A History of the Deaf*, Londres, Random House, trad. fr. Quand l'esprit entend, histoire des sourds et muets, Paris, Odile Jacob, 1991.

LECOUTEUX C. (1993), *Les Monstres dans la pensée médiévale européenne*, Paris, Presses de l'Université de Paris Sorbonne.

LE GOFF J. (1977), *Pour un autre Moyen Âge, temps, travail et culture en Occident : 18 essais*, Paris, Gallimard.

____(dir.) (1988), *La Nouvelle Histoire*, Paris, Complexes.

LENOIR R. (1974), *Les Exclus*, Paris, Le Seuil.

LÉONARD J. (1981), *La Médecine entre les pouvoirs et les savoirs, histoire intellectuelle et politique de la médecine française au XIXe siècle*, Paris, Aubier Montaigne.

LEVER M. (1983), *Le Sceptre et la Marotte, histoire des fous de cour*, Paris, Fayard.

LÉVI-STRAUSS C. (1958), *Anthropologie structurale*, Paris, Plon rééd. 1974.

____(1962), *La Pensée sauvage*, Paris, Plon.

____(1973), *Anthropologie structurale*, II, Paris, Plon.

MALSON L. (1964), *Les Enfants sauvages, mythe et réalité*, Paris, UGE, coll. «10/18».

MAUSS M. (1950), *Sociologie et anthropologie*, Paris, PUF.

MÉRIAN J.-B. (1984), *Sur le problème de Molyneux*, suivi de *Mérian, Diderot et l'aveugle* par F. MARKOVITS, Paris, Flammarion.

MICHELET A., WOODILL G. (1993), *Le Handicap mental, le fait social, le diagnostic, le traitement*, Paris, Delachaux et Niestlé.

MIKE O. (1996), *Understanding Disability: From Theory to Practice*, Londres, Macmillan.

____(1990), *The Politics of Disablement*, Londres, Macmillan.

Moi, Pierre Rivière, ayant égorgé ma mère, ma sœur et mon frère... Un cas de parricide au XIXe siècle, présenté par M. FOUCAULT, Paris, Gallimard/Julliard, 1973.

MOLLAT M. (1978), *Les Pauvres au Moyen Âge, étude sociale*, Paris, Hachette.

MONTES J.-F. (1989), *Travail — Infirme, des aveugles travailleurs aux travailleurs handicapés : genèse de la (re)mise au travail des infirmes*, DESS, université de Paris-I.

MORVAN J.-S., PAICHELER H. (coord.) (1990), *Représentations et handicaps : vers une clarification des concepts et des méthodes*, préf. D. JODELET, Paris,

CTNERHI et Mire.

_____(dir.)(1990), *Représentations et handicaps. Vers une clarification des concepts et des méthodes*, Vanves, CTNERHI et MIRE.

MOSCOVICI S. (1981), *La Psychanalyse, son image, son public*, Paris, PUF.

_____(1984), I*ntroduction à la psychologie sociale*, Paris, PUF.

MUEL-DREYFUS F. (1975), «L'école obligatoire et l'invention de l'enfance anormale», *Actes de la recherche en sciences sociales*, n° 32-33.

MULLER K. E. (1996), *Der Krüppel. Ethologia passionis humanae*, München, C.H. Beck.

MULLER P. (1994), *Les Politiques publiques*, Paris, PUF, coll. «Que sais-je ?».

MURPHY R. (1987), *The Body Silent. A Journey into Paralysis*, trad. fr Vivre à corps perdu, Paris, Plon, coll. «Terre Humaine», 1990.

OÉ K. (1968), *Une affaire personnelle*, Paris, Stock.

_____(1982), *Dites-nous comment sur vivre à notre folie*, Paris, Gallimard.

ORGANISATION MONDIALE DE LA SANTÉ (1980), *Classification internationale des handicaps : déficiences, incapacités, désavantages, un manuel de classification des conséquences des maladies*, publié en anglais sous le titre : *International classification of impairments, disabilities, and handicaps. A manual of classification relating to the consequences of disease*, Paris, CTNERHI-INSERM, 1988, rééd. 2001.

PAICHELER H., BEAUFILS B., EDREI C. (1983). *La Représentation sociale de la personnalité handicapée physique*, Rapport de Recherche, CTNERHI.

PARÉ A. (1573), *Des monstres et prodiges*, éd. commentée par J. CÉARD, Genève, Droz, 1971.

PARSONS T. (1955), *Eléments pour une sociologie de l'action*, Paris, Plon.

PASSERON J-C. (1992), *Le Raisonnement sociologique*, Paris, Nathan.

PAUGAM S. (dir.)(1996), *L'Exclusion, l'état des savoirs*, Paris, Éd. La Découverte.

PÉLICIER Y., THUILLIER G., SEGUIN É.(1980), *L'Instituteur des idiots*, Paris, Économica.

PETER J.-P., CAZENAVE M. (1986), «L'imaginaire des maladies», in J. LE GOFF et al., *Histoire et Imaginaire*, Paris, Radio-France-Poésis.

PIGEAUD J. (1981), *La Maladie de l'âme. Étude sur la relation de l'âme et du corps dans la tradition médicophilosophique antique*, Paris, Les Belles Lettres.

_____(1987), *Folie et cures de la folie chez les médecins de l'Antiquité gréco-romaine. La manie*, Paris, Les Belles Lettres.

PINELL P. (1977), «L'école obligatoire et les recherches en psychopédagogie au début du XXe siècle», *Cahiers Internationaux de sociologie*, vol. LXIII.

PINELL P., ZAFIROPOULOS M. (1983), *Un siècle d'échecs scolaires (1882-1982)*, Paris, Éd. de l'Atelier/Éd.Ouvrières.

POSTEL J., QUÉTEL C. (dir.) (1983), *Nouvelle Histoire de la psychiatrie*, Toulouse, Privat et Paris, Dunod, 1994.

PRESNEAU J.-R. (1980), *L'Idée de surdité et l'éducation des enfants sourds et muets, en France et en Espagne du XVIe au XVIIIe siècle*, thèse de troisième cycle, Paris, EHESS.

_____(1998), *Signes et institutions des sourds XVIIIe-XIXe siècle*, Paris, Champ Vallon, 1998.

_____(2003), «Alphabétisation et relégation des infirmes (XVIIIe siècle)», in *Handicap, pauvreté et exclusion...*, op. cit.

PROST A. (1977). *Les Anciens Combattants et la Société française 1914-1939*, Presses de la Fondation nationale des sciences politiques.

QUÉTEL C., MOREL P. (1979), *Les Fous et leurs médecines de la Renaissance au XXe siècle*, Paris, Hachette.

QUÉTEL C., MOREL P. (1985), *Médecines de la folie*, Paris, Hachette.

RANK O. (1914), *Don Juan et le Double*, trad. fr. S. Lautman, Paris, Payot, 1973.

RAVAUD J.-F., STIKER H.-J. (2001), «Inclusion/Exclusion. An analysis of Historical and Cultural meanings», in ALBRECHT G.L., SEELMAN K., BURY M., *Handbook of Disability Studies*, London/New Delhi, Sage Publications. Trad. fr. : «Inclusion/exclusion : contribution à la sociologie du handicap», in *Handicap, revue de sciences humaines et sociales*, n° 88 et 89.

RAYNAUD Ph. (1982), «L'éducation spécialisée en France (1882-1982)», *Esprit*, n° 5 et 7/8.

ROGER J. (1963), *Les Sciences de la vie dans la pensée française au XVIIIe siècle*, Paris, Albin Michel, 1993.

ROUCHE M. (2003), *Les Racines de l'Europe, les sociétés du haut Moyen Âge*

(568-888), Paris, Fayard.

Saint François d'Assise, Documents : écrits et premières biographies, rassemblés et présentés par T. DESBONNETS et D.VORREUX, Éd. Franciscaines, 1968.

SALADIN M., CASANOVA A., VIDALI U. (1990), *Le Regard des autres*, préf. M. FARDEAU, Paris, Fleurus.

SASSIE Ph. (1990), *Du bon usage des pauvres. Histoire d'un thème politique, XVIe-XXe siècle*, Paris, Fayard.

SAUSSE S. (1996), *Le Miroir brisé. L'enfant handicapé, sa famille et le psychanalyste*, Paris, Calmann-Lévy.

Sciences sociales et santé, vol. XII, n°1, mars 1994, *Handicap : identités, représentations, théories*.

SCHMITT J.-C. (1991), «Anthropologie historique», in *Dictionnaire de l'ethnologie et de l'anthropologie*, sous la dir. de P. BONTE et M. IZARD, Paris, PUF.

SIMMEL G. (1998), *Les Pauvres*, Paris, PUF.

SIMON B. (1979), *Mind and Mindness in Ancient Greece*, Ithaca Londres Cornell University Press.

SIMONDON G. (1964), *L'Individu et sa Genèse physico-biologique*, Paris, PUF.

Sourds et aveugles au début du XXe siècle, autour de Gustave Baguer, en coll. M. VIAL, J. PLAISANCE, H.-J. STIKER, Paris, CTNERHI, 2000.

STAROBINSKI J. (1965), *Histoire du traitement de la mélancolie des origines à nos jours*, Bâle et New York.

STIKER H.-J. (1979), *Culture brisée, culture à naître*, Paris, Aubier.

_____(1985), «Les Ménines, image de pouvoir, dérision du pouvoir», *Esprit*, n° 11.

_____(1987), «Les catégories organisatrices de l'infirmité», in *Handicap vécu, évalué*, Grenoble, La Pensée sauvage.

_____(1991a), «De la métaphore au modèle : l'anthropologie du handicap», *Cahiers ethnologiques*, université de Bordeaux, n° 13.

_____(1991b), «La révolution française et les infirmes», in *Les Acquis de la Révolution française pour les personnes handicapées de 1789 à nos jours*, Paris, université Paris X Nanterre.

_____(1996), «Handicap, handicapé», in *Handicap et Inadaptation. Fragments pour une histoire. Notions et acteurs*, Paris, Alter.

_____(2000), *Pour le débat démocratique, la question du handicap*, Paris, CTNERHI.

_____(coord.) (1999), *Quelle place pour les personnes handicapées?*, *Esprit*, n° 12, déc.

STIKER H.-J., VIAL M., BARRAL C. (dir.) (1996), *Handicap et inadaptation. Fragments pour une histoire, notions et acteurs*, Paris, Alter.

Swain G. (1977), *Le Sujet de la folie. Naissance de la psychiatrie*, Toulouse, Privat.

«Une logique de l'inclusion : les infirmes du signe», revue *Esprit*, mai 1982.

TALBOT M.E. (1964), *Édouard Seguin : A Study of an Educational Approach to the Treatment of Mentally Defective Children*, New York, Teachers College Press.

TOMLINSON S. (1982), *A Sociology of Special Education*, Londres, Routledge and Kegan Paul.

TOUATI F.-O. (1991), *Lèpre, lépreux et léproseries dans la province ecclésiastique de Sens jusqu'au milieu du XIVe siècle*, thèse d'État, Université Panthéon-Sorbonne, Paris-1, 1991. Une partie de ce travail, consacrée uniquement à la géographie, est parue sous le titre *Archives de la lèpre, atlas des léproseries entre Loire et Marne au Moyen Âge*, Paris, CTHS, 1996.

TURNER V. W. (1990), *Le Phénomène rituel. Structure et contre-structure*, Paris, PUF.

TURPIN P. (1990), «La lutte contre l'assistance pendant les années 1970», in *De l'infirmité au handicap : jalons historiques. Les cahiers du CTNERHI, handicaps et inadaptations*, n° 50, avril juin.

VAN GENNEP A. (1909), *Les Rites de passages*, Paris, Picard, 1981.

VEIL C. (1968), *Handicap et Société*, coll. «Nouvelle Bibliothèque Scientifique» dirigée par Fernand Braudel, Paris, Flammarion.

VERDÈS-LEROUX J. (1978), *Le Travail social*, Paris, Éd. de Minuit.

VERNANT J.-P. (1970), «Ambiguïté et renversement. Sur la structure énigmatique d'Œdipe-roi», in J.-P. VERNANT et P. VIDAL-NAQUET, *Œdipe et ses mythes*, Paris, Éd. Complexes, 1988.

____(1981), *Le Tyran boiteux, d'Œdipe à Périandre, Le Temps de la réflexion*, Paris, Gallimard. Repris dans *Œdipe et ses mythes*, op. cit.

VERNANT J.-P., DÉTIENNE M. (1974), *Les Ruses de l'intelligence. La métis des Grecs*, Paris, Flammarion.

VEYNE P. (1978). *Comment on écrit l'histoire, suivi de Foucault révolutionne l'histoire*, Paris, Le Seuil.

VIAL M. (1990), *Les Enfants anormaux à l'école. Aux origines de l'éducation spécialisée, 1882-1909*, préf. d'A. PROST, Paris, Armand Colin. Monique VIAL a collaboré à *De l'infirmité au handicap, jalons historiques et Fragments pour une histoire*, op. cit., dans les notes du chapitre I.

VIGARELLO G. (1978), *Le Corps redressé : histoire d'un pouvoir pédagogique*, Paris, J.-P. Delarge.

VILLEY P. (1927), *L'Aveugle dans le monde des voyants. Essai de sociologie*, Paris, Flammarion.

____(1918), *Le Monde des aveugles*, Paris, Flammarion.

VINCENT B. (1979), Présentation de *Les Marginaux et les exclus dans l'histoire*, in *Cahiers Jussieu/5, Université Paris VII*, Paris, UGE, coll. «10/18».

VINCENT DE PAUL (1934), *Œuvres complètes*, Paris, Éd. Coste.

WACJMAN C. (1990), «Désiré Magloire Bourneville dans le grand centenaire de la Révolution», *L'Évolution psychiatrique*, 55, 1, janv.-mars.

____(1993), *L'Enfance inadaptée, anthologie de textes fondamentaux*, Toulouse, Privat.

WERNER H. (1932), *History of the Problem of Deaf-Mutism until the Seventeenth Century*, Jena, Gustav Fisher.

WEYGAND Z. (1989), *Les Causes de la cécité et les soins oculaires en France au début du XIXe siècle (1800-1815)*, Paris, CTNERHI.

____(2003), *Vivre sans voir, les aveugles dans la société française du Moyen Âge au siècle de Louis Braille*, Paris, Créaphis.

WOLF H.-W. (1974), *Anthropologie de l'Ancien Testament*, Genève, Labor et Fides.

WOODILL G. (1988), *Bibliographie signalétique, Histoire des handicaps et inadaptations, Thematic Bibliography on History of Disabilities and Social Problems*, Paris, CTNERHI.

WOLFENSBERGER W. (1972), *The Principle of normalization in human services*, Toronto, National Institute of Mental Retardation.

ZAFIROPOULOS M. (1969), *Les Arriérés, de l'asile à l'usine*, Paris, Payot.

ZAZZO R. (1969), *Les Débilités mentales*, Paris, Armand Colin.

옮긴이의 말

1982년 프랑스 오비에Aubier 출판사에서 첫 출간 이래로 현재까지 세 번째 판본이 나온『장애: 약체들과 사회들』(원제: *Corps infirmes et sociétés : Essais d'anthropologie historique*[불구의 몸들과 사회들 : 역사 인류학적 시론])은 프랑스를 비롯한 서구사회가 고대에서 현대에 이르기까지 장애인들을 어떻게 표상해 왔고, 또 어떤 방식으로 다루어 왔는지, 그 전개와 변천의 양상들을 진술한 책이다.

출간 당시 통상 '장애학' 담론장에서 매우 빈번하게 활용되던 사례나 사건, 특정인의 고백에 기대어 서술하고 묘사하는 방식 대신, 통시적 고찰을 뼈대 삼아 각 시대에서 발견되는 텍스트 및 사회적 시스템의 특징적 재현들을 조각모음함으로써 당대의 지배 담론과 그 담론 생산의 메커니즘이 무엇인지 추적해 밝히고 있다. 텍스트 본위의 사유 전개, 논쟁적 관점과 어조로 인한 발간 초기의 곡해에도 불구하고, 장애 담론의 활발한 논의들에 힘입어 훗날 프랑스어권은 물론 영미권 독자들에게도 장애의 역사를 조망하는 신선한 관점을 전한 바 있다.

성실한 자료조사를 바탕으로 한 독특한 분석과 새로운 시도를 엿보는 일도 흥미롭지만, 이 책의 백미는 오랜 기간 장애를 연구해 온 학자로서의 엄정한 태도와 그 바탕에 깔린 비판 정신이 우리의 양심과 상식을 일깨우는 인간학으로 발휘된다는 데 있다. 실상 구조주의를 연구방법론으로 기호학을 그 도구로 삼는 경우, 그 드러난 단층과 발굴된 유물에 반색한 나머지 강고한 주의 주장에 매몰될 소지가 있다. 이 책의 미덕이라면, 제아무리 철저한 분석도 언제나 성글게 펼쳐진 그물망임을 아는 것, 그래서 분석 대상에 대한 '선이해'를 실기失機 할 경우, 역사 인류학적 시도에서 인류가 실종될 수 있음을 아는 것, 바로 그 지성적 태도의 요체를 상기한다는 점에서 더욱 반가웠다. 학적 분석이 갖는 사회적 냉매의 역할을 충분히 인지하면서도, 온기의 회복이야말로 나와 다른 존재를 포섭하지 않고 곁-존재로 더불어 살아가게 하는 것이라는 스티케의 환기는 옮기는 내내 활자 주위를 맴돌았고, 더불어 개인적인 사유의 확장과 성숙도 경험할 수 있었음을 고백해야겠다.

서론과 에필로그, 그리고 본문 곳곳에서 민망하리만치 투명하게 드러나는 '장애-장애인'에 관한 그의 사려 깊은 성찰이 나와 다른 존재를 언어로 힘차게 껴안으려는 저자의 고군분투였음을 그리 어렵지 않게 느낄 수 있다. 그래서였을까? 그들이 특별한 이타성의 세계를 이루기는커녕 결코 나와 분리되지 않은 일상세계를 공유하고 있음을, 3인칭 그들에서 2인칭 존재로 소환하는 순간, 나의 세계를 반추하게 하는 고맙고 윤리적인 존재들임을 옮기는 내내 실감할 수 있었다. 다만, 부족한 솜씨를 거친 탓에 과연 독자에게도 하나의 서사 경험으로 생생하게 전달될 수 있을지는 여전한 의문으로 남는다.

역사적이고 학문적인 고찰이 선행되다 보니 옮기는 과정에서 고민을 거듭한 용어상의 난점은 헤아릴 수 없이 많았다. 특히 '불구infirme', '불구성infirmité'으로 옮긴 '신체장애(인)'에 관한 오랜 프랑스어 표현은 20세기 프랑스에서 '장애handicap'라는 총칭적 표현이 제멋대로 합의되기 이전, 장애와 장애인을 부르는 통상의 표현이었기 때문이다. 건강하지 못하고, 결함 있고, 허약하고 병약하고 나약한, 숱한 부정형 술어가 거머리처럼 들러붙어 버린 이 '불구不具'라는 표현은 우리말 표현에서조차 한자어 뿌리 말인 '불비不備'의 낮춤말을 이룬다. 이렇듯 때로는 상스러운 말로 나중엔 일상용어로 변신해 매우 광범위하게 오랫동안 비하적 의미를 구현한바 ── 이 점에 있어서는 '장애'도 마찬가지다 ──, 고민은 가중될 수밖에 없었다. 다만 오랜 기간 차별과 배제의 특권을 누리고 이제는 금기어 혹은 사어처럼 통제하고 박제시킨 어휘임에도 불구하고, 애초 단어가 지닌 투명성에 조금만 더 주의를 기울인다면, 온전성, 완벽성, 정상성, 평범성 등 온갖 동일자적 포섭의 기획을 폭로하고 그 압력을 그려내는 유용한 도구가 될 수 있겠다는 생각에 이르렀다. 저자인 스티케 역시 바로 이러한 치열한 고민을 어원 분석과 양가적 어휘 활용을 통해 유감없이 보여 준 터, 그에 용기를 얻어 옮긴이 역시 맥락을 고려해 가며 최대한 여과 없이 옮겼음을 밝혀 둔다.

　실상 '몸의 어느 한 부분이 온전하지 못함 혹은 그런 상태'로 이해되고 정의되고 재현되어 왔던 '(아니) 불 (갖출, 온전할, 만족할) 구' 본연의 의미망을 펼쳐 우리 스스로에게 덧대 볼 때, 오히려 그 생경하고 예기치 못한 요철은 '장애'라는 총칭적 표현으로 인해 평평하고 납작해진 우리의 민감도를 더욱 예민하게 만들어 줄지도 모를 일이다. 과연 나는 온전한가? 완벽한 정상인가? 결점 없는 존재란 무엇이고 또 어떻게 만들어지는가? 어디까지 장애이고 어디까지가 보통이고 평균인가? 한편 누가 그런 구획을 만들었고, 어떤 언어적 활용과 사회적 실제가 조장하는가? 그리고… 나는 그 일에 공모하거나 가담하지 않았던가? 하는 문제까지도 껴안아 볼 수 있을 테니까. 이처럼 장애의 연대기를 추적함에 있어, 온갖 질문들의 출발점으로서의 '불구와 불구성' 문제는 그 명칭부터 시사하는 바가 크다.

한편 궁극적으로 저자가 겨냥했던 문제, 즉 장애라는 징후적 분야에 대한 관심이야말로 우리 사회의 온갖 약체들에 대한 환대 가능성을 가늠할 수 있는 시금석으로 여긴 만큼, 시기적으로 늦은 감이 있는 본 번역서의 책무를 다하고자 제목에서는 '신체장애인들(신체불구자들)' 표현을 '약체들'이라는 표현으로 확대 재해석하여 옮겨 보았다. 매일 매일 이 땅을 살아가는, 일일이 열거할 수도 없는 수많은 약체들은 존재해 왔고 또 앞으로도 존재할 것이다. 그리고 그 환경과 삶의 조건을 이루는 사회체 역시 존재해 왔고 또 존재할 것이다. 게임의 법칙에서 사용될 법한 '약체'의 표상으로 한 개인의 생명과 삶의 조건과 존엄을 함부로 포획하려들 때, 그리고 그것을 관리하고 통제하고 경계지어 때로는 없는 셈치는 무정한 사회와 결탁할 때, 장애는 언제든 탄생할 수 있음을 보여 주고 싶었기 때문이다.

이에 스티케가 보여 주는 완성의 지연, 무한한 글쓰기로서 역사적 고찰과 기록은 오늘날도 여전히 절실하고 긴급한 일로 여겨진다. 인류의 끝없는 진보를 확신하고 벌써 네 차례의 산업적 혁명기를 거치는 중이라는 낭보에도, 인간소외와 인간 상호 간의 몰이해는 상수가 되어, 개개인의 교유와 소통의 폭은 편협해지고 그 양상은 표피적으로 되어 가고 있기 때문이다. 과거보다는 장애인에 대한 배척과 편견이

줄고 신체적·정신적·사회적 장애에 대한 감수성이 상대적으로 높아지고 있다고는 하지만, 아직 우리에겐 사회적 기록으로서의 법률과 개인적 다짐으로서의 일기 모두 작성된 것보다 미처 작성되지 못한 것들이 더 많다. 생각이 글이 되고 글이 실천되는 길에 부족하나마 우리말로 옮겨진 이 책이 스티케의 바람대로 소중한 밀알이 되어 주길 기대한다.

끝으로 책을 번역하는 과정에서 도움을 받은 사람이 참 많았다. 번역을 권해 주신 변광배 선생님, 공부하는 삶을 응원해 주신 신정아 선생님, 성실과 마음의 평안을 가르쳐 준 모세 형, 그리고 원고의 처음과 끝뿐 아니라 삶의 오기들마저 꼼꼼히 살펴주신 용석 형에게 깊은 감사의 마음을 전한다. 장애 인식개선과 관련하여 학내 전인교육 프로그램인 HUFS Life academy의 특별한 관심이 아니었다면 생각과 글을 실천에 옮길 기회가 적었을 것 같다. 학생 교육 차원에서 늘 지지해 주시는 동원육영재단과 가정준 선생님께도 고마운 마음을 전한다. 그리고 난삽한 원고가 잘 정리될 수 있도록 도움 주신 편집자 임유진 선생님과 그린비 출판사에게도 감사의 마음을 전하고 싶다.

사랑하는 가족과 아내 배경진에게 깊은 존경의 마음을 전하며,

2021년 1월

오영민

장애: 약체들과 사회들

초판1쇄 펴냄 2021년 1월 29일

지은이 앙리–자크 스티케
옮긴이 오영민
펴낸이 유재건
펴낸곳 그린비
주소 서울시 마포구 와우산로 180, 4층
대표전화 02-702-2717 | **팩스** 02-703-0272
홈페이지 www.greenbee.co.kr
원고투고 및 문의 editor@greenbee.co.kr

주간 임유진 | **편집** 홍민기, 신효섭, 구세주 | **디자인** 권희원 | **마케팅** 유하나
물류유통 유재영, 한동훈 | **경영관리** 유수진

學問思辨行 독자의 학문사변행을 돕는 힘이 센 책
그린비 철학, 예술, 고전, 인문교양 브랜드
엑스북스 책읽기, 글쓰기에 대한 거의 모든 것
곰세마리 책으로 통하는 세대공감, 가족이 함께 읽는 책